金融市场从业人员
能力建设丛书

固定收益证券
及其衍生品

（上册）

FIXED INCOME SECURITIES AND DERIVATIVES

中国银行间市场交易商协会
教材编写组 / 编

北京大学出版社
PEKING UNIVERSITY PRESS

图书在版编目（CIP）数据

固定收益证券及其衍生品：上下册 / 中国银行间市场交易商协会教材编写组编.
—北京：北京大学出版社，2021.1
（金融市场从业人员能力建设丛书）
ISBN 978-7-301-31819-5

Ⅰ. ①固… Ⅱ. ①中… Ⅲ. ①固定收益证券—岗位培训—教材 Ⅳ. ①F830.91

中国版本图书馆CIP数据核字(2020)第215392号

书　　名	固定收益证券及其衍生品（上下册） GUDING SHOUYI ZHENGQUAN JI QI YANSHENGPIN（SHANG XIA CE）
著作责任者	中国银行间市场交易商协会教材编写组　编
策划编辑	张　燕
责任编辑	王　晶
标准书号	ISBN 978-7-301-31819-5
出版发行	北京大学出版社
地　　址	北京市海淀区成府路205号　100871
网　　址	http://www.pup.cn
微信公众号	北京大学经管书苑（pupembook）
电子信箱	em@pup.cn
新浪微博	@北京大学出版社　@北京大学出版社经管图书
电　　话	邮购部010-62752015　发行部010-62750672　编辑部010-62752926
印刷者	北京宏伟双华印刷有限公司
经销者	新华书店
	730毫米×1020毫米　16开本　46.75印张　1086千字 2021年1月第1版　2021年1月第1次印刷
定　　价	149.00元（全2册）

未经许可，不得以任何方式复制或抄袭本书之部分或全部内容。
版权所有，侵权必究
举报电话：010-62752024　电子信箱：fd@pup.pku.edu.cn
图书如有印装质量问题，请与出版部联系，电话：010-62756370

丛书序言

"金融是现代经济的核心。"随着我国经济发展步入新时代,金融业发展也进入快车道,金融市场规模持续扩大,在解决不平衡不充分发展问题中发挥的作用更加突显。市场越是发展,创新速度越快,越需要一大批掌握现代金融知识、具有高度责任感并熟悉中国金融市场的高素质从业人员。"问渠那得清如许,为有源头活水来。"只有不断培养造就更多的高素质从业人员,才能给金融市场的发展注入源源不竭的活力和动力。

何为高素质的金融从业者?当以"德才兼备"为先,以"德"为基础,以"才"为支撑,通过职业操守培训立德,通过能力建设培训增才,造就一支"德才兼备"的从业者队伍,形成"千帆竞技,人才辈出"的局面,为金融市场大发展提供有力支撑。多年来,我们致力于从业者的能力建设,不仅开展金融市场相关产品和知识培训,而且加强全方位、多领域、深层次的金融创新,得到了业界的积极响应和良好反馈。

针对金融市场人才评价体系和知识标准尚不完善的情况,我们组织专门力量,以从业人员所需专业知识和执业技能为出发点,编写了这套能力建设教材,一则作为我们能力建设培训和从业人员水平测试参考用书,二来为市场提供一套系统金融读本,供广大金融市场从业者提升从业能力之用。该丛书以从业者为中心搭建理论框架,全面覆盖整个金融市场,紧扣国内金融市场发展脉搏,充分反映市场最新发展,在保证教材质量和权威性的前提下,兼顾可读性和可操作性,从而为广大金融从业人员呈现一套全面准确、简明易懂、新颖实用的优秀教材。

在丛书的出版过程中,各会员单位和金融机构积极参与,给予了大力支持,在此表示衷心感谢!希望这套丛书能为培养现代化金融人才、全面提升金融市场从业人员能力建设水平作出贡献,也诚挚期待各位读者对丛书提出宝贵的意见和建议,让我们携起手来共同打造一套金融市场能力建设的经典之作!让我们不忘初心,继续前进,为金融市场发展而拼搏奋斗、砥砺前行!

中国银行间市场交易商协会培训专家委员会
二〇一九年九月

《固定收益证券及其衍生品》编写组

编写组成员（按姓氏笔画排序）

王焕舟　叶予璋　杨　雪　张　良　陈海华

陈　蓉　周文渊　屈　庆　赵锡军　胡施聪

夏　冰　黄长清　曹巍浩　董悠盈　曾一巳

翟晨曦　颜　欢

目录

>>>>>> 上 册 <<<<<<

第一篇 绪论

第1章 固定收益证券概述 ········ 3
　开篇导读 ········ 3
　1.1 固定收益证券的定义 ········ 4
　1.2 固定收益证券的基本要素 ········ 4
　1.3 固定收益证券的其他要素 ········ 6
　1.4 固定收益证券的风险 ········ 8
　1.5 我国债券品种 ········ 12

第2章 固定收益证券市场概述 ········ 21
　开篇导读 ········ 21
　2.1 固定收益证券市场概述和分类 ········ 22
　2.2 债券的发行市场 ········ 28
　2.3 债券的流通市场 ········ 29

第3章 中国固定收益证券市场发展历程 ········ 33
　开篇导读 ········ 33
　3.1 发展历程：六大阶段 ········ 33
　3.2 利率债市场发展历程 ········ 35
　3.3 信用债市场发展历程 ········ 37
　3.4 同业存单市场发展历程 ········ 40
　3.5 固定收益证券衍生品市场发展历程 ········ 41

第二篇　固定收益证券分析

第4章　固定收益证券分析框架 — 51
开篇导读 — 51
4.1　经济基本面研判 — 52
4.2　银行体系流动性研判 — 73
4.3　债券市场分析框架 — 78

第5章　固定收益证券定价和估值 — 87
开篇导读 — 87
5.1　固定收益证券的定价 — 88
5.2　固定收益证券的估值 — 106

第6章　收益率曲线分析 — 124
开篇导读 — 124
6.1　利率风险度量 — 125
6.2　收益率曲线的形状和变化 — 138
6.3　利率期限结构形成的理论基础 — 141
6.4　利率期限结构的建模 — 144

第7章　固定收益证券信用分析 — 152
开篇导读 — 152
7.1　信用分析基本框架 — 153
7.2　地产企业信用分析框架及实例 — 158
7.3　城投公司信用分析框架及实例 — 163

第8章　固定收益衍生品分析 — 171
开篇导读 — 171
8.1　衍生品定价原理 — 172
8.2　常见的固定收益衍生品定价 — 176

第三篇　固定收益证券实务

第9章　政府债券 — 197

开篇导读	197
9.1 国债概况	198
9.2 地方政府债券概况	202
9.3 政府债券一级市场	211
9.4 政府债券二级市场	213
9.5 登记托管	217

第 10 章 金融债券 — 220

开篇导读	220
10.1 金融债券基本介绍	220
10.2 我国金融债券的历史	221
10.3 金融债券的分类	221

第 11 章 信用债市场 — 240

开篇导读	240
11.1 我国信用债市场发展现状	241
11.2 我国信用债发行人行业特征分析	250
11.3 信用债的定价和风险分析	276
11.4 信用债投资人结构变化对市场的影响	281
11.5 我国信用债市场违约特征分析及高收益债投资思考	285

第 12 章 资产证券化产品 — 308

开篇导读	308
12.1 资产证券化产品概述	309
12.2 资产证券化产品的主要参与方及其关系	323
12.3 资产证券化产品的交易规则及投资模式	335
12.4 资产证券化产品的定价和风险分析	345

第 13 章 可转债市场 — 364

开篇导读	364
13.1 可转债市场概述及条款介绍	365
13.2 可转债一级市场发行及定价	373
13.3 可转债投资	381

下 册

第四篇　固定收益衍生品实务

第14章　利率互换 ········· 399
　　开篇导读 ········· 399
　　14.1　利率互换概述 ········· 400
　　14.2　利率互换的业务流程 ········· 411
　　14.3　利率互换的估值与风控 ········· 426
　　14.4　利率互换的交易策略与应用 ········· 443

第15章　国债期货 ········· 455
　　开篇导读 ········· 455
　　15.1　国债期货概述 ········· 456
　　15.2　国债期货的定价 ········· 464
　　15.3　期现套利策略 ········· 473
　　15.4　基差交易策略 ········· 483

第16章　信用衍生品 ········· 495
　　开篇导读 ········· 495
　　16.1　信用衍生品概述 ········· 496
　　16.2　信用衍生品的功能 ········· 509
　　16.3　信用衍生品的交易策略 ········· 514
　　16.4　信用衍生品的风险管理 ········· 519
　　16.5　信用衍生品与商业银行资本管理 ········· 521

第五篇　固定收益组合管理

第17章　固定收益组合管理策略 ········· 539
　　开篇导读 ········· 539
　　17.1　现代投资组合理论概述与最新进展 ········· 540
　　17.2　固定收益组合管理的目标、范围和类型 ········· 545
　　17.3　固定收益组合管理策略：基于债券基准指数的策略 ········· 546

17.4	负债驱动的固定收益组合管理策略	549
17.5	积极的固定收益组合管理策略	552
17.6	固定收益组合管理中的风险	556
17.7	固定收益组合管理复杂策略	558

第 18 章　固定收益组合构建 …… 563

开篇导读 …… 563
18.1　固定收益组合的投资目标与账户类型 …… 564
18.2　固定收益组合的构建与量化管理 …… 573
18.3　对冲基金的固定收益组合交易策略 …… 583
18.4　全球固定收益组合管理 …… 589
18.5　固定收益组合管理的国际比较 …… 599

第 19 章　固定收益组合业绩分析 …… 605

开篇导读 …… 605
19.1　固定收益组合的业绩归因分析 …… 606
19.2　固定收益组合的业绩归因应用 …… 616

第 20 章　固定收益组合管理实务 …… 621

开篇导读 …… 622
20.1　固定收益组合的配置要点及逻辑 …… 622
20.2　固定收益组合管理的策略与操作 …… 631
20.3　固定收益组合管理的限制 …… 656
20.4　会计、税收和资本管理对固定收益组合管理的影响 …… 669

第六篇　中国固定收益证券市场行为规范与监管

第 21 章　中国固定收益证券市场行为规范 …… 683

开篇导读 …… 683
21.1　银行间债券市场管理与监测 …… 684
21.2　交易所债券市场交易管理与监测 …… 693
21.3　机构行为规范 …… 694
21.4　个人行为规范 …… 695

第 22 章　中国固定收益证券市场监管 ······ 700

开篇导读 ······ 700
22.1　债券市场监管框架的演变 ······ 701
22.2　债券市场监管框架现状 ······ 707
22.3　债券市场监管改革方向 ······ 726

第一篇

绪论

第1章
固定收益证券概述

赵锡军（中国人民大学）

学习目标

通过本章的学习，读者应能够：
◎ 熟悉固定收益证券行业中的重要术语和基础知识；
◎ 掌握债券的特征与风险，熟悉中国证券市场中债券的种类与创新；
◎ 了解中国债券市场的分类；
◎ 了解中国债券市场的历史、现状和特点。

开篇导读

过去5年，我国资本市场服务实体经济的能力不断提升，直接融资功能加快完善。党的十九大报告提出提高直接融资比重，债券市场作为国内直接融资的主要渠道之一，在货币市场和资本市场中发挥着桥梁及催化剂的作用。从投资者的角度看，投资者购买债券是为了获得投资回报。债券价格与市场利率具有反方向变动关系，即债券价格越高，意味着利率越低，反之亦然。举个例子帮助理解，小王借给邻居小李100元，约定一年后归还，当时市场利率为5%。这实际上相当于小王买了一张债券，票息收益5%，一年后收到105元，而现在的价格是100元。但世事无常，第二天小王所在的国家忽然跟邻国开战，大家纷纷出走躲避战火。没有人愿意往外借钱，因此这时借钱必须付出更高的利息，市场利率飙升到20%。小王也需要钱，就想把这个借条转出去，小张接手了。但是一年后小张只能拿到 105 元，按照当时的市场利率 20%，小张只愿意花 87.5 元买下来（105/1.2），所以小王的这张债券相当于亏了 12.5%。

1.1 固定收益证券的定义

固定收益证券（Fixed-income Securities）是承诺未来还本付息的债务工具以及相关衍生品的总称。早期的债务工具相对简单，其未来收益是确定的，固定收益一词即来源于此。然而，随着证券新品种的不断涌现，很多债务工具的收益不再固定，但固定收益证券的名称一直延续下来，现在，债务工具以及相关衍生品都被纳入固定收益证券的范畴。债券是固定收益证券的一种，本书所称的固定收益证券主要是指债券。

1.2 固定收益证券的基本要素

以债券为代表的固定收益证券的基本要素有四个：票面价值（Par Value）、债券价格（Bond Price）、票面利率（Coupon Rate）和偿还期限（Maturity）。

1.2.1 票面价值和债券价格

票面价值，简称"面值"，是指债券发行时所设定的票面金额，它代表发行人借入并承诺未来某一特定日期（如债券到期日）偿付给债券持有人的金额。债券价格包括发行价格和买卖价格（又称转让价格）。一种债券第一次公开发售时的价格是发行价格；已经公开发售的债券可以在投资者之间买卖、转让，债券持有人可以在到期日前按照当时的债券买卖价格将债券销售出去。债券的价格并不一定等于债券面值。实际上，债券价格受到债券的面值、票面利率、偿还期限以及适当贴现率等多种因素的影响。

根据债券价格和面值的关系，可将债券划分为以下三种类型：第一，平价债券，即债券价格＝债券面值；第二，溢价债券（Premium Bond），即债券价格＞债券面值；第三，折价债券，即债券价格＜债券面值。

在债券投资中，债券价格应该反映债券票面利率与市场到期收益率（Yield to Maturity）之间的关系，具体而言，如果是平价交易，则票面利率＝到期收益率；如果是折价交易，则票面利率＜到期收益率；如果是溢价交易，则票面利率＞到期收益率。

1.2.2 票面利率

票面利率是指债券每年支付的利息与面值的比例。投资者获得的利息就等于债券面值乘以票面利率。例如，一个债券的面值为 1 000 元，票面利率为 8%，那么该债券每年所支付的利息就是 80 元。

按照利息支付方式的不同，债券可分为附息债券（Coupon Bond）和零息债券（Zero-coupon Bond）。附息债券是指在债券票面上附有息票的债券。零息债券是指票面利率为零的债券，不附息票。由于票面利率为零，债券价格一定低于面值，因此投资者获利的途径就只能是资本利得。如果一种债券规定了利率，但同时规定投资者只能到期一次性获得本息，那么这种利息本质上属于资本利得，即债券买卖的差价。有时，某些债券规定了票面利率，也规定了按照复利计息，但同时规定在到期日一次偿还本息，这类债券其实也属于零息债券，只是略有不同。我国在1981—1991年发行的国债多属于一次还本付息的零息债券。零息债券有很多独特之处，其中之一就是再投资收益率风险低，而价格风险高。有些投资者喜欢零息债券，因为零息债券再投资收益率风险低。尽管零息债券价格风险高，但只要投资者持有至偿还期，就可以获得确定的收益。虽然零息债券很简单，但其常常作为给其他债券定价时的参照，具有很重要的地位。在实际应用中，由不同期限的零息国债到期收益率构成的到期收益率曲线，是重要的基准利率。

根据债券的票面利率是否固定，可以将债券划分为固定利率债券和浮动利率债券。固定利率债券是指在偿还期内票面利率保持固定不变的债券。浮动利率债券是指在偿还期内票面利率可以变动的债券，其票面利率等于某个参考利率加上一个固定的利差，并随着参考利率的变化而定期进行调整，票面利率随着参考利率的升降而同方向升降（逆浮动利率债券除外）。浮动利率债券的参考利率绝大多数是重要的金融市场利率，如美国浮动利率债券主要以3个月期的国库券利率为参考利率，欧洲国家浮动利率债券的参考利率则多为伦敦银行同业拆借利率（London Inter Bank Offered Rate，LIBOR）。

1999年3月，国家开发银行在银行间债券市场首次推出长期浮动利率债券，该浮动利率债券以一年期定期存款利率为参考利率，每年支付一次利息。对于某些机构投资者来说，浮动利率债券比固定利率债券更受欢迎。比如，商业银行一般短期负债占比较高，为了降低利率风险，商业银行希望它的资产不是固定利率的，而是利率敏感的，以保证未来不管利率发生怎样的变化，商业银行资产的收益总能与负债成本匹配，提供稳定的利差。另外，国外债券市场还存在一种新型的浮动利率债券——逆浮动利率债券。逆浮动利率债券票面利率的变化方向与参考利率的变化方向相反，机构投资者主要将逆浮动利率债券作为对冲工具来使用。

1.2.3 偿还期限

债券通常有一个固定的到期日，偿还期是债券的一个重要特征。在到期日，债务人要清偿债券的本息，这使得固定收益证券与权益证券有很大的区别。众所周知，权益证券是没有偿还期的，除非公司破产清算。

根据偿还期限的不同，债券可分为短期债券、中期债券和长期债券。短期债券通常在1年以内（不含1年）到期，中期债券在1—10年内到期，而长期债券则是在10年以上（不含10年）到期。可展期债券在到期日时，投资者有一个选择权，可以要求清偿该债券的本息，也可以按照事先约定的条款，继续持有债券几年，而票面利率则是原来债券的利率。到期能够继续持有多少年，是在发行债券时已经明确规定了的。

债券的偿还期限之所以非常重要，主要有三个原因。第一，偿还期与债券利息支付密切相关。假定1年支付1次利息，如果是5年期债券，那么该债券投资者就可以得到5次利息支付；而如果偿还期是3年，那么该债券投资者就只能得到3次利息支付。第二，偿还期与债券的到期收益率密切相关。如果到期收益率曲线向右上方倾斜，那么长期债券给投资者带来的回报率通常会高一些；而如果到期收益率曲线向右下方倾斜，那么长期债券提供的到期收益率会低于短期债券。第三，偿还期与债券的价格风险相关。一般来讲，债券的偿还期越长，价格风险越高；债券的偿还期越短，价格风险越低。也就是说，通常情况下，10年期债券的价格波动要大于5年期债券。另外，一般来讲，偿还期越长，再投资收益率风险越低；偿还期越短，再投资收益率风险越高。例如，投资期为10年，那么5年期债券在5年本息收回后还要进行再投资，而再投资收益率的高低则取决于当时的情况，存在很高的不确定性；而如果直接投资于10年期的债券，再投资收益率风险就不会这么高，因为本金不需要再投资，只需要把每年获得的利息进行再投资。

1.3 固定收益证券的其他要素

1.3.1 选择权

固定收益证券除了具有前面介绍的四个要素，往往还包含选择权。其中有赋予发行人的选择权（如赎回条款），也有赋予投资人的选择权（如回售条款）。

赎回条款赋予债券发行人在债券到期之前按事先约定的价格买回债券的权利，是含权债券中最为常见的一种。通常，长期债券都设有赎回条款。在利率水平相对高的时候，利率向下波动的力量要强于继续向上波动的力量。如果未来利率确实下降，那么发行人可以赎回已发行债券，并重新按照当时的市场利率筹资，以降低筹资成本。而回售条款赋予债券的投资人在债券到期之前按照面值回售给发行人的权利。投资人在利率升高的情况下可以将债券按照面值返售给发行人，避免利率升高导致债券价格下降的损失，投资人也可以将资金用于购买收益率更高的债券。因此，附有回售条款的债券的收益率要低一些。

附有选择权的企业债券还包括可转换债券（Convertible Bond）和可交换债券（Exchangeable Bond）。可转换债券赋予了投资者将该债券转化为股票的权利，可转换债券的持有人有权在一定时间内将债券转换成确定数量的发行人的普通股票。可转换债券可以被视为一种混合证券，兼具股票和债券两种特性，打破了股票和债券的传统界限。可交换债券属于可转换债券的一种，但是与一般的可转换债券略有不同。可交换债券的全称为"可交换他公司股票的债券"，是指上市公司股份的持有者通过将其持有的股票抵押给托管机构而发行的公司债券，该债券的持有人在将来的某个时期内，能按照债券发行时约定的条件用持有的债券换取发债人抵押的上市公司股权。从发债主体和偿债主体来看，可交换债券的发债主体和偿债主体是上市公司的股东；可转换债券的则是上市公司本身。从发债目的来看，发行可交换债券的目的具有特殊性，通常并不是为了具体的投资项目，其发债目的包括股权结构调整、投资退出、市值管理、资产流动性管理等；而可转换债券的发行通常用于特定的投资项目。从所换股份的来源来看，可交换债券是发行人持有的其他公司的股份；可转换债券是发行人本身未来发行的新股。从对公司股本的影响来看，可交换债券换股不会导致标的公司的总股本发生变化，也无摊薄收益的影响；可转换债券转股会使发行人的总股本扩大，摊薄每股收益。从抵押担保方式来看，上市公司大股东发行可交换债券要以所持有的用于交换的上市公司的股票为质押品，除此之外，发行人还可另行为可交换债券提供担保；而发行可转换债券，要由第三方提供担保（最近一期末经审计的净资产不低于人民币15亿元的公司除外）。从转换为股票的期限来看，可交换债券自发行结束之日起12个月后方可交换为预备交换的股票，现在还没有明确是欧式还是百慕大式换股；可转换债券自发行结束之日起6个月后即可转换为公司股票，现实中，可转换债券是百慕大式转股，即发行6个月后的任何一个交易日均可转股。从转股价的向下修正方式来看，可交换债券没有可以向下修正转换价格的规定；可转换债券则可以在满足一定条件时，向下修正转股价。

还有一些公司发行的债券附有认股权证（Warrant）。认股权证是一种允许持有人（即投资人）有权利但无义务地在指定的时期内以确定的价格向发行公司购买该公司股票的证券。每一份认股权证都要详细说明权证持有人可以购买的股票数量、购买价格和到期日。绝大多数情况下，认股权证都是附在债券上发行的。债券合约中都会注明认股权证能否与债券分开，也就是说，认股权证在债券发行后能否单独出售和流通。一般情况下，认股权证可以在发行后立即与债券分开而单独出售和流通。附认股权证的公司债券与可转换债券不同，前者在持有人行使认股权后债券形态依然存在，而后者在行使转换权后，债券形态消失。

有些在国际金融市场上发行的债券为了降低汇率波动带来的不确定性、吸引投资者，会在发行时给投资者货币选择权。具体而言，投资者在收取债券本息时，可以按两种货币中的任意一种计价，汇率则事先给定。

1.3.2 抵押担保条款

按债券发行时有无抵押担保条款可将债券分为信用债券、抵押债券和担保债券。信用债券指仅凭筹资人的信用发行的没有抵押品和担保条款的债券。信用债券只适用于信用等级高的债券发行人，一般附有一些限制性条款以保护投资者利益。抵押债券是指债券发行人以不动产（如土地、房产、机器设备等）或有价证券（如股票、政府债券等）为抵押品而发行的债券。如果债务人到期不能按规定条件还本付息，债权人可以行使抵押权，占有或拍卖抵押品作为补偿。担保债券是指由第三者担保偿还本息的债券，如果债务人到期不能还本付息，债券投资者有权向担保人追讨债务。

1.3.3 偿债基金条款

偿债基金是由发行人准备的用于回购债券的基金，偿债基金条款是为了保护债权人设立的，要求发行人每年回购一定数量的发行在外的债券。有些债券，特别是有违约风险的长期债券，都设有偿债基金条款。早些时候，偿债基金条款会要求发行人把钱存到一个专设的账户内，用这个账户所形成的资产来偿还到期债务。而现在，偿债基金仅仅意味着发行人从债权人那里买回债券，而不必把资金放入一个专设的账户内。

偿债基金条款要求发行人在偿还期到来之前注销部分或全部的既存债券。债务到期之前，偿债基金条款要求发行人买回的债券占比一般为20%—100%。在私募债务中，通常要求发行人在偿还期到来之前把债务全部赎回。而一般情况下，一个偿债基金将明确地规定发行人每年赎回债券的数额，保证有规则地注销债券。

从投资者的角度看，偿债基金条款至少有以下几方面的好处：第一，由于债券发行人通过偿债基金分次偿还债务，因此降低了债券的违约风险；第二，提高了某些债券的流动性；第三，附有偿债基金条款的债券的价格比较稳定，因为债券价格一旦下降，发行人就会积极地购买。鉴于上述原因，附有偿债基金条款的债券的收益率比不附有偿债基金条款的债券的收益率要低。当然，偿债基金条款也可能给投资者造成不利影响。如果债券发行后利率下降，根据偿债基金条款，一部分债券将按照回购价格赎回，这将损失利率下降给投资者带来的一部分资本利得，投资者此时获得的资金也只能按照更低的利率水平投资。因此，在利率水平比较高的时期，附有偿债基金条款的债券比其他债券的收益率要高。

1.4 固定收益证券的风险

固定收益证券投资者可能面临多种风险：利率风险、信用风险、提前偿还风险、通货膨胀风险、流动性风险、汇率风险。实际上，固定收益证券投资者面临的风险远不止这些，其他风险还包括波动性风险、收益率曲线风险、事件风险、税收风险等，但是这些风险只有在特定的场合才比较突出。

1.4.1 利率风险

固定收益证券的利率风险包含两种含义：第一，利率变化会导致证券价格发生变化，从而影响投资者资本利得的大小；第二，利率变化会导致证券利息收入的再投资收益率的变化。

利率变化会导致固定收益证券价格发生变化，具体表现为：①债券的价格与市场利率反方向变化；②偿还期越长，债券价格的波动幅度越大；③票面利率越低，债券价格的波动幅度越大；④相同幅度的利率变化，引起债券价格上升与下降的幅度不同，一般而言，利率下降引起债券价格上升的幅度要超过利率上升引起债券价格下降的幅度。

利率变化之所以会导致再投资收益率变化，原因在于，市场利率下降，会导致利息的收益能力下降。因此，票面利率越高的债券，再投资收益率风险越高。

1.4.2 信用风险

信用风险，包括违约风险和信用利差风险。违约风险是指固定收益证券的发行人不能按照契约如期足额地偿还本金和支付利息的风险。信用利差风险指信用风险变化以及这种风险变化对债券收益率的影响。信用利差风险的变化会影响债券的市场价格，即使公司实际违约的可能性很小，公司信用利差风险变化也可能对债券的市场价格产生很大影响。在债券市场上，可根据评级公司所评定的信用等级来估计债券发行人的信用利差风险。

一般认为中央政府发行的债券不存在信用风险，而地方政府债券由于其偿债来源不同，从而存在不同违约风险。例如，地方政府发行的一般责任债券是以其税收为偿还来源的，信用风险很低；而地方政府发行的收益债券，则是以某一投资项目所产生的收益或净现金流量为偿还来源的，风险较高。一般情况下，公司债券是有信用风险的，信用风险的高低可以用该公司的信用级别来衡量。高级别债券信用风险低，而低级别债券信用风险高。如果违约风险高，就必须向投资者支付高的违约风险溢价。因此，提高信用级别、降低违约风险是降低发行成本的必要条件。

【专栏 1-1】

刚性兑付和债券违约

"刚性兑付"这个词来源于信托产品，是指产品到期后，信托公司必须分配给投资者本金及收益，当信托计划出现不能如期兑付或兑付困难时，信托公司需要兜底处理。事实上，我国并没有哪项法律条文规定信托公司必须进行刚性兑付，这只是信托业一个不成文的规定。

2005 年左右，在处理金新信托、庆泰信托、伊斯兰信托等风险事件的基础上，监管层逐渐形成要求各信托公司不出现单个信托产品风险的思路，实际上是要求确保到期资金的兑付，否则，信托公司将会被叫停业务，信托公司为了保住业务牌照，不得不重视兑付问题，这便是刚性兑付的开端。2010 年，房地产调控下房地产信托产品兑付出现困难，彼时监管层多次发文要求注意兑付问题，确保兑付，信托公司出于声誉考虑也乐于按照确保兑付的要求管理信托资产。至此，"刚性兑付"潜规则在信托业正式确立。这一潜规则助推了信托产品的快速发展，也潜移默化地影响了其他各类金融产品的运作模式。

2014 年 3 月 4 日晚，深交所上市公司 "ST 超日公告称，"11 超日债"本期利息将无法于原定付息日 2014 年 3 月 7 日按期全额支付，仅能够按期支付 400 万元人民币。至此，"11 超日债"正式宣告违约。这是国内第一例违约的公司债券，结束了以往债券全部刚性兑付的历史。"11 超日债"

的违约使得2014年成为信用债违约元年，2015年、2016年违约债券数量显著增长，规模不断扩大。2017年，受益于供给侧改革，过剩产能行业盈利改善，新增违约有所减少，但信用风险事件层出不穷。2018年以来，去杠杆的影响显现，信用风险事件和违约事件频繁爆发。

回顾中国债券市场信用风险的历史演变和变迁，中国债市信用风险发酵主要有三个时期。第一，2011年城投债信用危机：从评级间利差来看，2011年后AA-与AA利差快速飙升至180个基点（Basis Ponit，BP）；第二，2014年至2016年上半年过剩产能产业债信用危机：AA-与AA利差在2016年年中时也超过180BP；第三，2018年1月至今民营发债人信用危机：AA-与AA利差快速上升50BP，民企债和国企债相对利差攀升至历史高位。

1. 城投债信用危机

2008年次贷危机爆发后，中国经济也受到较大的冲击。为了扩内需保增长，应对国际金融危机，2008年年底中央推出"四万亿投资计划"。作为"四万亿投资计划"配套融资的一部分，2009年3月18日，人民银行和银监会联合发布《关于进一步加强信贷结构调整促进国民经济平稳较快发展的指导意见》，支持有条件的地方政府组建投融资平台，发行企业债、中期票据等融资工具，拓宽中央政府投资项目的配套资金融资渠道。至此，城投债正式成为中国债券市场的一类重要品种。

经过一年多粗放式大干快干后，融资平台公司债务快速扩张，城投债规模也翻倍增长。2010年6月10日，《国务院关于积极有效利用外资推动经济高质量发展若干措施的通知》发布，融资平台债务规范拉开帷幕。至2012年3月，人民银行、银监会、财政部等多部委出台多份关于融资平台贷款等债务融资规范的文件。其间，揣测中国地方政府债务规模的新闻报道时不时给债市投下一枚枚"惊雷"，伴随着云南城投、上海申虹等融资平台的贷款逾期的新闻，投资者的情绪达到阶段性恐慌高点，城投债抛售潮如期而至。2011年3月起，城投债和产业债相对利差从40BP开始持续上升，到2012年3月达到180BP的最高点。其间，部分城投债发行利率超过8%。

2. 过剩产能产业债信用危机

城投债危机过去一年后，以光伏行业产能过剩为起点，债券市场进入了一段很长时间的产业债阴影时期。伴随着"11超日债""11华锐01"等相关个券价格的暴跌，"11超日债"最终利息违约打破中国债券市场零违约的局面，2014年开始，过剩行业产业债的行业利差开始逐渐拉大。

2015年年底至2016年上半年，从"山东山水"超预期违约开始，债券市场迎来了近些年产业债违约的高峰。定价上，以钢铁债、煤炭债为代表的过剩产业债券的行业利差快速扩大，2016年上半年外部评级AAA钢铁债行业利差超过100BP，AAA煤炭债行业利差接近200BP。当然，在这一轮产业债危机中，民营发债人也属于被抛弃的群体。这期间民企债与国企债的相对利差也大幅增加。

3. 民营发债人信用危机

2017年，在稳健中性的货币政策导向下，宏观层面开始推动金融去杠杆。以万达事件为开端，民企融资渠道大幅收紧的现实被摆到债券投资者面前（万达事件：2017年6月，网传银监会要求各家银行排查包括万达、海航、复星、罗森内里在内的数家企业的授信及风险分析，万达集团相关债券价格大幅波动）。

进入2018年，在整体宏观流动性紧平衡背景下，多只民企债券发生实质性违约，发行人包括亿阳集团、神雾环保、富贵鸟、中安消、上海华信等，违约债券发行人的数量和频率越来越像2016年上半年的情况，民企与地方国企和央企的利差快速攀升至历史高位。2016年5月21日开始，以东方园林事件为催化剂，债券市场的信用风险开始受到投资者更广泛的关注，上市公司及民企信用收缩现象成为全社会的热点。

1.4.3 提前偿还风险

某些债券赋予发行人提前偿还的选择权。可赎回债券（Callable Bond）的发行人有权在债券到期前提前偿还全部或部分债券。这种选择权对发行人是有利的，如果在未来某个时间市场利率低于发行债券的票面利率时，发行人可以赎回这种债券并以按较低利率发行的新债券作为替代，而且这种在到期前赎回债券的选择权可以使发行人将来按照更低的成本对债务进行再融资。从投资者的角度看，提前偿还条款有三个不利之处：第一，可赎回债券的未来现金流是不确定的，风险也相应增加。第二，当利率下降时发行人要提前赎回债券，投资者则面临再投资风险。当债券以购入债券时确定的价格被提前偿还时，投资者不得不对所得收入按照更低的利率进行再投资。第三，减少了债券的资本利得的潜力。当利率下降时，债券的价格将上升。然而，因为债券可能被提前偿还，这种债券的价格就不可能大大超过发行人所支付的价格。

1.4.4 通货膨胀风险

通货膨胀风险又称购买力风险。对于投资者而言，更有意义的是实际购买力。通货膨胀风险是指由于存在通货膨胀，债券的名义收益不足以抵消通货膨胀对实际购买力造成的损失。例如，某投资者购买1年期债券，债券的票面利率是8%，面值为100元，该年度的通货膨胀率为15%。那么债券到期后总收入108元的实际购买力其实小于年初100元的实际购买力。

1.4.5 流动性风险

流动性是指证券的可交易性，流动性风险是指固定收益证券因其流动性不足而在交易时所可能遭受的损失。债券流动性风险的大小主要取决于该债券二级市场参与者的数量，参与者数量越多，债券的流动性就越强，流动性风险就越小。另外，债券的交易者结构越复杂，投资者的计划投资期限越长，债券的流动性风险就越不重要。

1.4.6 汇率风险

如果债券的计价货币是外国货币，则债券支付的利息和偿还的本金能换算成多少本国货币还取决于当时的汇率。如果未来本国货币贬值,按本国货币计算的债券投资收益将会减少,这就是债券的汇率风险。

1.5 我国债券品种

在我国债券市场上,通常根据债券价格或收益率受哪种因素的影响较大将债券分为利率债、信用债和同业存单。利率债指债券价格只受基准利率的影响;信用债的价格除了受基准利率的影响,还受自身信用风险状况的影响。同业存单是基于银行间同业存款业务创新的金融机构主动负债工具,其发行利率不仅受到基准利率、发行期限以及自身信用评级的内部影响,还受到宏观金融变量等外部因素的影响。目前我国债券市场上利率债占比最大,截至 2018 年 3 月末,利率债占比达到 54.96%,信用债占比达 33.65%,同业存单虽起步较晚,但发展较快,占比为 11.01%。

1.5.1 利率债

利率债主要包括政府债券(国债和地方政府债券)、中央银行票据和金融债券。

1.5.1.1 国债

国债是由财政部发行的具有免税特征的债券,是目前国内唯一在交易所、银行间市场、商业银行柜台均有发行及交易的债券品种,也是交易比较活跃的券种。由于相对于其他债券品种有无风险和免税的特点,因此,国债也是市场收益率基准品种。目前财政部按季度公布国债发行计划,国债发行量的多少也取决于国家财政政策走向。

我国发行的国债主要分成两大类,即普通型国债和特殊型国债。普通型国债一般有规律地发行,主要包括记账式国债、凭证式储蓄国债和电子式储蓄国债三种,是财政政策的工具之一,期限通常在一年以上,以中长期为主。其中储蓄国债只在商业银行柜台发行,投资者主要为个人,不能流通,其流动性通过提前兑付实现;记账式国债则主要面向银行间市场和交易所跨市场发行,投资者主要为机构。特殊型国债主要有定向债券、特种国债和专项国债等几种。

【专栏 1-2】

国债类型

1. 储蓄国债

储蓄国债分为传统凭证式储蓄国债和电子式储蓄国债。通常,人们按照习惯将传统凭证式储蓄国债称为"凭证式国债",而将 2006 年 6 月底首发的电子式储蓄国债称为"电子式储蓄国债"。

凭证式国债是一种债权人认购债券的收款凭证，而不是债券发行人制定的标准格式的债券。它是一种国家储蓄债券，可记名、挂失，以"凭证式国债收款凭证"记录债权，可提前兑付，不能上市流通，从购买之日起计息，发行对象主要为个人投资者。电子式储蓄国债是指财政部在境内发行，以电子方式记录债权的不可流通人民币债券。它只面向境内中国公民，企事业单位、行政机关等机构投资者不能购买。电子式储蓄国债以100元为赎买单位，并按单期国债设个人国债账户最低、最高购买限制额，以区别于居民储蓄。电子式储蓄国债的利息免征所得税，到期后承办银行将投资者应收本金和利息转入其资金账户。

2. 记账式国债

记账式国债是一种只在电脑账户中进行记录，而没有实物形态的债券。它以电脑记账形式记录债权，通过无纸化方式发行并可以在国债二级市场上交易，可记名、挂失。

3. 定向债券

定向债券是特种定向债券的简称，主要是为国家建设筹集资金，加强社会保险基金的投资管理，经国务院批准，由财政部采取主要向养老保险基金、待业保险基金及其他社会保险基金定向募集的债券。

4. 特种国债

特种国债又称特种债券，是由国库券派生而来的。它是指为实施某种特殊政策在特定范围内或为特定用途而发行的国债。

5. 专项国债

专项国债是指不定期发行的具有专门用途的国债。例如，财政部于1998年8月向四家国有商业银行发行了1 000亿元年利率为5.5%的10年期附息国债，专项用于国民经济和社会发展急需的基础设施投入。

1.5.1.2 地方政府债券

我国地方政府债券以省、自治区、直辖市和计划单列市政府为发行和偿还主体，由财政部代理发行并代办还本付息和支付发行费，其信用实际上接近于国债，信用评级多为AAA级。地方政府债券统一由财政部代理，按照记账式国债发行方式，面向记账式国债承销团甲类成员招标发行、实行平价发行，发行价格为100元。

2009年，我国首次在全国范围内发行地方政府债券，发行规模为2 000亿元，由省级政府在国务院核准的额度内提交申请并批准发行。

2011年10月17日，《2011年地方政府自行发债试点办法》（以下简称《试点办法》）出台，上海市、浙江省、广东省、深圳市开展地方政府自行发债试点。《试点办法》规定，试点省市在国务院批准的发债规模限额内自行组织发债，2011年，试点省市政府债券由财政部代办还本付息。

城投债又称"准市政债"或"准地方政府债券"，是地方政府投融资平台公司作为发行主体，公开发行企业债券和中期票据，募集资金多用于地方基础设施建设或公益性项目。

1.5.1.3　中央银行票据

中央银行票据简称"央票",是央行为调节基础货币而向金融机构发行的票据,是一种重要的货币政策日常操作工具,期限一般在3年以下。央票正式作为中国常用的货币政策工具始于2003年,最初的目的是增加公开市场业务操作工具,扩大银行间债券市场交易品种,主要政策目的是调节金融机构的资金流动性、对冲外汇占款等。因此,央票并不单纯是债券市场中的一个债券品种,更是央行货币政策的工具。随着央行货币政策调整的需要,央票在市场上的供应量不断调整,央票发行利率也反映了央行对市场利率的指导与调控。

1.5.1.4　金融债券

金融债券是由金融机构发行的债券,目前主要在银行间市场发行并交易,主要包括政策性金融债券、普通金融债券、次级债券及混合资本债券。金融债券最初主要是由政策性银行发行的,2004年以后人民银行开始允许商业银行发行金融债券补充次级资本等。目前金融债券的发行主体主要是国家开发银行、中国进出口银行、中国农业发展银行,商业银行发行的金融债券占比仍不大。

政策性金融债券,也称政策性银行债,是我国政策性银行(国家开发银行、中国农业发展银行、中国进出口银行)为筹集信贷资金而发行的债券。在政策性金融债券的发行说明书中会提到"出现头寸短缺时,人民银行将通过再贷款等方式提供资金支持",这说明政策性银行债有央行信用支撑,同样是风险极低的债券。1994年4月,国家开发银行首次发行政策性金融债券,发行方式为派购发行,而市场化发行则由国家开发银行于1998年9月推出。1999年,中国进出口银行尝试市场化发行。2004年,中国农业发展银行开始发行政策性金融债券。

普通金融债券是指到期一次还本付息的债券,类似于银行的定期存款,但利率通常会高于定期存款。因为从本质上来说,普通金融债券是金融机构对其借款者承担还本付息义务所开具的凭证,债券的发行者与持有者是债权债务关系,购买普通金融债券是一种投资行为,承担一定的投资风险。在过去,我国发行的普通金融债券期限分为1年、2年、3年三种,均以平价发行。

次级债券是指固定期限不低于5年(包括5年),除非银行破产或清算,否则不用于弥补银行日常经营损失的商业银行长期债券。次级债券的索偿权优于公司股本权益但排在存款和其他负债之后。次级债券里的"次级"仅指其求偿权"次级",并不代表其信用等级一定"次级"。按照次级债券的定义,除非银行破产或清算,否则次级债券不能用于弥补银行日常的经营损失,即在正常的情况下,次级债券不能用于冲销银行的坏账。次级债券只在一定期限内具有资本的属性,并非银行的自有资本,最终仍需要偿还。次级债无法替代核心资本的功能,并不能从根本上解决银行资本充足率不足的问题,只不过给银行提供了一个改善经营状况、调整资产结构的缓冲期。这正是巴塞尔银行监管委员会在规定资本充足率指标的同时单独规定核心资本充足率指标的初衷。

我国的混合资本债券是指商业银行为补充附属资本发行的，清偿顺序位于股权资本之前但在一般债务和次级债务之后，期限在 15 年以上，发行之日起 10 年内不可赎回的债券。

1.5.2 信用债

信用债是指具有信用风险的债券，在中国发行主体主要是指非金融企业，包括公司债券、企业债券、非金融企业债务融资工具、资产证券化产品等。

1.5.2.1 公司债券

公司债券是指公司依照法定程序发行，约定在一定期限内还本付息的有价证券。公司债券是由股份有限公司或有限责任公司发行的债券，我国 2005 年修订的《中华人民共和国公司法》和《中华人民共和国证券法》对此做出了明确规定。

2007 年 8 月，《公司债券发行试点办法》发布，公司债券正式开展试点，标志着我国酝酿多年的公司债券发行正式启航。2007 年 9 月 24 日，我国第一单公司债券——长江电力公司债券成功发行。经中国证监会核准，长江电力公司获准发行不超过 80 亿元的公司债券，采取分期发行的方式，首期发行 40 亿元。长江电力公司是自 2007 年 8 月《公司债券发行试点办法》发布以来第一家获准发行公司债券的公司。原公司债券试点发行主体限于沪深证券交易所上市的公司及发行境外上市外资股的境内股份有限公司，包括 A 股、B 股、H 股、S 股、N 股。2015 年 1 月 15 日，中国证监会发布《公司债券发行与交易管理办法》，对发行主体、发行方式、发行期限、流通场所进行了全面放松和扩容，并且简化了审核流程。具体来说，对公司债的发行主体扩容至所有公司制法人。发行方式扩展至公开发行、向合格投资者公开发行和非公开发行，公开发行的公司债券称为公募公司债，非公开发行的公司债券称为私募公司债，二者的区别如表 1-1 所示。

表 1-1 公募公司债和私募公司债的区别

	公募公司债	私募公司债
发行主体	公司制法人 全民所有制	公司制法人 全民所有制
审核机关	交易所、证监会	交易所
审核制度	核准制	备案制
发行方式	交易所等公开发行	交易所等非公开发行
交易场所	交易所/新三板	交易所/新三板/ 机构间报价与服务系统/券商柜台
流动性	较好	一般
发行额度	受净资产 40% 的限制 （不考虑中期票据）	不受净资产 40% 的限制
限制条件	非城投类企业	非负面清单企业

【专栏1-3】

可交换债券与可转换债券

可交换债券的全称为"可交换他公司股票的债券",是指上市公司股份的持有者通过将其持有的股票抵押给托管机构而发行的公司债券,该债券的持有人在将来的某个时期内,能按照债券发行时约定的条件用持有的债券换取发债人抵押的上市公司股权。可交换债券是一种内嵌期权的金融衍生品。在债券到期前约定的转股期间内,可交换债券的买方有权按照约定价格将债券转成相应份额的股票,债券的卖方将手中的股票过户到债券买方手中。对于买方来说,可交换债券存续期间可获得固定的利息,在股票价格合适时可将债券转换为股票获得超额收益。可交换债券给筹资者提供了一种低成本的融资工具。由于可交换债券给投资者一种转换股票的权利,其利率水平与同期限、同等信用评级的一般债券相比要低,因此,即使可交换债券的转换不成功,其发行人的还债成本也不高,对发行人的上市子公司也无影响。

可转换债券是公司债券的一种,可以转换为债券发行公司的股票,通常具有较低的票面利率。从本质上讲,可转换债券是在发行公司债券的基础上,附加了一份期权,允许购买人在规定的时间范围内将其购买的债券转换成指定公司的股票。可转换债券具有双重选择权的特征。一方面,投资者可自行选择是否转股,并为此承担利率较低的成本;另一方面,可转换债券的发行人拥有是否实施赎回条款的选择权,并为此支付比没有赎回条款的可转换债券更高的利率。双重选择权是可转换债券最主要的金融特征,它的存在将投资者和发行人的风险及收益限定在一定范围以内,投资者和发行人可以利用这一特点对股票进行套期保值,获得更加确定的收益。

可交换债券的要素与可转换债券有类似之处,也包括票面利率、期限、换股价格和换股比率、换股期等,并且对投资者来说,与持有标的上市公司的可转换债券相同,可交换债券的投资价值与上市公司业绩相关,且在约定期限内可以以约定的价格交换为标的股票。二者的不同之处一是发债主体和偿债主体不同,可交换债券的发债主体是上市公司的股东,可转换债券的发债主体是上市公司本身;二是所换股份的来源不同,可交换债券所换股份的来源是发行人持有的其他公司的股份,可转换债券所换股份的来源是发行人本身未来发行的新股。此外,可转换债券转股会使发行人的总股本扩大,摊薄每股收益;可交换公司债券换股不会导致标的公司的总股本发生变化,也无摊薄收益的影响。

1.5.2.2 企业债券

我国企业债券发行的主要依据是1993年出台的《企业债券管理条例》。《企业债券管理条例》对企业债券的定义是"企业依照法定程序发行、约定在一定期限内还本付息的有价证券"。

我国企业债券和公司债券的区别体现在四个方面。第一,发行主体不同。根据《中华人民共和国证券法》和《中华人民共和国公司法》,公司债券目前仅能由公司制企业发行，包括股份有限公司和有限责任公司；而根据《国家发展改革委关于推进企业债券市场发展、简化发行核准程序有关事项的通知》可知，企业债券由中央政府部门所属机构、国有独资企业或国有控股企业发行。第二，募集资金用途不同。企业债券的募集资金一般用于基础设施建设、固定资产投资、重大技术改造、公益事业投资等方向；而公司债券可根据公司自身的具体经营需要提出发行需求。第三，监管机构不同。公司债券的发行实行核准制，证监会审核发债公司的材料是否符合法律制度的规定；而发行企业债券则由国家发展改革委审批。第四，对信息披露要求的差异。企业债券的发行人没有严格的信息披露义务；公司债券发行人的信息披露较为严格。

1.5.2.3 非金融企业债务融资工具

非金融企业债务融资工具是指具有法人资格的非金融企业在银行间债券市场发行的约定在一定期限内还本付息的有价证券，目前主要包括短期融资券、超短期融资券、中期票据、中小企业集合票据、非公开定向发行债务融资工具和资产支持票据等类型。

短期融资券（Commercial Paper，CP）简称"短融"，是企业为了募集短期资金，在银行间市场发行，约定在一定期限内还本付息的短期债券。其融资期限一般不超过1年，利率较为市场化，但不低于中国银行间市场交易商协会（以下简称"交易商协会"）发行指导利率的下限，通常低于同期限的贷款利率。短期融资券采用公开发行的方式，一次注册成功后，可选择一次发行或分期发行。短期融资券增加了企业进行头寸管理的工具，并且因其成本较低、手续简便等优势，成为流动资金贷款以外的重要补充融资手段。

中期票据（Medium-term Note，MTN）简称"中票"，是指具有法人资格的非金融企业在银行间债券市场按照计划分期发行的，约定在一定期限还本付息的非金融企业债务融资工具。中期票据发行采用注册制，在额度有效期内的后续发行采用备案制，手续简便，审核周期短。中期票据融资期限较长，可达到3—5年。中期票据发行选择权较大，一次注册，可以选择一次发行或分期发行，企业可根据自身财务状况灵活安排发行。由于银行间市场定价充分市场化，市场利率水平能够较好地反映企业的信用状况，中期票据融资成本明显低于同期限的银行贷款成本。

永续中期票据属于中期票据的一种，是可续期债务融资工具。在满足财政部关于金融工具会计准则确认条件后可归为权益类科目，计入"其他权益工具"，从而降低公司资产负债率，提高发行人财务质量。

中小企业集合票据（Small-and-Medium Enterprise Collective Note，SMECN）是指2个（含）以上、10个（含）以下具有法人资格的中小非金融企业，在银行间债券市场以统一产品设计、统一券种冠名、统一信用增进、统一发行注册方式共同发行的，约定在一定期限内还本付息的债务融资工具。中小非金融企业发行集合票据应依据《银行间债券市场非金融企业债务融资工具注册规则》在交易商协会注册，一次注册、一次发行，并且应遵守国家相关法律法规，任一企业集合票据待偿还余额不得超过该企业净资产的40%，任一企业集合票据募集资金额不超过2亿元，单一集合票据注册金额不超过10亿元。中小非金融企业发行集合票据应制定偿债保障措施，并在发行文件中进行披露，包括信用增进措施、资金偿付安排及其他偿债保障措施。中小非金融企业发行集合票据应披露集合票据债项评级、各企业主体信用评级及专业信用增进机构(若有)主体信用评级。企业应在集合票据发行文件中约定投资者保护机制,包括应对任一企业及信用增进机构主体信用评级下降或财务状况恶化、集合票据债项评级下降以及其他可能影响投资者利益情况的有效措施。

非公开定向发行债务融资工具(Private Placement Note,PPN)简称"定向工具",是指具有法人资格的非金融企业,向银行间市场特定机构投资人发行,并在特定机构投资人范围内流通转让的非金融企业债务融资工具。定向工具受交易商协会监管,采用注册制,注册流程相对简单。对于定向工具,交易商协会不进行定价指导,其发行价格、发行利率、所涉费率遵循自律规则,按市场方式确定,与公开发行债务融资工具相比存在着一定的流动性溢价。

1.5.2.4 资产证券化产品

资产证券化产品(Asset-backed Securitization, ABS)是企业或金融机构将缺乏流动性但能够产生稳定的、可预期的现金流的资产进行组合,并以此基础资产产生的现金流为支持,在资本市场上发行证券的一种融资方式。我国资产证券化产品主要包括两大类:信贷资产证券化和企业资产证券化。

信贷资产证券化是指把缺少流动性但有未来现金流的信贷资产(如银行的贷款、企业的应收账款等)经过重组形成资产池,并以此为基础发行证券。信贷资产证券化发行市场是银行间市场,相应监管机构是银保监会和中国人民银行。信贷资产证券化交易的核心是真实出售和破产风险隔离机制。发起机构将资产真实出售给特殊目的载体(Special Purpose Vehicle,SPV),意味着发起机构及其债权人不再对这部分资产拥有追索权,将资产的信用风险和发起机构自身的信用水平分开,强调了入池资产的独立性,从而也实现了破产风险隔离。2005年4月,中国人民银行、银监会颁布《信贷资产证券化试点管理办法》等系列规范文件,同年开始第一批试点,国家开发银行与中国建设银行先后推出近100亿元信贷支持证券"开元证券"和30亿元个人住房抵押贷款支持证券"建元证券"。

企业资产证券化作为一种融资创新,是证券公司以专项资产管理计划为特殊目的载体,以计划管理人身份面向投资者发行资产支持受益凭证,按照约定用受托资金购买原始权益人能够产生稳定现金流的基础资产,将该基础资产的收益分配给受益凭证持有人的专项资产管理业务。企业资产证券化的发行市场是交易所市场,相应受证监会监管。根据证监会《证券公司客户资产管理业务试行办法》等相关规定,中国国际金融有限公司于2005年9月推出首个案例"中国联通CDMA网络租赁费收益计划"。

根据2012年8月3日交易商协会正式颁布的《银行间债券市场非金融企业资产支持票据指引》,资产支持票据(Asset-backed Note,ABN)指非金融企业在银行间债券市场发行的,由基础资产所产生的现金流作为还款支持的,约定在一定期限内还本付息的债务融资工具。该创新产品突出"资产支持",即通过对基础资产产生的现金流实施归集和管理,实现对基础资产产生的现金流的有效控制,为资产支持票据的还本付息提供有力支持。基础资产是指符合法律法规规定,权属明确,能够产生可预测现金流的财产、财产权利或财产和财产权利的组合。资产支持票据的发行方式灵活,既可以公开发行,也可以定向发行,可以满足发起机构、投资人的多元化需求。注册有效期为两年,在有效期内可以分期发行,首期发行应在注册后6个月内完成,后续发行应向交易商协会备案。2012年8月6日,首批三个试点项目正式获得了注册批文。试点项目涉及上海浦东路桥建设股份有限公司、南京公用控股(集团)有限公司、宁波城建投资控股有限公司三家企业。

1.5.3 同业存单

同业存单是同业存款的替代品,于2013年推出,是利率市场化的一次重要尝试。从性质上说,同业存单是可以交易的同业存款,类似于银行向金融机构发行的短期债券。同业存单的大发展始于2015年,因为从这时起,央行基础货币的投放方式从外汇占款转变为需要抵押品的新型货币政策工具,如逆回购、常备借贷便利(Standing Lending Facility,SLF)、中期借贷便利(Medium-term Lending Facility,MLF)等。中小银行因缺少合格抵押品而无法从央行直接获得资金,因此通过发行同业存单从大银行拆入资金,同业存单出现爆发式增长。同业存单有主动负债、滚动发行和投资品三个属性。主动负债,即同业存单的主要作用是拆入资金,具有不能提前赎回和利率市场化两大优势,是中小银行进行主动负债管理的重要工具。滚动发行,即同业存单的发行以1个月和3个月的短期存单为主,具有滚动发行的特点。投资品,即同业存单作为流动性较好且信用风险较低的产品,已经成为债券市场重要的投资品种。

本章小结

本章详细介绍了固定收益证券的定义、要素、品种及其存在的风险。固定收益证券,顾名思义,就是未来收益可以通过固定公式计算得到的证券。债券是固定收益证券的典型代表,其基本要素有四个:票面价值、债券价格、偿还期限和票面利率。随着债券的发展其还加入了其他要素,如选择权、抵押担保条款、偿债基金条款。因为构成债券的这些要素会随着时间和市场情况而变动,因此债券具有一定的风险,例如,利率风险是指由市场利率带来的债券价格变化的风险,信用风险是指由债务人的信用变化带来的收益变化的风险,等等。根据要素的不同可以将债券分为利率品种、信用品种和同业存单。

重要术语

零息债券　赎回条款　回售条款　利率风险　信用风险　公司债券　企业债券　非金融企业债务融资工具

思考练习题

1. 什么是固定收益证券？基本要素有哪些？请分别介绍。
2. 固定收益证券价格与面值之间有什么关系？
3. 固定收益证券的期限和到期收益率之间有什么关系？
4. 固定收益证券除基本要素之外，还有哪些要素？
5. 介绍固定收益证券的风险种类及内容。
6. 详细介绍固定收益证券的种类。
7. 简述中国债券的分类依据及内容。

参考文献

[1]（美）布鲁斯·塔克曼.固定收益证券[M].黄嘉斌，译.北京：中国宇航出版社，1999.

[2]（美）李奥奈尔·马特里尼，菲利普·普里奥兰德.固定收益证券：对利率风险进行定价和套期保值的动态方法[M].肖军，译.北京：机械工业出版社，2002.

[3]（美）苏瑞什·M.桑德瑞森.固定收益证券市场及其衍生产品(第2版)[M].龙永红，译.北京：中国人民大学出版社，2006.

[4] 中国证券业协会.固定收益证券估值与分析[M].北京：中国财政经济出版社，2005.

第 2 章
固定收益证券市场概述

赵锡军（中国人民大学）

> **学习目标**
>
> 通过本章的学习，读者应能够：
> ◎ 了解固定收益证券市场的分类及其主要内容；
> ◎ 熟悉债券交易场所的变化及背景；
> ◎ 熟悉债券发行市场和流通市场；
> ◎ 掌握债券发行与交易过程中的重要术语和基础知识。

■ 开篇导读

固定收益证券市场是固定收益证券发行和交易的场所。根据固定收益证券的自身特征（如期限）以及投资者的交易目的，可以对市场进行横向划分，投资者可以在不同市场选择不同的证券工具。另外，由于证券发行与交易过程中涉及的定价规则、发行主体或交易主体、发行制度或交易制度各有区别，因此也可以根据证券从发行到交易的顺序，对市场进行纵向划分。各个市场之间相互补充、相互配合，由此形成了层次分明的固定收益市场，并且各个市场在不断发展的过程中丰富了内容，形成了不同的特点。监管机构既可全面统计、监测市场发展情况，也可根据市场实际情况进行有针对性的监管。

2.1 固定收益证券市场概述和分类

固定收益证券市场是金融市场的一个重要组成部分,是发行和交易固定收益证券的场所。根据不同的分类标准,固定收益证券市场可以分为不同的类别。

【专栏 2-1】

我国债券市场发展演变

我国债券市场的发展演变是一个逐步从计划走向市场,从相对无序走向规范有序的过程。

1. 主要交易场所的演变:从场外柜台到场内交易所,再到场外银行间债券市场

从 1988 年试点国债柜台转让开始,一直到 20 世纪 90 年代初上海证券交易所开辟场内市场,我国绝大部分债券交易都是通过场外柜台市场达成的。1995 年,由于场外柜台市场的债券托管分散且信息不交互,出现了巨大风险,债券交易集中到了沪深证券交易所。为防止银行信贷资金通过交易所债券回购等途径流入股市,1997 年成立了银行间债券市场。2001 年后,银行间债券市场的发行量、交易量和托管量先后超过交易所市场,占据主要市场份额,并一直延续至今。

2. 登记托管模式的演变:从无托管、代保管到交易所二级托管,再到一级托管为主

1981 年恢复发行的国债为实物券,由于当时禁止转让,债券托管未成为一项金融业务。国债柜台转让试点后,部分金融机构尝试开展实物券代保管业务,成为债券托管业务的雏形。人民银行和财政部随后对代保管业务进行规范,并改组设立中央国债登记结算有限责任公司(简称"中债登")作为统一的国债登记托管机构。交易所债券市场早期实行二级托管模式,沪深证券交易所各自所属的证券登记结算公司是一级托管机构,其结算参与人(主要是证券公司)是二级托管机构。2001 年,两家证券交易所将各自的登记托管公司合并为中国证券登记结算有限责任公司(简称"中证登"),专门服务交易所市场。因证券公司挪用客户债券资产、违规进行国债回购等风险事件频发,2004 年后中证登对交易所债券市场实行一级托管模式。2009 年,在人民银行的推动下,银行间市场成立了银行间市场清算所股份有限公司,即上海清算所(简称"上清所"),并由此形成了中债登、中证登、上清所三家一级托管机构分工合作的债券市场托管体系。

3. 发行管理机制的演变:从单一宽松审批到单一严格审批,从多头备案审核到注册制发展

1987 年,国务院发布了《企业债券管理暂行条例》,人民银行作为单一主管机关对企业债券实行集中管理、分级审批,发行管理较为宽松。为整顿乱集资现象,1997 年,发改委开始对企业债券实行严格的审批管理。2005 年后,以短期融资券重新推出为标志,人民银行、发改委和证监会开始对债券发行进行市场化改革,推动公司信用类债券发行快速增长。随着发行备案制效果的彰显,市场呼吁债券发行向注册制转变。2008 年,中国银行间市场交易商协会率先采取发行注册管理。2015 年后,发改委将企业债券预审权委托给中债登,证监会将公司债券审核权下放至证券交易所。

资料来源:朱小川,张颂.全面开放新格局下我国债券市场的发展[N].上海证券报,2017-11-22(009).

2.1.1 货币市场和资本市场

根据固定收益证券的期限可以将固定收益证券市场划分为货币市场（Money Market）和资本市场（Capital Market）。

货币市场是短期债务工具（期限为1年以下）交易的金融市场。银行间同业拆借市场、银行间债券市场和票据市场构成了我国货币市场的主体。我国其他的货币市场还包括国债回购市场、大额可转让存单市场、期限在1年以下的债券市场。其中，银行间同业拆借市场是商业银行进行流动性管理、调剂短期资金余缺的金融市场。全国银行间拆借市场于1996年1月3日开始运行，商业银行拆借最长不超过4个月，这个市场实行自主报价、格式化询价、确认成交的交易方式。

资本市场是1年及1年以上的长期债务工具和优先股票交易的金融市场。在理论研究和金融市场的实践中，以1年为分界线将固定收益证券市场划分为货币市场和资本市场是一种习惯做法，但这种划分方法多少有点武断。一般而言，使用期限在1年以下的资金被认为是短期资金，用作流动性补充；而期限在1年以上的资金则被认为是长期资金，用作资本性支出。

2.1.2 一级市场和二级市场

根据交易的对象是新发行的证券还是已经发行过的证券，固定收益证券市场可以分为一级市场（Primary Market）和二级市场（Secondary Market）。

一级市场也称发行市场，是组织新证券发行业务的市场。一级市场是政府或企业发行固定收益证券以筹集资金的场所。债券发行市场主要由发行人、认购者和委托承销机构组成。债券发行人包括国家、政府机构和金融机构，以及公司、企业和其他法人。债券认购者是指购买债券的投资者，主要包括社会公众团体、企事业法人、证券经营机构、非营利性机构、外国企事业机构和个人投资者。而委托承销机构就是代发行人办理债券发行和销售业务的中介，主要有投资银行、商业银行和信托投资公司等。

二级市场也称流通市场，是买卖已发行证券的市场。当固定收益证券持有人想将未到期的固定收益证券提前变现时，需要在二级市场上寻找买主将证券销售出去。债券一经认购，即确立了一定期限的债权债务关系，但投资者可以通过债券流通市场转让债权。一级市场和二级市场相辅相成，是互相依存的整体。首先，一级市场是二级市场存在的前提和基础，没有证券的发行自然谈不上证券的买卖和转让。其次，二级市场为一级市场提供流动性，如果没有二级市场，新发行的证券就会由于缺乏流动性而难以销售，从而导致一级市场萎缩甚至无法生存；二级市场还可以为一级市场发行的新证券提供价格信号；二级市场的存在使投资者的短期资金来源转为长期资金，扩大了长期资金规模；二级市场将交易者集中在一起并通过高效率的方式完成交易，极大地降低了搜寻成本和交易成本。

2.1.3 交易所市场和场外交易市场

根据市场组织形态，固定收益证券的二级市场又可进一步分为交易所市场（场内交易市场）和场外交易市场（Over-the-Counter Market）。

证券交易所是证券市场交易的固定场所，证券的买卖双方（或他们的代理人和经纪人）在交易所的一个中心地点见面并进行交易。证券交易所是专门进行证券买卖的场所，如我国的上海证券交易所和深圳证券交易所。交易所的组织形式有公司制和会员制（事业法人）两类。会员制交易所是不以营利为目的的组织，实行自律和自我管理，会员大会是其最高权力机构。我国的证券交易所目前实行的是会员制。交易所作为债券交易的组织者，本身不参加债券的买卖和价格的决定，只是为债券买卖双方创造条件，提供服务，并进行监管。证券公司、保险公司、基金管理公司以及一大批国有企事业单位，它们组成交易所市场的机构投资者群体，控制了80%的国债托管量和98%的国债交易量。由于中债登不能真正统揽债券的登记和过户，因此，沪深交易所的债券资产还游离于中债登之外。

场外交易市场是在证券交易所以外进行证券交易的市场。我国债券场外交易市场主要包括金融机构柜台市场和银行间债券市场。许多证券经营机构都设有专门的债券柜台，通过柜台进行债券买卖。在柜台市场中，证券经营机构既可以作为自营商（也称交易商）用自有资金作为客户对家买卖债券，也可以作为经纪人代理客户买卖债券，协助客户完成债券买卖。2002年4月3日，中国人民银行颁布《商业银行柜台记账式国债交易管理办法》。2002年6月开始，工、农、中、建四家商业银行的部分营业网点开办了记账式国债柜台交易业务，承办银行应按照报价以自营方式与投资人进行债券买卖。除金融机构外，凡持有有效身份证件的个人，以及企业或事业社团法人，均可在商业银行柜台开立国债托管账户并进行国债买卖。这标志着商业银行柜台记账式国债交易的开始，这个债券场外交易市场具有极大的发展潜力。此外，我国还有个非常重要的债券场外交易市场——银行间债券市场，这是由中国人民银行建立的场外债券市场，建立初期成员为商业银行，目前的成员包括各类金融机构，现券交易品种为国债和政策性金融债券。银行间债券市场是我国债券市场交易的主体场所，在我国债券市场中发挥主导作用。银行间债券市场和交易所市场的区别如表2-1所示。

表2-1 银行间债券市场和交易所市场的区别

	银行间债券市场	交易所市场
运作模式	报价驱动 一对一询价	指令驱动 自动撮合
主管部门	中国人民银行	中国证监会
自律组织	交易商协会	证券业协会、 中证监测中心
交易工具	现券、回购、债券借贷、 债券远期、利率衍生品、 信用风险缓释工具	现券、回购、 国债期货

（续表）

	银行间债券市场	交易所市场
交易平台	外汇交易中心、北京金融资产交易所提供的债券交易系统	交易所提供的交易系统
托管结算机构	中央结算公司、上海清算所	中证登
品种	国债、地方政府债	
	企业债券	
	部分政策性金融债券	
	信贷资产支持证券	
	央行票据、政府支持债券	公司债券
	金融债券（政策性金融债券、商业银行金融债券、次级债券、混合资本债券、财务公司等非银行金融机构债券）	可转债、可分离债
	非金融企业债务融资工具(超短期融资券、短期融资券、中期票据、中小企业集合票据、定向工具、资产支持票据、项目收益票据、国际债券等)	中小企业私募债

【专栏 2-2】

债券主要交易场所的演变

1. 第一时期：以场外柜台交易为主（1981—1991 年）

1981—1987 年，国债恢复发行。1981 年 1 月，我国颁布了《中华人民共和国国库券条例》，财政部开始发行国债。国债恢复发行之初，主要采取行政摊派方式，由财政部门直接向认购人（主要是企业和居民个人）出售国债，带有半摊派的性质。但恢复发行之后，经历了长达 7 年的有债无市的历史过程。

1988—1991 年，实物券柜台市场主导时期——早期的场外市场。债券市场真正的起步，还要从 1988 年算起。1988 年前后，为应对各方面改革和建设的资金需求，政府除国库券外，还发行了 5 个品种的国债。

1988 年，我国尝试通过商业银行和邮政储蓄的柜台销售方式发行实物国债，开始出现了国债一级市场。同年，为了解决先后发行的大规模国债的流通变现问题，财政部批准在全国 61 个城市进行国债流通转让的试点，这是银行柜台现券的场外交易，中国国债二级市场（柜台交易市场）也初步形成。

1990 年 12 月，上海证券交易所成立，开始接受实物债券的托管，并在交易所开户后进行记账式债券交易，首次形成了场内、场外两个交易市场并存的格局。

1991年年初，我国将国债流通转让范围扩大到全国400个地市级以上城市，以场外柜台交易市场为主、场内集中交易市场为辅的国债二级市场格局基本形成。发行方式逐步由柜台销售、承购包销过渡到公开招标。期限品种基本上以3年期和5年期为主。

1988—1991年，出现了著名的"杨百万"，其通过套利交易国库券赚取了大量金钱。这一阶段，我国债券市场品种以国债和企业债券（包括金融债券）为主，发行目的是弥补财政赤字，筹集建设资金和解决改革中的微观问题，而不是从发展中国债券市场的宏观视角出发的。从发行主体来看，主要以财政部为单一主体，即使是发行企业债券也需要央行核准、银行担保，实质上仍是公债性质。从发行方式上来看，并不是市场发行，而是以摊派分配为主。从债券市场的统一性来看，并没有建立全国统一市场，而是形成债券经营机构各自为战的松散结构。因此，这一阶段是我国债券市场发展的婴儿时期，市场发展的推动力并不是战略性的，而是更多地体现为战术上的需要和发展的偶然性。

2. 第二时期：以交易所交易为主（1991—1997年）

交易所国债市场主导时期——场内市场创立与发展。1991年，随着交易所的成立，债券的交易重心逐渐向交易所转移，形成了场内和场外交易并存的市场格局，但场内市场尚不成熟。此时，发行利率仍为行政确定。直到1995年，国债招标发行试点成功，国债发行利率才开始实行市场化，这标志着我国债券发行的市场化正式开始。

1991—1994年，国家通胀严重，债券普遍折价。其间，管理层的政策思路主要是通过增加保值补贴率变相提高债券收益率以吸引投资者，通过发展衍生品市场带动基础产品市场，从而提高市场整体流动性。

1992年12月28日，上海证券交易所首次设计并尝试推出了12个品种的国债合约。2.5%的保证金制度可把交易量扩大40倍，有效提高了国债期货产品的流动性。但国债期货试行的两周内交易清淡。

1993年7月11日，情况发生了转变，财政部颁布了《关于调整国库券发行条件的公告》，称在通胀居高不下的背景下，政府决定参照人民银行公布的保值贴补率给予一些国债品种保值补贴。保值贴补率的不确定性为炒作国债期货提供了空间，大量机构投资者由股市转入债市，交易所的现券交易量和期货交易量都随之大幅增加。

1994年，财政部发行1 028亿元国债，比上年增加近两倍，从而促进了交易所债券交易的活跃。更为重要的是，这一年交易所开辟了国债期货交易，在其配合之下，交易所债券市场的债券现货交易量开始明显扩大。

这种状况一直维持到1995年5月，之后因"327"国债期货事件，国债期货市场关闭，交易陡然萎缩。当时，财政部和市场管理部门将实物券流通中所发生的问题，归因于场外市场，并认为记账式债券是交易所才可能拥有的特性。随即，1995年8月，国家正式停止了一切场外债券市场，证券交易所变成了中国唯一合法的债券市场。1995年，财政部仅试点发行了117亿元的记账式国债。

到了1996年，记账式国债开始在上海证券交易所和深圳证券交易所大量发行。这一年，证券交易所发行了6期共1 116.7亿元的记账式国债，占当年国债发行量的52.5%。同时，二级市场成交量也迅速放大，上海证券交易所和深圳证券交易所1996年的债券成交量比1995年增长了近10倍，其中上海证券交易所占成交总量的95%以上。同时，随着债券回购交易的展开，交易所债券市场体系初步形成。

1997年上半年,随着股市大涨,大量银行资金通过交易所债券回购方式流入市场造成股市过热。为此,根据国务院的统一部署,中国人民银行决定商业银行全部退出上海证券交易所和深圳证券交易所的债券市场,这也标志着以上海证券交易所为代表的场内债券市场的发展受到较大影响,我国债券市场必须探索新的债券组织和交易形式。债券价格的波动性相对股票小很多,但当市场化程度不高时,流动性容易受到交易所竞价方式的制约,自动撮合无法保证买卖双方的交易需求随时可以配对,成交价格容易在大宗交易的影响下大幅波动。同时,由于市场机构对债券的认识不充分,将债券当作股票来投机炒作,从而使债券大幅偏离其本身的内在价值。在交易方式上,上海证券交易所和深圳证券交易所先后开办了国债现券交易、国债期货交易和回购交易,以及企业债券现货交易。这极大地丰富了我国债券市场的交易品种和交易方式。监管结构上,建立了中国证券监督管理委员会、中国国债协会及中国证券业协会等监管机构。基础设施建设上,建立了全国性的国债登记托管机构和交易所电子交易系统。

这一阶段,我国债券市场不断正规化,交易品种逐渐丰富,交易方式也不断创新,但发行目的与交易目的却不匹配。发行目的仍然是宏观经济管理,交易主体却是为了满足自己的投资需求,或为了逐利。

3. 第三时期：以银行间债券市场交易为主（1997年至今）

银行间债券市场产生并初步发展——场外交易市场的兴起。为了解决交易所市场发展产生的问题,1997年6月,中国人民银行发文通知商业银行全部退出上海证券交易所和深圳证券交易所的债券市场,将其所持有的国债、融资券和政策性金融债券统一托管于中债登,并进行债券回购和现券买卖,全国银行间债券市场启动。尽管银行间债券市场建立初期仅有16家商业银行总行作为成员,但这毕竟是一个开端,意味着一个大规模的债券场外市场在中国已经起步了。从银行间资金融通起步,银行间债券市场突出解决了银行间的资金融通问题。

1998年5月,人民银行债券公开市场业务恢复,以买进债券和逆回购投放基础货币,为商业银行提供了流动性支持,活跃了银行间债券市场的交易。1998年,债券发行方面,财政部在银行间债券市场上的债券发行量达到4 636亿元,其中包括补充国有银行资本金的2 700亿元特种国债、对冲下调存款准备金率的423亿元专项国债、1 000亿元建设国债和谈判发行的513亿元国债。1998年9月,国家开发银行通过银行间债券发行系统,采取公开招标方式首次市场化发行了金融债券,随后中国进出口银行也开始市场化发债,两家银行市场化发债410亿元。财政部和政策性银行发债的结果是,使1998年年底银行间债券市场存量达到10 103亿元,比1997年年底增加两倍。虽然银行间债券市场尚未成为国债发行的最主要场所,但发展势头良好。

从1999年开始,随着银行间债券市场规模的扩大,场外债券市场已渐渐演变为中国债券市场的主导力量。1999年,财政部和政策性银行在银行间债券市场发行国债和政策性金融债券共计4 426亿元,占当年中国债券发行总量的74%。2000年,财政部和政策性银行又在银行间债券市场发行国债3 904亿元,占当年中国债券发行总量的62%。至此,银行间债券市场成为中国债券发行的首要场所。

同时,人民银行开始大量增加银行间债券市场的成员,推动商业银行将资金融通的方式转移到债券回购上来。1998年10月,人民银行批准保险公司入市;1999年年初,325家城乡信用社成为银行间债券市场成员;1999年9月,部分证券公司和全部的证券投资基金开始在银行间债券市场进行交易;2000年9月,人民银行批准财务公司进入银行间债券市场。至此,代表中国批发债券市场的银行间债券市场,其组织成员达到693家金融机构,基本覆盖了中国的金融体系。而且在2000年年初,人民银行推出《全国银行间债券市场债券交易管理办法》,首次提出双边报价商的概念,到了2001年8月,工商银行、农业银行、建设银行等9家商业银行获准成为双边报价商,我国银行间债券市场的做市商制度正式确立。

1999年,银行间债券市场债券回购成交量迅速放大,直至2000年8月,中央银行公开市场业务开展双向操作之后,银行间债券市场日成交量稳定在200亿元左右的水平,远远超过交易所债券市场。交易制度的创新,使大宗债券交易变成了现实,提高了银行持有债券的积极性。这不仅有力地降低了发债成本、扩大了债券市场容量、支持了中国积极财政政策的实施,而且使商业银行改善资产结构的愿望变成了现实。商业银行资产中,债券的比重已从1997年年底的5%,提高到2001年年底的17%,商业银行资产单一、贷款比重过大的情况已有了明显改观。

银行间债券市场快速而平稳的发展,为中央银行公开市场业务操作提供了基础,并使之逐渐成为央行实现货币政策的主要手段,同时也为推动利率市场化进程打下了基础。

据发达国家的统计,场外债券市场的单位交易成本仅为交易所的1/10,这就方便各种类型的投资者参与场外债券市场。但是,我国的场外债券市场以银行间债券市场的形式出现,一开始就将主体限定为银行,反而使得场外债券市场交易主体的类型和数量少于交易所债券市场,不能覆盖全社会所有的债券投资者,大大限制了其功能的发挥。

2.2 债券的发行市场

2.2.1 债券发行方式

政府、金融机构和工商企业在发行债券时,可以选择不同的投资者作为发行对象。由此,可以将证券发行分为私募和公募两种方式。

私募又称不公开发行或内部发行,是指面向少数特定的投资者发行证券的方式。私募发行的对象大致有两类:一类是个人投资者,例如公司原有股东或发行机构自己的员工;另一类是机构投资者,例如大的金融机构(保险公司、养老基金等),或与发行人有密切往来的企业等。私募发行有确定的投资者,发行手续简单,信息披露的要求不高,发行时间短,发行成本低。由于私募发行方式涉及的债权人数量少,因此一旦发生违约,双方更容易协商解决。但私募发行的不足之处是投资者数量有限、流动性差。私募债券的利率通常高于同类公募发行的债券。

公募又称公开发行,是指发行人通过金融机构向不特定的社会公众广泛地发售债券。在公募发行的情况下,所有合法的社会投资者都可以认购。为了保障广大投资者的利益,各国对公募发行都有严格的要求。例如，要求发行人有较高的信用，符合证券主管部门规定的各项发行条件，要求发行人详细地披露信息，等等。公募发行面向公众投资者，发行面广，投资者多，可以筹集大量的资金，而且债券分散，不易被少数大债权人控制。只有公开发行的债券才能申请在交易所上市，因此公募发行可以增强债券的流动性。但是，公募发行的缺点也是明显的：发行过程复杂，信息披露的要求高，登记核准所需时间长，发行成本比较高。

2.2.2 金融机构在债券发行中的作用

在债券的发行过程中，一些金融机构，如投资银行和商业银行，发挥着重要的作用。采用私募方式发行债券时，投资银行可以帮助发行人设计债券、确定债券价格、联系潜在的投资者，或者向投资者提供投资建议。采用公募方式发行债券时，投资银行和商业银行等金融机构作为承销商在一级市场上协助债券发行。承销是指金融机构借助其在证券市场上的信誉和营业网点在规定的发行有效期限内将债券销售出去。根据金融机构在承销过程中所承担的风险和责任的不同，承销又可分为代销和包销两种方式。

代销是指债券发行人委托承销业务的金融机构（又称承销机构或承销商）代为向投资者销售债券。承销商按照规定的发行条件，在约定的期限内尽力推销，到销售截止日，债券如果没有全部销售出去，那么未销售出去的债券退还给发行人。承销商不承担任何发行风险。在代销协议中，承销商和发行人之间是委托-代理关系，承销商的收入来自佣金收入。代销发行比较适合信誉好、知名度高的大型企业，这是因为这些企业信息不对称的问题不严重，他们的债券容易被广大投资者接受，代销方式能有效地降低发行成本。

包销是指发行人与承销机构签订合同，由承销机构按一定价格买下全部债券并按合同规定的时间将价款一次性付给发行人，然后承销机构按照略高的价格向公众投资者销售。在包销过程中，承销商与发行人之间是买卖关系，即承销商将债券低价买进然后高价卖出，承销商的收入来自买卖差价，同时承担全部销售风险。对发行人而言，包销方式的好处是既能保证如期及时地得到全部所需的资金，又无须承担发行过程中的价格变动风险；但其不利之处是发行成本高。

2.3 债券的流通市场

流通市场是买卖已经发行的债券的市场。发行市场和流通市场的本质区别是流通市场中债券购买者支付的资金并不会流向债券的发行人，而是流向债券的销售者。交易商和经纪人对于运行良好的二级市场来说至关重要。交易商和经纪人可以有效地降低债券市场的交易成本，提高债券流动性。交易商可以运用自有账户和资金直接进行证券买卖，收入来自买卖差价。经纪人则只充当证券买家和卖家的中间人，从事代客买卖业务，收入来自佣金。在债券市场上，投资银行、商业银行等金融机构作为交易商和经纪人发挥了重要作用。

投资者在债券流通市场上买卖债券会形成债券价格,即债券成交价格。债券的成交价格是由买卖双方在一定的撮合原则下,由市场供需条件决定的。在不同的市场结构下,债券价格的形成方式是不一样的,理解市场结构和价格形成方式非常重要。

2.3.1 连续市场和集合市场

根据价格形成是否连续,基本上可将债券市场分为连续市场和集合市场。在连续市场上,当买卖双方连续委托买进或卖出上市的债券时,只要彼此符合成交条件,交易就可在交易时段中的任何时点发生,一般按照"价格优先、同等价格下时间优先"的原则成交和确定成交价,成交价依供需条件的变化而不断变化。集合市场则对接受的全部有效委托采取一次集中撮合处理形成价格,也就是市场累积一定量的买卖申报后才进行一次集中成交,买卖双方达成交易要间隔一段较长的时间。集合市场确定成交价的原则是:在有效价格范围内选取使所有有效委托产生最大成交量的价位,所有成交都按照同一成交价成交。

2.3.2 客户委托单驱动市场和交易商报价驱动市场

按照形成价格的直接主导力量,债券市场可分为客户委托单驱动(Customer-driven)市场和交易商报价驱动(Dealer-driven)市场。客户委托单驱动市场是指成交价是由买卖双方直接决定的,投资银行等金融机构在成交价形成过程中只作为经纪人发挥作用,使市场整体交易更平稳、顺畅。我国的上海证券交易所和深圳证券交易所属于客户委托单驱动市场。交易商报价驱动市场是指交易商提出买卖报价,其他投资者根据交易商提出的价格与该交易商进行交易的市场。目前,我国债券的场外交易市场(如银行间债券市场和记账式国债银行柜台交易市场)采用交易商报价驱动制度。

2.3.3 做市商制度

典型的交易商报价驱动制度就是做市商(Market Maker)制度。从发达国家债券市场的运行实践看,债券场外市场通常采用做市商制度。做市商是指在债券市场上,由具备一定实力和信誉的债券经营机构作为特许交易商,不断地向公众投资者报出某些特定债券的买卖价格(即双边报价),并在该价位上接受公众投资者的买卖要求,以其自有资金和债券与投资者进行债券交易。做市商这种连续不断的买卖,可以达到增强市场流动性和满足公众投资者买卖需求的目的。

在债券市场交易中,任何时间,投资者下达的买入和卖出证券的委托单数量都可能出现暂时性的不平衡,这可能产生两个问题:第一,在债券供求没有变化的条件下可能造成债券价格的剧烈波动;第二,投资者如果想立刻成交就必须支付偏离清算价的价格。例如,A 债的价格始终保持在 100 元的合理价位,假设大量的买单涌入市场,而又没有相应数量的卖单满足这种需求，这种供求暂时性的不平衡有可能将 A 债券价格推至 105 元。尽管 A 债券发行人的基本面没有发生任何显著变化，但是债券的价格还是发生了剧烈的波动。如果 A 债券的购买者想立刻成交，就必须支付 105 元而不是 100 元，其差额 5 元被看作交易"即时性"的价格。即时性是指立刻成交的能力，即投资者不愿意等待直到等额的、方向相反的委托单出现使价格恢复到合理水平。这种债券供求暂时性不平衡的存在是建立做市商制度最根本的原因。做市商向债券市场提供了即时性并保持了价格的稳定，并且为市场参与者提供了更好的价格信息，在某些债券市场中做市商还提供类似拍卖师的服务，维护市场的秩序和公正。

做市商买卖价格的差额可以被看作做市商提供上述服务的价格。哪些因素决定了价格差额的大小呢？首先，最重要的因素就是做市商的经营成本，例如，为完成交易而需要购置的设备、员工的工资，等等；其次，做市商也承担了风险，这既包括所买卖债券的价格风险，也包括债券的流动性风险。而流动性风险又包括两方面的内容：一方面与市场厚度有关，市场厚度可以由交易频率表示，交易越频繁，市场就越厚，市场越厚，做市商持有债券的时间可能就越短，债券价格发生不利变化给做市商造成损失的可能性就越小，做市商的买卖价格差额也就越小；另一方面与信息不对称有关，某些市场参与者（如发行人或某些机构投资者）可能拥有更多的与债券有关的信息，做市商与这些市场参与者交易就可能遭受损失。做市商必须提高买卖价格差额以保护自己免受这种信息不对称造成的损失。因此，与债券有关的信息越不透明，买卖价格的差额就越大。

本章小结

本章是对固定收益市场的概述。固定收益市场按照证券的到期期限可以分为货币市场和资本市场。货币市场是短期债务工具（期限为 1 年以下）交易的金融市场，资本市场是 1 年及 1 年以上的长期债务工具和优先股票交易的金融市场。固定收益市场根据交易对象是否为首次发行可分为一级市场和二级市场。一级市场是组织新证券发行业务的市场，二级市场也称流通市场，是买卖已发行证券的市场。另外，固定收益市场根据市场组织形态还可分为交易所市场和场外交易市场。在不同的市场中，参与主体与债券定价规则不完全相同，例如，在发行市场中，根据参与主体的不同，债券发行可分为公募发行和私募发行；在流通市场中，根据价格是否连续，债券市场可分为连续市场和集合市场，根据价格主导力量，债券市场可分为客户委托单驱动市场和交易商报价驱动市场，典型的交易商报价驱动制度就是做市商制度。

重要术语

场外柜台市场　交易所市场　银行间债券市场　货币市场　资本市场　一级市场　二级市场　公募　私募　做市商制度

思考练习题

1. 请简述固定收益市场的分类。
2. 交易所和场外交易市场的区别是什么？
3. 证券的发行方式有哪些？请分别介绍。
4. 什么是承销、包销、代销？
5. 请简述债券价格的形成方式有哪些，并分别说明定价形成过程。
6. 请简述什么是做市商制度。

参考文献

［1］（美）苏瑞什·M.桑德瑞森.固定收益证券市场及其衍生产品[M].龙永红，译.北京：中国人民大学出版社，2006.

［2］朱小川，张颂.全面开放新格局下我国债券市场的发展[N].上海证券报，2017-11-22（009）.

第 3 章
中国固定收益证券市场发展历程

赵锡军（中国人民大学）

> **学习目标**
>
> 通过本章的学习，读者应能够：
> ◎ 了解中国固定收益证券市场的发展历程；
> ◎ 掌握中国债券市场的分类及特点；
> ◎ 熟悉中国固定收益证券衍生品市场的发展历程与重要术语。

■ 开篇导读

我国固定收益证券的典型代表是债券。债券是重要的金融工具之一，债券市场为我国经济建设提供了大量资金。与我国股票市场相比，时间上，债券市场起步更早；规模上，债券市值已经超过了股票市值。截至 2018 年 7 月初，我国债券市场存量规模达到 78.81 万亿元，位居全球第三、亚洲第二。2017 年年末，我国债券市场存量占国内生产总值（GDP）的比重上升至 90.3%，到 2020 年，债券市场余额占的 GDP 比重将提高到 100% 左右。

■ 3.1 发展历程：六大阶段

根据历史上我国债券市场规模结构变化和主要券种发行情况，我国债券市场发展可以分为以下几个阶段。

①传统阶段（1950—1958年）：中华人民共和国成立初期，为了支持经济恢复和建设，我国发行过"人民胜利折实公债"和"国家经济建设公债"，1958年后发行被终止。

②空白阶段（1959—1980年）：无债券发行。

③萌芽阶段（1981—1986年）：改革开放后，1981年，财政部正式发行国债，主要采取行政摊派方式。20世纪80年代初，一些企业自发向社会或内部集资，类似于债权融资，这是信用债的雏形。1985年，银行和非银行金融机构开始发行金融债券。

④起步阶段（1987—1993年）：1987年，《企业债券管理暂行条例》颁布，企业债券开始发展。1988年，我国尝试通过商业银行和邮政储蓄的柜台销售方式发行实物国债，同年，财政部批准在全国61个城市进行国债流通转让的试点，场外交易市场初步形成。1990年12月，上海证券交易所成立，国债开始在交易所交易，形成场内交易市场。1993年，由于企业债券扩张带来一些潜在金融风险，《企业债券管理条例》发布，企业债券发行受限，债券市场进入规范发展阶段。

⑤完善阶段（1994—2004年）：1994年4月，国家开发银行第一次发行政策性银行债券。1995年，国债招标发行试点成功，国债发行利率才开始实行市场化，这标志着我国债券发行的市场化进程正式开始。1996年，政府决定选择有条件的公司进行可转换债券的试点，可转债市场开始发展。1997年6月，中国人民银行发文通知商业银行全部退出上海证券交易所和深圳证券交易所的债券市场，将其所持有的国债、融资券和政策性银行债券统一托管于中债登，并进行债券回购和现券买卖，全国银行间债券市场启动。2002年，在吸取融资券成功经验的基础上，人民银行推出了央行票据，央行票据成为货币政策的重要工具之一。2004年，兴业银行首次发行金融次级债，为商业银行补充附属资本拓宽了渠道。

⑥扩张阶段（2005年至今）：2005年4月，《信贷资产证券化试点管理办法》颁布，标志着资产证券化正式进入中国的资本市场；同年5月，短期融资券试水，并且在发审上实行注册制，这为企业债券的市场化发行奠定了基础，也是信用债市场开始加速发展的起点。2007年10月，第一只公司债券在交易所市场面世。2008年4月，中期票据问世，实行注册制，在期限上丰富了企业债券品种。2009年4月，由财政部代发的第一只地方政府债券问世，填补了我国地方债券的空白；同年11月，我国第一只中小非金融企业集合票据发行成功，进一步丰富了企业债券品种。2010年，中国银行间市场交易商协会发布《银行间债券市场非金融企业超短期融资券业务规程（试行）》，超短期融资债券推出。2011年至2012年，由于金融危机而暂停的各资产证券化试点陆续重启。2015年1月，《公司债券发行与交易管理办法》发布，公司债券发行主体由上市公司扩大至所有公司制法人（除地方融资平台），公司债券发行爆发式增长，同年，由于地方政府债务置换开展，地方政府债券规模也大幅增加。

从品种上来看，信用债的发展晚于利率债，创新产品的出现则更晚，但均发展迅猛。1996年，信用债规模开始占据一定比例，随后比例逐渐扩大，近几年已占近半壁江山。创新产品在2000年前后开始出现，现已初具规模。经济的发展需要金融支持，债券作为一种直接融资工具，期望发行的主体规模大、类型多，需要不同品种的债券来满足这些需求。

3.2 利率债市场发展历程

3.2.1 国债

我国历史上第一次发行国债是在 1898 年,所发国债的名称是"昭信股票"。这是个很有趣的名称,在概念上似乎有些混淆,是国债却命名为"股票"。在北洋政府时期,国债发行开始寻常化。在南京国民政府时期,从 1927 年至 1936 年,共发行过各种国债 45 亿元。抗日战争时期则发行国债 90 亿元。1949 年以前,在中国共产党领导的各个根据地,人民政府也发行过几十种国债。

1949 年以后,我国政府发行国债可划分为两个时期: 20 世纪 50—80 年代为一个时期, 80 年代以后为一个时期。在 20 世纪 50 年代,国家统一发行过 6 次国债,第一次是在 1950 年发行了"人民胜利折实公债",主要目的是平抑物价,平衡财政收支,制止当时严重的通货膨胀,所谓"折实"就是为了保值。从 1954 年起,为筹集建设资金,国家连续 5 年发行"国家经济建设公债",但自 1968 年本息偿付后,一直到 1981 年,国家都没有发行过国债。

1981 年以后,我国已进入改革开放时期,国家每年都有国债发行,包括国库券、财政债券、重点企业债券、国家建设债券、基本建设债券、特种国债、保值公债,等等。1988 年,我国分两批开展国债流通转让业务试点,从而有了国债流通的二级市场。1991 年,在全国 400 个城市放开国债二级市场。1991 年,国债发行还采用了承购包销方式,到 1993 年,国债发行采取一级自营商制度,形成了国债发行的批发市场。1994 年,财政部开始发行短期国债,首次有了半年期、1 年期国债,这既促进了货币市场的发展,也为中央银行发展公开市场业务,调控货币流通数量打下了基础。

1995 年以后,我国主要采取一种完全市场化的招投标方式发行国债。1995 年 8 月,财政部首次对 1995 年 1 年期记账式国债采用招标方式发行,全国 50 家国债一级自营商先依照规定认购基本的承销数额,然后再对超出认购份额以上的部分进行竞争性投标认购。标的为缴款期,谁的缴款期早谁就优先。后来,国债发行还采用过价格招标、收益率招标等方式。1995 年,国债发行突破 1 500 亿元,到 1997 年,我国中央财政有近 3/5 的支出由国债维持。国债对我国财政经济的作用已经非常重要,这也大体上体现了现代国家财政的一般特征。2002 年以后,政府不断出台新的措施促进交易主体、交易品种、交易平台的融合和统一,国债市场交易机制逐步完善。

3.2.2 地方政府债券

地方政府债券是地方政府发行的债券,募集的资金一般用于地方性公共基础设施的建设。我国地方政府债券的发行逐渐放开,经历了禁止发行、代发代还、自发代还和自发自还几个阶段。

中华人民共和国成立初期，我国政府效仿苏联，主要采取计划经济体制模式，对于国家财政资源进行"统收统支"，地方财政不能享受到独立债务管理的权力。但是，由于国库亏空，中央政府逐渐开始允许各省、自治区、直辖市在确有必要时发放建设地方经济折实公债。改革开放以后，随着"利改税"政策和"拨改贷"政策全面推行，各级地方政府享受的财权增加。为了进一步加快经济建设，地方政府向中央提出发行地方政府债券。但一方面，当时社会投资已经过热，若再开放政府债券势必引起社会通货膨胀；另一方面，地方政府能力有限，过去发行的公债因为期限错配、管理低效，最后都要中央政府进行兜底。于是在1993年，国务院明文规定，地方政府不能利用各种变相的手段发行政府债券，原因是"怀疑地方政府承付的兑现能力"。1995年起实施的《中华人民共和国预算法》明确规定，地方政府不得发行地方政府债券。2009年4月，为应对金融危机，刺激经济发展，由财政部代理发行的2 000亿元地方债券问世。2011年，《2011年地方政府自行发债试点办法》出台，上海、浙江、广东、深圳等省市开展地方政府自行发债试点，由财政部代办还本付息。2013年，又新增了江苏和山东两个自行发债试点。2014年，《2014年地方政府债券自发自还试点办法》出台，经国务院批准，上海、浙江、广东、深圳、江苏、山东、北京、江西、宁夏、青岛这10个省市试点地方政府债券自发自还，并引入市场信用评级，意味着地方债券发行朝着市场化路径迈出了实质性步伐。截至2016年6月30日，我国地方政府债券存量为8.27万亿元。

3.2.3 政策性银行债券

1994年4月，国家开发银行首次发行政策性银行债券，发行方式为派购发行，而市场化发行由国家开发银行于1998年9月推出。1999年，中国进出口银行尝试市场化发行政策性银行债券。2004年，中国农业发展银行开始发行政策性银行债券。

3.2.4 中央银行票据

中央银行票据在20世纪90年代就开始被作为货币政策工具使用，2004年，3年期的中央银行票据首次发行，2005年，中国人民银行公布了中央银行票据发行时间表，确定了中央银行票据在公开市场操作中的地位。后来，由于一级市场、二级市场收益率倒挂，中央银行票据发行成本过高，2011年，1年期中央银行票据停止发行。出于货币政策转向、央行放开对长期流动性的锁定等原因，2013年，3个月期和3年期央行票据陆续停止发行。2013年12月后，没有新的中央银行票据发行。直到2018年11月7日，中国人民银行通过招标发行2018年第一期（3个月）和第二期（1年）中央银行票据各100亿元。

3.3 信用债市场发展历程

我国信用债市场始于 1983 年，2005 年以前缓慢增长，2005 年以后快速增长。

3.3.1 2005 年以前缓慢增长阶段

中国发行企业债券始于 1983 年，最初主要是以集资方式出现的，其票面形式、还本付息方式等基本方面很不规范。1987 年 3 月 27 日，国务院发布了《企业债券管理暂行条例》，使中国企业债券在发行、转让、形式、管理等各个方面开始走向规范化。

2005 年以前，我国企业债券融资规模较小、增长缓慢，年发行量最高也未超过 700 亿元。例如，1996 年，我国企业债券融资仅为 9 亿元，市场余额为 9 亿元。到 2004 年时，企业债券发行量 322 亿元，可转债发行量 209 亿元，合计也只有 531 亿元。

我国信用债增长缓慢的主要原因是品种单一，只有企业债券，期限以 5—10 年为主，而且企业债券融资主要是作为贷款的补充，为企业提供较长期限的融资；同时，发改委对企业债券发行采取的严格额度审批制度也限制了其规模的扩大。2002 年以后，可转债发行规模有所扩大，但可转债发行主体因只限于发行股票的公司，所以规模也难以扩大。

3.3.2 2005 年以后快速增长阶段

以 2005 年人民银行推出短期融资券为标志，我国信用债市场进入快速增长阶段。2008 年，中国银行间市场交易商协会推出了中期票据，并颁布《银行间债券市场非金融企业债务融资工具管理办法》，进一步促进了企业债务融资的发展。随后，我国银行间债券市场上短期融资券和中期票据发行规模及存量出现爆发式增长，2005 年当年短期融资券的发行规模就达到 1 453 亿元，几乎是以前年度企业债券发行规模的总和，而中期票据成为存量信用债中占比最高的品种。

2005 年以来我国信用债市场快速发展，除了得益于信用债品种的丰富，信用债发行的市场化也是一个重要原因。人民银行在 2005 年推出短期融资券时，尝试进行发行体制改革，采取备案制，强调通过市场化的发行来放松管制，极大地激发了市场潜力。2007 年，人民银行授权中国银行间市场交易商协会管理短期融资券以后，开始实行注册制。2008 年，中期票据由中国银行间市场交易商协会推出时就实行了注册制。在监管竞争的压力下，发改委从 2008 年起，简化了企业债券核准程序，由原来的先核定发行规模，再批准发行方案两个环节，改为直接核准发行一个环节，按照条件核准，成熟一家发行一家，极大地满足了市场主体的融资需求，推动了信用债市场的迅猛发展。目前来看，我国信用债发行审批方式，仍是市场化注册制与非市场化审批制并存，但由于注册制程序更为简化、过程更为透明、效率更高等显著优势，逐渐居于主导地位。2007 年，短期融资券采用注册制后，当年企业债券融资总额中采用市场化模式的比例就达到 59%，一举超过非市场化模式。2008年中期票据推出后，采用市场化模式的比例达到61%。2010年，这一比例进一步提高到71%，市场化方式在我国企业债务融资中已经居于主导地位，这一点与企业债务融资规模较大的美国、日本、韩国等国家的情况类似。

3.3.3 信用债市场重要事件

1987年，国务院发布《企业债券管理暂行条例》，企业债券在发行、转让、形式、管理等各个方面开始走向规范化。

2005年，《短期融资券管理办法》和《全国银行间债券市场金融债券发行管理办法》实施，推出短期融资券。

2007年，《公司债券发行试点办法》发布，标志着我国公司债券发行工作的正式启动。同年，首只公司债券"07长电债"发行，它的成功发行标志着我国公司债券市场发展迈出了历史性的一步，在业内被誉为"长江电力一小步，资本市场一大步"。

2008年，首单H股公司债券"08中材债"发行。《银行间债券市场非金融企业中期票据业务指引》出台，推出中期票据。

2009年，金融租赁公司和汽车金融公司开始发行金融债券。

2010年，银行间债券市场推出超短期融资券。

2011年，《银行间债券市场非金融企业债务融资工具非公开定向发行规则》发布，私募中期票据进行先行试点。

2012年，首单中小企业私募债"12乐视01"发行。

2013年，《证券公司资产证券化业务管理规定》出台。

2015年，证监会发布《公司债券发行与交易管理办法》，对公司债券的发行主体进行了扩容，发行方式扩展至非公开发行，提高了审核效率，公司债券开始发力。

【专栏3-1】

资产证券化发展历程

我国资产证券化试点之路颇为漫长。2005年，央行和银监会联合发布《信贷资产证券化试点管理办法》，随后建设银行和国家开发银行获准进行信贷资产证券化首批试点工作。在央行和银监会主导下，基本确立了以信贷资产为融资基础、由信托公司组建信托型SPV、在银行间债券市场发行资产支持证券并进行流通的证券化框架。

2007年，浦发银行、工商银行、兴业银行、浙商银行及上汽通用汽车金融公司等机构成为第二批试点机构。但第二批试点额度用完时，恰逢金融危机席卷全球，对证券化产品的谈虎色变令这一新兴事物的成长戛然而止。

在经历了2009年的信贷狂飙之后，监管部门对资本充足率的硬约束以及随后的信贷收紧令，使资产证券化扩容或重启的呼声四起。

1. 资产证券化环境分析

2011年5月,中国银监会发布了《中国银监会关于中国银行业实施新监管标准的指导意见》(以下简称《指导意见》)。根据《指导意见》关于资本充足率和拨贷比的最新要求推算,未来6年中国13家上市银行核心资本缺口合计将达到7 885亿元,总资本缺口合计将达到13 919亿元,为其2010年合计净利润的2倍;新增计提拨备合计达到10 769亿元,为其2010年拨备余额的1.4倍。

同年5月,银监会又发布了《商业银行资本充足率管理办法(征求意见稿)》,《征求意见稿》中对商业银行冲击最大的是调整部分贷款的风险权重。

2. 金融业的尝试

2000年9月和10月,建设银行和工商银行相继获准实行住房抵押贷款证券化试点。

2003年6月,中国华融资产管理公司将132.5亿元债权资产证券化,被称为准证券化。

2004年4月,工商银行宁波市分行将26.02亿元债权资产证券化。这是中国商业银行的首个资产证券化项目,第一次尝试采用资产证券化的方式处置不良贷款。

2005年3月,国家开发银行和建设银行获准作为试点机构,分别进行信贷资产证券化和住房抵押贷款证券化的试点工作。

2005年12月15日,国家开发银行发行了国内首只ABS——"2005年第一期开元信贷资产支持证券"。该交易的基础抵押资产为国家开发银行发放的工商业贷款,共计51笔,本金余额为41.77亿元。

2005年12月15日,建设银行发行国内首只个人住房抵押贷款证券化产品(Residential Mortgage Backed Security,RMBS)——"建元2005-1个人住房抵押贷款证券化信托"。该交易的基础抵押资产池包含15 162笔个人住房抵押贷款,本金余额为30.17亿元。

3. 近期情况

2017年,资产证券化产品的发行数量为665单,发行金额为14 711.76亿元,较2016年分别增长30.19%和62.16%。其中,资产支持专项计划484单,总金额7 906.52亿元;资产支持票据34单,总金额574.95亿元;资产支持计划13单,总金额253亿元;信贷资产支持证券134单,总金额5 977.29亿元。2016年,信贷资产支持证券共发行108单,总金额仅为3 908.53亿元,2017年金额较2016年增长52.93%。各类信贷资产支持证券发行情况不尽相同,担保贷款凭证(Collateralized Loan Obligation,CLO)发行29单,金额占比20.16%,较2016年(36.78%)显著下降,已不再占据主导地位;而RMBS发行量上升,2017年发行19单,金额1 707.51亿元,较2016年分别增长26.67%和62.71%;消费贷款规模大幅上升,发行金额1 489.36亿元,占比24.92%;个人汽车抵押贷款资产支持证券较2016年稳步上升,共发行1 094.78亿元,占比18.32%。此外,资产支持票据(ABN)发行规模增长迅猛,截至2017年年底,共发行各档票据219只,累计发行规模970.72亿元。2017年共计38家企业注册发行ABN,注册规模达到1 596.20亿元,较2016年增长6.38倍,发行规模为574.95亿,较2016年增长2.45倍。

2018年我国资产证券化市场规模继续保持快速增长态势,全年共发行资产证券化产品2.01万亿元,同比增长36%;年末市场存量为3.09万亿元,同比增长47%。其中,信贷ABS发行9 318.35亿元,同比增长56%,占发行总量的47%;存量为15 208.11亿元,同比增长67%,占市场总量的49%。企业ABS发行9 480.70亿元,同比增长15%,占发行总量的47%;存量为

13 877.87 亿元，同比增长 24%，占市场总量的 45%。ABN 发行 1 261.25 亿元，同比增长 119%，占发行总量的 6%；存量为 1 852.05 亿元，同比增长 155%，占市场总量的 6%。

3.4 同业存单市场发展历程

3.4.1 同业存单的发展背景

3.4.1.1 利率市场化改革深入推进

1996 年，中国人民银行放开了银行间市场同业拆借利率，标志着利率市场化正式起航。2000 年，放开外币贷款利率，2003 年，放开多个外币小额存款利率。2004 年，扩大人民币贷款利率浮动区间，并取消人民币存款利率下限。2013 年 7 月，全面放开贷款利率管制，至此贷款端的利率市场化已经完成。从当时的情况来看，存款利率市场化不可能一蹴而就，必须分步实施、有序推进。同业存单正是在这样的背景下应运而生的，它肩负着同业存款利率市场化的重任，为日后大额存单的推出提供了宝贵的经验，从而为 2015 年年底存款利率的全面放开打下了坚实的基础。同业存单是指由银行业存款类金融机构法人在全国银行间市场上发行的记账式定期存款凭证，是一种货币市场工具。2013 年 12 月 8 日，中国人民银行发布了《同业存单管理暂行办法》。在同业存单启动阶段，有 10 家银行获得了首批发行资格。2013 年 12 月 12 日，国家开发银行、工商银行、建设银行、农业银行、中国银行分别发行了首期同业存单，标志着我国同业存单的正式问世。同业存单的兴起顺应了我国利率市场化的历史潮流，是利率市场化改革进程中不可或缺的重要环节。

3.4.1.2 货币市场中长端利率缺失

在同业存单诞生以前，货币市场的业务品种包括同业拆借、债券回购和同业存款。同业拆借和债券回购市场的成交多以 1 个月以内的短期品种为主，3 个月以上的资金多以同业存款的方式进行交易。但是同业存款以双方私下签订合同的方式来达成交易，整个市场的公开化和透明化程度非常低。市场参与者对于全市场的成交量、成交利率无法知晓，监管部门更是难以对市场情况进行监测和管理。由于同业存款需要开户和面签等流程，交易的开展客观上受到地理位置的约束，使得同业存款市场被割裂开来，无法形成一个完整、统一的市场。正是由于同业存款利率不可观测，所以货币市场中长端参考利率缺失，同时 3 个月以上上海银行间同业拆放利率（SHIBOR）的报价非常僵化，市场化程度不高。为了促使利率市场化进程的顺利推进，货币市场需要公开透明、可观测的中长端利率，发展同业存单的必要性不言而喻。

3.4.1.3 金融脱媒加剧商业银行存款流出

近年来,企业融资的途径更加多元化,金融脱媒导致直接融资增速明显高于间接融资。社会融资规模存量数据显示,2016年企业债券同比增速为22.5%,而同期人民币贷款增速为13.4%。由于直接融资和间接融资的收益率存在差异,储户选择将部分存款转投其他金融产品,商业银行的存款增速有所下降。从当前的实际情况来看,随着理财、基金、保险、信托等业务的发展,居民和企业对金融产品的选择越来越多样化,商业银行吸收的存款被多种渠道分流,部分存款流向基金、信托、资产管理计划等非银行机构。在这种市场环境下,对商业银行尤其是中小商业银行而言,仅仅依靠吸收存款已经不能满足负债的需求,其需要将目光更多地转向同业负债,以此弥补金融脱媒带来的存款流失,这就使得同业负债对商业银行的重要性不断上升且占总负债的比重日益提高。

3.4.2 同业存单的发展历程

2013年,央行基于推进利率市场化和替代同业存款的目的,推出同业存单。2013年12月8日,央行公布《同业存单管理暂行办法》,当年同业存单实际发行机构仅有10家。受到2013年"钱荒"的影响,2014年央行通过逆回购向市场投入大量流动性,并多次降准降息,但是2014年以来我国经济呈现下滑趋势,金融机构将资金大量配置到债券市场,推动债券投资规模扩大,利率被压至历史低位。同业存单成为银行主动负债的重要途径,银行通过大量发行同业存单,以较低的成本获得资金,再对接高收益资产,以获取较大收益。2015年8月,中国基金业协会发布《证券投资基金参与同业存单会计核算和估值业务指引(试行)》,基金公司开始配置同业存单,成为认购新主力。2016年11月起,保监会明确保险资金可以投资境内依法发行的同业存单。同业存单的参与主体范围快速扩大,市场投资需求也随之持续增加。到2016年年底,同业存单实际发行机构已经迅速增加至489家。同业存单的发行量也随着参与主体的快速扩大呈现迅猛增长之势。自2014年年初到2017年2月23日,同业存单累计发行规模合计约21.9万亿元。仅2017年1月1日至2月23日,同业存单就发行了3 082单,同比增长120%,发行规模总计约2.67万亿元,同比增长70.55%。

3.5 固定收益证券衍生品市场发展历程

固定收益证券衍生品包括利率衍生品(如远期利率协议、国债期货、利率互换等)和信用衍生品(如信用违约互换等),本章主要介绍利率互换(Interest Rate Swap)、国债期货(Treasury Futures, TF)、信用违约互换(Credit Default Swap, CDS)和信用风险缓释工具(Credit Risk Mitigation, CRM)的发展历程。

3.5.1 利率互换

互换市场的产生是国际金融领域的重大突破。人们对利率交易的发展历程看法不一，但都认为互换交易起源于20世纪70年代英国与美国的平行贷款和背靠背式贷款。平行贷款和背靠背式贷款具有相似的结构和现金流，两者之间的区别在于，发生违约时，背靠背式贷款给予协议双方在违约情况下的冲抵权，而平行贷款则无此类权利，也不存在任何交叉担保品。70年代中后期，各国政府逐渐接受了浮动汇率的新环境，外汇管制得以变革，并且主要货币最终完全取消了外汇管制。这意味着跨国公司可以更容易地为其海外的子公司提供贷款，但汇率风险又客观存在，因此80年代早期，人们又找到了新的金融工具——货币互换。

1981年，世界银行与IBM公司所进行的互换使货币互换与国际资本市场融为一体。世界上第一笔利率互换产生于1981年，即花旗银行与大陆伊利诺斯公司完成美元7年期债券固定利率与浮动利率的互换，此后利率互换的发展势头便超过了货币互换。作为80年代三大金融创新业务之一的利率互换，其在为银行间债券市场提供新的交易工具的同时，也为利率风险管理和资产负债匹配管理提供了新的渠道，因此得到了迅猛的发展，年均增长率超过30%。

中国的人民币利率互换发展主要经历了两个阶段：试点时期（2006—2008年）和正式运作时期（2008年至今）。

3.5.1.1 试点时期（2006—2008年）

2006年1月24日，中国人民银行发布了《中国人民银行关于开展人民币利率互换交易试点有关事宜的通知》；2月9日，国家开发银行与中国光大银行完成首笔人民币50亿元的利率互换交易，拉开了人民币利率互换市场的历史序幕。

2006年2月14日，中国外汇交易中心暨全国银行间同业拆借中心（以下简称"交易中心"）发布了《关于人民币利率互换交易备案有关事项的通知》，要求各意向参与机构积极制定互换交易风险管理制度和内部控制制度，在报送相关监督管理机构的同时抄送交易中心备案。

2007年4月10日，交易中心公布了《关于发布〈银行间市场人民币利率互换交易操作规程〉的通知》，推出了人民币利率互换交易的相关操作规程，并针对系统网络故障等原因引起的应急交易，制定了《全国银行间债券市场应急交易规则》，进一步规范了银行间市场的人民币利率互换交易。

2007年7月，为建立以货币市场基准利率为核心的市场利率体系，指导货币市场产品定价，进一步培育上海银行间同业拆放利率（SHIBOR），交易中心发布了《关于开展以SHIBOR为基准的票据业务、利率互换报价的通知》。报价机构分别以O/N SHIBOR、1W SHIBOR和3M SHIBOR为基准报出11个期限共33个品种的双边报价，推动货币市场、衍生品市场的发展。

3.5.1.2 正式运作时期（2008年至今）

2008年1月18日，经过近两年的试点交易，中国人民银行正式发布了《中国人民银行关于开展人民币利率互换业务有关事宜的通知》，总结了试点交易的工作，并做了三处主要改动：一是要求备案机构增补内部风险管理制度中风险测算与监控、内部授权授信、信息监测管理、风险报告和内部审计等内容；二是要求市场参与者在进行利率互换交易时应签署由中国人民银行授权交易商协会制定并发布的《中国银行间市场金融衍生产品交易主协议》；三是将市场参与者交易达成后送交交易中心备案的时间从每旬后3个工作日提前到交易达成后下一工作日12:00前。此外，通知还在其他细节方面给予了详细的指导。随后，《关于人民币利率互换交易备案有关事项的通知》《人民币利率互换交易操作规程》相继发布，人民币利率互换市场的法规制度进一步完善，改善了人民币利率互换市场的外部环境。

2009年年初，为进一步确立SHIBOR的基准利率地位，交易中心公布了《关于调整以SHIBOR为基准的利率互换报价品种的通知》，对以SHIBOR为基准的利率互换报价品种进行调整，删减O/N SHIBOR和1W SHIBOR报价品种，增加3M SHIBOR基准互换报价品种，调整后的报价品种共计28个，优化了以SHIBOR为基准的利率互换报价品种。

2010年以来，人民币利率互换市场继续快速而平稳发展，市场活跃程度不断提高，成交量节节攀升，成交价格对宏观经济形势的变化和货币政策的预期反应灵敏，具备相当的前瞻性。

2011年3月，交易中心发布了《全国银行间同业拆借中心利率互换交易确认细则》，推出了利率互换交易后台确认服务，实现了交易确认的电子化操作，通过设置统一的确认流程和标准化的确认书模板，规范了利率互换交易确认的流程，降低了法律风险，保障了各个市场参与者的权益。随后，交易中心又推出了利率互换多边"提前终止"的服务，有效缩减了市场存量交易的规模，减轻了市场参与者对大量存量交易的管理压力，帮助参与者释放相互之间的授信额度，增进市场流动性。

3.5.2 国债期货

国债期货是指通过有组织的交易场所预先确定买卖价格并于未来特定时间内进行钱券交割的国债派生交易方式。国债期货属于金融期货的一种，是在20世纪70年代美国金融市场不稳定的背景下，为满足投资者规避利率风险的需求而产生的。美国国债期货是全球成交最活跃的金融期货品种之一。1976年1月，美国的第一张国债期货合约是美国芝加哥商业交易所（CME）推出的90天的短期国库券期货合约。在20世纪70年代后半期，短期利率期货一直是交易最活跃的国债期货品种。1982年5月，美国又推出了10年期中期国债期货。此后，国债期货交易量大幅攀升。

在中国，国债期货的发展主要经历了四个阶段：起步（1992年12月—1994年9月）、危机（1994年10月—1995年4月）、暂停（1995年5月—2013年8月）和重启（2013

年9月至今)。

3.5.2.1 起步（1992年12月—1994年9月）

1992年12月2日，上海证券交易所首次尝试国债期货交易，设计并推出了12个品种的期货合约，标志着我国国债期货市场进入试行期。第一批获准参加交易的会员机构有20家，但是没有对个人投资者开放，再加上投资者数量不多且信心和操作经验都不充分，因此，国债期货市场初期交易十分冷清。

1992年12月至1993年10月，国债期货总成交金额只有5 000万元左右。1993年7月10日，财政部决定对国债实施保值补贴，同年10月25日，上海证券交易所在重新设计国债期货交易品种、交易机制的基础上，正式向社会投资者开放，并进行了广泛的推介，疲软的国债期货市场开始活跃。1993年12月15日，北京商品交易所开始创办国债期货，共推出四个国债品种，成为我国第一家开展国债期货交易的商品期货交易所。接着，全国其他交易所纷纷开办国债期货业务，国债期货交易蓬勃发展初现端倪。这一时期是我国国债期货市场的萌芽和发育阶段。

1994年是国债期货市场最为繁荣的一年。1994年国债现货市场总成交量比1993年翻了十多倍，现货流动性大为提高，一级市场发行再次畅销，国债终于恢复了其"金边债券"的美誉。

3.5.2.2 危机（1994年10月—1995年4月）

然而，繁荣背后孕育着危机。1994年10月，上海证券交易所出现了"314"风波。"314"国债期货合约在数家机构联手做多的操纵下，出现了日价位波幅达3元的异常行情，在离最后交收日仅两个交易日时，持仓量仍高达78.87万张，远远超过对应现券的发行量。上海证券交易所为了维护市场正常秩序，只能采取强制平仓的措施才使该事件平息。这一事件给整个国债期货市场留下了隐患，使得国债期货市场逐步演变成超级机构运用巨资互相抗衡以获取巨大投机利润的沃土。

1995年2月，上海证券交易所发生了著名的"327"国债期货事件。"327"品种是对1992年发行的3年期国债期货合约的代称。市场在1994年年底就有传言说"327"等低于同期银行利率的国库券可能加息，而另一些人则认为不可能，因为一旦加息国家需要多支出约16亿元来补贴。1995年2月23日，提高"327"国债利率的传言得到证实，这一消息对空方造成致命的打击。万国证券在走投无路的情况下铤而走险，在没有相应保证金的情况下，违规大量透支交易，在离收盘还有7分钟的时候，疯狂地抛出1 056万张卖单，面值达2 112亿元，将"327"合约价格从151.3元硬砸到147.5元，使得当日开仓的多头全线爆仓。2月24日，上海国债期市停市，上海证券交易所发出《关于加强国债期货交易监管工作的紧急通知》，就实行涨跌停板制度、加强持仓量限额管理及期货资金使用管理等问题做出了严格规定。2月26日，中国证监会颁布《关于加强国债期货交易风险控制的紧急通知》，要求各国债期货交易所立即采取提高保证金比率、密切注意持仓大户交易情况、严格执行每日结算制度和强行平仓制度等对策。上海证券交易所从2月27日开始休市，在监管部门及上海市政府的积极配合下，对"327"国债期货事件进行了调查。

"327"国债期货风波之后,各交易所虽采取了提高保证金比例、设置涨跌停板等措施抑制国债期货的投机气焰,但终因当时的市场环境所限,上海证券交易所依旧风波不断,4月再次掀起投机狂潮,透支、超仓、恶意操作等现象层出不穷。5月10日,上海证券交易所又爆发了"319"逼空事件。

3.5.2.3 暂停(1995年5月—2013年8月)

1995年5月17日,中国证监会发出《暂停国债期货交易试点的紧急通知》,宣布我国尚不具备开展国债期货交易的基本条件,暂停国债期货交易试点。5月31日,全国14家国债期货交易场所平仓清场完毕,历时两年半的国债交易戛然而止。

3.5.2.4 重启(2013年9月至今)

2013年9月6日,经过重新设计的国债期货合约重新挂牌上市,首批上市的是5年期TF合约,TF1312成为首季TF合约,可交割券范围为4—7年。

2015年3月,10年期T合约挂牌上市,T1509成为首季T合约,可交割券范围为6.5—10.25年。同时,5年期合约也顺应10年期合约上市而修改了合约,将可交割券范围从4—7年改为4—5.25年。

2015年9月,自TF/T1509开始,国债期货交割规则由多空双方申请匹配更改为空方举手交割,进入交割月以后,只需要空方进行举手交割,交易所会匹配多头进行交割。空头举手交割较双方申请匹配降低了交割难度,有利于期货价格到期收敛、套利,同时增加了空头合约的期权属性。

2015年10月开始,TF合约的成交量明显增加,成交量/持仓量一度攀升至3.0以上。2015年11月20日,中国金融期货交易所(中金所)对TF合约平仓征收3元手续费以抑制日内交易过于活跃的情况,之后成交量出现回落。

2017年2月27日,2年期国债期货仿真合约正式上市。首批上市的2年期国债期货仿真合约为2017年3月(TS1703)、2017年6月(TS1706)和2017年9月(TS1709)。2年期国债期货仿真合约与5年期和10年期国债期货仿真合约的不同之处在于虚拟券利率设为2%,而非3%;同时,对于交割券范围除了约定剩余期限为2年(仿真合约定为1.5—2.25年),还限定了债券的初始发行期限为不高于5年,即只有新发债券期限是2年或3年的国债才有机会成为交割券。中金所此次发行2年期国债期货仿真合约借鉴了国际成熟市场的经验,能够更好地发挥国债期货利率风险管理的作用,2年期国债期货仿真合约对于完善我国国债期货市场对冲利率曲线结构、丰富跨品种策略、一定程度上完善短久期债券交易具有非常重要的意义。

3.5.3 信用违约互换

美国20世纪80年代出现的存贷机构危机、80年代末和90年代初出现的大批商用按揭违约,以及之后的经济衰退,使其国内银行的资产质量恶化,资本充足率下降,市场流动性匮乏，企业和其他借款人筹资成本上升。在这种背景下，既能帮助银行改善资产负债状况，又可以降低企业筹资成本的信用违约互换（CDS）等信用衍生产品应运而生，并迅速发展壮大。美国CDS的发展主要经历了三个阶段：产生与平稳发展（1995—2004年）、过度投机中的爆发式发展（2005—2008年）和金融危机后的新趋势（2009年至今）。

3.5.3.1 产生与平稳发展（1995—2004年）

1995年，CDS由JP摩根财务总监布莱思·马斯特（Blythe Master）带领团队首创，将埃克森公司的信贷风险转移给欧洲复兴开发银行。CDS的应用不仅转移了风险，还节省了JP摩根的资本金。它的成功得到了美国市场参与者和监管当局的认可，以参考公司为实体的CDS产品很快就出现在美国金融市场上。

3.5.3.2 过度投机中的爆发式发展（2005—2008年）

次级房贷和资产证券化是CDS爆发式发展的重要推手之一。自2000年美国发生"网络泡沫"事件和随后发生的"9·11"事件起，美国经济一蹶不振。美联储开始实行宽松的货币政策，大幅降息。原先只向信用等级高、收入稳定的客户发放优质贷款申请的投机商为了追求高利润开始向信用评级较低、还款能力较差的机构或者个人发放次级抵押住房贷款和次优级贷款，扩展了房地产市场容量，促进了美国房地产市场的繁荣。同时，华尔街也在努力推动资产证券化的发展，产生了以住房抵押贷款为资产基础的住房抵押贷款证券化（Mortgage Backed Security，MBS），将MBS再打包便有了担保债务凭证（Collateralized Debt Obligation，CDO），CDO还可以发行债券。

在二级市场上，MBS和CDO的转手集中了大量的信用风险。为了转移信用风险，CDS与MBS、CDO相结合，将住房贷款的信用风险从存款机构转移到了诸如商业银行、投资银行、基金、保险公司等整个金融系统，再透过投资银行特别是美国五大银行，将这些产品卖到了世界各地。

由于CDS市场快速扩容，定价严重脱离参考资产资质、报价偏低，因而难以补偿潜在风险。高杠杆、高收益使得市场出现过度投机，大量合约无真实债务对应，CDS不再是单纯的避险工具，为金融危机埋下了伏笔。

3.5.3.3 金融危机后的新趋势（2009年至今）

金融危机后，一场大规模的全面改革在CDS市场爆发了，具有重要意义的是国际掉期与衍生工具协会（International Swaps and Derivatives Association, ISDA）在2009年3月发布的"大爆炸"协定书（Big Bang Protocol）。

其他重要的改革措施包括加快推进中央对手方清算机制（Central Counter Party，CCP）和开展交易压缩（Trade Compression）、从法律（《多德-弗兰克法条》，Dodd-Frank Act of 2010）和制度（FAS161和157号准则）上增加市场透明度等。

3.5.4 信用风险缓释工具

2010年10月,中国银行间市场交易商协会发布《信用风险缓释工具试点业务指引》(以下简称《业务指引》),首次提出了中国版的CDS信用风险缓释工具(CRM),这是一个"2+N"的创新产品体系,其中核心产品是信用风险缓释合约(Credit Risk Mitigation Agreement,CRMA)和信用风险缓释凭证(Credit Risk Mitigation Warrant,CRMW),并于2010年11月5日正式启动这两类产品的售卖。CRMA与参考债务捆绑销售,不可单独流通。"中债Ⅰ号""中债Ⅱ号"和"中债Ⅲ号"就属于CRMA,其标的债务类型包括短期融资券、中期票据和贷款。CRMW是由独立于参考实体的第三方创设的,为凭证持有人就参考债务提供信用风险保护,是可在银行间市场交易流通的有价凭证,参考债务为债券或其他类似债务。产品推出初期,市场参与者热情较高,产品创设和交易金额增长很快,但后期市场热情有所降温;由于当时市场信用环境较好、基础标的限制较严格、缺乏流动性等因素,CRM市场并不活跃,交易量及参与机构数量均增长缓慢。

2016年9月23日,中国银行间市场交易商协会发布修订后的《银行间市场信用风险缓释工具试点业务规则》(以下简称《业务规则》),以及新版信用风险缓释合约、新版信用风险缓释凭证、信用违约互换(Credit Default Swap,CDS)、信用联结票据(Credit Linked Note,CLN)四份产品指引。与2010年的《业务指引》相比,《业务规则》增设了CDS和CLN两种新产品,其中CDS的最终落地受到市场的普遍关注。

本章小结

本章主要介绍的是中国固定收益市场的发展历程。整体来看,中国固定收益市场从1950年至今经历了六大阶段:传统阶段、空白阶段、萌芽阶段、起步阶段、完善阶段、扩张阶段。中国固定收益市场的主要交易品种有利率债、信用债、同业存单及固定收益证券衍生品。利率债中最典型也是发展最早的品种是国债,我国历史上第一次发行国债是在1898年;信用债市场始于1983年,2005年以前缓慢增长,2005年以后快速增长;随着利率市场化的推进,我国2013年出现了同业存单。固定收益证券衍生品主要包括利率衍生品(如远期利率协议、国债期货、利率互换等)和信用衍生品(如信用违约互换等)。

重要术语

信用债 利率债 政策性银行债 资产证券化 同业存单 利率互换 国债期货 信用风险缓释工具

思考练习题

1. 请简述我国债券市场发展阶段。
2. "国债是无风险债券"的说法对吗?
3. 请简述国债、地方政府债、政策性银行债和央行票据之间的异同。
4. 请简述企业债券、公司债券、短期融资券和中期票据的异同。
5. 什么是同业存单?请简述其发展历程。
6. 固定收益证券衍生品有哪些?请分别简述。

参考文献

[1] 类承曜.固定收益证券(第三版)[M].北京:中国人民大学出版社,2013.

[2] (美)苏瑞什·M.桑德瑞森.固定收益证券市场及其衍生产品[M].龙永红,译.北京:中国人民大学出版社,2006.

[3] 姚长辉.固定收益证券:定价与利率风险管理(第二版)[M].北京:北京大学出版社,2013.

[4] 张雪莹.固定收益证券[M].北京:清华大学出版社,2014.

第二篇

固定收益证券分析

第 4 章
固定收益证券分析框架*

屈　庆（江海证券）

> **学习目标**
>
> 通过本章的学习，读者应能够：
> ◎ 理解经济基本面的研判方式；
> ◎ 掌握主要经济指标的含义、计算方式、核心指标、预测方法等；
> ◎ 理解经济增长周期及其与信用周期、企业盈利的关系；
> ◎ 理解债券市场流动性分析框架及影响因素；
> ◎ 理解债券市场策略分析框架及其对投资的指导意义。

■ 开篇导读

本章内容旨在为读者提供一个固定收益研究的视角，或是一种可能的分析框架，这一框架主要侧重于对宏观经济基本面走势的研读和对流动性的研究，属于传统的债券研究分析框架。我们先用一个简单的例子来帮助理解债券研究分析框架的实质：2018 年以来，经济基本面下行压力持续加大，经济数据尤其是投资数据持续偏弱。为应对经济下行压力和外贸环境恶化对经济预期的负面影响，央行分别于 2018 年 1 月、4 月、7 月、10 月进行了降低法定存款准备金率（简称"降准"）的操作。货币政策的宽松导致短端利率快速下行，短端利率的下行和经济预期的恶化共同推动长端利率下行。具体来说，在这一过程中，经济下行引发货币政策宽松，货币政策宽松推动资金面宽松，资金面宽

---

* 本章由陈健恒（中金公司）审校。

松导致短端利率下行，短端利率下行和经济悲观预期共同带动长端利率下行，这就是固定收益研究框架中典型的经济下行驱动利率下行的实例。这一分析框架对于理解债券市场的长周期牛市、熊市切换具有一定的指导意义，但在研判短期市场波动和信用风险方面还存在一些欠缺，在理解近年来金融监管和大类资产轮动对债市的影响方面也存在不足。由于篇幅所限，本章难以面面俱到，还请读者见谅。

4.1 经济基本面研判

4.1.1 宏观经济指标分析原则

决定债券市场趋势的核心因素主要有三个方面，长期取决于经济基本面和通货膨胀，中期取决于货币政策和财政政策，短期取决于资金面。长期来看，债券定价的贴现率即名义 GDP 增速，由实际 GDP 增速和通货膨胀率构成，实际 GDP 增速要看宏观经济走势，通货膨胀率则要看物价水平的走势。一般而言，预期经济形势变好、通货膨胀率走高对长端债券收益率利空；预期经济形势变差、通货膨胀率走低对长端债券收益率利好。短期来看，资金面与央行短期的公开市场操作（净投放还是净回笼）及银行资金面松紧有关，主要取决于短期资金的供求格局。资金供大于求，即资金面充裕，货币市场短期资金价格走低，短端债券收益率走低，利好债市；资金供不应求，即资金面偏紧，货币市场短期资金价格走高，短端债券收益率走高，利空债市。所以，总体来讲，经济基本面相当于债市的锚，对债市至关重要，此外，经济基本面对宏观经济政策的走向也有指向性，所以分析债券市场首先要研判经济基本面，具体到操作层面则要看宏观经济指标。

宏观经济指标的分析原则主要包括指标的内涵、指标的分析方法及指标的预测方法等三方面的内容。

第一，宏观经济指标的内涵可通过最原始的数据源查找解释说明，如概念定义、统计方法、统计频率等。此外，在各类经济数据库中对部分指标也有一定的说明。举例来讲，国家统计局公布的数据可以到"指标解释"和"统计标准"等栏目下找到说明，如《中国国民经济核算体系（2002）》《2017 年国民经济行业分类 (GB/T 4754—2017)》等详细文件，而且统计局网站数据发布页面还有指标含义解释及当月数据变动的解读。

第二，在分析宏观经济指标的过程中，需要注意四方面的事项。首先，要建立与理论知识的联系，结合宏观经济学、金融学、国际金融学的理论知识，建立宏观经济指标与理论的联系。举例来讲，由理论可知 GDP 支出法核算包括资本形成总额（固定资产形成和存货增加）、最终消费（居民消费和政府消费）和净出口，所以，在现实中分析 GDP 实际增速时，可以将其分解为反映资本开支的固定资产投资增速、反映消费增速的社会消费品零售总额增速、反映进出口贸易的贸易逆差增速。其次，要学会查找数据。寻找历史数据，可使用经济数据库，如 Wind（万得）数据库、CEIC 数据库、Bloomberg（彭博）数据库；寻找最新发布的数据，如果数据库更新有延时，可查询原始发布源官网，如统计局、央行、海关总署、财政部等的官网；寻找数据定期发布时间，经济类数据可在统计局日历、华尔街见闻日历中找到，其中金融数据发布时间不定。再次，在分析的过程中还要特别注意指标的特征。如跟踪高频指标时要清楚这些指标与经济指标的关系是同步的、领先的还是滞后的，要着重关注同步指标和领先指标；衡量"数量"的指标分为存量和流量两类，如人民币存款总额、广义货币M2为存量概念，工业增加值、GDP为流量概念；衡量"价值"的指标分为不变价和现价两类，不变价指标指剔除了通货膨胀影响以同一基期物价水平衡量的实际值，现价指标指以当前物价水平衡量的名义值。最后，将指标与历史数据进行对比。宏观经济走势经常呈现一定的历史规律，要将指标与历史数据进行对比并分析差异的原因。衡量指标"增速"的数据分为同比和环比，同比增速（与去年同期之比）可剔除季节性因素的扰动，一般衡量"量"的指标看同比；环比可观测本月与上月的指标增速，一般衡量"价"的指标看环比，但居民消费价格指数（CPI）有季节性效应，所以CPI通常看同比，不过每月预测时用环比进行预测。此外，在与历史数据进行对比时要关注可比性，即历史阶段与当前阶段的不同之处，是否有制度改革、统计口径变更或者重大经济环境变化。

第三，关于宏观经济指标的预测，可以利用Wind的Excel插件功能将同步指标（高频数据）和领先指标与宏观经济指标统一汇总建立可自动实时更新数据的Excel表格。进一步地，还可以通过计量模型拟合出同步指标对宏观经济指标的预测系数、宏观经济指标较领先指标的滞后期数，以构建预测模型。同时要考虑基数效应，比如，某指标在某期同比增速过高，可能是由于去年同期该指标异常过低导致，而不是由于本期该指标过高导致。此外，除了宏观经济走势，预期差也会影响债券市场，即市场对宏观经济走势的预期变化对债券市场也有影响。

4.1.2 经济增长周期的基本认识

经济增长是波动的，有波峰和波谷，具有周期性特征。多数经济体的经济周期是从复苏、过热、衰退、萧条再到复苏的一个轮动过程，进而债券市场的牛熊行情也随之交替出现。例如，自1949年以来，中国共经历了10轮经济周期波动，周期性很明显（图4-1标出了经济增长的长周期下降阶段）。最近的周期始于2000年，至2018年已有18年，本轮周期时间最长，过程也最为复杂，其间经历了2008年金融危机，而且2011年的人口拐点也是经济增长的拐点，经济增速开始下行，之后维持平稳增长。本轮经济周期之所以被市场称为"新周期"，是因为其具有两个主要特征，一是本轮周期经济增速中枢水平较过去更低，二是波动区间即波峰与波谷的差值较过去有所收窄，而这一轮"新周期"的形成也是因为中国经济正处于转型阶段。

分析长期债券市场走势，除了看经济增长，还要看通货膨胀。一般而言，当经济下行且通货膨胀率下行时，利率下行；当经济上行且通货膨胀率上行时，利率上行。但如果经济和通货膨胀走势背离，则需要用名义GDP增速来判断。名义GDP增速等于实际GDP增速与通货膨胀率之和，准确来讲，这里的通货膨胀率指GDP平减指数，简单替代则相当于CPI和PPI（工业生产者出厂价格指数）的加权求和。例如，2016年，实际

资料来源：Wind 数据库，华创证券。

图 4-1　经济增长的长周期下降阶段

GDP 增速和 CPI 同比都较低且平稳，PPI 同比仍是负值，所以名义 GDP 增速很低。2017 年，实际 GDP 增速和 CPI 同比依然平稳，但 PPI 同比从 2016 年开始回升，至 2017 年回归正值，进而名义 GDP 增速开始上行，同时，10 年期国债收益率在 2017 年也进入了上行通道。可以看出，2017 年债券市场的基本面逻辑主要是由 PPI 决定的。其实，CPI 弹性小于 PPI，CPI 受蔬菜和猪肉价格影响太大，而蔬菜和猪肉与经济关系不大。由于近几年 CPI 波动较小，所以 PPI 对债券市场的潜在影响更大。

除了经济增长的周期性变化，经济转型也会带来经济增速的长期变化。经济转型的表层特征是经济增长由高速向平稳转化，即转型期经济增长放缓，使经济增速平台式下移。例如，中国已进入经济结构性转型的新常态，经济也从 2011 年以前 10% 左右的高速增长阶段过渡到近年稳定在 6.7%—7.2% 的中速增长阶段。其他发达国家和地区也经历过相似的转型阶段，如美国和日本的经济每 10—20 年就会经历长期增速平台式下移。目前，中国经济将在新周期内循环波动，新周期的上限将是通货膨胀和房价，下限是增长和就业，内在特征则是主要驱动因素的权重变迁。例如，中国过去的投资拉动模式使得产能过剩等凸显，倒逼经济转型和产业结构升级，进而驱动中国经济增长的主要动力从过去的第二产业向如今的第三产业转化，2012—2018 年第二产业对 GDP 增长的贡献由 53% 下降至 36.1%，而第三产业对 GDP 增长的贡献由 44.7% 上升至 61.6%，进入产业结构调整新阶段。

【专栏 4-1】

如何理解周期类衰退与转型类衰退的区别

结合历史经验和理论分析可以发现，周期类衰退与转型类衰退并不相同。在周期类衰退阶段，通常经济增长和通货膨胀双双下行，且在经济下滑到低位后还会回升到原来的水平；在转型类衰退阶段,通常经济下行而通货膨胀上行,类似"滞胀"形态,且在经济下滑后就很难回到原来的水平。例如,韩国在20世纪80年代中期(1987年为分界点)进行了经济转型,转型后出现了"增长下台阶"和"通胀上台阶"。理论上也不难分析,经济转型中的经济衰退通常是由于某资源优势的消失,如此前的劳动力人口红利、资本优势等消失,而且这些资源优势的消失会带来生产成本的增加,最终导致增长下移伴随通货膨胀上移的类滞胀的出现。

近年来,我国就处于这样的经济转型阶段,即经济增速下行而通货膨胀上行。但是,中国经济"下台阶"是渐进式的漫长过程,不论是从海外历史经验的角度还是从我国人口结构优势的角度来看,均是如此。首先,从海外经验来看,美国和日本的经济"下台阶"并非一气呵成;其次,从中国人口结构优势来看,我国城镇单位的就业结构是第一产业占比低,第二产业、第三产业占比高。2011年以来,由于工业结构调整,制造业就业人数呈下降趋势,但同时第三产业即服务业的就业呈现出更平稳的增长。所以,服务业对于就业的吸纳能力在走强,包括快递、外卖、服务员等岗位增加,这适度弥补了传统产业对就业吸纳能力的下降。此外,数据显示,我国整体求人倍率趋势抬升,所以产业结构调整并没有导致大规模失业出现。而且,目前在房价过高使得房地产投资空间受限、基建投资比较低迷、出口又有贸易摩擦风险的背景下,城镇化将成为未来中国长期经济增长的内生动能,这主要是由于在城镇化的过程中,农民进城将产生很多新的需求,包括房地产、基建、医疗等,同时居民消费需求也会有所增加。所以,对比日本和韩国,虽然都处于人口老龄化阶段,但是我国人口中15—64岁的青壮年数量占比仍处于70%以上的高位,既有利于城镇化的发展,也有利于保持就业的稳定增长。综上,目前就业没有暴露风险,政府则认为经济还在容忍范围内,经济增速下行压力短期内依然可控。

4.1.3 主要经济指标详解

4.1.3.1 GDP:最受关注的经济数据[①]

GDP是反映经济总产出的统计指标,其中不变价GDP剔除了价格因素的影响,可以观测实际经济增长,所以受关注度高。此外,GDP平减指数(名义值/不变价)可以用来衡量通货膨胀。

定义:GDP指按市场价格计算的一个国家(或地区)所有常住单位在一定时期内生产活动的最终成果。

计算方法:在实际核算中,GDP有三种计算方法,即生产法、支出法和收入法。三种方法分别从不同的方面反映GDP及其构成。

第一,生产法GDP=总产出-中间投入。该方法反映了GDP的价值形态,它是所有常住单位在一定时期内生产的全部货物和服务价值与同期投入的全部非固定资产货物和服务价值的差额,即所有常住单位的增加值之和。国家统计局每季度公布生产法GDP,其中工业部分与月度公布的工业增加值相对应,能够清晰地反映产业结构和

---

① 本部分内容参考国家统计局官网。

行业的变化。

按照国家统计局《2017年国民经济行业分类（GB/T 4754—2017）》和《三次产业划分规定（2012）》修订版，我国国民经济分三次产业，划分为20个行业大类（见表4-1）：第一产业包括农、林、牧、渔业；第二产业包括工业（采矿业，制造业，电力、热力、燃气及水生产和供应业），建筑业；第三产业即服务业，是指除第一产业及第二产业以外的其他行业，包括批发和零售业，交通运输、仓储和邮政业，住宿和餐饮业，信息传输、软件和信息技术服务业，金融业，房地产业，租赁和商务服务业，科学研究和技术服务业，水利、环境和公共设施管理业，居民服务、修理和其他服务业，教育，卫生和社会工作，文化、体育和娱乐业，公共管理、社会保障和社会组织，国际组织，以及三个中类（农、林、牧、渔专业及辅助性活动，开采专业及辅助性活动，金属制品、机械和设备修理业）。

表4-1 国家统计局的国民经济行业分类及三次产业划分标准

三次产业	类别	国民经济行业分类标准中20个大类	属于国民经济行业分类的中类
第一产业	农业	农、林、牧、渔业	无
第二产业	工业	采矿业	
		制造业	
		电力、热力、燃气及水生产和供应业	
	建筑业	建筑业	
第三产业	服务业	批发和零售业	农、林、牧、渔专业及辅助性活动
		交通运输、仓储和邮政业	开采专业及辅助性活动
		住宿和餐饮业	金属制品、机械和设备修理业
		信息传输、软件和信息技术服务业	
		金融业	
		房地产业	
		租赁和商务服务业	
		科学研究和技术服务业	
		水利、环境和公共设施管理业	
		居民服务、修理和其他服务业	
		教育	
		卫生和社会工作	
		文化、体育和娱乐业	
		公共管理、社会保障和社会组织	
		国际组织	

资料来源：华创证券根据国家统计局统计标准整理。

第二，支出法GDP=最终消费支出+资本形成总额+货物和服务净出口。该方法反映了GDP的产品形态，它是所有常住单位在一定时期内最终使用的货物和服务价值与货物和服务净出口价值之和。支出法的三个组成部分也就是我们常说的拉动经济增长的"三驾马车"，国家统计局每年度公布支出法GDP，所以可以通过观测其他月度指标来综合判断支出法GDP的变化。最终消费支出包括政府消费和居民消费，其月度变化可以观测社会消费品零售总额。资本形成总额包括固定资本形成总额和存货增加，其月度变化可以观测固定资产投资。货物和服务净出口包括货物净出口和服务净出口，其月度变化可以观测进出口外贸数据。

第三，收入法GDP=劳动者报酬+生产税净额+固定资产折旧+营业盈余。该方法反映了GDP的收入形态，它是所有常住单位在一定时期内创造并分配给常住单位和非常住单位的初次收入之和。国家统计局每年度公布收入法GDP，反映国家收入分配结构，我国劳动者报酬占比（47.9%）低于发达国家（50%以上）。

公布时点：国家统计局每季度公布的GDP是按照生产法核算的，其中绝对额按现价计算，增长速度按不变价计算，不变价数据按不同基期分段计算。例如，2011—2015年数据按2010年价格计算，2016—2018年数据按2015年价格计算。支出法GDP和收入法GDP按照年度发布。所以，从整体看，GDP公布频率低，无法及时反映基本面变化。

核心指标：一是GDP不变价同比，该指标上升意味着实际GDP增速走高，经济走强。二是三大产业和不同行业的增速和贡献率，该类指标的变化可以反映产业结构和经济结构的变化。三是三驾马车对GDP的贡献率，该类指标的变化可以反映经济增长驱动因素的变化。现实中，2010年以来，第二产业对经济增长的贡献率逐渐下降，第三产业对经济的贡献率逐渐上升；2015年开始，第三产业超过第二产业成为拉动经济增长的最主要力量；2016年至今，三大产业贡献结构基本稳定，目前，第三产业贡献率稳定在60%—62%区间，第二产业贡献率稳定在36%—37%区间，第一产业贡献率稳定在2%—4%区间。此外，2014年以来，消费对经济贡献的增加已使其成为拉动经济的最大内生动能，投资对经济的拉动作用明显减弱。

预测方法：在长期视角下，综合上文的经济增长周期和经济增长渐进式"下台阶"的规律进行判断；在中期视角下，要判断经济处于长周期的哪个阶段，如当前中国经济位于"L形"新周期的底部；在短期视角下，由于GDP数据公布频率低，所以要结合月度公布的工业增加值及其他高频经济指标进行判断。

4.1.3.2 工业增加值：月度"GDP"

定义：工业增加值是衡量经济发展的重要指标。工业指从事自然资源的开采、对采掘品和农产品进行加工和再加工的物质生产部门，工业是我国第二产业的主要构成部分。尽管我国目前正处在从第二产业向第三产业发展过渡的转型期，近两年第二产业占GDP的比重有下降的趋势，但整体依然维持在36%以上的高位，工业仍然是经济重要的组成部分。工业增加值作为为数不多的扣除价格因素影响的重要指标，能够更加真实地反映经济的实际情况，并且从走势上看其与GDP增速基本保持一致，因此该指标受到了市场的广泛关注。

计算方法："规模以上"是指主营业务收入在2 000万元以上的工业企业（2011年以前是500万元）。国家统计局在统计工业增加值时采用规模以上全部统计、规模以下分层抽样的方法。

公布时点：增速方面，国家统计局每月公布规模以上工业增加值同比数据，每年公布全部工业增加值同比数据，该同比指标是扣除价格因素的实际增长率（简称"工业增速"），所以市场对其关注度很高。绝对值方面，2008年以后不再发布规模以上工业增加值数据，只公布年度全部工业增加值数据。若想获得2008年以后的绝对值数据，可以将2007年规模以上工业增加值及其分行业数据作为基准和此后公布的同比数据做乘法，估算出每月的工业增加值。

核心指标： 一是规模以上工业增加值，跟踪该指标可以判断短期工业经济的运行走势并判断经济的景气度。二是分行业工业增加值，跟踪该指标可以判断每月各个行业的景气度变化趋势。工业主要分为三大门类：采矿业，制造业，电力、热力、燃气及水生产和供应业；进一步细分为41个工业行业，数量较多，可以按照制造业的上、中、下游产业链综合分析，例如，汽车制造产业链的上游为黑色金属采选业，中游为黑色金属冶炼及压延加工业，下游为汽车制造业，如果这些工业行业工业增加值同比增速走高，说明汽车消费加速带动整个汽车产业链景气度升高。三是工业产品产量，从反映工业生产情况的角度，该指标不受价格因素的干扰，比同样剔除了价格因素的工业增加值指标更为准确。四是高频经济数据，工业增加值一般在月中发布，为提前跟踪宏观经济，需要对高频数据进行追踪，这里的"高频"是指发布频率高于月度，或者发布时间早于工业增速发布时间。例如，关于"量"的高频指标有：六大发电集团日均耗煤量（居民用电、日度）、高炉开工率（周度）、焦化企业开工率（周度）、重点企业粗钢产量（旬度）；关于"价"的高频指标有：全国水泥价格指数（日度）、Myspic综合钢价指数（日度）、长江有色市场价格、环渤海动力煤价格指数（周度）等。在分析高频指标时，要结合工作天数、天气、灾害、基数等因素分析，并且要结合供给（产量）、库存、价格进行综合考虑。五是按其他维度分类的工业增加值，包括分企业经济类型（国有、股份制、外商投资、私营等）、分地区（东部、中部、西部、东北）等维度。

【专栏 4-2】

如何预测工业增速——模型的逻辑与构建[①]

按照产业链的关系可以将工业各大类行业分为上、中、下游三类。考虑到下游工业增速与实际工业增速贴合较紧，且中、下游权重合计较大，中游和下游基本可以反映出工业增速的总体变化趋势，因此，可以寻找中游和下游的跟踪指标，构造出中、下游工业增速预测指数，最终拟合出总的工业增速预测指数。

首先，由于通用设备制造业，烟草制品业，电力、热力的生产和供应业这三大行业与工业增速相关性较强，在下游行业中占工业增加值比重较高，高频数据的可得性也较好，因此综合下游各行业增速变化幅度的排名和实际预测难度，最终选择了这三大行业来进行拟合。其中，通用设备制造业选择了空调和挖掘机销售同比增速等指标；烟草制品业选择了卷烟产量增速指标；电力、热力的生产和供应业利用了六大发电集团日均耗煤量等指标。通过上述的三个行业预测指数与实际的下游工业增速进行多元回归拟合，合成了下游工业增速预测指数。

[①] 参考华创证券2017年5月12日研究报告：《换一个视角看工业增速预测——华创债券大数据看宏观系列专题之二》。

其次，中游工业大多属于高耗能行业，最近几年中游工业耗电量占总体工业的比重始终围绕45%的中枢水平窄幅波动，因此发电量可以作为中游工业增速的同步指标，但实际上两者从2016年起出现了明显的背离。中游工业增速和发电量的背离是因为国家统计局使用了"单缩法"对工业增加值进行价格调整。鉴于这一情况，使用中游产出投入品价格指数之差（即中游行业PPI减去上游行业PPI）对"单缩法"导致的误差进行了调整，将中游产出投入品价格指数之差与发电量增速相加后，作为中游工业增速的指标，回归拟合后的结果表明，中游工业增速的预测值在走势上与实际值基本一致。

最终，将上述构造出来的中、下游工业增速按照各自权重汇总得到总的工业增速预测指数。

4.1.3.3 三驾马车之一：消费（社会消费品零售总额）

定义：社会消费品零售总额指企业（单位、个体户）通过交易直接售给个人、社会集团非生产、非经营用的实物商品金额，以及提供餐饮服务所取得的收入金额，其中个人包括城乡居民和入境人员，社会集团包括机关、社会团体、部队、学校、企事业单位、居委会或村委会等。社会消费品零售总额一般简称为"社零"或"社消"。

计算方法："限额以上"在不同行业的界线也不同，批发业企业的"限额以上"指主营业务收入2 000万元以上的企业，零售业的界线是500万元，住宿和餐饮业的界线是200万元。

公布时点：国家统计局每月会公布社会消费品零售总额的当月值和累计值，但为了消除春节日期不固定因素带来的影响，增强数据的可比性，按照国家统计制度，历年1—2月份数据一起调查，一起发布，因此无1月和2月当月的数据。

核心指标：一是社会消费品零售总额。跟踪该指标及名义增速可以判断消费的总量和增速。二是社会消费品零售总额的分项和分行业的限额以上批发和零售业零售额。跟踪该类指标可以判断消费结构和消费增速变化的主要原因。按经营单位分类，社会消费品零售总额会公布城镇和乡村的当月值和同比增速数据，以此来判断统计期间消费增长的动力主要来自城镇还是乡村。自2015年10月以来，城镇和乡村的消费占比分别稳定在86%和14%。按消费类型分类，社会消费品零售总额会公布商品零售和餐饮收入的当月值和同比增速数据，通过对比来判断两者对消费增长的贡献。自2015年5月以来，商品销售与餐饮收入的占比分别稳定于89%和11%。按行业类型分类，国家统计局每月会公布限额以上企业15个行业的数据，根据2018年6月的数据，占比最高的为汽车（26%）、石油及制品（14%）、粮油食品与饮料烟酒（14%）、服装纺织（9%）和家用电器（8%）五大类，合计占比约72%（因四舍五入而稍有误差）。

社会消费品零售总额与GDP支出法中的最终消费支出存在差异。社会消费品零售总额和最终消费支出都是常用来观测消费数据的指标，但两者存在一些差异：最终消费支出包括服务类消费，如理发、学费等，而社会消费品零售总额不包括；最终消费支出包括虚拟消费，如农民自产农产品的自我消费、自有住房的消费等，而社会消费品零售总额不包括；社会消费品零售总额包括售给居民建造房屋用的建筑材料，但最终消费支出不包括；社会消费品零售总额包括对企业、企业化管理的事业单位等非政府单位的商品零售额，但最终消费支出不包括；社会消费品零售总额包括售给政府单位的交通工具和电信产品，但最终消费支出不包括。

预测方法：从长期来看，消费主要受人均收入、消费鼓励政策和消费升级等因素的影响。一是人均收入。无论是从理论还是历史数据来看，人均收入都会对社会消费品零售总额增速产生很大影响，特别是城镇居民家庭人均可支配收入增速与社会消费品零售总额同比高度相关，这与城镇社会消费品零售总额占社会消费品零售总额86%以上息息相关。二是消费鼓励政策。以汽车购置税变化为例，从理论上看，降税可以促进消费，我国汽车购置税曾有两次大的降幅，分别是在2009年1月和2015年9月，均从10%降至5%，降税的后一年汽车销量同比增速均较前一年有很大提升，因为之前测算汽车类消费额占社会消费品零售总额的26%，所以也会对社会消费品零售总额同比增速产生一定影响。三是消费升级。人口老龄化、中产阶层崛起及80后、90后新一代年轻群体带来了消费观念与方式的逐渐变革。老年人注重消费的健康与便捷；中产阶级对价格的敏感度降低，而更注重消费的高品质、智能和环保；80后、90后注重消费的品牌与个性，并偏好超前消费。这些消费观念与方式都会推动消费结构升级，受此影响将利好旅游、健康、医疗等服务消费，以及更新换代的家电零售品等消费，这也有可能成为中国经济增长的新动能。

4.1.3.4　三驾马车之二：投资（固定资产投资）

（1）固定资产投资

定义：全社会固定资产投资是以货币形式表现的在一定时期内全社会建造和购置固定资产的工作量以及与此有关的费用的总称，简称"投资"。该指标是反映固定资产投资规模、结构和发展速度的综合性指标，又是观察工程进度和考核投资效果的重要依据。全社会固定资产投资按登记注册类型可分为国有、集体、联营、股份制、私营和个体、港澳台商、外商、其他等。"固定资产投资（不含农户）"是投资的观测指标，指城镇和农村各种登记注册类型的企业、事业、行政单位及城镇个体户进行的计划总投资500万元及500万元以上的建设项目投资和房地产开发投资，包含原口径的城镇固定资产投资加上农村企事业组织项目投资，该口径自2011年起开始使用。

核心指标：一是固定资产投资完成额累计值和累计同比。由国家统计局每月公布其累计值，将连续两个月的累计值相减即可得到当月值，将该指标求同比即可得到投资的名义增速。近些年我国投资增速保持平稳。二是分产业和分行业数据。其中主要关注制造业投资、基建投资和房地产投资。近些年我国基建投资增速较高，制造业投资低迷，制造业和基建投资占比最大。三是分地区数据，反映地区间发展差异，东部地区占比最大（42%），其次是中部（26%）和西部（27%），最少的是东北部（5%）。四是分企业类型数据，包括内资企业（96%）、港澳台商（2%）、外商投资（2%）的固定资产投资，此外还有民间固定资产投资，口径为扣除国有及国有控股企业、三资企业中外商独资及控股企业后的数据。五是投资的资金来源数据，目前以自筹资金（65%）、其他资金（17%）、国内贷款（11%）和国家预算内资金为主（6%）。

固定资产投资与 GDP 支出法中的固定资本形成总额存在差异。固定资本形成总额是指常住单位在一定时期内获得的固定资产减处置的固定资产的价值。两者存在以下不同之处：一是固定资产投资包括土地购置费、旧设备购置费、旧建筑物购置费，固定资本形成总额不包括这些内容，土地成交不纳入 GDP 核算。二是固定资产投资不包括城镇和农村非农户 500 万元以下项目的固定资产投资，固定资本形成总额则包括这部分投资。三是固定资产投资不包括矿藏勘探、计算机软件等知识产权产品的支出，固定资本形成总额包括这方面的支出。四是固定资产投资不包括房地产开发商的房屋销售收入和房屋建造投资成本之间的差额，即商品房销售增值，固定资本形成总额则包括这一内容。

（2）房地产投资

定义：房地产开发投资指各种登记注册类型的房地产开发法人单位统一开发的包括统代建、拆迁还建的住宅、厂房、仓库、饭店、宾馆、度假村、写字楼、办公楼等房屋建筑物、配套的服务设施、土地开发工程（如道路、给水、排水、供电、供热、通信、平整场地等基础设施工程）和土地购置的投资；不包括单纯的土地开发和交易活动。

核心指标：一是房地产开发投资完成额及其名义增速，反映房地产投资增速。二是商品房销售面积、房屋新开工面积、房屋施工面积、房屋竣工面积，反映房地产销售需求和建设供给情况。三是土地成交，房地产开发周期由开发商从政府拿地开始，到开工，再到竣工，最后是终端销售。土地成交量的增加可能会带来之后房地产投资的增加。四是分地区（北京、上海等）、分能级（一、二、三、四线城市）的投资增速，2017 年以来低能级城市新开工面积增速保持在 20% 左右，随着目前房地产调控政策的陆续出台和棚改货币化进程的放缓，三、四线城市房地产投资将有所放缓。五是 70 个大中城市新建住宅价格指数同比数据，该指标每月发布，关注各线城市房价变化。六是房地产投资构成（年度指标）：建筑工程（65%）、安装工程（9%）、设备工具器具购置（2%）和其他费用（24%，主要是土地购置）。

预测方法：第一是房地产调控政策。房地产调控政策越频繁、力度越大，对房地产投资的负面影响越大，市场对楼市调控政策的相关新闻关注度很高，反应也比较明显，如棚改货币化、租售同权、房企开发贷条件、房贷利率和限购政策、售楼热度等。第二是高频数据。土地成交（"拿地—开工—竣工"链条）、房地产销售（需求旺盛刺激投资）和挖掘机销量等对房地产投资有领先性。但是由于房地产销售对一、二线以外城市覆盖不足，导致房地产销售端到投资端的滞后关系被打破。[①] 按照以往的经验，房地产销售对房地产投资有 2—3 个季度左右的领先性，但 2016 年第四季度以来二者的关系正在被打破。考虑到一线城市房地产销售和投资在全国中占比较低，因此以往全国口径下房地产投资和销售间的滞后关系主要是由二线和低能级城市滞后规律主导的，而 2016 年以来低能级城市销售和投资同步回暖，原有的房地产投资和销售间滞后规律被打破。具体来看，尽管一、二线城市销售和投资占比较低，但 2016 年下半年以来一、二线城市销售回落拖累全国房地产销售持续回落，而低能级城市投资火热，因此呈现了全国口径下销售弱而投资强的特点，打破了原有房地产投资和销售间滞后的规律。

---

① 参考华创证券 2017 年 7 月 10 日研究报告：《房地产投资和销售滞后关系被打破的微观解释——华创债券大数据看宏观系列专题之六》。

（3）基建投资

定义和核心指标：基建包括交通运输、仓储和邮政业，电力、热力、燃气及水生产和供应业，水利、环境和公共设施管理业等三个子行业，它是政府稳增长的主要渠道。要关注基建投资额及其名义增速，2013年以来基建投资增速呈下降趋势，但是2017年仍位于15%—18%的较高水平，基建投资对经济增长的贡献还是比较稳定的。

预测方法[①]：资金是制约基建投资规模的最核心因素，基建的资金来源也比较广泛。尽管基建的资金来源和投资额并不完全相等（资金来源略小于投资额），但二者无论是金额还是增速，走势都保持高度一致，所以资金来源直接制约基建的完成情况。根据国家统计局的口径，基建的资金来源可进一步划分为国家预算资金、国内贷款、利用外资、自筹资金、其他资金等，2017年上述资金来源占比分别为6.15%、11.46%、0.34%、64.91%、17.14%。在预测基建投资增速时，可以从以上各类资金来源的角度入手。其中，自筹资金是基建资金的最主要来源，自筹资金包括的范围比较广，主要包括城投债融资、PPP（政府和社会资本合作）融资、政府性基金支出、国内贷款和非标准化债权资产。国家预算资金对应一般公共预算支出，与税收相关；政府性基金与卖地收入有关。除一般公共预算、政府性基金和其他资金外，其他资金来源都可能受地方融资政策的影响。2014年9月，国务院发布43号文（《国务院关于加强地方政府性债务管理的意见》），剥离了地方融资平台的政府融资职能，对城投债融资的负面冲击较大；2017年，财政部发布的50号文（《关于进一步规范地方政府举债融资行为的通知》）和87号文（《关于坚决制止地方以政府购买服务名义违法违规融资的通知》）进一步明确了地方政府融资相关要求，打击违法违规举债行为，该政策对国内贷款的影响较小，对非标准化债权资产、PPP融资、城投债融资的负面冲击均较大。

（4）制造业投资

定义和核心指标：制造业投资反映真实投资意愿，是经济的内生投资需求，可按照上、中、下产业链角度分析，结合利润、生产数据分行业考虑。

预测方法[②]：工业企业利润是每个月最后公布的数据，是企业运营和经济基本面的滞后指标，但利润对投资来说是领先指标。从经济学的角度讲，企业只有对未来盈利预期较高时才会主动扩大规模进行各项投资活动，因此企业盈利状况应该是制造业投资的领先指标。历史上，企业利润增速对制造业投资具有一定的领先性，在滞后一年左右时与制造业投资的相关系数达到最大，这也与一般企业的投资和决策周期相吻合。

考虑到利润和制造业投资之间的领先关系在行业间的差异性，为了继续探究不同行业的具体情况，以更好地预测制造业投资增速，我们选择化学原料及化学制品制造业、非金属矿物制品业、通用设备制造业、专用设备制造业四个行业与制造业投资实际增速进行拟合。结果显示，在排除经济强刺激的影响后，这四大行业可以用来近似代表整体的制造业投资情况。可以将上述四大行业大致分为两类：产能过剩行业和非产能过剩行

---

① 参考华创证券2017年8月15日研究报告：《从资金来源看下半年基建投资——华创债券财政系列专题之二》。
② 参考华创证券2017年5月23日研究报告：《从企业盈利看未来制造业投资——华创债券大数据看宏观系列专题之三》。

业，其中通用设备制造业和专用设备制造业属于非产能过剩行业，利润对投资的指引作用明显；而剩余的两个行业则属于产能过剩行业，利润对投资的指引作用并不明显，与去产能政策有关。将这四大行业分乐观、悲观和中性三种假设预估其未来投资增速的走势，最终将四个行业拟合，即可得到不同情况下制造业投资预估增速。

4.1.3.5 三驾马车之三：进出口

核心指标：进出口数据由海关总署每月上旬发布，该指标衡量了货物进出口情况。要关注以下四个方面。一是总量方面，关注进口、出口、贸易差额的金额和名义增速（以美元和人民币两种货币计价），整体上看，进出口受全球经济和贸易因素的影响而波动较大。二是贸易方式方面，关注加工贸易和一般贸易的占比和增速。三是产品结构方面，出口关注机电、高新技术产品和劳动密集型产品；进口关注机电、高新技术产品和大宗商品。除金额以外，还需要关注数量，因为大宗商品价格波动很大。四是国别方面，出口关注美国、欧洲国家、日本、韩国及新兴市场国家，进口关注美国、欧洲国家、日本、韩国及资源出口国。

预测方法：短期波动可以从航运价格指数（CCFI、BDI）、PMI（采购经理人指数）进口和新出口订单、海外主要经济体基本面入手。其中，航运价格走高对贸易有负面冲击；PMI进口和新出口订单分别反映了进口和出口的景气程度；海外主要经济体经济复苏（主要表现为PMI走高）利好国内出口。长期趋势，出口数据可由中国外贸出口先导指数（China Export Leading Indicator，ELI）进行预测。中国外贸出口先导指数由影响出口的宏观和微观指标进行统计处理合成，海关总署按月公布。在我国外贸出口活动中，人民币实际有效汇率、加工贸易进口、外商直接投资、经济合作与发展组织领先指数、主要市场的需求变化等宏观指标，企业订单、信心、成本等微观指标，都对出口走势有提前预知的作用。中国外贸出口先导指数就是将这些指标进行统计处理合成后的一个月度综合指标，用于预测我国未来2—3个月的出口走势，堪称外贸出口的"天气预报"。进口数据可由大宗商品价格（Commodity Research Bureau，CRB）走势来预测，CRB现货指数是基于美国现货市场的商品价格指数，目前依据22种基本的经济敏感商品的价格编制，这些商品所处的市场被认为会最先受到经济状况变动的影响。

4.1.3.6 价格指标：CPI、PPI、GDP平减指数

稳定物价是宏观经济政策的四大目标之一，控制通货膨胀率也是货币政策的目标之一，同时通货膨胀率也是影响债券收益率的核心变量之一。

定义：一般有三类价格指数。一是GDP平减指数，即名义GDP与实际GDP的比值，反映国内生产的所有物品与服务的价格，即全社会物价总水平的变化，计算基础更广泛，可以由CPI和PPI拟合出来。二是CPI，是反映一定时期内城乡居民所购买的生活消费品以及服务项目价格变动趋势和程度的相对数，是对城市居民消费价格指数和农村居民消费价格指数进行综合汇总计算的结果，通过该指数可以观察和分析消费品的零售价格以及服务项目价格变动对城乡居民实际生活费支出的影响程度。具体来说，CPI涵盖全国城乡居民生活消费的食品烟酒、衣着、居住、生活用品及服务、交通和通信、

教育文化和娱乐、医疗保健、其他用品和服务等8大类262个基本分类的商品与服务价格。三是PPI，是反映一定时期内全部工业产品出厂价格总水平的变动趋势和程度的相对数，包括工业企业售给本企业以外所有单位的各种产品和直接售给居民用于生活消费的产品，通过该指数可以观察出厂价格变动对工业总产值及增加值的影响。PPI统计调查涵盖1 638个基本分类的20 000多种工业产品的价格。

公布时点：国家统计局每月公布上上月26日至上月25日的CPI和PPI数据，因此月末涨价可能无法在CPI上明显体现出来。

核心指标：对价格指标的分析要同时关注同比和环比。

CPI需要关注同比和环比增速以及8个细分类别增速。CPI分为CPI食品和CPI非食品。CPI食品由于猪肉、蔬菜、鸡蛋价格波动较大进而对CPI影响最大。食品价格受季节性因素影响较大。首先，猪肉价格波动存在一个为期3—4年的"猪周期"，供给方面是生猪供应，与饲料成本价等因素有关；需求方面存在季节性因素，一般春节等节假日期间需求上升可能带动猪肉价格走高，春夏季节气温较高需求回落可能带动猪肉价格回落。其次，蔬菜一般在夏季供给增加而价格回落、冬季供给下降而价格走高，而且洪水和冬季等自然因素影响交通运输成本将会带动蔬菜价格走高；而在需求方面，蔬菜在1—2月春节期间也存在价格调升现象，3月份会回落。

CPI非食品由于价格相对稳定而对CPI的影响较小。CPI非食品主要关注石油价格，因为上游原材料油价的波动可能会传导至中游生产、下游交通（交通主要受成品油价格影响）等领域。此外，某些细分行业价格受产业政策或季节性因素影响也存在较大波动，如医疗保健CPI受医改政策影响而上升、寒暑假期间旅游CPI上升、毕业季期间租赁房房租CPI上升、开学季返校期间交通费用CPI上升等。

核心CPI也是受关注的指标。核心CPI是指除食品和能源这两个项目以外所有其他项目的CPI数据，该指标剔除了波动最大的两个细分类别，可以更准确地反映宏观经济整体物价水平的变化趋势。理论上，在收入水平不变的情况下，消费需求是相对稳定的，供给侧对价格的影响不具有可持续性，所以剔除受供给侧影响较大的食品和能源，可以反映全国居民消费需求的变化趋势，对基本面的判断更为有效。

PPI需要关注同比和环比增速以及分项增速。长期看，PPI与经济周期密切相关。第一，工业品价格在2010—2011年大涨，并在2011年处于高位。这是因为为应对经济危机，2009年政府推出"四万亿计划"，大量政府资金投入基建投资，房地产投资也随着房价上涨而进入上行周期，积极财政政策的刺激推动各工业企业扩产，投资增速走高拉动经济增速，同时基建和房地产的投资需求又带动上游工业品价格上涨。第二，PPI在2011年开始回落，并在2012—2016年处于负值。过于宽松的宏观政策使当时的工业品价格存在泡沫，所以从2011年开始，由于产能过剩、供过于求，工业企业泡沫破裂，工业品价格持续下跌。第三，PPI在2015年年末开始回升，工业品价格在2016—2017年大涨。从供给侧看，2015年11月，政府提出供给侧结构性改革，上一轮过热周期结束，各过剩产能工业行业进入淘汰落后产能、限制新增产能的新阶段，供给过剩局面逐渐改善。而在需求侧，全球经济复苏和国内经济企稳背景下出口和消费回暖共同拉动需求回暖。工业品供需格局改善使工业品价格开始走高。第四，PPI在2017—2018年呈回落趋势。随着供给侧改革有序推进，成效显著，工业行业产能接近出清，工业品价格进入温和通胀阶段。

短期看，PPI 主要与生产资料的高频价格数据密切相关。PPI 包括生产资料和生活资料两大分项：PPI 生产资料增速是指工业企业第一次出售的、用于生产的资源或工具的价格趋势和变动幅度；PPI 生活资料增速是指工业企业第一次出售的、用于满足人们物质和文化生活需要的产品的价格趋势和变动幅度，通常比较稳定。所以，PPI 走势主要与生产资料价格相关，主要关注"三黑一色"价格变化，即石油、水泥、钢材和有色金属的现货价格，这些工业品的价格变化可以解释 PPI 的 60%—70% 的波动。

预测方法：

CPI——首先预测当月环比，然后将 12 个 CPI 环比连乘即为 CPI 当月同比。CPI 食品环比指标的预测主要参考当月的高频数据，如商务部发布的食用农产品价格指数（周度）和农业农村部发布的农产品和菜篮子批发价格总指数（日度）。在分析食品价格变化的原因时，要综合考虑猪肉和蔬菜的季节性规律、母猪存栏数、饲料价格等因素。CPI 非食品由于价格波动性较低，其环比指标的预测可以在历史环比均值的基础上做季节性微调，也可以结合 PPI 的环比变化进行预测。将 CPI 食品环比与 CPI 非食品环比加权求和就得到 CPI 当月环比的预测值，将其与历史前 11 个月环比实际值相乘，则得到当月 CPI 同比数据。此外，还要考虑 PPI 对 CPI 非食品的传导，CPI 中 43% 为工业品消费，PPI 可以衡量其成本价格。企业定价由上游成本和企业利润决定，当上游成本价格走强且下游需求韧性较强时，企业可能会涨价，将增加的成本（PPI）转嫁给最终消费者（CPI），但是 PPI 向 CPI 的传导具有时滞，且传导渠道受到下游需求强弱、行业竞争格局、买卖双方议价能力的影响，需要综合分析。

PPI——首先预测当月环比，然后将 12 个 PPI 环比连乘即为 PPI 当月同比。PPI 环比指标的预测主要参考当月的高频数据，其中高频数据可以参考旬度流通领域重要生产资料市场价格变动（主要关注石油、水泥、钢材和有色金属），同时还要关注国际大宗商品价格（CRB）、国际原油价格、房租、服务类价格等的变化，最终得到 PPI 当月同比数据。此外，PPI 同比指标的变化趋势与经济周期有关，要将该长期因素与 PPI 同比预测值结合起来考虑。

4.1.4 通过经济周期看信用周期和企业盈利

4.1.4.1 经济周期与信用周期

信用周期指信用收缩与膨胀的轮动过程。信用周期不仅通过影响企业流动性而影响货币政策和财政政策走势，也通过影响信用风险而影响信用利差的变化。信用利差指某信用债的到期收益率减去相同剩余期限的国债到期收益率，反映了信用债的信用风险水平。从理论上看，经济周期和信用周期相匹配：在经济衰退阶段，企业主动收缩信用，信用风险爆发，信用利差到达顶点；在经济复苏阶段，货币政策放松，企业被动信用膨胀，信用风险缓和，信用利差收窄；在经济过热阶段，企业主动信用膨胀，信用风险逐步累积，信用利差走阔；在经济滞胀阶段，货币政策收紧，企业被动收缩信用，信用风险累积至最高水平，信用利差走阔。

信用周期和经济周期在轮动过程中也带来负债和资产的变化。在信用收缩阶段，负债下降；在信用膨胀阶段，负债上升。其中主动的信用收缩或膨胀使得负债的变化幅度更大。在经济衰退和复苏阶段，资产减值；在经济过热和滞胀阶段，资产增值。其中在经济衰退和过热阶段资产的变化幅度更大。例如，2008年国际金融危机后的初期，企业不愿借贷，主动收缩信用，负债下降，但由于经济衰退，资产价值下降得更快，所以资产负债率（负债与资产的比值）被动上升，因此即使看起来是"去杠杆"，也是坏的"去杠杆"。

历史上，信用周期和经济周期的匹配度很高。例如，2008年为扩大内需、刺激经济增长的"四万亿计划"启动后，最初信用并未膨胀，因为当时受美国次贷危机的冲击，我国处于经济衰退阶段，企业并不需要资金，即企业主动收缩信用。之后的2009年，随着货币政策宽松，企业开始被动信用膨胀，慢慢开始需要资金，同时信用风险缓和。但随着信贷持续扩张，经济过热，企业开始主动信用膨胀，导致信用风险逐步累积，对应的是资产上升，负债上升得更快，进而资产负债率也相应上升。2010年，政策偏紧，信贷开始紧缩，企业被动收缩信用，信用风险则累积到最高点。2011年第四季度企业主动收缩信用，信用风险释放。

4.1.4.2 经济周期与企业盈利

经济研究一般分三个层次：宏观、中观和微观。宏观指宏观经济研究，中观指产业或行业研究，微观指公司研究。通过分析中国经济脉络，可以找到宏观经济与行业之间的联系。能及时反映上、中、下游变化的指标是量和价，其中价格更为敏感。尤其在经济还未明显复苏的情况下，整体宏观经济同比数据仍处于下滑阶段，而此时观察行业变化比总量宏观指标更为领先和关键。

下游需求增加，带动中游生产增加，进而促进上游原材料的需求增加，所以对中国经济而言，下游需求是最核心的。第一，下游需求主要包括出口、房地产、汽车和政府基建投资。其中，出口需求主要由外需决定，此外也受到汇率变化的影响，2017年经济增长的主要逻辑就是全球经济回暖带动外需增加，利好净出口，拉动经济增长；房地产需求一般受市场力量和政府行政干预的共同影响；汽车需求主要受市场力量即居民购车需求的影响，而车辆购置税的政策变化影响较小；政府基建投资需求主要受政府的影响。第二，中游生产主要包括化工、钢铁、水泥、机械设备等工业制造业。例如，下游房地产需求的增加，可以带动中游钢铁、水泥、玻璃、工程机械的生产增加；下游基建需求的增加，可以普遍拉动中游工业行业的产量。第三，上游主要包括煤炭、有色金属、电力等采掘类和能源类行业，一般是制造业生产过程中的原材料投入。例如，中游钢铁的生产需要上游的煤炭、铁矿石等原材料；中游化工品的生产需要上游的石油等能源。

通过对行业的量和价的观测，可以预测经济所处的阶段。例如，如果钢铁的价量齐升，说明产量增加小于需求增加，表明需求很强，经济向好；如果钢铁的价量齐降，说明产量下降小于需求下降，表明需求很弱，经济低迷。

经济周期可以通过多条路径影响企业盈利。根据杜邦分析理论，可将企业盈利即权益净利率（ROE）拆分成销售净利率、资产周转率与杠杆率的乘积。销售净利率等于净利润与销售收入的比值。销售收入受到销量和价格的影响，其中工业品价格可以通过 PPI 观测。销售收入扣除各项成本费用（原材料成本、劳动力成本、资金成本、税收）即净利润。资产周转率和杠杆率都受到资产价值的影响，杠杆率还受到信用周期的影响。综上，影响企业盈利的因素均受到经济周期的影响。例如，经济周期作用于供给与需求而影响 PPI，经济周期作用于宏观经济政策而影响产量、资产、负债、税收等。

4.1.5 海外经济的影响

从海外宏观经济的角度看，经济全球化背景下，海外经济回暖促进国内外需，其中美国经济对中国经济的影响较其他经济体更为显著。随着经济全球化的不断深入，全球经济逐渐成为一个息息相关的命运共同体。随着中国经济体量的不断扩大和外贸的持续增长，中国经济与全球经济的联系越来越紧密，全球经济的变化对中国经济的影响也越来越显著。美国作为全球最大的经济体和最大的进口国，其经济的变化将直接给全球经济带来巨大的影响。2008 年金融危机以来，随着美国经济的逐步复苏，美国已经逐渐从危机的阴影中走出，率先进入加息的周期，而全球其他主要经济体则依然深陷泥潭。在美国经济一枝独秀的背景下，美国 GDP 和进口总额占全球的比重均出现了快速的回升，这表明美国经济在目前全球经济中的重要性不但没有降低，反而在进一步提高。而美元作为全球货币体系的核心，承担着最重要的储备货币、最主要的支付手段、几乎唯一的计价工具等一系列极为重要的职能，也进一步强化了美国在全球金融市场上的地位。对中国而言，美国经济对中国经济的影响也较其他经济体更为显著，在相当长的时间里中、美 GDP 增速都保持了较为一致的走势。

从国际金融市场的角度看，美国通过三种传导路径影响中国国内债券市场。第一，通过国际债券市场传导。在大多数情况下，中美国债收益率的走势呈现出较为明显的相关性。尤其是在金融危机后，中美国债收益率走势基本一致。其中的逻辑是，美债收益率上行，吸引国内资金流入美国，中国国债配置力量变弱，国债价格下跌，收益率上行。第二，通过国际外汇市场传导，即中国国债收益率从长期来看与美元指数呈现较为明显的负相关。首先，美元走强利好国内出口。由于人民币汇率事实上盯住美元，汇率变动会通过影响出口的方式影响基本面，例如美元走强，人民币贬值，促进出口，国内基本面走强，国债收益率上行。其次，美元指数的变动会影响大宗商品价格，通过输入性通胀的途径影响国内通胀。美元走强带动国际大宗商品价格上涨，由于大宗商品是国内产业链的上游原材料，成本的增加将逐渐传导至下游，最终带来国内通胀，利空债市。第三，通过国际大宗商品市场传导。国际油价由全球原油市场供需决定，供给主要受石油输出国组织（OPEC）成员国等主要石油出口国产量的影响，需求主要受全球经济形势的影响，经济繁荣时原油需求旺盛，此外还需要结合库存水平来分析。例如，未来由于沙特阿拉伯可能向亚洲客户提供额外原油、美国可能释放储备原油、利比亚恢复石油生产、伊朗原油制裁可能存在缓冲期等因素，国际原油供应可能增加，同时，原油需求因全球经济增速放缓而走弱，此外，原油库存已降至五年均值水平，接近平衡状态，此后原油价格可能下跌，进而传导至国内使通货膨胀率下行，对债市利好。

从海外货币政策的角度看，海外主要通过以下传导路径影响国内债券市场。第一，通过加息的渠道。比如，如果发达经济体的央行，尤其是美联储启动加息周期，若中国的央行跟随加息，则对国内债市不利，若中国的央行不跟随加息，则人民币贬值压力较大，使得国内不得不加息，最终仍会冲击债市；同时，发达经济体加息，若中国的央行不跟随加息，则国内资本外流，不利于国内经济基本面，长端利率有下行风险。第二，通过美元的渠道。美元走强，人民币贬值，国内居民和企业抛人民币而持美元，外汇占款减少，相当于人民币从市场流入央行，银行间流动性降低，对债市不利；当人民币贬值压力过大时，为稳住汇率，央行可能会加息，最终仍对债市不利。

综合以上传导渠道可以看出，海外经济对国内经济和债券市场具有重要影响，研判海外经济和金融市场形势主要从海外经济指标入手。在表4-2中，我们对美国的主要经济指标进行了解读。在美国，经济总量方面需要主要关注GDP；就业方面需要主要关注非农就业数据、ADP就业数据（小非农）、首次申请失业救济人数；消费方面需要主要关注个人消费支出（Personal Consumption Expenditure，PCE）和消费者信心指数；房地产方面需要主要关注新屋开工、新建住房销售及成品房销售；制造业投资方面需要主要关注耐用品订单和制造业PMI；外贸方面需要主要关注货物和服务进出口、经常项目差额；此外，还需要关注物价方面的个人消费支出物价指数（PCE物价指数）和CPI。其中，由于美国的经济驱动来自消费（占70%—80%），而消费由个人的收入决定，美国个人收入的60%以上来自工资和薪水，所以就业形势对美国至关重要。

消费方面，个人消费支出由于既包含商品消费又包含服务消费，因而能更全面地反映消费者支出情况，非常重要，其波动会引起经济周期的重大变化。个人消费支出包括耐用消费品支出、非耐用消费品支出和服务支出，其中耐用消费品支出占12%—14%，非耐用消费品支出占30%，服务从20世纪60年代的40%增长到现在的近60%。虽然耐用消费品支出的比重不大，但是对经济转折的敏感度非常高，在衰退前6—12个月开始减弱，在衰退结束、开始复苏前1—2个月开始加强，所以耐用消费品在经济周期中有领先指标的作用。

表4-2 美国经济指标解读

体系	指标	含义	代表性	公布日期（美国当地时间）	频率	发布机构	数据来源	备注
就业	非农就业数据	是否在创造新的就业岗位	就业形势报告是最重要的月度报告	报告月份结束第一个星期五早8:30	月度	劳工部劳动统计局	http://stats.bls.gov/	及时，信息量很大
	失业率	未被雇佣占社会劳动力百分比						
	ADP就业数据（小非农）	50万家匿名美国企业，非官方调查	非农就业的先导指标，预测和补充作用	报告月份结束第一个星期三早8:15	月度	Macro-economic Advisers公司	http://www.adpemploymentreport.com/	不包含政府部门，较非农就业数据波动小
	首次申请失业救济人数	小于30万人表明就业市场强劲	由于时效性而备受关注	每周四，截至上周六	周度	劳工部	https://www.bls.gov/	一般用经过季调后的四周移动平均数据

(续表)

体系	指标	含义	代表性	公布日期(美国当地时间)	频率	发布机构	数据来源	备注
消费	个人消费支出（PCE）	包括耐用品、非耐用品和服务	GDP最大组成部分，波动会引起经济周期的重大变化	报告月份结束后四周	月度	商业部经济分析局	https://www.bea.gov/	耐用消费品在经济周期中有领先指标作用
消费	零售额	销售额占PCE1/3的比重	当月消费支出方面的第一份报告，备受关注	报告月份结束后的第二周	月度	商务部统计局	https://www.census.gov/	时效性强但只反映商品支出，不能反映服务支出
消费	消费者信心指数	反映消费者对未来的预期	在预测经济滑坡方面具有良好的记录作用	每月第十天	月度	密歇根大学	—	对消费支出有较好的领先作用
房地产	新屋开工	上个月住宅不动产破土动工的数量	反映未来房地产投资的走向	覆盖月份结束后2—3周	月度	商务部统计局	https://www.census.gov	用三至四个月的移动平均
房地产	新建住房销售	是期房销售量，也即相当于预售房，与成品房不一样	预测未来房地产市场趋势和经济走势的重要指标	报告月份结束后四周左右	月度	商务部统计局	https://www.census.gov	观察至少三四个月的数据才能辨认趋势
房地产	成品房销售	占美国住房市场的80%（其余20%是新建住房）	不创造新的投资，重要性较低，但可作为观测经济拐点的有力指标	报告月份结束后四周	月度	全美房地产经纪人协会（NAR）	https://www.nar.realtor/	不涉及新土地的开发和利用
房地产	住房市场指数	50为界，大于50好，小于50不好	领先未来的住房开工	每月中旬	月度	全美建筑商协会	https://www.nahb.org/	—
外贸	货物和服务进出口	出口反映美国商品竞争力，创造就业；进口反映国内需求	实际的比名义的更加重要，因为它直接影响到实际GDP	报告月份结束后第二周早8:30	月度	商务部经济分析局	http://www.bea.gov/	时效性较强
外贸	经常项目差额	包括商品贸易、服务贸易、收入流量和单方面转移支付	更加重视外国拥有的在美资产净值的结构变化	季度结束后两个半月	季度	商务部经济分析局	https://www.bea.gov/	金融项目更重要
外贸	国际资本流动	证券总购买（销售）额反映资本流入（流出）	二者之差为美国证券的购买净额	每月15日	月度	财政部	https://www.treas.gov/	含个人投资者和官方投资者

（续表）

体系	指标	含义	代表性	公布日期（美国当地时间）	频率	发布机构	数据来源	备注
经济总量	GDP	GDP=个人消费支出+国内私人总投资+净出口+政府消费和投资	GDP=国内总需求+存货变化	当季结束后第四周	季度	商务部经济分析局	https://www.bea.gov/	—
经济总量	工业产值	工业产值与GDP走势大体一致，背离的部分反映了服务业需求的变化	对经济周期的起伏反应非常迅速	每月15日	月度	美联储	https://www.federalreserve.gov/	是实际值的概念，不受通胀的影响
经济总量	产能利用率	反映了经济活动中闲置资源的数量，在经济繁荣时上升，在经济疲软时下降	对于通货膨胀压力有一定的预测作用	每月15日	月度	美联储	https://www.federalreserve.gov/	—
制造业投资	耐用品订单	订单是未来几个月的生产量	非常重要，是经济的领先指标	报告月份结束后的三至四周	月度	商务部普查局	https://www.census.gov/	—
制造业投资	制造业PMI	50是分界点，一般认为PMI在50以上，制造业在扩张；持续位于43以下则整个经济都在衰退；持续位于60以上，则意味着美联储可能要开始紧缩	新增订货量是经济的领先指标，如果新增订货量连续几个月持续增长则将伴随着更高的产出	报告月份结束后第一个工作日发布	月度	供应商管理协会（ISM）	https://www.ism.ws/	—
物价	消费者物价指数（CPI）	分为八大类，住宅、食品和饮料、交通运输、医疗、服装、娱乐、教育和交流、其他商品和服务	非常重要，反映了人们的生活成本	报告月份第二周或第三周	月度	劳工部劳动统计局	https://www.bls.gov/	权重每两年调整一次
物价	个人消费支出物价指数（PCE物价指数）	PCE在趋势上和CPI是一致的	很重要，因为美联储根据核心PCE来确定利率政策（安全范围1%—2%）	—	月度	商务部经济分析局	https://www.bea.gov/	PCE较高，因为其考虑了替代效应，而CPI则没有

（续表）

体系	指标	含义	代表性	公布日期（美国当地时间）	频率	发布机构	数据来源	备注
物价	生产者物价指数（PPI）	分为原材料PPI、中间品PPI、产成品PPI	产成品PPI最受关注，是商品零售商支付的价格	报告月份结束后的两周	月度	劳工部劳动统计局	https://www.bls.gov/	—
货币政策	美联储议息会议决议	美联储对通货膨胀和经济增长的评价	联邦公开市场委员会（FOMC）在两次会议之间将会密切关注的部分，具有前瞻性	根据议息会议时间表	一年八次	美联储	—	—

资料来源：根据公开信息整理。

就业方面，由美国劳工部劳动统计局公布的月度就业形势报告自然是衡量每个月美国就业市场变动最为全面且权威的报告，其中失业率、新增非农就业人数、平均每周工时、平均小时收入、劳动参与率等指标受到市场高度关注。机构调查中的非农就业的月度变化是这个国家是否在创造新的就业岗位最强有力的证据，因此市场对这一数据高度关注，但是要注意两点：一是非农就业人数中包含了政府就业，为了更好地观测私人部门的就业情况，应该把政府就业的部分减去；二是非农就业数据月度波动很大，并且会在之后的两个月被两次修正，修正幅度甚至可能高达10万人以上，因此不必对新增非农就业单月的波动过分关注，关注趋势变化即可。ADP就业数据作为非农就业的先导指标，可以对非农就业数据起到一定的预测和补充作用，但是要注意，ADP就业数据仅包含美国私营部门的新增就业情况，而非农就业既包括私营部门的新增就业，也包括政府部门的新增就业，因此非农就业数据相对ADP就业数据而言波动更大。首次申请失业救济人数作为最高频的就业市场数据，对及时掌握美国就业市场的变化有一定的参考意义，但由于频率较高，数据波动也很可能十分剧烈，通常关注四周均值变化的趋势即可。

制造业投资方面，首先，耐用品订单的数据非常重要，是经济的领先指标。订单是未来几个月的生产量，订货量上升说明未来生产将增加，反之则减少。其中重点关注如下数据：耐用品新增订单是消费者信心非常有效的度量，耐用品是消费者觉得经济前景堪忧时首先削减的对象，可能会剧烈波动，要剔除国防和航空大单来看；耐用品出货量是指已经被订购但还没有交付的产品量，是经济的同步指标，而且出货量的波动没有订货量那么大；未完成订单是新的资本投资和就业增长的标志，订单的大量积压预示着工厂将来会处于繁忙状态。其次，供应商管理协会（ISM）发布的制造业PMI也很重要。该指标的计算公式为

$$PMI = 新增订货量 \times 30\% + 产量 \times 25\% + 就业 \times 20\% +$$

供货商交货期 ×15% + 存货量 ×10%

PMI 的分界点是 50，一般认为 PMI 在 50 以上意味着制造业在扩张；持续位于 43 以下则整个经济都在衰退；持续位于 60 以上则意味着美联储可能要开始紧缩。此外，也可以关注子项指标。其中，新增订货量是经济的领先指标，如果新增订货量连续几个月持续增长，那么之后可能会伴随着更高的产出；供货商交货期超过 50 表明需求变强，采购经理人需要更长的时间才能收到订购的材料。

房地产方面，新屋开工和新建住房销售相对而言更重要。第一，新屋开工反映了未来房地产投资的走向，同时也是房地产开发商预期的体现。新屋开工记录了上个月住宅不动产破土动工的数量，这里住宅的类型分为三个：独居家庭住宅（大概占建筑总量的 75%）、2—4 套公寓或单元住宅（大概占建筑总量的 5%）以及 5 套或更多单元住宅（大概占建筑总量的 20%），这里最重要的是独居家庭住宅。在一个健康的市场上，新开发的住宅应当以每年 150 万—200 万套的速度增加，如果该速度在 100 万套左右徘徊不前，就会给经济带来麻烦；如果该速度长期保持在 200 万套以上，就有可能导致原材料和熟练工人的短缺。第二，新建住房销售是预测未来房地产市场趋势和经济走势的重要指标。例如，新建住房（期房）的销售不是在交易完成之后（如同成品房销售一样），而是在初期协议达成之时进行记录，由于时间的关系会对未来的预测有帮助。当然，有些已签的购房合同最后可能不会有最终的交易，但是没能达成最终交易的毕竟是极少数。仅占住房市场 10%—15% 份额的新建住房销售对经济之所以有如此深刻的影响，是因为它创造了大量的投资、就业机会、消费和产品生产。新建住房销售额的上升通常伴随着 1—2 个月后成品房销售额的增加，随着住房买入的节奏加快，供给和服务的需求将刺激其他与住房相关的商业活动。此外，要注意新建住房的销售一般要经过修正，有时是重要的修正，因此有必要观察至少三四个月的数据才能辨认新建住房销售的趋势。值得关注的指标有已售新建住房销售（全美和四个地区）、待售新建住房（只有全美数据）和可供应月度（基于最近的销售频率销售完当前的新建住房需要多长时间）。当房屋的销售额高涨时，可供应月度通常保持稳定或下降，一般而言，如果它降到 4 个月或者更短的时间，建筑商将有充足的信心去维持在新建工程上的投资；相反，如果升至 6 个月，则预示着新建住房销售的下降。第三，其他指标也具有参考价值。成品房销售由于并不创造新的投资，因此重要性相对于新建住房销售略低，但由于成品房销售占据了房地产成交的绝大部分，反映了消费者的预期，因此是观测经济拐点的有力指标。住房市场指数是房地产市场公布的第一个数据，也是房地产市场景气度的反映，对未来的房地产活动有一定的领先意义。

外贸方面，在美国商务部经济分析局每月公布一次的国际贸易报告中，出口反映了美国商品的竞争力及其创造的就业机会。出口突然下降的可能原因是其他国家经济形势的恶化、过度坚挺的美元或是美国通货膨胀的迅速上升。进口反映了国内的需求情况，如果美国经济疲软，或是美元贬值，那么可能看到进口的下降。在美国商务部经济分析局季度公布一次的经常项目报告中，资本项目通常比较小，更加重要的是金融项目，表明资本投资和贷款进出美国的活动，从该报告中能找到美国拥有的股票、债券和其他资产，外国拥有的美国公债和私人资产的变化，美国政府机构（如美联储）持有的外国货币和公债以及外国央行拥有的美国金融资产。经常项目主要关注的指标是经常项目余额、商品余额、服务余额、收入余额和单方面转移支付净值。

除了美国经济，其他发达经济体对中国经济和债券市场也具有重要影响，需要关注欧元区整体、英国、德国、法国的GDP、就业、消费、消费者信心指数、PMI、CPI等数据。如果海外经济增速整体放缓，会影响中国国内出口，对国内经济基本面有负面影响，利好债市。如果海外通货膨胀上升，可能通过贸易传导至国内，对国内债市产生不利影响。

此外，还需要重点关注各发达经济体央行的货币政策，尤其是美联储的货币政策。美联储关于货币政策的报告主要有两个，一是联邦公开市场委员会报告，即众所周知的美联储议息会议决议。其获得的市场关注度非常高，主要内容包括公布联邦公开市场委员会（FOMC）投票结果，依据最新的经济指标所判断的经济现有状态，美联储对通货膨胀和经济增长的评价，还会公布在两次会议之间将密切关注的部分，对美国经济具有前瞻性。二是联邦储备委员会的"褐皮书"。在FOMC召集的两周前，美联储发布褐皮书，其正式名称为"地区联储对当前经济形势的评论概要"，该报告是对来自12个联储地区的一些信息的汇编，提供了当前全国经济状况的信息，该报告设置了一个让每个FOMC成员进行利率政策辩论的平台。此外，还要关注欧洲各国及日本、英国、澳大利亚、加拿大等国的议息会议和利率决策，以及美国总统、美联储主席、白宫经济顾问和其他发达国家总统和财长等重要人物对国际经济形势等市场关注的重要事件所发表的重要言论。重要事件是指对中国国内经济和债券市场可能产生重大影响的国际经济政治大事件，如英国脱欧、欧日退出量化宽松进程、中东局势等。

根据经济指标判断经济走势要具体问题具体分析，不能一概而论。经济运行是非常复杂的，没有任何单一指标可以描述其全部。同时，也不是掌握了所有指标就一定可以准确地预测经济下一步的走势。在处理经济指标的时候，应当注意几个问题。一是指标传达出的经济的信息可能并不一致，不同指标可能会发出不同的信号，需要判断哪些因素是影响当前宏观经济和金融市场最主要的因素。二是人们可能会采取与直觉相反的行动。比如说消费者信心和消费者支出，在2001年温和的经济衰退中，消费者信心指数一年之内一路下降，达到了10年来的最低点，然而消费者支出却很高。再比如，不能仅凭家庭心理消费状态来判断消费支出的前景，支出倾向更多会受到个人收入增长率、就业保险、利率、住房价值和股票、债券的财富结构等的影响。

4.2 银行体系流动性研判

4.2.1 银行体系流动性分析框架

首先区分两组概念：基础货币和广义货币，广义流动性和狭义流动性。基础货币是央行进行货币投放而形成的，记在央行资产负债表的负债端和商业银行资产负债表的资产端，是银行体系可以使用的资金总量，具体由现金和银行存放在央行的准备金构成；广义货币是银行进行货币投放形成的，记在商业银行资产负债表的负债端和企业或居民资产负债表的资产端，是社会可以使用的资金总量。银行体系流动性的松紧取决于流动性的供给和需求：流动性供给大于需求，则流动性偏松；流动性供给小于需求，则流动性偏紧。

流动性的供给主要取决于央行投放的基础货币和外汇占款。央行投放基础货币的渠道包括公开市场操作（逆回购、SLO）、SLF和MLF、下调存款准备金率和PSL等（见表4-3），投放多少基础货币取决于央行的货币政策。2016年以来人民币贬值预期和结汇需求不足导致外汇占款持续下降，因此外汇占款已不再是基础货币最重要的补充渠道。如今央行会根据宏观经济政策四大目标（物价稳定、充分就业、经济增长、国际收支平衡）以及外汇占款和财政存款的变化调节货币政策，所以决定流动性供给端的核心是货币政策。

表4-3 央行投放基础货币的政策工具

分类	名称	释义	特征
短期	逆回购	向一级交易商购买证券，未来特定日期卖回	期限：7天、14天、28天（7天为主） 利率走廊机制下公开市场利率已逐渐成为新的基准利率下限
短期	SLO（Short-term Liquidity Operations）短期流动性调节工具	公开市场短期流动性调节工具	期限：7天以内 本质是超短期的逆回购（利率招标）
中期	SLF（Standing Lending Facility）常备借贷便利	中央银行正常的流动性供给渠道，主要功能是满足金融机构短期的大额流动性需求	期限：1—3个月 调节市场的短期货币供应量和利率（央行决定利率）
中期	MLF（Medium-term Lending Facility）中期借贷便利	中央银行提供中期基础货币的货币政策工具	期限：3个月、6个月、1年（1年期为主） 调节市场的中期货币供应量和利率（央行决定利率） 三农、小微领域的资金支持
长期	下调存款准备金率	影响货币乘数，即银行信用扩张能力	影响较为长期而普遍（后因政策需要创设了定向降准）
长期	PSL（Pledged Supplementary Lending）抵押补充贷款	政策性银行通过抵押资产从央行获得融资	期限：3—5年 引导中期政策利率（央行决定利率） 基建、民生支出等特定领域的低成本资金支持
不常用	再贷款	面向商业银行的无抵押信用贷款	可能被PSL取代，央行可制定再贷款利率
不常用	再贴现	金融机构将贴现所得的未到期票据转让给央行	央行制定高于或低于市场利率的再贴现率，调节货币供应

资料来源：华创证券根据公开信息整理。

流动性的需求主要取决于银行放贷派生存款和银行外机构融资需求。银行向企业发放贷款，企业获得资金存放在银行，银行存款增加，同时要向央行缴纳存款准备金，这一环节需要消耗基础货币；地方政府发地方债以融资，将发债融得的财政存款上缴财政部，财政部上缴国库，这一环节也消耗基础货币。

超储率（商业银行超额准备金与一般存款的比值）指标可以衡量银行体系的流动性。央行降准不一定代表货币政策宽松，例如，2018年4月，商业银行缴税缺口大于央行降准释放的流动性，所以流动性是收紧的，货币政策并未放松。央行回笼货币也不一定代表货币政策收紧，例如，2006年，银行外汇占款增量大于央行从银行回收外汇占款的量，所以流动性是宽松的，货币政策并未收紧。故观测流动性是偏松还是偏紧，可以看超储率，该指标衡量了银行闲置资金的充裕程度。一般而言，2%的超储率比较合理。超储率在1.5%以下，则流动性偏紧；超储率在1.5%—2%区间，则流动性中性；超储率大于2%，则流动性宽松。

4.2.2 银行资产负债结构的调整

银行作为服务实体经济资金融通的金融机构，存贷款是其传统业务，2005年，银行存款占负债的比例高达90%。但是随着利率市场化的不断推进，货币基金与互联网产品对银行存款形成分流，银行存款占总负债的比例处于下行通道，目前已下降至70%左右。同时，由于存贷比仍是商业银行的流动性监测指标，为扩大放贷规模，商业银行尤其是中小银行的负债端压力较大，同业存单业务应运而生且规模不断扩大，2017年，同业存单净融资额快速上行，带动应付债券科目（同业存单记在资产负债表中的"应付债券"科目）占比上升。但是在金融去杠杆背景下，政府引导银行回归服务实体经济的本源，监管政策不断出台，同业存单业务也受到一定冲击，最终，同业负债受金融去杠杆影响占比持续回落，银行负债端结构不断调整。

4.2.3 货币政策和财政政策对银行体系流动性的影响

一般认为，积极的财政政策利空债市，紧缩的财政政策利多债市。这可以从两个角度理解：第一，积极的财政政策包括扩大财政支出或减税，中长期利好经济基本面，短期影响有限，但会使市场短期对宏观经济的预期变得更乐观，影响短期债市，进而长端利率在短期内也会上行，不过中长期来看长端利率会上行更多，所以整体上利空债市；第二，积极的财政政策需要更多的财政资金，意味着政府将增加国债的发行，中短期内市场上利率债的供给增加，利空债市。

积极的货币政策利多债市，紧缩的货币政策利空债市。积极的货币政策包括增加货币供应量或降息（降低基准利率水平），增加货币供应量意味着银行间的流动性将更充裕，代表银行负债端成本的银行间资金利率将下行，降低基准利率的作用亦然。更低的资金成本使银行配置国债等各类债券更加积极，债券市场中债券的需求大于供给，推动债券价格走高，债券收益率相应下行，所以利多债市。

信贷环境的松紧对债市的影响视情况而定。宽松的信贷环境若使货币政策收紧,将利空债市;由银行惜贷导致的紧缩的信贷环境将促使央行释放流动性以促进银行放贷,利多债市;由经济过热、央行收紧信贷额度导致的紧缩的信贷环境,流动性偏紧,利空债市。同理,并不是M2增加就意味着利多债市。如果M2增加是由信贷扩张太快(经济过热)导致的,将利空债市;如果M2增加是由央行降息降准导致的,将利多债市。反之,如果M2减少是由银行惜贷导致的,将利多债市;如果M2减少是由央行加息加准导致的,将利空债市。

2011年以前,官方定调经常调整,对基本面影响较大,财政、货币和信贷三项政策中两项以上利多才会出现债券牛市;2011年之后,官方定调维持稳定,对基本面影响趋弱,信贷政策调控作用趋弱,债券是牛市还是熊市更为依赖货币政策的变化。历史上财政、货币和信贷政策的配合情况详见表4-4,货币政策、财政政策对利率的影响详见表4-5。

表4-4 历史上财政、货币和信贷政策的配合情况

时间(年)	财政政策			货币政策			信贷政策	
	预算赤字(亿元)	决算赤字(亿元)	属性	M2目标	M2实际	属性	信贷实际	属性
2004	3 198	2 090	宽松	17	14.6	趋紧	18 367(11.6%)	趋紧(额度控制)
2005	3 000	2 281	趋紧	15	17.6	宽松	17 326(9.8%)	紧缩(自发控制)
2006	2 950	1 663	趋紧	16	16.9	趋紧	30 594(15.7%)	紧缩
2007	2 450	-1 540	紧缩	16	16.7	紧缩	36 405(16.2%)	紧缩(额度控制)
2008	1 800	1 110	紧缩	16	17.8	紧缩	41 703(15.9%)	紧缩(额度控制)
2009	9 500	7 397	宽松	17	27.7	宽松	96 290(31.7%)	宽松
2010	10 500	6 495	宽松	17	19.7	宽松	79 510(19.9%)	紧缩(额度控制)
2011	9 000	5 190	趋紧	16	13.6	紧缩	68 751(14.4%)	紧缩(额度控制)
2012	8 000	8 503	趋紧	14	13.8	宽松	81 962(15.0%)	宽松
2013	12 000	10 601	宽松	13	13.6	趋紧	89 051(14.1%)	宽松(非标替代)
2014	13 500	11 312	宽松	13	12.2	宽松	97 808(13.6%)	宽松(需求下降)
2015	16 200	23 551	宽松	12	13.3	宽松	112 693(17.0%)	宽松(需求下降)
2016	21 800	28 100	宽松	13	11.3	趋紧	124 371(10.4%)	紧缩
2017	23 800	23 800	趋紧	12	8.2	趋紧	138 432(11.3%)	宽松

资料来源:华创证券。

表4-5 货币政策、财政政策对利率的影响

时间(年)	市场走势			
	官方描述	定性	10年期利率(年初,年末,平均)	1年期利率(年初,年末,平均)
2004	财政积极,货币稳健	松财政+紧货币+紧信贷	[3.15, 4.73, 4.54]	[1.95, 2.92, 2.84]
2005	财政稳健,货币稳健	紧财政+松货币+紧信贷	[5.22, 3.12, 3.77]	[3.11, 1.78, 2.11]
2006	财政稳健,货币稳健	紧财政+紧货币+紧信贷	[3.07, 3.03, 3.04]	[1.67, 2.09, 1.91]

（续表）

时间 （年）	市场走势			
	官方描述	定性	10年期利率（年初，年末，平均）	1年期利率（年初，年末，平均）
2007	财政稳健，货币稳健	紧财政+紧货币+紧信贷	[3.02, 4.43, 3.99]	[2.08, 3.68, 2.77]
2008	财政稳健，货币从紧	紧财政+紧货币+紧信贷	[4.44, 2.75, 3.92]	[3.69, 1.10, 3.05]
2009	财政积极，货币适度宽松	松财政+松货币+松信贷	[2.71, 3.64, 3.34]	[1.08, 1.50, 1.26]
2010	财政积极，货币适度宽松	松财政+紧货币+紧信贷	[3.66, 3.88, 3.47]	[1.50, 3.30, 1.95]
2011	财政积极，货币稳健	紧财政+紧货币+松信贷	[3.86, 3.42, 3.86]	[3.23, 2.72, 3.16]
2012	财政积极，货币稳健	紧财政+松货币+紧信贷	[3.44, 3.57, 3.46]	[2.73, 2.91, 2.70]
2013	财政积极，货币稳健	松财政+紧货币+紧信贷	[3.61, 4.55, 3.83]	[2.92, 4.22, 3.30]
2014	财政积极，货币稳健	松财政+松货币+紧信贷	[4.60, 3.62, 4.16]	[4.23, 3.26, 3.50]
2015	财政积极，货币稳健	松财政+松货币+松信贷	[3.63, 2.82, 3.37]	[3.25, 2.30, 2.55]
2016	财政积极，货币稳健	松财政+松货币+紧信贷	[2.87, 3.01, 2.86]	[2.35, 2.65, 2.27]
2017	财政积极，货币稳健	紧财政+紧货币+松信贷	[3.11, 3.88, 3.58]	[2.75, 3.79, 3.30]

资料来源：华创证券。

4.2.4 金融扩张和金融监管对银行体系流动性的影响

我们尝试从理财的角度理解金融扩张和金融监管对银行体系流动性的影响。2010年以前，配置利率债可以满足理财的收益率要求；2010年非标准化债权资产和信用债成为理财配置的重要标的；2013年，《中国银监会关于规范商业银行理财业务投资运作有关问题的通知》（"8号文"）和"钱荒"限制了理财投资非标准化债权资产的比例，固定收益品种收益率快速上行，成为理财投资的主要配置标的；2014年，央行开始放松，资产收益下降开始快于理财利率；2015年上半年，股市暴涨，理财转向"打新"（用资金参与新股申购，如果中签的话，就买到了即将上市的股票）；两融收益权等类固定收益产品能轻松覆盖理财成本；但从2015年年底开始，在缺乏高收益资产的情况下，为了继续维持较高的收益，理财开始更多依赖于"委外"（委托投资业务）以及高杠杆的投资方式，"资产荒"一词开始被市场反复提及。

【专栏4-3】

理财如何影响银行体系的流动性？

随着理财业务的快速发展，企业在低融资成本和高理财投资回报中套利，对银行体系的流动性产生了影响。例如，在传统表内模式下，企业发行100元债券，在银行负债端形成了100元企业活期存款，生成了100元M1和100元M2。然后企业进行投资、消费等，企业活期存款转化为企业定期存款或居民存款，假设比例为50%，最终为50元M1和100元M2；而在企业理财套利模式下，企业发行100元债券，购买100元银行理财，银行理财再进行委外，委外机构再去购买100元企业债。企业生成了100元资产和100元负债，银行理财增加了100元规模，委外机构扩大了100元受托资产，所有机构似乎都能从中获利。但委外机构只能通过加杠杆的方式维持收益和负债的匹配，其中蕴藏的风险越来越大。企业把这笔100元的存款取出后购买理财，理财在负债端生成了100元份额，银行负债端企业存款变为0，M1和M2均变为0。所以，相较于企业表内融资投资于实体经济而言，利用理财套利对M1和M2都会造成负面影响，对M2的影响更大，反映了资金脱实向虚，使得缺口（M1-M2）扩大；同时，提高银行超储率，理财利用高杠杆维持高投资回报的做法会加剧"资产荒"。

在"金融脱媒"实现以前，看似实体经济通过理财、基金、信托、券商、保险等进行直接融资，但实际上这些机构发行的产品多数被银行购买（或买入返售），成为"银行的影子"，实质上仍是银行信用的扩张，依然产生货币。8号文之前，银行用表外理财资金投资"非标"，企业通过"非标"融资后，将资金存回银行，由于企业一般都会将融来的资金存回原来的银行，因此银行体系的超额存款准备金总量和超储结构均不变。

随着金融去杠杆、金融严监管的进程不断推进，监管要求银行业回归存贷款服务于实体经济的本源，防范和化解金融风险，表外回归表内，表外理财受到抑制。8号文之后，银行用表内自营资金投资"非标"，银行之间的资金拆借和头寸划拨只能用超储。因此，银行体系超储总量不变，但超储结构改变，从买入"非标"的银行转入卖出"非标"的银行。对于A银行来说，用自营资金投资B银行的"非标"，类似于购买了B银行发行的银行债，与用自营资金投资国债、金融债一样，100%由A银行的基础货币购买；而如果A银行在一级市场投资信用债，则和放贷一样，属于银行信用扩张，创造货币，需要上缴相当于投资金额20%的基础货币作为准备金。所以，金融扩张有利于实体经济融资的信用扩张，金融严监管使"非标"融资渠道受阻，对实体经济融资产生负面冲击。

4.3 债券市场分析框架

4.3.1 传统的利率分析框架

传统上，我们一般从基本面、政策面和资金面角度对利率进行综合分析。

基本面主要关注经济增长和通货膨胀。市场对经济增长和通货膨胀的评估与监管部门对经济增长和通货膨胀的评估有所不同，尤其在当前的经济转型阶段。新常态下经济增速水平"下台阶"，监管部门对经济增长的容忍度较高，对目前的经济比较乐观，认为中国经济的韧性较强，而经济的内生动能也由传统扩大内需的房地产和基建，转变为消费、新经济的创新创业、精准扶贫、三农和小微企业等定向领域。

政策面主要关注货币政策和财政政策。由于市场和监管部门对基本面的评估有预期差，所以在分析政策面时要综合考虑两方面的观点。如果市场对经济比较悲观，认为短期内货币政策和财政政策会边际放松，那么将压低长端利率；但如果政府对经济比较乐观，那么短期内货币政策和财政政策并未如市场预期那样边际放松，将使长端利率上行，债市走熊。所以，央行对经济的评价是更重要的，并决定着未来宏观经济政策的走势。

资金面主要关注基础货币层面的流动性变化和债券供需角度的变化。在政策面落地后，流动性将发生变化，降准、公开市场操作净投放等会增加流动性供给，带动利率下行，尤其是短端利率；债券市场中债券发行增加时，供给大于需求，债券价格下跌，带动利率上行。

综合上述分析，可以评估当前利率区间是否符合基本面因素，而债券价格最终会回归基本面因素推断出的债券价值。如果当前利率水平高于合理利率水平，那么债券价值被低估，可以做多利率债；如果当前利率水平低于合理利率水平，可以做空利率债。

4.3.2 传统的利率决定因素

决定利率的宏观因素有决定长期利率趋势的基本面（经济增长和物价水平）、决定中期利率趋势的政策面，以及决定短期利率趋势的资金面。其中，基本面一方面直接影响利率，另一方面通过对货币政策的制定造成约束进而影响利率。值得注意的是，根据泰勒规则，判断经济增长和通货膨胀对目标利率的影响，不是观测绝对值，而是观测相对量，即产出缺口（实际经济增速减去潜在经济增速）和通货膨胀缺口（实际通货膨胀率减去目标通货膨胀率）；而且不同时期经济增长和通货膨胀对利率影响的弹性系数是不同的，可建立回归模型进行预测，同时还要关注央行政策的侧重点。例如，关于美联储货币政策目标利率制定规则，泰勒规则将产出缺口和通货膨胀缺口分别赋予 0.5 的权重，后来在伯南克规则下将产出缺口的权重提高至 1。再比如，2002—2011 年中国长期利率（以 10 年期国债利率为代表）的变化体现出显著的双轮驱动特征。2008 年以前，债券市场不够发达，通货膨胀因素影响更大，反映通货膨胀的 CPI 同比指标能够解释历史上 70% 的时期内长期利率的方向变化，反映经济增长的工业增加值同比指标能够解释历史上 23% 的时期内长期利率的方向变化；2008 年以后，受金融危机的影响，经济较差，经济因素对利率变化的解释力明显增强，通货膨胀因素的解释力下降；目前，中国正处于经济转型期，经济增速绝对值"下台阶"，但 10 年期国债收益率中枢并未跟随下行，而是维持 3.6% 的历史平均水平，这主要是因为经济平稳、通货膨胀压力较大的时期，通货膨胀对利率的影响更大。

分券种来看，利率债的收益率主要受三大宏观因素的影响，但信用债的收益率还受到信用利差的影响，近期信用利差主要取决于信用债发行主体信用风险的高低。而分析企业的信用风险，则要从微观的角度综合分析企业所处行业的景气度趋势、企业盈利能力和经营状况、企业历史信用事件，此外，信用利差还受到该时段市场对信用风险的容忍度的影响。若市场风险偏好较低，则信用利差较大，将使信用债收益率整体上行，利空信用债走势；若市场风险偏好较高，则信用利差较小，将使信用债收益率整体下行，利好信用债走势。

利率债和信用债的债券收益率除了受到以上价值分析层面的影响，还受到债券市场供需的影响，即流动性溢价（过去信用利差主要取决于流动性溢价）。当债券供给维持稳定时，投资者情绪高涨，买盘大于卖盘，将使债券价格上涨，收益率下行；当债券需求维持稳定时，债券发行放量，供给增加，将使债券价格下跌，收益率上行。从另一个角度来理解，当国家开发银行债（以下简称"国开债"）发行放量时，银行购买国开债而使超储率下降，银行体系的流动性降低，资金面变紧，同时，国开债融资后放贷增量，向实体经济注入流动性，利好基本面，整个过程使得收益率上行。

4.3.3 利率市场中长周期趋势策略

从经济增长、通货膨胀和货币政策三因素之间的关系来看，经济增速是领先指标，遵循"经济回落—通货膨胀回落—政策滞后"的规律。除非是输入性通货膨胀，即当国内经济走弱而海外经济走强时，国际油价上涨，造成国内通货膨胀没有下行反而上涨。历史上三轮调控的政策周期都滞后于基本面周期，经济下滑后通货膨胀下行，之后为刺激经济回暖而放松货币政策。

债市配置起始时点应与基本面顶点时期吻合，交易介入时点应与政策面顶点时期吻合。当经济下行而通货膨胀仍顺势上行时，配置盘应买入。之后，通货膨胀见顶回落，经济和通货膨胀双双下行，但货币政策仍偏紧，交易盘此时可以提前进场买入，同时配置盘可以增持更多。最终，央行货币政策从顶点开始放松，机构都开始进场买入，这时，若配置盘和交易盘还想买可能就买不到足够量了，所以配置盘要最早领先买入，交易盘也要略早提前买。

配置盘停止配置债券起始时点应与基本面低点时期吻合，交易盘减持债券时点应与基本面低点时期吻合。经济见底回升初期，配置盘应停止增持，同时交易盘应开始减持；随后通货膨胀开始回升、政策仍较松时，交易盘应卖完所持债券。最终，央行货币政策开始收紧，机构都开始抛售债券。

4.3.4 汇率因素

汇率可能会继经济增长和通货膨胀之后成为影响利率的第三个变量。理论上，从短期来看，汇率与利率能够互相影响，直至二者达到均衡水平。汇率贬值，一方面会引发通货膨胀，使得名义利率上行；另一方面会造成资金流出，国内流动性紧张，使得名义利率上行。但反过来，名义利率升高后一方面会抑制国内通货膨胀水平，使人民币升值；另一方面也会扩大国内利率与国外利率之差，有助于吸引海外资金流入，外汇市场上兑换人民币的需求增加，人民币升值。例如，人民币贬值可能会引发输入性通货膨胀，贬值对通货膨胀的影响可以通过居民消费中进口产品的占比来测算，如人民币贬值使进口原油和进口大豆的价格上涨。

到底是汇率对于利率的影响大，还是利率对于汇率反作用的影响大，决定因素是国家货币政策的有效性，央行需要在过度宽松的货币政策与维持汇率稳定之间寻求平衡。

在人民币贬值的情况下，如果央行为稳定汇率，则需要加息，给资产收益率以补偿，在防止资本流出的同时抑制通货膨胀，但这样会由于部分资本已外流，叠加上融资成本增加而使得实体经济的流动性更加紧张，不利于长期的经济增长，未来经济走弱也会使人民币有贬值预期；如果央行为稳定流动性，则需要降准，投放基础货币，但若大幅降准，则会加剧人民币贬值以及资本外流和通货膨胀。现实中，一般情况下，当一国本币贬值时，央行都会用加息来稳住汇率。就我国而言，2015年人民币对美元全年贬值5.8%，央行为支撑汇率而没有大幅降准；而目前在经济低迷、金融去杠杆持续推进，以及贸易摩擦负面冲击的背景下，中小企业、民营企业融资难，流动性承压，为稳经济和对冲流动性紧张，近期即使人民币贬值，央行也并未加息，反而定向降准，使利率下行。所以，汇率对流动性和利率的最终影响仍取决于央行在两难境地时的选择，所以还是要关注央行的侧重点是稳增长还是保汇率。

人民币汇率贬值有可能使中美利差（10年期国债收益率与10年期美债收益率的差值）扩大。这是由于人民币贬值，人民币计价的资产吸引力下降，需要更高的国债收益率以补偿人民币贬值带来的损失，所以中美利差走阔。2005—2008年，人民币强劲，当时即使中美利差倒挂，但有人民币升值的汇兑收益，市场对中美利差倒挂是可以容忍的，而如今，人民币不如过去强劲，汇率因素就显得更为重要了。

4.3.5 债券品种轮动

债券品种分为利率债和信用债，其中信用债分为高等级信用债和低等级信用债。债券配置策略是有品种轮动的，而且债券品种轮动与经济周期有关。当经济基本面低迷时，企业盈利下降，信用违约风险增加，市场对经济也具有悲观预期，市场风险偏好下降，信用利差走阔，利空低等级信用债等风险资产，利多利率债和高等级信用债；当经济基本面回暖时，企业盈利增加，信用违约风险下降，市场对经济的悲观预期有所修复，市场风险偏好回升，信用利差收窄，利多低等级信用债等风险资产，利空利率债和高等级信用债。此外，信用利差还受到债券市场信用债供需因素的影响，例如，2015—2016年，经济低迷，但是信用利差仍较小，因为当时理财大规模扩张，理财资金绝对收益的要求使其偏好高票息资产，大量配置信用债，信用债需求增加，压低了信用利差。2017年，随着理财规模的萎缩，信用债配置资金被压缩，信用债需求回落，推动信用利差趋势性上行。

4.3.6 库存周期波动对投资的指导意义

现实中，投资者可能更关注年度或季度的利率变化，这一特征则决定了短周期分析更具现实性，而库存周期决定了经济的短周期波动，所以**库存周期对投资交易更具现实指导意义**。库存的变化主要由供给和需求决定。当生产和库存同时下降时，企业主动去库存，说明企业对经济前景很悲观，此时经济处于衰退阶段，利率下行，利多利率债；当生产回升而库存仍下降时，企业被动去库存，说明需求旺盛，此时经济进入复苏周期，利率上行但幅度有限，利空利率债；当生产增加同时库存回升时，是企业主动补库存，说明企业对经济前景很乐观，此时经济处于繁荣阶段，利率上行并处于高位，利空利率债；当生产回落同时库存仍在增加时，是企业被动补库存，说明需求不足，此时经济进入萧条周期，利率下行但幅度有限，利率债空间不大。

4.3.7 国债收益率的上限与下限

传统上，一般通过将经济和通货膨胀的当前水平与历史水平进行比较，来判断国债收益率的合理位置。但是2011年以来，传统逻辑已经不能完全解释国债收益率的走势，需要加入一个重要因素——资金成本。通过分析利率债的最大需求方——商业银行——的资产负债情况，判断利率债未来收益率的合理底部区间。从银行资产负债的角度看，国债是银行主动配置的投资标的，所以银行配置国债的收益率至少要高于银行负债端的资金成本（国债收益率的"下限"），同时，至少要与银行资产端的其他生息资产收益率相等（国债收益率的"上限"）才具有配置价值。

首先，分析银行负债端的资金成本。银行的资金来源主要有存款、理财和同业负债，对应负债端的会计科目分别为"吸收存款""其他负债（表内理财）和受托业务（表外理财）"以及"同业及其他金融机构存款、拆入资金、卖出回购金融资产款"。

可以以银行综合负债成本来衡量资金成本：

$$银行资金成本（综合负债成本）=（存款成本+同业成本+理财成本）/（存款规模+同业负债规模+理财规模）$$

其中，

$$存款成本 = 活期比例 \times 活期存款利率 \times 利率上浮 +$$
$$定期比例 \times 1年期定期存款利率 \times 利率上浮$$

$$同业成本 = 同业负债规模 \times 3个月同业存单利率$$
$$理财成本 = 理财规模 \times 1—3个月理财预期收益率$$

10年期国债收益率与银行资金成本的利差应为正数。历史上看，中性估计：2007年以来利差中值为148BP；较乐观的估计：2011年之前的最低值为110BP；更乐观的估计：1/4分位数为76BP。可以根据利差向均值回归的规律，来判断国债收益率的"下限"。

其次，分析银行资产端的其他生息资产收益率。银行的生息资产包括贷款、同业资产、债券投资和其他。相较于贷款和同业资产，国债的优势是税收减免和不计风险权重，即不耗用银行的资本金。因此，可以尝试将国债的这两个优势量化后加入国债收益率中，从而使其与其他生息资产可比，即在国债收益率的基础上加入税收溢价和资本溢价，看当前国债收益率相对于一般贷款和同业资产而言，对银行是否已经具有配置价值。

$$国债可比收益率 = 国债收益率 + 税收溢价 + 资本溢价$$

其中，

$$税收溢价 / （税收溢价 + 国债到期收益率）= 税率$$
$$资本溢价 = 资本充足率 \times 资本利润率$$

假定给予商业银行这个税收溢价作为补偿，才能使银行同意将国债缴税，那么税收溢价与当前国债收益率所处的水平呈正比。从金融债的隐含税率看，基本围绕 16% 上下波动，则 2.7% 的国债收益率对应的税收溢价为 52BP。

根据银监会发布的《商业银行资本管理办法（试行）》，系统性重要银行的资本充足率要求达到 9.5%。根据银监会的数据，2015 年年末，商业银行的资本利润率为 15%。假定商业银行每增加 100 元存款，会在贷款、同业资产和国债之间做选择：

如果选择配置贷款，则对应 100% 的风险权重，会产生 100 元风险资产，需要耗费 9.5 元的资本金，则将损失 1.43 元（= 9.5×15%）收益，即损失率为 1.43%，贷款的资本溢价为 143BP。加上 2.7% 的国债收益率和 52BP 的税收溢价后，贷款的国债可比收益率为 4.65%。如果在该时点贷款的实际收益率低于 4.65%，则国债仍有配置价值。

如果选择配置同业资产，则对应 20% 的风险权重（同业资产多在 3 个月内），会产生 20 元的风险资产，需要耗费 1.9 元的资本金，则对应损失率为 0.29%，即同业资产的资本溢价为 29BP；加上 2.7% 的国债收益率和 52BP 的税收溢价后，同业资产的国债可比收益率为 3.51%。如果在该时点贷款的实际收益率低于 3.51%，则国债仍有配置价值。

此外，还要平衡贷款所具有的不良率劣势和派生存款收益优势。如果不良率提高，由于国债没有违约风险，那么买国债更划算。但是，如果购买国债，就损失了发放贷款的派生存款收益。

4.3.8 收益率曲线的形态

收益率曲线的形态是市场对未来长期和短期利率不同变化预期的结果，也反映了市场对未来经济的悲观或乐观预期。判断利率走势时要综合分析经济基本面、政策面和资金面的影响因素。例如，理论上，当其他因素不变而经济走弱时，收益率曲线会整体下移，只是长端利率下行更为明显；但如果经济走弱的同时资金面仍偏紧，短端利率受资金面影响更大，那么短端利率会上行，同时长端利率会下行，使收益率曲线平坦化甚至倒挂；此后，如果经济走弱促使货币政策放松（如降准），资金面宽松，那么短端利率受此影响将下行，使收益率曲线陡峭化；最后，随着宽松货币政策刺激经济回暖，将进入加息周期，收益率曲线上移，短端利率上行更为明显，收益率曲线平坦化，这样利率随着三大因素变化的一轮周期就结束了。

现实可能与理论略有不同。例如，美国为促进经济复苏执行了长达 6 年（2008 年 10 月—2014 年 10 月）的量化宽松政策，一直将联邦基金利率维持在 0.25% 的超低水平。自 2015 年 12 月首次启动本轮加息以来，美联储已加息 7 次，联邦基金利率升至 2%。伴随着美联储货币政策先松后紧的变化，可以看到低利率政策长期不变时，长期国债收益率主要受基本面影响而呈下行趋势。2015 年年底首次加息后，长期国债收益率比短期国债收益率上行幅度更大,受加息和经济预期的双重影响,长端利率上行幅度更大,收益率曲线暂时变陡峭。但此后,随着加息次数的增加,短端利率上行幅度更大,使得美国国债收益率10年期与2年期的期限利差开始收窄,收益率曲线平坦化。所以,在不同的时间段,要抓住三大因素中的主要矛盾,以更准确地预测利率走势。

跟踪国债收益率曲线的变化,可以用利差(10年期国债-1年期国债)来观测。一般来说,1年期国债收益率是围绕7天回购利率波动的,7天回购利率对于长端的约束要比1年期国债强,因此,10年期国债减去7天回购的利差要比10年期国债减去1年期国债的利差更加重要。例如,2018年1—5月,受宽松的货币政策环境影响,短端利率快速下行,国债收益率曲线持续陡峭化,10年期国债减去1年期国债的利差月均值上行24个BP。但6月受市场对经济基本面和外部贸易摩擦扰动因素的担忧的影响,10年期国债收益率月均值下行6个BP,同时,6月适逢年中MPA(宏观审慎政策评估体系)考核且跨季资金压力较大,促使短期资金价格7天回购利率月均值上行15个BP,最终6月国债收益率曲线趋于平坦化,10年期国债减去1年期国债的利差月均值下行24个BP,10年期国债减去7天回购的利差月均值下行21个BP。

本章小结

决定债券市场趋势的核心因素主要有三个方面,长期取决于经济基本面和通货膨胀,中期取决于货币政策和财政政策,短期取决于资金面。经济基本面相当于债市的锚,对债券市场至关重要,此外,经济基本面对宏观经济政策的走向也有指向性,所以分析债券市场首先要研判经济基本面,具体到操作层面则要看宏观经济指标。

主要经济指标包括GDP、工业增加值、消费(社会消费品零售总额)、投资(固定资产投资)、进出口、价格指标(CPI、PPI、GDP平减指数)等。对于每个指标,可以通过寻找周期规律、构建模型、关注经济政策和高频数据等方式来预测。

信用周期影响货币政策和财政政策的走势,反映信用债的信用风险水平。从理论上看,经济周期和信用周期相匹配。经济周期还可以通过多条路径影响企业盈利,而通过对行业的量和价的观测,可以预测经济所处的阶段。

综合国际金融市场和海外货币政策的传导渠道可以看出,海外经济对国内经济和债券市场具有重要影响,其中美国经济对中国经济的影响较其他经济体更为显著。要研判海外经济和金融市场形势主要从海外经济指标入手。

银行体系流动性的松紧取决于流动性的供给和需求。而流动性的供给主要取决于央行投放的基础货币和外汇占款;流动性的需求主要取决于银行放贷派生存款和银行外机构的融资需求。超储率指标可以衡量银行体系的流动性。

积极的财政政策利空债市,紧缩的财政政策利多债市;积极的货币政策利多债市,紧缩的货币政策利空债市;而信贷环境的松紧对债市的影响视情况而定,不可一概而论。

企业在低融资成本和高理财投资回报中套利,对银行体系的流动性产生影响。理财利用高杠杆维持高投资回报的做法会加剧"资产荒"。金融扩张有利于实体经济融资的信用扩张,金融严监管使"非标"融资渠道受阻，负面冲击实体经济融资。

利率债的收益率主要受三大宏观因素的影响，信用债的收益率则还受到信用利差的影响。除此之外，利率债和信用债的收益率还受到债券市场供需，即流动性溢价的影响。

理论上，从短期来看，汇率与利率能够互相影响，直至二者达到均衡水平。国家货币政策的有效性是决定性因素，央行需要在过度宽松的货币政策与维持汇率稳定之间寻求平衡。

通过分析商业银行的资产负债情况，可以判断利率债未来收益率的合理区间。银行配置国债的收益率至少要高于银行负债端的资金成本，同时，至少要与银行资产端的其他生息资产收益率相等，才具有配置价值。

收益率曲线的形态是市场对未来长期和短期利率不同变化预期的结果，也反映了市场对未来经济的悲观或乐观预期。预测未来收益率曲线的变化要从两个维度入手，一是比较国内外利差水平，二是对比当前利差水平与历史均值水平。

重要术语

经济基本面　国内生产总值　贸易逆差　公开市场操作　基础货币　广义货币　同比　环比　经济增长周期　消费者物价指数　生产价格指数　工业增加值　大宗商品价格　信用利差　权益净利率　个人消费支出　同业存单　中期借贷便利　泰勒规则　库存　资本溢价

思考练习题

1. 简述债券市场的分析框架。
2. 根据宏观经济指标分析当前宏观经济运行情况，以及对未来半年或一年经济走势的判断。
3. 分析未来国债收益率曲线形态的变化趋势。
4. 对最新月份货币当局的报表进行测算，并分析市场流动性。
5. 根据对宏观经济走势、宏观经济政策走势和银行体系流动性的预测，研判未来债券市场的走势。

参考文献

[1] 传统消费景气维持，新兴消费是新增长点——华创债券大数据看宏观系列专题之一[R].华创证券投顾部（2017-4-24）.
[2] 从企业盈利看未来制造业投资——华创债券大数据看宏观系列专题之三[R].华创证券投顾部（2017-5-22）.
[3] 从资金来源看下半年基建投资——华创债券财政系列专题之二[R].华创证券投顾部（2017-8-14）.
[4] 董德志.投资交易笔记：2002—2010年中国债券市场研究回眸[M].经济科学出版社，2011.
[5] 房地产投资和销售滞后关系被打破的微观解释——华创债券大数据看宏观系列专题之六[R].华创证券投顾部（2017-7-10）.
[6] 换一个视角看工业增速预测——华创债券

大数据看宏观系列专题之二 [R]. 华创证券投顾部（2017-5-12）.

[7]（挪）拉斯·特维德. 逃不开的经济周期 [M]. 董裕平，译. 中信出版社，2010.

相关网络链接

国家统计局官网：http://www.stats.gov.cn/
海关总署官网：http://www.customs.gov.cn/
中国债券信息网：http://www.chinabond.com.cn/
上海清算所官网：http://www.shclearing.com/
华尔街见闻：https://wallstreetcn.com/

第 5 章
固定收益证券定价和估值*

夏　冰　张　良（中银国际证券）

学习目标

通过本章的学习，读者应能够：
◎ 了解固定收益证券定价的基本概念和原理；
◎ 掌握市场中常用的债券收益率衡量方法，以及债券的到期期限、价格和收益率之间的关系；
◎ 理解无风险利率债券和含风险利差债券定价的影响因素；
◎ 了解债券估值的意义和一般原则；
◎ 掌握国内外金融市场上债券估值常用的计量技术和理论模型；
◎ 了解国内债券估值业务的发展状况。

■ 开篇导读

在债券的定价过程中，最重要的是确定用哪种贴现率来计算债券的贴现值，因为该利率基本上要综合反映债券在市场中进行交易时的所有决定信息，包括发行人的资质、债券的相对价值、投资人的风险偏好等，并且要避免使债券在市场中产生套利空间。举个例子来说，假设市场中有一种面值为 100 元的国债，票息率为 5%，期限为 3 年，一年付息一次，那么该国债的现金流为：第一年 5 元，第二年 5 元，第三年 105 元（=5+100）。对于该国债，用何种贴现率来计算其现值在市场交易中至关重要，贴现率选择不当就会

---
* 本章由天风证券审校。

出现交易一方明显占了另一方便宜的情况。实际上，该债券相当于三个零息债券的组合：第一个的面值为5元，期限为1年；第二个的面值为5元，期限为2年；第三个的面值为105元，期限为3年。因此，该国债的价值一定要等于这三个零息债券的价值之和。只要能够计算出每种零息债券的价值，将这三个零息债券的价值加起来，就可以得到该国债的价值。这时市场中最为公允的贴现率就非这些零息债券各自的即期收益率莫属，只有用这一利率进行贴现才不会在市场中产生套利空间。实践中，科学合理的贴现率反映了债券的公允价值，而债券估值就是通过计量方法和工具来寻找债券公允价值的过程。目前，国内公开发布人民币国债估值收益率曲线最权威的机构主要有两家：中央国债登记结算有限责任公司和中证指数有限公司。

5.1 固定收益证券的定价

5.1.1 基本概念和原理

在金融市场中，任何金融产品的价格理论上都应该等于该产品未来所有现金流的贴现值，债券的定价原则也一样。债券的未来现金流主要由债券发行人按期支付的利息、到期时支付的本金、付息还本日期等因素决定。在确定了债券的未来现金流状况后，最为重要的是确定用哪种贴现率来计算贴现值，因为该利率基本上要综合反映债券在市场中进行交易时的所有决定信息，包括发行人的资质、债券的相对价值、投资人的风险偏好等。本小节将先介绍债券定价中常用的一些基本概念和原则，为展开后续小节的内容打下基础。

5.1.1.1 现金流的现值与贴现

资金都是有时间价值的，即所谓的货币的时间价值（Time Value of Money），当前所持有的资金比未来获得的等量资金具有更高的价值。这是因为，这期间资金可以用于投资获得收益，也可以存入银行获得利息，即资金会随着时间的推移而发生增值。从经济学的角度来说，现在的一单位货币与未来的一单位货币的购买力之所以不同，是因为如果要使人们选择节省现在的一单位货币而在未来消费的话，需要在未来有大于一单位的货币可供消费，作为延迟消费和未来不确定性的补偿。这种补偿分为两方面：对机会成本的补偿和对风险的补偿。机会成本是资金的当前所有者选择将资金投资于某一个项目，而失去投资于另一个项目以获取收益的机会。风险指的是转让或延迟当前的货币使用权所产生的未来收益的不确定性。利息或利率，衡量的就是这种转让或延迟资金使用权而应该得到的补偿。

因此，由货币的时间价值可知，假设期初投资金额为 P_0，则经过一期后可获得 $P_0(1+r)$，这里 r 就是每期的利息率或利率。而如果将每一期期末收获的全部资金都继续投资到下一期，并且每期的利率都相同的话，那么经过 k 期的连续投资后，最终投资者

可以获得的金额为

$$P_n = P_0(1+r)^k$$

以上等式确定了终值（Future Value，FV）和现值（Present Value，PV）之间的关系，即 $FV=PV(1+r)^k$。调整一下就可以得到未来现金流的现值计算公式：

$$PV = \frac{FV}{(1+r)^k}$$

对于一般的附息债券来说，它有很多个未来现金流，包括债券发行人每期支付的利息 C 以及到期时支付的本金 M，将其每一期的现金流用合适的贴现率贴现后，就可以得到该债券的当前价值：

$$P = \frac{C}{(1+r_1)^1} + \frac{C}{(1+r_2)^2} + \cdots + \frac{C+M}{(1+r_n)^k}$$

其中，C 为该债券每期的票息；M 为面值；k 为该债券的付息期数；$r_1, r_2, \cdots, r_n$ 为每期现金流所对应的贴现率，可能相同也可能不同。

因此，现实市场中，对于一个每年付息 f 次，期限为 n 年，票息为 C，面值为 M，贴现率为 y 的附息债券来说，其未来现金流的贴现值可以相应地表示为

$$P = \frac{C/f}{(1+y/f)} + \frac{C/f}{(1+y/f)^2} + \cdots + \frac{C/f+M}{(1+y/f)^{fn}}$$

5.1.1.2　净价与全价

债券在二级市场进行交易时，其交易价格有净价和全价两种表示方法：净价指的是不含自然增长应计利息的债券价格；全价指的是净价加上应计利息部分。净价交易方式中的交易价格由于不包含应计利息，其价格的形成及变动能够更加准确地体现债券的内在价值、供求关系及市场利率的变动趋势，可以让投资者在进行债券交易时对价格的变动有更加直观的理解。全价则用于表示交易结算时买方需要向卖方支付的全部价款，债券买卖资金最后都要采用全价法交割。在表达式上二者有以下关系：

$$全价 = 净价 + 应计利息$$

在我国债券市场上，从 2001 年 7 月起在全国银行间债券市场和交易所市场逐步实行国债净价交易。实行净价交易后，国债的结算价格将由两部分组成，一部分是国债净价，用来清晰地反映投资者的资本利得；另一部分是应计利息，用来真实地反映投资者的国债利息收入。关于应计利息的计算方式，银行间债券市场和交易所市场一开始是一致的，但在 2007 年，中国人民银行对银行间债券市场的到期收益率计算标准进行了调整，日计数基准由"实际天数/365"调整为"实际天数/实际天数"，即应计利息天数按当期的实际天数计算（算头不算尾），闰年 2 月 29 日计算利息，付息区间天数按实际天数计算（算头不算尾）。这使得目前（附息债券的）应计利息的计算方式在银行间债券

市场和交易所市场有所区别，两种计算公式如下[①]：

$$\text{银行间债券市场：应计利息} = \frac{C}{n} \times \frac{t}{\text{TS}} \times \frac{m}{100}$$

$$\text{交易所市场：应计利息} = \frac{C}{365} \times t$$

其中，C 为每百元面值的年票息；t 为起息日或上一付息日至结算日的实际计息天数；n 为每年付息次数；TS 为当前付息周期的实际天数；m 为百元面值的当前剩余本金值。

这里用一个例子来说明附息债券的应计利息在不同交易场所的不同计算方式。财政部在 2018 年 8 月发行的 10 年期记账式附息国债（银行间债券市场的交易代码为 180019.IB），票面利率为 3.54%，每年付息两次，可以跨市场交易[②]。债券起息日为 8 月 16 日至 10 月 18 日，银行间债券市场的已计息天数为 63 天（算头不算尾），交易所市场的已计息天数为 64 天，其应计利息分别为

$$\text{银行间债券市场：应计利息} = \frac{C}{n} \times \frac{t}{\text{TS}} \times \frac{m}{100} = \frac{3.54}{2} \times \frac{63}{184} \times \frac{100}{100} = 0.606033$$

$$\text{交易所市场：应计利息} = \frac{C}{365} \times t = \frac{3.54}{365} \times 64 = 0.620712$$

债券交易实行净价交易，其意义在于净价能更真实地反映债券价值的变动情况，方便投资者对市场价格做出更及时和直接的判断。因为即使在债券价值不变的情况下，随着持有天数的增加，全价也会自然上升，若投资者只观察全价，就会产生债券升值的错觉。而实际上，只有净价变动才能真实地反映债券价值的变动。在净价交易方式下，将国债的成交价格与国债的应计利息分解开来，让交易价格随行就市，如此一来，投资者就可以根据净价的波动准确地计算出自己在国债投资上的收益率。

5.1.1.3 利率的期限结构

利率的期限结构是根据不同到期期限债券的收益率所绘制的收益率曲线，反映了债券市场中不同期限的投资收益率水平。图 5-1 展示了 2018 年 12 月 14 日的中债国债收益率曲线。利率期限结构分析是分析利率走势和进行市场定价的基本工具，国债作为无风险利率产品，在市场上自由交易时，不同期限及其对应的不同收益率，形成了债券市场的基准利率曲线，市场因此有了合理的定价基础。其他的债券和金融资产均可以在这个基准利率曲线的基础上，考虑合适的风险溢价，然后确定适宜的市场价格。债券市场上几乎所有的参与者都非常关注收益率曲线的当前水平、形状及其所隐含的未来信息，其主要功能可以简单总结为两个方面：

第一，作为确定债券市场其他产品收益率的比较基准。国债收益率曲线为确定市场中其他债务工具的收益率设定了基准，其他债务工具均可以在这个基准利率曲线的基础

---

① 这里讨论的是付息周期小于一年的附息债券，至于其他类型的债券，如贴现债券、利随本清债券等的应计利息计算方式，请参考中央国债登记结算有限责任公司和证券交易所的通知文件。
② 在上海证券交易所和深圳证券交易所的交易代码分别为019601.SH和101819.SZ。

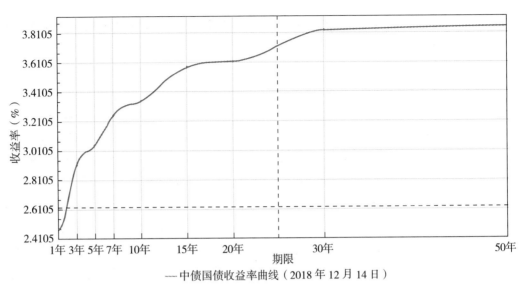

—— 中债国债收益率曲线（2018年12月14日）

图 5-1　国债收益率曲线示例

上，考虑合适的风险溢价，然后确定适宜的价格。投资组合经理可以通过收益率曲线的水平和形状等特征来度量和比较不同期限债券的报酬率，评估到期日不同投资的相对报酬率。

第二，作为未来收益率水平的参考指标。市场参与者分析收益率曲线当前形状的目的是获得曲线中所隐含的有关市场未来利率变化的信息。债券交易员和基金经理，以及各国央行和财政部都会分析收益率曲线的状况，从中获得有关远期利率和通货膨胀水平的信息，并利用这些信息来评估当前货币政策的有效性。

收益率曲线反映了当前市场上各类债券的合理的收益率水平，对于不同的市场参与者来说，收益率曲线的具体用法往往有所不同。对于管理部门来说，可以为其制定相关政策提供参考；对于各类债券的发行人来说，可以为其制订发行计划提供参考；对于债券投资者来说，可以为其进行债券投资提供参考；对于会计师事务所、律师事务所、债券评级机构等债券市场中介服务机构来说，可以为其进行债券资产审计、评估及债券评级提供参考。

5.1.2　收益率的衡量方法

上文提到，理论上任何投资的收益率都是使该投资的未来现金流的贴现值等于该投资的初始成本的利率，即一项投资的收益率 r 是满足以下等式的利率：

$$P_0 = \sum_{t=1}^{n} \frac{C_t}{(1+r)^t}$$

其中，C_t 是该项投资在第 n 年的现金流，P_0 是初始成本，也就是该投资的当期市价，n 是投资期数，r 所对应的收益率称为内部报酬率或贴现率。

出于不同的原因，市场上投资者在不同情况下会使用不同类型的收益率指标作为买卖定价的参考。其中最常用的指标包括债券的到期收益率、即期收益率、远期利率等。

接下来，本节内容中将依次讨论这几种收益率指标及其用途，并举例说明如何计算这些收益率指标。

5.1.2.1 到期收益率

到期收益率（Yield to Maturity）是债券市场上用得最多的收益率指标。在债券市场上进行交易时，投资者的报价方式一般会在净价和到期收益率这两者之间任择其一，交易系统会自动根据一种要素值计算出另一种要素值。在其他影响因素不变的情况下，债券的净价（全价）和到期收益率之间是相互对应的关系。

到期收益率是一个全期利率的概念。假定一组现金流的内部报酬率是适用于起始日至到期日的利率，则其内部报酬率也就是这些现金流的到期收益率。对于债券来说，它指的是使债券的未来现金流的现值等于当前市场价格的贴现率。假设某附息债券的票息为 C，面值为 M，每年付息一次，期限为 n，每期的贴现率都为 y，则其定价公式可以表述为

$$P_0 = \sum_{t=1}^{n} \frac{C}{(1+y)^t} + \frac{M}{(1+y)^n}$$

其中，贴现率 y 即该债券的到期收益率。在该债券发行成功以后，到期收益率是债券价格函数中的唯一变量。对于投资者来说，它隐含了该债券定价的几乎所有信息，这其中包括债券票息的支付模式、剩余期限，以及投资者在债券剩余期限内出售可能造成的任何资本利得或损失等。

如果附息债券不是一年付息一次，而是一年付息两次，那么其到期收益率的计算公式为

$$P_0 = \sum_{t=1}^{2n} \frac{C/2}{(1+y/2)^t} + \frac{M}{(1+y/2)^{2n}}$$

例 5-1

市场上某期限为 5 年的附息债券，票息率为 5%，面值为 100 元，一年付息两次，目前该债券的市场报价（全价）为 104.4913 元，则其对应的到期收益率为

$$104.4913 = \sum_{t=1}^{10} \frac{2.5}{(1+y/2)^t} + \frac{100}{(1+y/2)^{10}}$$

$$y = 4\%$$

到期收益率并不是一个总可以实现的投资收益率。在现实市场中，要想最终实现与购买债券时的到期收益率一样的投资收益，必须满足两个前提条件：第一，票息能够按照到期收益率的利率再投资出去；第二，投资者持有该债券到期。这里假设该债券不存在违约风险，也没有回购条款。以高等级的政府债券为例。对于第一个条件，投资者面对的是未来再投资利率低于购买时的到期收益率的风险，这种风险被称为再投资风险。对于第二个条件，如果投资者不持有债券到期，并且出售债券时的价格低于债券买入价格，就会使最终报酬率低于到期收益率。在出售债券时，由于利率上升而遭受损失的这种风险被称为利率风险。这两个前提条件实际上已经隐含在到期收益率的计算公式中，

将计算公式展开调整一下可以得到：

$$P_0(1+y)^n = C_1(1+y)^{n-1} + C_2(1+y)^{n-2} + \cdots + C_n + M$$

其中，等号左边表示当前投资以到期收益率计算的未来总收益；等号右边表示未来每期现金流都以这个收益率进行再投资至到期日可以实现的货币总收益，即到期收益率的计算公式中已经隐含了关于再投资收益率持平和持有至到期的假设。

在现实市场中，由于市场利率总是随着时间而变化，利率期限结构也不是持平的，因此，每期票息的再投资收益率很可能不等于到期收益率，从而使投资者最终实现的收益率不等于买入时的到期收益率。

这里简单讨论一下再投资风险的决定因素，关于利率风险将在第 6 章中重点展开讨论。在债券市场中，有两个要素决定了再投资风险的程度。第一，在给定到期收益率和票息率的情况下，债券的期限越长，为实现买入债券时的到期收益率，债券的总收益中利息再投资收入的权重越大，再投资风险也越大。这表明，长期限债券的到期收益率对持有债券至到期的投资者来说，不能有效地表达潜在投资收益率。在高利率的环境中，长期限债券的利息再投资收入占债券潜在货币总收益的比例可能高达 80%。第二，在给定期限和到期收益率的情况下，票息率越高，为实现买入债券时的到期收益率，债券的总收益越多地依赖票息的再投入。这意味着，如果期限和到期收益率不变，溢价出售的债券将比平价出售的债券更多地依赖票息的再投资收入。

市场中也有特例，比如，零息债券的总货币收益完全不依赖票息再投资收入，如果持有至到期，零息债券没有任何再投资风险。对于计划持有债券至到期的投资者来说，到期日之前债券价格的变化是无关紧要的，但对于在到期日之前出售债券的投资者来说，购买后利率的上升则意味着资本的损失。

5.1.2.2 即期收益率

即期收益率（Spot Rate）指的是从当前时点开始至未来某一时点的贴现利率，零息债券的到期收益率就是它的即期收益率：

$$P_0 = \frac{M}{(1+s)^n}$$

其中，P_0 是债券的市价，M 为面值，n 为期限，s 为即期收益率。

对于附息债券来说，在定价上可以将其拆分为多个零息债券的和，从而也可以用即期收益率来表述其计算公式：

$$P_0 = \frac{C_1}{(1+s_1)} + \frac{C_2}{(1+s_2)^2} + \cdots + \frac{C_n}{(1+s_n)^n} + \frac{M}{(1+s_n)^n}$$

其中，C 为票息。

在一个满足有效假定的市场中，类风险相同的资产仅存在一条确定的即期收益率曲线，而到期收益率受到付息次数、息票大小、再投资利率等因素的影响，在不同属性的债券之间并不具有可比性。债券未来现金流的贴现只有在具有可比性的利率基础上贴现，即采用即期收益率贴现，得到的价格才具有比较意义。

即期收益率（曲线）在证券市场中有着非常重要的作用，许多时候会被用来给其他证券定价。比如，已知某无风险债券的未来现金流状况，用其每次付息所对应的即期利率分别进行贴现，将所有现金流的贴现值加总后就可以得到该债券的当前合理价格。此外，即期收益率和到期收益率之间是可以互相推导的，对于同一只附息债券，其定价可以分别用即期收益率和到期收益率表示：

$$P_0 = \sum_{t=1}^{n} \frac{C_t}{(1+s_t)^t} + \frac{M}{(1+s_n)^n} = \sum_{t=1}^{n} \frac{C_t}{(1+y)^t} + \frac{M}{(1+y)^n}$$

这一公式在债券定价中的应用非常广泛，比如，可用于计算投资组合的到期收益率。对于债券投资组合来说，要计算组合的到期收益率往往需要借助即期收益率曲线。下面用一个例子来说明。

例 5-2

市场中有两只无风险附息债券 A 和 B，面值都是 100 元，期限分别是 5 年和 3 年，票息率分别为 10% 和 5%。假设 1 年期的无风险即期收益率是 5%，2 年期的是 6%，3 年期的是 7%，4 年期的是 8%，5 年期的是 8.5%。将两只债券的现金流分别贴现计算可得，A 债券的价格为 107.09 元，B 债券的价格为 94.92 元。然后根据两只债券的价格和票息率可以分别计算出，A 债券的到期收益率为 8.214%，B 债券的到期收益率为 6.932%，如表 5-1 所示。

表 5-1 单个债券的到期收益率的计算

时点（年）	A 债券的现金流（元）	B 债券的现金流（元）	即期收益率
0	−107.09	−94.92	
1	10	5	5%
2	10	5	6%
3	10	105	7%
4	10		8%
5	110		8.5%
到期收益率	8.214%	6.932%	

假设在某投资组合中，A 债券和 B 债券各买一张，如果简单地只用这两只债券的到期收益率的加权平均值来计算，则该组合的到期收益率为 7.612%。但这样计算是错误的，债券组合的到期收益率并非组合内各个债券的到期收益率的简单加权平均值，而应该回归本源，用组合的现金流来计算，这样算得的投资组合的到期收益率为 7.736%，如表 5-2 所示。

表 5-2 债券组合的到期收益率的计算

时点（年）	A债券的现金流(元)	B债券的现金流(元)	组合的现金流（元）	即期收益率（%）
0	−107.09	−94.92	−202.01	
1	10	5	15	5

(续表)

时点（年）	A债券的现金流(元)	B债券的现金流(元)	组合的现金流（元）	即期收益率(%)
2	10	5	15	6
3	10	105	115	7
4	10		10	8
5	110		110	8.5
到期收益率	8.214%	6.932%	7.736%	

5.1.2.3 远期利率

远期利率是隐含在给定的即期利率中从未来的某一时点到另一时点的利率水平。确定了即期收益率曲线后，所有的远期利率都可以根据收益率曲线上的即期利率求得，远期利率和即期收益率曲线是紧密相连的。例如，已知 m 时点和 n 时点（$n>m$）的即期利率，就可以得到从期限 m 到期限 n 的远期利率 f：

$$(1+f_{m,n})^{n-m}=\frac{(1+s_n)^n}{(1+s_m)^m}$$

其中，f 为远期利率，s 为即期利率。在现代金融分析中，远期利率有着非常广泛的应用。比如，远期利率可以用来预示市场对未来利率走势的预期，因而一直是中央银行制定和执行货币政策的重要参考工具。更重要的是，在成熟市场中几乎所有利率衍生品的定价都会或多或少地参考远期利率。

5.1.3 无风险债券的定价

通常所说的无风险债券指的是能够按时履约、没有任何违约风险的固定收益证券。在现实市场中，投资者通常将中央政府发行的本币债券看作无风险债券的典型，这是因为在正常情况下政府所做的支付承诺能够按计划兑现。即使政府收不抵支，也可以通过发行货币来兑现支付承诺，虽然此时投资者会面临货币购买力下降的风险。当然，这里所说的无风险是一个相对概念，相对于本国债券市场中的其他债券而言，国债是违约风险最小的。如果在不同国家之间进行比较，有些国家的违约风险实际上并不小，历史上曾多次出现过国家主权债券违约的情况，如俄罗斯、阿根廷等。不过，即使国债并非完全没有违约风险，也不妨碍我们以此为基础展开讨论。一方面，一个国家债券市场中所有固定收益类产品的定价往往都是以该国的无风险利率（一般是国债利率）为参考基准的；另一方面，现实中所有债券产品的定价实质上都是相对定价，并不存在绝对的价值。

本小节的内容着重于从定性分析的角度讨论无风险债券定价的影响因素，数量定价的部分，如债券估值和利率期限结构建模等内容，在后续章节中会有详细讨论。上文提到过，由不同期限的无风险债券所构成的收益率曲线被称为无风险利率曲线，该曲线上各个期限点的利率水平理论上只纯粹地反映与货币政策基金利率、通胀水平、经济基本面相关的风险因素，不会与信用风险、流动性风险等其他风险因素混淆。在实践中，为了清晰地反映货币政策利率和通胀等核心因素对无风险利率定价的影响，市场投资者经常会将长期限无风险利率分解为四部分来理解：对未来实际短期利率水平的预期、通胀预期、通胀风险溢价和期限溢价。

具体来看，对未来实际短期利率水平的预期指的是市场投资者预期未来的货币政策利率会如何变化，反映的是基准利率及其可能的变化路径。以美国市场为例，如果市场投资者预期美联储在接下来的三个月内会有一次加息，这一预期则会在三个月期限的短期利率期货的当前市场价格中反映出来。通胀预期指的是市场投资者对于未来某个时点的通胀水平的预判。因为平时讨论的债券投资收益率一般指的是名义收益率，而如果未来通胀水平上升，则该债券投资收益的购买力实际上会下降，对此，投资者在做出投资决策时必须要求相应的补偿。目前各国债券市场上反映投资者通胀预期的产品主要有通胀保值债券（Treasury Inflation Protected Securities，TIPS）、通胀互换衍生品等。通胀风险溢价指的是投资者的通胀预期并非总是稳定的，通胀预期的变化会导致投资者要求的通胀补偿不足，如果通胀预期受特定政策或市场风险状况的影响而大幅增加不确定性，那么投资者会相应地要求对这种通胀预期不确定性进行风险补偿。据美联储发布的数据，美国债券市场的通胀风险溢价在过去20年总体上处于0到1%之间，但在最近10年呈现逐步走弱的迹象。期限溢价指的是长期限债券投资相对于短期限债券投资的超额回报率。投资者投资长期限债券面临的未来利率变化的风险更大，因此需要更多的风险补偿。期限溢价的变化规律在利率期限结构理论以及货币政策传导机制中具有重要作用。目前的实证研究发现，利率市场化国家的债券市场普遍存在一定程度的期限溢价，但溢价的高低与市场结构、风险情绪、货币政策等因素存在相关性，并非保持不变。

在实践中，将长期限无风险利率分解为以上四部分有助于理解以下重要问题：经济变量及其预期的变化是如何影响无风险利率定价的，不同时点的核心驱动因素是什么，以及形成当前收益率水平的趋势性变化是什么，等等。接下来，我们将着重探讨基准利率、通货膨胀、经济基本面三个最基本的经济变量是如何形成并影响无风险利率定价的，或者是如何影响投资者的预期并最终反映到无风险利率的定价上的。

5.1.3.1 基准利率

基准利率是金融市场上最具有普遍参照作用的利率，其他利率水平或金融资产定价过程中均会涉及这一基准利率水平。20世纪80年代以来，世界各国货币当局普遍采用以基准利率为中介目标的货币政策操作框架，以取代之前的以货币供给量为中介目标的框架。金融市场的基准利率通常指的是短期基准利率，具体使用哪种短期利率作为基准利率，不同的利率市场化国家有不同的选择。很多国家选择同业拆借利率作为基准利率，比如，国际市场上通用的伦敦同业拆借利率（LIBOR），美联储在实施货币政策调控时采用的联邦基金利率（Fed Fund Rate），欧盟的欧元区银行同业拆借利率（EURIBOR），等等。此外，也有些国家选择以国债回购利率为基准利率，如法国、德国等。在我国金融市场上，目前主要以银行间债券质押式回购利率（DR）和上海银行间同业拆放利率（SHIBOR）为基准利率的参考。中国人民银行在《2016年第三季度中国货币政策执行报告》中指出，DR007可降低交易对手信用风险和抵押品质量对利率定价的扰动，能够更好地反映银行体系流动性松紧状况,对于培育市场基准利率有积极作用。在人民银行的指引下,我国市场目前已逐渐形成了以 DR007 为基准利率的预期。

基准利率调整是中央银行实现货币政策目标的重要手段之一,目前大部分利率市场化国家都采用了利率走廊调控模式,如图 5-2 所示。利率走廊的基本原理是,中央银行通过向商业银行提供存贷款便利,构筑利率走廊的上下限,使银行间利率在央行的利率走廊区间波动,并逐渐向目标利率靠拢,最终实现对同业拆借利率的调节和控制。典型的利率走廊操作的上限为中央银行的再贷款利率,在清算资金出现不足时,商业银行可以以此利率向中央银行申请抵押贷款;下限是商业银行在中央银行的准备金存款利率,商业银行的清算余额或超额储备可以以此利率存放于中央银行。与单纯的公开市场操作模式相比,利率走廊模式更有利于金融市场主体形成稳定的预期,通过金融机构的套利行为,能够更及时、准确地对市场流动性变化做出反应,从而在控制短期利率波动上更有优势。

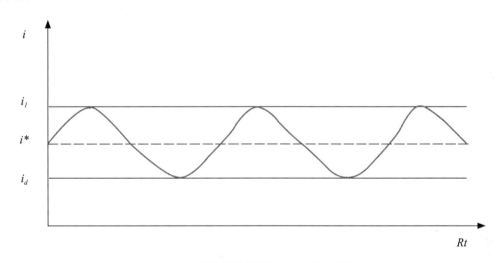

图 5-2 利率走廊调控模式的基本原理

目前,我国货币政策调控模式仍处于由数量型向价格型的转型过程中,利率走廊机制仍处于探索阶段。不过,中国人民银行早在《2013 年第一季度中国货币政策执行报告》中就开始关注和介绍土耳其央行的利率走廊机制的运行情况,同期创设常备借贷便利(Standing Lending Facility,SLF)并大规模开展操作,这代表着人民银行早已准备尝试以利率走廊为代表的价格型货币政策调控模式。经过多年的试点和探索,人民银行在《2015 年第一季度中国货币政策执行报告》中首次正式提出利率走廊模式,并明确探索常备借贷便利利率发挥货币市场利率走廊上限的功能。自 2015 年下半年起,在结构性流动性短缺的货币政策操作框架下,央行公开市场逆回购操作利率成为大型银行获得资金的最低成本,而中小型银行则面临更高的货币市场利率,7 天逆回购利率逐渐演化为利率走廊事实上的下限。随行就市的基准利率(如 DR007 和 SHIBOR 7D)总体呈现出在利率走廊上、下限之间波动的状况。至此,国内金融市场事实上的利率走廊功能已初步成形,搭配着公开市场操作,人民银行可以更精准灵活地调控货币市场利率。

在现实操作中,中央银行会基于对经济金融形势和流动性状况的判断,确定当前的货币政策取向和目标利率，并通过相应方向和力度的公开市场操作，影响市场投资者的预期，实现市场利率围绕政策利率小幅波动。而利率走廊的上下限利率，则在一定走廊宽度的约束下相应调整，具有应对意外冲击并稳定市场预期的功能。通过分析实施利率走廊机制的国家央行的操作框架和操作经验，可以发现：第一，利率走廊操作模式在控制短期利率波动上具有优越性，当市场出现流动性紧张时，这一系统可以缓解金融机构间的"挤兑"压力，同时当市场上出现央行未预期到的流动性冲击时，利率走廊更是具有"自动稳定器"的功能；第二，利率走廊系统可以降低央行货币政策的操作成本，当利率走廊具有充分信誉时，可以直接减缓市场利率波动，也可以消除商业银行等金融机构对流动性的"预防性需求"，从而减少央行进行公开市场操作的频率和数量。

5.1.3.2 通货膨胀

通货膨胀是直接反映在无风险利率定价中的重要因素。一方面，由费雪公式可知，名义利率＝实际利率＋通货膨胀率，因此通货膨胀水平上升会推动名义利率上升，使得债券收益率和通货膨胀率大致呈现正相关的关系。目前在我国债券市场上，长期国债收益率与通货膨胀率相关性最高（见图5-3），短期债券收益率与通货膨胀率的相关性不及长期债券，但总体上也保持大致相同的走势。

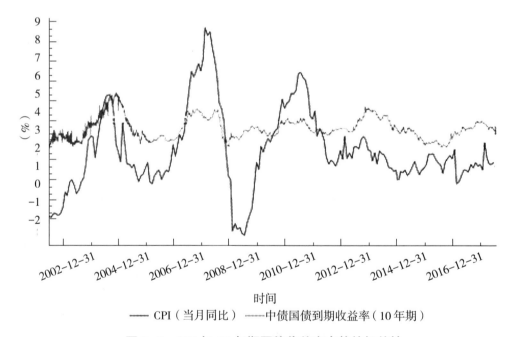

图5-3 CPI与10年期国债收益率走势的相关性

另一方面，大部分央行都明确以物价稳定为首要目标，并将货币当局在未来一段时间所要达到的目标通货膨胀率向外界公布，同时，通过一定的预测方法对目标期的通货膨胀率进行预测，得到目标期通货膨胀率的预测值，然后根据预测结果和目标通货膨胀率之间的差距来决定货币政策的调整和操作方向，使实际通货膨胀率向目标通货膨胀率靠近。如果预测结果高于目标通货膨胀率，则采取紧缩性货币政策；如果预测结果低于目标通货膨胀率，则采取扩张性货币政策；如果预测结果接近目标通货膨胀率，则保持中性货币政策。

5.1.3.3 经济基本面

宏观经济形势的变化、供需状况的调整，以及就业市场的表现等因素，都会影响投资者的预期并最终反映到无风险利率的定价上。比如，在经济扩张早期，收益率曲线的形状往往是向上倾斜的，因为市场投资者认为随着经济的持续好转，资金需求会增加，从而造成资金成本内生性上升。随着经济进入扩张的中后期，中央银行认为经济开始出现过热的迹象，因此会逐步提升短期基准利率，从而抬升中长期限的利率水平。不过，这种情况也不是绝对的，历史上也经常会出现长期利率并没有相应大幅上升的情况，使得收益率曲线变得扁平化。造成这种现象的原因，可能是市场对于未来经济状况以及通胀水平的判断跟央行产生了分歧，也可能是其他因素对长期限无风险利率产品的定价产生了更大的影响。

尽管短期利率无法直接影响消费、投资、进出口等重要部门，但是各种收益率曲线理论都认为，短期利率的变动会影响中长期利率的走势，改变整条收益率曲线的形态，从而通过中长期利率来影响消费、投资、进出口等重要部门，并进一步影响宏观经济走势。当一国货币当局实施较为紧缩的货币政策时，往往会使短期利率上升，同时也会改变市场参与者对未来利率的预期：一方面，市场参与者预期未来短期利率会上升，因此由一系列短期利率所决定的长期利率也会上升；另一方面，在该国货币政策具有较高可信度的情况下，市场参与者认为货币当局实施该政策能够有效遏制物价上涨，因此对未来通货膨胀率的预期可能降低。在这两方面的作用下，长期利率将会上升，但是上升的幅度一般小于短期利率上升的幅度，因此长、短期利差将会缩小，收益率曲线斜率减小，整条曲线将变得更加平坦。货币当局可以根据长、短期利率指标的变化来判断市场参与者对于货币政策的看法，并根据这些反馈来修正未来的货币政策。

5.1.4 含风险利差债券的定价

在现实的债券市场中，除中央政府债券外，大部分债券都是包含某种风险特质的，并且在市场定价中需要附加相应的风险溢价，如违约风险、流动性风险等，这里笼统地将它们称为含风险利差债券。具有其他风险特质的债券与无风险债券的收益率曲线之间的利差，反映了市场投资者在考虑了相关风险的风险溢价后所确定的适宜价格。其中，信用违约风险是形成风险利差的主要因素，除此之外，还有流动性风险、税负差异等影响因素。本小节着重阐述信用风险利差的定价方法，并简单讨论流动性风险和税负差异对债券定价的影响。

5.1.4.1 信用风险利差

一般来说，投资信用债券所面临的信用风险主要包括两个方面：第一，发行人在到期日不能全额兑付的风险，即违约风险；第二，持有债券期间价格大幅下跌，因为投资者察觉发行人违约的概率可能上升，或者债券的信用评级被下调，所以投资者要求更大的信用风险溢价作为补偿。违约率是反映债券信用风险最直接的指标，发行公司违约的可能性越大，其债券所对应的信用风险溢价越高。企业的违约率与其经营状况、利润增速、负债率状况等密切相关，企业的利润增速高，自由现金流良好，信用质量也会跟着提高，违约率因而下降。此外，发行公司的信用利差除跟公司本身状况有关外，也会随着市场整体的信用风险状况的变化而有所不同。在经济衰退的时候，市场违约率整体提高，信用风险加大促使投资者要求更高的风险补偿，即使是高等级的信用债券，其信用利差也会相应扩大。

信用风险分析的历史久远，在现代的定量分析技术被开发出来之前，各商业银行和投资者对信用风险的管理主要还是以定性分析法为主，如5C专家法、信用评分法、信用评级法等，这些方法一般被称为传统的信用风险度量模型，以便于跟现代的信用风险度量技术，如KMV模型、CreditRisk模型等区分开来。传统的信用风险度量方法虽然产生的时间比较早，如早在20世纪20年代穆迪公司和标准普尔公司就开始对债务发行进行评级，但即使到今天，传统的信用风险度量方法依然被广泛应用，与现代的信用风险度量技术相辅相成，共同构成信用风险的定性和定量分析体系。

本小节将从风险定价的角度，分别讨论传统信用风险度量方法中常用的信用评分法（Z评分模型）和现代信用风险度量方法中有代表性的KMV模型。这两种分析技术虽然在实践中有一些缺陷，但对于理解市场中的其他度量模型有很重要的参考意义。

（1）Z评分模型

信用评分法的主要思想是借款人的违约概率与其财务状况、经营状况等指标密切相关，因此可以将反映借款人信用状况的若干指标纳入计量经济模型，从而得到其违约概率值。主流的信用评分模型有多元线性概率模型、logit模型、probit模型、线性判别模型等。这些模型的基本思想都是事先确定影响违约事件的关键因素，通过计量模型得出一个确定的值作为是否违约的判断标准，然后根据这一标准将潜在的借款人进行分类并决定其信用等级。其中，多元线性概率模型、logit模型、probit模型等都属于线性违约概率模型，这类模型将个体的行为选择（偿还或违约）表述为该个体一些特征的线性函数，然后通过回归方程来预测具有相应特征借款人的违约概率。而线性判别模型则是利用已知类别的样本建立判别模型，从而判别未知类别的样本的一种统计方法。判别分析的特点是根据已掌握的、历史上每个类别的若干样本的数据信息，总结出客观事物分类的规律性，建立判别公式和判别准则。当遇到新的样本点时，只要根据总结出来的判别公式和判别准则，就能判别该样本点所属的类别。信用评分判别模型中最为著名的是Z评分模型。

Z评分模型是由爱德华·奥尔特曼（Edward Altman）在1968年提出的，他将研究的公司分成两类：一类是不会倒闭的公司，另一类是会倒闭的公司。为了辨别一家公司是否会倒闭，首先建立一个判别函数，统计模型如下：

$$Z = b_1 X_1 + b_2 X_2 + \cdots + b_n X_n$$

其中，Z代表综合评分；X_1，X_2，$\cdots$，X_n分别代表n个不同的信用特征指标；b_1，b_2，$\cdots$，b_n分别代表判别系数。

奥尔特曼把在1946—1965年间破产的33家公司作为研究样本，再按各样本的行业与规模寻找类似的对照公司，进行配对比较。根据所收集的这两类公司的信用特征指标，运用判别分析法决定一个最具区别能力的判别函数，这个最具区别能力的判别函数只包括少数最具区别能力的信用特征指标，函数表达式如下[①]：

$$Z = 1.2X_1 + 1.4X_2 + 3.3X_3 + 0.6X_4 + 0.999X_5$$

其中，X_1，X_2，X_3，X_4，X_5分别是营运资金/总资产，留存收益/总资产，息税前利润/总资产，股东权益/负债总额，销售收入/总资产。

对于评分和信用风险状况的关系，奥尔特曼认为：当$Z \leq 1.8$时，风险很大，借款人被划入违约组；当$Z \geq 2.99$时，风险很小，借款人被划入非违约组；当$1.8 < Z < 2.99$时，判别容易失误，因此该区域被称为灰色戒备区域。

信用评分模型往往在一定时期内可以较为精确地反映借款人的信用状况，可以作为借款人经营前景好坏的早期预警系统，并且由于其较好的适应性和较强的预测能力，一经推出便得到广泛应用。但这类模型也存在一些问题，比如，只依赖财务报表的数据，忽视了日益重要的各类资本市场指标，使得模型预测结果的可靠性和及时性被削弱。此外，信用评分模型无法计量企业的表外信用风险，对某些特定行业的企业，如公用事业企业、财务公司、新兴技术公司等也不适用。

（2）KMV模型

现代信用风险度量模型是以现代的金融理论和信息经济学为基础建立的，按照模型信息结构的差异一般分为两类：结构化模型和简约化模型。其中，结构化模型是用发行人的股价和资本结构来解释债券的价格和风险的，认为信用事件由某些隐性的价值过程所决定。常用的结构化模型有默顿期权模型、首达时破产模型等。由于结构化模型要求较为严格的前提假设，并且两个重要的变量——企业价值和企业资产波动率——都难以精确测算，因此模型的误差经常会很大。简约化模型放弃了对公司资产价值所做的假设，不解释违约发生的原因，而是认为信用事件的概率分布客观存在，并利用市场信息直接计算具体概率模型下的风险中性概率。常用的简约化模型有违约强度模型、信用等级转移矩阵模型等。

这里以KMV模型为例介绍信用风险结构化模型的基本思想。KMV模型是由KMV公司于20世纪90年代创立的一种度量预期违约概率的模型，该模型是基于默顿在1974年提出的运用期权定价理论对信用债券和贷款等信用资产进行观测和估值的模型。其基本思想是，借款人的资产价值变动是驱动信用风险产生的本质因素，所以只要确定了借款人资产价值变动所遵循的规模和模型（例如，服从某个随机方程），就可以达到估计该公司违约率的目的。

假设债券发行人的资产价值V_t具有不确定性（服从某个随机方程），如果到期日债券发行人的资产价值低于其负债水平L_t，发行人即发生违约，此时债券持有人理论上能

[①] 这里给出的并非奥尔特曼在1968年发表的论文中的原式，而是奥尔特曼后来为了应用方便而对系数的数量级进行调整后的公式。

得到的最大值就是发行人的资产。如图 5-4 所示，当发行人的资产价值低于负债水平时，其幅度越大，违约距离（Distance to Default）就越大，违约可能性就越小，信用利差就越小；反之，当发行人的资产价值 V_t 越接近甚至低于负债水平 L 时，其违约距离就越小，违约可能性就越大，信用利差就越大。

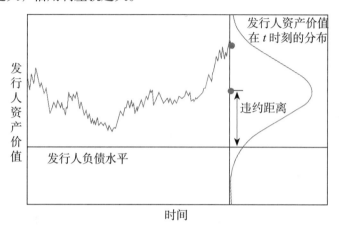

图 5-4　信用风险结构化模型示意图

根据信用风险结构化模型的假设，一个企业的资产价值 V_t 服从下述过程：

$$dV_t = V_t \left[\mu dt + \sigma_v dW_t \right]$$

其中，μ 为企业资产价值的期望回报率，σ_v 为企业资产价值波动率，W_t 为标准的维纳过程。在默顿期权模型中，违约率是债务到期时公司资产价值低于其债务账面价值的概率，由期权定价理论可以得到违约概率的计算公式：

$$P(V_t < L | \Phi_t) = N \left[-\frac{\ln\left(\dfrac{V_t}{L}\right) + \left(\mu - \dfrac{1}{2}\sigma_v^2\right)(T-t)}{\sigma_v\sqrt{T-t}} \right]$$

其中，$N(\cdot)$ 为标准正态分布，L 为公司负债水平，V_t 为企业的资产价值。

KMV 模型是建立在现代公司财务理论和期权定价理论基础上的一种信用风险监测模型，与传统的信用评分和信用评级模型相比，KMV 模型更具有前瞻性，它使用实时的市场数据，而不是财务历史数据，可以根据企业股价的变化和市场预期的变化及时反映企业信用风险水平的状况。不过，与默顿期权模型依赖一系列严格的理论假设一样，KMV 模型在现实应用中同样面临很大的局限性。比如，KMV 模型假设企业的资产价值服从正态分布，假设借款人的债务结构是不变的，假设不同类型的债务在定价中是无差别的，等等，这些都在一定程度上与实际情况不符。

5.1.4.2　流动性风险利差

流动性风险指的是市场受到不确定的流动性冲击而对资产交易和价格产生变化的风险。债券的流动性越差，市场就需要越大的利差作为补偿。比如，一般认为，长期债券的流动性差于短期债券，故长期债券的流动性溢价应大于短期债券的流动性溢价。不过，上述情况也不是绝对的。不同投资者对于流动性风险的考量是不同的，比如对银行而言，短期债券的投资风险比长期债券的投资风险低；而对于保险公司或养老基金而言，短期债券的投资风险要高于长期债券的投资风险。原因是，保险公司或养老基金的负债是长期性的，短期债券容易产生很高的再投资风险，长期债券的再投资风险则相对低很多。

目前的实证研究已发现债券市场中有明显的流动性风险溢价，流动性水平的下降会提高市场预期收益率并降低市场未来价格，流动性状况和预期收益率具有负相关性。具体来说，流动性风险对信用债券定价的影响有两方面。一方面是流动性风险对投资者短期债券交易价格及交易成本的影响。Goyenko（2006）的实证研究发现债券即期收益率中含有债券和股票市场的流动性风险溢价，且未预期的债券市场流动性冲击对债券定价存在显著影响。Lin、Wang和Wu（2011）的实证研究同样发现债券即期收益率不仅受到期限和违约风险因素的影响，还显著地受到流动性风险的影响。另一方面是流动性风险对企业发债成本和后期融资流动性的影响。Chen、Lesmond和Wei（2007）研究了债券和股票市场流动性风险对债券到期收益率的影响，发现控制违约风险后市场流动性和公司债券收益率仍然具有显著负相关性，证明流动性风险对到期收益率存在显著影响。Bao、Pan和Wang（2011）的研究发现流动性风险对公司债券到期收益率存在显著影响，且流动性风险的增加会提高债券到期收益率，同时流动性测量准确度也会影响实证研究结果。

5.1.4.3 税负利差

一般情况下，投资者投资债券所得到的利息收入与资本利得都必须交税，税负会降低投资的税后收益率，所以，在计算上，含有税负利差债券的投资，税前应得收益率经税率调整后，应等于特征相同的免税债券的收益率，公式表示如下：

$$R = \frac{R^{\text{free}}}{1-\tau}$$

其中，R 代表含有税负利差债券的应得收益率，R^{free} 代表免税债券的年应得收益率，τ 代表投资者的边际税率，$(1-\tau)R$ 是投资者的税后应得债券收益率。

国内债券市场上比较常见的税负利差是国开债的隐含税率利差。不过，国债和国开债之间的利差，综合反映了二者在税收优惠政策、流动性、投资者结构等方面的差异，虽然以税负利差为主，但并不仅仅局限于税负利差。从历史走势来看，国开债的隐含税率是显著低于理论值的，并且往往呈现牛市利差收窄、熊市利差走阔的现象，如图5-5所示。原因主要有以下几方面：第一，虽然国债属于免税品种（增值税和所得税均免），但这种税收优势主要体现在银行的投资行为上。对于公募基金而言，投资国债或政策性金融债，利息收入、交易价差收入的增值税和所得税目前都免除，国债的税收优势对于公募基金来说并没有太大意义。第二，金融机构在进行投资决策时，往往对所得税因素考虑不足，如银行内部转移价格以税前收益率计算，对交易员的业绩考核也是以税前利润计算的。考核机制不完善，导致微观主体在进行投资交易时将税率因素排除在外，过于青睐高利率的政策性金融债，压低其与国债之间的隐含税率利差。第三，国开债的票息高，流动性好，更适合加杠杆做套息交易，因此在牛市时期，长期限国开债的利差更容易被挤压，而在熊市时期，长期限国开债也更容易被抛售，从而导致利差走阔。此外，国债的主要投资者为银行，持仓占比接近80%，并且大多数被持有到期，二级交易比国开债少；而国开债的投资者中，非银金融机构的持仓占比约30%，流动性好，交易活跃。

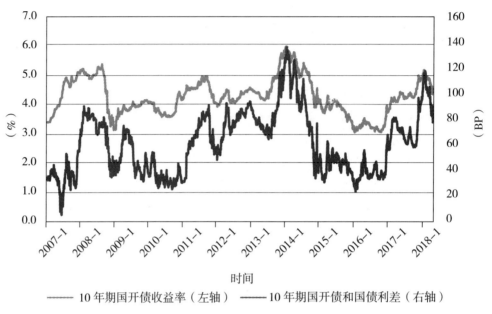

图 5-5 国开债和国债的利差走势

5.1.5 其他固定收益证券的定价

浮动利率债券（又称"浮息债券"）是国内债券市场上除政府债券和信用债券之外最为常见的债券种类，本节内容主要介绍浮息债券的定价和市场发展状况。浮息债券是一种票息以指定的参考利率为基准且在指定日进行调整的债券。浮息债券最早出现在欧洲债券市场，经过多年发展目前已成为各国债券市场中非常重要的债券品种，横跨政府债券、机构债券、信用债券、资产支持债券等多个类别。从发达国家的实践经验看，浮息债券参考利率的选择主要有以下几类：银行同业拆借利率，如国际金融市场中广泛采用的 LIBOR；短期国债收益率，美国的浮息债券主要使用该利率；大额存单利率；回购利率等。

中国的浮息债券发行始于 1993 年，当时中国金融市场自由化程度较低，金融工具较少，主要以一年期定期储蓄存款利率作为浮息债券的基准利率。而后，随着中国金融市场的不断发育与成熟，特别是利率市场化进程的加速，陆续出现过约 11 种类型的基准利率。目前国内浮息债券市场中存续产品的基准利率以定期存款、SHIBOR、贷款基准利率为主，其他的还有政策性银行金融债到期收益率、个人住房公积金贷款 5 年以上利率等。

国内浮息债券市场从 2007 年开始进入大发展阶段，截至 2017 年年底，国内浮息债存量规模为1.4万亿元，数量超过650只，如图5-6所示。按发行主体分，绝大部分都是由国家开发银行发行的（占比约55%），然后是一些全国性商业银行和一些非银行金融机构，如汽车金融公司、租赁公司、信托公司等。

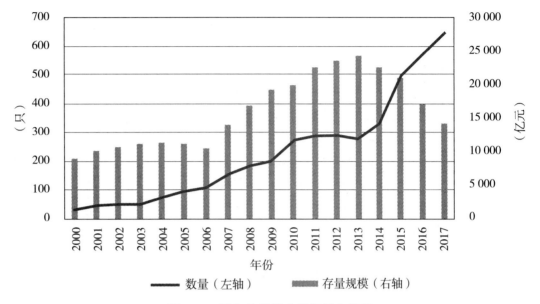

图5-6 浮息债券的存量规模和数量

目前存续浮息债券参考的基准利率类型共有9类，分别为定期存款利率（1年）、SHIBOR、贷款基准利率（1年、1—5年、3—5年、5年以上）、个人住房公积金贷款5年以上、LIBOR、R007均值、中债政策性金融债到期收益率（国开行）、中债登银行间固定利率国债收益率（3年）、中债国开债到期收益率（6个月、1年），具体占比情况如图5-7所示。

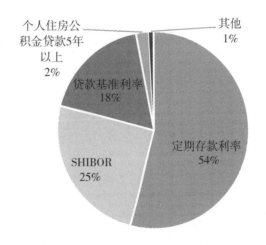

图5-7 不同基准利率类型的占比情况

在定价上，浮息债券的票息率可以分解为基准利率和票面利差两部分，表达式为

$$票息率（C）=基准利率（R）+票面利差（r）$$

票面利差又被称为报价利差（Quoted Spread），通常是在债券平价发行时由投资者竞价产生的，并且在债券的存续期内一般不再改变。因此，浮息债券未来各期的票息额将主要随着基准利率的变化而变化。

浮息债券经常限定票息率的浮动范围。对任一重设日所支付的票息率限定的最大值被称为上限；对任一重设日所支付的票息率限定的最小值被称为下限。对于投资者来说，上限是不利的特征，而下限是有利的特征。

一般情况下，浮息债券的票面利率会低于同期限的固息债券，主要原因是浮息债券的票面利率可跟随定期存款利率等基准利率进行随行就市的调整。例如，在加息周期中，定期存款利率和市场收益率同向上行，使得浮息债券的票息率逐步调高，因此浮息债券具有相应的抗跌性；相反，在降息周期中，定期存款利率和市场收益率同向下行，浮息债券涨幅也相应受到一定限制。因此，浮息债券实际上具有类似短久期债券价格的稳定性，这是浮息债券票息率可低于同期限固息债券票息率的原因。此外，虽然浮息债券面临的利率风险较低，但不意味着可以完全消除利率风险，因为浮息债券不是每天都在重设票息。

目前市场上浮息债券在定价时，通常用其贴现利差来测度市场要求的风险利差，贴现利差也被称为收益率利差，表达式为

$$收益率(y) = 基准利率(R) + 收益率利差(s)$$

具体来说，中债登采用的浮息债券的估值方法比较有代表性：

$$PV = \frac{(R_1+r)/f}{[1+(R_1+s)/f]^w} + \frac{(R_2+r)/f}{[1+(R_2+s)/f]^{w+1}} + \cdots + \frac{(R_n+r)/f+M}{[1+(R_n+s)/f]^{w+n+1}}$$

其中，PV 为浮息债券的现值，f 为每年付息次数，n 为剩余付息次数，$w = D/362/f$，D 为债券交割日至下一次付息日的实际天数。

中债收益率曲线体系中已经建立了多条点差收益率曲线，点差收益率曲线已经成为研究浮息债券的重要工具之一。从浮息债券点差收益率曲线出发，将其对应的历史基准利率加到点差利率曲线上，可以得到对应的浮息债券近似到期收益率曲线。

5.2 固定收益证券的估值

5.2.1 固定收益产品估值的意义和一般原则

上文讨论过，在债券定价的时候，用来计算其现值的贴现率至关重要，因为该利率综合反映了债券在市场交易时的基本状况，以及投资者如何看待该债券的价值。债券定价的所有决定性因素，包括发行人的资质、到期期限、票息、付息次数等，以及各类风险因素，都会影响在对债券未来现金流进行贴现时所使用的贴现率。科学合理的贴现

率反映了债券的公允价值，而债券估值就是通过计量方法和工具来寻找债券公允价值的过程。

对于债券市场的参与者来说，科学合理的债券估值的重要作用主要体现在两个方面。第一，用于计算资产组合的净值。2006年我国新颁布的《企业会计准则》明确将公允价值作为会计计量属性之一，债券估值是伴随新会计准则的实施而发展起来的，在新会计准则下，债券估值是资产组合净值计算所必需的。它的作用是提供一个衡量标准，让各债券资产组合在计算净值时可以参考使用。按照《关于证券投资基金执行〈企业会计准则〉估值业务及份额净值计价有关事项的通知》的要求，对存在活跃市场的投资品种，如估值日有市价的，应采用市价确定公允价值；如估值日无市价，但最近交易日后经济环境未发生重大变化的，应采用最近交易市价确定公允价值；对不存在活跃市场的投资品种，应采用市场参与者普遍认同，且被以往市场实际交易价格验证具有可靠性的估值技术确定公允价值。第二，用于债券一级市场招投标和二级市场交易的参考基准。通过可靠的估值技术确定的债券收益率曲线对于债券一级市场招投标有重要的参考意义。通过招标系统发行的债券，投标人在投标时，一般会参考前个交易日的曲线数据，然后做出投标价格决策。投资者在债券二级市场交易的过程中，既需要对个券未来价值进行判断，又需要对个券当前市场价格是否合理进行估计，低估的时候买入，高估的时候卖出。债券估值一般被看作当前价格的重要参照基准。当然，在实际交易过程中，估值也仅能发挥参考作用，具体成交价格不一定等于估值，但往往会在估值价格附近。

在债券估值制度的建立上，自20世纪90年代开始，各国都逐步建立了较为完善的公允价计量框架体系，为债券估值提供比较坚实的理论基础和指导意见。其中，美国财务会计准则委员会（FASB）和国际会计准则理事会（IASB）分别建立的公允价计量框架体系和制度基本上涵盖了债券估值的所有基本原则，具有广泛的代表意义。例如，美国财务会计准则委员会在2006年9月发布了财务会计准则第157号《公允价值计量》，明确要求对资产负债进行公允价值计量，并按照一致性和可比较性的要求进行公允价值计量披露。然后在2009年又公布了《157号准则的负债计量》和《公允价值对投资利率选择的运用》两项草案，这两项草案都对公允价值的计量进行了鲜明的阐述，规范了公允价值的运用。国际会计准则理事会在2008年对《国际会计准则第39号——金融工具：确认和计量》（IAS39）相关条款进行了部分修改，开始对非活跃市场下金融工具公允价值计量与披露方面的内容进行修订。然后在2009年公布了《公允价值计量与披露草案（征求意见稿）》，该草案规定，在非活跃市场下实体经济通过评估有效的相关市场信息以对金融工具的公允价值进行计量。也就是说，当市场为非活跃市场时，就需要采取估值技术，即市场模型，而且所选择的估值技术要能最大化地使用可测量的因素，并使不可观测的因素最小化，以便于进行尽量准确客观的估值。

5.2.2 固定收益产品的估值方法

上文提到，债券估值就是通过计量方法和工具来寻找债券公允价值的过程，本节将具体讨论市场中常用的估值方法有哪些。理论上，债券估值的本质就是将债券未来的现金流用合理的贴现率折现,在一个满足有效假定的市场中,一类风险相同的资产仅存在一条确定的即期收益率(或贴现率)曲线,债券未来现金流的贴现只有在具有可比性的利率基础上贴现,得到的价格才具有参考价值。因此,债券估值的核心是确定一条合理的贴现率曲线,然后再基于该曲线为不同票息、付息频率、风险属性的债券做参考定价,如图 5-8 所示。

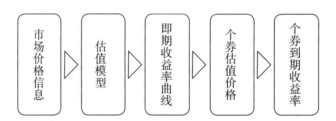

图 5-8 债券估值方法的内在逻辑

理论上,债券估值利率曲线的构建是指通过市场中可见的、合理的、离散分布于各个期限的市场行情信息,拟合出光滑连续的利率曲线,如图 5-9 所示。债券利率曲线的构造可视为非参数回归问题:

$$y_i = f(t_i) + \varepsilon_i, \quad \varepsilon_i \sim N(0, \delta_0)$$

其中,y_i 为第 i 个点对应的收益率,t_i 为第 i 个点对应的剩余期限,$f(t)$ 为待估计的光滑利率曲线函数,误差项 ε_i 服从独立同方差的正态分布。

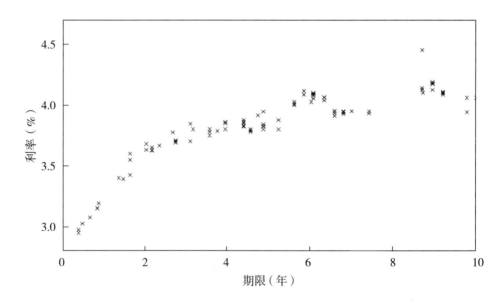

图 5-9 债券市场中相关债券的行情信息

理想状况下,即期收益率(或贴现率)曲线最好来自充分反映市场定价的零息债券,但现实情况中,各国债券市场中零息债券的数目都相当有限,市场上存在的大多是附息债券,尤其是期限较长的债券多为附息债券。例如,中国的零息国债目前只有 1 年期以内的贴现国债和凭证式国债;美国的零息债券一般也只有1年期以内的。因此,构建即期收益率曲线的一个常用方法就是将附息债券本息分离,看作一系列到期期限不同的零息债券的组合,以市场上这些附息债券的价格信息为基础,利用一定的计量技术来拟合隐含的即期收益率曲线,常用的技术有样条模型拟合法、参数模型拟合法、插值法。其中,拟合法都是利用模型对经过筛选的价格信息进行拟合,得到贴现函数曲线。不同点在于所用的模型是分段多项式样条函数还是单个参数函数。插值法是通过数值计算领域里的函数逼近方法来构造国债收益率曲线,该方法并非曲线拟合模型,而是数值计算领域的一种插值技术。目前市场中常用的估值技术主要有多项式样条模型、Nelson-Siegel-Svensson(NSS)模型和Hermite插值模型。各国央行或财政部在构建本国国债收益率曲线时,也大多采用这三种方法中的一种或几种,如表5-3所示。本节接下来将对这三种模型逐一展开探讨。

表5-3 各国央行或财政部构建本国国债收益率曲线的方法

	模型	误差最小化	最小期限起始	税收调整	期限范围
比利时	NS[①]模型或NSS模型	加权平均价格	国库券:数天 国债:>1年	不调整	1天—16年
芬兰	NS模型	加权平均价格	EONIA:≥1天 EURIBOR:≥1个月 国债:全部	不调整	1—12年
法国	NS模型或NSS模型	加权平均价格	短期国库券:全部 中期国债:≥1个月 长期国债:≥1年	不调整	最高10年
意大利	NS模型	加权平均价格	隔夜拆借利率 LIBOR:1—12个月 国债:>1年	不调整	最高30年
西班牙	NSS模型	加权平均价格	回购利率:≥1天 国库券:≥3个月 国债:>1年	调整	最高10年
欧洲央行	NSS模型	收益率	>3个月	不调整	最高30年
德国	NSS模型	收益率	>3个月	不调整	1—10年
挪威	NSS模型	收益率	货币市场利率:≥1个月 国债:>2年	不调整	最高10年
瑞典	NSS模型	收益率	回购利率:≥1天 国库券:≥1个月 国债:≥2年	不调整	最高30年
瑞士	NSS模型	收益率	货币市场利率:≥1个月 国债:≥1年	不调整	最高10年
日本	FNZ模型(基于三次B样条)	价格	国库券:≥3个月 国债:≥0.5年	对国库券价格做调整	1—10年

[①] NS模型是Nelson-Siegle模型的简称,由Charles Nelson和Andrew Siegel在1987年提出的。

(续表)

		模型	误差最小化	最小期限起始	税收调整	期限范围
美国	美联储	FNZ模型①（基于三次B样条）	短期曲线：加权平均价格	—	不调整	最高1年
			长期曲线：价格	≥30天		1—10年
	财政部	Hermite插值模型	—	—	—	1个月—30年
英国		VRP模型（基于立方样条）	加权平均价格	≥1周	不调整	最高约30年
加拿大		美林证券指数样条法	加权平均价格	国库券：1—12个月 国债：>12个月	剔除含税债券	3个月—30年

5.2.2.1 样条模型

样条模型是利用样条函数对贴现函数或收益率曲线进行分段拟合的一类模型，根据魏尔斯特拉斯逼近定理（Weierstrass Approximation Theory），任意闭区间上的连续函数都可用一组多项式函数来逼近。按照所使用样条函数的不同，样条模型一般可以分为多项式样条、指数样条和平滑样条三种。最早的多项式样条法是由McCulloch（1971）提出的，它的主要思想是将贴现函数用分段的多项式函数来表示。指数样条法则是考虑到贴现函数基本上是一个随期限增加而指数下降的函数，由Vasicek和Fong（1982）提出，该方法将贴现函数用分段的指数函数来表示。平滑样条模型则是在最优化的目标函数中平衡考虑了样本点与收益率曲线的偏离和收益率曲线的平滑性。目前美国、日本等国家央行在估计收益率曲线时都采用平滑样条模型，国内的中证指数和北方之星债券系统采用了多项式样条模型。

在样条法中，首先设定一个样条曲线模型，利用该模型通过实际价格信息去拟合贴现函数，然后用得到的贴现函数对债券进行定价。拟合过程中最优化的目标函数表示为

$$\min \sum_{i=1}^{N} \left(p_i - \hat{p}_i \right)^2$$

其中，p_i表示债券的实际市场价格，$\hat{p}_i$表示债券的模型价格。

在设定多项式样条模型的时候，阶数的多少决定了待估参数的数量以及曲线的平滑程度和拟合程度。实际应用中通常采用三阶多项式样条函数，因为当阶数是二阶的时候，贴现函数的二阶导数会是离散的；当阶数是四阶及以上的时候，验证三阶或四阶（及以上）导数是否连续的难度将增大，待估参数的数量也大大增加。实际中一般选用如下形式的三阶多项式样条函数：

---

① FNZ模型是由Fisher、Nychka和Zervos（1994）提出的。

$$B(t) = \begin{cases} B_0(t) = d_0 + c_0 t + b_0 t^2 + a_0 t^3, & t \in [0, n] \\ B_n(t) = d_1 + c_1 t + b_1 t^2 + a_1 t^3, & t \in [n, m] \\ B_m(t) = d_2 + c_2 t + b_2 t^2 + a_2 t^3, & t \in [m, 30] \end{cases}$$

其中，n 和 m 是样条函数的节点；贴现函数 $B(t)$ 代表在 t 时刻到期并支付 1 元的零息债券在 $t=0$ 时刻的价格。为了保证分段贴现函数的平滑性及推导的连续性，在节点处必须使其各阶导数相等，即满足以下约束条件：

$$B_0^i(n) = B_n^i(n)$$
$$B_n^i(m) = B_m^i(m)$$
$$B_0(0) = 1$$
$$(i = 0, 1, 2)$$

指数样条模型与多项式样条模型非常相似，只是用指数函数 e^{-ut} 替换了多项式中的 t。这是由于考虑到贴现函数基本上是一个随期限增加而指数下降的函数。为了保证曲线的连续性和平滑性，通常也采用三阶的指数样条函数，其形式如下：

$$B(t) = \begin{cases} B_0(t) = d_0 + c_0 e^{-ut} + b_0 e^{-2ut} + a_0 e^{-3ut}, & t \in [0, n] \\ B_n(t) = d_1 + c_1 e^{-ut} + b_1 e^{-2ut} + a_1 e^{-3ut}, & t \in [n, m] \\ B_m(t) = d_2 + c_2 e^{-ut} + b_2 e^{-2ut} + a_2 e^{-3ut}, & t \in [m, 30] \end{cases}$$

其中，u 可以看作起息日为未来无限远时的瞬间远期利率。同样，为了满足贴现函数的平滑性及推导的连续性，在节点处要使其各阶导数相等，即满足以下约束条件：

$$B_0^i(n) = B_n^i(n)$$
$$B_n^i(m) = B_m^i(m)$$
$$B_0(0) = 1$$
$$(i = 0, 1, 2)$$

平滑样条模型是在最优化的目标函数中平衡考虑了样本点与收益率曲线的偏离和收益率曲线的平滑性。由于三次样条函数曲线在长端趋于震荡，对于收益率曲线来说，长端的大幅震荡意味着债券期望价格的大幅波动，这在经济学意义上是一种不符合常理的表现。为了减少震荡并增加三次样条函数的平滑度，Fisher、Nychka 和 Zervos（1994）提出一种平滑技术（FNZ 模型），在目标函数中增加一个粗糙惩罚项来控制震荡。FNZ 模型是目前应用最为广泛的平滑样条模型。

相比于其他样条模型，平滑样条模型对目标函数没有参数形式的假定，模型有更大的灵活性，适当的平滑参数选取可实现拟合优度和光滑度的完美平衡。平滑样条模型在美国、日本、加拿大、瑞典等国家被广泛采用。

5.2.2.2 Nelson-Siegel-Svensson（NSS）模型

Nelson-Siegle 模型（NS 模型）是 Charles Nelson 和 Andrew Siegel 在 1987 年提出的一个参数拟合模型，不同于多项式样条法的分段拟合，NS 模型是进行整段拟合，采用参数化模型以获得收益率曲线，模型需要估计的参数数量要少于样条法。NS 模型拟合的是瞬时（即期限为零）远期利率曲线，从中推导出即期利率的函数形式。该模型的一个最大优点是需要估计的参数相对少，因此特别适合估计债券数量不多情况下的利率期限结构，而且这些参数都有明确的经济学含义，比较符合利率预期理论，已被许多国家的央行广泛采用。

NS 模型中隐含的瞬时远期利率曲线函数的形式为

$$f(t) = \beta_0 + \beta_1 \exp(-t/\tau_1) + \beta_2 (t/\tau_1) \exp(-t/\tau_1)$$

然后根据即期利率和瞬时远期利率之间的关系，得到 NS 模型的即期利率曲线的表达式：

$$R(t) = \frac{\int_0^t f(s) \, ds}{t} = \beta_0 + \beta_1 \left[\frac{1 - \exp(-t/\tau_1)}{t/\tau_1} \right] + \beta_2 \left[\frac{1 - \exp(-t/\tau_1)}{t/\tau_1} - \exp(-t/\tau_1) \right]$$

这个模型中有四个参数：β_0，β_1，β_2，τ_1。其中，τ_1 是适合该方程的一个时间常数，β_0，β_1，β_2 是待估计的参数。该模型即把债券的收益率分为三个因子：代表长期收益率水平的水平因子、代表短期收益率水平的斜率因子，以及代表中期收益率水平的曲率因子。当固定 β_0 时，通过 β_1，β_2 的不同组合，这个方程能够产生大家所熟悉的远期利率曲线的各种形状，如单调型、水平和倒置型曲线，但无法推导出形状更为复杂的利率曲线，如 V 形和驼峰形曲线。为了解决原模型拟合灵活性不足的问题，Svensson（1994）将 NS 模型做了扩展，引进了另外两个参数 β_3 和 τ_2，这个改进的模型被称为 Nelson-Siegel-Svensson（NSS）模型，其瞬时远期利率函数的表达式为

$$f(t) = \beta_0 + \beta_1 \exp(-t/\tau_1) + \beta_2 (t/\tau_1) \exp(-t/\tau_1) + \beta_3 (t/\tau_2) \exp(-t/\tau_2)$$

与多项式样条模型不同的是，NSS 模型中的参数都有明确的经济学含义。在瞬时远期利率函数的表达式中，可以看出远期利率实质上是由短期、中期和长期利率三部分组成的，如图 5-10 所示，分别受 β_0，β_1，β_2，β_3 四个参数的影响。其中，β_0 代表长期利率水平的水平因子，它是瞬时远期利率曲线 $f(t)$ 的渐近线，随着到期期限 t 的增加，$f(t)$ 逐渐向 β_0 趋近，可以理解为一个长期效应。参数 β_1 代表短期利率部分，它随着到期期限的增加而从 1 减少到 0，即在短期存在较大影响，而长期的影响几乎为零。参数 β_2，β_3 分别代表不同的中期利率部分的曲率因子，它们随着到期期限的增加从 0 开始增长，然后衰减至 0，它们决定了瞬时远期利率曲线极值点的性质和曲度。参数 τ_1，τ_2 控制指数的衰减率，决定了 β_1，β_2，β_3 的衰减速度。如果 τ_1，τ_2 的值比较小，β_1，β_2，β_3 收敛的速度则比较快，也就意味着短期和中期因素影响力开始衰退的速度比较快，能够比较好地拟合较长到期期限的利率曲线。

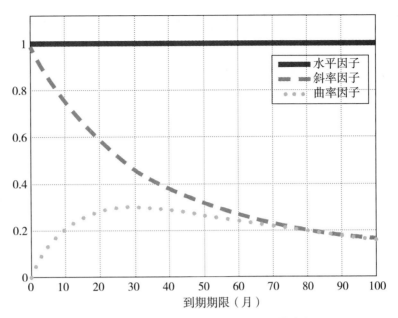

图 5-10 NSS 模型中各因子系数的变化

5.2.2.3 Hermite 插值模型

Hermite 插值模型是通过数值计算领域里的函数逼近方法来构造债券收益率曲线的，该方法并非曲线拟合模型，它是数值计算领域里的一种插值技术。在 Hermite 插值模型中，为了保证插值函数与原函数更好地密合，不但要求插值函数与原函数在已知节点上具有相同的函数值，还要求二者在节点上若干阶导数也相当。其构建利率期限结构的思路为，先从市场成交价格数据中算出已知期限的即期利率，然后利用 Hermite 插值模型进行插值，得出其余任意点的即期利率，从而得到相应的整条即期利率曲线，如图 5-11 所示。Hermite 插值模型构建的收益率曲线能够通过所有的样本点，但该方法下的关键期限点需经过专门挑选，且对样本点的剩余期限有较严格的要求，同一剩余期限只能有一个样本。因此，关键期限的选择及即期利率的计算相当重要。

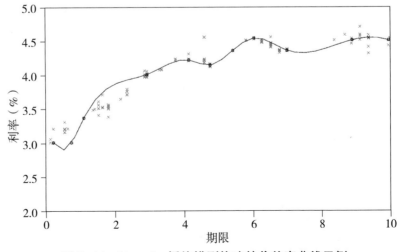

图 5-11 Hermite 插值模型构建的收益率曲线示例

目前美国财政部和中国的中央国债登记结算有限责任公司都采用三次 Hermite 插值模型构建收益率曲线。该方法不需要假设贴现函数的形式，仅需通过插值技术实现，因此缺乏一定的经济学含义。实践中，可以根据已知关键期限点的即期利率，通过 Hermite 插值方法计算其余任意点的即期利率，从而得出整条收益率曲线。

该方法的一般形式为：设 $0=x_1 < L < x_n=30$（其中 30 为国债的最长年限）。x_i 为剩余期限，y_i 为关键期限点的即期利率。已知相邻的两个关键期限点 (x_i, y_i) 和 (x_{i+1}, y_{i+1})，$i \in [1,n]$，则任意 $x_i \leq x \leq x_n$ 对应的曲线函数 $y(x)$，采用三次 Hermite 多项式插值模型，公式为

$$y(x) = y_i H_1 + y_{i+1} H_2 + d_i H_3 + d_{i+1} H_4$$

其中，

$$H_1 = 3\left(\frac{x_{i+1}-x}{x_{i+1}-x_i}\right)^2 - 2\left(\frac{x_{i+1}-x}{x_{i+1}-x_i}\right)^3$$

$$H_2 = 3\left(\frac{x-x_i}{x_{i+1}-x_i}\right)^2 - 2\left(\frac{x-x_i}{x_{i+1}-x_i}\right)^3$$

$$H_3 = \frac{(x_{i+1}-x)^2}{x_{i+1}-x_i} - \frac{(x_{i+1}-x)^3}{(x_{i+1}-x_i)^2}$$

$$H_4 = \frac{(x-x_{i+1})^3}{(x_{i+1}-x_i)^2} - \frac{(x-x_i)^2}{x_{i+1}-x_i}$$

$$d_j = y'(x_j)$$

$$j = i, i+1$$

以美国财政部采用的 Hermite 插值模型为例。美国财政部将最新发行的 4 周、13 周、26 周和 52 周的国库券加上最新发行的 2 年、3 年、5 年、7 年、10 年、30 年中长期国债的即期收益率作为已知节点下的"指标债券"（On-the-run Securities），同时也通过构造适当的"非指标债券"组合，来补齐某特定节点下缺失的即期收益率。例如，美国财政部组合构造了 20 年期的即期收益率，并曾在 2004 年 8 月至 2008 年 6 月采用二级市场上的债券信息组合构建了 1 年期即期收益率，以消除当时发行市场上 1 年期价格起伏波动的影响。在确定了关键年期的即期收益率后，就可以利用 Hermite 插值模型对其他时间节点的收益率曲线进行估计。

5.2.2.4 数据的选择与处理

在构建估值收益率曲线时，除了要选择适当的估值方法，还要注意选择和处理所使用的债券市场数据。以国债收益率曲线的构建为例，为确保本国国债收益率曲线的有效性，各国央行都相当重视债券数据的选择与处理，其中一些共性的做法包括对债券同质性的区分、流动性的筛选、异常性的甄别等。主要的数据选择和处理方法有以下四种。

第一，剔除非标准国债，以确保样本的同质性。实践中，各国央行一般将固定付息、固定赎回期限的国债纳入同质样本池，剔除了含期权、浮动付息等的非标准国债品种。

例如，德国的债券种类丰富，交易活跃，是欧洲流动性最强的政府债券市场之一。为了确保样本内债券品种的同质性，德国剔除了可赎回联邦债券等交易品种，最终选取了联邦政府发行的标准债券、5年期特殊政府票据、联邦国库券等作为样本。同样，美国、瑞士等国均将含期权的债券（如可赎回债券）剔除在外，欧洲央行将浮动付息国债（包括与通货膨胀率关联付息的国债）、无限期付息国债等非标准品种剔除在外。

第二，剔除低流动性样本，以确保交易价格的代表性。交易活跃、成交量大的债券对市场收益率的变动导向更强，因此基于流动性的筛选相当重要。在国外，一般认为临近到期的中长期债券的交易活跃度会显著下降，此时的债券价格无法真实反映市场供求关系，不宜被选入样本框。实践中，多个国家的央行基于对本国国债市场流动性的不同认定，设定了不同的国债样本起始期限。例如，法国的样本框中包含了全部短期国库券、剩余期限为1个月以上的中期国债以及剩余期限为1年以上的长期国债；欧洲央行剔除了剩余期限小于3个月或大于30年的国债；美联储的中长期国债样本剩余期限起始于30天；德国央行的中长期国债样本剩余期限起始于3个月；比利时、意大利、瑞士、西班牙等国的中长期国债样本的起始剩余期限均为1年。此外，部分国家还有其他流动性评判标准，例如，欧洲央行认为买卖报价最大价差小于3个基点的国债为交易不活跃债券，应剔出样本框；加拿大政府为了确保债券的流动性，为不同期限的政府债券设定了70亿至100亿加元不等的"发行基准额"，而未超过基准额的债券被认定为交易不活跃，需重新进入拍卖程序，因此不应纳入央行构建收益率曲线的样本池。

第三，剔除异常报价的样本，以确保样本的有效性。构建收益率曲线对数据的数量和质量均有严格要求。现实交易环境中，在复杂的交易动机驱动下，难免存在一些异常价格，因此甄别并剔除异常报价样本是各国央行构建收益率曲线的重要环节。例如，加拿大央行剔除了交易溢价（或折价）超过支付利息500个基点以上的国债。

第四，将货币市场利率作为补充，以进一步完善短端曲线。鉴于市场上短期尤其是超短期政府债券数据有限，多国央行选取了货币市场利率或互换利率数据作为短端收益率曲线的补充，因为一般情况下这类产品违约风险很低，可视为无风险利率的有效替代。例如，芬兰选取了欧元隔夜拆放平均利率（EONIA）和1个月期、3个月期、6个月期和12个月期的欧元银行同业拆放利率（EURIBOR），与本国多种中长期政府债券共同作为构建本国国债收益率曲线的样本；意大利通常选取隔夜利率和期限为1—12个月的LIBOR利率作为曲线的短端样本数据；英国将1周以上的回购利率数据作为补充；西班牙则将1天、7天、15天和30天的回购利率与3个月至12个月的国库券、1年至30年期的国债作为拟合的样本数据。

5.2.3 国内债券估值发展状况

5.2.3.1 国内债券估值的发展历程

债券估值在不同国家的债券市场上有不同的模式，比如，在欧美市场，债券一般都由做市商报价，流动性好的债券估值基本是一致的，流动性不好的债券，不同的做市商会给出不同的估值报价，基金管理人自行取舍。在亚洲市场，以新加坡为例，债券基金的估值一般是由基金管理人和托管行进行的，各托管行内部均有承担债券估值工作的部门。此外，市场参与者有时也会同时参考彭博、路透等金融服务商提供的估值报价。

我国债券估值是伴随着债券市场和债券指数的发展而产生的。2003 年上证国债指数发布，该指数的样本由在上交所挂牌的国债构成，计算价格为样本的实时交易价格，如果无成交价，则采用最近成交价格，取价规则类似于股票，该指数很快成为当时表征我国债券市场走势的风向标。随着银行间债券市场的日益壮大，陆续有一些机构开始编制反映银行间债券市场走势的指数。但由于银行间债券市场采用询价交易机制，多数个券交易并不活跃，如果采取与上证国债指数相同的做法，则有相当一部分债券的价格要追溯至很久，这样就背离了债券指数表征市场的基本功能。在这样的背景下，债券估值应运而生。我国目前编制包含银行间债券市场指数的机构主要有中央国债登记结算有限责任公司、中证指数有限公司、中国外汇交易中心等，这几家机构都在不同程度上和不同范围内研究并建立债券估值体系。

与其他国家相同，我国债券估值体系的发展和完善也离不开会计准则对金融资产的计量要求的推动。2007 年 7 月以前，投资机构对债券资产组合净值的计算采取的是成本法，而不是公允价值，证券投资基金对债券指数的使用也仅限于业绩基准。2007 年 7 月 1 日，证券投资基金开始执行新的《企业会计准则》，新准则引入了"公允价值"的概念，这使得债券估值正式走上台前。新的《企业会计准则》要求，企业以公允价值计量相关资产或负债，应当采用在当前情况下适用并且有足够可利用数据和其他信息支持的估值技术。企业使用估值技术，是为了估计在计量日当前市场条件下，市场参与者在有序交易中出售一项资产或者转移一项负债的价格。企业以公允价值计量相关资产或负债，使用的估值技术主要包括市场法、收益法和成本法。企业应当使用与其中一种或多种估值技术一致的方法计量公允价值。企业使用多种估值技术计量公允价值的，应当考虑各估值结果的合理性，选取在当前情况下最能代表公允价值的金额作为公允价值。此后，财政部于 2017 年 3 月对《企业会计准则第 22 号——金融工具确认和计量》进行了修订，要求企业应当根据其管理金融资产的业务模式和金融资产的合同现金流量特征，将金融资产划分为三类：以摊余成本计量的金融资产、以公允价值计量且其变动计入其他综合收益的金融资产、以公允价值计量且其变动计入当期损益的金融资产。

5.2.3.2 国内债券第三方估值市场

1999 年，中央国债登记结算有限责任公司在国内率先推出了第一条国债收益率曲线。此后，各类机构出于不同的需要也陆续开始编制。目前，公开发布人民币国债收益率曲线的机构有两大类：一类是市场中介服务机构，包括中央国债登记结算有限责任公司、中国外汇交易中心、中证指数有限公司等；另一类是国内外信息商等其他机构，如 Wind 数据库、新华 08 金融信息平台、路透社、彭博社等。在这些机构编制的国债收益率曲线中，国际上主流的曲线构建模型都有所体现，但是，由于模型、数据源及日常维护工作上的差异，债券收益率曲线的形状和质量也有所不同。经过较长时间的检验和不断完善，目前被市场相对广泛接受的是由中央国债登记结算有限责任公司编制并发布的中债债券收益率曲线和中证指数有限公司发布的中证债券收益率曲线。

中央国债登记结算有限责任公司于1999年开始编制并发布国债收益率曲线,这是国内最早公开发布的国债收益率曲线。早期采用国外市场的做法,直接采集交易结算数据,用直线法将各样本债券的收益率连接起来。但由于国内市场条件所限,曲线的可靠性很差。2002年改进为二次多项式,数据源也扩大为包括交易结算数据、国债做市商双边报价数据及人工询价数据的比较广泛的价格信息,并在此基础上构建了银行间国债、交易所国债、中国国债(合成)、浮动利率国债四条国债收益率曲线。但还是由于市场条件差,曲线形态仍然不合理。2006年经充分论证后,改用了Hermite插值法和解靴法(Bootstrapping),并推出到期、即期和远期利率曲线。目前,构建国债收益率曲线的模型主要有两类:插值模型和拟合模型。通过理论与实证研究,Hermite插值模型在光滑性、灵活性及稳定性三个方面具备相对均衡的特点,对市场情况的适应性也较强,从实践中看,既可适应发展中国家的债券市场情况(如中债债券收益率曲线),也可用于发达国家的债券市场(如美国国债市场)。也就是说,采用Hermite插值模型编制国债收益率曲线,既能适应我国国债市场的当前现状,也能兼顾未来发展的需要。中债债券收益率曲线编制使用的数据源包括银行间债券市场国债双边报价数据、商业银行国债柜台交易双边报价、银行间债券市场成交价、交易所债券市场国债收盘价、市场成员提供的关键期限国债收益率估值数据。中央国债登记结算有限责任公司陆续建立了规范的维护操作流程,设立了中台并开发了质量检测系统,公开发布了计算公式、数据检验报告和每日的维护编制说明。

中证指数有限公司自2006年开始采用多项式样条模型编制收益率曲线,每天向市场成员公布。2013年10月,上交所国债预发行采用中证债券估值作为参考。2014年11月,人民银行和证监会联合发布《债券统计制度》,中证指数有限公司作为报送机构之一,提供债券估值和收益率曲线数据。自2015年第一季度开始,交易所市场债券估值由收盘价调整为第三方估值,中证估值成为主要的估值方法。自2016年7月开始,中证指数有限公司向中国证券登记结算公司提供收益率曲线、隐含评级等数据,供质押式回购标准券折算率计算参考。中证估值体系的发展历程如图5-12所示。目前中证债券估值

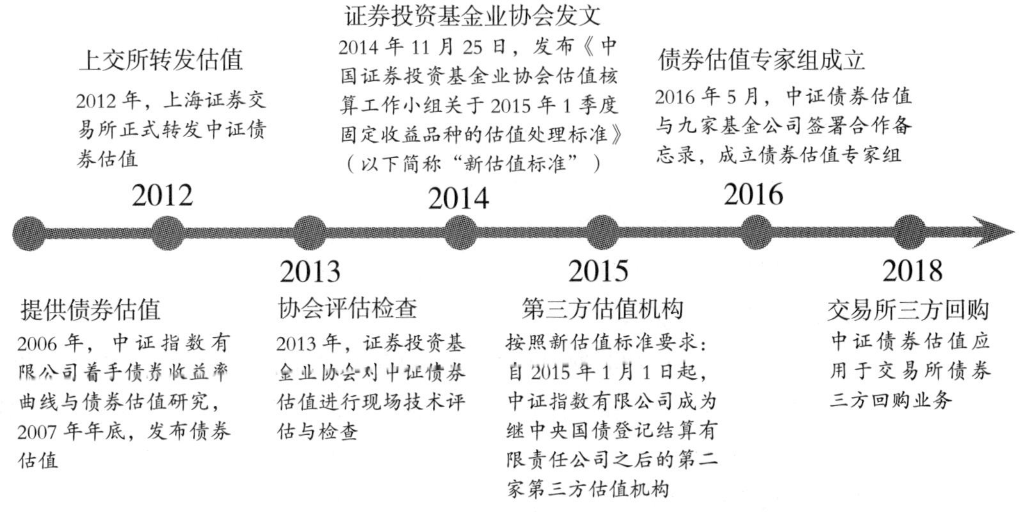

图5-12 中证估值体系的发展历程

已经构建完成中证债券隐含评级、中证债券收益率曲线族、中证债券估值、中证债券指数等多个品牌产品。同时，中证指数有限公司不断加强债券收益率曲线的细分化、效率化、精确化水平，不断完善债券小品种的估值研究，扩展中证债券估值覆盖面。截至2018年5月，中证指数有限公司每日提供估值的债券数量约3.4万余只，基本实现全市场覆盖。

此外，近年来外汇交易中心相继推出了债券实时收益率曲线和收盘收益率曲线。实时收益率曲线是在每个选样周期末筛选出各个券种的各关键期限点的基准债券，将各样本券报价收益率以直线相连形成的，分为买入价/卖出价/中间价收益率。收盘曲线以当日对应债券类型固定利率债券的双边报价和成交数据为样本，利用线性回归模型计算得到收盘到期收益率曲线，利用收盘到期收益率曲线推导出对应的即期和远期利率曲线。但由于目前中国债券市场报价质量不稳定、报价点差偏大，因此以报价作为主要数据源编制收益率曲线还有待推敲。

5.2.4 国内的估值收益率曲线体系

目前国内债券估值市场主要有两大估值收益率曲线体系，分别是中债估值体系和中证估值体系。虽然市场中也有其他的机构发布估值收益率曲线，如北方之星债券系统、外汇交易中心、彭博社、路透社等，但其应用范围和市场影响力都远不如中债估值体系和中证估值体系。本节主要梳理一下这两大债券估值体系的曲线族谱和指标意义，以及各自收益率曲线体系的覆盖情况。

5.2.4.1 中债指数产品体系简介

中央国债登记结算有限责任公司最早自1999年开始编制中债收益率曲线，并于2002年实现了第一次升级，之后又经过公司内外部专家的深入研究、比较，结合中国债券市场的实际情况，提出并开发了全新的债券收益率曲线构建模型。中债收益率曲线的编制理念是为中国债券市场提供完全客观、中立的收益率参考标准，目的是最大限度地反映出中国债券市场上各类债券不同期限的真实、合理的收益率水平。

（1）中债指数族系图

目前，中债指数产品体系按编制方法的不同分为中债总指数族、中债成分指数族、中债策略型指数族、中债投资人指数族、中债持仓指数族、中债定制指数族六大系列，中债收益率曲线族系如图5-13所示。

这六个系列指数的定义和区别如下：

①中债总指数族的编制目的是反映债券全市场或某一类债券的整体价格走势情况，一般是以债券的待偿期、发行人类型、流通场所类型、债券付息方式及信誉评级等单一或多个要素下全部债券为成分空间。

②中债成分指数族通过科学客观的方法挑选出具有代表性的成分债券来反映债券市场全部或某类债券价格的走势特征，成分债券一经确定，在一段时期内会保持不变。

③中债策略型指数族是采用非市值加权方法，辅以权重设定及其他选样条件，来模拟一类投资策略的债券指数，适合用作投资跟踪标的。

第5章 固定收益证券定价和估值

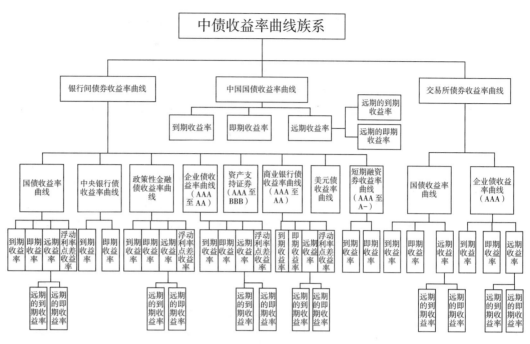

图 5-13 中债收益率曲线族系

④中债投资人指数族是以不同类别投资人在中央国债登记结算有限责任公司托管的债券集合作为指数成分券,剔除美元债和资产支持证券后,以持仓市值进行加权计算。不同投资者可以选取所属分类的投资人指数作为横向比较的业绩评价基准。

⑤中债持仓指数族是以托管在中央国债登记结算有限责任公司的各机构成员债券账户为单位,以在各账户中的全部债券基础上剔除美元债券和资产支持证券后的债券为集合每日自动生成的指数。该类指数仅供开户成员内部业绩评估、风险控制使用,不对外公布。

⑥中债定制指数族是根据客户定制的成分规则挑选成分债券编制生成的指数,定制指数可以充分满足客户个性化的指数需求。

（2）中债指数编制的一般取价原则

中债指数取价按以下规则进行:以中债估值为参考,优先选取合理的最优双边报价中间价,若无则取合理的银行间市场加权平均结算价或交易所市场收盘价,再无则直接采用中债估值价。

（3）中债指数指标系列

中央国债登记结算有限责任公司为绝大部分指数提供了总值指数和6个按待偿期分段的子指数,持仓指数暂未提供待偿期分段子指数。总值指数和分段子指数均计算财富、全价、净价三个指标及久期、凸性等其他14个指标。[①] 具体定义和计算方法如下:

①财富指标是以债券全价计算的指数值,考虑了利息再投资因素。根据收到现金流后再投资的速度不同,中债指数体系中含有两个算法。第一,假设投资者将收到的利息和本金偿还额在当日即投入指数组合。第二,假设投资者将该自然月收到的利息和本金

---

① 中央国债登记结算有限公司网站有详细的指标计算公式。

偿还额以活期存款的方式持有直至月末最后一个工作日，再将累计的现金投入指数组合起来。

②全价指标是以债券全价计算的指数值，债券付息后利息不再计入指数。

③净价指标是以债券净价计算的指数值，不考虑应计利息和利息再投资。

④按待偿期分段的子指数，绝大部分指数包括指数总值及待偿期分段子指数。待偿期分段子指数是将该指数中的成分券按待偿期不同细分为1年以下、1—3年、3—5年、5—7年、7—10年、10年以上6个区间段。

⑤其他相关指标。除计算财富、全价、净价指标值及分段指标值外，每个指数还包括14个相关指标：平均市值法久期、平均现金流法久期、平均市值法凸性、平均现金流法凸性、平均基点价值、平均到期收益率、平均市值法到期收益率、平均待偿期、平均派息率、上一日总市值、财富指数涨跌幅、全价指数涨跌幅、净价指数涨跌幅、现券结算量。

5.2.4.2 中证指数产品体系简介

中证指数有限公司由上交所和深交所于2005年共同出资成立，是一家从事指数编制、运营和服务的专业性公司。中证指数有限公司自2006年起开始研究债券收益率曲线和债券估值。目前中证债券估值已经构建完成中证债券隐含评级、中证债券收益率曲线族、中证债券估值、中证债券指数等多个品牌产品。同时，中证指数公司不断加强债券收益率曲线的细分化、效率化、精确化水平，不断完善债券小品种的估值研究，扩展中证债券估值覆盖面。

截至2018年5月，中证指数有限公司每日提供估值的债券数量约3.4万余只，基本实现全市场覆盖。估值品种涵盖国债、政策性金融债、商业银行债（含次级）、同业存单、短期融资券、超短期融资券、中期票据、定向工具、企业债券、公司债券、中小企业私募债、资产支持证券、交易所国开债、优先股、可交换债、证券公司短期债、证券公司次级债、永续债等品种。中证债券收益率曲线族系如图5-14所示。目前中证指数有限

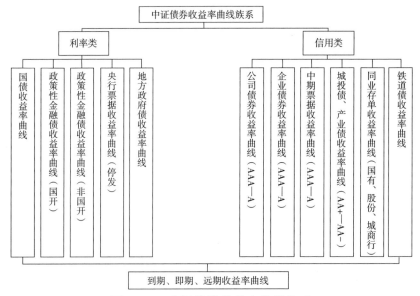

图5-14 中证债券收益率曲线族系

公司已构建完善的收益率曲线族，每日发布到期收益率曲线33条，包括利率品种类4条，信用品种类19条，同业存单3条，特定信用品种类7条。中证债券收益率曲线族系基本覆盖债券市场上主要的债券品种和信用等级，提供即期、到期、远期收益率曲线等衍生收益率曲线共99条。

本章小结

附息债券（每年付息两次）的到期收益率表达式为：

$$P_0 = \sum_{t=1}^{2n} \frac{C/2}{(1+y/2)^t} + \frac{M}{(1+y/2)^{2n}}$$

其中，C为每期的票息，M为面值，n为债券到期年数，y为持有到期收益率。

对于投资者来说，现实市场中要想最终实现与购买时债券到期收益率一样的收益，必须满足两个前提条件：票息能够按照到期收益率的利率再投资，持有该债券到期。

已知m时点和n时点（$n>m$）的即期利率，那么可以得到从期限m到期限n的远期利率f，表达式为

$$(1+f_{m,n})^{n-m} = \frac{(1+s_n)^n}{(1+s_m)^m}$$

债券估值收益率曲线的构建是指通过市场中可见的、合理的、离散分布于各个期限的市场行情信息，拟合出光滑连续的收益率曲线。债券收益率曲线构造可视为非参数回归问题：

$$y_i = f(t_i) + \varepsilon_i, \quad \varepsilon_i \sim N(0, \delta_0)$$

其中，y_i为第i个点对应的收益率，$i=1, 2, \cdots, n$；t_i为第i个点对应的剩余期限；$f(t)$为待估计的光滑函数；误差项ε_i服从独立同方差的正态分布。

对于市场参与者来说，合理债券估值的重要作用主要体现在三个方面：一是用于资产组合的净值计算；二是用于债券二级市场的交易基准；三是用于债券一级市场招投标的参考基准。

各国央行或财政部构建国债收益率曲线的常用方法包括多项式样条模型、NSS模型和Hermite插值模型。

我国目前编制包含银行间债券市场指数的机构主要有中央国债登记结算有限责任公司、中证指数有限公司、中国外汇交易中心等，这几家机构都在不同程度上和不同范围内研究及建立债券估值体系。

重要术语

货币的时间价值　到期收益率　魏尔斯特拉斯逼近定理　即期收益率　未来实际短期利率水平的预期　通胀预期　通胀风险溢价　期限溢价　通货膨胀保值债券　报价利差　分段多项式函数　平滑样条函数　线性辨别模型

思考练习题

1. 分析固定收益证券投资中到期收益率指标的优点和缺点。
2. 目前各国央行的货币市场基准利率有哪些选择？调控方式有哪些？
3. 现在有两只债券，一只是公司债券，期限为5年，评级为AA，到期收益率为6%，在柜台交易；另一只是5年期的国债，到期收益率为4%，在交易所交易。请从本例出发，分析形成利差的因素有哪些。
4. 为什么债券产品需要进行估值？债券估值遵循的一般原则是什么？
5. 市场中常用的债券估值方法有哪些？哪一种更符合国内债券市场的情况？
6. 国内债券市场的估值收益率曲线体系有哪些？
7. 假定某债券面值为100元，期限为3年，票面利率为年化6%，一年支付两次利息，投资者购买价格为103元。请计算在再投资收益率为年化4%的情况下，投资者可获得的年化收益有多少。
8. 一只20年期限的债券，面值为100元，现价为110元，票息率为6%，一年支付两次利息，5年后可以按面值回购。请计算该债券的到期收益率和至第一次回购日的到期收益率。

参考文献

[1] （美）布鲁斯·塔克曼，安杰尔·塞拉特. 固定收益证券（第3版）[M]. 范龙振，林祥亮，戴思聪，译. 北京：机械工业出版社，2013.

[2] 陈松男. 固定收益证券与衍生品：原理与应用[M]. 北京：机械工业出版社，2014.

[3] （美）弗兰克·J. 法博奇. 固定收益证券手册（第8版）[M]. 周亮，等译. 北京：中国人民大学出版社，2018.

[4] 林清泉. 固定收益证券[M]. 武汉：武汉大学出版社，2005.

[5] 严一锋，郭菊娥. 利率期限结构的McCulloch三次样条估计法[J]. 统计与决策，2012(17)：67—69.

[6] 姚长辉. 固定收益证券：定价与利率风险管理（第二版）[M]. 北京：北京大学出版社，2013.

[7] Anderson N., Sleath J. New Estimates of the UK Real and Nominal Yield Curves[Z]. Bank of England Working Paper, 2001, No.126.

[8] Bao J., Pan J., and Wang J. The Liquidity of Corporate Bonds. Journal of Finance, 2011, 66(3): 911-946.

[9] Bjork T., Christensen B.J. Interest Rate Dynamics and Consistent Forward Rate Curves[J]. *Mathematical Finance*, 1999, 9(4): 323-348.

[10] Chen L., Lesmond, D. A., and Wei, J. Corporate Yield Spreads and Bond Liquidity. Journal of Finance, 2007, 62(1): 119-149.

[11] Goyenko R. Stock and Bond Pricing with Liquidity Risk[C]. EFA 2005 Moscow Meetings, 2006.

[12] James J., Webber N. *Interest Rate Modeling* [M]. London: Wiley, 2000.

[13] Lin H., Wang J., and Wu C. Liquidity Risk and Expected Corporate Bond Returns. Journal of Financial Economics, 2011, 99(3): 628-650.

[14] McCulloch J. H. The Tax-adjusted Yield Curve[J]. *The Journal of Finance*, 1975, 30(3): 811-830.

[15] McCulloch J.H. Measuring the Term Structure of Interest Rates[J]. *The Journal of Business*, 1971, 44(1): 19-31.

[16] Monetary and Economic Department. Zero-coupon Yield Curves: Technical Documentation[Z]. BIS Papers, 2005, No.25.

[17] Nelson C., Siegel A. Parsimonious Modeling of Yield Curves[J]. *The Journal of Business*, 1987, 60(3):473-489.

[18] Shea G. Pitfalls in Smoothing Interest Rate Term Structure Data: Equilibrium Models and Spline Approximation[J]. *Journal of Financial and Quantitative Analysis*, 1984, 19(3): 253-269.

[19] Svensson L. Estimating Forward Interest Rates with the Extended Nelson & Siegel Method[J]. *Sveriges Riksbank Quarterly Review*, 1994, (3): 13-26.

[20] Waggoner D. Spline Methods for Extracting Interest Rate Curves from Coupon Bond Prices[Z]. Federal Reserve Bank of Atlanta Working Paper, 1997, No.97-10.

第 6 章
收益率曲线分析[*]

夏 冰 张 良（中银国际证券）

学习目标

通过本章的学习，读者应能够：
◎ 了解如何度量债券的利率敏感性，了解久期等概念的含义和影响因素；
◎ 了解影响收益率曲线形状的因素有哪些，了解如何解读收益率曲线的不同形状；
◎ 掌握利率期限结构形成的基本理论知识；
◎ 理解构建利率期限结构的静态法模型和动态法模型。

开篇导读

市场利率的非预期变动会对债券投资的收益产生很大影响。首先，当市场利率上升时，债券价格下跌，造成资本损失，长期限债券的跌幅往往会超过短期限债券。其次，市场利率的变动对债券票息的再投资收益也有很大影响，当市场利率下降时，债券票息的再投资收益也会随之下降。如何进行有效的利率风险管理是现代投资组合管理或商业银行风险管理的重要课题。面对利率市场化的深入和互联网金融的挑战，银行账户利率风险已经成为国内商业银行面临的主要市场风险类型，对银行的整体盈利模式和风险管理策略都有很大影响。为此，中国银监会于 2017 年 11 月发布《商业银行银行账簿利率风险管理指引》，对银行在完善银行账簿利率风险治理结构、提高利率风险计量精细程度方面提出了更高的要求。

---

[*] 本章由天风证券审校。

从本质上讲，利率风险的成因是收益率曲线的非预期变动。因此，对于收益率曲线形状和变化的研究，不论在理论上还是实务中都有非常重要的意义。比如，对收益率曲线的倾斜度是反映了市场对利率上行的预期还是反映了正的风险溢价这个问题的回答决定了延长久期是否会提高预期收益，同时也决定了我们是否可以将远期利率视为未来即期利率的市场预期。在实践中，科学有效的收益率曲线建模对固定收益证券定价、资产组合管理、利率风险管理等都有很重要的指导意义。

6.1 利率风险度量

债券投资的收益主要来自三个方面：债券本身的利得或损失、债券的票息收入以及票息的再投资收入。市场利率的非预期变动会对债券投资的收益产生很大影响。首先，当市场利率上升时，债券价格下跌，造成资本损失，长期限债券的跌幅往往会超过短期限债券。其次，市场利率的变动对债券票息的再投资收益也有很大影响，当市场利率下降时，债券票息的再投资收益也会随之下降。

市场利率变动对不同债券的影响程度会因债券到期年限、债券票息及到期收益率的不同有很大差异。一般情况下，长期限债券对利率变动最为敏感，然后是中期限债券，短期限债券的敏感度最小，这种对敏感度的衡量被称为债券价格的利率敏感性分析。每一种债券或债券组合都可以由其敏感度的大小来判断其价格受利率变动的冲击程度。敏感度越大，表示债券价格因利率变动而产生的变动幅度越大。利率敏感性分析在债券投资管理中是非常重要的工具，对一些投资者来说，他们对未来的利率水平有某种特定的看法，因此需要知道如何选择该种情况下表现最佳的债券；对另外一些厌恶风险的投资者来说，他们希望知道在其投资过程中如何有效地规避由利率波动带来的风险，如何构建利率风险免疫的投资组合。本节内容主要介绍几种常用的利率敏感性衡量方法。

6.1.1 基点价格价值

基点价格价值（Price Value of a Basis Point，PVBP）指的是收益率变化 1 个基点，也就是 0.01 个百分点时，债券价格的变动值。这种衡量方法又被称为 DV01（Dollar Value of an 01）。在数学表达式上，DV01 的定义为

$$\text{DV01} = \frac{-\Delta P / \Delta y}{10\,000}$$

因为绝大多数债券的价格随着收益率的提高而降低，从数学上讲，$\Delta P / \Delta y$ 一般是负值，所以习惯性在公式里加一个负号，使得基点价格价值可以取正值。

例 6-1

10 年期国开债（代码：180205.IB），在 2018 年 6 月 29 日的债券价格和收益率的关系如表 6-1 所示。这些不同的值表明，在一般情况下，债券价格的利率敏感性依赖于收益率水平，当收益率相对高时，债券的 DV01 相对低一些，即债券的 DV01 不是一成

不变的，它随着收益率水平的变化而变化。

表 6-1 债券的基点价格价值

收益率（%）	价格（元）	价格变化（元）	基点价格价值
3.60	112.1023	0.0851	0.0851
3.61	112.0172		
4.20	107.1383	0.0803	0.0803
4.21	107.0580		
4.80	102.4496	0.0759	0.0759
4.81	102.3737		

对于投资组合来说，整个组合的 DV01 等于组合中各个债券的 DV01 的加权平均值，所以，若想构建一个利率风险免疫的组合，只需要整个组合的 DV01 等于零即可。但有一点需要注意，DV01 会随着利率水平的变化而变化，当利率水平发生较大幅度的变化时，原本利率风险免疫的组合会因为 DV01 的变化而失去利率免疫功能，需要动态调整组合中各个债券的头寸，重新实现平衡。

6.1.2 久期

久期（Duration）的概念最早是由弗雷德里克·麦考利（Frederick Macaulay）在 1938 年提出来的，所以又被称为麦考利久期。久期最初是用来衡量附息债券的平均到期期限的，因为债券的剩余期限衡量的主要是本金的到期期限，而忽略了这期间债券付息所产生的现金流，所有需要一个更科学的方法来综合衡量附息债券的所有现金流的平均到期期限。

在定义上，麦考利久期是使用加权平均数的形式计算债券的平均到期时间，代表了投资者投资债券时，收回利息与本金所需要的平均年数。对于一个未来现金流为（C_1，C_2，$\cdots$，C_n+M）的债券来说，其麦考利久期的计算公式如下：

$$D_{mac} = 1 \times \frac{C_1/(1+y)}{P} + 2 \times \frac{C_2/(1+y)^2}{P} + \cdots + n \times \frac{(C_n+M)/(1+y)^n}{P}$$

$$= \sum_{t=1}^{n} t \times \frac{C_t/(1+y)^t}{P} + n \times \frac{M/(1+y)^n}{P}$$

其中，C_t 是债券在第 t 期的付息，y 是债券的到期收益率，M 是债券的面值，P 是债券的市价。公式中，D_{mac} 计算的是债券每次付息的支付期（1，2，3，$\cdots$，n）的加权平均值，即投资者获得未来现金流的平均时间，单位一般为年；第 t 期的权重则是 $[C_t/(1+y)^t]/P$。

结合债券价格的计算公式：

$$P_0 = \sum_{t=1}^{n} \frac{C_t}{(1+y)^t} + \frac{M}{(1+y)^n}$$

麦考利久期公式中的权重都是与债券价格计算公式中的各项一一对应的，因此各权重的总和等于1。

虽然麦考利久期最开始是用来衡量付息债券的平均到期期限的，也就是通过衡量债券的平均到期期限来研究债券的时间结构，但后来经过萨缪尔森、希克斯等人的理论扩展，久期的概念被用于衡量资产或负债的利率敏感性，使得久期开始具有第二层含义，也是目前被市场广泛使用的含义。

假设债券的价格函数表示为$P(y)$，对于该债券来说，其票息、付息时间、本金大小在发行成功的那一刻就完全确定了，价格函数中唯一的变量是贴现率y。为了描述当贴现率变化时，价格如何随之变化，我们取价格函数$P(y)$对y的导数，记为dP/dy。在给定的利率水平上，债券价格函数的导数就是债券价格函数曲线在这个利率水平的变化率，即该曲线在这一点切线的斜率，如图6-1所示。

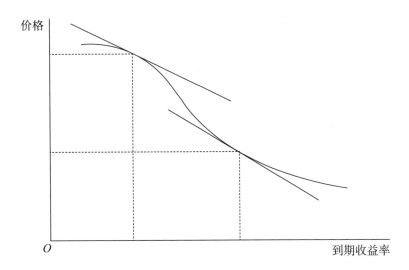

图6-1　债券价格函数曲线的切线

对于dP/dy，结合债券价格的计算公式和麦考利久期的计算公式，我们对其进行展开，可以得到以下表达式：

$$\frac{dP}{dy} = \sum_{t=1}^{n} t \times \frac{C_t}{(1+y)^{t+1}} + n \times \frac{M}{(1+y)^{n+1}} = \left(\frac{P}{1+y}\right) \times D_{mac}$$

$$D_{mac} = \left(\frac{P}{1+y}\right) \times \frac{dP}{dy}$$

久期的概念实质上是跟债券价格函数曲线的斜率相对应的。为了更精确地描述债券价格对于市场利率变动的灵敏性，学者们引入了修正久期（Modified Duration）的概念，其数学表达式为

$$D_{mod} = -\frac{dP/P}{dy} = -\left(\frac{1}{1+y}\right) \times D_{mac}$$

其中，dP/P描述的是价格变化的百分比，因此久期也可以理解为利率y每变化一单位所引起价格变化的百分比。加入负号是用来保证债券有一个正的久期度量。

久期的概念作为债券或债券组合的利率敏感性的度量，由于其计算公式简洁并且易于理解，因此在实务中得到广泛应用，但我们也要知道久期并非债券价格的利率敏感性的完全描述，它的定义有一定的局限性，包括以下几点：

- 久期公式隐含着收益率曲线平坦的假设，但现实中收益率曲线会呈现向上倾斜、向下倾斜、驼峰等多种形态。
- 久期公式只考虑了收益率曲线发生平行移动这一种变动情况，但现实中收益率曲线上不同期限节点对市场风险因素的反应一般是不同的，曲线一般会发生不同幅度甚至不同趋势的变化。
- 久期公式只考虑了收益率发生微小变动时，债券价格的相对变动与收益率变动之间的线性关系，没有考虑二者之间的非线性关系。

6.1.3 久期的影响因素

我们已经了解了久期反映的是债券价格相对利率变化的敏感性，但在久期的数学表达式中，久期的大小除了跟利率的当前水平相关，还跟债券的到期期限、票息大小、付息次数等因素相关。对于某一只债券来说，其票息、付息时间、本金大小等因素在发行成功的那一刻就完全确定了，但是对于不同的债券来说，以上任何一个因素的不同都会使久期的大小出现差异，并且以上因素的变化对于久期的影响往往并非线性的。作为债券投资者，有必要了解这种细微的差异和变化模式，以便在投资的时候做出更优的选择。

6.1.3.1 到期期限的不同和剩余期限的变化对久期的影响

假设有 A 和 B 两只附息债券，除到期期限不一样外（$T_B > T_A$），其他因素都一样。因为债券 B 的未来现金流（尤其是本金）的到期时点离得更远，所以在直观感觉上，债券 B 的久期要大于债券 A。而如果将债券 B 的到期期限拉得无限长，则该债券就变成一只永续债券（Perpetual Bond）。对于永续债券来说，其本金部分的现值趋近于零，在计算其麦考利久期时，本金部分所对应的权重也趋近于零，因此，永续债券的久期可表示为。

$$D_{pb} = (1+y)/y$$

对于不同类型的附息债券，如溢价债券、平价债券、折价债券，虽然各自的久期随着到期期限的变化而变化的模式有所区别，但是随着到期期限的无限拉长，最终各自的久期都会向永续债券的久期趋近。

有两类债券的久期变化模式需要单独讨论一下，一个是零息债券（Zero-coupon Bond），另一个是折价债券。零息债券因为只有本金一次现金流支付，所以零息债券的久期就等于其到期期限，到期期限无限拉长，零息债券的久期也相应无限拉长。折价债券，尤其是深度折价债券（Deep-discount Bond），其久期的变化模式是，一开始随着到期期限的拉长，与零息债券的久期变化曲线离得较近，但随着到期期限的进一步拉长，最终同样会向永续债券的久期趋近。各类债券的久期变化模式如图 6-2 所示。

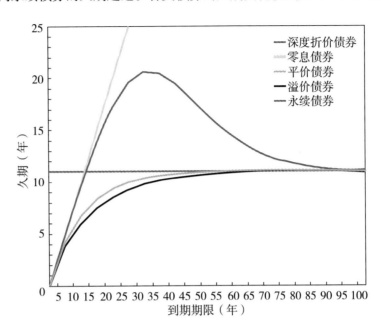

图 6-2　到期期限的不同对久期的影响

图 6-2 还展示了不同类型的附息债券的久期如何随着到期期限的变化而变化，以溢价债券为例，当到期期限缩短时，久期也相应缩短，但是久期缩短的速度和节奏在整个过程中并非一成不变的，在到期期限缩短的前半程（横坐标反向来看），久期缩短的节奏比较缓慢，等到了到期期限缩短的后半程，久期缩短的速度开始加快。

例 6-2

假设某债券的票息率为 10%，每年付息一次，到期期限为 100 年，其到期收益率为 10%，并且在该债券的整个到期过程中，到期收益率保持不变。随着该债券逐步走向到期日，剩余期限逐步缩短，该债券的久期变化曲线如图 6-3 所示。比较来看，该债券在剩余期限缩短的前 90 年期间，久期由 11 年缩短了一半，至 5.5 年，然后在剩下的 10 年生命期中，久期由 5.5 年迅速缩短至 0。

6.1.3.2　利率水平的不同对久期的影响

上文我们提到久期是跟债券价格函数曲线的斜率相对应的，因为债券价格函数曲线是非线性的，所以在不同的利率水平下，债券价格函数曲线的斜率是不同的，对应的久期也是不同的。从未来现金流贴现的角度看，随着利率水平的升高，未来现金流的贴现值都会减小，并且距离越远的现金流的贴现值减小幅度越大。因此，在计算债券的久期时，距离近的现金流所对应的权重会相对变大，距离远的现金流所对应的权重会相对变小，这使得债券的久期缩短，如图 6-4 所示。

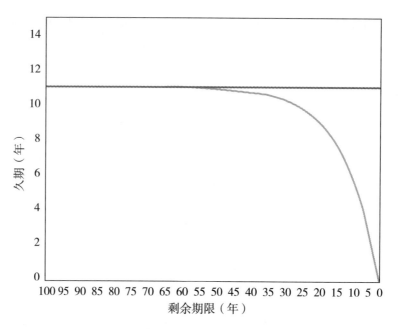

图 6-3 剩余期限的变化对久期的影响

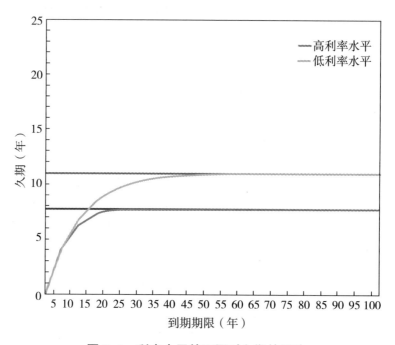

图 6-4 利率水平的不同对久期的影响

6.1.3.3 票息率的不同对久期的影响

假设有 A 和 B 两只附息债券,除票息率不一样外($C_B > C_A$),其他所有的因素都一样。从未来现金流贴现的角度看,由于债券 B 的票息率更高,相比于同样的本金,债券 B 的票息的贴现值比债券 A 更大。这在债券的久期计算公式中则意味着债券 B 的前面票息项的权重更大,由于久期是用来衡量债券现金流的平均到期期限,前面票息现金流的到期时间短，债券 B 的久期也因此比债券 A 的久期更小。票息率的不同对久期的影响如图 6-5 所示。

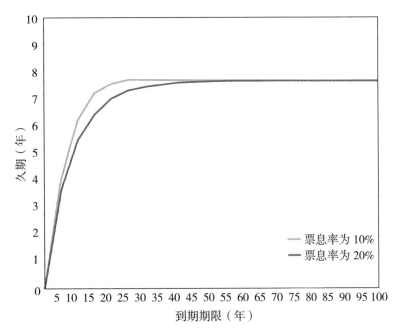

图 6-5　票息率的不同对久期的影响

6.1.3.4　付息因素对久期的影响

付息因素对债券久期大小的影响主要体现在两个方面：第一，付息频率不同的影响；第二，付息行为本身对债券久期大小的影响，即付息前后债券久期所发生的不连贯变化。

有的债券是每年付息一次，有的债券是每年付息两次，有的债券甚至每季度付息。不同的付息频率对债券的久期也是有影响的。假设债券 A 是每年付息一次的债券，债券 B 是每年付息两次的债券，两只债券的票息率、到期期限、付息时间（对应债券 B 每年的第二次付息时间）都是一样的。债券 B 可以看作将债券 A 的每次付息分成两半，其中一半提前半年支付，即债券 B 的部分未来现金流相对于债券 A 来说前置了，其余的未来现金流保持不变。因此，从未来现金流的平均到期时间的角度看，债券 B 的久期比债券 A 更小。

付息行为本身也会对债券的久期产生影响。上文我们讨论过，对于某一附息债券，随着该债券的剩余期限逐步缩短，该债券的久期会沿着一条向下凹的曲线逐步缩短，直至到期日下降至零。实际上，债券的久期变化曲线并非光滑的曲线，而是一条锯齿形的、近似光滑的曲线。原因在于，在两次付息之间，债券的久期变化相对于剩余期限的变化是线性的，而在跨越付息日的时候，债券的久期变化是跳跃的。下面我们展开分析一下其形成的原因。

假设某债券的票息为 C，到期收益率为 y，在该债券的整个生命期内，其到期收益率保持不变。t_a 和 t_b 是第一次付息前的任意两个时点，其中，$t_b = t_a + 1/365$，即两个时点

之间只差一天。由久期的计算公式,我们可以分别得到两个时点的久期:

$$D_a = (1-t_a) \times \frac{C/(1+y)^{1-t_a}}{P_a} + (2-t_a) \times \frac{C/(1+y)^{2-t_a}}{P_a} + \cdots +$$
$$(n-t_a) \times \frac{(C+M)/(1+y)^{n-t_a}}{P_a}$$

$$D_b = (1-t_b) \times \frac{C/(1+y)^{1-t_b}}{P_b} + (2-t_b) \times \frac{C/(1+y)^{2-t_b}}{P_b} + \cdots +$$
$$(n-t_b) \times \frac{(C+M)/(1+y)^{n-t_b}}{P_b}$$

其中,

$$t_b = t_a + 1/365$$
$$P_b = P_a \times (1+y)^{t_b - t_a}$$

将上式代入久期的计算公式中可以得到,$D_a - D_b = 1/365$,即两个时点的债券久期之间同样也只差一天。这意味着,在两次付息日之间的任意两个时点,债券久期变化的幅度完全等于剩余期限变化的幅度,呈线性关系,并且跟该债券的票息大小、到期收益率高低、付息频率和付息次数等因素都无关。

如果观察时点恰好跨越付息日,那么久期的变化不是线性的,而是跳跃的。假设 t_a 和 t_b 两个时点之间只差一天,即 $t_b = t_a + 1/365$。t_a 恰好为第一次付息日的前一天,t_b 付息结束。相比于前述内容,t_a 的久期表达式不变,但是 t_b 的久期表达式发生了变化,因为 t_b 的剩余未来现金流减少了一次付息。

$$D_a = (1-t_a) \times \frac{C/(1+y)^{1-t_a}}{P_a} + (2-t_a) \times \frac{C/(1+y)^{2-t_a}}{P_a} + \cdots +$$
$$(n-t_a) \times \frac{(C+M)/(1+y)^{n-t_a}}{P_a}$$

$$D_b = (2-t_b) \times \frac{C/(1+y)^{2-t_b}}{P_b} + \cdots + (n-t_b) \times \frac{(C+M)/(1+y)^{n-t_b}}{P_b}$$

由于这两个时点分别是付息日的前一天和付息日,所以,实际上,$t_a = 1 - 1/365$,$t_b = 1$。分别代入上式可以得到

$$D_a = \frac{1}{365} \times \frac{C/(1+y)^{\frac{1}{365}}}{P_a} + \left(1 + \frac{1}{365}\right) \times \frac{C/(1+y)^{1+\frac{1}{365}}}{P_a} + \cdots +$$
$$\left(n - 1 + \frac{1}{365}\right) \times \frac{(C+M)/(1+y)^{n-1+\frac{1}{365}}}{P_a}$$

$$D_b = 1 \times \frac{C/(1+y)^1}{P_b} + \cdots + (n-1) \times \frac{(C+M)/(1+y)^{n-1}}{P_b}$$

因为
$$P_b = P_b(1+y)^{1/365} - C$$

所以得到
$$D_b - D_a = \frac{C \times D_b}{P_b + C} - \frac{1}{365} > 0$$

这意味着，跨越付息日的时候，债券的久期脱离了之前的线性变化模式，发生了跳跃。

图 6-6 为 10 年期国债（代码：080018.IB）在 2011 年 3 月至 2016 年 9 月期间的久期变化曲线，从中可以看到在每次付息日结束的时点，久期变化曲线都发生了跳跃。

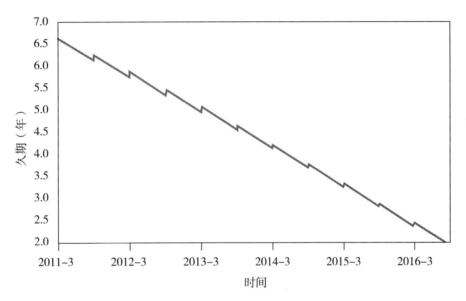

图 6-6　锯齿形的久期变化曲线

通过上文的分析，我们知道造成债券的久期曲线发生跳跃的原因是发生了利息支付，使得债券的未来现金流减少了一部分。而实际上，如果从组合的角度看，组合的久期曲线并没有发生这种跳跃。假设利息支付是在付息日的最后时刻发生的，在利息支付前的瞬间，该债券的久期仍可以按照前面介绍过的方法计算，$D' = D_a - 1/365$。在利息支付后的瞬间，该债券的未来现金流少了一期利息，但是从投资者的组合的角度看，投资者同时持有一期利息现金（C）和一只债券（P_b）。由于组合的久期等于组合内各个债券的久期按照现值进行加权平均，所以，该组合的久期可以表示为（现金的久期为零）

$$D' = \frac{C}{C+P_b} \times 0 + \frac{P_b}{C+P_b} \times D_b$$

将以上两式结合就可以得到

$$D_b - D_a = \frac{C \times D_b}{P_b + C} - \frac{1}{365} > 0$$

专栏 6-1

如何形象地理解久期变化曲线是锯齿形的

我们已经讨论了债券的久期变化曲线实际上并非光滑的曲线，而是一条锯齿形的、近似光滑的曲线。在两次付息期间，久期变化相对于剩余期限变化是线性的，而在跨越付息日的时候，债券的久期变化是跳跃的。为了更形象地理解为何久期变化曲线是锯齿形的，在这里我们引用所罗门兄弟公司的分析师罗伯特·卡普拉什（Robert Kopprasch）曾用过的一个示例来进行说明。

假设某 7 年期的付息债券，票息率为 12%，每年付息一次，久期大约为 5.1 年。该债券的未来现金流如图 6-7 所示，每个条块代表未来到期的一次现金流，两个相邻条块的中点之间的距离即为两次付息之间的时间跨度，每个条块的黑色部分代表该现金流所对应的贴现值。由于久期衡量的是未来现金流的加权平均到期时间，所以可以把久期（时点）看作未来现金流的"重心"。更形象一些来说，可以把每个现金流条块看作一个容器，所有容器都放在一个跷跷板上，黑色的贴现值部分代表每个容器里的装水量，这样久期（时点）就是这个跷跷板的支点，而从起点到这个支点的距离就是该债券的久期，如图 6-7 所示。

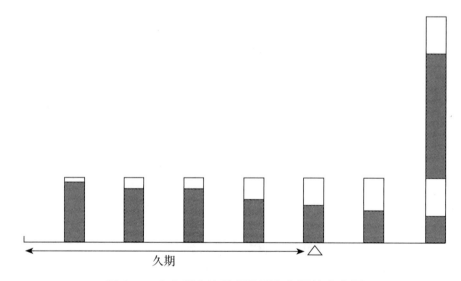

图 6-7 未来现金流的现值图和久期的支点图

将该债券从成立到第一次付息完成的过程分成两个阶段，第一个阶段是付息前的变化，第二个阶段是付息那个时刻前后的变化。在该债券的剩余期限逐步缩短，但还没到第一次付息日的时候，债券久期缩短的幅度完全等于剩余期限变化的幅度。如只过了一天，则 $D_b = D_a - 1/365$。如果用上面形象的支点图来说明，虽然剩余期限缩短，每个现金流的贴现值会增加，即每个容器的装水量会增加，但该跷跷板的"重心"并不会移动，仍保持在原位，只是因为起点向右移动了（剩余期限缩短），所以使得起点到支点的距离缩短了，缩短的幅度恰恰就是剩余期限缩短的幅度，如图 6-8 所示。

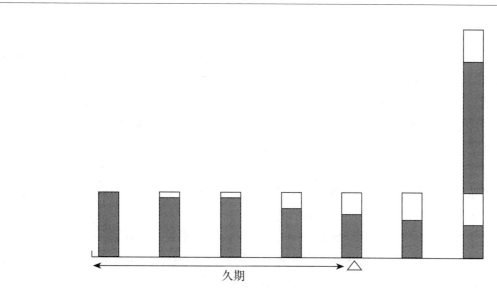

图 6-8　第一次付息前未来现金流的现值图和久期的支点图

而在恰好跨过第一次付息后的时刻，第一个现金流条块因为已经支付了利息，将不再算作该债券的未来现金流，即要将第一个现金流容器从跷跷板上拿走。这样未来现金流的"重心"因为左边失去了一个现金流容器而无法继续保持在原位，便会向右移动，如图6-9所示。因为这里讨论的是恰好付息那个时刻前后的变化，起点的位置几乎没有改变，"重心"的右移使得起点到支点的距离扩大，即债券的久期增加了，从而形成锯齿形的久期变化曲线。

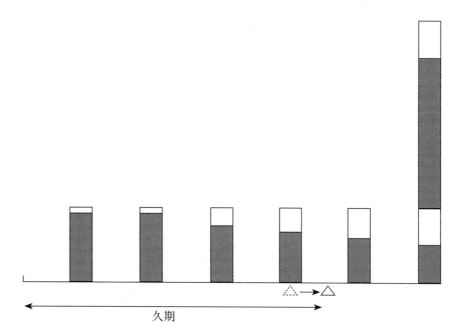

图 6-9　第一次付息后未来现金流的现值图和久期的支点图

6.1.4 凸性

通过前面的讨论，我们知道债券价格是利率或收益率的函数，久期是跟价格函数曲线在某一点的斜率相对应的概念，它反映的是利率变化与债券价格变化之间的近似线性关系。但在现实中，我们会发现久期衡量利率风险的准确性受到利率变化范围大小的影响，只有在利率变化范围较小的时候，久期才能比较准确地反映债券受到的影响的大小。利率变化的范围越大，久期对债券利率敏感性的度量越不准确。造成这一现象的原因是，债券价格函数实质上并非利率或收益率的线性函数，而是一种曲线关系。因此，要想更准确地描述债券的利率敏感性，不仅要考虑其久期的大小，还要考虑债券价格与利率之间的这种曲线关系，即凸性（Convexity）。

凸性的数学含义是债券价格函数关于利率或收益率的二阶导数，它度量了市场利率变化对债券价格函数曲线的斜率的影响。在数学表达式上，将债券价格函数 $P(y)$ 在收益率 y 附近进行泰勒展开，并只保留前两阶，可以得到

$$P(y+dy) \approx P(y) + \frac{dP}{dy} dy + \frac{1}{2} \frac{d^2P}{dy^2} (dy)^2$$

然后通过调整可以得到债券价格变动的百分比：

$$\frac{dP}{P} \approx \frac{1}{P} \frac{dP}{dy} \times dy + \frac{1}{2} \frac{1}{P} \frac{d^2P}{dy^2} (dy)^2 = -D_{\text{mod}} dy + \frac{1}{2} C (dy)^2$$

债券价格变动的百分比可以近似地表达为收益率变动的多项式函数，其中，$-D_{\text{mod}}$ 是一次项的系数，描述的是债券价格函数的久期；$C/2$ 是二次项的系数，描述的是债券价格函数的凸性，如图 6-10 所示。

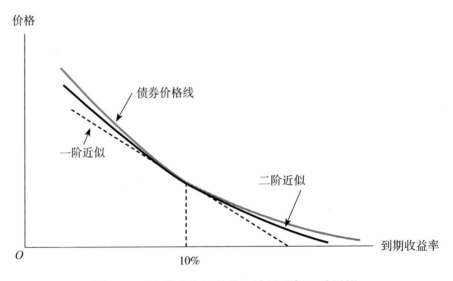

图 6-10 债券价格函数的一阶近似与二阶近似

凸性代表着对债券价格函数曲线在某一点的弯曲程度的度量，凸性的使用弥补了久期本身也会随着利率变化而变化的不足。凸性越大，债券价格函数曲线的弯曲程度越大，

用久期度量债券的利率风险所产生的误差越大。在定义上,凸性是对债券价格利率敏感性的二阶估计,也就是对久期的利率敏感性的测量,其数学表达式为

$$凸性 = \frac{1}{P} \frac{\mathrm{d}^2 P}{\mathrm{d} y^2}$$

一般来说,没有隐含期权的债券的凸性总是大于零,即利率下降,债券价格将加速上升;利率上升,债券价格将减速下降。在几何图形上表现为债券价格曲线总体凸向原点。凸性的这个特征对投资者是非常有利的,在市场利率下降时,债券价格会上升,但上升的幅度要大于只通过久期估计的价格上升幅度;而如果市场利率上升,则债券价格下降的幅度要小于只通过久期估计的价格下降幅度。

不过,有些含有隐含期权的债券的凸性有时是负值,比如可赎回债券,这类债券的价格往往受两股力量的影响,第一,当市场利率下降时,贴现因子增大,债券市场价格上升;第二,当市场利率下降到一定程度时,该债券被赎回的可能性增大,债券价格有下降的可能。这两股力量的综合作用使得当市场利率下降到一定程度时,债券价格的凸性变为负值,在几何图形上表现为债券价格曲线的某一段凹向原点,而不再是总体凸向原点。如图 6-11 所示,图中 A 点的凸性即是负值。

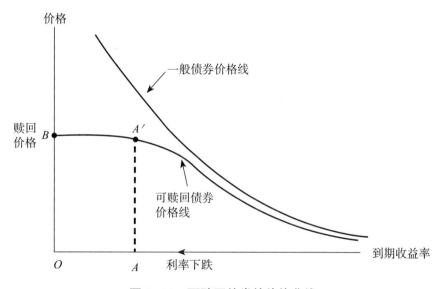

图 6-11 可赎回债券的价格曲线

实务中引入债券的凸性概念在投资组合的利率风险管理和收益测算方面都有非常重要的意义。第一,凸性的度量是对债券价格利率敏感性度量的补充,增加曲线的曲率参数,提高敏感性度量的准确性,有助于改善投资组合套期保值和资产负债管理的质量。第二,有助于更清楚地描述投资组合的风险收益状况,增加或减少债券投资组合的久期,可以看作在利率水平上的博弈;而增加或减少债券投资组合的凸性,可以看作在利率波动性上的博弈。第二,有助于提高对投资报酬率的测算。实务中常用的债券投资报酬的衡量方法包括持有到期收益率、持有期间收益率等,均是假设利率结构曲线维持不变,利率波动幅度为零,这与实际情况大有出入。除非利率结构曲线不变,否则该债券的预期报

酬率将不会等于持有到期收益率，这使得以持有到期收益率为报酬衡量指标的投资决策容易产生偏差。

6.2 收益率曲线的形状和变化 [①]

对于收益率曲线形状和变化的研究，不论在理论上还是实务中都有非常重要的意义。比如，收益率曲线的倾斜度到底是反映了市场对利率上行的预期还是反映了正的风险溢价？对这个问题的回答决定了延长久期是否会提高预期收益，同时也决定了是否可以将远期利率视为未来即期利率的市场预期。又如，经济形势或货币政策发生了变化，投资者认为市场利率将会下行，到底是收益率曲线的短端会下降更多，还是收益率曲线的长端会下降更多？对这个问题的回答决定了投资者在这次投资决策中是否能获得优于其他投资者的收益。

多年来，学者们在收益率曲线形状的形成理论和实证分析上都取得了一定的进展，在后面详细介绍相关的理论和模型之前，我们先在本小节简单地讨论一下市场投资者在实务中是如何看待收益率曲线形状的影响因素的。在实际投资应用中，投资者主要关注三类影响收益率曲线形状的因素：第一，远期利率变化的市场预期；第二，债券风险溢价——不同期限债券之间的预期收益差异；第三，凸性偏差。这里不只是从概念上把收益率曲线分解成三部分，事实上，每一个远期利率和即期利率的差值在数学表达式上都近似等于这三项之和。[②] 下文先分别讨论单个因素各自是如何影响收益率曲线形状的，再分析它们的综合影响。

6.2.1 远期利率变化的市场预期

市场投资者对未来利率变化的预期是决定收益率曲线形状的一个重要因素，例如，一条陡峭的、向上倾斜的曲线可能表明市场预期央行将在短期内收紧货币政策或通货膨胀率将上升。关于市场预期如何影响利率曲线的形成，相关的理论研究和实证探索由来已久，目前市场中已发展出多种分析模型和理论假说。其中，纯粹预期理论（Pure Expectations Theory）是最早发展成形的一个分支。该理论认为，在任一个投资期内，持有短期债券的期望收益和持有长期债券的期望收益是一样的。也就是说，投资者预期任何收益率高于短期利率的债券都会遭受资本损失，并且该资本损失恰好抵消其收益率优势（相对于短期利率），这将使所有债券的短期期望收益相等。例如，当市场预期未来收益率会提高时，当前的利率期限结构就会向上倾斜，使得长期限债券相对短期限债券具有收益率优势，这样在未来收益率提高后，长期限债券的资本损失与其收益率优势刚

[①] 本小节内容主要参考了安蒂·伊尔马宁（Antti Ilmanen）在1996年至2000年间发表的若干篇研究论文。

[②] 详见Ilmanen A. Markets Rate Expectations and Forward Rates [J]. *The Journal of Fixed Income*, 1996, 6（2）: 8–22.

好相互抵消。同样的道理，如果投资者预期未来利率会下降，他们当前的长期限债券投资将会获得更多的资本利得，就会要求更低的初始收益率，从而使得当前的收益率曲线向下倾斜。

纯粹预期理论是一个比较极端的假说，认为市场预期是决定利率期限结构形状的唯一因素。但是，现实市场中经常会发现，市场的利率预期并非反映收益率曲线期限利差的唯一因素，流动性、配置偏好、供需结构等因素都有可能在很大程度上影响收益率曲线的形状，这些影响因素我们会在后文中进一步讨论。

一般来说，市场对未来利率预期的变化会影响当前收益率曲线的陡度和曲率。对未来利率水平的市场预期会影响当前收益率曲线的陡度，对收益率曲线未来陡度的市场预期会影响当前收益率曲线的曲率。如果市场预期收益率曲线未来将更加扁平化，那么市场中的扁平化交易策略的负期限利差就应该更大，以抵消预期的资本利得，从而使当前的收益率曲线更加下凹。同样，基于纯粹预期理论，在不考虑债券的期限风险溢价和凸性偏差的情况下，如果市场预期收益率曲线的位置和斜率在未来不会发生变化，那么当前的收益率曲线将是水平的。如果市场预期未来所有期限的收益率将平行上升，那么当前的收益率曲线将是线性上扬的。如果市场预期利率将上升且收益率曲线将扁平化，那么当前的收益率曲线将会上升且是下凹的，如图 6-12 所示。只有这样，对于投资者来说，基于纯粹预期理论，当前不同期限的债券投资在相同的投资期才会有相同的短期期望收益。

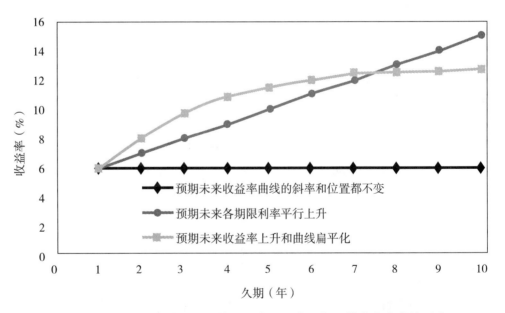

图 6-12　基于纯粹预期理论的不同市场利率预期下的收益率曲线形态

6.2.2　债券风险溢价

上文提到，在纯粹预期理论的假设下，所有不同期限的政府债券在同一投资期有相同的期望收益，市场预期是决定利率期限结构形状的唯一因素。但在现实市场中，流动性、配置偏好、供需结构等因素都可能影响债券的定价，形成债券风险溢价。其中，长期债券的期望收益超过短期债券的期望收益的部分，称为期限溢价。一个正的债券期限溢价往往会使收益率曲线向上倾斜。不同的理论对债券风险溢价的大小、决定因素以及稳定性持不同的观点。经典的流动性溢价理论认为，大多数投资者不喜欢资产价格的短期波动，只有当为投资者提供一个正的风险溢价作为补偿时，他们才会持有长期限债券。而现代资产定价理论认为，债券风险溢价应该随着债券的久期、收益率波动性以及与市场系统性风险因子的相关性的增加而增加。

学者们经过多年的实证研究发现，利率市场化国家的债券市场普遍存在一定程度的期限溢价，例如，美国债券市场近几十年来超过90%的时间里国债收益率曲线都是向上倾斜的，基本上反映了期限溢价的存在。不过，实证研究也发现，期限溢价的大小与市场结构、风险情绪、货币政策等因素存在相关性，并且这种相关性不是保持不变的，而是随着时间的推移而不断变化的。

6.2.3 凸性偏差

不同的债券往往有不同的凸性特征，凸性偏差（Convexity Bias）指的是凸性差异对收益率曲线形状的影响。所有不隐含期权的债券都表现出正凸性，收益率下降一定幅度所引起的价格上涨幅度，要大于收益率增加同样幅度所引起的债券价格下跌的幅度。在其他条件相同的情况下，正凸性是一个理想的特征，不论收益率是上升还是下降，都会使债券收益增加（相对于不存在凸性的收益而言）。由于正凸性可以提高债券的绩效（对于一个给定的收益率），在久期相同的情况下，凸性较大的债券的收益率往往更低。换句话说，如果投资者未来可以通过凸性来增加其收益，那么他们就会要求较低的收益率。由于投资者主要关注预期收益率，高凸性债券可以在更低的收益率水平上提供给定的收益率。

下面用一个例子来说明凸性偏差对收益率曲线形状的影响。假设市场中所有债券都具有相同的预期收益率，设为8%，并且预期短期利率将保持在目前的水平上，如图6-13所示。如果没有债券风险溢价和利率变化的预期，按照上文的分析，图中的即期收益率曲线和1年期远期利率曲线都应该位于8%的水平线。然而，这些收益率曲线却呈现出下垂的形状，因为长久期债券需要更低的收益率来抵消其凸性优势，从而使所有债券之间的短期预期收益率相等。短期债券的凸性较小，所以在收益率曲线的前端凸性偏差很小，但是在收益率曲线的远端，凸性偏差会对收益率曲线的形状产生重大影响。凸性的价值会随着收益率变化幅度的增大而提高，因此，波动性提高会增加整条收益率曲线形状的凹度，并且会扩大凸性较大债券和凸性较小债券之间的利差，如久期相等的付息债券和零息债券之间、哑铃形债券和子弹形债券之间。

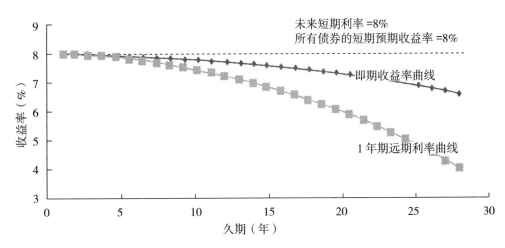

图 6-13　凸性对收益率曲线形状的影响

在现实市场中，以上三个因素往往是同时影响债券收益率的，这使得解释整条收益率曲线的形状变得比较复杂。一条陡峭、向上倾斜的收益率曲线要么反映了市场预期未来利率是上升的，要么反映了市场投资者要求较高的风险溢价作为补偿。而一条高度隆起的收益率曲线既可能反映了市场预期未来收益率曲线将变得扁平化，也可能反映了市场对高波动性的预期，凸性偏差对收益率曲线的形状会产生重大影响。此外，虽然理论上收益率曲线可以近似分解成远期利率市场预期、债券风险溢价、凸性偏差三部分，但在现实中，精确的分解是不可能的，因为这三个因素都随着时间的推移而变化，并且不能被直接观察到，需要用市场数据进行估计。不过，这并不妨碍市场投资者应用这个分析框架来理解收益率曲线形状的变化，并且在实务中，该框架对于实际投资也有很重要的指导作用。

6.3　利率期限结构形成的理论基础

利率期限结构的研究始于 19 世纪后期，从欧文·费雪（Irving Fisher）于 1896 年首次提出期限结构预期理论至今经历了一个多世纪的蓬勃发展。对于市场上收益率曲线所呈现的各种形状，目前主流的理论解释主要有三类：纯粹预期理论、流动性偏好理论（Liquidity Preference Theory）和市场分割理论（Market Segmentation Theory）。其中前两者都属于预期理论的范畴，都认为长期债券所隐含的远期利率与市场对未来短期利率的预期密切相关，不同点在于，对于是否有其他因素影响远期利率以及如何影响，纯粹预期理论认为预期是决定未来利率水平的唯一因素，而流动性偏好理论认为还存在其他的影响因素。市场分割理论则认为不同期限债券的利率都只是由各自的供求状况决定的，彼此之间并无交叉影响。

6.3.1 纯粹预期理论

费雪的期限结构预期理论在投资者的预期与利率变动之间建立了一种对应关系，预期改变了，收益率曲线的形状也会随之发生变化。预期理论为利率预测提供了一种基本框架，也奠定了后来利率预测模型进一步发展的基础。作为预期理论最早发展成形的一个分支，纯粹预期理论认为当前利率期限结构就代表了市场对未来短期利率变化的一种预期，当预期未来短期利率上升时，收益率曲线呈上升态势，反之，收益率曲线呈下降态势。根据纯粹预期理论，预期是决定未来利率水平的唯一因素，只要能获得未来利率预期的足够信息和证据，就可以判断收益率曲线的形状。

纯粹预期理论中隐含着几个重要的前提假设：①投资者以获得持有债券期间最大收益为目的，对特定期限无特殊偏好，他们认为各种期限都是可以完全替代的，投资行为完全取决于预期收益；②买卖债券没有交易成本，投资者可以无成本地进行债券替换；③绝大多数投资者都可以对未来利率形成准确预期，并根据这些预期指导投资行为；④投资者对利率风险具有中立性。在这些前提假设下，债券市场就会通过投资者在不同期限的债券之间的选择和竞争来达到均衡，进而使得相同持有期内不同投资方式所获得的预期收益率是相同的。

基于纯粹预期理论，在某一个时期内，持有短期债券的期望收益和持有长期债券的期望收益是一样的。即投资于 m 年期限债券的预期收益率，等于投资于 n 年期限债券在 m 年后卖掉的预期收益（$n>m$）。所以，投资于任一 n 年期限债券的即期年化收益率，一定等于滚动投资于 1 年期限债券的预期收益率的几何平均值，并且，其中远期利率等于未来即期利率的期望值。公式表示为

$$y_n = \sqrt[n]{(1+r_1)(1+E(r_2))\cdots(1+E(r_n))} - 1 = \sqrt[n]{(1+r_1)(1+f_{1,2})\cdots(1+f_{n-1,n})} - 1$$

其中，y_n 是投资于 n 年期限债券的年化收益率，$E(r_i)$ 是投资于 1 年期限债券的预期收益率，$f_{i-1,i}$ 是未来 1 年期的远期利率。

6.3.2 流动性偏好理论

纯粹预期理论认为不同期限的债券之间是可以完全互相替代的，不同投资方式的预期收益率应该相等。但在现实市场中，持有长期债券往往是有更大风险的，债券价格的波动性跟期限长短密切相关。考虑到现实投资者对于不确定性普遍反感，流动性偏好理论认为，只有在长期债券投资提供的收益率高于预期的未来短期利率时，即给投资者提供合理的长期限投资的风险补偿时，投资者才会投资长期债券。

流动性偏好理论认为，长期限债券所隐含的远期利率应当反映未来短期利率的预期和流动性溢价（期限溢价）两部分内容，期限越长，溢价应该越大。相比纯粹预期理论下的利率期限结构，流动性偏好理论下的收益率曲线上扬时呈现更为上扬的形状，而下垂时呈现较不下垂的形状。

流动性偏好理论中隐含着几个重要的前提假设：①投资者具有一定的债券偏好，

会受到其他债券的影响，如果其他债券的收益上升，则对此债券的偏好就可能被抵消；②不同债券之间具有一定的替代性，一种债券的预期收益率会影响到其他债券的预期收益率，但不是完全替代的；③投资者具有偏好短期债券的倾向，因为他们认为这些投资可以使其更早地获得需要的资金，同时认为如果投资于期限较短的债券，他们将面临较低的利率风险；④为了吸引投资者投资长期债券，必须有一个正的期限溢价作为补偿。

在现实市场中，长期债券是否一定会比短期债券风险高，要视情况而定，投资者的期限匹配属性、不同期限债券的供需状况等因素都会影响其风险溢价。流动性溢价是否如该理论所描述的那样，目前各国学者所做的实证研究中尚未提供明确的结论，有发现该结论阶段性成立的，也有发现不支持该结论的论据的，总之争议较大。例如，尤金·法玛（Eugene Fama）基于美国国债的实证研究发现，长期债券的期望收益率的确高于短期债券的期望收益率，但是债券的期望收益率并不随着期限的拉长而提高，其实证研究结果实际上并不支持流动性偏好理论中关于流动性溢价的论点。

6.3.3 市场分割理论

市场分割理论对债券完全替代这一假设提出了批评，认为各种期限的债券之间是相互分割的，不同期限债券的利率都只由各自的供求状况决定，彼此之间并无必然的交叉影响。市场分割理论源于市场的非有效性和投资者的有限理性，该理论认为，由于现实中存在法律约束、投资偏好或其他因素的限制，债券的投资者和发行人都不能无成本地实现资金在不同期限债券之间的自由转移，因此，债券市场并不是一个统一的无差别的市场，而是分别存在着短期市场、中期市场和长期市场，不同市场上的利率分别由各市场的供给和需求状况决定。当长期债券供给曲线与需求曲线的交点高于短期债券供给曲线与需求曲线的交点时，债券的收益率曲线向上倾斜；相反时，债券的收益率曲线则向下倾斜。

市场分割理论认为产生市场分割的原因主要有以下几方面。第一，由于某些政府的规章制度，借款人和贷款人被要求只能交易特定期限的金融产品。比如，财政债券、短期债券用来弥补财政的临时性不平衡，长期债券用来为基础设施建设等资本性支出融资。第二，市场参与者为了规避风险而将投资局限于某一期限的金融产品。比如，商业银行的负债大多是短期的，其投资可能更偏好于短期债券；而保险公司更倾向于长期投资。第三，按照行为金融理论的一些发现，投资者并不总是追求最优解，大多数时候追求的是满意解。也就是说，大多数人并不总是利润最大化的追求者，在投资惯性行为的影响下，投资者可能习惯于固定的投资期限和领域，并不一定会为了某次机会而放弃习惯的投资理念。

市场分割理论中隐含的几个重要前提假设是：①投资者对不同期限的债券有不同的偏好，并且只关心他所偏好的那种债券的预期收益水平；②投资者对投资组合的调整有一定的局限性；③期限不同的债券基本上是完全不可替代的；④投资者是有限理性的。根据市场分割假设，利率期限结构的形状之所以存在差异，是因为市场对不同期限债券的供给和需求不同。利率期限结构向上倾斜表明对短期债券的需求高于对长期债券的需求，结果是短期债券具有较高的价格和较低的利率水平，短期资金的供给和需求曲线的交点的利率比长期资金的交点的利率低，长期利率高于短期利率。一个下倾的期限结构则表明长期债券的需求相对高于短期债券，结果是长期债券具有较高的价格和较低的利率水平，短期资金供求的交点的利率比长期资金的交点更高，短期利率高于长期利率。一般而言，投资者宁愿持有短期债券而非长期债券，因此利率期限结构通常向上倾斜。

6.4 利率期限结构的建模

利率期限结构的传统理论从本质上说都是建立在确定性的架构之上的，但20世纪70年代美国开始进行利率市场化，伴随而来的是金融市场波动性增大，这让学者们开始考虑将利率期限结构的分析置于随机环境中进行，之后利率的动态演化研究和收益率曲线建模逐渐发展成金融经济学中最重要的研究领域之一，与此相关的利率期限结构的新理论也开始出现。从利率期限结构推导的角度而言，目前所有的利率模型大致可以分为静态模型和动态模型两大类，如图6-14所示。

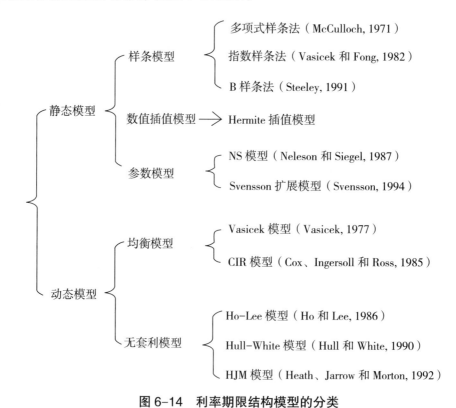

图6-14 利率期限结构模型的分类

6.4.1 静态利率期限结构模型

静态利率期限结构模型以当前市场的债券成交价格信息为基础构造利率曲线函数，

即获得符合当天价格信息的利率期限结构，然后用所构造的利率曲线来推导出各个期限债券的理论模型价格。静态利率期限结构模型最为常见的有样条模型、参数模型以及数值插值模型。其中，样条模型主要包括多项式样条法、指数样条法和B样条法；参数模型主要包括NS模型及其扩展模型。目前各国的债券估值体系大多是基于不同的静态利率期限结构模型构建的，这在前一章内容中曾做过详细讨论。

具体来说，利率期限结构静态模型的估计方法主要由以下几个步骤构成。

首先，假定贴现函数、即期利率或瞬时远期利率三者中任意一个的函数形式，三者之间可以相互推导，这里以瞬时远期利率为例。当前时刻为$t=0$，在完全连续的情形下，$f(t)$表示该函数形式下t时刻的瞬时远期利率，则t时刻的即期利率$r(t)$可以表示为

$$r(t) = \frac{1}{t}\int_0^t f(u)\,\mathrm{d}u$$

相应地，对于一个面值为1在t期到期的零息债券，其当前价格$P(t)$可以表示为

$$P(t) = e^{-\int_0^t f(u)\,\mathrm{d}u} = e^{-r(t)t}$$

对应的贴现因子可以表示为

$$d_t = \exp(-r(t)t) = \exp\left(-\int_0^t f(u)\,\mathrm{d}u\right)$$

然后，将附息债券在未来不同时刻支付的利息和本金，视作一组在不同时刻到期的零息债券，因此附息债券的价格等于这组零息债券的贴现价格之和。具体而言，假设市场上有N只债券，债券i未来u期的现金流为$(C_1^i, C_2^i, \cdots, C_u^i)$，则以估计得到的收益率曲线为基础所估算的债券当前理论价格为

$$\hat{P}_i = \sum_{j=1}^u C_j^i \exp\left\{-\int_0^t f(u)\,\mathrm{d}u\right\}$$

最后，利用所构造的利率曲线得到的理论价格来逼近债券的市场价格，由此求出待估参数值，从而得到符合当天价格信息的利率期限结构。目标函数上可选择价格或收益率，这里以估计债券价格$\hat{P}$与市场交易价格P的残差为例，

$$P_i = \hat{P}_i + \varepsilon_i = \sum_{j=1}^u C_j^i \exp\left\{-\int_0^t f(u)\,\mathrm{d}u\right\} + \varepsilon_i$$

其中，残差项$\varepsilon_i \sim N(0, \sigma^2)$，$i=1, 2, \cdots, N$，且相互独立。通过最小化残差项的平方和，即$\min\left\{\sum_{i=1}^N \varepsilon_i^2\right\}$，来得到$f(t)$的最优估计。

在静态利率期限结构模型中，收益率曲线静态拟合的方法一般分为参数模型和样条模型，第5章已经详细讨论过几种常用的收益率曲线静态拟合的方法，这里不再赘述。总结来说，参数模型是根据单个参数函数来模拟利率期限结构的，其代表性模型有NS模型及其扩展模型。与NS模型通过单一方程对整段收益率曲线进行拟合不同的是，样条模型将收益率曲线在期限内设定若干个支点进行分段，通过构建分段多项式并在支点做平滑处理，实现对整段收益率曲线的拟合。经典样条函数模型有以McCulloch（1971）的三次样条函数法为代表的多项式样条法，由Vasicek和Fong（1982）提出的指数样条法，

以及由 Steeley（1991）提出的 B 样条法等。相较于 NS 模型等进行整段拟合的方法，样条模型由于包含了大量的支点，更能保证曲线有足够的灵活性，但这在无形中牺牲了曲线的平滑性。为此，实践中往往会引入一个平滑处理方法，对过度参数化进行"惩罚"，以兼顾实现拟合优度及平滑度。比较有代表性的平滑处理方法有美联储和日本央行采用的 FNZ 平滑样条法（Fisher、Nychka 和 Zervos，1994），以及英国央行采用的变动粗糙惩罚法。

6.4.2 动态利率期限结构模型

根据模型的推导过程，动态利率期限结构模型可以分为两种类型。第一种类型是均衡模型，从经济理论出发，根据市场的均衡条件求出利率所必须遵循的一个过程，在这些模型中，相关的经济变量是输入变量，利率水平是输出变量。这类模型主要包括 Vasicek 模型、CIR 模型等。第二种类型是无套利模型，直接用市场上的证券价格，通过相关债券之间必须满足的无套利条件来推导利率的过程。这类模型有 Hull-White 模型、HJM 模型等。比较而言，均衡模型在理论基础上有明显的优势，比如，均衡模型的相关变量都是内生的，如即期利率和利率的风险溢价等；均衡模型对现实世界的建模有助于人们更好地理解利率期限结构。但在实际应用中，均衡模型并不总是优于无套利模型的，其理论推导得出的利率期限结构与实际的利率期限结构经常会存在一定的偏差。

6.4.2.1 均衡模型

简单来说，均衡模型是从假设一些经济变量开始，推出短期无风险利率的一个随机过程。该过程中一般只有一个不确定来源，并包括漂移和波动率两个参数，它们只与短期无风险利率有关，与时间无关。其推导过程一般都包括三步：利用已建好的因子模型来推导理论即期收益率曲线；然后用参考债券的市场价格来校准模型并推导出模型的参数值；最后用已确定的参数来为债券产品定价。下文以 Vasicek 模型和 CIR 模型这两种单因子均衡模型为例，简单介绍均衡模型的定价思路。

（1）Vasicek 模型

Vasicek 模型由 Vasicek 在 1977 年提出，是第一个研究短期利率均值回归的动态期限结构模型。该模型假设贴现债券的价格只受到即期利率的影响，市场是有效率的，瞬时即期利率服从 Ornstein-Uhlenbeck 随机过程，该过程是高斯过程的一种，用下式表示：

$$dr = a(b-r)dt + \sigma dW$$

其中，$a(b-r)$ 是漂移系数，a 是均值回归的速度，b 是短期利率的长期回归均值，σ 是波动系数，W 服从维纳过程。该模型包含均值回归的特征，当短期利率 r 很高时，短期利率往往会被拉回长期的平均水平；当短期利率 r 很低时，短期利率往往会向长期的平均水平漂移。在 Vasicek 模型中，短期利率向长期均值 b 回归的速度为 a，均值回归由一个服从正态分布的随机项 σdW 决定。结合上式，在时点 t，到期期限为 T 的零息债券的价格可以表示为

$$P(t, T) = A(t, T) e^{-B(t, T)r(t)}$$

其中，$r(t)$ 是 r 在 t 时刻的值，

$$B(t, T) = \frac{1 - e^{-A(T-t)}}{a},$$

$$A(t, T) = \exp\left[\frac{B(t, T) - (T-t)\left(a^2 b - \frac{\sigma^2}{2}\right)}{a^2} - \frac{\sigma^2 B(t, T)^2}{4a}\right]$$

Vasicek 模型是众多利率期限结构模型中最简单的一个。它假设所有的参数都是常数，不随时间而变化，而且波动率也是一个常数，没有考虑到利率水平对波动率的影响，以及波动率本身的 GARCH 效应等。

Vasicek 模型的缺陷是过于简单，没有考虑到利率必须是一个正数，因此在模拟过程中就可能出现利率为负的情况，这不符合现实。为了克服这个缺陷，Cox、Ingersoll 和 Ross 在 1985 年提出了 CIR 模型。

（2）CIR 模型

Cox, Ingersoll 和 Ross(1985) 在一个跨期的资产市场均衡模型中对利率的期限结构模型进行研究，提出了 CIR 模型。CIR 模型的经济理论基础是，个人从消费单一商品中取得的预期效用达到最大，随着个人做出选择，并实现效用最大化，短期利率和债券预期收益率会调整至所有的财富都投资于实物生产为止，该均衡过程被称为总体均衡概念。

CIR 模型与 Vasicek 模型在模型构建上非常相似，CIR 模型也具有均值回归的特征。不过，CIR 模型中假定随机项的标准差与即期利率的平方根 $\sqrt{r}$ 成比例，因为 CIR 模型认为，当短期利率上升时，标准差将下降，这意味着远期利率是一个正值。CIR 模型假设瞬时利率服从以下过程：

$$dr = a(b - r)dt + \sigma\sqrt{r}\,dW$$

其中，a 是均值回归的速度，b 是短期利率的长期回归均值，σ 是波动系数，W 服从维纳过程。根据 CIR 模型，无风险零息债券的价格是

$$P(t, T) = A(t, T) e^{-B(t, T)r(t)}$$

其中，

$$B(t, T) = \frac{2(e^{\gamma(T-t)} - 1)}{(\gamma + a)(e^{\gamma(T-t)} - 1) + 2\gamma},$$

$$A(t, T) = \exp\left[\frac{B(t, T) - (T-t)\left(a^2 b - \frac{\sigma^2}{2}\right)}{a^2} - \frac{\sigma^2 B(t, T)^2}{4a}\right],$$

$$\gamma = \sqrt{a^2 + 2\sigma^2}$$

在 CIR 模型中，利率会围绕一个平均值波动，就算利率偏离了平均值，也还是会

回到平均值的。模型中债券价格被表述为利率方差递减的凹形函数。Cox、Ingersoll 和 Ross（1985）认为，较高的方差反映了未来实际生产机会具有较大的不确定性，因而未来的消费具有较大的不确定性，风险厌恶型投资者就会对债券定价较低。CIR 模型认为，在大多数情况下，利率期限结构中包含着正的期限溢价。

6.4.2.2 无套利模型

与均衡模型相比，无套利模型可以更精准地拟合当前的收益率曲线，使得无套利模型的描述与当前观察到的零息债券收益率曲线相一致，并且短期利率的漂移率取决于时间，因为短期利率在未来的平均路径取决于初始收益率曲线的形状。实践中，均衡模型在某些特定条件下可能存在套利机会，即这种模型在收益率曲线的一些特定位置可能有较小的误差，或者在整个期限结构中存在较大的误差。因此，如果可以成功地应用和校正，则市场更偏好于使用无套利模型。不过，应用和校正无套利模型也并不简单，在某些特定情况下，应用多因素均衡模型比应用多因素无套利模型要更容易，比如在无法获得可靠的市场数据时，使用多因素均衡模型就更为有效。

（1）Ho-Lee 模型

Ho-Lee 模型是 Ho 和 Lee 在 1986 年提出的一个基于无套利假设的利率期限结构模型。Ho-Lee 模型认为现在的利率期限结构包含人们对利率预测的足够信息，因此在没有套利机会的假设下，利率期限结构的变动只能反映出这些信息，因而其变化情况是可预测的。Ho-Lee 模型的基本假设有以下四点：第一，市场是无摩擦的，既无税收费用，也不考虑交易费用，所有债券皆可分割；第二，市场并非连续出清，而是在有规则间隔的时点上出清；第三，市场是完全的，对每一期限 n，均有相对应的贴现债券存在；第四，在每一时刻 t，仅存在有限种状态。Ho-Lee 模型主要包含两个参数，一个与瞬时利率的标准差相关，一个与瞬时利率的市场风险价格相关，表达式为

$$dr = \theta(t) dt + \sigma dW$$

其中，瞬时利率的瞬态标准差 σ 为常数，而 $\theta(t)$ 是为了保证模型适合初始期限结构而选择的时间函数。$\theta(t)$ 的表达式为

$$\theta(t) = F_t(0, t) + \sigma^2 t$$

其中，$F(0, t)$ 表示在 0 时刻观察到的期限为 t 的瞬时远期利率，$F_t(0, t)$ 则表示 $F(0, t)$ 关于 t 的偏导，作为一个近似，可以表示为

$$\theta(t) = F_t(0, t)$$

归纳起来，Ho-Lee 模型包括两方面的内容：第一，初始利率期限结构的估计，首先必须确定一个期限结构或相应贴现函数的初始状态，一般来说要求所选择的债券样本池能覆盖市场上大部分可得债券，并必须运用特定的函数形式；第二，利率变动的套利约束，利率期限结构被假设按满足自然约束的方式变化。不过，该模型没有考虑到短期利率的均值回归特性，而且假定随机冲击对利率波动的影响 σ 为常数，这符合实际情况。

（2）Hull-White 模型

Hull 和 White 在 1990 年探讨了 Vasicek 模型和 CIR 模型的扩展情况，提供了一个精巧的符合初始期限结构的模型，使得模型具有时间衰减特征，并加入了均值回归项：

$$dr = [\theta(t) - ar]dt + \sigma dW$$

其中，a 和 σ 是常数。Hull-White 模型的特点是以速率 a 向均值回归，与 Vasicek 模型类似，均值回归的程度依赖于时间。可以看出，Ho-Lee 模型是 $a=0$ 时 Hull-White 模型的特例。但无论 Ho-Lee 模型还是 Hull-White 模型，短期利率均服从广义布朗运动，其未来值的条件分布都是正态分布，因而均可能出现负值，这也是与实际情况不符合的地方。

（3）HJM 模型

Heath、Jarro 和 Morton 将 Ho-Lee 模型一般化推广到连续时间的分析框架中，使得无套利模型得到了新的发展。以往，动态的利率期限结构模型都是以某些具体的经济变量为状态变量，进而构造出债券收益率与时间、状态变量之间的函数。HJM 模型的新颖之处在于它直接从远期利率期限结构的跨期波动特征入手，直接设定债券和相关衍生品在有效期限内的波动函数结构，以整条利率曲线作为状态变量，根据给定的初始远期利率曲线精确拟合出当前的各种远期利率曲线。远期利率隐含着市场对未来利率的预期，因而 HJM 模型中的债券价格和衍生品价值的决定不依赖于过去的变量，而依赖于市场对于未来的预期和利率随机波动在未来的实现过程。

HJM 模型是从分析观察到的收益率曲线开始的，而这里的收益率可以是初始时刻 0 的零息债券的价格，用 $P(0, T)$ 表示，也可以用瞬时远期利率 $f(0, T)$ 表示，二者之间的关系为

$$P(0, T) = \exp\left[-\int_0^T f(0, s)ds\right]$$

由无套利原则可知，所有资产的瞬时收益率都是无风险利率 $r(t)$，此时对零息债券 $P(t, T)$ 有

$$dP(t, T) = r(t)P(t, T)dt + v[t, T, P(t, T)]dW_t$$

该式表明，在无套利条件下，漂移项必须采取 $r(t)P(t, T)$ 形式，而对于扩散项则没有任何时间限制条件。

上述公式仅给出了远期利率过程的漂移项和扩散项、零息债券的波动率之间的关系，并没有给出 HJM 模型的具体形式，也就是说 HJM 模型代表了一类模型，其具体形式取决于使用者所设立的波动函数。不过，作为 Ho-Lee 模型的推广，HJM 模型的缺陷也在于可能产生负利率或无穷大的利率。另外，HJM 模型导出的短期利率 $r(t)$ 一般不具有马尔科夫性，这使得在用二叉树模型来分析 $r(t)$ 时，任何一期的节点都不会重合，这使得计算十分复杂。

本章小结

债券投资的收益主要来自三个方面：债券本身的利得或损失、债券的票息收入以及票息的再投资收入。

在数学表达式上，将债券价格函数 $P(y)$ 在收益率 y 附近进行泰勒展开，并只保留前两阶，可以得到久期和凸性两项：

$$P(y+\mathrm{d}y) \approx P(y) + \frac{\mathrm{d}P}{\mathrm{d}y}\mathrm{d}y + \frac{1}{2}\frac{\mathrm{d}^2P}{\mathrm{d}y^2}(\mathrm{d}y)^2$$

对于市场上收益率曲线所呈现的各种形状，目前主要有三类理论假设来解释：纯粹预期理论、流动性偏好理论和市场分割理论。

从利率期限结构推导的角度来看，利率的模型可以分为静态模型和动态模型两大类。

静态利率期限结构模型就是以当前市场的债券价格信息为基础构造利率曲线函数，然后用所构造的利率曲线得到理论价格来逼近债券的市场价格，从而得出符合当时价格信息的利率期限结构。

静态利率期限结构模型最为常见的有样条模型、参数模型和数值插值模型，样条模型主要包括多项式样条法、指数样条法和B样条法；参数模型主要包括NS模型及其扩展模型。

动态的利率期限结构模型根据模型的推导过程，可以分为两种类型：第一种类型是均衡模型，根据市场的均衡条件求出利率所必须遵循的一个过程，在这些模型中，相关的经济变量是输入变量，利率水平是输出变量，这类模型主要包括Vasicek模型、CIR模型等。第二种类型是无套利模型，通过相关债券等资产之间必须满足的无套利条件进行分析，这类模型有Hull-White模型、HJM模型、BGM模型等。

重要术语

均衡模型　无套利模型　基点价格价值　凸性偏差　纯粹预期理论　流动性偏好理论　市场分割理论　风险中性定价　均值回归　回购协议

思考练习题

1. 为什么要度量债券的利率敏感性？常用的度量方法有哪些？
2. 债券风险溢价和凸性偏差如何影响收益率曲线的形状？
3. 传统的利率期限结构理论有哪些？这些理论之间是什么关系？
4. 请用市场分割理论解释我国债券市场中的短期利率和长期利率的差别。
5. 请用某一天的数据来刻画我国银行间债券市场的到期收益率曲线，并解释到期收益率曲线生成的主要因素是什么。
6. 现代利率期限结构理论的主要发展脉络是怎样的？
7. 假定利率期限结构是水平的，为10%（按年复利计息），你可以按这一利率借入和贷出资金。市场上有另外3种无风险债券出售，其价格都是100元。债券A是2年期零息债券，在2年后支付550元。债券B和债券C都是1年期零息债券。

债券B在1年后支付225元，债券C在1年后支付450元（请注意：水平的利率期限结构是由政府零息债券构成的，与债券A、B、C无关）。

（1）计算每个债券的年化到期收益率（按年复利计息）。请说明该到期收益率并不是一个可靠的投资决策指标，即说明具有最高到期收益率的债券并不是被低估最多的债券。

（2）一个可能的投资策略是买入债券A和C，另一个可能的投资策略是买入债券B和C，计算这两个到期收益率（按年复利计息）。

（3）比较这两个投资组合，说明到期收益率并不是一个可靠的投资决策指标，同时请说明，可以通过加总各个组成成分的净现值来获得组合的净现值，而组合的到期收益率并不等于其各个成分的到期收益率的简单加权平均。

参考文献

[1] 陈松男. 固定收益证券与衍生品：原理与应用[M]. 北京：机械工业出版社，2014.

[2] （美）弗兰克·J. 法博奇. 固定收益证券手册（第8版）[M]. 周尧，等译. 北京：中国人民大学出版社，2018.

[3] 林清泉. 固定收益证券[M]. 武汉：武汉大学出版社，2005.

[4] 马骏，洪浩等. 收益率曲线在货币政策传导中的作用[Z]. 中国人民银行工作论文，2016，No.2016/1.

[5] 吴国培，吕进中等. 国债收益率曲线构建方法：国际实践与启示[Z]. 中国人民银行工作论文，2016，No.2016/11.

[6] 姚长辉. 固定收益证券：定价与利率风险管理（第二版）[M]. 北京：北京大学出版社，2013.

[7] 周荣喜，杨丰梅. 利率期限结构模型：理论与实证[M]. 北京：科学出版社，2011.

[8] Ilmanen A. Market's Rate Expectations and Forward Rates[J]. *The Journal of Fixed Income*, 1996, 6(2): 8-22.

[9] Ilmanen A. The Does Duration Extension Enhance Long-term Expected Returns[J]. *Journal of Fixed Income*, 1996, 6(2): 23-36.

[10] Ilmanen A. Understanding the Yield Curve Part 5: Convexity Bias in the Yield Curve[M]. Salomon Brothers, 1995.

[11] James J., Webber N. *Interest Rate Modeling*[M]. London: Wiley, 2000.

[12] Monetary and Economic Department. Zero-coupon Yield Curves: Technical Documentation[Z]. BIS Papers, 2005, No.25.

[13] Nelson C., Siegel A. Parsimonious Modeling of Yield Curves[J]. *Journal of Business*, 1987, 60(3): 473-489.

[14] Shea G. Pitfalls in Smoothing Interest Rate Term Structure Data: Equilibrium Models and Spline Approximation[J]. *Journal of Financial and Quantitative Analysis*, 1984, 19(3): 253-269.

[15] Svensson L. Estimating Forward Interest Rates with the Extended Nelson & Siegel Method[J]. *Sveriges Riksbank Quarterly Review*, 1995, 3:13-26.

[16] Vasicek O., Fong H. Term Structure Modeling Using Exponential Splines[J]. *The Journal of Finance*, 1982, 37(2): 339-348.

[17] Waggoner D. Spline Methods for Extracting Interest Rate Curves from Coupon Bond Prices[Z]. Federal Reserve Bank of Atlanta Working Paper, 1997, No.97-10.

第 7 章
固定收益证券信用分析*

屈　庆（江海证券）

学习目标

通过本章的学习，读者应能够：
◎ 理解信用分析的定义和信用分析框架；
◎ 理解地产行业的基本特点，能够实际运用本章介绍的地产企业信用分析框架；
◎ 理解城投行业背景和当前政策环境，能够实际运用本章介绍的城投企业信用分析框架；
◎ 举一反三，尝试对其他行业信用分析框架进行思考。

■ 开篇导读

信用债是存量债券中非常重要的品种。相较于利率债而言，信用债的票面利率更高，但信用债承担了一定的信用风险。目前信用风险不断爆发，不同发行人的情况也千差万别，这给信用债研究带来了不小的难度。先用一个简单的例子来帮助理解信用研究的重要性。2018 年 5 月 21 日，上海华信国际集团有限公司发生违约，而在一个季度前评级公司仍给予上海华信国际集团有限公司最高评级 AAA，违约后评级公司降级之快也深受市场诟病。债券违约后，最终偿付率可能很低，而且中间的法律流程会很漫长。显然，在上述例子中，如果完全依赖外部评级结果，并不能很好地指导投资，因此投资者需要认真做好信用分析，尽量规避信用违约。

---

* 本章由天风证券审校。

7.1 信用分析基本框架

7.1.1 信用分析的重要性

根据发债主体所属的行业，可以将信用债分为金融类和非金融类。非金融类是信用债市场主流，可以进一步划分为产业债和城投债。为了支撑实体经济发展，提高全社会直接融资占比，债券监管机构精简发债程序，进行债券产品创新，使得中国信用债市场迎来快速发展时期，信用债融资在社会融资中发挥着越来越重要的作用。信用债市场存量规模由 2008 年的 1.11 万亿元增长至 2017 年的 16.53 万亿元，近十年平均复合增长率高达 65%。从社会融资构成来看，2017 年以前企业债券融资在社会融资规模中占比持续上升，最高达到 19.1%；2017 年后受金融去杠杆的影响，信用债需求和信用风险受到一定冲击，使得信用债发行有所降温，2017 年企业债券融资在社会融资规模中占比迅速降至 2.3%（见图 7-1）。

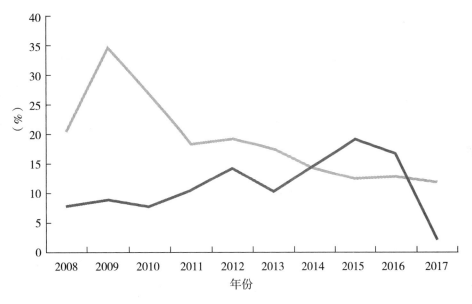

图 7-1 信用债融资在社会融资中发挥着越来越重要的作用

资料来源：Wind 数据库，华创证券。

信用风险是信用债投资时必须重点考察的维度之一，由于信用事件爆发通常具有集中性的特点，因此需关注系统性风险对个体企业的影响。前几年信用债违约发生的次数不多，但近年来随着宏观经济增速"下台阶"和金融监管趋严，实体经济信用收缩下信用债违约数量明显增多。

专栏 7-1

历史上信用债违约情况

信用债市场发展早期，信用风险并不是一个很突出的问题，当时信用债大多有商业银行担保，而且当时信用债发行人信用资质较好。但 2007 年 10 月银监会发文禁止商业银行为企业债担保，之后无担保债券品种不断涌现，同时行业景气度下行、发债主体信用资质下沉、公司治理问题等导致信用风险事件接连发生。图 7-2 显示了 2014—2018 年信用债市场违约主体数量变化情况。具体来看，2014 年 3 月公募债券"11 超日债"违约，正式打破债券市场刚性兑付，2015 年以后违约数量明显增多。

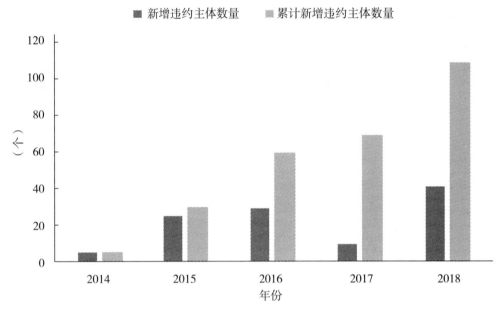

图 7-2 信用债市场违约主体数量变化

资料来源：Wind 数据库，华创证券。

按照违约的具体原因，可以简单划分为 2014—2016 年和 2017—2018 年两个时间段。其中 2014—2016 年违约主要是因为宏观经济承压导致行业景气度下行，比如钢铁、煤炭等周期性行业债务负担重，企业持续亏损。图 7-3 显示了金融去杠杆下非标融资收紧的趋势。2017 年以来，供给侧改革进一步深化，周期品价格处于高位，宏观经济韧性较强。但伴随着资管新规在内的金融去杠杠措施逐步落地，银行负债端压力和社会融资成本不断上升，银行信贷、信用债发行、信托和融资租赁等非标渠道融资难度加大，多方面因素共同使得实体企业流动性压力上升，信用风险愈来愈高。2018 年上市民企是违约高发区，主要是因为民企财务政策激进导致其资金链紧张，信用收缩过程中其流动性压力最早体现出来。

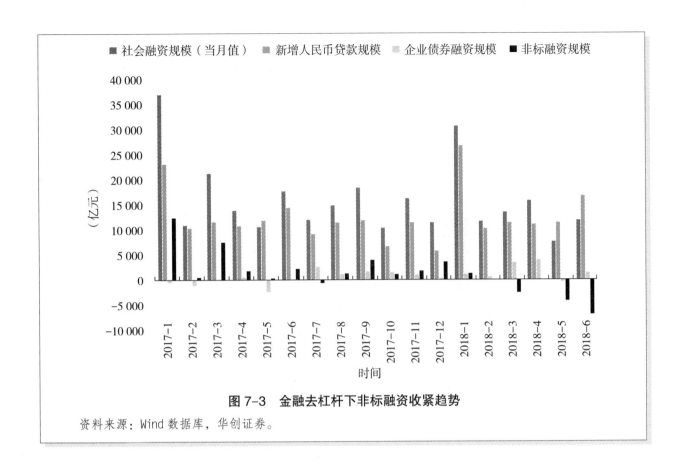

图 7-3 金融去杠杆下非标融资收紧趋势

资料来源：Wind 数据库，华创证券。

总之，随着信用债市场快速扩容、宏观经济增速"下台阶"和金融监管等，信用风险事件频发，信用分析的重要性日益提升，成为信用债投资过程中最重要的关注事项之一。当信用债发生信用风险事件时，不仅会对账户净值表现产生较大的负面影响，还会对机构和投资经理的声誉产生一定的负面影响。

7.1.2 信用分析的概念、原理和基本框架

信用分析主要评估主体偿还债务及利息的能力与意愿，级别符号体现资质的相对排序。按照评级的出具单位的不同，评级被划分为外部评级和内部评级。外部评级指评级公司出具的结果（主要对外服务，作为发债的要件），内部评级指机构投资者对企业资质的判断（主要对内服务）。评级符号方面，每家机构投资者的内部评级符号体系可能有所不同，但目前外部符号评级体系划分为三等九级，符号表示分别为 AAA、AA、A、BBB、BB、B、CCC、CC、C。通常情况下，AAA 评级企业信用资质好于 AA 评级企业，以此类推。每个级别均可用"+"或"-"符号进行微调，表示在本等级内略高或略低于中等水平。

国内评级公司包括中诚信、联合、大公、东方金城、上海新世纪、鹏元、中债资信等，除中债资信采用投资人付费制外，其余评级公司均采用发行人付费制。发行人付费制下存在利益冲突，导致国内债券级别普遍偏高，级别区分度差，对于信用债投资指导

意义有限。目前国内评级符号主要由 AA、AA+ 和 AAA 三个评级符号构成。如图 7-4 所示，2018 年 6 月主体评级 AA、AA+ 和 AAA 信用债在全部信用债中的规模占比分别为 27.48%、23.62% 和 44.66%，合计占比超过 95%。此外，根据监管要求，首次评级报告出具后一定时间内或者企业发生重大事项时，评级公司需进行跟踪评级，但近年跟踪评级结果也以评级上调为主，没有客观反映出信用环境的变化。

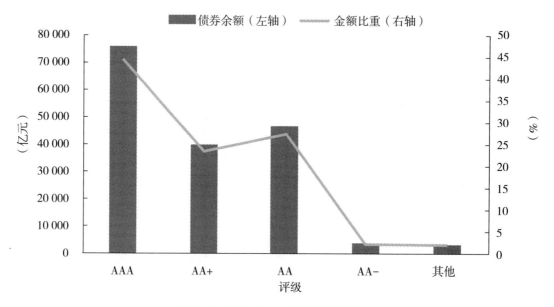

图 7-4　2018 年 6 月主体评级分布

按照评级对象的不同，评级可以划分为主体评级和债项评级。主体评级是综合考虑经营风险、财务风险、外部支持后的评级结果；而债项评级可能会考虑抵质押、担保等增信措施，因此债项评级是在主体评级的基础上，考虑到实际增信效果后的评级结果，更多是从回收率角度入手的。

$$主体评级 = 经营风险 + 财务风险 + 外部支持$$
$$债项评级 = 主体评级 + 增信效果$$

通常情况下，经营风险衡量行业和公司经营的稳定性；财务风险衡量偿债资金对债务的覆盖程度、财务政策是否稳健等，外部支持衡量企业困难时因受到外部支持而渡过财务困境的可能性以及外部对公司日常生产经营的支持。

经营风险分析主要围绕经营环境、行业状况、公司竞争地位、管理战略等方面展开，当外部经济环境行业前景良好、行业竞争有序、公司在行业中处于第一梯队、公司管理效率高、未来发展战略合理时，公司经营环境也会较好。值得注意的是，差行业中也有好公司，好行业中也有差公司，行业对公司经营风险的判断并不绝对。公司竞争力分析是信用分析中最为重要的一部分，围绕着生产、供给和销售等方面展开，最终得到关于公司在产业链中地位的结论。此外，以往信用分析对管理战略、治理结构等方面关注度不高，主要是因为这些方面比较定性、难以分析，但近年来管理战略、治理结构等问题导致公司发生信用风险的案例有所增加，投资者对这些要素也越来越重视，尤其是对民营企业。信用分析时的经营风险分析要素如表 7-1 所示。

表 7-1　经营风险分析要素

要素	关注事项
经营环境	主要从宏观角度分析宏观经济和区域经济外部环境，宏观经济环境关注宏观经济增速、经济周期、经济调控政策等方面，区域经济环境关注区域经济发展状况、地方配套能力和政策等
行业状况	重点分析行业自身发展环境，行业发展前景良好、行业竞争有序会对企业发展形成支撑；分析时重点关注：产业政策，因为从中可以看出政府对产业的态度；行业所处生命周期的阶段；行业内部运行规律，景气度和发展趋势，供求和价格决定机制；行业间的竞争能力，即该行业在产业链中的定位；行业内竞争状态，如行业集中度
公司竞争地位	主要分析公司经营优劣势，分析时关注：公司规模及市场地位，包括收入、销量、市场占有率等；生产方面，公司产品结构、近年产量和产能利用率、生产设备先进程度、技术研发优势等；供给方面，原材料价格变动情况、供应商集中程度、供应稳定程度；销售方面，销售渠道、物流成本、客户关系、客户集中度、品牌优势
管理战略	良好的公司治理结构和管理战略的制定和执行是决定企业长期发展最重要的变量，分析时关注公司组织架构和治理结构，对下属公司的控制力，公司管理团队及人员素质，公司发展战略，投资战略对公司未来的影响、投资规划、以往战略执行情况

资料来源：华创证券。

财务风险分析主要围绕着财务信息质量、资产质量、资本结构、盈利能力、现金流和偿债指标等展开，每个维度都很重要且相互影响。一个好的企业财务信息质量应该较高，主业盈利和现金流较好，债务负担适中，长短期偿债压力较小。信用分析时的财务风险分析要素如表 7-2 所示。

表 7-2　财务风险分析要素

要素	关注事项
财务信息质量	财务数据的可信性及其与行业企业数据的可比性，如果企业的合并口径发生变化、会计政策有所调整，那么将会影响财务数据的可比性，在实际分析前需要对此进行调整
资产质量	主要分析资产结构、流动性和真实价值。资产是企业经营的基础，如果企业资产流动性好、资产质量高（账面价值不等于实际价值），那么当企业面临流动性困境时，处置资产的难度就会比较低
资本结构	包括债务负担、债务结构的合理性、所有者权益稳定性，处于信用收缩环境时，企业的资本结构更加重要，如果企业过度融资、短债长用，就会导致企业资金链非常紧张。此外，如果企业所有者权益中未分配利润占比过高，则说明存在股东大额分红的可能，对企业经营和偿债不利
盈利能力	主要分析盈利能力的绝对水平、稳定性、对未来的预测。由于企业盈利由主业经营和投资收益、营业外收入等非经营性因素构成，因此分析企业的盈利能力首先需要分析主业盈利能力的绝对水平和稳定性，在此基础上，需要对未来进行预测
现金流	现金流是企业的生命线，需要区分现金流的不同构成，重点考察经营获现能力、稳定性、未来现金流趋势、未来战略实施的投资压力和筹资能力
偿债指标	包括长期和短期偿债指标，短期偿债指标侧重于流动资产与流动负债的匹配程度，长期偿债指标侧重于盈利对未来债务的保障程度

资料来源：华创证券。

根据外部支持的来源不同，可以把外部支持分为股东支持和政府支持。根据外部支持的种类不同，可以把外部支持分为一般性支持和特殊性支持。一般性支持主要指经营补贴、资产注入等方面的支持，而特殊性支持主要指受评主体在面临流动性危机时获得流动性资金的支持。对外部支持的判断主要围绕着支持方的支持实力和支持意愿展开。

专栏 7-2

信用分析实务问题举例

在信用分析实务中，企业盈利和现金流哪个更重要是非常典型的问题，股票投资者和债券投资者对此分歧也很大。对于股票投资者而言，市盈率法较为常用，所以股票投资者对盈利指标较为关注。对于债券投资者而言，最终的收益来源于票息收入，这需要建立在企业能够按时还本付息的基础之上，而企业能否偿债取决于有没有充足的偿债资金做好流动性安排，如果企业盈利很好，但现金生成能力很弱的话，该企业依然会面临很大的偿债压力。比如一些快速扩张中的制造业企业，账面盈利数据好看，销售政策放松，但应收款项和存货规模增加，无形中占用了大量的现金流，这也是近年部分发债企业违约的原因之一。

另一个很重要的问题是，经营分析和财务分析哪个更重要。其实经营分析和财务分析都是我们了解企业的维度，理论上二者应该是高度关联的，而且可以相互印证。换言之，如果企业经营很好，但财务表现很差，或者经营一般，但财务表现很好，那么就需要去寻找二者之间产生矛盾的原因，这也是分析判断企业信用状况的重要依据。

掌握信用分析中需要关注的经营风险和财务风险后，通过横向和纵向比较，找到行业和企业的运行逻辑，便能找到关键驱动要素，这样对一个行业或企业的分析就可以围绕这几个驱动因素展开。比如贸易行业重点关注企业风控制度和效果，地产行业重点关注周转。需要强调的是，同一个要素对不同行业和企业有着不同的影响，因此不同行业的驱动要素应有所区别。

地产债和城投债是信用债存量中规模占比最大的两个品种，而且其信用风险也是市场关注的重点，因此下文依次介绍地产企业和城投企业信用分析框架及实例。

7.2 地产企业信用分析框架及实例

7.2.1 地产企业信用分析框架

图 7-5 显示了一个完整的地产项目周期，包括土地购置、房屋开工、施工投资、供需博弈、房屋销售等环节。通常情况下，房屋销售是研究地产行业的起点。当地产企业销售良好并获得现金回款时，地产企业便有动力去拿地和开工，新开工项目建设后再进

行销售，形成项目闭环。值得注意的是，政策对地产项目周期的每个环节都有影响，比如土地购置环节中对拿地企业的限制措施，房屋销售环节中的限售和限购政策等。

图 7-5　一个完整的地产项目周期

地产行业的研究应区分长短期，不同期限的研究视角不同。人口结构是地产行业主要的长期影响变量，人口老龄化导致地产行业已从"黄金时代"步入"白银时代"。中短期影响变量更多关注的是调控政策，比如房企融资环境、首付比例、贷款利率、税收、拆迁货币化安置、公积金、购房补贴等，通常从月度数据和高频数据入手并及时跟踪。

全国房地产开发景气指数（以下简称"国房景气指数"）可以被用来衡量地产行业的景气度，2010—2015 年国房景气指数延续下跌态势，但图 7-6 显示 2016 年以来国房景气指数快速回升，这主要是受到 2016 年年初降低首付比例和棚改货币化政策等刺激。国房景气指数是国家统计局在 1997 年研制并建立的一套综合量化反映地产业发展变化趋势和变化程度的指数体系，以 100 为临界值，指数值高于 100 为景气空间，低于 100 则为不景气空间。

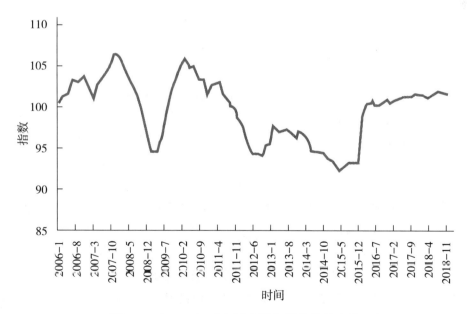

图 7-6　2016 年以来国房景气指数快速回升

资料来源：Wind 数据库，华创证券。

地产行业的以下几大特点,也是信用分析过程中需要重点关注的事项。

第一,地产行业上下游产业非常多,比如钢铁、水泥、建筑等,因此地产行业是国民经济中的重要组成部分。当经济下滑压力较大时,政府有动力去放松地产政策,通过刺激地产托底经济。

第二,不同能级城市地产库存水平不同(见图7-7),比如,从2014年下半年开始,三、四线城市住宅库存去化周期曾高达30个月,棚改货币化安置政策带动三、四线住宅库存去化明显,而一线城市库存水平一直处于不高的状态。

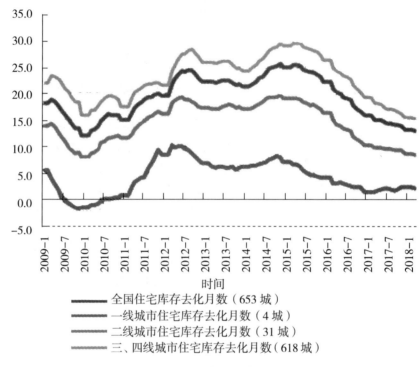

图 7-7 不同能级城市库存水平差异很大

资料来源：Wind 数据库，华创证券。

第三,地产行业销售实行预售制,即在满足各地预售政策要求后,地产企业可以对外销售,此时地产企业将销售所得贷计资产负债表中负债方的"预收账款"科目,同时借计资产方的"货币资金"科目,待未来交房时再结转收入,因此地产企业的收入确认滞后于现金流。

第四,地产行业属于资金密集型行业,拿地和项目开工都需要大量资金,企业杠杆普遍偏重,因此地产企业信用分析需要考察企业短期流动性和融资渠道变化。实际操作中,由于地产企业实行预售制,计算杠杆时需要使用剔除预收账款的资产负债率,近年来,除了保利、首开、金地等企业债务负担保持相对稳定的水平,其余地产企业债务负担都明显上升。地产龙头万科资产负债率调整后,从2011年的63.35%上升至2017年的75.36%,而目前泰禾集团、泛海控股等资产负债率调整后,已达到85%左右。图7-8显示了部分地产企业资产负债率调整后的水平。

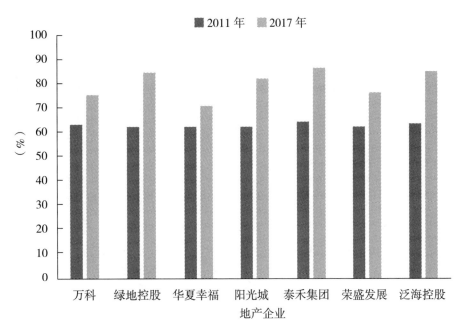

图 7-8　部分地产企业调整后资产负债率水平

资料来源：Wind 数据库，华创证券。

地产企业信用分析的重点围绕经营风险和财务风险展开，其中经营风险部分包括规模和市场地位、项目分散性、项目质量和项目运营能力等方面。由于地产企业杠杆偏重，因此其财务风险部分主要分析财务杠杆和偿债指标等。通常规模越大的企业，自身抗风险能力越强，所以在分析经营风险时首先分析地产企业的规模和市场地位。在衡量规模和市场地位时，选用销售金额指标，这主要是因为不同能级城市地产销售单价差异较大，使用销售金额就能剔除价格因素的影响。地产企业信用分析框架如表 7-3 所示。

表 7-3　地产企业信用分析框架

风险	要素	指标
经营风险	规模和市场地位	销售金额
	项目分散性	项目分布城市数量，一、二线城市占比
	项目质量（安全边际）	售价/单位面积投资成本
	项目运营能力（去化情况）	存货/预收账款
财务风险	财务杠杆	剔除预收账款后的资产负债率
	偿债指标	现金类资产/短期债务

资料来源：华创证券。

7.2.2　某地产企业信用分析实例

为了方便理解，此处以某地产企业为例，对上文介绍的地产企业信用分析框架加以运用。案例不代表企业近况。

发行人简介：公司是一家北京市国有房地产公司，以轨道交通为专业特色。

规模和市场地位：公司2013年中标平西府地块（公园悦府项目）、五路地块（琨御府项目），2014年中标潭柘寺C地块三处轨道交通车辆段上盖土地。截至2015年9月底，公司在建及拟建项目共6项。2013年第三季度、2014年第三季度和2015年第三季度的销售金额分别为24亿元、71亿元和74亿元。整体来看，公司业务规模较小。

项目分散性：截至2015年9月底，公司在建及拟建共6项，除无锡·鸿墅（别墅项目，总投资24亿元）外，其余均分布在北京，需要关注北京地产景气度变化和未来一线城市限售政策的影响。

项目运营能力：2013—2014年，公司在北京拿了3块地，截至2014年年底，除了潭柘寺C地块（存货42亿元），其余项目均处于在建在售状态。2015年9月底，公司存货238亿元，2014年以来受新开工项目预售影响，去化明显好转，存货/预收由2012年的16倍降至2014年的4倍、2015年9月底的2.5倍。考虑到2015年下半年和2016年房地产市场回暖，预计公司去化状况将有所改善。

项目质量：根据公司单位面积投资成本和公布的已售价格来看，公司北京项目安全边际很高。

投资缺口：截至2015年9月底，公司在建及拟建共6项，合计总投资399亿元，已投资280亿元，剩余120亿元，未来投资额较大。

盈利能力和现金流：前期公司项目较少，主业盈利规模有限，2013年和2014年处置股权获得一定规模盈利（2013年和2014年分别为5亿元和1.4亿元）。近年公司受拿地和开发占用资金的影响，经营获现能力较弱，但考虑到楼市回暖，这一状况预计将会得到改善。

资本结构和偿债指标：公司债务规模逐年增长，2015年9月底，资产负债率和调整后的资产负债率分别约为93%和90%，整体债务负担极重。现金类资产对短期债务覆盖倍数较弱（0.28倍），且2015年9月底，受限存货53亿元，剩余授信43亿元。从账面资产来看，公司短期流动性压力极大，同时现金回流对个别项目依赖程度很大，且短期债务高达85亿元，投资规模大。

或有事项：公司对外担保10亿元，其中上海礼兴酒店有限公司9亿元（上海礼兴酒店有限公司为参股公司，连年亏损），公司长期投资已减值到零。此外，公司仍对其委托贷款3亿元，代偿及委贷回收风险很大。

支持程度：公司控股股东是京投公司，实际控制人是北京市国资委，但近年未见京投公司对公司的支持。

根据上面的分析，公司是一个项目主要分布在北京的小型地产公司，前几年集中拿地和开发导致现金流紧张，债务周转压力大。随着项目陆续销售，公司去化情况得到一定改善，但未来一线城市限售政策和公司少数项目销售情况对其影响非常大，短期债务周转也值得关注，整体优势不明显。

7.3 城投公司信用分析框架及实例

7.3.1 城投政策梳理

城投公司是城市建设投资公司的简称，也叫融资平台，是由各地政府成立的主要用于城市建设的公司。城投公司产生的背景是分税制改革，分税制改革导致地方政府财权和事权分开，城市建设支出归地方，而主要财政收入归中央。城镇化进程加速阶段和部分政府官员政绩冲动等导致地方政府收支严重失衡，但法律禁止地方政府融资举债，因此为了绕开法律的约束，用于融资和承接政府基础设施建设业务的城投公司便应运而生。城投公司通过银行信贷、信托贷款、融资租赁和发债等方式获得了大量资金，对城市建设起到了举足轻重的作用。

由于城投公司与政府存在非常密切的关系，市场普遍对城投存在政府信仰，即城投具有"金边"属性。但城投公司有很强的融资冲动，而且对融资成本的敏感度很低，随着城投企业融资规模越来越大，各类违约举债时有发生，因此近年来地方政府债务管理趋严。

地方政府债务政策最早可以追溯到2010年6月国务院发布的《国务院关于加强地方政府融资平台公司管理有关问题的通知》（国发〔2010〕19号，被称为"19号文"），其中也明确了地方政府与城投公司在债务偿还上予以切割，以规范城投行为，避免系统性风险。2014年10月发布的《国务院关于加强地方政府性债务管理的意见》（国发〔2014〕43号，被称为"43号文"）在地方政府债务管理中具有里程碑意义，规定政府债务不得通过企业举借，剥离城投公司的政府融资职能，对甄别后纳入预算管理的地方政府存量债务，各地区可申请发行地方政府债券进行置换。43号文直接导致了城投融资骤停，此外，2015年经济压力也有所体现，因此2015年上半年国家发改委很快出台四个专项债指引等多项措施，减轻了43号文对城投企业融资的负面冲击，城投发债有所恢复。整体而言，城投债受政策影响很大。针对城投公司的部分重要政策如表7-4所示。

表7-4 针对城投公司的部分重要政策

发布时间	政策名称	主要内容
2010年6月	《国务院关于加强地方政府融资平台公司管理有关问题的通知》（国发〔2010〕19号）	（1）债务分类，公司分类处理；（2）规范资产注入行为，学校、医院、公园等公益性资产不得作为资本注入融资平台公司；（3）规范担保行为，地方各级政府及其所属部门、机构和主要依靠财政拨款的经费补助事业单位，均不得为融资平台公司融资行为提供担保；（4）偿债资金的要求；（5）地方政府与融资平台公司在债务偿还上予以切割，规范融资平台行为，避免系统性风险

（续表）

发布时间	政策名称	主要内容
2012年12月	《关于制止地方政府违法违规融资行为的通知》（财预〔2012〕463号）	（1）禁止地方政府公益性项目向影子银行举债；（2）地方各级政府不得以委托单位建设并承担逐年回购责任等方式举借政府性债务；（3）地方各级政府不得授权融资平台公司承担土地储备职能和进行土地储备融资，不得将土地储备贷款用于城市建设以及其他与土地储备业务无关的项目；（4）制止地方政府违规担保承诺行为
2013年4月	《中国银监会关于加强2013年地方政府融资平台贷款风险监管的指导意见》（银监发〔2013〕10号）	（1）各银行和各级监管机构建立全口径融资平台负债统计制度，加强对融资平台的全面风险管理；（2）要求各银行审慎持有融资平台债券，防范融资平台变相融资
2014年8月	《预算法修正案（草案）》四审议稿通过	经国务院批准的省、自治区、直辖市的预算中必需的建设投资的部分资金，可以在国务院确定的限额内，通过发行地方政府债券举借债务的方式筹措
2014年9月	《国务院关于加强地方政府性债务管理的意见》（国发〔2014〕43号）	政府债务不得通过企业举借，剥离融资平台公司政府融资职能，对甄别后纳入预算管理的地方政府存量债务，各地区可申请发行地方政府债券进行置换
2015年5月	《国务院办公厅转发财政部人民银行银监会＜关于妥善解决地方政府融资平台公司在建项目后续融资问题的意见＞的通知》（国办发〔2015〕40号）	地方各级政府和银行业金融机构应对融资平台公司在建项目的存量和增量债务分类管理，支持在建项目的存量融资需求，规范实施在建项目的增量融资，并做好在建项目后续融资管理工作，完善配套措施，切实满足促进经济发展和防范财政金融风险的需要
2015年12月	《关于对地方政府债务实行限额管理的实施意见》（财预〔2015〕225号）	明确提出"依法妥善处置或有债务"，在符合条件的情况下可将或有债务转化为政府债务，通过发行置换债券进行偿还
2016年2月	《关于规范土地储备和资金管理等相关问题的通知》（财综〔2016〕4号）	明确要求清理压缩土地储备机构，剥离城投公司土地储备职能，城投公司不再从事新增土地储备工作，不得以储备土地开展项目后续融资
2016年10月	《国务院办公厅关于印发地方政府性债务风险应急处置预案的通知》（国办函〔2016〕88号）	重申地方政府债务口径（截至2014年年末）和各类政府性债务分类处置原则；设置风险应急处理4级次及相应省级及以下救助责任，再次强调中央不救助；在保障民生原则下，必要时实行财政重整；强调责任追究
2017年4月	《关于进一步规范地方政府举债融资行为的通知》（财预〔2017〕50号）	重申对外担保、土地融资、PPP等问题
2017年5月	《关于坚决制止地方以政府购买服务名义违法违规融资的通知》（财预〔2017〕87号）	明确政府购买服务负面清单、强化预算管理（先预算、后购买）

(续表)

发布时间	政策名称	主要内容
2018年3月	《关于规范金融企业对地方政府和国有企业投融资行为有关问题的通知》（财金〔2018〕23号）	国有金融企业应严格落实《预算法》和43号文等要求，除购买地方政府债券外，不得直接或通过地方国有企事业单位等间接渠道为地方政府及其部门提供任何形式的融资，不得违规新增地方政府融资平台公司贷款。不得要求地方政府违法违规提供担保或承担偿债责任。不得提供债务性资金作为地方建设项目、政府投资基金或PPP项目资本金。同时，规定金融中介机构在债券募集说明书等文件中，不得披露所在地区财政收支、政府债务数据等明示或暗示存在政府信用支持的信息，严禁与政府信用挂钩的误导性宣传，并应在相关发债说明书中明确，地方政府作为出资人仅以出资额为限承担有限责任，相关举借债务由地方国有企业作为独立法人负责偿还。此外，还对资本金审查、还款能力评估、投资基金、资产管理业务、政策性开发性金融、合作方式、PPP、融资担保、出资管理、财务约束、产权管理、配合整改、绩效评价、监督检查等方面做出规定

资料来源：华创证券。

伴随着地方政府隐性债务规模快速上升，各类违规举债仍时有发生，为了防范地方政府隐性债务风险，2017年第二季度出台的50号文和87号文标志着本轮地方债务管理明显趋严。2018年上半年发布的政策也延续了该趋势。

2018年2月13日，发改委和财政部联合下发《关于进一步增强企业债券服务实体经济能力严格防范地方债务风险的通知》（发改办财金〔2018〕194号），内容包括：①更多针对城投企业申报企业债环节具体细节，进一步强化了城投企业公司治理结构、领导任职、资产质量等方面的要求，比如"城投企业应主动声明不承担政府融资职能，发行本期债券不涉及新增地方政府债务"；②强调信用评级机构应基于企业财务和项目信息等开展评级工作，不得将申报企业信用与地方政府信用挂钩，实际操作层面，无论是评级公司还是买方机构在判断城投企业信用资质时，主要还是围绕着地区财力和业务公益性属性等方面展开，现在城投信用和政府信用分开，未来应增加对城投企业业务实质的分析，地区财力即使不作为外部支持，但用于判断主业回款还是非常有必要的；③纯公益性项目不得作为募投项目申报企业债券，但可以有合法合规的政府补贴作支持；④各地财政部门应当按规定在年度预算中安排资金及时支付给依法合规承接政府投资项目的企业，防止地方政府恶意拖欠企业工程款。

2018年3月6日，中共中央办公厅印发《关于人大预算审查监督重点向支出预算和政策拓展的指导意见》，内容涉及了人大预算总体要求、主要内容、程序方法和组织保障等多方面，尤其强调人大对支出预算和政策开展全口径审查及全过程监管，此外，对地方政府债务的表态也更加严格："硬化地方政府预算约束，坚决制止无序举债搞建设，规范举债融资行为；坚决遏制隐性债务增量，决不允许新增各类隐性债务。"中共中央办公厅相较于前期的财政部、审计署、发改委等单位，层级更高，因此政策威慑力也更大。

7.3.2 城投公司信用分析框架

按照业务内容和盈利模式划分,城投公司的业务可以主要分为公益性业务、准经营性业务和经营性业务三种类型(见表7-5)。其中公益性业务是城投公司的标志性业务类型,指政府财政投资建设并向社会提供公共产品或准公共产品的非经营性公共基础设施,无收费机制、无资金流入的业务,因此需要政府投入建设资金,比如城市道路、城市绿化、水利设施等项目。准经营性业务和经营性业务都有一定的收费机制和资金流入,但准经营性业务自身还无法实现资金平衡,因此也需要一定的政府支持,比如煤气、自来水、热力等项目。

表7-5 城投公司的三种业务类型

业务类型	内容	举例
公益性业务	政府财政投资建设并向社会提供公共产品或准公共产品的非经营性公共基础设施,无收费机制、无资金流入	城市道路、城市绿化、水利设施等项目
准经营性业务	有收费机制和资金流入,具有潜在的利润,但因市场、政策及收费价格等因素,无法收回成本,该类业务附带部分公益性,具有不够明显的经济效益	煤气、自来水、热力等项目
经营性业务	有足够的资金流入和完善的收费机制,可通过市场实现盈利或平衡	房屋租赁、收费高速公路等项目

资料来源:华创证券。

对于城投公司的信用分析可以围绕着经营风险、财务风险和外部支持等方面展开(见表7-6)。经营风险分析首先需要理解城投公司的业务实质,分析公益性业务、准经营性业务和经营性业务的具体经营情况。比如公益性业务需要分析以往投建项目和当前投建项目的完成情况,在建和拟建项目在可预期的未来的投资资金需求及资金缺口,其他资金来源,对于债务资金具体的偿还安排等;准经营性业务及经营性业务应注意分析业务运营规模及行业垄断优势。由于公益性业务和准经营性业务离不开政府的资金支持,因此政府回款情况也是分析的重点。外部支持也是城投公司信用分析的重要维度之一,需要考察政府实力(政府的经济、财政实力和债务负担等)和城投公司对于政府的重要性(功能定位、债务认定情况),通常情况下,经济发达地区的重要城投公司出现流动性风险时,当地政府救助的意愿比较大,能力比较强,但不绝对。

表7-6 城投公司的信用分析框架

风险	要素	指标
经营风险	业务内容	经营性和公益性业务占比及其具体经营情况
	政府回款情况	历史投资规模,确认收入规模,政府回款规模
	管理战略	未来投资计划,发展规划
财务风险	现金流	对应政府回款情况
	短期偿债	现金类资产对短期债务覆盖倍数,政府回款对短期债务及利息覆盖倍数

(续表)

风险	要素	指标
外部支持	地区财政经济实力和债务负担	当地财政收入和经济的规模及结构，政府债务规模和债务率
	在地区的重要性	公司的功能地位，在当地类似城投公司中的排名

资料来源：华创证券。

2017年以来金融去杠杆下非标融资收紧，加之地方政府债务管理趋严，城投公司流动性压力加大，2018年上半年已发生了云南省国有资本运营有限公司、天津市市政建设开发有限公司、西安市灞桥区基础设施建设投资有限公司、天津房地产集团有限公司等非标融资违约，2018年8月兵团六师发生违约。城投公司的产生背景是中央与地方的财权和事权不对称，因为这种不对称仍会持续，所以地方仍然需要城投公司来承担建设责任，短期内城投公司不会退出历史舞台。但未来城投债投资要切断盲目信仰，更多跟地方经济、资源等结合，精挑细选。城投公司转型背景下，可以关注的城投公司类型有：第一，公益性业务为主的城投公司，如果这类城投公司出事，则会产生系统性风险，所以其出现风险的顺序相对靠后，可以从中择优；第二，老城投公司，这类城投公司相对安全，因为其大部分项目纳入预算、参与债务置换、已完成进入回购期等。

7.3.3 某城投公司信用分析实例

为了方便理解，此处以某城投公司为例，对上文介绍的城投公司分析框架加以运用（案例不代表企业近况）。

发行人简介：公司是国家AAAAA级旅游景区的经营管理主体，负责X景区范围内的旅游产业开发工作，是X市国资委全资控股企业，主营业务为旅游服务和基础设施建设。

规模和市场地位：2014年，两大主营业务收入分别为1.09亿元和2.41亿元，毛利率分别为59.65%和38%。公司是该景区的经营管理主体，在该区域具有一定优势，可获得当地政府在资产注入和补助等方面的支持。

基础设施建设业务：公司承接了景区内的基础设施代建项目，业务开展以"建设—移交"模式（BT模式）为主，按成本加成38%确认收入，但政府现金回款较差。2014年年底，公司所有代建业务总投资3.68亿元，累计已投资2.05亿元，确认收入3亿元左右，但实际现金回款仅0.6亿元左右。

旅游、酒店和林木业务：近年该景区旅游业发展势头良好，2012—2014年，景区接待游客人数分别为67.3万人、72.6万人、80.3万人，公司酒店和林木业务为近年政府注入业务，依托区域内旅游优势，整体经营稳定，但盈利规模很有限。

未来投资：未来投资以此次债券募投项目为主（X市X旅游产业园一期），建设内容包括颐养区、度假区、商业接待区、寻梦龙虎山乐园、道路工程、征地平整工程等，总投资28亿元，预计建设期为2015年3月至2017年6月，建成后纯商业运作实现收益，预计投资回收期较长。

资产质量：公司存货规模较大，2014年年末为28.6亿元，其资产占比为56%。其中土地约24.7亿元，简单测算公司土地入账单价约1 200元/平方米，土地性质以商住、商服和风景区设施用地为主，土地公允价值或有限。此外，2014年年底，以应收政府部门为主的其他应收款高达7.5亿元。受限资产方面，2014年年底，公司受限土地约4.5亿元，土地抵押比例约20%，总受限资产约占总资产的18%，其规模相对有限，对资产流动性影响不大。

盈利能力和现金流：除代建业务外，其余业务盈利能力较弱，近年期间费用高企，侵蚀利润，公司盈利对政府补贴依赖程度很高，2012—2014年，政府补贴占利润总额比例为70%以上。现金流方面，政府回款情况较差，整体经营获现能力较弱，依赖于外部筹资。

资本结构和偿债指标：公司债务规模逐年增大，前期主要债务（2014年年底，约6亿元）由代建业务形成，未来主要债务由此次募投项目和其他基础设施建设业务形成。2015年9月底，全部债务资本化比率约22%，债务负担较轻。即使刨去资产中24.7亿元的土地注入，公司资产负债率从24%升至40%，仍然较为可控。2015年9月底，公司短期债务1.78亿元，货币资金6.75亿元，虽然无剩余授信，但短期流动性较好。债务性质方面，债务认定情况暂无法获悉。

支持方实力：X市经济、财政实力较弱（在该省11个地级市中垫底），但旅游资源丰富。

支持程度：公司是X市重要的旅游建设投资主体，市国资委为公司全资出资人，因此公司能够获得政府在资金补贴、土地资产注入等方面的支持。2013—2014年，政府将林场和酒店注入公司，并提供约25亿元的土地注入，近三年政府补贴约3亿元。X市已发债城投公司有负责全市基础设施建设的X市投融资公司和负责某新区建设的X市Y区资产运营有限公司，二者与本公司定位差异明显，相比之下，公司并非该市核心的城投公司。

整体来看，公司是该省财力较弱的地级市的旅游建设投资主体，公益性业务现金回款慢，经营性业务运营良好但贡献较小；债务负担较轻，短期流动性较好，但盈利能力较弱，同时，未来募投项目投资规模大、纯商业运作，存在较大的不确定性；当地已有其他融资平台公司，公司并非该市核心城投公司，因此资质一般。

本章小结

由于信用事件爆发通常具有集中性的特点，所以需要关注系统性风险对个体企业的影响。

由于信用债市场快速扩容、宏观经济增速"下台阶"和金融严监管等，信用风险事件频发，信用分析的重要性日益提升，信用风险是信用债投资时必须重点考察的维度之一。

信用分析主要评估主体偿还债务及利息的能力与意愿，级别符号体现资质的相对排序。

按照评级对象的不同，评级可以划分为主体评级和债项评级。主体评级是综合考虑经营风险、财务风险、外部支持后的评级结果；而债项评级可能会考虑抵质押、担保等增信措施，因此债项评级是在主体评级的基础上，考虑到实际增信效果后的评级结果，更多是从回收率角度入手的。

地产行业研究应区分长短期，人口结构是地产行业主要的长期影响变量，而中短期影响变量则是调控政策。信用分析过程中需要重点关注地产行业的几大特点：地产行业上下游产业非常多，是国民经济中的重要组成部分；不同城市地产库存水平不同；地产行业销售实行预售制，因此地产企业的收入确认滞后于现金流；地产行业属于资金密集型行业，地产企业信用分析需要考察公司的短期流动性和融资渠道变化情况。

城投公司产生的背景是分税制改革，分税制改革导致地方政府财权和事权分开，城市建设支出归地方，而主要财政收入归中央。按照业务内容和盈利模式划分，城投企业的业务可以主要分为公益性业务、准经营性业务和经营性业务三种类型。

城投企业的信用分析围绕着经营风险、财务风险和外部支持等方面展开，经营风险分析需要理解业务实质，分析业务公益性和经营性属性；财务风险分析主要考察未来城投企业投资支出压力及资金缺口；外部支持考察政府实力以及公司在当地政府的重要性。

重要术语

信用分析　信用评级　评级公司　主体评级　债项评级　违约　信用风险溢价　流动性　经营风险　财务风险　短期债务　长期债务　房地产　城投公司　政府债务

思考练习题

1. 主体评级和债项评级有什么区别？二者的级别是否完全相等？
2. "企业经营成果都会通过财务数据体现出来，所以仅凭财务分析就可以判断企业信用风险。"试评论这一观点。
3. 地产行业预售制对地产企业有哪些影响？与此同时，分析地产企业财务风险时需要做哪些调整？
4. 假如有两家规模相当的地产企业，其中A企业在建地产项目很多，项目集中开工使得该企业短期面临一定的流动性压力，而B企业在建地产项目很少，未来企业打算涉猎其他行业，其他行业的拟建项目投资规模较大。两家企业信用分析的重点是什么？B企业的信用风险是否一定低于A企业？
5. 城投公司受政策影响较大，历史上重要的政策有哪些？目前城投公司面临的政策环境如何？
6. 如何比较经济发达地区排名靠后的城投公司和经济欠佳地区排名靠前的城投公司的信用风险？
7. 在判断城投公司的信用风险时，是政策风险重要还是个体风险重要？

参考文献

［1］刘元庆. 信贷的逻辑与常识 [M]. 北京：中信出版社，2016.

［2］中国注册会计师协会. 2018 年注册会计师全国统一考试辅导教材 [M]. 北京：中国财政经济出版社，2018.

相关网络链接

财政部会计司：http://kjs.mof.gov.cn/

中国银行间市场交易商协会：http://www.nafmii.org.cn/

第 8 章
固定收益衍生品分析

陈　蓉（厦门大学）　　王焕舟（国泰君安证券）

> **学习目标**
>
> 通过本章的学习，读者应能够：
> ◎ 了解相对定价法、无套利定价、复制定价法、风险中性定价法的原理；
> ◎ 了解常见固定收益衍生品的交易机制和结构；
> ◎ 了解常见固定收益衍生品的定价方法。

■ 开篇导读

随着固定收益市场的逐步发展，有越来越多的固定收益衍生品出现，投资者也应该了解这些衍生品风险管理和投资策略方面的知识。固定收益衍生品主要包括利率衍生品和信用衍生品，它们在丰富市场的同时也为投资者提供了更多样化的选择。我们先从一个简单的例子入手，来熟悉一下固定收益衍生品。

2018 年 8 月 19 日，投资者们在中国金融期货交易所（以下简称"中金所"）交易代码为 TF1812 的合约。这是一个国债期货合约，合约的到期日为 2018 年 12 月，期货的标的证券是名义中期国债。当天期货的最高价为 97.77 元，这意味着当天有两个交易者通过中金所撮合成交，约定在 2018 年 12 月 19 日按每手 97.77 万元的价格交割一定数量的满足规定特征的国债（可交割券）。如果到 2018 年 12 月 19 日那天可交割券的市场价格高于 97.77 元，则实际买入价格低于市场价格，买方盈利卖方亏损；反之则卖方盈利买方亏损。显然，在上述例子中，国债期货合约交易双方的未来回报依赖于到期时的国债价格，因而称国债期货为国债衍生品（或利率衍生品），而称国债为该合约的标的资产。

8.1 衍生品定价原理

8.1.1 衍生品的价值与价格

衍生品的价值是指交易双方建立衍生品合约时给对方的支付（或收取的对方支付）。一些衍生品合约是零成本合约，例如，对于一份远期/期货/互换合约[①]，只要设定一个公平的交割价格，它对交易双方的价值就应该都为零，理论上交易者可以不支付任何成本就获得这三种衍生品合约的头寸（但通常要交保证金）。另一些衍生品合约则不是零成本合约，如信用违约互换（Credit Default Swap, CDS）和期权合约（因为买卖双方权利义务不对等），其中期权多头所支付的期权费就是期权合约的价值；CDS 多头支付的保险费就是保险合约的价值。

衍生品中有多个不同的价格概念。远期/期货/互换合约中双方约定的价格叫作"交割价格"，而使得合约价值为零（公平合约）的交割价格被称为"远期价格/期货价格/互换价格"，注意，这些价格并不是合约价值。交易双方在签约（挂牌）时会选定使得当时的合约价值为零的交割价格，之后随着市场状况的变化，合约价值通常不再为零，交易双方开始出现盈亏，"远期价格/期货价格/互换价格"也就不再等于交割价格。CDS 和期权合约则不一样，它们的合约价值与价格是通用的，例如，期权费、期权价值和期权价格就是同一个概念。对于期权合约来说，还存在一个"行权价格"的概念。

8.1.2 相对定价法与无套利定价原理

在为股票、债券等基础证券定价时，常用的方法是用恰当的贴现率将未来现金流（或其期望值）贴现加总为现值，这就是"现金流贴现法"，又称"绝对定价法"。绝对定价法的优点是比较直观，便于理解，是所有证券普遍适用的定价方法。但它有两个缺点：一是证券未来的现金流通常是不确定的；二是"恰当"的贴现率难以确定，它既与证券的风险大小和人们的风险偏好有关（后者是很难衡量的），又是因人而异的。因此绝对定价法在实际中常常难以操作，与其说是定价方法不如说是解释价格的工具。

与基础证券不同，衍生品的标的资产通常已经在市场上交易了，其价格可以随时观测，因此定价时可以采用基于标的资产价格的相对定价法，运用无套利定价原理。[②]

---
① 信用违约互换除外。
② 股票和债券等基础证券也可以被视为公司资产的衍生品，理论上也可以应用相对定价法。但由于公司资产没有随时可观测的市场价格，所以实际中不具有可操作性。

相对定价法的基本思想是标的资产价格与衍生品价格之间存在相对关系，可以基于标的资产的市场价格求出衍生品价格。使用该方法可以不去管标的资产的绝对价格是如何确定的，只要从其市场价格出发，运用无套利定价原理为其衍生品定价即可。

下面介绍无套利定价原理。如果一个市场上存在下述两种情况之一，就可以认为存在套利机会：第一，初期投入为零，而未来可能的回报只会大于等于零，且大于零的概率为正；第二，期初即可获得收益，期末的回报不会小于零。由此可以推论，如果资产A的未来回报大于等于资产B，且A的回报大于B的概率为正，则A的价格应该高于B，否则就会出现套利机会；如果A的未来回报一定等于B，则A的价格应该等于B，否则也会出现套利机会。

衍生品合约明确规定了到期回报与其标的资产价格的关系，如果允许自由套利，两者的价格必然存在着一定的相对数量关系。如果市场价格对合理价格的偏离超过相应的成本，敏锐的投资者就会利用标的资产和衍生品套利，即买入定价相对低的资产，同时卖出定价相对高的资产。市场价格在套利行为下相应调整，回到合理的均衡价格，这个价格就被称为无套利价格。市场价格回到均衡状态之后，不再存在套利机会，市场价格就会等于无套利价格，这就是无套利定价原理。因此，衍生品定价的关键在于确定其价格与标的资产价格应有的相对数量关系。

以远期定价为例。合理的定价公式为

$$t\text{ 时刻远期价格} = t\text{ 时刻现货价格} + \text{持有成本}$$

其中，持有成本（Carry Cost）是 t 时刻开始持有现货至期货到期日的成本，其基本构成如下：

$$\text{持有成本} = \text{标的保存成本} + \text{无风险利息成本}^{①} - \text{标的在剩余期限内的收益}$$

其中，无风险利息成本是持有现货占用的资金产生的机会成本。

上述定价公式说明，远期价格与现货价格的差异应该等于剩余期限内持有现货的成本，如果不满足这一关系就可以套利，套利的结果将使远期价格收敛于无套利价格。

专栏 8-1

债券远期价格

假设某债券现货价格为每张 100 元，1 年期无风险利率为 5%（1 年计 1 次复利），如果可以自由买卖且不考虑交易费用，该债券 1 年期的远期价格应为多少（该债券此期间无付息）？

1 年期债券远期价格应为现货价格加上一年期无风险利息，即

$$100 \times (1 + 5\%) = 105 （元）$$

---

① 持有成本的组成都是确定性的，所以只能使用无风险利息成本。

> 如果远期价格不等于105元，我们可立即进行套利。假设市场远期价格等于150元，则可以借入1年期的贷款100元，购买债券现货，同时按市场价150元卖出1年期债券远期。1年后远期债券到期交割，将手中的现货债券交割后可得150元，其中105元用于偿还1年期贷款，从而获得无风险无成本利润45元。反之，若市场远期价格为100元，则可以借入债券，按现货价格100元出售，获得的现金立刻投资于无风险资产，投资期1年；同时按100元签订远期多头。1年后到期交割，支付100元可获得债券，偿还借来的债券，同时在无风险投资上获得终值105元，因此将获得无风险无成本利润5元。
>
> 在现实生活中，上述交易都需要费用。显然，套利净利润等于上述毛利润减去套利费用。如果套利费用高于套利毛利润，就不能套利。假设远期价格偏高时的费用为 a 元，远期价格偏低时的费用为 b 元（此时的套利因为需要借入债券，套利费用通常更高），则在考虑了费用以后，无套利的远期价格区间为 $[105-b，105+a]$。

无套利定价原理是衍生品定价的基本思想和重要方法，与经济学中的"供给需求分析"方法具有明显区别。只要是标的资产可交易的衍生品，并且市场允许自由套利，都可以运用无套利定价原理进行定价。该方法的优点主要有二：一是定价公式中不会直接出现风险偏好等主观变量，易于实现；二是定出来的价格非常贴近市场价格。在用绝对定价法时，即使市场价格与理论价格不符，也往往缺乏有绝对把握的操作方法。而在用无套利定价法为衍生品定价时，市场价格与理论价格不符就意味着存在无风险套利的机会。

在实际运用中，基于无套利定价原理的相对定价法常常又具体体现为复制定价法和风险中性定价法，下面我们分别加以介绍。

8.1.3 复制定价法

如果用一组证券来复制另一组证券，使得两个组合的现金流特征完全一致，则根据无套利定价原理，它们的价格应该相等。这种定价方法就是复制定价法。

在衍生品定价中经常使用复制定价法。例如，为利率互换定价时，可以用固息债和浮息债的多空组合来对其进行复制。只要分别计算出两个债券的价值，就可以得到利率互换的价格。还可以将利率互换分解为多个远期利率协议的组合，通过分别计算出每个远期利率协议的价值加总来为其定价。

经典的 Black-Scholes-Merton（BSM）期权定价模型运用的则是"动态"复制定价法。在标的价格不会跳跃且波动率和利率为常数等假设下，BSM期权定价模型巧妙地构造了一种通过交易特定数量的标的资产来复制欧式期权的方法，这一复制要随时间的推移和标的价格的变化动态调整，所以又称动态复制。根据无套利定价原理，欧式期权的价值就应该等于该动态复制的成本。

> **专栏 8-2**
>
> **期权定价：复制定价法**
>
> 假设 3 个月期的无风险利率等于 10%（连续复利年化），无红利股票 A 的当前价格为 10 元，3 个月后要么 11 元，要么 9 元。[①] 如何为该股票 3 个月后到期、行权价为 10.5 元的欧式看涨期权定价？
>
> 由于欧式期权不能提前执行，因此其价值取决于 3 个月后的期权回报，后者又取决于 3 个月后股票 A 的价格。若 3 个月后股价取 11 元，则期权回报为 0.5 元；若股价为 9 元，则期权回报为 0。
>
> 为了确定期权价值，可以用期权和股票来复制无风险资产（未来回报恒为常数的资产）。假设该组合由 1 单位看涨期权空头和 Δ 单位 A 股票多头组成，若 3 个月后 A 股票价格为 11 元，组合价值 $\prod$ 等于 $(11\Delta - 0.5)$ 元；若 3 个月后该股票价格为 9 元，$\prod$ 等于 9Δ 元。要使组合价值在两种情况下相等，必须满足：
>
> $$11\Delta - 0.5 = 9\Delta \Rightarrow \Delta = 0.25, \quad \prod = 2.25 \text{（元）}$$
>
> 此时，无论 A 股票价格如何变化，3 个月后该组合的价值都将等于 2.25 元，我们用看涨期权和股票复制出了一个无风险资产，换个角度看也就是用股票和无风险资产复制出了期权。
>
> 在无套利条件下，无风险资产的收益率应该为无风险利率。假设无风险利率等于 10%，则该组合的现值应为 $2.25e^{-10\% \times 0.25} = 2.19$，而期权价值应该满足
>
> $$10 \times 0.25 - f = 2.19 \Rightarrow f = 0.31 \text{（元）}$$
>
> 因此，该看涨期权的价值应为 0.31 元，否则就会存在套利机会。

运用复制定价法要求两个前提条件：第一，市场无套利；第二，市场可复制，这涉及允许卖空、没有交易税费等条件。

8.1.4 风险中性定价法

按照绝对定价法，要求金融资产的价格，只需将其未来现金流按合理的预期收益率贴现，如果金融资产是有风险的，其预期收益率应该等于无风险利率加上风险溢价，前者是对资金时间价值的补偿，后者是对风险的补偿。但风险溢价依赖于主观的风险偏好，不易估计，所以预期收益率难以客观确定，使用起来很困难。

相对定价法和复制定价法的计算过程没有用到风险溢价，不管投资者是厌恶风险的，还是风险中性的，只要给定当前的标的资产价格，衍生品的定价结果都是一样的。因此

[①] 这一假设显然难以接受。实际上我们在真实定价时，是将期权剩余期限划为很多个非常短的时间段，在每个瞬间，资产价格只有两个运动方向的假设是可以接受的。在经过很多时间间隔之后，期权真正到期时的股票价格就会有很多可能的取值。这个案例仅仅是为了说明原理。

在衍生品定价过程中可以进行一个大大简化工作的技术处理：假设来到一个新的世界，这里所有的资产价格都与现实世界一样，不同的是投资者都是风险中性的，不需要额外的收益来吸引他们承担风险，所有证券的预期收益率都会等于无风险利率，问题的关键变成了求出一个不同于现实世界的概率测度。这就是风险中性定价法，该方法的假设是纯技术假定，得到的定价结果仍然适用于现实世界。

风险中性定价法实质上是复制定价法的应用结果，因此其前提条件也是市场无套利和可复制。该方法消除了主观风险收益偏好度量问题，成为现代金融工程和衍生品分析的灵魂。后来人们将其进一步拓展为等价鞅定价方法，即除风险中性测度定价外，还可以拓展到其他等价鞅测度定价。

专栏 8-3

期权定价：风险中性定价法

为了用风险中性定价法求解专栏 8-2 中的期权价格，设风险中性世界中 3 个月后股票 A 价格上升的概率为 P，下降的概率为 $1-P$。运用风险中性定价法，股票 A 的当前价格应该等于未来的风险中性期望值按无风险利率贴现：

$$e^{-10\%\times 0.25}\left[11P+9(1-P)\right]=10$$

求得风险中性上升概率 $P=0.6266$。

由于该期权到期回报要么为 0.5 元（股价上升时），要么为 0（股价下跌时），再次运用风险中性定价法，我们可以求出该期权的价值：

$$f=e^{-10\%\times 0.25}(0.5\times 0.6266+0\times 0.3734)=0.31\,（元）$$

显然，用风险中性定价法求得的结果与用复制定价法求得的结果是一致的。

8.2 常见的固定收益衍生品定价

接下来我们将上述方法运用于一些具体的固定收益衍生品。定价时通常会对金融市场特征做出一些基本假设来对应于最理想的状况，如果实际市场不满足某个假设就要用更复杂的方法来处理。常见的假设包括以下五点。

假设一：市场无摩擦。没有交易成本（包括佣金、买卖差价、税赋等）、保证金要求和卖空限制。大型金融机构的交易成本一般很低，在保证金和卖空方面所受到的限制也比较少，所以这一假设比较接近现实。对于规模小的市场参与者来说，只有首先了解了无摩擦状态下的市场定价机制，才能对复杂情况下的市场规律进行进一步的研究分析。

假设二：除非特别说明，不考虑对手风险（Counterparty Risk），即不考虑对手方违约的可能。但实际在一些场外衍生品的定价中，有时需要考虑对手方风险的影响。

假设三：市场是完全竞争的。任何单个参与者买卖任何数量的资产都不至于影响价格，换句话说，他们都是价格的接受者，不是价格的制定者。现实中规模较大、交易品种较成熟的市场接近这一假设。

假设四：市场参与者希望财富越多越好。如果有两个风险相同的投资机会，则投资者偏好回报率高的投资机会。

假设五：市场不存在无风险套利的机会，或者说一旦出现套利机会，就会有人进行套利，使套利空间迅速消失。无套利假设是金融衍生证券定价理论中最重要的假设。

8.2.1 远期利率协议定价

上文已经介绍过，远期利率协议（Forward Rate Agreements，FRA）是买卖双方同意从未来某一时刻开始按约定利率借贷一定数额的名义本金的协议。远期定价包括远期价格的确定与远期价值的确定。在远期利率协议中，远期价格就是远期利率协议中的理论协议利率，或称为远期利率（Forward Rate）。

8.2.1.1 远期利率

远期利率是从未来某个时刻开始借贷一定期限的利率，与其对应的是即期利率，是从当前时刻开始借贷一定期限的利率。远期利率隐含在一系列即期利率中。例如，如果 1 年期的即期连续复利利率为 10%，2 年期的即期利率为 10.5%，那么其隐含的 1 年到 2 年的远期利率就等于 11%，这是因为

$$1 \times e^{0.10} \times e^{0.11} = 1 \times e^{0.105 \times 2}$$

也就是说，按 1 年期利率投资 1 年，再签订一份远期利率协议，在 1 年后连本带息以远期利率投资 1 年，应等同于一次性投资 2 年。

一般地，假设现在时刻为 t，T 时刻到期的即期利率为 r，T^* 时刻（$T^* > T$）到期的即期利率为 r^*，则 t 时刻的 $T^* - T$ 期间的远期利率 r_F 应满足

$$e^{r(T-t)} \times e^{r_F(T^*-T)} = e^{r^*(T^*-t)}$$

进一步推导可得

$$r_F(T^*-T) = r^*(T^*-t) - r(T-t)$$

如果这一等式不成立，就说明存在套利空间，套利活动的结果将最终使得等式成立。表 8-1 列示了远期利率套利操作过程。

表 8-1 远期利率套利操作

	$r_F(T^*-T) > r^*(T^*-t) - r(T-t)$	$r_F(T^*-T) < r^*(T^*-t) - r(T-t)$
t 时刻	一次性以 r^* 借入到期日为 T^* 的贷款 A 元，将 A 以 r 贷出至 T 时刻，签订一份期限为 T^*-T、远期利率为 r_F 的远期利率协议，贷出金额为 $A \times e^{r(T-t)}$ 元	以 r 借入到期日为 T 的贷款 A 元，签订一份期限为 T^*-T 的远期利率协议，约定在 T 时刻以 r_F 借入 $A \times e^{r(T-t)}$ 元至 T^* 时刻，将借入的 A 元以 r^* 贷出至 T^* 时刻
T 时刻	收到贷款本息 $A \times e^{r(T-t)}$ 元，执行远期利率协议将 $A \times e^{r(T-t)}$ 元按 r_F 贷出	从远期利率协议中按 r_F 借入 $A \times e^{r(T-t)}$ 元，正好还掉第一笔借款
T^* 时刻	从远期利率协议贷款中收回 $A \times e^{r(T-t)} \times e^{r_F(T^*-T)}$ 元，还掉长期贷款 $A \times e^{r^*(T^*-t)}$ 元，获得无风险收益	收回长期贷款 $A \times e^{r^*(T^*-t)}$ 元，还掉远期利率协议借款本息 $A \times e^{r(T-t)} \times e^{r_F(T^*-T)}$ 元，获得无风险收益
结果	r 与 r_F 趋于下降，r^* 趋于上升	r 与 r_F 趋于上升，r^* 趋于下降
	$r_F(T^*-T) = r^*(T^*-t) - r(T-t)$	

对等式变形可得

$$r_F = \frac{r^*(T^*-t) - r(T-t)}{T^*-T}$$

这是远期利率的常用计算公式，进一步变形可得

$$r_F = \frac{r^*(T^*-T) + r^*(T-t) - r(T-t)}{T^*-T} = r^* + (r^*-r)\frac{T-t}{T^*-T}$$

8.2.1.2 远期利率协议的价值

考虑时刻 t 的两个远期利率协议，名义本金均为 A，期限均为 T^*-T，不同之处在于第一个采用市场远期利率 r_F，第二个采用另一个约定利率 r_K。这两个远期利率协议之间的唯一不同就是 T^* 时刻的利息支付。[①] 换句话说，t 时刻第二个远期利率协议与第一个远期利率协议的价值差异就是 T^* 时刻不同利息支付的现值[②]：

$$(Ae^{r_K(T^*-T)} - Ae^{r_F(T^*-T)}) e^{-r^*(T^*-t)}$$

由于第一个远期利率协议中的协议利率为理论远期利率，其远期价值应为零，则第二个远期利率协议的价值就等于

$$(Ae^{r_K(T^*-T)} - Ae^{r_F(T^*-T)}) e^{-r^*(T^*-t)}$$

这适合于任何协议利率为 r_K 的远期利率协议价值的计算。

---

① 计息期末支付利息是市场惯例。
② 在实际中，远期利率协议中的协议利率与实际的即期利率都是以普通复利的形式支出的，这里我们将之全部转化为连续复利，是为了与本书的基本框架保持一致。这一转化并不影响结论。

8.2.2 国债期货定价

国债期货在理论上与债券远期并无差异,但国债期货合约设计存在的以下几个特征使其定价有所差异:

第一,期货实行每天盯市结算,导致每天期货合约价值都归零,因此期货定价只考虑期货价格,而无须计算期货价值。

第二,国债期货赋予空头择券期权和择时期权,也就是说,国债期货空头在交割时可以从所有可交割券中选择自己认为最划算的券(最便宜可交割债券,Cheapest to Deliver,CTD 券),并在交割月内选择自己方便的交割时刻。这意味着定价时要从众多可交割券种中找出 CTD 券,也意味着国债期货价格应该比同样条件的远期价格低,以反映择券期权和择时期权的价值。

第三,国债期货报价用的是标准券的净价,因此定价时需要进行转换并剔除应计利息。

具体来看,如果假设 CTD 券和交割日期是已知的,则可以通过以下五个步骤来确定国债期货的理论报价。

步骤一:根据 CTD 券的报价,加上当天该券的应计利息,算出该券的全价。

步骤二:运用公式 t 时刻远期价格 = t 时刻现货价格 + 持有成本,根据 CTD 券全价算出 CTD 券期货[①]理论上的全价。

步骤三:扣除 CTD 券中期货到期日的应计利息(交易所规定为配对缴款日的应计利息),算出 CTD 券期货的理论净价。

步骤四:将 CTD 券期货的理论净价除以其转换因子,就得到不考虑期权时标准券期货的理论报价。

步骤五:扣除择券期权和择时期权价值,即得到国债期货的理论价值。这两个期权定价的难度较大,实务中经常以经验值和主观判断值加以代替。

专栏 8-4

国债期货定价:不考虑隐含期权

2018 年 8 月 1 日,假设某投资者认为对于 2018 年 12 月到期的中期国债期货 TF1812 而言,CTD 券为国债 160006,并预期交割日为该合约的最后交易日(2018 年 12 月 14 日),合约剩余期限为 135 天,当天的 135 天期利率为 2.5%(连续复利)。试确认 CTD 券,并求出 TF1812 期货的理论报价。

第一步:计算 CTD 券现券全价

CTD 券代表着最低交割成本的债券,而交割成本可通过以下公式计算:

---

① CTD 券期货并不真实存在,只是我们的计算过程中需要暂时用到。

交割成本 = 债券报价 − 期货报价 × 转换因子

根据 2018 年 8 月 1 日万得（Wind）提供的 TF1812 可交割券列表及相关报价，可初步判定 CTD 券为国债 160006。[①] 当天国债 160006 的净价 97.5410 元，每年付息 1 次，已计息天数 138 天，票面利率 2.75%，由此可以计算出

$$\text{CTD 全价} = \text{净价} + \text{应得利息} = 97.5410 + 100 \times \frac{138}{365} \times 2.75\% = 98.5807 \text{（元）}$$

第二步：计算 CTD 券期货全价

由于在 2018 年 8 月 1 日到 2018 年 12 月 14 日之间，国债 160006 不会支付利息，因此对应期货定价公式，分别有 $S=98.5807$，$I=0$，$T-t=\frac{135}{365}\approx 37\%$，$r=2.5\%$，相对应的 CTD 期货全价为

$$F = (S-I)e^{r(T-t)} = 99.4965 \text{（元）}$$

第三步：计算 CTD 券期货报价

如果在 2018 年 12 月 14 日决定交割，对应的应计利息计算至相应的配对缴款日，即 2018 年 12 月 18 日。根据计算可知，国债 160006 在该日每 100 元面值的应计利息为

$$\frac{277}{365} \times 2.75\% \times 100 = 2.0870 \text{（元）}$$

因此反向运用公式可以推出 CTD 券的理论期货报价为

$$99.4965 - 2.0870 = 97.4095 \text{（元）}$$

第四步：计算国债期货报价，即标准券期货报价

将 CTD 券的理论期货报价除以转换因子（0.9901），即可得到国债期货的理论报价：

$$\frac{97.4095}{0.9901} \approx 98.3835 \text{（元）}$$

8.2.3 利率互换定价

与远期合约相似，利率互换的定价有两个任务。第一，确定互换合约的价值；第二，确定互换利率，即使得互换合约价值为零的固定利率。

8.2.3.1 利率互换合约价值的确定

利率互换既可以分解为固息债和浮息债的组合，也可以分解为远期利率协议的组合，只要分别定出上述资产的价值，加总后即可为利率互换定价。

[①] 此处仅根据理论公式计算得到CTD券，在实际操作中，市场参与者会根据交易活跃度等市场实际情况选择相应的可交割券。

(1) 运用债券组合给利率互换定价

B_{fix} 为互换合约中分解出的固定利率债券的价值;B_{fl} 为互换合约中分解出的浮动利率债券的价值。

对于互换多头也就是固定利率的支付者来说,利率互换的价值($V_{互换}$)为

$$V_{互换} = B_{fl} - B_{fix}$$

反之,对于互换空头也就是浮动利率的支付者来说,利率互换的价值为

$$V_{互换} = B_{fix} - B_{fl}$$

固定利率债券的价值就是未来现金流的贴现之和,定价公式为

$$B_{fix} = \sum_{i=1}^{n} k e^{-r_i t_i} + M e^{-r_n t_n}$$

其中,M 为互换的名义本金,k 为每次现金流交换的固定利息额,n 为交换次数,t_i 为距第 i 次现金流交换的时间($1 \leq i \leq n$),r_i 为到期日 t_i 的即期利率。

如果浮动利率始终等于该债券的合理贴现率,那么浮动利率债券的定价公式为

$$B_{fl} = (M + k^*) e^{-r_1 t_1}$$

其中,k^* 是下一交换日应交换的浮动利息额(这是已知的),距下一次利息支付日还有 t_1 的时间。这是因为在票面利率等于其贴现率的情况下,浮动利率债券在新发行和重定利率的时刻的价值等于其面值;在两个利率重置日之间,价值等于面值加上应付利息的现值。

专栏 8-5

利率互换的定价:运用债券组合

假设在一笔利率互换协议中,某一金融机构支付 3 个月期的 LIBOR,同时收取 4.8% 的年利率(3 个月计一次复利),名义本金为 1 亿美元。互换还有 9 个月的期限。目前 3 个月、6 个月和 9 个月的 LIBOR(连续复利)分别为 4.8%、5% 和 5.1%。试计算此笔利率互换对该金融机构的价值。

在这个例子中,$k = 120$ 万美元,$k^* = 10\,000 e^{0.048 \times 0.25} - 10\,000 = 120.72$(万美元),因此

$$B_{fix} = 120 e^{-0.048 \times 0.25} + 120 e^{-0.05 \times 0.5} + 10\,120 e^{-0.051 \times 0.75} = 9\,975.825 \text{(万美元)}$$
$$B_{fl} = (10\,000 + 120.72) e^{-0.048 \times 0.25} = 10\,000 \text{(万美元)}$$

因此,对于该金融机构而言,此利率互换的价值为

$$9\,975.825 - 10\,000 = -24.175（万美元）$$

显然，对于该金融机构的交易对手来说，此笔利率互换的价值为正，即 24.175 万美元。

（2）运用远期利率协议给利率互换定价

利率互换也可以拆成多个远期利率协议，将每个远期利率协议中的利率固定为同一个利率，只要分别计算每个远期利率协议的价值，加总之后就可以得到利率互换的价值。专栏 8-6 就专栏 8-5 中的例子给出了运用远期利率协议组合定价的计算过程。可以看到，两种方法确定的互换价值相等。

专栏 8-6

利率互换的定价：运用远期利率协议组合

假设在一笔利率互换协议中，某一金融机构支付 3 个月期的 LIBOR，同时收取 4.8% 的年利率（3 个月计一次复利），名义本金为 1 亿美元。互换还有 9 个月的期限。目前 3 个月、6 个月和 9 个月的 LIBOR（连续复利）分别为 4.8%、5.0% 和 5.1%。试计算此笔利率互换对该金融机构的价值。

我们用表 8-2 列示了具体的计算过程。为了与 FRA 计算公式一致，表中的利率均为连续复利。其中 3 个月计一次复利的 4.8% 对应的连续复利利率为

$$4 \times \ln\left(1 + \frac{4.8\%}{4}\right) = 4.7714\%$$

表 8-2 计算过程

期限	贴现率	固定利率	远期利率	现金流或 FRA 价值
3 个月后	4.8%	4.7714%		$10\,000 \times (e^{4.7714\% \times 0.25} - e^{4.80\% \times 0.25})$ $\times e^{-4.8\% \times 0.25} = -0.715$（万美元）
6 个月后	5.0%	4.7714%	$\dfrac{5.0\% \times 0.5 - 4.8\% \times 0.25}{0.25} = 5.2\%$	$10\,000 \times (e^{4.7714\% \times 0.25} - e^{5.2\% \times 0.25})$ $\times e^{-5\% \times 0.5} = -10.581$（万美元）
9 个月后	5.1%	4.7714%	$\dfrac{5.1\% \times 0.75 - 5\% \times 0.5}{0.25} = 5.3\%$	$10\,000 \times (e^{4.7714\% \times 0.25} - e^{5.3\% \times 0.25})$ $\times e^{-5.1\% \times 0.75} = -12.88$（万美元）

将现金流或远期利率协议价值加总之后，可以得出互换总价为 -24.176 万美元。

这个结果与专栏 8-5 中运用债券组合得出的利率互换价值 -24.175 万美元是一致的，10 美元的差异则是连续复利与普通复利之间转换时四舍五入导致的。

8.2.3.2 互换利率的确定

合理的互换利率是使得互换合约价值为零的合约固定利率,通过令合约价值为零,即可倒求出合理的互换利率。

专栏 8–7

确定利率互换协议中的固定利率:运用债券组合

假设在一笔 2 年期的利率互换协议中,某一金融机构支付 3 个月期的 LIBOR,同时每 3 个月收取固定利率(3 个月计一次复利),名义本金为 1 亿美元。目前 3 个月、6 个月、9 个月、12 个月、15 个月、18 个月、21 个月和 2 年的贴现率(连续复利)分别为 4.8%、5.0%、5.1%、5.2%、5.15%、5.3%、5.3% 和 5.4%。第一次支付的浮动利率即为当前 3 个月期利率 4.8%(连续复利)。试确定此笔利率互换中合理的固定利率。

利率互换中合理固定利率的选择应使得利率互换的价值为零,即 $B_{\mathrm{fl}} = B_{\mathrm{fix}}$。在这个例子中,$B_{\mathrm{fl}} = 10\,000$ 万美元,令

$$B_{\mathrm{fix}} = \frac{k}{4}e^{-0.048\times 0.25} + \frac{k}{4}e^{-0.050\times 0.5} + \frac{k}{4}e^{-0.051\times 0.75} + \frac{k}{4}e^{-0.052\times 1} + \frac{k}{4}e^{-0.0515\times 1.25} + \frac{k}{4}e^{-0.053\times 1.5} + \frac{k}{4}e^{-0.053\times 1.75} + \left(10\,000 + \frac{k}{4}\right)e^{-0.054\times 2} = 10\,000 \text{(万美元)}$$

可以求得 $k = 543$ 万美元,即固定利率水平应确定为 5.43%(3 个月计一次复利)。

用公式表达,当互换合约价值为零时,合理的互换利率 R_{swap} 可以表达为

$$R_{\mathrm{swap}} = \frac{1 - B(0, T_n)}{\tau \sum_{i=1}^{n} B(0, T_i)}$$

其中,$B(0, T_i)$ 表示对应期限的贴现因子,τ 为互换时间间隔。

8.2.3.3 实际中的互换定价

上文所述的互换定价都假设浮动利率和互换产品的合理贴现率是一致的,实际市场可能并不是这样。例如,对于国际市场上最常见的基于 LIBOR 的利率互换,其浮动利率 LIBOR 是金融机构信用等级的有风险利率,但次贷危机后监管机构为加强中央清算和对手方风险管理,规定贴现率应该用无风险利率。又如中国市场上的 FR007 利率互换和 SHIBOR 利率互换,浮动端利率与贴现率也不相同。至于以债券到期收益作为浮动利率的利率互换,其浮动利率与贴现率更不可能是相同的,必然需要进行调整。这意味着如果要精确定价,在实际操作中需要对上文所述的理论模型进行调整。

8.2.4 利率期权定价

利率期权定价涉及较为复杂的数学模型，超出了本书的范畴。在这一章，我们只介绍三种最常见的期权产品的定价模型，并且只介绍基本原理和简单结论。

8.2.4.1 欧式债券期权：Black 定价模型

Black 模型由费希尔·布莱克（Fischer Black）于 1976 年提出，最早是用于欧式期货期权定价的，后来被人们发现可以应用于更广范围的产品，如欧式债券期权。

Black 模型对欧式债券期权定价的基本思路是：假设标的债券价格 P_T 在期权到期时刻 T 服从对数正态分布，在风险中性世界中的具体分布为

$$\ln P_T \sim N\left[\ln P_t + \left(r - \frac{\sigma_P^2}{2}\right)(T-t),\ \sigma_P\sqrt{T-t}\right]$$

参数包括当前债券价格 P_T、波动率 σ_P、无风险利率 r 和期权剩余期限 $T-t$。

根据风险中性定价法，该欧式债券期权的价格等于期权到期回报在风险中性世界中的期望值按无风险利率贴现的现值，即

$$c_t = B(t,T)\mathbb{E}_t\left[\max(P_T - K, 0)\right]$$
$$p_t = B(t,T)\mathbb{E}_t\left[\max(K - P_T, 0)\right]$$

其中，c_t 和 p_t 分别为 t 时刻的欧式看涨期权和欧式看跌期权价值，$B(t,T)$ 为无风险贴现因子，$\mathbb{E}_t[\cdot]$ 表示风险中性期望值，K 为行权价。对上式求期望，可以得到该欧式债券期权的定价公式：

$$c_t = B(t,\ T)\left[F(t,T,T^*)N(d_1) - KN(d_2)\right]$$
$$p_t = B(t,\ T)\left[KN(-d_2) - F(t,T,T^*)N(-d_1)\right]$$

其中，

$$d_1 = \frac{\ln\left(\dfrac{F(t,T,T^*)}{K}\right) + \dfrac{1}{2}\sigma_P^2 \times (T-t)}{\sigma_P \times \sqrt{T-t}}$$

$$d_2 = d_1 - \sigma_P \times \sqrt{T-t}$$

$N(\cdot)$ 为标准正态分布的累积概率分布函数，期权和标的债券的到期时刻分别为 T 和 T^*，σ_P 为 t 至 T 期间标的债券价格对数的波动率，$F(t,T,T^*)$ 为 t 时刻标的债券的远期价格，远期到期时刻为 T。$F(t,T,T^*)$ 可以根据债券远期定价公式求得。

值得强调的是，实际上距离债券到期时刻越近，债券价格的波动越小，因此波动率 σ_P 实际上只是确定了债券价格的对数在 $T-t$ 期间的标准差为 $\sigma_P \times \sqrt{T-t}$，并不一定意味

着此期间任意瞬间的波动率为 σ_P。

应该注意的是,这里的对数正态分布假设是近似,对于期限较短或带有其他特征的债券,有理由认为该假设不成立,那么 Black 模型就不能使用。另外,Black 模型对美式期权也不适用。

8.2.4.2 利率上限期权和利率下限期权定价:LFM 定价模型

利率顶可以拆分为一系列欧式利率看涨期权的组合,因此利率顶的价值可以表示为

$$\mathrm{cap}(t) = \sum_i c_i(t)$$

其中,$\mathrm{cap}(t)$ 和 $c_i(t)$ 分别表示利率顶和每个子期权的价值,而每个子期权的标的变量实际上都是对应期限的远期利率。只要计算出单个欧式利率看涨期权的价值,加总即可得到整个利率上限期权的价值。

LFM 模型(Lognormal Forward Model)假设标的远期利率服从对数正态分布。具体而言,在为单个欧式利率看涨期权定价时,LFM 模型假设其相应的标的远期利率在到期时服从如下特征的对数正态分布[①]:

$$\ln R(T,T^*) \sim N\left[\ln R(t,T,T^*) - \frac{\sigma_R^2}{2}(T-t), \sigma_R\sqrt{T-t}\right]$$

其中,$R(t,T,T^*)$ 为 t 时刻 T 至 T^* 期限的远期利率,$R(T,T^*)$ 则是 T 时刻 T 至 T^* 期限的即期利率,σ_R 是 t 至 T 期间远期利率对数 $\ln R(t,T,T^*)$ 的波动率。

由于利率看涨期权的到期回报为

$$M \times \max(R(T,T^*) - K, 0) \times (T^* - T)$$

其中,M 为名义本金。根据风险中性定价法,该期权的当前价格为期权到期回报在定价测度下期望值的贴现,即

$$c_t = B(t,T^*) \mathbb{E}_t^{T^*}\left[M \times \max(R(T,T^*) - K, 0) \times (T^* - T)\right]$$

对上式求期望,可以得到单个利率看涨期权的定价公式:

$$c_t = M \times (T^* - T) \times B(t,T^*) \times \left[R(t,T,T^*)N(d_1) - KN(d_2)\right]$$

其中,

$$d_1 = \frac{\ln\left(\dfrac{R(t,T,T^*)}{K}\right) + \dfrac{1}{2}\sigma_P^2 \times (T-t)}{\sigma_R \times \sqrt{T-t}}$$

[①] 实际上,LFM模型假设不同的远期利率在不同的测度下服从对数正态分布,测度部分的内容超出本书范畴,感兴趣的读者可以参考:陈蓉,郑振龙. 固定收益证券[M]. 北京:北京大学出版社,2011.

$$d_2 = d_1 - \sigma_R \times \sqrt{T-t}$$

由于上述模型与 Black 模型的定价公式在前提条件（对数正态分布）和形式上非常相似，所以人们往往将这一定价公式视为 Black 模型的一个运用。

利率底和利率顶则刚好相反，它是一系列利率的看跌子期权的组合，其中，每个看跌子期权的定价公式为

$$p_t = M \times (T^* - T) \times B(t, T^*) \times \left[KN(-d_2) - R(t, T, T^*) N(-d_1) \right]$$

8.2.4.3 欧式利率互换期权：LSM 定价模型

欧式利率互换期权定价的最常用方法是 LSM 模型（Lognormal Swap Model），即假设利率互换期权的标的互换利率在期权到期时服从如下特征的对数正态分布[①]：

$$\ln S_T \sim N \left[\ln S_t - \frac{\sigma_S^2}{2}(T-t), \sigma_S \sqrt{T-t} \right]$$

其中，S_T 为标的利率互换合约到期时的互换利率，S_t 为 t 时刻的远期互换利率，σ_S 是 t 至 T 期间互换利率对数的波动率。

由于欧式利率互换期权的到期回报可以表示为

$$M \times \max(S_T - K, 0)$$

同时，利率互换对应一系列现金流的现值，因此其使用的是由系列贴现因子（而非单个贴现因子）计算得到的年金因子 A_t：

$$A_t = \sum_{i=0}^{N-1} (T_{i+1} - T_i) \times B(t, T_{i+1})$$

因此，欧式利率互换期权的定价公式为

$$c_t = M \times A_t \times \left[S_t N(d_1) - K N(d_2) \right]$$

$$p_t = M \times A_t \times \left[K N(-d_2) - S_t N(-d_1) \right]$$

其中，

$$d_1 = \frac{\ln\left(\dfrac{S_t}{K}\right) + \dfrac{1}{2}\sigma_S^2 \times (T-t)}{\sigma_S \times \sqrt{T-t}}$$

$$d_2 = d_1 - \sigma_S \times \sqrt{T-t}$$

可以看到，LSM 模型的前提假设和公式形式与 Black 模型相似，因而也可视为 Black 模型的一个应用。

---

① 实际上，LSM 模型假设互换利率是在特定的测度下服从对数正态分布的，感兴趣的读者可以参考：陈蓉，郑振龙. 固定收益证券 [M]. 北京：北京大学出版社，2011.

8.2.5 信用衍生品定价

信用衍生品包括 CDS、信用联结票据（CLN）、CDS 指数、一篮子 CDS、CDS 期权等。其中，CDS 是最为基础的信用衍生品，其定价模型主要分为两类：结构化模型和简约化模型。

8.2.5.1 结构化模型

结构化模型由默顿（Merton）首先提出，这类模型试图从公司的股价和资本结构提取违约风险。模型的基本原理是将债权和股权视为公司价值的期权，再用 BSM 期权定价模型定价，继而得到公司违约概率。最初的 Merton 模型预设了各种较为严格的假设，后续学者在其基础上放松了和增加了一些假设，例如，设定违约门槛、加入资产价格跳跃等，进而发展出一系列定价模型。Merton 模型利用期权定价方法，因此其诸多假设也直接继承于 BSM 期权定价模型。

假设一：市场无摩擦。没有交易费用和税收，没有卖空限制，资产完全可分，可以连续交易，不存在买卖差价，借款利率等于贷款利率。

假设二：市场上不存在无风险套利机会。

假设三：公司资产的价值 V_t 遵循几何布朗运动：

$$\mathrm{d}V_t = rV_t\mathrm{d}t + \sigma V_t \mathrm{d}W_t$$

其中，r 是无风险利率，σ 是基础资产价格的波动率，W_t 是一个标准维纳过程。

假设四：公司的资本结构由股权 E 和零息债券 D 两部分组成。零息债券的到期日为 T，面值为 F，则

$$V_t = D_t + E_t$$

结合假设一，可知公司价值和资产价值相同，与资本结构无关，也即 MM 定理（Modigliani-Miler Theorem）成立。

假设五：股东价值最大化。公司管理层的目标在于追求股东财富最大化。

假设六：在时刻 T 之前，既没有任何现金支付，也没有任何类型的其他证券发行，且破产成本为 0，违约只可能在到期时发生。

假设七：股东只有在债权人先获得偿付之后，才能得到正的支付。

在时刻 T，如果 $V_T \geq F$，债券持有人将获得 F；如果 $V_T < F$，债权人只能得到 V_T，即 $D_T = \min(F, V_T) = F - \max(F - V_T, 0)$，可视为一个面值为 F 的零息无风险债券减去一个执行价格为 F 的看跌期权收益。

再看公司股东在时刻 T 的收益：如果 $V_T \geq F$，股东将得到 $V_T - F$；如果 $V_T < F$，股东将得到 0，即 $E_T = \max(V_T - F, 0)$，可视为一个执行价格为 F 的看涨期权。

根据期权定价公式：

$$D_t = Fe^{-r(T-t)} - Fe^{-r(T-t)}N(-d_2) + V_t N(-d_1)$$
$$= Fe^{-r(T-t)}N(d_2) + V_t N(-d_1)$$

其中，$N(\cdot)$ 是标准正态分布的累积概率分布函数，

$$d_1 = \frac{\ln\left(\frac{V_t}{F}\right) + \left(r + \frac{\sigma^2}{2}\right)(T-t)}{\sigma\sqrt{T-t}}$$

$$d_2 = d_1 - \sigma\sqrt{T-t}$$

同理，公司价值为

$$E_t = V_t N(d_1) + Fe^{-r(T-t)} N(d_2)$$

其中，$N(\cdot)$，d_1，d_2 如前所述。

据此，可以推导出公司债券的违约风险中性概率，即公司的总资产低于总债务：

$$P(V_T < F) = N(-d_2) = N\left(\frac{\ln\left(\frac{F}{V_t}\right) - \left(r - \frac{\sigma^2}{2}\right)(T-t)}{\sigma\sqrt{T-t}}\right)$$

同时，还可推导出公司债券隐含的信用利差（即 CDS 保护费）为

$$c = \frac{1}{n}\ln\left[N(d_2) + \frac{V_t}{F}e^{rt}N(-d_1)\right]$$

结构化模型的提出对信用风险管理以及衍生品定价研究具有里程碑意义。但是结构化模型也存在着一些缺陷。第一，结构化模型的应用依赖于公司违约受资本结构影响的假设，但违约的原因可能不限于公司资本结构，并且一旦涉及更复杂的资本结构，该模型的计算难度将增大；第二，结构化模型对数据的要求较高，不能用于非上市公司发行的债券；第三，结构化模型假设公司资产服从几何布朗运动，这显然与现实不符，事实上，违约可预测性问题一直是结构化模型的重大缺陷，而如果假设违约门槛为随机的或加入跳跃项等，又导致模型的计算复杂度大大提高；第四，结构化模型不易拓展，对于一些复杂的信用衍生品往往无能为力。

8.2.5.2　简约化模型

与结构化模型不同，简约化模型并不考虑导致公司违约背后复杂的经济因素，而是直接用泊松过程等随机过程刻画违约事件本身的统计特性。该类模型的假设较少，在市场上的应用较为广泛。其中，违约强度模型是运用最广泛的简约化模型。

用记号 τ 来表示违约发生的时刻。与之密切相关的一个概念是跳跃过程，我们记为 $N(t)$，它在开始阶段的取值为 0，违约事件发生的时刻 t 及以后的取值都为 1。这样，我们有

$$\tau = \min\{t \geq 0 \mid N(t) = 1\}$$

则违约发生在 t 和 s 的概率为 $P(t<\tau\leq s)=P(N(t)=0,N(s)=1)$，同时我们记

$$P(N(k)=1)=P_k=P(\tau\leq k)$$

$$P(N(k)=1|N(k-1)=0)=q_k=P(\tau\leq k|\tau>k-1)$$

我们假定跳跃过程满足如下关系：

$$P(N(t+\mathrm{d}t)=1|N(t)=0)=\lambda(t)\mathrm{d}t$$

参数 λ 实际上是信用产品在某时点的瞬时违约概率，一般称为违约强度（Default Intensity）或风险率（Hazard Rate）。

事实上，令 $P(t)=P(N(t)=1)$，我们有

$$\frac{p(t+\mathrm{d}t)-p(t)}{1-p(t)}=\lambda(t)\mathrm{d}t$$

这样我们可以通过微分方程解得 $p(t)=1-e^{-\int_0^t\lambda(s)\mathrm{d}s}$，违约分布的密度函数为 $\lambda(t)e^{-\int_0^t\lambda(s)\mathrm{d}s}$。

在此基础上，我们可以对 CDS 进行定价。为了便于讨论，假设一个每年年末支付票息且在 T 时刻到期的 CDS，每年的票息为 s，面值为 1，回收率为 R。我们记 $D_1, D_2, \cdots, D_T$ 分别为 1, 2, $\cdots$, T 的无风险贴现因子，同时 $P(\tau>t)$ 代表在时刻 t 还没有违约的概率，$P(t-1<\tau\leq t)$ 则表示违约在 $t-1$ 年和 t 年之间的概率，则 CDS 折现票息的期望现金流为

$$\text{Premium Leg}=E\left(\sum_{i=1}^T sD_iP(\tau>i)\right)$$

为了描述浮动端的现金流，我们引入一个记号：

$$I=\begin{cases}1,\tau\leq T\\0,\tau>T\end{cases}$$

这样，CDS 违约点的期望现金流为

$$\text{Loss Leg}=E((1-R)D_\tau I_{\tau\leq T})$$

综上，一个 CDS 盯市净值为 $E\left[(1-R)D_\tau I_{\tau\leq T}-s\sum_{i=1}^T D_iP(\tau>i)\right]$。

当需要对 CDS 定价时：

$$s=\frac{E((1-R)D_\tau I_{\tau\leq T})}{\sum_{i=1}^T D_iP(\tau>i)}$$

现实中，可以通过各期限的 CDS 报价递推求得各期限的风险中性违约概率。再利用这个风险中性违约概率，对 CDS 头寸进行估值。

首先假定一旦违约发生在 $i-1$ 年和 i 年之间，赔偿金总是在时刻 i 得到，则有

$$E(D_\tau I_{\tau \leq T}) \approx P(0 < \tau \leq 1)D_1 + P(1 < \tau \leq 2)D_2 + \cdots + P(T-1 < \tau \leq T)D_T$$

例如，一个一年的违约互换隐含：

$$s_1 D_1 P(\tau > 1) = (1-R)D_1 P(\tau \leq 1) = (1-R)D_1(1 - P(\tau > 1))$$

得到

$$P(\tau > 1) = \frac{1-R}{1 + s_1 - R}$$

同理，一个两年期的违约互换：

$$s_2 D_1 P(\tau > 1) + s_2 D_2 P(\tau > 2) = (1-R)D_1 P(0 < \tau \leq 1) + (1-R)D_2 P(1 < \tau \leq 2)$$

可以解得

$$P(\tau > 2) = \frac{(1-R)D_1 P(\tau \leq 1) - s_2 D_1 P(\tau > 1) + (1-R)D_2 P(\tau > 1)}{s_2 D_2 + (1-R)D_2}$$

递推进行这个过程有

$$P(\tau > n) = \frac{\sum_{i=1}^{n-1}(1-R)D_i\left[P(\tau > i-1) - P(\tau > i)\right] - \sum_{i=1}^{n-1} s_n D_i P(\tau > i)}{s_n D_n + (1-R)D_n}$$
$$+ \frac{(1-R)D_{n-1} P(\tau > n-1)}{s_n D_n + (1-R)D_n}$$

其中，贴现因子也可以从利率曲线中得到。这样就得到了风险中性违约概率。

接着，考虑违约时间的整体分布，得到

$$P(t < \tau) = e^{-\int_0^t \lambda(s)\mathrm{d}s}$$

$$P(t < \tau \leq T) = e^{-\int_0^t \lambda(s)\mathrm{d}s} - e^{-\int_0^T \lambda(s)\mathrm{d}s}$$

令违约互换现金流的概率加权因子相等，得到

$$s \sum_{i=1}^{T} D_i e^{-\int_0^i \lambda(s)\mathrm{d}s} = (1-R)\int_0^T D_t \lambda(t) e^{-\int_0^t \lambda(s)\mathrm{d}s}\mathrm{d}t$$

为了简化计算，可以假设一年内违约强度是一定的，进而可以运用类似离散下递推的方法得到违约强度的期限结构，从而代入 CDS 定价公式中进行定价。

特别地，在假设利率期限结构是平的且违约强度是常数的情况下，时刻 T 以前的预期票息现值为

$$\int_0^T e^{-\lambda t} s e^{-rt} dt = s \frac{1-e^{-(\lambda+r)T}}{\lambda+r}$$

在时刻 T 以前的预期赔付现值为

$$\int_0^T (1-R) e^{-\lambda t} \lambda e^{-rt} dt = \lambda(1-R) \frac{1-e^{-(\lambda+r)T}}{\lambda+r}$$

合约初始时，公平的 CDS 保护费应使 CDS 合约价值为 0，则有

$$\left(\lambda(1-R)-s\right) \frac{1-e^{-(\lambda+r)T}}{\lambda+r} = 0$$

可得 CDS 保护费为

$$s = \lambda(1-R)$$

简约化模型将违约过程看成外生变量，模型假设的要求较低，计算违约概率所需要的参数皆从市场中观测得到，并且模型的计算较为简单，对实际数据的拟合能力较好，比结构化模型更为流行，也是主要的 CDS 定价方法。其缺点是无法分析违约的经济机理，难以刻画由经济环境的突然变化导致的违约概率增加。

本章小结

公平的零成本衍生品合约对交易双方的价格都是零，理论上交易双方可以不支付任何成本相互建立头寸；不是零成本的衍生品合约则需要某一方支付合约的价值。

绝对定价法的原理是加总未来现金流（或其期望值）的现值，适用于未来现金流和贴现率易于确定的基础证券。

相对定价法的原理是运用衍生品与标的资产的内在相对关系，基于标的资产价格计算衍生品价格。

复制定价法的原理是用一组证券复制另一组证券的现金流特征，根据无套利原理，它们的价格也应相等。复制定价法的前提是市场是无套利且可复制的。

风险中性定价法假设投资者对于风险的态度都是中性的，所有资产的预期收益率都是无风险利率。该假设是技术假设，其原理是无论投资者的风险态度如何，可复制的资产之间的价格相对关系不发生变化。

远期利率协议是买卖双方同意从未来某一商定的时刻开始的一定时期内按协议利率借贷一笔数额确定、以具体货币表示的名义本金的协议。可基于无套利定价原理为远期利率协议定价。

国债期货的空头拥有择券期权和择时期权，因此在交割券和交割时间上有一定的选择权。

对于利率互换合约，合理的互换利率是使互换合约价值为零的固定利率。

利率互换既可以分解为一个浮动利率债券和一个固定利率债券，又可以分解为一系列远期利率协议。

欧式债券期权在定价时可以运用为欧式期权期货定价的 Black 模型。

利率顶可以分解为一系列欧式利率看涨期权的组合，而利率底可以分解为一系列欧式利率看跌期

权的组合。

CDS 的定价方法主要分为结构化模型和简约化模型。

结构化模型试图应用公司股价和资本结构解释违约风险，并运用期权定价方法为公司债务定价。

简约化模型运用泊松过程等随机过程刻画违约事件本身的统计特性。

重要术语

衍生品　保证金　标的资产　风险中性定价法　持有成本　远期利率　远期利率协议　国债期货　利率互换　利率期权　欧式债券期权　利率上限期权　利率下限期权　信用衍生品　违约强度　风险率

思考练习题

1. 衍生品有哪些价格概念？试以远期和期权为例进行简单的阐述。

2. 假设黄金现货价格为 1 200 美元/盎司，1 年后到期的黄金期货价格为 1 300 美元/盎司，无风险利率为 5%。利用无套利定价原理，简述市场中的套利机会，并尝试设计一组交易来实现套利。

3. 假设 1 个月期的无风险复利年利率为 5%，一只无红利股票 A 的当前价格为 90 元，1 个月后这只股票将会上涨 10% 或下跌 20%。请为股票 A 1 个月后到期的执行价为 95 元的欧式看涨期权定价，并求出在风险中性下股票 A 上涨的概率。

4. 根据衍生品定价模型的基本假设，对以下陈述进行判断：

（1）金融市场上的参与者既可以是价格的制定者，也可以是价格的接受者。

（2）市场上不存在无风险套利机会。

（3）市场无摩擦假设对于现实中的市场是既不实际又不合理的。

5. 假设在一份利率互换协议中，某一金融机构支付 6 个月期限的 SHIBOR，同时收取 3% 的年利率（6 个月计一次复利），名义本金为 1 亿美元。互换还有 12 个月的期限。目前 3 个月、6 个月、9 个月和 1 年的 SHIBOR（连续复利）分别为 2.80%、2.95%、3.10% 和 3.25%。请用两种方式对上述利率互换合约定价。

6. 本章中讲解的各类衍生品定价在现实应用中有一定的局限性。请讨论这些局限性，并尝试在市场中找到实际交易数据进行佐证。

参考文献

[1] 陈蓉, 郑振龙. 固定收益证券 [M]. 北京：北京大学出版社，2011.

[2] 郑振龙, 陈蓉. 金融工程（第三版）[M]. 北京：高等教育出版社，2016.

[3] 中国银行间市场交易商协会. 信用衍生产品：理论与实务 [M]. 北京：北京大学出版社，2017.

[4] Hull J. C. *Options, Futures, and Other Derivative Securities* (9th Edition) [M]. New Jersey：Prentice Hall Inc., 2014.

［5］Neftci S. N. *Principles of Financial Engineering* [M]. Academic Press, 2004.

［6］Wilmott P. *Paul Wilmott on Quantitative Finance* (2nd edition) [M]. London：Wiley & Sons Ltd., 2006.

相关网络链接

国际清算银行：https://www.bis.org/
美国期货业协会：https://www.fia.org/
中国期货业协会：https://www.cftc.gov/
中国货币网：http://www.chinamoney.com.cn/
芝加哥商品交易所：https://www.cmegroup.com/
芝加哥期权交易所：http://www.cboe.com/
中国金融期货交易所：http://www.cffex.com.cn/
上海期货交易所：http://www.shfe.com.cn/
大连商品交易所：http://www.dce.com.cn/
郑州商品交易所：http://www.czce.com.cn/

第三篇

固定收益证券实务

第 9 章
政府债券*

陈海华　陈　曦（中国建设银行）

学习目标

通过本章的学习，读者应能够：
◎ 理解国债与地方政府债券的定义；
◎ 了解国债与地方政府债券的发行历史沿革；
◎ 对国债与地方政府债券的分类及发行方式有一定认识；
◎ 对国债做市商制度及做市支持制度有初步了解。

■ 开篇导读

政府债券是我国债券市场的重要组成部分。本章所述的政府债券包括财政部发行的国债和地方财政部门发行的地方政府债券。其中财政部是目前境内债券存量规模最大的单一发行人，地方政府债券是近年来发行规模提升最快的债券品种，截至 2017 年年末，两者的余额分别为 13.7 万亿元和 14.7 万亿元，分别占债券市场总余额的 17.99% 和 19.74%。[①] 政府债券的安全性较高，其中国债是国家以其信用为基础，按照信用原则向社会筹集的财政资金，地方政府债券是地方政府唯一合法的举债方式，省、自治区、直辖市政府（含经省级政府批准自办债券发行的计划单列市政府）是地方政府债券的发行

---

* 本章由陈健恒（中金公司）审校。
① 根据Wind数据库数据统计。

人和偿债主体，举债规模由国务院报全国人大或全国人大常委会批准，纳入政府预算管理。

9.1 国债概况

国债，是指中华人民共和国财政部代表中央政府发行的国家公债，它既是中央政府行使社会发展和经济建设职能、平衡预算收支的手段，又是财政政策工具之一。国债是国家以其信用为基础，按照信用原则向社会筹集财政资金所形成的债权债务关系。由于国债的发行主体是国家，所以它具有最高的信用度，被公认为是最安全的投资工具。根据《中华人民共和国企业所得税法》，国债的利息收入免征所得税，根据《商业银行资本管理办法（试行）》，国债的风险权重为0。

9.1.1 国债的分类

按照不同的标准，国债有不同的分类方式。按债券类型分类，我国国债分为记账式国债和储蓄国债两大品种。其中记账式国债分为记账式附息国债和记账式贴现国债两类；储蓄国债分为储蓄式（电子式）国债和凭证式国债两类（见图9-1）。主要在银行间市场发行并流通的是记账式国债。

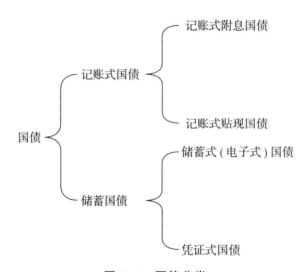

图9-1　国债分类

以2017年为例，记账式国债发行量占比为90%，储蓄国债发行量占比为10%。财政部于2009年发布的《对记账式国债实行分类管理的通知》将记账式国债规范分类为记账式贴现国债和记账式附息国债两类。其中规定，记账式贴现国债是指财政部以低于面值的价格贴现发行，到期按面值还本，期限为1年（不含1年）以下的记账式国债；记账式附息国债是指财政部发行的定期支付利息，到期还本付息，期限为1年（含1年）以上的记账式国债。2015年以来，实行了每周五发行3个月期贴现国债，每个月发行

6个月期贴现国债的规律。

我国国债还可按关键期限和非关键期限分类。财政部每年公布当年的记账式国债招标发行规则，其定义关键期限国债为首次发行期限为1年、3年、5年、7年、10年期的记账式国债。目前，关键期限国债在每周的周三上午10:35—11:35发行，已经形成了关键期限国债新发1次、续发2次的规律。[①] 非关键期限国债是除关键期限国债以外所发行的各期记账式国债，如2年、30年、50年等期限的国债。[②] 非关键期限国债的发行穿插在关键期限国债常规发行之中，形成了较为完整的期限结构。

按照资金用途分类，国债可分为新增国债和借新还旧国债。新增国债是指为弥补当年预算赤字而发行的国债，将增加国债的余额，由全国人大审批；借新还旧国债是指为偿还之前年度发行、当年到期的国债而发行的国债，借新还旧国债的发行由财政部在年度国债余额限额内根据财政收入状况和资本市场情况自行运作。

此外，在我国国债发行历史上，曾经发行三次特别国债。特别国债是为实施某种特殊政策而发行的国债，具有特定目标和明确用途。一是1998年财政部发行的期限为30年的2 700亿元特别国债，这批特别国债用于补充四大行资本金，不可向市场机构转让；二是2007年发行的1.55万亿元特别国债，用于向央行购买2 000亿美元外汇组建中投公司，其中通过市场公开发行约2 000亿元，向人民银行定向发行1.35万亿元；三是2017年8月，对2007年发行的特别国债到期续发，采用滚动发行方式向有关银行定向续发了到期的6 000亿元（人民银行定向发行部分）的特别国债，减少对市场的流动性冲击，2017年年内剩余陆续到期的964亿元特别国债，则面向市场公开发行。在公开市场发行的特别国债与普通记账式国债具有相同的交易属性。

9.1.2 国债的发展历程

我国国债发行方式经历了从行政定价发行向协议发行再向市场招标发行的转变。真正意义上的国债市场化发展是从1981年财政部恢复发行国库券起步的，历经30多年，经历了以上海证券交易所为代表的场内债券市场和以银行间债券市场为代表的场外债券市场等主要阶段。

具体来看，从恢复国债发行到20世纪90年代初期，单方面的行政定价方式是债券发行的基本定价方式。随着国债发行数量的增加，财政部引入了市场化的发行机制，开始组织国债的承购包销团，标志着我国国债发行从行政分配向市场化发行迈出了第一步。1991年，70多家机构参加了包销团，包销了1/4的国债。1996年，国债的发行方式开始由承购包销向公开招标过渡，其定价方式由承销团成员集体与发行者之间商议，变为投资者按自己的意愿投标，由竞标结果决定发行价格。1998年，银行离开交易所债券市场，银行间债券市场成立。2000年，银行间债券市场国债承销团首先组建。2013年，财政部提出取消国债承销团行政审批，进一步提升了国债发行的市场化程度。

[①] 2019年，财政部完善续发行机制，在之前规律的基础上将续发行的次数增加至3—5次。
[②] 以财政部公布的2019年记账式国债发行计划为例，2年期品种全年发行11次，30年期品种全年发行10次，50年期品种全年发行3次。

2006年，十届全国人大常委会通过了全国人大常委会预算工作委员会关于实行国债余额管理的意见，这意味着我国将参照国际通行做法，采取国债余额管理方式管理国债发行活动，从而科学管理国债规模，有效防范财政风险。国债余额是指中央政府历年的预算差额，即预算赤字和预算盈余相互冲抵后的赤字累计额和经全国人大常委会批准的特别国债的累计额。国债余额管理是指立法机关不具体限定中央政府当年国债发行额度，而是通过限定一个年末不得突破的国债余额上限以达到科学管理国债规模的方式。

以2017年为例，全年发行人民币国债约3.99万亿元[①]，含中央赤字约1.55万亿元，借新还旧国债1.99万亿元。债券类型包括记账式国债约3.67万亿元和储蓄国债约3 215亿元，其中发行记账式贴现国债61次，合计约6 672亿元，发行记账式附息国债81次，合计约3.01万亿元。

从存量规模上看，我国记账式国债的发行期限涵盖从3个月到50年期多个品种，包括短期、中期、长期，形成了丰富的期限结构，表9-1显示了我国记账式国债的期限结构。截至2017年年末，我国国债存量余额为13.1万亿元，其中，记账式国债约12.2万亿元，占比约93%；储蓄式国债余额约8 824亿元，占比约7%。

表9-1 我国记账式国债期限结构（截至2017年年末）

类别	债券余额（亿元）	余额比重（%）
1年以内	14 520.70	11.91
1—2年	11 101.50	9.10
2—3年	12 334.80	10.11
3—4年	10 333.00	8.47
4—5年	19 725.50	16.17
5—6年	7 493.00	6.14
6—7年	10 828.40	8.88
7—8年	3 182.40	2.61
8—9年	3 916.60	3.21
9—10年	5 798.30	4.75
10年以上	22 734.47	18.64
合计	121 968.67	100.00[②]

伴随债券市场近年来的繁荣发展，我国国债的投资者类型不断丰富，目前主要包括商业银行、农村信用合作社、证券公司、保险机构、境外机构、个人投资者等。各类投资者由于具备不同的盈利目标、久期偏好、负债约束等条件，所以在债券配置结构上往往具有不同的风格。因国债利息收入免征企业所得税和增值税且风险权重为0，配置国债既可以免税，又可以节约资本，所以实际收益率较高，表9-2展示了各品种债券之间实际收益率的比较。

---

① 包括部分当年到期的贴现国债。
② 各类别余额比重相加为99.99%，误差系四舍五入所致。

表 9-2 各品种债券实际收益率比较（截至 2017 年年末） （单位：%）

	1 年	3 年	5 年	7 年	10 年
名义收益率					
贷款利率	4.35	4.75	4.75	4.90	4.90
国债	3.79	3.78	3.84	3.90	3.88
地方政府债券	4.19	4.18	4.24	4.30	4.28
政策性金融债券	4.73	4.79	4.85	5.02	4.99
同业存单	5.29	—	—	—	—
AAA 非金融企业债券	5.22	5.30	5.44	5.45	5.46
AAA 商业银行金融债券	5.14	5.19	5.28	5.30	5.31
实际收益率					
贷款利率	3.47	3.87	3.87	4.02	4.02
国债	5.40	5.38	5.47	5.55	5.52
地方政府债券	5.71	5.70	5.79	5.87	5.84
政策性金融债券	5.05	5.12	5.18	5.36	5.33
同业存单	5.32	—	—	—	—
AAA 非金融企业债券	4.52	4.60	4.74	4.75	4.76
AAA 商业银行金融债券	5.17	5.22	5.32	5.33	5.35

注：实际收益率计算主要考虑各券种的免税效应以及资本占用情况。

考虑到免税和不占用资本的因素，以商业银行为代表的银行类机构是各期限国债的主要需求方，截至 2017 年年末，商业银行的国债托管量占比约为 66.88%；贴现国债因为期限短，流动性较好，是较理想的现金管理工具，因此货币基金主要配置短期的贴现品种；保险机构负债久期较长，需要久期长的资产进行匹配，超长期国债，如 30 年、50 年品种，是债券市场上为数不多的长期品种供给，因此保险公司主要配置超长期品种国债；伴随我国金融市场不断对外开放，境外机构逐渐加强了对以人民币计价的中国国债的配置力度，并以中短期限国债为主。图 9-2 展示了各类型投资机构的国债托管量占比。

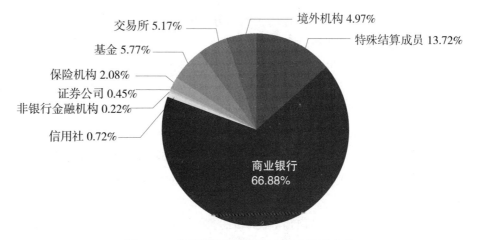

图 9-2 各类型投资机构国债托管量占比

注：特殊结算成员主要包含政策性银行等。合计误差系四舍五入所致。

9.2 地方政府债券概况

9.2.1 地方政府债券的特点和作用

地方政府债券是指由地方政府发行的债券。根据2014年修订的《中华人民共和国预算法》(以下简称《预算法》)和《国务院关于加强地方政府性债务管理的意见》(国发〔2014〕43号,简称"43号文"),地方政府债券是地方政府唯一合法的举债方式,举债规模由国务院报全国人大或全国人大常委会批准,纳入政府预算管理。发行地方政府债券属于国务院支持的合法合规举债融资方式,是开好"前门"的主路,也是化解存量债务风险的重要措施。

根据《预算法》《地方政府一般债务预算管理办法》和《地方政府专项债务预算管理办法》,省、自治区、直辖市政府(含经省级政府批准自办债券发行的计划单列市政府)是地方政府债券的发行人和偿债主体,具有较高的政府信用等级。

地方政府对地方政府债券依法承担全部偿还责任,具有较完善的应急处置预案。根据2016年发布的《国务院办公厅关于印发地方政府性债务风险应急处置预案的通知》,对地方政府债券(包括一般债券和专项债券),地方政府依法承担全部偿还责任,中央实行不救助原则。如果地方政府出现债务违约,采取措施后仍然偿还困难,需按照债务风险等级逐级申请救助,必要时由财政部向国务院报告,国务院可以对其提前调度部分国库资金周转,事后扣回。

地方政府债券享受与国债相同的免税政策,利息收入免征所得税和增值税。风险权重仅为20%,是被市场普遍认可的一种政府债券,广泛用于各类融资质押。

9.2.2 地方政府债券的发展历程

地方政府债券是伴随我国地方政府债务"堵后门,开前门"这一历程产生的。这一历程主要包括以下六个阶段。阶段一:1994年分税制改革以后,地方财政收支缺口扩大,地方政府设立融资平台公司,形成大量隐性债务。阶段二:2009年开始试点发行代发代还地方政府债券,2011年试点发行自发代还地方政府债券。阶段三:党的十八大以来,进一步完善法律制度框架,建立规范的地方政府举债融资机制,实行地方政府债务限额管理和预算管理。阶段四:清理甄别认定存量地方政府债务。阶段五:开好地方政府举债的"前门"。2015年开始,规范化发行地方政府债券,包括新增地方政府债券和置换债券,并推进地方政府专项债券改革,堵住隐性债务的"后门",坚决制止地方政府违规举债。

这期间地方政府债券的发展主要经历了三个阶段,分别是"代发代还"地方政府债券、"自发代还"地方政府债券和"自发自还"地方政府债券。

第一,"代发代还"地方政府债券,由财政部代理发行并代办还本付息。2009年,财政部印发《2009年地方政府债券预算管理办法》。明确所谓"地方政府债券"是"经国务院批准同意，以省、自治区、直辖市和计划单列市政府为发行和偿还主体，由财政部代理发行并代办还本付息和支付发行费"的债券。在此种模式下，债券的发行和还本付息均由中央财政进行。

第二，"自发代还"地方政府债券，由各省市自行发行，由财政部代办还本付息。2011年，国务院批准上海、浙江、广东、深圳试点在额度内自行发行债券，但仍由财政部代办还本付息；其余地区的地方政府债券仍由财政部代理发行并代办还本付息。地方政府债券的发行端开始放开，地方政府可以就债券期限、每期发行数额、发行时间等要素与财政部协商确定。2013年，国务院批准新增江苏和山东成为"自发代还"地方政府债券试点地区，发行和还本模式仍采用之前的规定。

第三，"自发自还"地方政府债券，由各省市自行发行并还本付息。2014年，财政部印发《2014年地方政府债券自发自还试点办法》，上海、浙江、广东、深圳、江苏、山东、北京、江西、宁夏、青岛试点地方政府债券自发自还。地方政府债券改革继续推进。随着2014年修订的《预算法》和《国务院关于加强地方政府性债务管理的意见》的颁布，2015年明确了地方政府债券是地方政府唯一合法的举债方式，省、自治区、直辖市政府（含经省级政府批准自办债券发行的计划单列市政府）是地方政府债券的发行人和偿债主体，举债规模由国务院报全国人大或全国人大常委会批准，纳入政府预算管理。地方政府债券发行进入了一个全新的规范阶段。2015年5月，地方政府债券发行全面铺开。

9.2.3 地方政府债券的类型

2015—2017年，36个省、自治区、直辖市发行地方政府债券合计14.2万亿元，截至2017年年末，地方政府债券余额14.7万亿元，以地方政府债券为主体的规范的地方政府举债融资机制基本建立。目前，地方政府债券余额占整个债券市场的比重为19.74%，超过国债和政策性金融债券等，成为我国债券市场第一大品种。

按发行的方式，地方政府债券可分为公开债券和定向债券。公开债券在银行间债券市场和交易所市场公开流通。定向债券是由地方政府与债权人约定，定向发行并用于置换地方政府债务的政府债券，按照银行需要置换的贷款规模直接确定认购规模，无须缴款，不占用资金，仅可通过柜台市场流通。公开债券既可以用于置换存量债务，也可以用于偿还新增债务；定向债券则只用于置换存量债务。

按资金用途，地方政府债券可分为置换债券和新增债券。置换债券用于置换地方政府存量债务，既可公开发行，也可定向置换。新增债券都是公开发行的。

按还款来源和项目用途，地方政府债券可分为一般债券和专项债券。一般债券是省、自治区、直辖市（含计划单列市）为没有收益的公益性项目发行的、约定一定期限内主要以一般公共预算收入还本付息的政府债券。专项债券是省、自治区、直辖市（含计划单列市）为有一定收益的公益性项目发行的、约定一定期限内以对应的政府性基金或专项收入还本付息的政府债券。

2017年6月，财政部印发《关于试点发展项目收益与融资自求平衡的地方政府专项债券品种的通知》,着力发展实现项目收益与融资自求平衡的专项债券品种。目前,地方政府项目收益专项债券主要包括土地储备专项债券、收费公路专项债券和棚户区改造专项债券。

- 土地储备专项债券是指地方政府为土地储备发行,以项目对应并纳入政府性基金预算管理的国有土地使用权出让收入或国有土地收益基金收入(统称土地出让收入)偿还的地方政府专项债券。
- 收费公路专项债券是指地方政府为发展政府收费公路,以项目对应并纳入政府性基金预算管理的车辆通行费收入、专项收入偿还的地方政府专项债券。
- 棚户区改造专项债券是指遵循自愿原则、纳入试点的地方政府为推进棚户区改造发行,以项目对应并纳入政府性基金预算管理的国有土地使用权出让收入、专项收入偿还的地方政府专项债券。

除上述三种专项债券外,近年来地方政府还发行了轨道交通专项债券、污水处理专项债券、保障性住房专项债券等多类专项债券。

从2015年开始,地方政府债券超过国债和政策性金融债券等,成为我国债券市场第一大品种。以2017年为例,全年共发行地方政府债券约4.4万亿元,占整个债券市场发行量的11%。其中,按发行方式统计,公开招标发行约3.3万亿元,定向承销发行约1.1万亿元;按资金用途统计,新增债券发行约1.6万亿元,置换债券发行约2.8万亿元。新增债券中发行一般债券7 961亿元,专项债券7 937亿元。

从存量上看,截至2017年年末,地方政府债券存量余额为14.7万亿元,剩余期限主要集中在3—10年。我国地方政府债券期限结构如表9-3所示。

表9-3 我国地方政府债券期限结构(截至2017年年末)

期限	债券余额(亿元)	余额比重(%)
1年以内	8 389.37	5.69
1—2年	13 036.13	8.84
2—3年	20 376.12	13.82
3—4年	20 138.59	13.66
4—5年	25 318.01	17.17
5—6年	16 753.74	11.36
6—7年	12 267.32	8.32
7—8年	9 191.02	6.23
8—9年	13 189.85	8.95
9—10年	8 788.08	5.96
合计	147 448.24	100.00

【专栏 9-1】

中美地方政府债券比较

一、中美地方政府债券简介

（一）美国市政债券及其发展历史

美国市政债券是由州和地方政府（市、县、镇等）以及地方公共机构为建造学校、公路以及其他可以为公众创造福利的项目筹措资金而发行的债务工具。

美国是地方政府债务融资工具的先驱。早在1812年纽约州政府就为筹集开凿伊利运河的资金而发行了第一只市政债券。美国市政债券历经200多年的发展，满足了美国社会及经济发展不同时期的重要需求。根据 Wind 数据统计，截至 2017 年年底，美国市政债券余额约为 38 507 亿美元，占当年美国 GDP 的比重为 20%；2017 年美国市政债券发行规模为 4 481 亿美元，占美国全部债券品种发行总量的 6.13%。

美国市政债券按资金用途和偿还资金来源不同分为一般责任债券和收入债券。一般责任债券（General Obligation Bonds，GOs）是由州和地方政府发行的债券，以发行人的征税和收费为还款来源及保障，资金用途为市政设施等纯公共产品建设。收入债券（Revenue Bonds）是由州和地方政府或其授权机构发行的债券，以投资项目（包括收费公路、港口、机场、供水、供气设施等准公共产品）收益为偿债资金来源，这些市政项目通常已进入收益期，有时也以政府补贴、特定的非从价计征税种的税收收入为偿债资金来源。第二次世界大战以后，面对国民日益增长的公共服务及项目资金需求，收入债券得以快速扩张。根据 Wind 数据统计，2012—2017年，收入债券占美国市政债券发行额的比例为 50%—65%。

（二）中国地方政府债券及其发展历史

在中国，发行地方政府债券是地方政府唯一合法的举债方式，举债规模由国务院报全国人大或全国人大常委会批准，纳入地方政府预算管理。

1994年3月颁布的《中华人民共和国预算法》第二十八条明确规定"除法律和国务院另有规定外，地方政府不得发行地方政府债券"。在财权事权不对等的情况下，地方政府隐性债务不断积累。为规范地方政府举债行为，2009年国务院开启了中国地方政府债券的发展之路。中国地方政府债券循序渐进地经历了"代发代还""自发代还""自发自还"三个阶段。近年来，地方政府债券快速成为中国债券市场上至关重要的债券品种，作为地方政府唯一合法的举债方式，对于规范地方政府融资，促进经济发展发挥了重要作用。根据 Wind 数据，2017 年中国地方政府债券的发行量（4.4 万亿元，市场占比约 11%）和托管量（14.7 万亿元，市场占比约 20%，占 GDP 的比例约 18%）均已超过国债和政策性金融债，成为中国债券市场上最重要的品种之一。

中国地方政府债券按照还款来源、项目用途分为一般债券和专项债券，均纳入地方政府财政预算和债务限额管理。根据《国务院关于加强地方政府性债务管理的意见》，"没有收益的公益性事业发展确需政府举借一般债务的，由地方政府发行一般债券融资，主要以一般公共预算收入偿还。有一定收益的公益性事业发展确需政府举借专项债务的，由地方政府通过发行专项债券融资，以对应的政府性基金或专项收入偿还"。2017年土地储备和收费公路专项债券开始试点，建立了专项债券与项目对应更加明确的专项债制度。根据 Wind 数据统计，2017 年发行的地方政府债券中，一般债券占比 54%，专项债券占比 46%。

二、中美地方政府债券比较分析

（一）法律和制度保障比较

美国市政债券的法律和制度保障较为完善，美国市政债券的债权债务关系能够在法律框架内解决，这降低了道德风险，也有利于市场参与者的行为规范和投资者的风险识别，有效促进了美国市政债券的合理定价。

1. 预算管理制度

债券融资对债券发行人的财政纪律要求较高，美国各州和地方政府实行较为独立的行政与财政管理制度，因此对自身债务及财政状况都有着较强的自控能力，税收、借款、支出都必须通过选民决议，债务管理透明，预算和财政账目审计公开。美国州与地方政府通常会主要将财政收入用于市场失灵领域，体现了公共财政的"公共"性。对于公益性项目，美国地方政府擅长中长期发展规划，其跨年度资本改善计划（Capital Improvement Plan，CIP）可以统筹衔接项目的资金安排，使债务风险得到有效控制。CIP 是政府中长期发展愿景、资本项目建设、财政收支三者间的综合性计划，它要求债务规模综合考虑续建项目和新项目的融资需求，项目融资需要比较论证后选择最优方案，具有较高的公众参与度和计划透明度。只有纳入 CIP 的项目才有资格在资本市场进行直接融资。

中国在经济高速发展过程中，地方政府以经济增长为导向，有较强的基建投资冲动。近年来相关政策法律法规的实施，对地方政府预算管理进行了规范，地方政府债券作为地方政府唯一合法的举债方式，对于规范地方政府融资，促进经济发展发挥了重要作用。

2. 破产制度

美国《破产法》第九章规定无力偿还债务的地方政府可以申请破产保护程序。该法案适用于发行一般责任债券的学区、市镇或郡县等机构，以及发行收入债券的收费运营主体，但不适用于州政府。各州根据自己的法律明确指出了哪类地方政府在哪种状态下可以申请政府破产、进行债务重组等。自 1937 年以来，超过 600 个美国地方城镇（市、镇、县）申请过破产保护。破产制度的优势在于：第一，可避免地方政府陷入更大的债务危机；第二，强迫地方政府对债权人负责，提高债务管理能力；第三，债权债务关系在法律框架内得以解决，降低道德风险；第四，有利于市政债券的风险定价。

中国目前尚无针对地方政府的破产法，2014 年中国财政部的研究报告曾提议研究制定"《地方政府破产法》"，不过暂无后续进展。2016 年 10 月 27 日《国务院办公厅关于印发地方政府性债务风险应急处置预案的通知》（国办函〔2016〕88 号）中提到的"地方政府财政重整计划"其实与"地方政府破产"意义接近，但非正式的"《地方政府破产法》"。

3. 监管制度

美国市政债券同时受到美国联邦政府及各州法律的约束，市政债券监管体系以信息披露、反欺诈为重点。美国市政债券的监管机构为美国证券交易委员会（SEC）和美国市政证券立法委员会（MSRB）。美国的《1933 年证券法》要求市政债券的发行和交易接受其反欺诈条款的约束，《1975 年证券法修正案》将市政债券的经纪商、自营商及承销、交易市政债券的银行统一纳入监管，但市政债券发行人行为主要受州和市县相关法律法规的约束。美国对市政债券监管严厉，1975 年，纽约市因技术性违约导致一份票据被推迟几天付款，结果被禁入债券市场8年。与此同时，美国市政债券预警机制完善，美国《财政紧急状态法》要求州和地方政府建立风险预警机制，例如，俄亥俄州审计局负责监控地方政府的财政状况，并根据可能存在的财务困境严重程度编制相应报告并采取相应措施。

中国地方政府债券受到全国人大、国务院的监管。43号文明确提出"建立地方政府性债务风险预警机制"，由财政部根据各地区一般债务、专项债务、或有债务等情况，测算债务率、偿债率、新增和预期债务率等指标，评估各地债务风险，对债务高风险地区进行风险预警并采取相应措施。根据《国务院办公厅关于印发地方政府性债务风险应急处置预案的通知》，地方政府性债务风险的应急处置，由国务院统一领导，财政部门、发展改革部门、审计部门、地方金融监管部门、各级地方政府、各类金融机构各司其职。

4. 信息披露制度

美国《证券交易法》规则 Rule 15c2-12 是美国市政债券信息披露规则的核心，同时，SEC 的解释性指引、MSRB 的规则、美国政府财务师协会（Government Finance Officers Association，GFOA）和美国市政债券分析师协会（National Federation of Municipal Analysis，NFMA）等自律性组织制定的债券信息披露规范性文件以及多种行业团体自行发布的指南，也在市政债券信息披露方面发挥着重要作用。此外，美国地方政府在市政债券存续期内还必须遵循政府债务报告基本准则，及时披露关于财政和法律等重大变化的相关信息。MSRB 执行以保护个人投资者为导向的信息披露制度，社会公众与市场参与者均能登录证监会授权的全美统一市政债券信息披露电子系统（EMMA）进行相关披露信息查询。

中国财政部在地方债券信息披露方面有详细规定，对于一般债券，财政部要求地方财政部门重点披露本地区生产总值、财政收支、债务风险等财政经济信息，以及债券规模、利率、期限、具体使用项目、偿债计划等债券信息。对于专项债券，财政部要求地方财政部门重点披露本地区及使用债券资金相关地区的政府性基金预算收入、专项债务风险等财政经济信息，以及债券规模、利率、期限、具体使用项目、偿债计划等债券信息。对于土地储备、收费公路专项债券等项目收益专项债券，财政部要求地方财政部门在积极与国土资源、交通运输等相关部门沟通协调的基础上，充分披露项目详细情况、项目融资来源、项目预期收益情况、收益和融资平衡方案、潜在风险评估等信息。

（二）投资主体比较

美国市政债券投资者主体较为分散。个人和共同基金是其主要投资者。根据 Wind 数据库统计，2017年年底，美国市政债券个人投资者持有金额占比40.8%，共同基金持有金额占比24.6%，银行和保险公司持有金额占比分别为15.4%和14.1%。由于共同基金的主要投资者也是个人，所以个人投资者通过直接和间接持有，成为美国市政债券的第一大投资主体。

究其原因，一是免税激励。联邦政府对部分投资者所持的美国市政债券免征利息所得税，税收激励对投资者结构影响很大。历史上，银行曾经是美国市政债券的主要投资主体，不过美国的《1986年税收改革法案》限制了对银行的税收优惠，导致银行对市政债券的配置需求锐减，根据 Wind 数据库，银行在美国市政债券投资者中的占比从1971年的51%下降到2017年的15.4%。目前，联邦政府主要对个人投资者和市政债券基金所持的市政债券利息收入免征所得税，因此极大地吸引了个人投资者,也形成了目前的投资者主体格局。二是便利的债券投资渠道。在美国,个人投资者可以通过网上平台直接投资美国市政债券,还可以通过各类基金和债券经纪公司等参与债券市场。

中国地方政府债券的税收优惠主要针对机构投资者。地方政府债券由于具有免税效应且受银政合作等因素的影响,所以主要吸引金融机构投资者,尤其是银行。根据托管机构数据统计,截至 2017 年年底,中国地方政府债券持有量中,银行占比约 78%,其中,国有控股大行是绝对主力。银行考虑免税和资本占用,综合财政存款收益等因素,地方政府债券可为银行带来的实际收益率高于贷款和其他债券品种的实际收益率。地方政府债券另外 22% 的需求来自资管、基金、券商等金融机构。

中国地方政府债券和美国市政债券持有者结构对比情况如图 9-3 所示。

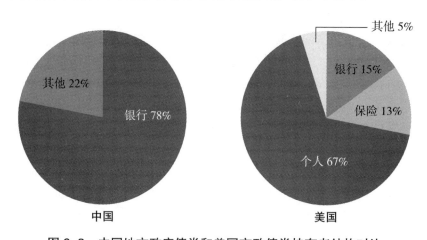

图 9-3 中国地方政府债券和美国市政债券持有者结构对比

资料来源:Wind 数据库,上海清算所,中国债券信息网。

(三)发行机制比较

由于政体、法律等,美国市政债券与中国地方政府债券在发行机制上存在一些细节差异,但在严格发行、规模管理等方面基本一致。美国市政债券在发行主体方面与中国地方政府债券存在较大差异。

1. 发行程序

美国地方政府通常不能为经常性预算融资,只能为资本项目融资,州和地方政府在发行市政债券上具有自主权,不需要上一级政府批准,根据美国《1933 年证券法》的规定可以豁免注册,但一般责任债券的发行需要经过严格的预算审批程序,包括议会否决和专家听证会,有时甚至需要经过全民公决。而收入债券的发行审批相对宽松,一般不需要经全民公决通过。

中国则明确地方政府债券是地方政府唯一合法的举债方式,规模由国务院报全国人大或全国人大常委会批准,纳入地方政府预算管理,举借的债务只能用于公益性资本支出,不得用于经常性支出。各地方政府每年将按照最新相关规定加强地方债券发行计划管理,合理制定全年发行总体安排、季度发行初步安排,发行前制定发行具体安排并按要求及时报财政部备案。

2. 规模管理

美国各州法律对州和地方政府的举债规模进行了严格的限制,尤其是针对一般责任债券,限额管理的常用手段包括：设置规模上限，如纽约州法律规定其市政府一般性债务余额不得突破全市应税房地产市值五年滚动平均估值的10%；设置比例限制，如偿债率（债务支出/经常性财政收入）、负债率（政府债务余额/GDP）、人均债务收入比（人均债务/人均收入）等。

中国在地方政府债券发行额度方面实行限额管理，自2015年起，国务院每年提请全国人大或全国人大常委会审议批准地方政府债务限额。

3. 发行主体

美国市政债券发行主体广泛，主要包括州和地方政府以及其授权的非营利性组织和非金融企业法人。目前超过8.3万个不同层级的地方政府及其相关实体有权发行市政债券，主要包括州政府、城市及乡镇政府、学区、公共医疗、机场、港口等。全美实际发行过市政债券的主体共有5万多个，绝大多数主体发债规模较小。对于规模较小的发行主体，由于风险溢价和交易成本较高，通常会借助市政债券银行（Municipal Bond Bank，MBB）统一发行。

与美国市政债券不同的是，根据《预算法》《地方政府一般债务预算管理办法》和《地方政府专项债务预算管理办法》，中国各省、自治区、直辖市政府（含经省级政府批准自办债券发行的计划单列市政府）是地方政府债券的发行人和偿债主体。其他层级的政府机构无权发行地方政府债券。

（四）定价机制比较

美国市政债券发行利率与信用风险、税收因素和流动性相关。第一，信用风险。信用风险是美国市政债券最根本的定价因素，美国市政债券评级差异较大，评级间利差显著（见图9-4）。根据彭博数据统计，美国投资级一般责任债券AAA级与BBB级的等级利差约为100BP，项目债券

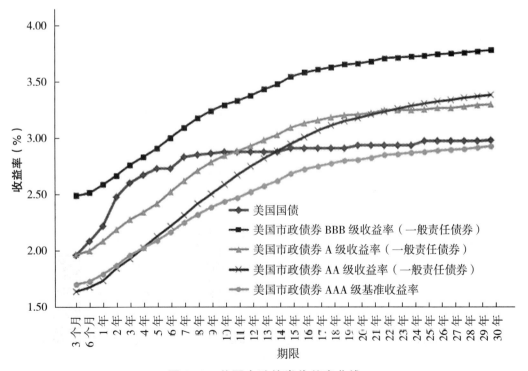

图9-4 美国市政债券收益率曲线

资料来源：彭博数据库（2018年5月21日）。

的等级利差约为90BP。第二,税收因素。美国部分投资者的市政债券利息可以免缴联邦所得税,但联邦政府发行的美国国债却无此项税收优惠,因此高信用等级的市政债券到期收益率可能比美国国债还要低(见图9-5)。第三,流动性溢价。根据Wind数据库统计,美国市政债券二级市场年换手率(年换手率=年交易量/年均未到期存量债券余额)为57%—74%,较美国国债(年换手率约80%—90%)有较大差异,因此美国市政债券相对美国国债的利差有一部分流动性溢价因素。

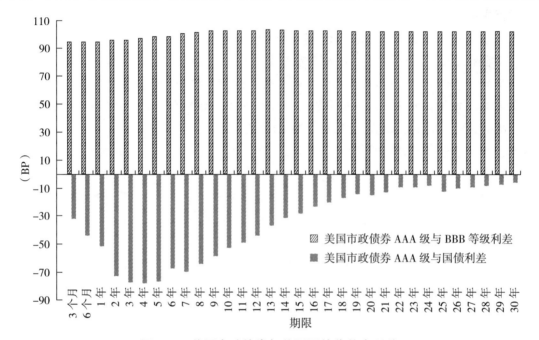

图9-5 美国市政债券与美国国债收益率利差

资料来源:彭博数据库(2018年5月21日)。

中国国债和地方政府债券享受同样的税收优惠政策(利息收入均免征所得税和增值税),地方政府债券在定价时以国债收益率为基准再加上一定的溢价,溢价主要由资本占用成本、流动性溢价、信用风险溢价构成。中国地方政府债券与国债的收益率利差如图9-6所示。

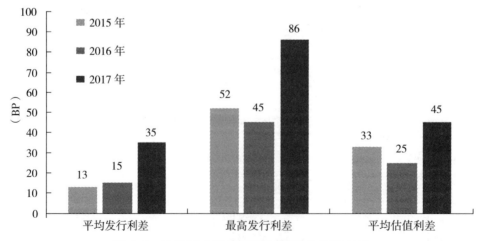

图9-6 中国地方政府债券与国债收益率利差

资料来源:Wind数据库。

(五)期限结构比较

美国市政债券发行期限为3个月到30年不等,以中长期债券为主,平均发行期限为15—20年。由于流动性风险和信用风险等因素,美国市政债券期限利差通常要高于国债同等期限利差,以2018年5月数据为例,美国市政债10年与2年期限利差为68BP,高于国债同等期限利差20BP;美国市政债券30年与2年期限利差为127BP,高于国债同等期限利差66BP。

中国地方政府债券在2018年以前有5—7种规则发行期限,1—10年期不等,均为固定利率发行,由地方财政部门监管。2018年财政部发布《关于做好2018年地方政府债券发行工作的意见》,对期限结构加以完善,允许新增部分规则期限。截止2018年,公开发行的地方政府债券期限结构为7—10种,1—30年期不等(一般债券与专项债券在期限结构设置上略有区别)。从市场存量来看,中国地方政府债券收益率曲线向上倾斜,期限利差特征与美国市政债券略有不同。例如,根据Wind数据库统计,2018年5月,中国地方政府债券5年与3年期限利差为19BP,高于国债同等期限利差4BP;中国地方政府债券10年与3年期限利差为41BP,高于国债同等期限利差2BP。

9.3 政府债券一级市场

根据交易对象是新发行的债券还是已经发行过的债券,债券市场可以分为一级市场和二级市场。一级市场是进行债券发行业务的市场,是财政部或地方政府通过发行系统向投资者发行债券以筹集资金的市场。承销团成员是从事债券承销业务的金融机构,其主要目的是根据协议依法协助政府部门销售其所发行的证券。国债承销团按照国债品种组建,可以分为记账式国债承销团和储蓄式国债承销团,其中记账式国债承销团分甲类成员和乙类成员,两者在承销团内所履行的权利和义务有所不同,例如,甲类成员比乙类成员有更高的投标量上限,但也有更高的基本承销额。商业银行等银行类机构和证券公司、保险公司等非银行类机构都可以开展国债一级市场承销业务。

《国债承销团组建工作管理办法》规定了国债承销团成员的选择方式。首先,财政部应当会同有关部门提前公布国债承销团组建通知和国债承销主协议范本。组团通知应当包括成员目标数量、报名要求、上一届国债承销团成员综合排名等内容。其次,财政部会同有关部门根据国债市场情况和业务发展需要,建立评分指标体系。储蓄国债承销团评分指标包括储蓄国债业务开展情况、储蓄存款和理财产品情况、业务渠道情况、风险防控能力、资本经营状况、研究创新能力等其他因素六个方面;记账式国债承销团评分指标包括国债一级市场情况、国债二级市场情况、国债持有情况、其他债券承销交易情况、资本经营及风险防控状况、研究创新能力等其他因素六个方面。

国债承销团采用第三方专家评审的方式组建,财政部会同有关部门建立专家库,从中抽取专家组成专家评审委员会,由评审委员会成员按照规定的评分指标体系和方法对符合基本条件的报名机构进行独立评分,根据评分确定国债承销团候选成员名单,经公示、签订承销主协议等程序后，组成新一届国债承销团。

国债承销团每三年组建一届，以2018年至2020年记账式国债承销团为例，其候选成员名单由55家机构组成，包含全国性商业银行、城市商业银行、农村商业银行、外资银行、证券公司等金融机构。

地方政府债券承销团组建方面，各省市结合自身实际，制定本地区的地方政府债券承销团组建及管理暂行办法，其中需明确承销团数量要求和资格条件，同时明确承销团成员的权利与义务等。报名材料一般包括但不限于报名机构资产负债情况、一段时间内全国地方政府债券承销量、本地区地方政府债券承销量和国债承销量等。地方财政部门根据申请机构的意愿、债市能力、机构实力及服务水平择优确定承销机构名单。

记账式国债发行有较完整的计划性和规律性，每年年初财政部公布当年的记账式国债招标发行规则，公布全年国债发行计划，并于每季度初公布详细的季度发行计划。记账式国债采用市场化招标发行方式，在一级市场通过公开招标方式面向记账式国债承销团发行。目前，所有记账式国债均采用电子招标系统招标发行，并通过竞争性招标确定票面利率或发行价格。竞争性招标时间为招标日上午10:35—11:35[①]，记账式国债承销团成员通过中债综合业务平台远程投标。

竞争性招标方式包括单一价格（即荷兰式）和修正的多重价格（即混合式），标的为利率或价格。

荷兰式招标方式下，标的为利率时，全场最高中标利率为当期国债票面利率，各中标国债承销团成员均按面值承销；标的为价格时，全场最低中标价格为当期国债发行价格，各中标机构均按发行价格承销。

混合式招标方式下，标的为利率时，全场加权平均中标利率为当期国债票面利率，低于或等于票面利率的中标标位，按面值承销；高于票面利率的中标标位，按各中标标位的利率与票面利率折算的价格承销。标的为价格时，全场加权平均中标价格为当期国债发行价格，高于或等于发行价格的中标标位，按发行价格承销；低于发行价格的中标标位，按各中标标位的价格承销。

混合式招标方式下，由于高于票面利率的中标标位是按照各自中标的价位来承销的，有可能获得较票面利率更合适的利率，因此投资人参与的热情较高，投标更加理性，有效地提高了承销团成员对国债投标的精准度，充分发挥国债招标价格发现的作用。相较于荷兰式招标，混合式招标还在一定程度上避免了个别投标人为了大量中标，人为压低中标价格，最终却可享受与理性投标投资人相同价格的行为。

根据《2018年记账式国债招标发行规则》，1年期以下期限的国债和关键期限国债采用混合式招标，其余期限国债采用荷兰式招标。

参照记账式国债发行做法，地方政府债券发行主要采用了市场化程度较高的公开发行方式。同时，为了提高置换债券发行效率，减少大规模地方政府债券公开发行对债券市场可能造成的冲击，财政部会同人民银行、银监会在置换债券发行中引入了定向承销

---

① 国债期货上午收盘时间为11:30，国债招标截止时间设置为11:35，是为了避免对国债期货价格造成影响。

方式。2015年5月8日，财政部、人民银行和银监会联合印发《关于2015年采用定向承销方式发行地方政府债券有关事宜的通知》，要求各省级地方政府在财政部下达的置换债券限额内，与债权人按市场化原则协商开展，采用定向承销方式发行一定额度地方政府债券用以置换存量债务。在发行节奏方面，2015—2018年，地方政府债券发行有明显的季节性，第二季度和第三季度为供给高峰，第一季度和第四季度发行量较少，主要原因是每年第一季度的两会将决定地方财政赤字规模，因此地方政府债券往往在第二季度才正式进入发行高峰期。2018年12月，十三届全国人大常委会第七次会议表决通过了《全国人民代表大会常务委员会关于授权国务院提前下达部分新增地方政府债务限额的决定》，在2019年3月全国人民代表大会批准当年地方政府债务限额之前，授权国务院提前下达2019年地方政府新增一般债务限额5 800亿元、新增专项债务限额8 100亿元，合计13 900亿元，还授权国务院在2019年以后年度，在当年新增地方政府债务限额的60%以内，提前下达下一年度新增地方政府债务限额，授权期限为2019年1月1日至2022年12月31日。2019年地方政府债券发行将由往年的3月份提前至1月份，平衡全年的发行节奏。

9.4 政府债券二级市场

二级市场即流通市场，是已上市债券进行交易融通的场所，其主要功能在于为政府债券提供流动性和价格发现。二级市场与一级市场关系密切，既相互依存，又相互制约。一级市场所发行债券的种类、数量与方式决定着二级市场上流通债券的规模、结构与速度；而二级市场作为债券交易的场所，对一级市场起着积极的推动作用。组织完善、经营有方、服务良好的二级市场将一级市场上所发行的债券快速有效地分配与转让，使其流通到其他需要的投资者手中，并为债券的变现提供现实的可能性。此外，二级市场上的债券供求状况与价格水平等都将有力地影响一级市场上债券的发行。一般情况下，一级市场债券发行利率与同品种、同期限债券的二级市场利率差别不大，以国债为例，一级市场发行利率与二级市场利率的偏差一般在2BP左右，但在市场收益率波动较大的时期，一级市场债券发行利率有可能与二级市场产生更大幅度的偏离，主要原因是供给与需求的匹配不平衡。

9.4.1 银行间债券市场国债预发行

国债预发行业务是指银行间市场投资者以即将发行的国债为标的进行的债券买卖行为，具体券种由财政部会同人民银行确定。预发行的交易性质为现货交易，非衍生品交易。全国银行间债券市场成员可以采取询价、点击成交（含限价成交）和请求报价的方式达成交易，并采取实物结算方式。交易期间为国债招标日前四个工作日至招标日前一个工作日。

国债预发行交易有完善的风险管理方案。主要包括：单家记账式国债承销团甲类成员净卖出余额不得超过当期国债当次计划发行量的6%；单家记账式国债承销团乙类成员净卖出余额不得超过当期国债当次计划发行量的1.5%；非记账式国债承销团成员不得净卖出。此外，国债预发行业务实行履约担保制度。履约担保品包括保证金与保证券。保证券应使用国债、地方政府债券、中央银行票据、开发性金融机构及政策性银行债券等。业务双方可选择由第三方提供的履约担保集中管理服务或双边自行履约担保。

国债预发行交易提供了一个从国债宣布发行到实际发行的连续的价格序列，起到了价格发现的作用，并且对发行人、承销商及普通投资者的业务发展均有促进作用。对于发行人，债券预发行可以提高发行定价的透明度和竞争性，降低发行成本。对于承销商，债券预发行交易可以使部分投资者提前参与发行过程，有助于其锁定客户认购意向，制定合理的投标区间，从而改善价格发现的过程。此外，预发行机制还可以使承销商通过发行前市场的交易行为，判断市场需求状况，因此预发行也有需求发现功能。总体来看，承销商可通过预发行交易价格及市场需求情况，提高一级市场债券投标的准确度，进而使市场对债券发行定价更加精准，降低债券承销风险，帮助承销商实现交易获利。对于普通投资者，参与债券预发行可利用预期的价格进行债券投资，尽早锁定投资收益，相当于间接参与一级市场投标过程，从而实现交易获利。

同时，国债预发行对债券市场的整体健康发展也有不可忽视的作用。首先，预发行交易可增加债券市场的流动性，并增加一级市场的交易机会，为一级市场直接提供更多流动性。其次，预发行可以买多和卖空，会对二级市场预期产生影响。同时，如果一级市场和二级市场存在套利空间，也有可能吸引市场套利资金，可以将一级市场和二级市场有效联系起来，进而增加了二级市场的流动性。套利机会将增加债券市场的活跃度，并起到平抑价差的作用。此外，国债预发行交易可进一步吸引投机性机构参与。举例来说，如果投资者预计实际中标利率将低于市场预期，那么该投资者可以在预发行交易市场上以更高的收益率买入该债券，一旦实际中标利率走低，该投资者将能够以低于面值的价格买入该债券；反之，投资者可以在预发行交易市场上先以较低的收益率卖空该债券，然后在招标中以较高的收益率购入。

9.4.2 银行间债券市场和交易所市场

银行间债券市场又称场外市场，是指在交易所之外进行交易的债券市场。政府债券场外市场主要有银行间债券市场和柜台市场。银行间债券市场以双边询价为主，主要包括意向报价、双向报价、对话报价等类型，交易双方在本币交易系统自行商定交易的要素。

交易所市场又称场内市场，是指在证券交易所进行交易的债券市场。交易所是专门进行证券买卖的固定场所，如我国的上海证券交易所和深圳证券交易所。交易所作为债券交易的组织者，本身不参加债券的买卖和价格的决定，只是为债券买卖双方创造条件，提供服务，并进行监督。交易所市场主要有两种交易模式。第一，集中竞价交易模式。在这种模式下，买卖双方通过公开竞价形式来确定债券的买卖价格，当买方的最高价与卖方的最低价一致时，买卖成交。第二，机构交易平台模式。为了满足机构投资者交易量大、交易效率要求高的特点，克服集中竞价交易模式下交易不连续、买卖价差过大的缺点，上海证券交易所和深圳证券交易所分别推出了"固定收益证券综合电子平台"和"综合协议交易平台"，机构投资者可以在该类平台上通过做市交易和询价交易等方式成交。

银行间债券市场是政府债券交易的主要市场，以2018年为例，政府债券二级市场全年交易量为23.09万亿元，其中银行间债券市场的交易量为23.02万亿元，交易所市场的交易量为0.07万亿元。

柜台债券交易是指商业银行通过其营业网点与投资人进行债券买卖，并办理托管与结算的行为。2002年，人民银行和财政部共同发布《商业银行柜台记账式国债交易管理办法》，国债柜台交易正式启动。承办银行对记账式国债进行双边报价，投资人可根据银行报价买卖国债。柜台市场的出现，为个人投资者和非金融机构企业投资债券开辟了一条非常便利的渠道，使债券场外市场形成以机构投资者为主进行批发性交易的银行间债券市场和以中小企业及个人投资者为主的柜台零售市场构成的多层次市场。对于投资者而言，柜台市场相较于银行间债券市场和交易所市场准入门槛更低，报价更具连续性，方便个人投资者及其他非金融机构企业参与人民币债券的投资和交易。对于债券发行人而言，柜台市场是银行间债券市场和交易所市场的补充，扩大了债券的发行范围和投资者覆盖面，有利于发行人降低发债成本，满足融资需求。

9.4.3 国债做市商制度

债券做市业务是指做市商在银行间债券市场按照有关要求连续报出做市券种的现券买卖双边价格，并按其报价与其他市场参与者达成交易的行为。做市商是指经中国人民银行批准在银行间债券市场开展债券做市业务，享有规定权利，承担相应义务并接受监管和考评的金融机构。做市商提供连续实盘双向报价，尤其是对关键期限国债的报价和成交构建了实时有效的国债收益率曲线，成为全市场的风向标，也成为其他债券的定价基础。2011年，银行间债券市场建立新发关键期限国债做市机制。

财政部会同中国人民银行发布了2016年第122号公告、《关于印发〈国债做市支持操作规则〉的通知》，对建立国债做市支持机制做出了规定。国债做市支持机制是指财政部在全国银行间债券市场运用随买、随卖①等工具，支持银行间债券市场做市商对新近发行的关键期限国债做市的市场行为。当某只关键期限国债在国债二级市场上乏人问津，出现明显供大于求的现象时，财政部从做市商手中予以买回，即随买操作；当某只关键期限国债在国债二级市场上出现明显供小于求的现象时，财政部向做市商卖出适量国债以供流通，即随卖操作。做市支持对象为全国银行间债券市场做市商中的记账式国债甲类承销团成员。做市支持券种为新发关键期限国债。操作方面，同业拆借中心负责提供国债做市支持操作平台及相关服务，国债登记公司负责提供国债做市支持登记托

---

① 随买是指财政部根据做市需要在二级市场买入国债。随卖是指财政部根据做市需要在二级市场卖出国债。

管结算及相关服务。2017年6月20日,财政部开展了首次国债做市支持操作,对国债170009开展随买操作,操作量12亿元。此后每月第三个周二,财政部均组织各家承销团成员开展国债做市支持操作。

国债做市支持制度对促进国债一级市场、二级市场协调发展具有重要意义。该制度使财政部成为做市商的"做市商",充当中间商购买市场没有购买意向的国债,或卖出市场需求较强的品种,进而可以降低做市商债券库存的压力,以及风险敞口管理的压力。国债做市支持机制的推出,对于保障国债二级市场连续不断运行,促进一级市场、二级市场协调发展,进一步提高国债流动性,以及建立和完善国债收益率曲线将有重要作用,可以使得国债收益率曲线更加真实、完善、健全地反映市场供求关系。

9.4.4 债券市场对外开放

我国境内债券市场以银行间市场为主体,已有超过20年的快速发展历程。银行间市场稳步对境外投资者开放,近年来步伐有所加快。2005年,人民银行批准境外央行、人民币业务清算行、人民币业务参与行运用人民币头寸进入银行间市场。2013年,允许人民币境外合格机构投资者(RMB Qualified Foreign Institutional Investor,RQFII)和合格境外机构投资者(Qualified Foreign Institutional Investor,QFII)进入银行间市场。2015年,允许境外央行、国际金融组织、主权财富基金通过备案在银行间市场运用人民币投资,并放宽投资交易品种。2016年,明确符合条件的境外机构投资者均可进入银行间市场,并取消了投资额度限制,简化了管理流程。2017年7月,"债券通"正式上线,通过基础设施实现互联互通,进一步提高了境外投资者参与境内债券市场的便捷程度。2018年3月,彭博资讯宣布自2019年4月起,将人民币计价的中国国债和政策性银行债券纳入全球综合指数,中国债券还将被纳入全球国债指数以及新兴市场本地货币政府债券指数。2018年8月,国务院常务会议明确,在三年免税政策有效期内,境外投资者投资境内各类债券获取的利息收入和价差收入均无须缴纳所得税和增值税。

当前,境外机构进入人民币债券市场的主要途径有三种。第一,取得QFII和RQFII资质。QFII和RQFII分别为通过证监会资格批准、外汇管理局额度批准的合格境外机构投资者和人民币合格境外机构投资者,2013年获人民银行发文允许,可以进入银行间债券市场。第二,申请直接进入中国银行间债券市场。人民银行于2016年发布3号文,规定符合条件的境外机构投资者可通过备案,自主决定投资规模。截至2019年1月,共697家[①]机构列入银行间债券市场境外投资者名单。第三,通过"债券通"进入中国银行间债券市场。2017年7月,中国香港地区与内地债券市场互联互通合作(债券通)正式推出。债券通没有资本锁定,资金进出没有限制,且无须通过内地代理机构操作,只需成为CMU[②]成员,通过CMU系统接入境内债券市场,更符合境外债券交易管理、

---

① 数据来源:Wind数据库。
② CMU是香港银行同业结算公司开发维护,由金管局负责管理,为港币债券提供统一托管和低风险结算服务的计算处理系统,是香港金融基础设施之一。它与香港即时支付系统实现对接,能完成券款对付结算。

为境外投资者提供便利。债券通方式下的市场准入约束条件降低、投资灵活度提高,有利于吸引中小境外机构投资者。债券通为我国债券市场进一步开放奠定了良好的基础设施条件。

随着人民币国际化程度的提高以及国内债券市场不断对外开放,越来越多的全球投资者开始参与境内债券市场。图9-7显示了境外机构持有境内人民币债券余额及市场占比,特别是2017年以来,境外投资者持有境内债券余额稳步上升,截至2018年7月末,境外机构已持有各类人民币债券1.59万亿元,较2016年年末增加约0.8万亿元,市场占比接近3%,较2016年年末上升1.2个百分点。

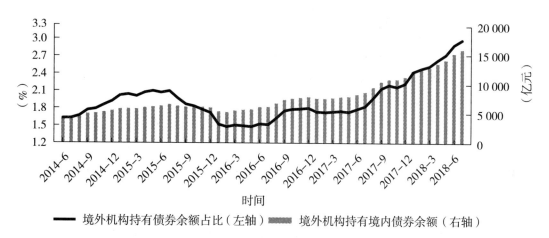

图9-7 境外机构持有境内人民币债券金额及市场占比

资料来源:Wind数据库,建设银行金融市场部。

从境外机构持有人民币债券结构来看,占比最高的券种为国债,其次为政策性金融债和商业银行同业存单。截至2018年7月末,境外投资者约持有9 800亿元国债,年内增持3 700亿元,约占同期国债增量的80%,境外机构持有国债规模已达到国债市场规模的7%,较2017年年末上升2个百分点。

9.5 登记托管

根据财政部发布的《中华人民共和国国债托管管理暂行办法》,财政部是全国国债托管业务的主管部门,国债托管实行全国集中、统一管理的机制,财政部授权国债公司按照不以营利为目的的原则主持建立和运营全国国债托管系统,由国债公司负责全国国债托管系统的日常业务。其他托管人均为该系统的成员单位,所有国债托管业务均通过国债公司的全国国债托管系统办理。

2001年,上海和深圳交易所各自的登记托管公司合并为中国证券登记结算有限责任公司(简称"中证登"),由上交所和深交所各持50%的股份。中证登的主要职能包括:交易所证券账户、结算账户的设立和管理;证券的存管和过户;证券持有人名册登记及权益登记;证券和资金的清算交收及相关管理等。交易所市场实行二级托管,即中证登在国债公司开立托管总账户，投资者在中证登开立托管账户，中证登负责场内市场国债的交易登记和托管。

本章小结

按债券类型分类，我国国债分为记账式国债和储蓄国债两大品种。其中记账式国债分为记账式附息国债和记账式贴现国债两类；储蓄国债分为储蓄式（电子式）国债和凭证式国债两类。

我国国债发行方式经历了从行政定价发行向协议发行再向市场招标发行的转变。真正意义上的国债市场化发展是从1981年财政部恢复发行国库券起步的，历经20多年，经历了以上海证券交易所为代表的场内债券市场和以银行间债券市场为代表的场外债券市场等主要阶段。

地方政府债券是指由地方政府发行的债券，是地方政府唯一合法的举债方式，举债规模由国务院报全国人大或全国人大常委会批准，纳入政府预算管理。省、自治区、直辖市政府（含经省级政府批准自办债券发行的计划单列市政府）是地方政府债券的发行人和偿债主体。

地方政府债券按还款来源和项目用途，可分为一般债券和专项债券；按发行的方式，可分为公开债券和定向债券；按资金用途，可分为置换债券和新增债券。

国债承销团采用第三方专家评审的方式组建，财政部会同有关部门建立专家库，从中抽取专家组成专家评审委员会，由评审委员会成员按照规定的评分指标体系和方法对符合基本条件的报名机构进行独立评分，根据评分确定国债承销团候选成员名单，经公示、签订承销主协议等程序后，组成新一届国债承销团。

记账式国债发行有较完整的计划性和规律性，每年年初财政部公布当年的记账式国债招标发行规则，并公布全年国债发行计划，并于每季度初公布详细的季度发行计划。

参照记账式国债发行做法，地方债券发行主要采用了市场化程度较高的公开发行方式；为提高置换债券发行效率，减少大规模地方债券公开发行对债券市场可能造成的冲击，财政部会同人民银行、银监会在置换债券发行中引入了定向承销方式。

二级市场与一级市场关系密切，既相互依存，又相互制约。一级市场所发行的债券、种类、数量与方式决定着二级市场上流通证券的规模、结构与速度；二级市场作为债券交易的场所，对一级市场起着积极的推动作用。

重要术语

国债　地方政府债券　记账式国债承销团　地方政府债券承销团　一级市场　二级市场

思考练习题

1. 简述国债有哪几种分类,各自具有什么特点。
2. 我国地方政府债券的发行历史分为哪三个阶段?
3. 下列关于地方政府债券税收政策描述正确的是（　　）。
   A. 征利息收入所得税、征利息收入增值税
   B. 征利息收入所得税、免征利息收入增值税
   C. 免征利息收入所得税、征利息收入增值税
   D. 免征利息收入所得税、免征利息收入增值税
4. 截至2017年,我国地方政府债券剩余期限占比最高的区间是（　　）。
   A. 1—3年
   B. 3—5年
   C. 5—7年
   D. 7—10年
5. 分别简述国债承销团和地方政府债券承销团的组建方式。
6. 简述政府债券一级市场和二级市场的关系。
7. 地方政府债券的三种分类方式各自具有什么特点?
8. 以下关于地方政府债券分类的描述,错误的是（　　）。
   A. 置换债券用于置换地方政府存量债务,既可公开发行,也可定向置换
   B. 新增债券采用的都是公开发行方式
   C. 公开债券和定向债券均可以用于置换存量债务,也均可以用于新增负债
   D. 公开债券在银行间市场和交易所市场公开流通,定向债券通过商业银行柜台市场流通

参考文献

［1］张秉国. 国债基础知识与实务[M]. 北京:经济科学出版社,2015.

相关网站链接

中国财政部官网：http://www.mof.gov.cn/
中国债券信息网：https://www.chinabond.com.cn/
中国货币网：http://www.chinamoney.com.cn/

第 10 章
金融债券*

陈海华　苏晓航（中国建设银行）

学习目标

通过本章的学习，读者应能够：
◎ 了解金融债券的主要分类和基本特征；
◎ 重点掌握政策性金融债券的相关知识；
◎ 理解中国金融债券的发展现状。

■ 开篇导读

作为债券的重要组成部分，金融债券是指银行及非银行金融机构依照法定程序发行并约定在一定期限内还本付息的有价证券。近年来，我国金融债券市场发展较快，金融债券品种不断增加，可分为政策性金融债券和其他金融债券。本章主要介绍我国金融债券的基本知识、发展历程和发展现状。

■ 10.1 金融债券基本介绍

金融债券是由银行和非银行金融机构发行的债券。在欧美国家，金融机构发行的债券归类于公司债券。在我国及日本等国家，金融机构发行的债券称为金融债券。金融债

---

* 本章由陈健恒（中金公司）审校。

券能够较有效地解决银行等金融机构的资金来源不稳定和期限不匹配等问题。

一般来说，银行等金融机构的资金有三个来源：吸收存款、向其他机构借贷、发行债券。在存款市场上，商业银行在很大程度上处于被动地位，存款规模取决于存款者的意愿，因而存款市场属于买方市场。商业银行向其他商业银行或中央银行借贷所得的资金主要是短期资金，无法满足金融机构进行长期限投融资的需求，从而出现资金来源和资金运用在期限上不匹配的矛盾。因此，为解决这两大问题，满足特定用途的资金需要，金融债券应运而生。因为债券在到期之前一般不能提前兑换，只能在市场上转让，主动权在银行手中，因而属于卖方市场，是银行的"主动负债"，保证了所筹集资金的稳定性。金融机构发行债券时可以灵活规定期限，从而筹集到稳定且期限灵活的资金，有利于优化资产结构，扩大长期投资业务。

在风险利率方面，由于银行等金融机构在一国经济中占有较特殊的地位，政府对其运营有严格的监督，因此，金融债券的资信通常高于其他非金融机构所发行的债券。金融债券的利率通常低于一般的企业债券，但高于风险更小的国债和银行储蓄存款利率。

10.2 我国金融债券的历史

1994年4月，国家开发银行第一次发行政策性金融债券，采取派购发行方式。1997年，我国组建银行间债券市场，商业银行可以在银行间债券市场进行政策性金融债券的回购和现券交易。1998年，在人民银行的支持下，国家开发银行率先尝试市场化发行方式，中国进出口银行也于次年开展市场化尝试。1999年，市场化招标发行开始全面实行。按照市场化发行机制发行的政策性金融债券是参照国际标准并结合我国国情而设计的规范、便于流通的债券创新品种，大大提高了市场的流动性和活跃度，促进了银行间债券市场的发展。金融债券以政策性银行发行债券为起点，促进了银行间债券市场的不断扩容。2004年，商业银行被允许发行次级债券，证券公司可以发行短期融资券。2005年，财务公司被允许发行财务公司金融债券。2009年，金融租赁公司、汽车金融公司等非银行金融机构开始发行金融债券。2011年，小微企业专项金融债券推出。2012年，资产管理公司被允许发行金融债券。2013年，"三农"专项金融债券推出。2015年，人民银行推出金融机构法人发行的、募集资金用于支持绿色产业的绿色金融债券。

10.3 金融债券的分类

金融债券的分类方法较为多样，一般可以按发行机构种类分为政策性银行发行的金融债券、商业银行发行的金融债券、保险公司发行的金融债券、证券公司发行的金融债券等。由于我国当前政策性金融债券在金融债券中的占比仍然较高，所以我们将金融债券分为"政策性金融债券"和"其他金融债券"两类进行介绍。

10.3.1 政策性金融债券

10.3.1.1 政策性金融债券简介

政策性金融债券（又称政策性银行债）是我国政策性银行（国家开发银行、中国农业发展银行、中国进出口银行）为筹集信贷资金，面向银行间债券市场金融机构发行的金融债券。政策性金融债券是我国债券市场中最重要的债券品种之一。

（1）发展阶段

政策性金融债券经历了派购发行和市场化发行两个阶段。一是派购阶段：1994年4月，国家开发银行首次发行政策性金融债券，拉开了政策性金融债券发行的序幕。这一阶段，政策性金融债券由人民银行通过行政手段实行指令性派购发行，即每年根据项目贷款需要和还本付息额确定当年资金缺口，以此为依据确定当年发债规模，再参照各商业银行新增贷款规模的一定比例，确定向各家商业银行的派购额。二是市场化发行阶段：从1999年开始，政策性金融债券的发行方式由派购全面转变为市场化招标。

（2）发行主体

政策性金融债券的主要发行主体有国家开发银行、中国进出口银行和中国农业发展银行。2004年以前，国家开发银行和中国进出口银行是政策性金融债券的发行人，国家开发银行为主要发行体，发行量占整个政策性金融债券发行量的90%以上。2004年以后，中国农业发展银行正式恢复政策性金融债券的发行业务。近年来，以国家开发银行为主的发行主体，按照国际标准并结合我国国情设计出多种规范的、便于流通的、发挥市场参照基准的债券创新品种，大大提高了市场的流动性，有效地推动了我国银行间债券市场的发展，受到广大银行间市场成员机构的好评，并受到国内外专业媒体和国外金融机构的关注。截至2018年10月末，三家政策性银行累计发行政策性金融债券14万亿元。图10-1显示了从2009年至2018年11月政策性金融债券的托管量及年发行只数。

（3）债券期限

债券的到期日是指发行人履行契约条款上规定的义务的日期。在到期日，本金、所有溢价及应计的已到期利息一并得到清偿。绝大多数政策性金融债券的最后到期日与合约的终止日一致，不提前赎回。政策性金融债券发行的主要期限为1年、3年、5年、7年和10年，30年和50年的超长期限作为补充。少数含权债券（发行主体可赎回权、投资人可回售权、投资人可转换权等）的发行期限一般较长，多在5—10年。

（4）利息支付特征

政策性金融债券的利息支付方式分为零息和直接支付票息，其中直接支付票息为主要方式。在债券发行期内，直接支付票息的债券有一个事先规定的票面利率，所以也被称为固定利率债券。政策性金融债券大多是固定利率债券，每年支付一次利息。在到期日，债券的票面价值得到偿付。此外还有浮动利率债券，此类债券定价为某一参考的基准利率与利差之和，基准利率通常包括一年定期存款利率、回购利率和SHIBOR。投资者购买浮动利率债券，可以在一定程度上规避利率波动的风险。

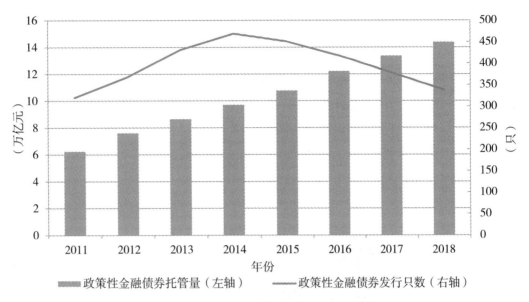

图 10-1 政策性金融债券托管量及年发行只数

资料来源：Wind 数据库。

10.3.1.2 政策性金融债券一级市场

政策性金融债券通过中央结算公司招标系统，以电子化方式面向承销团成员发行，其他投资者可以委托承销团成员进行投标。政策性金融债券的发行规模采取余额管理制，由人民银行确定各家存量债券的规模上限。政策性金融债券发行机制较为灵活，可根据市场情况及自身资金需求调整债券发行计划，品种更为多样化，除关键期限固定利率品种外，还包括以存贷款利率、回购利率和 SHIBOR 为基准的浮动利率品种以及含赎回权、交换权等的含权品种。政策性金融债券的期限一般在 1 年及以上，多采用荷兰式招标方式发行，标的为利率（新发固息债券）、价格（续发固息债券）或利差（浮息债券）。

2018 年 8 月 9 日，人民银行发布《关于试点开展金融债券弹性招标发行的通知》，对于金融债券的发行，允许金融机构采用弹性招标机制，在银行间市场根据事先设定的原则动态调整最终发行规模。

债券弹性招标机制是指在招标发行债券时，发行人可以采用事先设定的规则，根据投标情况动态调整最终债券发行规模的行为。弹性招标机制改变了之前招标过程中发行人被动接受价格的现状，赋予发行人较大的自主权，属于发行机制的创新，有利于增强债券发行的灵活性。在弹性招标机制下，发行人可在认购需求较强的牛市格局下按照事先披露的规则向上调整发行规模，并在招标利率不理想的熊市格局下向下调整发行规模，在一定范围内自主选择发行利率水平和规模，类似于交易所债券灵活设置"基础规模 + 超额配售规模"的模式。其中中标价格和规模的确定机制及程序需要事先披露，使得市场机构的投标价格和投标规模考虑弹性招标的因素，体现市场化原则和公平原则。弹性发行机制能够促进市场波动性降低，是一个市场走向成熟的标志。

政策性银行信用资质高，政策性金融债券与国债同属于利率债，风险权重为零。由于投资者投资国债的利息免征所得税,而政策性金融债券不免征所得税,政策性金融债券的名义收益率高于国债,对于不考核税收的机构和产品来说具有较高的投资价值。因此,与国债相比,政策性金融债券在持有者结构方面略有不同。国债的持有者以银行等考虑税收的配置型机构为主(近年来伴随国债期货市场的发展,国债的持有者当中交易型机构占比也在提高),政策性金融债券中非法人产品、基金、小银行等考虑名义收益率的投资主体占比更高。截至2017年年末,国债和政策性金融债券持有者结构比较如图10-2所示。

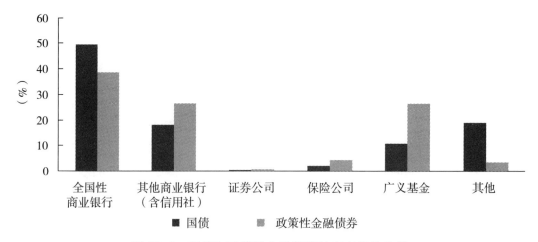

图 10-2 国债和政策性金融债券持有者结构比较

资料来源：Wind 数据库。

10.3.1.3 政策性金融债券二级市场

伴随政策性金融债券发行品种的日渐丰富,其交易的市场化程度不断加深,政策性金融债券的流动性不断提高,具有较高的交易价值。10年期国家开发银行债(以下简称"国开债")已经成为市场上流动性最好的债券之一,成为众多交易类机构做波段交易的重要工具。图10-3显示了主要债券品种年成交量。

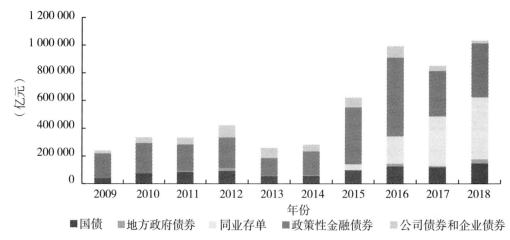

图 10-3 主要债券品种年成交量

资料来源：Wind 数据库。

专栏 10-1

政策性金融债券隐含税率简析

我国政策性金融债券的发行主体分别为国家开发银行、中国农业发展银行、中国进出口银行，三家银行同属国务院直接领导，其贷款主要用于国家重点基础设施建设项目、粮食收储、海外投资贷款等。国际市场上各主要评级机构长期以来对三大政策性银行的主体信用评级与中国主权信用评级一致，政策性金融债券与国债在信用风险上无差异。但国债与政策性金融债券之间却长期存在利差，原因主要在于两者税收政策的差异（见表 10-1）。

表 10-1 全国银行间债券市场增值税、所得税明细表（以银行为例）

国债	利息收入	免征增值税	免征所得税
	价差收入	征收增值税	征收所得税
政策性金融债券	利息收入	免征增值税	征收所得税
	价差收入	征收增值税	征收所得税

对于单纯持有债券至到期，以获取利息收入的投资者来说（如银行），理论上存在下列等式关系：

国债收益率 = 国开债收益率 ×（1 - 所得税税率）

所以可以根据上式计算出国债和政策性金融债券之间的隐含税率。

隐含税率 = 1 - 国债收益率 / 国开债收益率

银行所得税税率为 25%，理论上隐含税率上限值为 25%。按照税后收益相等原则，隐含税率应当与理论上全市场税率差相等。但事实上，实际隐含税率大部分时候显著低于理论税率差。如图 10-4 所示，隐含税率波动较大，且不同期限品种的隐含税率顶部不同，中长久期品种的隐含税率显著低于理论值，10 年期极限值在 23% 左右，5 年期极限值在 25% 左右，而 3 年期极限值则为 29%。

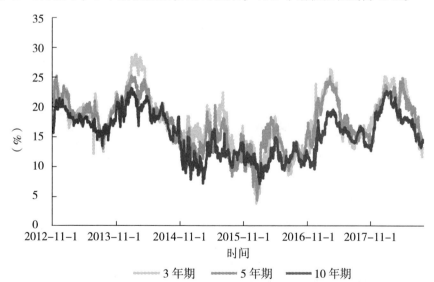

图 10-4 3 年、5 年、10 年期国债与国开债隐含税率走势

资料来源：Wind 数据库。

一般认为,影响隐含税率的因素有以下三种:

第一,投资者税收条件。根据边际定价规则,收益率曲线的形态更多体现基金等交易性主体的行为。不同机构投资和交易债券面临的税率不同。例如,基金转让金融商品的价差收入免增值税,利息收入不征收所得税。由于政策性金融债券属于利率债,且名义利率高于国债,因此近年来不考核税率的机构(以基金、非银机构资管计划、银行理财等广义基金和券商等机构为主)对政策性金融债券的持有量日益增加,导致隐含税率被压低。并且,部分金融机构考核机制采用税前收益而非税后收益,导致名义票息较高的政策性金融债券需求较大。

第二,投资者交易行为。托管数据显示,2017年广义基金增持了约70%的新增政策性金融债券(其中65%为国开债)托管量,而对国债的增持占比仅为25%。伴随交易类机构对政策性金融债券的增持,政策性金融债券流动性和交易属性显著提升。配置型机构和交易型机构在资金来源、资金价格、杠杆交易方式上存在差异,因此资金面和交易型机构杠杆率的波动会显著影响隐含税率的变动。

第三,税收政策的变动。营业税改增值税政策影响了国债和政策性金融债券隐含税率。2016年4月初营业税改增值税试点实施政策出台后,市场曾因忧虑金融债券和质押式回购征税而受到冲击,政策性金融债券到期收益率带动隐含税率上行,月末较月初利差上涨超20bp。但2016年4月末补丁政策扩大债券市场免征范围后,国债和政策性金融债券利差及隐含税率逐渐回落。

由于交易价值和供给量差异,政策性金融债券不同发行主体的债券之间存在利差。近年来,随着国开债交易价值的提升,政策性金融债券之间的收益率也有所分化,体现出了流动性溢价。主要体现为国开债与进出口银行政策性金融债券和农业发展银行政策性金融债券(以下简称"口农债")之间的利差。以10年期国开债和进出口银行债(以下简称"口行债")为例,近年来两者之间的利差(口行债收益率-国开债收益率)多在-20BP—40BP区间波动。如图10-5所示,2012年开始,国开债和口行债收益率出现

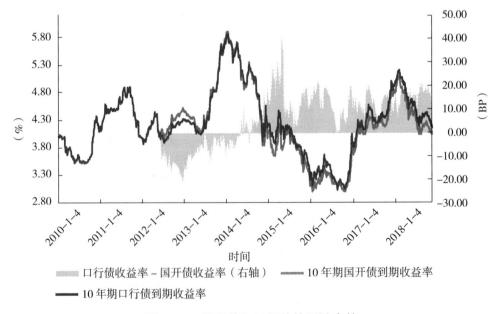

图10-5 国开债和口行债的利差走势

资料来源:Wind数据库。

倒挂，呈现负利差状态。从2014年年中开始，利差转为正，并且持续保持正利差。政策性金融债券不同券种的利差与两个因素有关：一是发行量，二是流动性。例如，2012年国开债发行量大幅超过其他品种，推出"福娃债"（五期连发的金融债券），从而收益率较口行债高，出现负利差。而2014年年中以来，随着大量资管类机构进入债券市场，国开债持有者结构发生改变，广义基金和城商行等投资者对国开债大量配置，国开债的成交量逐年攀升，已远远超出口行债数倍，因此出现了正利差，这种利差即国开债相对于口行债、农发债的流动性溢价。

【专栏10-2】

国开债不同债券间流动性溢价简析

国开债由于名义收益率高，市场流动性好，是最受交易机构青睐的券种。2015年开始，国开债的持有者结构发生了较大的变化，从托管数据来看，2015年以前，国开债主要被大型商业银行持有（占比超70%），大型商业银行持有国开债以配置为主，交易需求相对较少。2015年以来，广义基金和城市商业银行对国开债的配置量明显增加，目前广义基金持有国开债的占比达到25%，城市商业银行占比10%，与此同时，全国性商业银行占比降至39%。国开债持有结构的具体变化情况如图10-6所示。

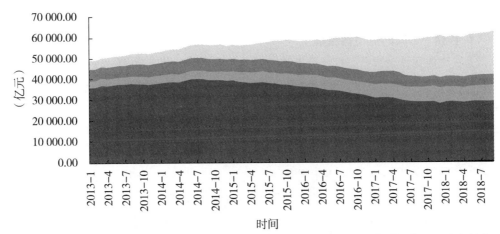

图10-6 国开债持有结构变化情况

资料来源：Wind数据库。

近年来，每年都会有一两只存量较大、流动性较好的债券成为交易机构的主要交易标的，例如2018年，代码为180210和180205的两只交易标的券长期位于利率债活跃券前两名。由于流动性较好，交易标的券收益率通常要求更低，从而出现交易标的债券跟其他债券间的流动性溢价。

一、10 年期和 7 年期国开债收益率倒挂现象

10 年期国开债单券的存量规模增加以及交易机构的增持行为,促使 10 年期国开债流动性显著提升,而 7 年期国开债流动性相对较低。10 年期与 7 年期国开债收益率的利差也由 2015 年之前的正值(10 年期收益率高于 7 年期)转为负值(10 年期收益率低于 7 年期)。近年来,10 年期与 7 年期国开债收益率倒挂已成常态。图 10-7 显示了 10 年期和 7 年期国开债收益率对比。

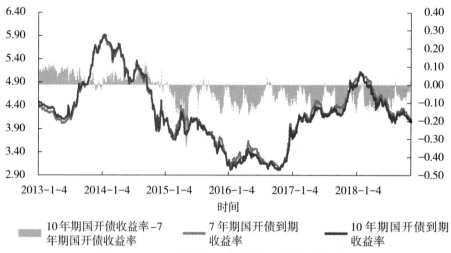

图 10-7 10 年期和 7 年期国开债收益率对比

资料来源:Wind 数据库。

二、"新老券"之间的流动性溢价

每年,随着新的国开债发行,市场逐渐追捧新的交易标的,抛弃之前的交易标的,从而出现"老券"收益率上行的情况。由于标的"新老券"之间发行人相同、久期接近,因此"新老券"利差("老券"收益率-"新券"收益率)主要体现为流动性溢价。

国开债"新券"与"老券"的利差在 2015 年开始出现,广义基金作为市场上交易盘的代表,配置国开债主要供日常交易使用,这也决定了广义基金偏好的是流动性最好的"新券"。与配置盘对"新券"与"老券"的偏好相差不大不同,交易盘为了交易方便,会赋予"新券"较大的流动性溢价,这也是为何 2015 年以来"新老券"利差拉大的原因。

从历史数据来看,"新老券"利差并不一定显著为正,与实际的流动性相对水平也并不完全相符,实际利差走势往往会一波三折,并未呈现简单的变化规律。如代码为 160213 的债券上市后,利差一路高走至 8BP 附近,享受了一定程度的"流动性溢价",然后在 2016 年年末跌至负值。"新老券"流动性溢价如图 10-8 所示。

历次国开债换券前后"新老券"利差走势的主要特点:上市后利差通常先扩大,之后走势分化,很大程度上取决于市场预期博弈,并且波动空间可能较大。利差一般为正,但流动性冲击下"新券"可能首先承压。因此,简单流动性溢价理论仍有待完善,需要弥补的是交易盘预期的影响。只要交易者预期到了未来"新券"的流动性会改善,则收益率会提前反应,而且未来的相对变动均基于预期博弈展开。

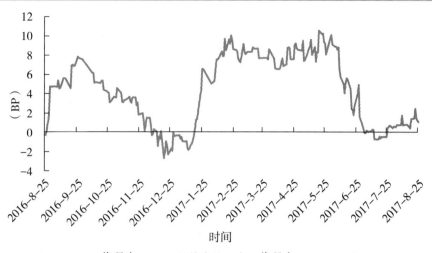

图 10-8 "新老券"流动性溢价

资料来源：Wind 数据库。

对于投资者来说，新券上市后利差扩大空间值得关注。利差扩大空间可以从两方面来分析：一是定价中隐含了多少换券预期。如果"新券""老券"的收益率中已经含有较高程度的换券预期，则新券上市后收益率很难继续强势走低，反之，则可能在后续过程中享受流动性逐步赶超带来的估值提升。二是整体市场情绪如何。市场情绪整体较好则利好于非活跃券，即"老券"，市场情绪较弱则利好于"新券"。

10.3.2 其他金融债券

除政策性金融债券之外，国内债券市场上还活跃着很多其他种类的金融债券，其他金融债券泛指除政策性银行外的金融机构所发行的各类债券。这些机构包括商业银行、证券公司、保险公司、财务公司、金融租赁公司、汽车金融公司等。图10-9显示了2015年1月1日—2018年10月1日金融债券的整体发行情况。2018年其他金融债券发行量（不含同业存单）约1.8万亿元，同业存单发行量约21.1万亿元。从存量来看，截至2018年年底，其他金融债券发行量（不含同业存单）市场占比约7%，同业存单市场占比约12%。

其他金融债券与政策性金融债券相比最大的差异在于风险权重的不同，非政策性金融债券风险权重均大于零。其他金融债券风险权重差异较大。根据《商业银行资本管理办法（试行）》，商业银行对我国政策性银行的次级债权（未扣除部分）的风险权重为100%；商业银行对我国中央政府投资的金融资产管理公司其他债权的风险权重为100%；商业银行对我国其他商业银行债权的风险权重为25%，其中原始期限三个月以内（含）债权的风险权重为20%；商业银行对我国其他商业银行的次级债权（未扣除部分）的风险权重为100%；商业银行对我国其他金融机构债权的风险权重为100%。

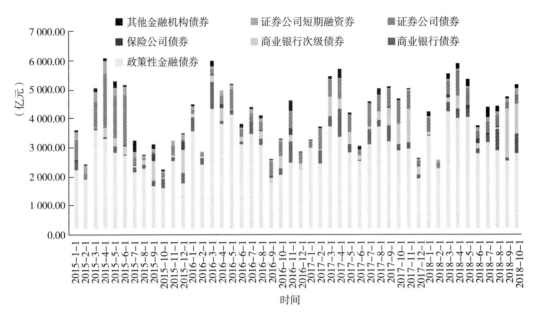

图 10-9　2015 年 1 月 1 日—2018 年 10 月 1 日金融债券发行情况

资料来源：Wind 数据库。

从投资者持有结构来看，非政策性金融债券的持有者中约 1/3 是商业银行账户，约 1/2 是广义基金（其中银行理财账户占比约 1/3）。分券种看，商业银行特别是全国性商业银行持有约 70% 的金融机构普通债券，而广义基金则更加青睐于次级债券、二级资本债券和混合资本债券。

10.3.2.1　商业银行债券

商业银行债券有普通债券、次级债券、混合资本债券、二级资本工具和小微企业专项金融债券、三农专项金融债券、绿色金融债券等多种债券。

（1）商业银行普通债券

商业银行普通债券是指依法在中华人民共和国境内设立的商业银行在全国银行间债券市场发行的、按约定还本付息的有价证券。商业银行普通债券应符合《全国银行间债券市场金融债券发行管理办法》规定的一般条件，募集资金作为商业银行负债计入报表，资金用途没有特别限定，通常用于替换存量负债或者投资新的资产项目。

商业银行发行金融债券具有重要意义。首先，发行金融债券有利于商业银行提高金融机构的资产负债管理能力，化解金融风险。其次，发行金融债券有利于商业银行拓宽直接融资渠道，优化金融资产结构。最后，商业银行发行金融债券有利于丰富市场信用层次，增加投资产品种类。

（2）商业银行次级债券

2004 年 6 月 17 日，人民银行和银监会联合发布《商业银行次级债券发行管理办法》，将商业银行次级债券定义为商业银行发行的，本金和利息的清偿顺序列于商业银行其他负债之后，先于商业银行股权资本的债券。按照银监会的有关规定，符合条件的次级债务计入银行附属资本。《商业银行资本充足率管理办法》规定商业银行资本充足率不得低于 8%，核心资本充足率不得低于 4%。核心资本之外的监管资本就是附属资本。附属资本包括重估储备、一般准备、优先股、可转换债券和长期次级债务。长期次级债务是指原始期限最少在五年以上的次级债务。商业银行发行的普通的、无担保的、不以银行资产为抵押或质押的长期次级债务工具可列入附属资本，在距到期日前最后五年，其可计入附属资本的数量每年累计折扣 20%。

次级债券的付息方式有三种：第一种是常见的固定利率，每年付息 1 次；第二种是浮动利率，比如在一年定期存款利率（或 3 个月 SHIBOR 5 日均值、7 天回购利率平均值）基础上浮动若干 BP；第三种是累进利率，例如，发行人在到期前 5 年，可以提前行使一次赎回权，如果不赎回，则后 5 年的票面利率将进行调整，一般利率跳升幅度为 200BP—300BP，即利率跳升机制及赎回激励。

次级债券可在全国银行间债券市场公开发行或私募发行。商业银行也可以通过私募方式募集次级定期债务，商业银行募集次级定期债务应遵循中国银保监会发布的相关规定。次级债券发行遵循公开、公平、公正、诚信的原则，并充分披露有关信息和提示次级债券投资风险。从市场情况看，因为次级债券利率较高，而且普遍不具备减记条款，所以是非常好的投资品种。投资者以广义基金和保险机构为主。

由于次级债券一般带有利率跳升机制及其他赎回激励，这些条款导致银行陷入危机时无法完全吸收损失。《商业银行资本管理办法（试行）》实施后，对于合格二级资本工具明确要求不得含有利率跳升机制及其他赎回激励，必须含有减记或转股条款。所以，2013 年之前发行的次级债券按照监管要求是不合格的。针对这部分不合格的存量债券，采取过渡期管理，进行每年 10% 的扣减。商业银行从 2013 年开始发行二级资本工具。

（3）商业银行混合资本债券

商业银行混合资本债券是针对《巴塞尔资本协议》对于混合资本工具的要求而设计的一种债券形式，所募资金可计入银行附属资本。2006 年 9 月 5 日，人民银行发布关于《商业银行发行混合资本债券的有关事宜》的公告，明确混合资本债券是指商业银行发行的具有以下特征的债券：

第一，期限在 15 年以上，发行之日起 10 年内不得赎回。发行之日起 10 年后发行人具有一次赎回权，若发行人未行使赎回权可以适当提高混合资本债券的利率。

第二，混合资本债券到期前，如果发行人核心资本充足率低于 4%，发行人可以延期支付利息；如果同时出现以下情况：最近一期经审计的资产负债表中盈余公积与未分配利润之和为负，且最近 12 个月内未向普通股股东支付现金红利，则发行人必须延期支付利息。在不满足延期支付利息的条件时，发行人应立即支付欠息及欠息产生的复利。

第三，当发行人清算时，混合资本债券本金和利息的清偿顺序列于一般债务和次级债务之后，先于股权资本。

第四，混合资本债券到期时，如果发行人无力支付清偿顺序在该债券之前的债务或支付该债券将导致无力支付清偿顺序在混合资本债券之前的债务，发行人可以延期支付该债券的本金和利息。待上述情况好转后，发行人应继续履行其还本付息义务，延期支付的本金和利息将根据混合资本债券的票面利率计算利息。

2007 年 7 月 3 日发布的《中国银行业监督管理委员会关于修改〈商业银行资本充足

率管理办法〉的决定》，将《商业银行资本充足管理办法》中第十二条第三款修改为："附属资本包括重估储备、一般准备、优先股、可转换债券、混合资本债券和长期次级债务。"并在第二十一条增加一款，作为第二款："商业银行持有我国其他商业银行发行的混合资本债券和长期次级债务的风险权重为100%。"且对混合资本债券做了进一步补充和明确。例如："若10年后银行未行使赎回权，可以适当提高债券的利率，但提高利率的次数不能超过一次。""当银行倒闭或清算时，本债券清偿顺序列于商业银行发行的长期次级债之后，先于商业银行股权资本。""商业银行若未行使混合资本债券的赎回权，在债券距到期日前最后5年，其可计入附属资本的数量每年累计折扣20%。""商业银行混合资本债券不得由银行或第三方提供担保。""商业银行提前赎回混合资本债券、延期支付利息，或债券到期时延期支付债券本金和应付利息时，需事先得到银监会批准。"

（4）商业银行二级资本工具

2008年金融危机后，巴塞尔银行监管委员会制订了全面改革计划，于2010年12月颁布"第三版巴塞尔协议"（《巴塞尔协议Ⅲ》），修订后的资本定义和强化的最低资本要求是这次改革的两个重要组成部分。《巴塞尔协议Ⅲ》出台有一个重要说明是，破产清算资本同持续经营资本的情况一样，在银行无法生存时必须能够被冲减或转换成普通股，也就意味着可以充分吸收损失。因此，以前充当附属资本的次级债券和混合资本债券看起来无法抵御非预期损失。

商业银行二级资本工具是指商业银行发行的，本金和利息的清偿顺序列于商业银行其他负债之后，先于商业银行股权资本的债券。商业银行二级资本工具是银行二级资本的组成部分，二级资本属于破产清算资本，即在银行无法生存时必须能够被冲减或转换成普通股，这就意味着其可以充分吸收损失。我国商业银行二级资本工具在2013年以后发行。

《巴塞尔协议Ⅲ》承认在破产清算基础上提供损失吸收能力的商业银行二级资本工具和其他要素可以纳入合格资本计算，但必须满足前提条件，那就是同其他一级资本一样，这些工具必须在无法生存时具有充分吸收损失的能力。这些工具的初始期限至少为5年，必须全额实缴（不能以任何方式由该银行提供融资），受偿顺序必须安排在存款人和一般债权人之后。2012年6月7日发布的《商业银行资本管理办法（试行）》的附件1对二级资本工具的合格标准做出明确规定：

（一）发行且实缴的。

（二）受偿顺序排在存款人和一般债权人之后。

（三）不得由发行银行或其关联机构提供抵押或保证，也不得通过其他安排使其相对于发行银行的存款人和一般债权人在法律或经济上享有优先受偿权。

（四）原始期限不低于5年，并且不得含有利率跳升机制及其他赎回激励。

（五）自发行之日起，至少5年后方可由发行银行赎回，但发行银行不得形成赎回权将被行使的预期，且行使赎回权必须得到银监会的事先批准。

（六）商业银行的二级资本工具，应符合以下要求：

1. 使用同等或更高质量的资本工具替换被赎回的工具，并且只有在收入能力具备可持续性的条件下才能实施资本工具的替换。
2. 或者，行使赎回权后的资本水平仍明显高于银监会规定的监管资本要求。

（七）必须含有减记或转股的条款，当触发事件发生时，该工具能立即减记或者转为普通股。触发事件是指以下两者中的较早者：
1. 银监会认定若不进行减记该银行将无法生存。
2. 银监会认定若不进行公共部门注资或提供同等效力的支持该银行将无法生存。

（八）除非商业银行进入破产清算程序，否则投资者无权要求加快偿付未来到期债务（本金或利息）。

（九）分红或派息必须来自于可分配项目，且分红或派息不得与发行银行自身的评级挂钩，也不得随着评级变化而调整。

（十）发行银行及受其控制或有重要影响的关联方不得购买该工具，且发行银行不得直接或间接为购买该工具提供融资。

（十一）某项资本工具不是由经营实体或控股公司发行的，发行所筹集的资金必须无条件立即转移给经营实体或控股公司，且转移的方式必须至少满足前述二级资本工具的合格标准。

与普通债券相比，二级资本工具包含以下三个特殊条款：

第一，次级条款。二级资本工具本金的清偿顺序和利息支付顺序均在存款人和一般债权人之后，在股权资本、其他一级资本工具和混合资本债券之前。除非发行人结业、倒闭或清算，投资者不能要求发行人加速偿还债券的本金。次级条款显示出二级资本工具最本质的属性，那就是在清算时，受偿顺序比普通债券更靠后。

第二，减记条款。当触发事件发生时，二级资本工具发行人有权在不获得债券持有人同意的情况下，自触发事件发生日次日起，不可撤销地对债券以及已经发行的本金减记型其他一级资本工具的本金进行全额减记，任何尚未支付的累积应付利息也将不再支付。在债券本金被减记后，债券也被永久性注销，并在任何条件下都不能被恢复。减记条款是否存在，是二级资本工具与2013年之前发行的次级债券的本质区别。在二级资本工具发行实践中，由于转股型二级资本工具涉及跨银行间市场和交易所市场、监管审核等障碍，目前国内市场上实际发行的二级资本工具一般只含有减记条款。

第三，提前赎回条款。二级资本工具可以设定一次发行人选择提前赎回的权利，注意，这个权利是属于银行的，二级资本工具一般并不包含属于投资者的回售权。

在期限方面，监管机构要求二级资本原始期限不低于5年，同时要求用于补充二级资本的债券发行期限也在5年以上，所以目前市场上采取的主流发行期限为5+5年，在第5年年末设有赎回权。按照资本管理办法对合格二级资本工具的规定，商业银行发行的二级资本工具有确定到期日的，那么二级资本工具在距离到期日前最后5年，可计入二级资本的金额，应当按100%、80%、60%、40%、20%的比例逐年减记，也就是资本补充效力按照每年20%的比例递减。所以，如果符合"资本水平仍满足银监会规定的监管资本要求"的前提，商业银行在第5年年末可以行使提前赎回权。考虑最后5年资本补充效力是打折的，商业银行往往会选择新发一期二级资本工具，并赎回存量的二级资本工具。

从市场发行情况来看，受减记条款影响，监管机构一直没有放开保险公司参与商业银行二级资本工具投资，二级资本工具最主要的投资人是商业银行表外理财。但2018年8月人民银行发布《关于进一步明确规范金融机构资产管理业务指导意见有关事项的通知》后，原有的以理财资金持有商业银行二级资本工具模式面临压力，而银行自有资金投资也受到"双10%"限制。在投资人范围受限的情况下，商业银行二级资本工具原有发行定价模式也面临转型。人民银行2018年8月初试点开展金融债券弹性招标，引导二级资本工具发行定价市场化，提高了市场主体的参与积极性。商业银行二级资本工具发行利差概览如图10-10所示。

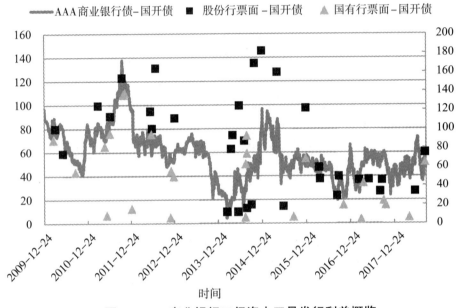

图10-10　商业银行二级资本工具发行利差概览

资料来源：Wind数据库。

（5）商业银行小微企业专项金融债券

商业银行小微企业专项金融债券是商业银行发行的，募集资金专项用于小微企业贷款的金融债券，与商业银行普通债券偿还次序一样，优先于商业银行二级资本工具。

2011年5月，银监会发布的《关于支持商业银行进一步改进小企业金融服务的通知》规定，对于小企业贷款余额占企业贷款余额达到一定比例的商业银行，在满足审慎监管要求的条件下，优先支持其发行专项用于小微企业贷款的金融债券，同时严格监控所募资金的流向。同年11月，首单小微企业专项金融债券获准发行。

（6）商业银行三农专项金融债券

2013年9月，银监会发布的《关于商业银行发行"三农"专项金融债券有关事项的通知》中明确，"三农"专项金融债券，是指商业银行按照《全国银行间债券市场金融债券发行管理办法》发行，募集资金专项用于发放涉农贷款的金融债券。涉农贷款口径按照人民银行、银监会涉农贷款统计制度执行。

（7）商业银行绿色金融债券

2015年年末人民银行就在银行间债券市场发行绿色金融债券有关事宜进行公告（中

国人民银行公告〔2015〕第39号）。其中明确规定绿色金融债券指金融机构法人依法发行的、募集资金用于支持绿色产业并按约定还本付息的有价证券。绿色产业项目范围可以参考《绿色债券支持项目目录》。

（8）商业银行同业存单

2013年12月，人民银行和外汇交易中心分别公布《同业存单管理暂行办法》（以下简称《人民银行管理办法》）及《银行间市场同业存单发行交易规程》(以下简称《CFETS操作规程》），正式在银行间债券市场推出同业存单产品。同业存单的推出是我国利率市场化进程中的重要举措。《人民银行管理办法》明确，同业存单是指由银行业存款类金融机构法人在全国银行间市场上发行的记账式定期存款凭证。

2015年8月，中国基金业协会发布《证券投资基金参与同业存单会计核算和估值业务指引（试行）》，基金公司开始配置同业存单，成为认购新主力。2016年11月，保监会明确保险资金可以投资境内依法发行的同业存单。随着同业存单的参与主体范围快速扩大，市场投资需求也随之增长（如图10-11所示）。

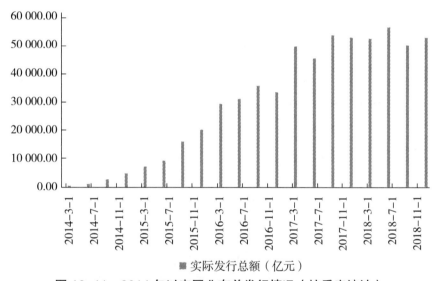

图10-11　2014年以来同业存单发行情况（按季度统计）

资料来源：Wind数据库。

2020年7月3日，央行等四部委联合发布《标准化债权类资产认定规则》，明确同业存单属于标准化债权类资产，属于"依法发行的债券、资产支持证券等固定收益证券"的一种。从市场定价、市场管理、投资者行为、风险管理等方面来看，同业存单是由存款类金融机构发行的短期信用债券。

从市场定价看，同业存单期限不超过1年，为1个月、3个月、6个月、9个月和1年，可按固定利率或浮动利率计息，采取贴现发行的方式，其收益率计算方式与贴现债券一致，中债估值中心提供曲线和单券的估值。

从市场管理看，同业存单属于商业银行债权，标准化程度高，在统一的市场进行电子化发行流通，并统一进行电子化托管。在外汇交易中心本币交易系统中，同业存单买卖交易纳入"现券买卖"模块，交易方式与债券一致。做市机制方面，根据《人民银行管理办法》第十二条，建立同业存单市场做市商制度，做市商由市场利率定价自律机制核心成员担任，应当通过CFETS交易系统连续报出同业存单的买、卖双边价格，并按其报价与其他市场参与者达成交易。做市机制是债券等有价证券特有的市场机制，反映了同业存单在性质上与信用债的类似程度很高。从基础设施配套措施看，同业存单在银行间市场清算所股份有限公司登记、托管、结算。

从投资者行为看，同业存单投资和交易主体与信用债券一致，从2018年年末上清所托管量来看，同业存单的主要投资者依次为非法人类产品、农商行及农合行、国有大型商业银行、城市商业银行、政策性银行、股份制商业银行、信用社等。投资者投资同业存单可通过利息收入和资本利得获取收益，由于同业存单整体信用风险较小、流动性高，成为交易类机构青睐的品种。

从风险管理看，投资者参与同业存单投资，需要对其信用风险、市场风险和操作风险进行管理，风险实质与信用债券完全一致。根据《商业银行资本管理办法（试行）》，商业银行对我国其他商业银行发行同业存单的风险权重为25%，其中原始期限三个月以内（含）同业存单的风险权重为20%。

10.3.2.2 证券公司债券

证券公司债券包括普通债和次级债务。2015年以来证券公司债券及短期融资券发行情况如图10-12所示。

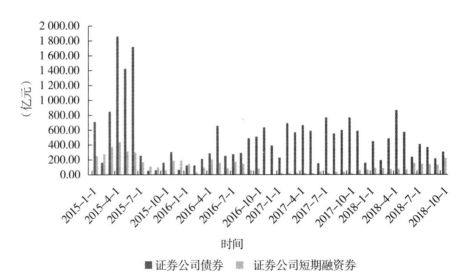

图10-12 2015年以来证券公司债券及短期融资券发行情况

资料来源：Wind数据库。

（1）证券公司融资债券

证券公司融资债券只在银行间债券市场发行和交易，遵循公平、诚信、自律的原则。证券公司融资债券的发行和交易接受人民银行的监管。人民银行授权全国银行间同业拆借中心的电子信息系统每半年向银行间债券市场公示证监会有关证券公司融资债券发行人是否符合发行基本条件的监管意见。证券公司融资债券的投资人应满足各自监管部门的审慎监管要求，并具备识别、判断、承担风险的能力。

（2）证券公司次级债

证券公司次级债包括证券公司向股东或机构投资者定向借入的清偿顺序在普通债之后的次级债务，以及证券公司向机构投资者发行的清偿顺序在普通债之后的有价证券。次级债务、次级债券为证券公司同一清偿顺序债务。证券公司次级债只能以非公开方式发行，不得采用广告、公开劝诱和变相公开方式。每期债券的机构投资者合计不得超过200人。

次级债分为长期次级债和短期次级债。证券公司借入或发行期限在1年以上（不含1年）的次级债为长期次级债。证券公司为满足正常流动性资金需要，借入或发行期限在3个月以上（含3个月）、1年以下（含1年）的次级债为短期次级债。长期次级债可按一定比例计入净资本，到期期限在3年、2年、1年以上的，原则上分别按100%、70%、50%的比例计入净资本。短期次级债不计入净资本。证券公司在银行间发行次级债券，应事先经证监会认可，并遵守银行间债券市场相关规定。

10.3.2.3 保险公司次级债务

保险公司次级债务是指保险公司为了弥补临时性或阶段性资本不足，经批准募集期限在5年以上（含5年），且本金和利息的清偿顺序列于保单责任和其他负债之后，先于保险公司股权资本的保险公司债券。保险公司募集次级债所获取的资金，可以计入附属资本，但不得用于弥补保险公司日常经营损失。保险公司计入附属资本的次级债务金额不得超过净资产的50%，具体认可标准由银保监会另行规定。保险公司偿付能力充足率低于150%，或者预计未来两年内偿付能力充足率将低于150%的，可以申请募集次级债。

10.3.2.4 其他金融机构债券

2018年前10个月发行的其他金融机构债券金额详见图10-13。

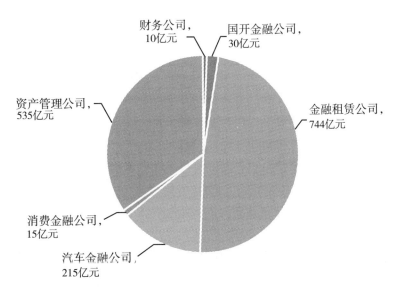

图10-13　2018年前10个月发行的其他金融机构债券金额

资料来源：Wind数据库。

（1）财务公司的金融债券

中国现行监管条件允许符合条件的企业集团财务公司发行金融债券。财务公司发行金融债券可采取一次足额发行或限额内分期发行的方式。财务公司发行金融债券，应具备以下条件：①具有良好的公司治理结构、完善的投资决策机制、健全有效的内部管理和风险控制制度，以及相应的管理信息系统；②具有从事金融债券发行的合格专业人员；③依法合规经营，符合银监会有关审慎监管的要求；④财务公司设立1年以上，经营状况良好，申请前1年利润率不低于行业平均水平，且有稳定的盈利预期；⑤申请前1年，不良资产率低于行业平均水平，资产损失准备拨备充足；⑥申请前1年，注册资本金不低于3亿元人民币，净资产不低于行业平均水平；⑦近3年无重大违法违规记录；⑧无到期不能支付债务；⑨银监会规定的其他审慎性条件。

（2）金融租赁公司和汽车金融公司的金融债券

中国现行监管条件允许符合条件的金融租赁公司和汽车金融公司发行金融债券。申请发行金融债券的具体条件包括：①金融租赁公司注册资本金不低于5亿元人民币或等值的自由兑换货币，汽车金融公司注册资本金不低于8亿元人民币或等值的自由兑换货币；②资产质量良好，最近1年不良资产率低于行业平均水平，资产损失准备计提充足；③无到期不能支付债务；④净资产不低于行业平均水平；⑤最近3年连续盈利，最近1年利润率不低于行业平均水平，且有稳定的盈利预期；⑥最近3年平均可分配利润足以支付所发行金融债券1年的利息；⑦风险监管指标达到监管要求等。

对于商业银行设立的金融租赁公司，资质良好但成立不满3年的，应由具有担保能力的担保人提供担保。金融租赁公司和汽车金融公司发行金融债券后，资本充足率均应不低于8%。

本章小结

政策性金融债券（又称政策性银行债）是我国政策性银行（国家开发银行、中国农业发展银行、中国进出口银行）为筹集信贷资金，面向银行间债券市场金融机构发行的金融券。

影响政策性金融债券隐含税率的因素包括投资者税收条件、投资者交易行为和税收政策的变动。

国开债不同债券间存在着流动性溢价。

商业银行普通债券是指依法在中华人民共和国境内设立的商业银行在全国银行间债券市场发行的、按约定还本付息的有价证券。

商业银行次级债券是指商业银行发行的，本金和利息的清偿顺序列于商业银行其他负债之后，先于商业银行股权资本的债券。

商业银行混合资本债券是针对《巴塞尔资本协议》对于混合资本工具的要求而设计的一种债券形式。

商业银行二级资本工具，是指商业银行发行的，本金和利息的清偿顺序列于商业银行其他负债之后，先于商业银行股权资本的债券。

小微企业专项金融债券是商业银行发行的，募集资金专项用于小微企业贷款的金融债券，与商业银行普通债券偿还次序一样，优先于商业银行二级资本工具。

证券公司次级债包括证券公司向股东或机构投资者定向借入的清偿顺序在普通债之后的次级债务，以及证券公司向机构投资者发行的清偿顺序在普通债之后的有价证券。

保险公司次级债务是指保险公司为了弥补临时性或阶段性资本不足，经批准募集期限在5年以上（含5年），且本金和利息的清偿顺序列于保单责任和其他负债之后，先于保险公司股权资本的保险公司债务。

重要术语

政策性金融债券　　隐含税率　　商业银行普通债券　　商业银行次级债券　　商业银行混合资本债券　　商业银行二级资本工具　　商业银行小微企业专项金融债券　　证券公司债券和债务　　保险公司次级债务

思考练习题

1. 金融债券的发行应由具有债券评级能力的（　　）进行信用评级。
A. 信用评级机构
B. 证券金融公司
C. 投资咨询机构
D. 资产评估机构

2. 政策性金融债券隐含税率影响因素不包括（　　）。
A. 税收条件
B. 投资者交易行为
C. 税收政策
D. 风险权重

3. 我国的商业银行债券不包括（　　）。
A. 普通债券
B. 次级债券
C. 政策性金融债券
D. 小微企业专项金融债券

4. 以下关于金融债券的说法错误的是（　　）。
A. 保险公司次级债务也属于金融债券
B. 我国政策性银行在银行间债券市场发行的债券属于金融债券
C. 商业银行可以发行金融债券
D. 非银行金融机构不可以发行金融债券

参考文献

[1] 李磊宁，高言，戴韡. 固定收益证券 [M]. 北京：机械工业出版社，2014.

相关网络链接

中国债券信息网：https://www.chinabond.com.cn/　　中国货币网：http://www.chinamoney.com.cn/

第 11 章
信用债市场*

孙颢文　黄馥　姜琦　万昱东（天风证券）
张艺娜（泰康资产）

学习目标

通过本章的学习，读者应能够：
◎ 理解我国信用债市场的发展现状，包括信用债的主要分类、各分类对应监管机构和交易市场、信用债发行人特征；
◎ 理解产业债和城投债信用利差走势的主要影响因素；
◎ 理解信用债的定价和风险分析，包括信用风险溢价、流动性风险溢价及特殊条款等；
◎ 理解信用债市场投资主体及投资者结构变化对信用债投资的影响；
◎ 了解信用债市场的违约特征及典型违约案例；
◎ 了解海外高收益债投资经验、我国目前高收益债市场的制度建设和投资策略。

■ 开篇导读

随着债券融资在企业融资中的占比逐步提高以及刚兑被打破，了解我国的信用债市场发展现状并学会进行信用债投资分析愈发重要。信用债到期收益率受到哪些因素的影响？主要行业的信用利差走势受到哪些因素驱动？为什么 2015 年和 2016 年的信用债信用利差大幅下行？至今发生的违约事件都有哪些特征？应该采取何种策略进行高收益债投资？本章将从信用债市场基本情况、信用债风险收益分析、行业利差走势回顾、投资

---
* 本章由陈健恒（中金公司）审校。

者结构分析、行业违约特征及典型案例分析、高收益债市场介绍及投资策略分析等方面展开,以期为读者勾勒出我国信用债市场发展及投资分析的基本图像。

11.1 我国信用债市场发展现状

11.1.1 我国信用债市场概况

11.1.1.1 我国信用债市场发展及现状

信用债是指政府之外的主体发行的约定了确定的本息偿付现金流的债券。具体来说,信用债是企业根据其财务和经营状况,由评级公司给出信用评级之后,在债券市场所发行的债券。信用债由于发行主体的多样化,其风险和流动性存在较大的差异。近年来我国信用债市场发展迅速,债券品种不断丰富,债券市场结构逐步完善,直接融资功能日益凸显。

得益于 2008 年金融危机前国内经济的高速发展,在良好的经济发展环境与企业经营业绩持续向好的背景下,各监管部门开始着力发展信用债市场。2005 年,短期融资券的重新推出是信用债市场发展过程中重要的里程碑事件,这一举措扩大了企业直接融资的渠道。2007 年,证监会开始推行公司债券试点,发行规则方面部分借鉴了短期融资券的市场化运作经验。与此同时,发改委加快推进企业债券的发行工作,交易所企业债券的发行量逐年攀升,但受限于严格的发行审批、额度审批以及担保制度,企业债券的发行量仍落后于短期融资券。2008 年年初,企业债券的发行管理方式迎来了重大突破,进一步优化了企业募集资金的渠道。同年,银行间市场交易商协会正式推出中期票据,与短期融资券一同采取了发行注册的办法,直接同公司债券和企业债券形成竞争态势。在这一时期,主要信用品种陆续发行,信用债一级市场迅速崛起,债券市场体系逐步成形。

随着信用债市场进入稳步发展时期,短期融资券、中期票据、企业债券和公司债券的发行规模逐年扩大。与此同时,信用债品种的创新也在持续推进。2009 年 11 月,为方便中小企业融资,人民银行和银行间市场交易商协会推出中小企业集合票据,即具有法人资格的中小非金融企业,在银行间债券市场以统一产品、统一券种冠名、统一信用增进、统一发行注册方式共同发行的债券。2010 年,银行间市场交易商协会在短期融资券的基础上推出期限更短(270 天以内)的超短期融资券。2011 年,私募债市场开始崭露头角,银行间市场交易商协会率先在银行间债券市场推出了非公开定向债务融资工具,该品种信息披露要求相对简化,发行流程也相对便利,为信息披露较为困难或者信用级别较低的非金融企业提供了新的融资渠道。2012 年,上海证券交易所和深圳证券交易所又启动中小企业私募债业务试点,实行交易所备案制,发行主体限定在中小微、非上市企业,并要求附加偿债保障金、增信措施等投资者保护性条款。信用债市场规模不断扩大使信用债惠及范围进一步拓宽,债券品种不断丰富,为不同所有制结构、不同规模及处于不同发展阶段的企业融资提供了合适的途径。

近年来,随着金融改革的深化,直接债务融资高速发展,有效解决了企业融资需求,大力支持了实体经济发展。如图 11-1 所示,2016 年信用债发行量达到峰值,全年共发行信用债 7 030 只,发行总额 8.48 万亿元。2016 年年底,货币政策开始由松转紧,随着当年中央经济工作会议和次年全国金融工作会议的召开,全方位的金融监管整治工作也同期启动。降低企业负债率,规范影子银行业务,成为中央政府防范和化解金融风险的主要目标。由此,2017 年信用债市场较上年整体紧缩,发行量下滑至 5 353 只,发行总额 5.39 万亿元。

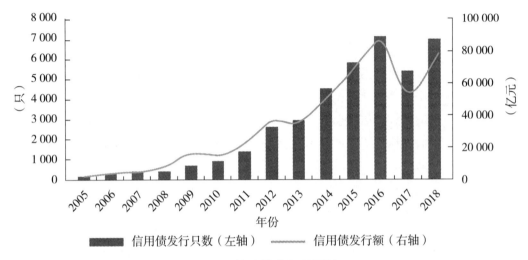

图 11-1 信用债发行数量情况

资料来源:Wind 数据库,天风证券固定收益总部。

2018 年,信用债市场共发行债券 6 911 只,其中超短期融资券发行量最大,共有 2 490 只,占总量的 36.03%。信用债市场共发行债券 7.27 万亿元,其中超短期融资券发行额最大,共有 2.65 万亿元,占总量的 36.44%。更多信息可参见图 11-2。

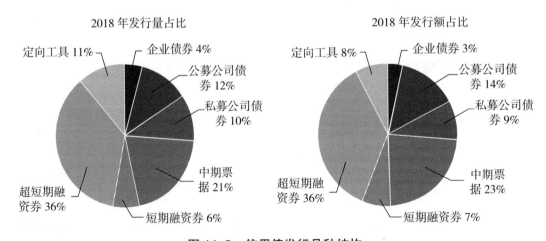

图 11-2 信用债发行品种结构

资料来源:Wind 数据库,天风证券固定收益总部。

11.1.1.2 我国信用债监管机构和流通市场

从监管层面来看，我国信用债监管机构主要有人民银行、证监会和发改委。2008年4月，银行间市场的监管格局发生了重要改变，人民银行发布《银行间债券市场非金融企业债务融资工具管理办法》，明确规定非金融企业债务融资工具的发行与交易由银行间市场交易商协会实行自律管理，银行间市场交易商协会负责债务融资工具的发行注册。目前，我国信用债市场监管结构大致如图 11-3 所示。

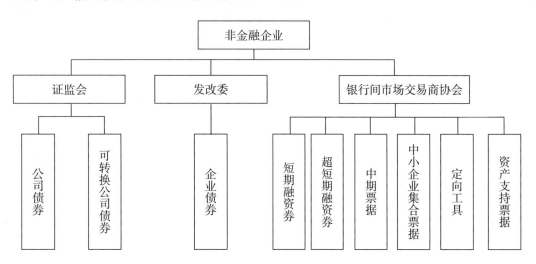

图 11-3　中国信用债市场监管结构

资料来源：公开资料，天风证券固定收益总部。

从交易场所来看，我国信用债交易场所主要有上海证券交易所、深圳证券交易所、银行间市场和银行柜台市场。前两者为场内市场，后两者为场外市场。在交易所发行的债券主要由证监会审核管理，托管在中证登；在银行间市场发行的债券主要由人民银行审批，银行间市场交易商协会实行自律管理，托管在上清所和中债登。各交易场所的主要交易品种见表 11-1。

表 11-1　各交易场所的主要交易品种

	交易品种	
银行间市场	中期票据、短期融资券、超短期融资券、中小企业集合债券、定向工具、资产支持票据	企业债券
证券交易所	公司债券、可转换公司债券	

资料来源：公开资料，天风证券固定收益总部。

目前，银行间市场为我国信用债的主要交易场所。如图 11-4 所示，截至 2018 年 12 月，银行间二级市场存有信用债 8 979 只，占总量的 54.63%；信用债余额存量 9.91 万亿元，占总量的 55.38%。上交所和深交所二级市场共存有信用债 5 253 只，占总量的 31.96%；信用债余额存量 5.82 万亿元，占总量的 32.54%。此外，在银行间和交易所二级市场共同交易的信用债 2 186 只，占总量的 13.30%；信用债余额存量 2.13 万亿元，占总量的 11.92%。

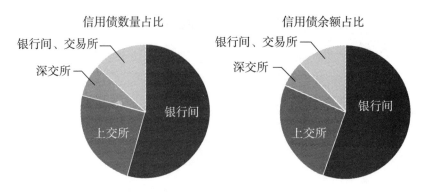

图 11-4　信用债在各交易场所的分布

资料来源：Wind 数据库，天风证券固定收益总部。

11.1.1.3　中国同美国信用债市场对比

中国同美国在信用债品种、监管和交易场所方面均存在较大差异：

首先，在信用债品种方面，美国的公司债券包括所有非政府信用主体发行的债券，我国的公司信用债却分为短期融资券、企业债券和公司债券等由不同机构审批和监管的信用债品种。此外，美国金融机构发债归于公司债券，称为金融公司债券，我国则对应专门的金融债券。

其次，在债券市场监管方面，美国施行统一监管，我国施行多头监管。美国证券交易委员会（SEC）具有对美国债券市场的最高监管权，美联储、美国财政部等其他机构主要对其监管主体的市场参与资格进行监管。美国金融业监管局（Financial Industry Regulatory Authority，FINRA）、交易所等机构都属于接受 SEC 监管的自律监管组织，按照 SEC 的授权履行日常监管职能。

最后，在交易场所方面，美国债券市场交易前端完全互联互通，我国则存在明显的人为分割。美国允许市场主体自主选择交易场所，带有非常强的竞争性。美国自从引进推广电子交易平台后，债券交易电子化和透明化程度得到提高，电子交易系统取代了传统的电话交易系统成为主要交易渠道，已经大大淡化了场外市场概念。我国信用债的上市发行交易严格按照监管主体人为设置了交易场所，且主要交易场所银行间市场属于传统意义上的场外市场，实行双边协议成交。

11.1.2　我国信用债主要品种简介

11.1.2.1　短期融资券与超短期融资券

为改变金融市场发展不均衡局面，完善货币政策传导机制，扩大企业直接融资渠道，中国人民银行于 2005 年发布了《短期融资券管理办法》及《短期融资券承销规程》《短期融资券信息披露规程》，重新推出短期融资券，即具有法人资格的非金融企业可以在银行间市场面向机构投资者发行期限在一年以内的短期融资券。新制度在发行与交易规则方面有重大突破，具体包括采用注册制，摒弃审批制，可在注册有效期内多次发行；

上市交易和发行利率由市场决定；无须银行强制担保，但必须按规定进行信息披露等。这些新突破使短期融资券很快受到发行人和投资者的青睐，短期融资券在2005年的发行数量和发行额度都大幅超过企业债券，占信用债发行总额度的70.22%。近年来，随着信用债品种不断创新完善，短期融资券市场占比持续下滑，2018年仅占全市场信用债发行额的6.57%。更多信息可见图11-5。

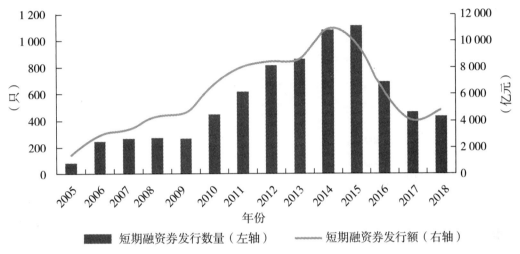

图11-5 短期融资券发行情况

资料来源：Wind数据库，天风证券固定收益总部。

2010年银行间市场交易商协会发布《银行间债券市场非金融企业超短期融资券业务规程》，推出超短期融资券，即具有法人资格、信用评级较高的非金融企业在银行间债券市场发行的，期限在270天以内的短期融资券。超短期融资券对企业信用资质的要求较高，但其信息披露简洁，注册和发行效率更高，资金使用灵活，因此成为部分企业补充流动性资金的重要渠道。如图11-6所示，超短期融资券的发行数量和发行额占全市场的比例逐年攀升，2018年占全市场信用债发行额的36.44%。

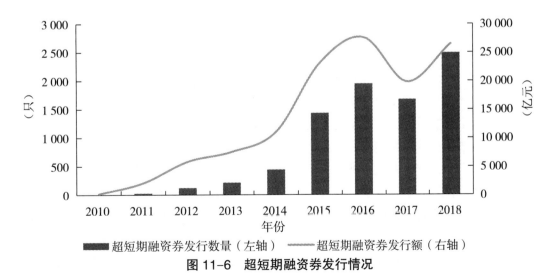

图11-6 超短期融资券发行情况

资料来源：Wind数据库，天风证券固定收益总部。

11.1.2.2 中期票据

2008年银行间市场交易商协会颁布《银行间债券市场非金融企业中期票据业务指引》，推出崭新的投资品种中期票据，即具有法人资格的非金融企业在银行间债券市场按照计划分期发行的，约定在一定期限还本付息的债务融资工具。中期票据同短期融资券一样采取注册发行制度，并以市场化方式确定发行利率和价格。相较于短期融资券，中期票据的发行期限更长，通常为2—10年，以3年、5年期为主。中期票据采用灵活的市场化发行制度，能有效减少企业发行成本，也可以通过价格发现机制彰显企业自身的信用能力，因此直接同公司债券和企业债券形成竞争态势。2018年，中期票据占全市场信用债发行额的23.35%，仅次于超短期融资券。更多关于中期票据发行情况的信息可见图11-7。

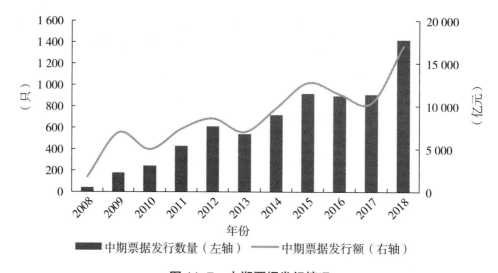

图 11-7 中期票据发行情况

资料来源：Wind 数据库，天风证券固定收益总部。

11.1.2.3 定向工具

2011年4月，银行间市场交易商协会出台《银行间债券市场非金融企业债务融资工具非公开定向发行规则》，推出非公开定向债务融资工具，即定向工具。根据规定，定向工具是指具有法人资格的非金融企业，向银行间市场特定机构投资人发行债务融资工具，并在特定机构投资人范围内流通转让的行为。

由于定向工具采取非公开发行方式，在信息披露要求上更为简化，无须履行公开披露信息义务，因此减轻了发行人的信息披露负担。同时，非公开发行制度有利于引入风险偏好型投资者，能够为中小企业、战略新兴产业发行人等具有较高保密要求的发行主体提供新的融资渠道。灵活的非公开发行方案可由发行人与投资者通过一对一谈判协商确定，能够更高效地完成市场资源配置。此外，定向工具没有明确的发行规模限制，可突破净资产40%的约束进行直接融资。但是，受制于非公开发行的特殊方式，定向工具的转让和流通将会受限，因而使得市场化发行价格存在流动性溢价。更多关于定向工具发行情况的信息可见表 11-8。

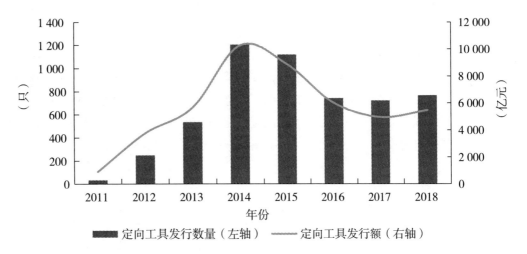

图 11-8 定向工具发行情况

资料来源：Wind 数据库，天风证券固定收益总部。

表 11-2 总结了银行间市场交易商协会自律管理的主要信用债品种的各项特征。

表 11-2 银行间市场交易商协会自律管理的主要信用债品种汇总

	短期融资券	中期票据	定向工具
监管机构	银行间市场交易商协会		
审核方式	注册制		
交易场所	银行间市场		
发行主体	具有法人资格的非金融企业		
发行期限	1年及以内	1年以上，3、5年为主	3年期以下居多
发行规模	不超过净资产40%		不受净资产约束
发行时间	注册有效期2年，其间可分期发行；注册后2个月内完成首期发行	注册后2个月内完成首期发行，可在2年内分多次发行	注册有效期2年，注册后6个月内完成首期发行，可分期发行
发行方式	银行间市场公开发行		非公开发行
募集资金投向	可用于补充营运资金、偿还债务等，实际使用较为灵活		使用较为灵活，主要用途包括固定资产投资、技术更新等
信息披露	信息披露详尽，存续期内定期披露年报、半年报、季报		严格发债主体信息披露，重视发债后的市场监管工作
评级要求	主体AA-以上		未作要求，一般在AA以上

11.1.2.4 企业债券

依据 2011 年修订的《企业债券管理条例》，企业债券是指企业依照法定程序发行，约定在一定期限内还本付息的有价证券。中国企业债券的发行主体主要为中央政府部门所属机构、国有独资企业或国有控股企业，筹集资金几乎都投入政府部门批准的投资项目。由于企业债券包含多种专项债务，对基础设施建设支持力度大，因此近年来企业债券的发行量与国家政策变化息息相关（见图11-9）。

企业债券的发行管理方式在2008年迎来重大变革，发改委发布了《关于推进企业债券市场发展、简化发行核准程序有关事项的通知》，指出为进一步推动企业债券市场化发展，扩大企业债券发行规模，将先核定规模、后核准发行两个环节，简化为直接核准发行一个环节。该通知终结了以额度审批为特征的计划管理体制，将审批权力部分下放到行业主管部门和地方发改委，缩短了企业债券的审批时间，并且在审批环节中不再核定规模、不再强制担保，募集资金的投向范围也进一步扩大。

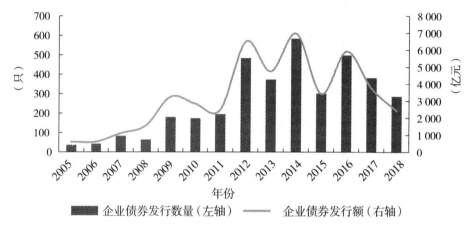

图11-9 企业债券发行情况

资料来源：Wind数据库，天风证券固定收益总部。

11.1.2.5 公司债券

2007年8月，中国证监会正式颁布实施《公司债券发行试点办法》，标志着我国公司债券发行工作的正式启动。2015年1月，中国证监会正式发布实施《公司债券发行与交易管理办法》，主要修订内容包括：一是扩大发行主体范围，至所有公司制法人。二是丰富债券发行方式，对非公开发行专门做出规定。三是增加债券交易场所，拓展至全国中小企业股份转让系统、机构间私募产品报价与服务系统和证券公司柜台。四是简化发行审核流程，取消公司债券公开发行的保荐制和发审委制度。五是实施分类管理，将公司债券公开发行区分为面向公众投资者的公开发行和面向合格投资者的公开发行两类。六是加强债券市场监管，强化了信息披露、承销、评级、募集资金使用等重点环节监管要求，并对私募债的行政监管做出安排。七是强化持有人权益保护，完善了债券受托管理人和债券持有人会议制度，并对契约条款、增信措施做出引导性规定。此外，证监会将大量债券审批流程下放到上交所和深交所，极大提高了审核效率。

随着债券市场不断改革创新，公司债券根据其发行对象的不同，分为公募公司债券和私募公司债券。公募公司债券主要面向公众投资者，而私募公司债券仅面向合格投资者。此外，两者在募集方式和流通方式上也有所不同：公募公司债券发行是审核制，而私募公司债券为备案制；公募公司债券在交易所直接上市流通且可质押，而私募公司债券必须在交易所固定收益或大宗平台交易且不可质押。

受益于2015年证监会对《公司债券发行与交易管理办法》的修订以及相关政策调整，公司债券发行规模于2016年呈现爆发式增长，其中私募公司债券的发行额首次超越公募公司债券的发行额（见图11-10和图11-11）。

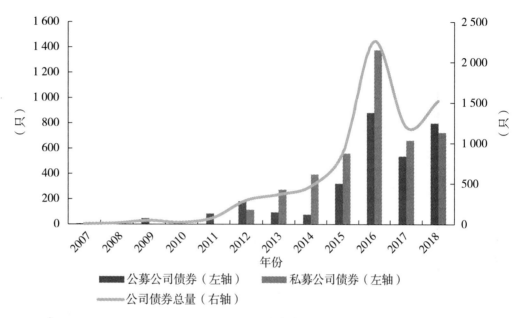

图 11-10　公司债券发行量情况

资料来源：Wind数据库，天风证券固定收益总部。

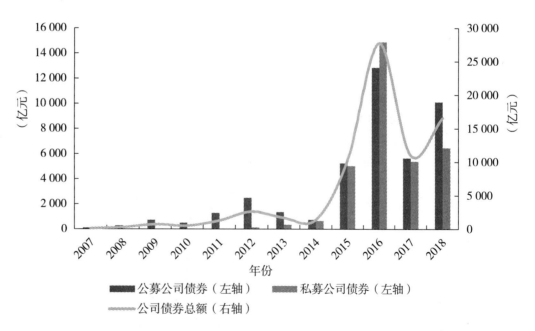

图 11-11　公司债发行额情况

资料来源：Wind数据库，天风证券固定收益总部。

表11-3总结了企业债券和公司债券的特点并对二者进行了比较。

表11-3 企业债券与公司债券的特点及比较

	企业债券	公司债券
监管机构	发改委	证监会
审核方式	直接核准发行	核准发行
交易场所	银行间市场、证券交易所	证券交易所
发行主体	境内注册登记的具有法人资格的企业，一般为中央政府部门所属机构、国有独资企业或国有控股企业	所有公司制法人
发行期限	3个月到10年	一般3到10年，以5年为主
发行规模	不超过企业净资产的40%	不超过最近一期末净资产的40%
发行时间	须在批准文件印发之日起两个月内完成发行	可申请一次核准，分期发行。自核准发行之日起，应在12个月内完成首期发行，剩余数量应在24个月内发行完毕
发行利率	由发行人根据市场情况确定，不得超过国务院限定的利率水平	由发行人与保荐人通过市场询价确定
募集资金投向	符合国家产业政策和行业发展方向，所需相关手续齐全	必须符合股东大会或股东大会核准的用途，且符合国家产业政策

11.2 我国信用债发行人行业特征分析

11.2.1 信用债发行人概览

11.2.1.1 企业性质

截至2018年12月31日，我国存量信用债超过16万只，累计存量余额约17.9万亿元。从发行人企业性质上看，如图11-12所示，地方国有企业债券余额占比最大，其次是中央企业和民营企业。

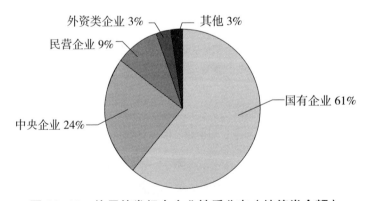

图11-12 信用债发行人企业性质分布（按债券余额）

资料来源：Wind数据库，天风证券固定收益总部。

11.2.1.2 债券类型

截至 2018 年 12 月 31 日,如图 11-13 所示,公司债券和中期票据是规模最大的信用债品种,分别占信用债存量余额的 33% 和 32%。

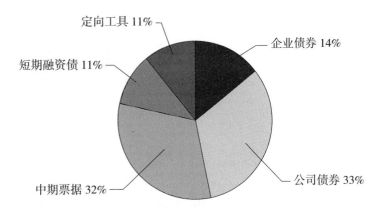

图 11-13 信用债债券类型分布(按债券余额)

资料来源:Wind 数据库,天风证券固定收益总部。

11.2.1.3 剩余期限

截至 2018 年 12 月 31 日,如图 11-14 所示,我国债券市场上的信用债剩余期限以中短期为主,剩余期限在 1—3 年的债券占信用债余额的 45%,其次是剩余期限在 1 年以内的信用债,约占 25%,剩余期限在 3—5 年的信用债也有较高的比例,约占 23%;剩余期限在 5 年以上的信用债比例只有 7%。

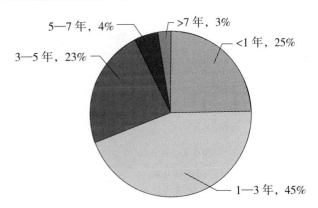

图 11-14 信用债剩余期限分布(按债券余额)

资料来源:Wind 数据库,天风证券固定收益总部。

11.2.1.4 主体评级

截至 2018 年 12 月 31 日,中国信用债市场有评级的发行人约 4 200 家,其中主体评级 AA 级最多,占比达到 47%,其次是 AA+,占比 21%,AAA 级发行人虽然占比只有 16%,但也有 699 家,总的来说评级辨识度很低。由于评级 A- 以下很难完成发行,发行时主体评级低于 A- 的非常少,目前评级低于 A- 的多数是中小企业集合票据发行人,或发行人出现严重信用事件后下调达到的。由于高等级发行人发行量较大,因此目前信用债存量按主体评级分布来看,如图 11-15 所示,AAA 评级的债券余额占比达到了 49%,AA+ 评级则只占到 23%,AA 评级占比 24%。

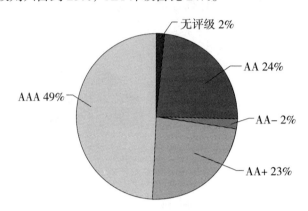

图 11-15　信用债主体评级分布（按债券余额）

资料来源：Wind 数据库,天风证券固定收益总部。

11.2.1.5　主体行业

从行业看,截至 2018 年 12 月 31 日,城投平台、房地产和公用事业部门是主要的信用债融资部门。如图 11-16 所示,城投债占信用债存量余额的 42%。房地产和公用事业部门存量债分别占 8% 和 7%。过剩行业,如采掘、有色金属、钢铁、化工分别占存量余额的 7%、2%、2% 和 1%。

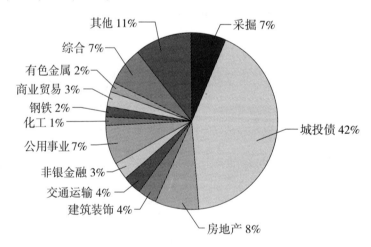

图 11-16　信用债主体行业分布（按债券余额）

资料来源：Wind 数据库,天风证券固定收益总部。

11.2.1.6　交易场所

我国可以从事信用债交易的场所有银行间市场、上交所和深交所。如图 11-17 所示,银行间市场交易规模最大,占信用债存量余额的 55%。12% 的信用债在银行间市场和交易所均有交易。只在上交所和深交所交易的信用债分别占 26% 和 7%。

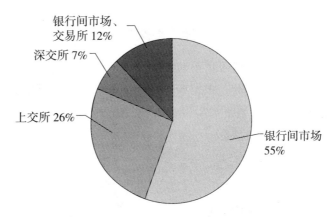

图 11-17　信用债交易场所分布（按债券余额）

注：以上数据范围包含短期融资券、超短期融资券、中期票据、定向工具、企业债券、公司债券。

资料来源：Wind 数据库，天风证券固定收益总部。

11.2.2　产业债概况及投资思考

产业债是指用于产业项目但除去城投债部分的信用债。产业债的发行主体通常有较强的自主经营能力、盈利能力及现金流产生能力，对政府及政策依赖性较弱，因而使产业债有更好的风险收益比，票息收入相对较高。

从行业看，截至 2018 年 12 月 31 日，如图 11-18 所示，房地产和公用事业部门是主要的产业债融资部门，分别占债券余额的 14% 和 12%。过剩行业，如采掘、有色金属、钢铁、化工分别占 11%、3%、3% 和 2%。

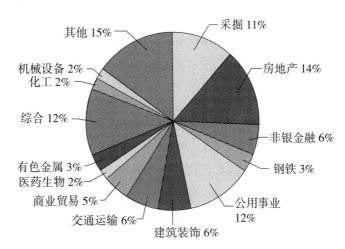

图 11-18　产业债主体行业分布（按债券余额）

资料来源：Wind 数据库，天风证券固定收益总部。

11.2.2.1 产业债信用利差概况

(1) 产业债信用利差走势回顾

从2010年开始,根据产业债信用利差与市场基准利率(10年期国债到期收益率)的走势关系(参见图11-19)和同时期的宏观经济背景,可大致将产业债信用利差变动划分为以下八个阶段。

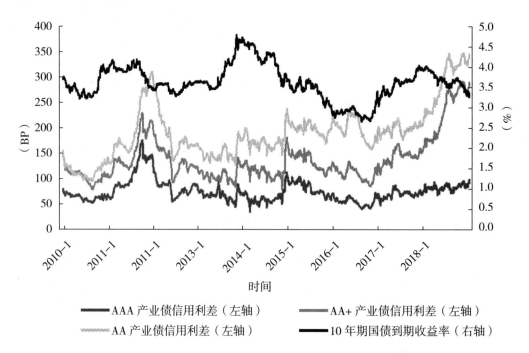

图 11-19 产业债信用利差和 10 年期国债到期收益率走势

资料来源:Wind 数据库,天风证券固定收益总部。

① 2010年1月—2010年8月:利率类债券收益率缓慢震荡下行,信用类债券的高息差收益使其成为市场投资者追逐的对象,信用利差明显收窄。

② 2010年9月—2011年10月:为控通胀,人民银行多次加息加准,且银行信贷收紧,信用利差一路走高。

③ 2011年11月—2013年4月:经济增速和通胀放缓,货币政策转松,基准利率与信用利差均回落。

④ 2013年5月—2013年12月:6月银行间市场出现"钱荒",利率债由于流动性较好,抛压显著超过信用债,导致基准利率走势与信用利差出现背离;12月美联储退出量化宽松预期发酵、资金面再度紧张,基准利率与信用利差大幅上行。

⑤ 2014年1月—2014年5月:经济衰退背景下货币政策基调宽松,基准利率与信用利差均下行。

⑥ 2014年6月—2015年1月：货币政策宽松，利率债下行幅度超过信用债，叠加股市大牛市对债市的替代效应，刚兑打破引发信用债风险溢价重估，信用利差明显反弹上升。

⑦ 2015年2月—2016年7月：货币持续宽松，银行委外业务崛起，资产荒背景下债市加杠杆、降资质、加大期限错配，主要配置信用债的广义基金高速增长，信用利差震荡下行，在4月份的"信用风暴"中，迅速冲高回落。

⑧ 2016年8月—2018年12月：货币政策转向，金融去杠杆下基准利率大幅上行，银行委外资金大幅回撤，广义基金资金开始重回表内，叠加信用事件频发，信用利差中枢显著上升。2018年1月25日起定向降准，货币政策逐步转向，央行通过定向降准、短端流动性释放等手段使得银行间流动性转为宽松，但由于2017年及2018年债券市场上违约多发，民企融资困难，宽货币无法传导到信用层面，产业债信用利差仍然继续上行，处于高位。7月20日，央行发布资管新规补充通知，过渡期适当放松，叠加各类宽信用利好政策，产业债利差小幅下行，但由于经济基本面仍在继续下行且宽信用政策传导不畅，信用利差又回复高位。

（2）行业利差对比情况

行业利差可以反映各行业差异，根据产业债行业利差数据可以得出以下结论：

第一，截至2018年12月31日，从行业利差绝对水平来看，如图11-20至图11-22所示，目前AAA等级行业利差数值较高的行业有医药生物和煤炭，均高于100BP。AA+等级行业利差数值处于高位的有交通运输、医药生物、化工、汽车，均高于130BP。AA等级行业利差数值较高的有钢铁、建筑材料、医药生物，均高于190BP。

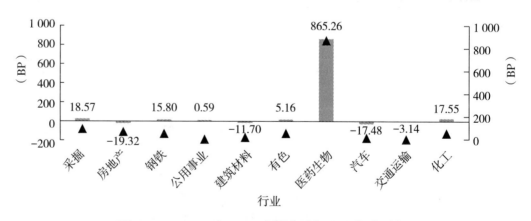

图11-20 2018年AAA中票主要行业利差对比情况

资料来源：Wind数据库，天风证券固定收益总部。

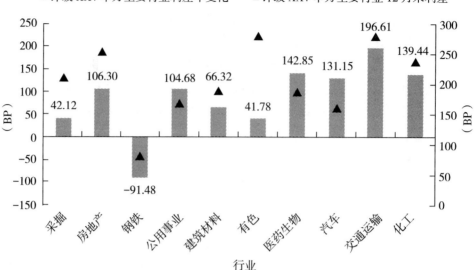

图 11-21 2018 年 AA+ 中票主要行业利差对比情况

资料来源：Wind 数据库，天风证券固定收益总部。

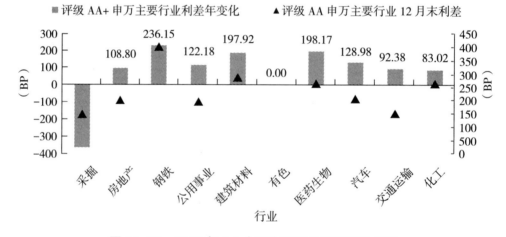

图 11-22 2018 年 AA 中票主要行业利差对比情况

资料来源：Wind 数据库，天风证券固定收益总部。

第二，地产等行业不同等级利差分化明显。如图 11-23 至图 11-25 所示，AAA 和 AA 房地产产业债信用利差在各行业中处于较低水平，而 AA+ 房地产产业债信用利差在各行业中处于较高水平。

第三，由于盈利改善，高等级过剩产能行业产业债的信用利差已从历史高位下降，而由于紧信用环境和信用风险事件爆发，中低等级过剩产能行业产业债的信用利差处于高位。

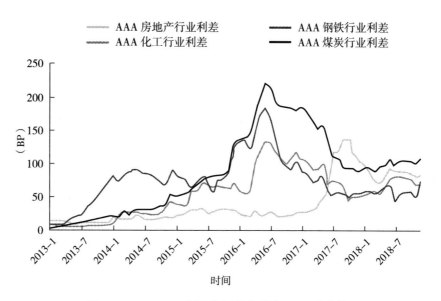

图 11-23　AAA 中票主要周期性行业利差走势

资料来源：Wind 数据库，天风证券固定收益总部。

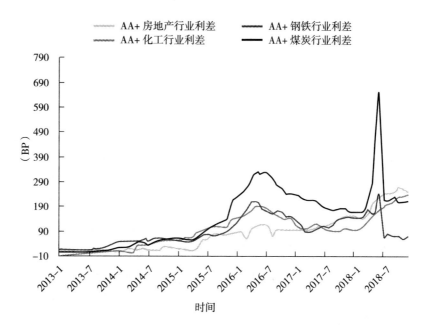

图 11-24　AA+ 中票主要周期性行业利差走势

资料来源：Wind 数据库，天风证券固定收益总部。

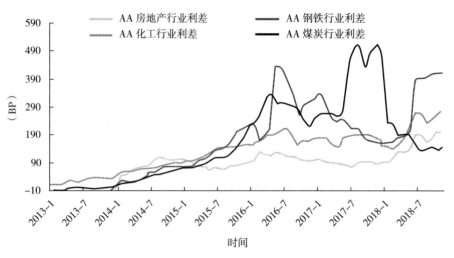

图 11-25 AA 中票主要周期性行业利差走势

资料来源：Wind 数据库，天风证券固定收益总部。

11.2.2.2 房地产债概况及信用利差走势回顾

（1）房地产债概况

房地产行业属于典型的资金密集型行业，通常高负债经营。房地产行业的融资渠道主要包括银行贷款、IPO、基金、信托以及债券。

截至 2018 年 12 月 31 日，房地产存量债券数量约为 1 028 只，债券类型以公司债券和中期票据为主，债券期限以 1—3 年为主，而评级分布方面以中高评级为主，企业性质方面以民企为主。

第一，中高评级为主，剩余期限以 1—3 年期为主。

从评级分布来看，三类评级房地产债余额占比相近，AAA 占比为 50%，AA+ 为 30%，AA 为 17%。

从剩余期限来看，存量房地产债余额以 1—3 年期为主，占比为 59%，其次是 3—5 年期，为 21%，其余期限占比较低。

第二，民企和地方国企房地产存量债余额占比较高。

从企业性质来看，如图 11-26 所示，民企的房地产存量债余额占比最高，为 37%，其次是地方国企和外资类企业，分别为 20% 和 21%，央企占比为 16%。

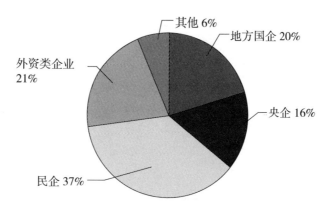

图 11-26　房地产存量债发行人企业性质分布（按债券余额）

资料来源：Wind 数据库，天风证券固定收益总部。

注：外资类企业包括外商独资、中外合资、外资企业。

第三，以公司债券和私募债形式存在的房地产存量债余额占比较高。

从债券类型来看，如图 11-27 所示，公司债券在房地产存量债余额中占比最高，为 37.5%；其次为私募债和中期票据，占比分别为 35.9% 和 19.5%，其他类型占比较低。

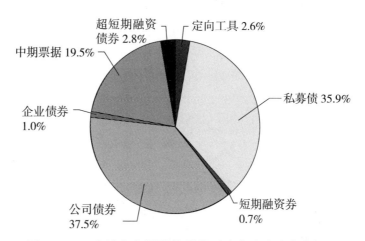

图 11-27　房地产存量债债券类型分布（按债券余额）

资料来源：Wind 数据库，天风证券固定收益总部。

（2）房地产债发行人经营财务特征

第一，如图 11-28 所示，房地产债发行人销售商品、提供劳务获得的现金同比增速下降。

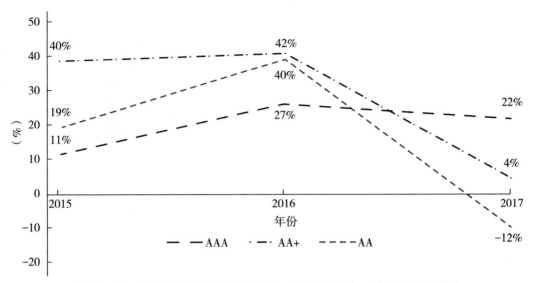

图 11-28 房地产债发行人销售商品、提供劳务获得的现金同比增速

资料来源：Wind 数据库，天风证券固定收益总部。

第二，如图 11-29 和图 11-30 所示，房地产债发行人短期偿债能力处于较高水平，剔除预收账款的资产负债率有所上升。

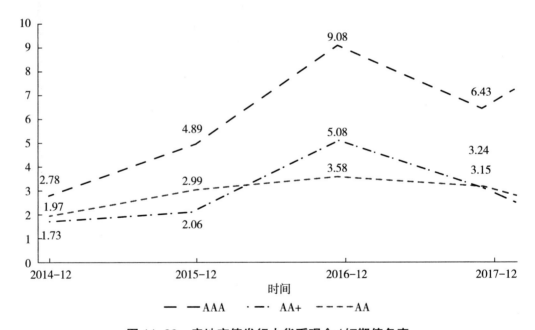

图 11-29 房地产债发行人货币现金 / 短期债务率

资料来源：Wind 数据库，天风证券固定收益总部。

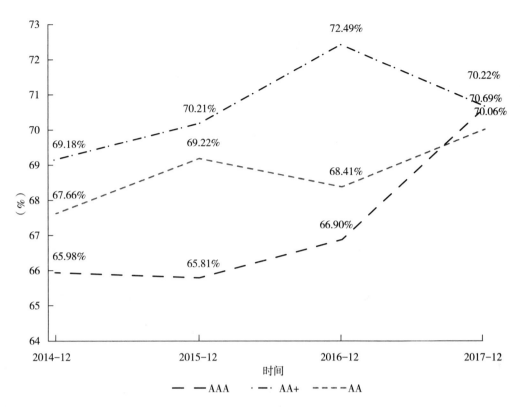

图 11-30　房地产债发行人剔除预收款项后的资产负债率

资料来源：Wind 数据库，天风证券固定收益总部。

第三，如图 11-31 所示，房地产债发行人存货周转率较低，但信用等级越高存货周转率越高。

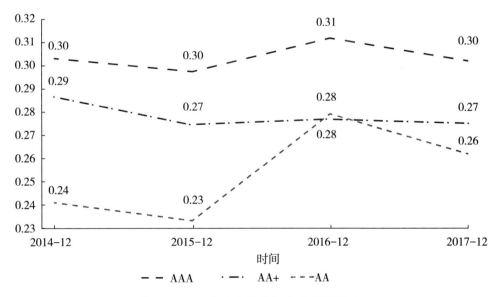

图 11-31　房地产债发行人存货周转率

资料来源：Wind 数据库，天风证券固定收益总部。

（3）房地产债信用利差走势回顾

影响房地产债信用利差走势的主要因素有货币政策、房地产政策、房地产行业基本面和个体风险事件等。以下将从房地产债信用利差的历史趋势及所处背景着手，剖析各个时期影响行业信用利差波动的因素，主要结论如下：

- 在市场未发生异常波动时，宽松的货币政策、房地产调控政策放松及房地产行业景气度回升与房地产债信用利差收窄呈现出极高的相关性。
- 由于房地产调控政策及货币政策的逆周期性，两者大部分情况下同紧同松，这也造成房地产行业信用利差波动性较大。
- 个体风险事件发生时，高等级房地产债受影响较小，中低等级房地产债受影响较大。
- 近年来，由于品牌效应和调控收紧，总体上龙头企业无论是在销售还是在融资方面都优于中小型房企，预计未来不同等级行业利差仍将分化。

房地产债不同阶段的具体背景及信用利差走势分析如下。

第一阶段（2015年6月—2016年9月）：货币政策、房地产政策和房地产基本面均利好，各等级房地产债信用利差整体呈下降趋势。从行业景气度来看，销售指标是先行指标，2015年下半年，在货币持续宽松和一系列以"去库存"为目的的调控政策出台的背景下，房地产销售指标筑底回升，2016年4月，达到阶段性高点，市场对房地产市场景气度的回升达成一致预期，行业销售回暖促进企业销售资金回笼，现金流好转，且这阶段货币环境宽松，房企融资渠道畅通，融资成本下行，在以上几方面因素叠加影响下，信用债投资资金充足及行业信用风险下行是促使利差收窄的主导因素。

其间，违约事件集中爆发对房地产债各等级信用利差有大约为期1个月的影响。2016年4月，在东北特钢、中铁物资等违约事件集中爆发影响下，各等级房地产债信用利差呈上行趋势（图11-32）。

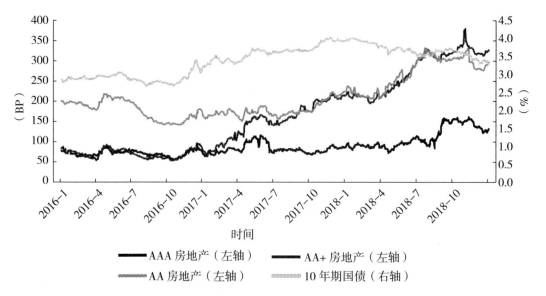

图 11-32 房地产债信用利差和 10 年期国债到期收益率

资料来源：Wind 数据库，天风证券固定收益总部。

第二阶段（2016年10月—2017年3月）：表外理财监管、调控政策收紧、货币政策转向等各个不利因素叠加导致行业利差整体走阔。在银监会整顿银行业表外理财、同业资金空转套利等背景下，监管迫使银行收缩委外业务规模，市场收益率波动上行，信用利差大幅走阔。另外，房地产调控政策基调开始发生转变，房企销售及融资开始收紧，21城出台房地产调控政策，2017年3月，部分城市调控政策再次升级；同时，人民银行货币政策转向。在多个重大不利因素影响下，房地产行业基本面走弱（图11-33），同时信用利差整体上行。

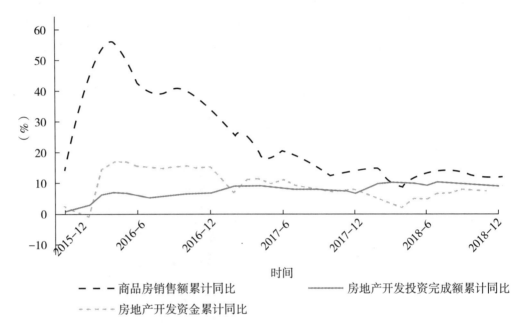

图 11-33 房地产行业销售、投资及开发资金累计同比

资料来源：Wind 数据库，天风证券固定收益总部。

第三阶段（2017年4月—2017年12月）：2017年4月降准，5月降息，房地产债信用利差短暂下行后中低等级地产债信用利差在"万达事件"冲击下再次走高，不同等级信用利差出现分化。由于行业集中度提升，大部分龙头企业盈利较高，偿债能力较强，高等级房地产债信用利差受到的冲击较小。

第四阶段（2018年1—6月）：金融去杠杆的实施使得表外融资大幅下降，由于紧信用带来的再融资风险导致债券市场上信用事件多发，另外，房企融资受限、行业基本面恶化以及多家房企传出融资紧张等负面新闻导致市场对于中小房企再融资风险有较为一致的预期，从而导致中低评级房地产债信用利差大幅上行。

第五阶段（2018年7—12月）：7月以来，宽信用政策频发，在此背景下，AA等级的房地产债利差下行幅度最大，AAA利差下行的幅度小于中低等级的房地产信用债，此后屡有房企风险事件或者负面新闻爆发导致信用利差进一步走阔。由于经济进一步下行，市场对于房地产调控放松有一定的预期，且"因城施策"背景下部分城市先后放松房地产调控政策，房地产企业融资情况也有所好转，叠加市场资金充裕带来房地产债信用利差下行。

11.2.2.3 钢铁债概况和信用利差走势回顾

过剩产能行业一般包括采掘、钢铁、化工、有色金属等,由于此类行业的分析框架、行业周期及企业财务特征较为相近,因此我们选取钢铁行业作为代表,分析过剩产能行业财务特点并回顾信用利差走势。

(1)钢铁债发行人概况

截至 2018 年 12 月 31 日,存量钢铁债券有 216 只,余额约为 3 700 亿元。

第一,AAA 级占比最大,剩余期限主要为中期。

评级分布方面,AAA 级占比最大,为 88%。AA+ 级和 AA 级占比分别为 8% 和 4%。剩余期限在 1—3 年的信用债比例最大,约 45%。一年以内到期的债券较多,约占 43%。

第二,地方国企是主要的发行主体。

如图 1-34 所示,地方国企发行了 74% 的钢铁债,其次是央企和民企,分别占 15% 和 5%。

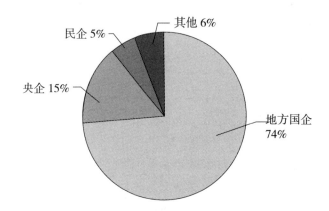

图 11-34　钢铁债发行人企业性质分布(按债券余额)

资料来源:Wind 数据库,天风证券固定收益总部。

第三,债券类型多为中期票据。

如图 11-35 所示,钢铁债以中期票据为主,约占 53%,其次是超短期融资券,占比约为 20%。

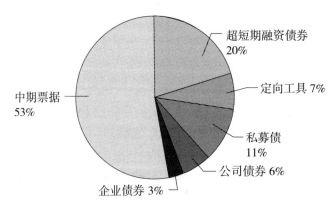

图 11-35　钢铁债债券类型分布(按债券余额)

资料来源:Wind 数据库,天风证券固定收益总部。

（2）不同等级钢铁债发行人财务情况对比

第一，毛利率和净利率从 2015 年起稳步上升。

得益于供给侧改革，钢铁行业毛利率和净利率从 2015 年起稳步上升，如图 11-36 和图 11-37 所示，行业基本面改善。中高等级（AAA 级和 AA+ 级）钢铁债发行人毛利率在 2018 年一季度均超过 14%。AA 级钢铁债发行人毛利率与中高等级发行人毛利率在行业基本面较差时差别较小，在行业景气度高时差距较大。

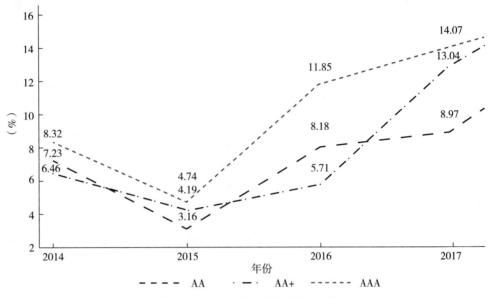

图 11-36　钢铁债发行人毛利率

资料来源：Wind 数据库，天风证券固定收益总部。

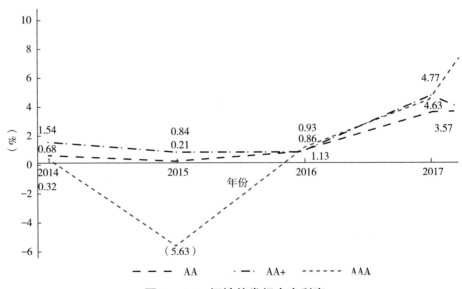

图 11-37　钢铁债发行人净利率

资料来源：Wind 数据库，天风证券固定收益总部。

第二，偿债能力较 2016 年有所上升，但仍处于较低水平。

各等级钢铁债发行人货币/短期债务率一直处于较低水平,这是由行业性质决定的,钢铁行业对资金需求量较大,因此企业账面上的货币资金对于短期债务的负债率较低,关键是关注企业的再融资能力和盈利情况。如图 11-38 所示,但从趋势上看,可以发现 2017 年各等级钢铁债发行人短期偿债能力较 2016 年有较为显著的上升。

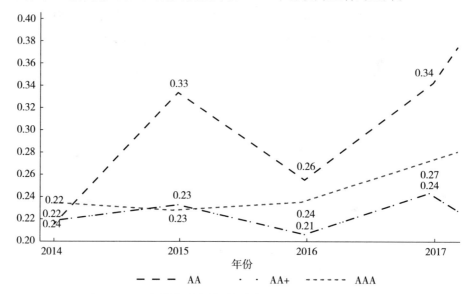

图 11-38　各等级存量钢铁债发行人货币/短期债务率

资料来源：Wind 数据库,天风证券固定收益总部。

由于行业基本面改善带来企业层面盈利上升,如图 11-39 所示,各等级钢铁债发行人经营现金流量利息保障倍数从 2015 年之后显著上升,其中 AAA 级钢铁债发行人经营现金流量利息保障倍数上升最为明显,2017 年 AAA 级钢铁债发行人经营现金流量利息保障倍数已经达到 3.90,中低等级发行人该倍数也均大于 1。

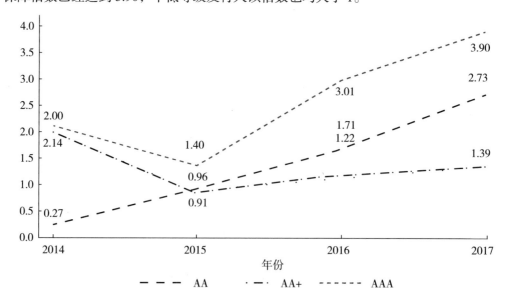

图 11-39　各等级存量钢铁债发行人经营现金流量利息保障倍数

资料来源：Wind 数据库,天风证券固定收益总部。

第三，资产负债率高，但呈下降趋势，债务结构以短期债务为主。

由于钢铁行业是一个重资产行业，资金需求大，行业资产负债率较高，但近年来资产负债率有所下降，如图11-40所示，目前各个等级钢铁债发行人资产负债率都在60%左右。

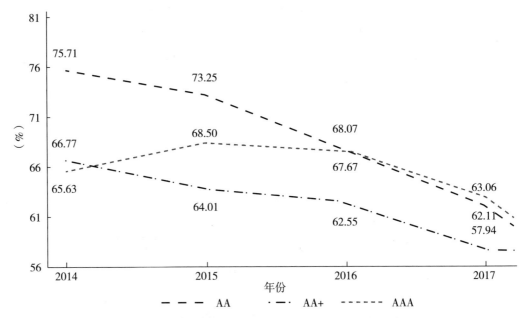

图 11-40　各等级存量钢铁债发行人资产负债率

资料来源：Wind数据库，天风证券固定收益总部。

钢铁行业债务结构比较不合理，如图11-41所示，长期债务占比较低，以短期债务为主，一旦融资及盈利环境恶化，偿债压力较大。

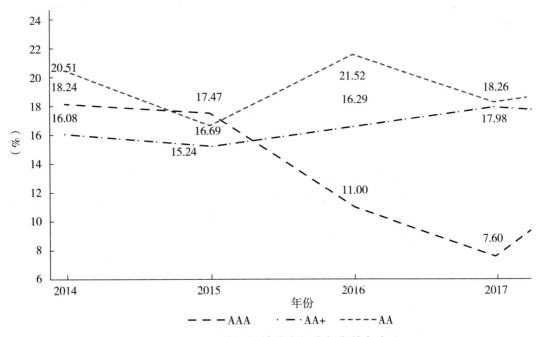

图 11-41　各等级钢铁债发行人长期债务占比

资料来源：Wind数据库，天风证券固定收益总部。

（3）钢铁债行业利差走势回顾

总的来讲，刚兑信仰打破之前钢铁行业信用利差主要受货币政策和行业基本面影响，行业基本面恶化导致行业利差走阔，若叠加货币政策收紧将导致利差上行更多。打破刚兑后，不同等级之间信用利差分化，低等级债券信用利差大幅上行时，中高等级债券信用利差上行幅度较小或者收窄。当违约事件多发时，也可能引起投资者风险偏好下降从而使行业信用利差走阔。以下将回顾从2010—2018年钢铁债行业利差趋势（可参考图11-42），探究影响钢铁债信用利差的因素。

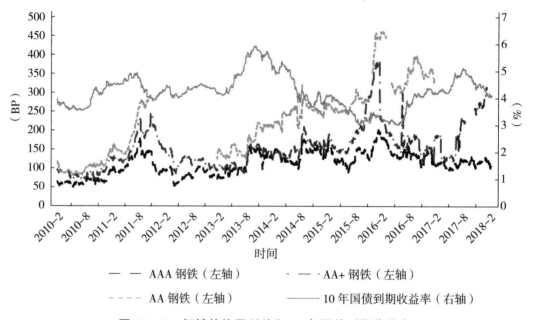

图 11-42 钢铁债信用利差和 10 年国债到期收益率

资料来源：Wind 数据库，天风证券固定收益总部。

2010—2011年：各等级钢铁债信用利差走阔。2010年货币政策略紧缩，央行提升准备金率、加息以及公开市场回收流动性带来行业信用利差缓慢上升，2011年叠加钢铁行业基本面恶化，信用利差大幅上行。

2012年：各等级钢铁债信用利差收窄。央行降准降息，货币政策转向宽松，带来行业信用利差急剧收窄。

2013年：各等级钢铁债信用利差震荡。央行通过公开市场操作收紧流动性，货币政策从宽松转向中性，同时，行业盈利见底回升，导致行业信用利差呈震荡状态。

2014年：不同等级信用利差分化，AA级信用利差走阔，AAA级和AA+级收窄。2014年3月4日，"11超日债"违约，成为国内首例债券违约事件，但由于货币政策宽松，央行连续降准降息，因此信用债市场信用利差并没有整体上行，但是信用债市场风险偏好下行，导致不同评级钢铁债信用利差分化。

2015年：年初各等级信用利差走阔，之后下行，AAA级和AA+级下行幅度大于AA级。2015年违约多发，带来行业信用利差的阶段性上行。2015年4月6日，"12湘鄂债"实质违约。4月21日，"11天威MTN2"未能按期兑付，开创了国企在公募债券市场利息违约的先例。10月10日,中钢股份发布公告称,经债券持有人同意,延长回售期,构成实质违约。这是继保定天威后2015年第二例央企债务违约,也是中国钢铁企业在国内债市的首例违约。年末由于首例国企违约以及首例钢铁央企违约,行业信用利差上行。但由于货币政策较宽松,而且行业基本面见底回升,因此整体上信用利差震荡下行。

2016年:以6月30日为分界点,上半年由于风险事件爆发,各等级钢铁信用债收益率一路上行,达到信用利差历史最高点,其中中低等级行业利差上行幅度远高于AAA级。此后由于供给侧改革压缩产能,行业基本面改善,风险得以缓释,收益率一路下行,叠加三季度新发债券数量和规模的明显上升,下半年钢铁企业整体融资环境明显改善。

具体来说,2016年3月28日,东北特钢发行的"15东特钢CP001"未能兑付债券本息,构成实质性违约,开启了地方国企债券违约的先河。接着不到四个月的时间里,东北特钢连续7期债项发生违约,累计本息逾47.7亿元。信用风险频繁暴露。除东北特钢直接发生违约外,2016年钢铁行业10个发债主体和24只债券的信用评级被下调,还有8个发债主体的评级展望为负面。

2016年2月,国务院发布《国务院关于钢铁行业化解过剩产能实现脱困发展的意见》,明确提出从2016年开始,用5年时间再压减粗钢产能1亿—1.5亿吨。10月,2016年钢铁行业化解淘汰过剩落后产能的任务基本提前完成,行业基本面得到改善,带来信用利差大幅下行。

2017年:供给侧改革和环保限产带来供需改善进而行业盈利改善,毛利率和净利率上升,资产负债表得到修复,资产负债率下降,短期偿债能力提高,行业风险显著下行,流动性改善,带来行业利差大幅下行。在2017年利率债创下3年新高之际,AAA级钢铁信用债利差压缩56BP。

2018年:由于紧信用状态和违约密集发生,AA+级钢铁债行业利差大幅上行。

11.2.3 城投债发展历史及投资思考

11.2.3.1 地方政府融资平台发展历史

(1)地方政府融资平台定义

国务院、发改委、银保监会、财政部和审计署对于城投平台都有各自的定义,而对地方政府融资平台进行定义的主要有以下三部法规。

2010年6月,国务院下发《关于加强地方政府融资平台公司管理有关问题的通知》(国发〔2010〕19号,简称"19号文"),将地方政府平台定义为"由地方政府及其部门和机构等通过财政拨款或注入土地、股权等资产设立,承担政府投资项目融资功能,并拥有独立法人资格的经济实体"。这也是官方首次对地方政府融资平台给出明确的定义。

随后,2010年7月,财政部、发改委、中国人民银行和银监会联合发布《关于贯彻国务院关于加强地方政府融资平台公司管理有关问题的通知》(财预〔2010〕,简称"412

号文"），将政府融资平台定义为"由地方政府及其部门和机构、所属事业单位等通过财政拨款或注入土地、股权等资产设立，具有政府公益性项目投融资功能，并拥有独立企业法人资格的经济实体"。19号文和412号文对政府融资平台的定义基本相同，只不过412号文在19号文的基础上增加了地方政府需要"具有政府公益性项目投融资功能"的要求。

2011年，银监会在廊坊召开的地方政府融资平台贷款监管工作会议上，研究确立《关于地方政府融资平台贷款监管有关问题的说明》，银监会对地方政府融资平台的定义是"由地方政府出资设立并承担连带还款责任的机关、事业、企业三类法人"。

从上述内容可以看出，银监会对地方政府融资平台的监管口径和财政部口径并不一致。财政部强调地方政府融资平台是具有政府公益性项目投融资功能，并拥有独立企业法人资格的经济实体。而银监会对地方政府融资平台的认定是从偿还责任的实质出发，对各类法人统计的宽口径。因地方政府融资平台无官方统一的定义，各类机构对于城投债统计的口径也不一致。按照2013年6月末的审计数据，纳入第一类地方政府债务的一般信用债余额只有0.55万亿元，同一时点中金口径和万得口径城投债券余额分别为1.6万亿元和1.89万亿元。目前唯一对城投平台有明确汇总且相对容易获得的是银保监会名单，名单中有超过11 000家企业，但该名单主要由银行系统掌握，每个季度更新但并不公开。财政部也从未公开披露涉及地方政府债务的详细平台名单。

（2）城投债定义

城投债是地方政府融资平台的融资方式之一，其出现带有明显的中国特色经济发展印记，是由分税制改革、旧《预算法》和《担保法》等法律限制、以基建促经济的政策导向共同催生的融资工具，属于游离于一般企业债和地方政府债之间的特殊债券品种。

按照地方政府性债务的不同类型，可以将现有城投债分为以下几类。

第一，地方政府负有偿还责任的债务：指2014年12月31日之前发行的，财政部审计认定的地方政府负有偿还责任的债务（一类债务）。根据天风证券的数据，2014年年底这类城投债的规模大概为7 500亿元。这类债务面临的问题是，根据《国务院办公厅关于印发地方政府性债务风险应急处置预案的通知（国办函〔2016〕88号）》的要求，地方债务置换期结束后，仍未置换的一类债务对应的地方债务额度将由中央收回，相关债务偿还责任由发行人承担。

第二，地方政府的或有债务：指2014年12月31日之前发行的，财政部审计认定的地方政府负有担保责任或者救助责任的债务（或有债务、二类债务和三类债务）。根据天风证券的数据，2014年年底这类城投债的规模大概为7 200亿元。这类债务面临的问题是，一方面，不享有地方政府完全的偿还责任，地方政府最多只承担发行人未支付金额50%的法定责任（简称"或有责任"），而且并未拨出专门的地方债务额度用于或有债务置换；另一方面，地方政府的或有责任并不随着地方政府债务置换的结束而终结。

第三，非地方政府性债务：除了上述两类城投债，其余城投债与地方政府财政在理论上不存在任何法定的偿债关系，无论是2014年12月31日之前发行的城投债，还是2015年1月1日之后发行的城投债，都不属于地方政府性债务，均不参与地方债务置换，同时，地方债务置换结束后对这类债券的资质也无影响。

(3) 城投平台概况

城投平台目前发行的债券品种几乎涵盖了所有市场中的常见品种，其中中期票据的存量占比最高，为29%。近年来企业债券存量占比不断下降，不过仍达25%，位居第二位。公司债券占比21%。各评级余额占比比较相近，AAA级和AA级余额占比均为33%，AA+级占比31%。

从区域分布来看，东部、中部地区发行城投债较多，江苏省存量城投债规模远超其他省份，截至2018年12月31日，存量约为1.4万亿元，其次是浙江、湖南、天津、北京等。

（4）城投平台和城投债发展历史

如图11-43所示，城投债发行量自2009年开始增加，2012年至2014年呈井喷式增长，43号文后显著回落，2015年下半年又开始恢复。2016年创下2.5万亿元的历史新高，但2017年至2018年受市场需求低迷、地方政府债务监管趋严影响，城投债发行量同比下降两成，净融资额下降近七成。截至2018年12月31日，万得口径统计的城投债存量已接近7.5万亿元。城投平台的发展历史可以划分为以下四个阶段。

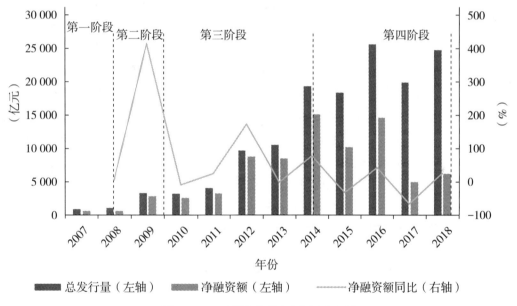

图 11-43 城投债发行及净融资量

资料来源：Wind 数据库，天风证券固定收益总部。

第一阶段：城投平台诞生（2008年之前）。

城投债的诞生植根于三个要素：①城镇化加速下的地方财政支出增加；②分税制改革下的地方财政收入削减；③法律约束下的融资渠道堵死。地方政府收支矛盾、举债困难以及基建投资稳增长的现实需要，构成了城投平台成长的土壤。

第二阶段：城投平台和城投债爆发式增长（2009年）。

2008年金融危机后，政策当局为应对金融危机，出台了4万亿投资刺激政策，城投平台因此迅速增加，平台贷款规模也大幅增加。2009年央行和银监会提出"支持有条件的地方政府组建融资平台，发行企业债、中期票据等融资工具，拓宽中央政府投资项目的配套资金融资渠道"，此后城投债呈爆发式增长。

第三阶段：控新增城投信贷，约束城投债发行（2010—2014年）。

此阶段以银行控制城投信贷新增规模和加强城投债发行约束为主，后期自2012年开始关注堵后门，"后门"即政府违规通过集资、回购（建设–移交，Build-Transfer，BT）等方式举债建设公益性项目，违规向融资平台公司注资或提供担保，通过财务公司、信托公司、金融租赁公司等违规举借政府性债务等。面对经济波动中稳增长和控债务的主要矛盾的更替，城投平台继续经历松紧交替的监管政策。2012年保障房目标下达，监管放松。2013年监管再紧，开始关注隐性后门。2014年棚改进程计划加速，发改委放松平台发债要求。

第四阶段：堵暗疏明，财税预算改革（2014年至今）。

随着2014年43号文的下发和新预算法的发布，城投监管迎来了新的阶段。43号文的发布标志着地方融资平台规范不再是以控规模等短期手段为主，而是进入了财税改革高度下的系统性工程，可以总结为：开前门，强约束；堵后门，防风险。之后的法规完全是以43号文为基础展开的，而不同年份会根据当时的经济状况和当年的核心问题有不同的侧重点。43号文之后PPP和政府购买的前门文件陆续推出。同年，新预算法发布，允许地方政府举债。

2015年政府债置换开始，政府债大规模发行，重点领域和存量的资金需求得到呵护，城投债大牛市整整持续了一年。2016年划清界限、硬化约束、加强问责，自88号文起，整个监管风向开始由修明渠转向防风险、堵暗道，市场的预期开始由乐观转向2016年上半年的大幅波动，再转向四季度的悲观。2017年堵新后门，规范PPP和政府购买服务，PPP从爆发式增长进入了回头审视清理的新阶段。2018年新手段、控支出，规范金融和国有企业，金融机构和国有企业被纳入了监管范围。

总之，法规文件可以根据监管逻辑分为几个条线：开前门、堵后门、事权划分、制度保障。每个条线各有特点，对城投债的投资交易影响各异。开前门方面，主要措施是将地方政府债务透明化，比如提高地方政府专项债品种、额度和期限，是慢变量，将在一个2年以上的长周期内非常缓慢地拉升城投债中债利差中枢。堵后门方面，规范PPP和解决政府投资基金的明股实债问题。

11.2.3.2 城投债信用利差走势回顾

城投债二级市场收益率走势主要受宏观经济背景下监管政策和货币政策的影响。由于地方政府融资平台主要肩负着为地方政府基建项目融资的职责，而过去10年，基建是稳增长的重要力量，因此每当经济增长出现乏力，必会放松对地方政府融资平台的监管和实施宽松的货币政策，以为基建提供充足的资金，而其间也伴随着经济繁荣时期出于对地方政府隐性债务的担忧而收紧对地方融资平台的再融资政策，信用在政策的收紧和放松中失去或重拾，而城投利差也随之走阔或收紧。

在历史上的大部分时期，城投债收益率的波动趋势都与产业债一致。两者之间的利差主要受城投债再融资政策、产业债信用风险等因素影响而波动。发生产业债信用风险时，资金更青睐拥有信用的城投，而城投利差及城投中期票据利差都随之收窄。

由于大部分地方政府融资平台没有盈利能力或者盈利能力极弱，其偿还贷款及城投债务主要依靠再融资，因此城投债背后地方政府的信用背书是否被承认以及城投的再融资渠道是否通畅是影响其二级市场收益率的主要因素。结合2008—2018年的城投利差走势（见图11-44）及当时的政策和经济背景来看，由于事关城投信用，针对城投的监管政策是城投信用利差变动最大的影响变量，而其间产业债、城投债的风险事件也都在一定程度上影响了城投债信用利差的走势。以下将具体分析各个主要时期的经济和政策背景，以期更好地理解影响城投信用利差的因素。

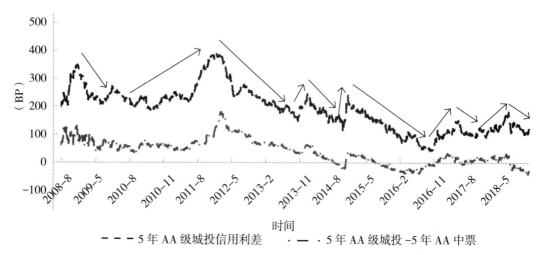

图11-44　5年AA级城投利差及5年AA级城投–中票利差走势

资料来源：Wind数据库，天风证券固定收益总部。

2009年，为配合4万亿基建计划的资金筹集，央行和银监会鼓励地方组建平台并发行债券，放松的监管政策和货币政策均利好于城投债，城投利差下行。

2010年，经济得到提振，通胀有所抬头，货币政策开始收紧，另外，融资平台造成的地方政府债务问题日趋严重，政府开始对融资平台发布监管政策，城投利差上行。2011年6月，云南城投及上海申虹发生风险事件，审计署发布全国地方政府性债务审计结果，叠加银监会严控金融机构投向融资平台的表外业务，城投利差再融资及市场的城投信用受到较大冲击，城投信用利差快速走阔，直至2012年2月至少走阔200BP。

2012年，稳增长目标使得对融资平台的监管再次放松，另外，为配合积极的财政政策，货币政策转向宽松，央行多次降准降息，两者叠加带来城投利差的大幅下行。

2013年12月，中证登发布《质押式回购资格准入标准及标准券折扣系数取值业务指引》，主体AA-级及以下、足额抵质押债券的折算率可能大幅下调，利空于城投债，城投利差短时间内快速上行。

2014年，城投平台面临强监管，但政策疏堵结合，再加上央行连续降准降息，货币政策宽松，前期城投债利差在小幅震荡中下行。2014年12月，中证登发布《关于加强企业债券回购风险管理相关措施的通知》（中国结算发字2014〔149〕号，简称"149号文"），大幅收紧企业债质押回购融资条件，直接造成交易所市场将近 4 700 亿元的城投债失去质押资格，债券流动性受到较大的负面冲击，在城投债二级市场上，149 号文造成的市场利率上浮幅度远大于 43 号文（2014 年 10 月）造成的影响，但 43 号文的影响更加深远，是一个慢变量。

2015 年 3 月，财政部批复了 3 万亿元的存量债务置换，其中 1 万亿元的额度已经批复到各省财政厅，同时，财政部明确了地方政府发行一般债券和专项债券的要求及流程，有利于缓解市场对于地方政府再融资周转的担忧。之后，发改委多份文件均放宽企业债发行条件，利好城投债。货币政策延续宽松取向，二级市场上银行同业及表外业务蓬勃发展，多层嵌套加杠杆带来广义基金规模扩大。在松监管宽货币的情况下，2015 年之后城投债收益率及信用利差一路下行。另外，伴随着产业债风险事件多发，城投的信用溢价得到极大体现，其与产业债利差一直在历史低位波动，在 2015 年 8 月之后甚至转为负值。

2016 年 8 月—2017 年 3 月，城投债融资政策收紧，叠加流动性边际收紧，利差由负转正，此阶段大概持续了 6 个月，从 2016 年 8 月开始利差逐步扩大，并在 2016 年年底由负转正，整体利差变动范围在 -30 BP 到 30 BP 之间。在此阶段，央行货币政策出现调整，收短放长，逐渐转变为中性。城投债融资政策逐渐收紧，而过剩产能龙头企业在之前的市场调整中，收益率吸引力明显提升，成为市场追捧的主要品种，城投债与产业债利差逐渐走阔。

2017 年 4—8 月，由于民企超预期信用事件多发以及城投债绝对收益率水平较高且实质违约风险可控，城投利差下行。2017 年以来，虽然企业的盈利和内生现金流整体出现改善，但是外部融资环境出现恶化，再融资受阻导致民营企业信用风险事件多发。2017 年 4—5 月，民营企业超预期信用事件不断爆发，中国宏桥、万达事件引发市场对民营企业再融资风险的关注，城投相对认可度提升。而 6—7 月的行情中，城投债收益率下行幅度一度超过同期限同评级的产业债，使得城投债和产业债之间的利差再度由正转负。

2017 年 8 月—2018 年 6 月，对城投债的再融资风险担忧再度抬头，叠加城投债供给压力增大，2017 年 7 月下旬至 8 月，城投债与产业债利差恢复到零附近。随后利差呈现窄幅波动的态势，显示了市场对城投债的分歧加大。而 2018 年由于资管新规出台及金融去杠杆的严格执行，表外资金流向地方政府融资平台的绝大部分通道被堵塞，紧信用情况下地方政府平台面临极大的再融资风险，城投利差再度上行。

2018 年 7 月—2018 年 12 月，自 7 月 23 日的国务院常务会议上提出"引导金融机构按照市场化原则保障融资平台公司合理融资需求，对必要的在建项目要避免资金断供、工程烂尾"的政策方向以来，市场对于城投平台融资预期的向好，城投信用利差下行。随着经济基本面下滑，市场对于基建刺激保增长的预期较强，城投信用进一步加强。同时，由于宽信用政策效果不明显且产业债违约事件多发，投资者风险偏好较低，城投债的信用利差再次低于中期票据。

11.2.3.3 地方政府融资平台转型方向

43号文之后，新一轮地方投融资体制改革开始，剥离城投公司的政府性融资职能是重点之一。2017年以来，地方债务监管政策持续加码，对城投公司的规范也越来越严，城投公司市场化转型需要尽快提上日程。尽管目前还没有出台全国性的城投转型指导文件，但部分省市，如四川、重庆已出台文件，提出了较为具体的转型要求和方向。结合这些文件和已有案例，未来主要有以下四个转型方向：

（1）"空壳型"城投平台大概率会被清理撤销

城投平台的政府融资职能被禁后，仅有融资功能的空壳平台已经失去存在的意义，如果不转型为实体运营的企业，将会面临被清理的命运。

（2）重组整合为公益类国企或者商业类国企

重组整合方法包括多家城投合并组建新的企业、依托某大型城投并入其他城投、多家城投根据业务重组整合为一批新的城投、混合所有制改革等。

对于城投资源比较分散的地区，很可能会通过合并重组的模式改制成规模相对大的公益类国有企业。在合并资源的选择上，可以将拥有相似业务的城投公司合并，发挥规模化经营优势，比如重庆水务集团与重庆水利投资公司的合并；或者参照亳州建安控股将该地区多个板块的城投平台划入一个平台，组建业务多元化集团。转型后原有企业的债务一般会由新公司承继，业务上进行市场化运营，一般通过BOT、PPP、政府购买等途径合法承担地区基础设施建设和国有资产运营任务。

（3）转型为市场化的经营性国企

对于具有相关专业资质、市场竞争力较强、规模较大、管理规范的地方政府融资平台公司，可剥离其政府融资功能，在妥善处置存量债务的基础上，转型为一般企业。重庆市城投体系出现了两家成功由城投公司转为经营性国企的案例，有借鉴意义。一是重庆市交通旅游投资集团有限公司：前身为重庆高等级公路建设投资有限公司，由于重庆7 000多公里的二级公路不再收费，2006年9月原公司合并了长江三峡、乌江画廊、山水都市等重庆市国有旅游资源，转型为专注于旅游产业投资开发的市属投融资集团。二是重庆市能源投资集团：2006年，原重庆煤炭集团、重庆市建设投资公司和重庆燃气集团整合组建成重庆市能源投资集团，借助电力市场化改革的机会，转型为经营性国企，专注于燃气、煤电铝等领域的经营和投资。

（4）转型为金控平台

对于具备经营性资产和持续造血能力的城投公司来说，通过产融结合建立金控平台来促进公司的资本运作，是城投未来转型的方向之一。城投公司可以通过金融控股布局，促进城投公司融资方式多元化，降低融资成本和信息不确定性。目前已经有不少城投公司布局金融板块：大型城投公司主要采取参股控股的方式布局金融行业，比如重庆渝富集团在发展过程中，除了进行产业投资，也布局了金融产业。渝富集团官网显示，目前其主要参控股金融企业包括重庆银行、重庆农商行、兴农担保、西南证券、安诚保险等。

11.3 信用债的定价和风险分析

11.3.1 信用债收益率的影响因素

信用债收益率可以拆分为基准利率和信用利差两部分，研究信用债的定价往往侧重于对信用利差的研究。

当基准利率为国债收益率时，信用利差就体现了信用风险溢价、流动性风险溢价、税收溢价和其他部分多方面的因素。其中，信用风险溢价被理解为对违约损失的补偿。流动性风险溢价是指信用债由于交易便利性低于利率债而需付出的溢价，由于影响流动性的因素比较多，这部分溢价往往根据历史数据推导得到。其他部分实际也往往在流动性风险溢价中有所反映，但考虑到当前特殊条款愈发受到市场关注，在本章中我们将单独讨论特殊条款。

同时需注意，各种因素对信用债收益率的影响程度、时间有所区别，在某一时间未必均影响收益率。一般来说，企业信用基本面决定了其资产回报率，是其他变量的基础，决定了信用债收益率的长期趋势。投资者行为的变化和债务人需求的改变会影响信用债供需结构，决定了信用债收益率的中期水平。而短期来看，政策资金面的变化和市场预期的改变则影响了市场的短期波动。

11.3.2 信用债的信用风险溢价

信用风险溢价反映了投资者对预期违约损失上升的担忧。预期违约损失是违约率和违约损失率的乘积。其中，违约率指债务人在未来一段时间违约的可能性，违约损失率指债务人违约时给债权人造成损失的数额占比。

预期违约损失是由历史平均违约率决定的，一般来说，较低评级的债券违约率一般较高，累积违约率会随着期限的增加而上升。但违约事件的发生往往具有"密集性""爆发性"的特点。这一方面是因为企业盈利情况会受行业周期的影响，另一方面，如果宏观经济环境是信用政策收紧，依赖于外部融资的企业信用基本面或会恶化，则债权人出于对偿债能力的担忧会进一步收紧融资，使企业陷入恶性循环中。因而，研究信用风险溢价定价时，需紧密考虑宏观趋势和信用周期。

表 11-4　穆迪公司测算的全球企业违约率　（单位：%）

平均累积违约率：1970—2017 年			
	投资级	投机级	全部
T1	0.09	4.07	1.53
T2	0.24	8.23	3.06

（续表）

平均累积违约率：1970—2017 年			
	投资级	投机级	全部
T3	0.43	12.17	5.66
T4	0.66	15.67	5.66
T5	0.90	18.72	6.68

注：T1—T5 表示第 1—5 个投资期。

资料来源：穆迪公司，天风证券固定收益总部。

信用风险溢价的定价往往并不是按照"平均预期损失"的历史均值来进行的，而是反映了市场预期的损失率，这使得信用风险溢价的波动率会大于实际违约率的波动率。正如上文提到的，违约率与整个宏观经济环境和行业趋势高度相关，信用风险具备系统传染性特征，且由于投资者难以分散化系统性风险，投资者往往会索取额外的风险补偿，这种现象在宏观经济处于萧条时期时更为显著。

信用债评级和信用利差并不是简单的线性关系。这是因为较低评级的信用债违约率的标准差会明显上升，不确定性增加，因而会呈现出低评级信用利差高于高评级，且利差波动幅度也更大的特征。同时，国内信用债市场仍未实质打破刚兑，且国内评级机构存在通过上调评级而争夺市场份额的动力，同一外部评级的债券信用风险溢价定价差异越来越明显。由于评级无法完全反映违约风险的差异，因此在实际定价中，信用风险溢价是相对复杂的。

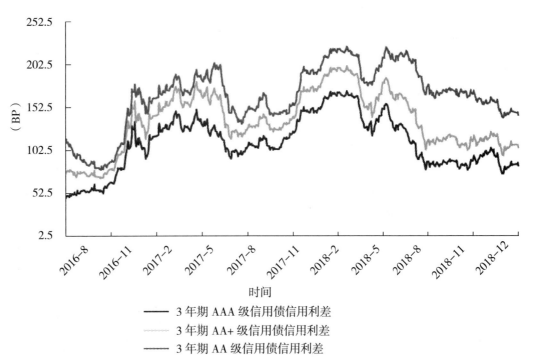

图 11-45　2016 年 8 月—2018 年 12 月 3 年期各等级信用债信用利差变化

资料来源：Wind 数据库，天风证券固定收益总部。

11.3.3 信用债的流动性风险溢价

流动性风险溢价反映了信用债由于交易便利性弱于国债产生的溢价。影响单只债券流动性的因素较多,包括息差空间、投资者结构、发行规模等。

我国的信用债可以比较容易地进行质押式回购融资,杠杆操作可以用较少的资金获得更高的回报,对投资者配置行为产生较大影响。一般来说,杠杆投资收益可以拆分为两部分,一部分是信用债收益率和资金成本之间的息差所提供的套息收益,另一部分是信用债收益率波动所带来的资本利得。只要套息收益能够覆盖个券净价损益,杠杆投资策略便可以持续。不难得到,当资金面利率处于低位且波动率较低时,杠杆策略的可持续性较强,稳定的套息收益将推动信用债收益率加速下行,信用利差收窄,反映了流动性风险溢价的收窄。

另外,信用债投资者结构的变化也对流动性风险溢价有较大影响。我国信用债的主要投资主体可以分为银行、保险、广义基金等。银行在信用债风险控制中服从贷款口径,投资规模受资本充足率限制,因而并不完全从债券单一利润最大化的角度出发。保险机构风险偏好较低,可投资规模受制于保费增长,同时,近年来对保险投资权益类和另类投资品种的限制逐步放开后会分流信用债的需求。广义基金包括银行理财、各类专项账户和私募产品等,由于存在对委托人收益承诺或竞争排名压力,绝对收益要求较高。当信用债市场投资者结构发生显著变化时,市场整体风险偏好会随之改变,从而使信用利差明显改变。

息差空间和投资者结构变化会改变信用债的需求,同时需要关注信用债供给量的变化。信用债供给是由企业融资意愿及债券与其他融资工具的相对优势决定的。企业融资意愿取决于投资收益率和融资成本的关系,同时需要关注企业再融资需求(见图11-46)。当企业再融资用于"借新还旧"时,债务规模并不会增大,但利息支付可能有所不同。此外,企业会考虑债券与其他融资渠道相比是否具有明显优势,如融资成本、时效性等。

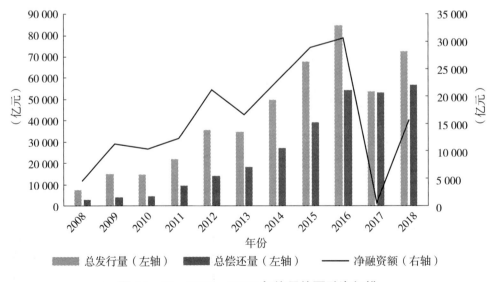

图 11-46 2008—2018 年信用债再融资规模

资料来源:Wind 数据库,天风证券固定收益总部。

11.3.4 特殊条款

越来越多的信用债发行人在发行时会设置特殊条款来实现某些目标,如设置票面利率选择权来博弈期限与融资成本,设置永续债条款来改善报表资产负债率,通过分期偿还来防范集中兑付的风险。特殊条款增加了未来现金流的不确定性,使得信用债定价机制更加复杂,博弈难度上升。

信用债特殊条款债券大体上可以分为含权债券和分期还本债券。含权债券的权利则又包括回售权和赎回权,分别对应了投资者和发行人的权利。永续债券则多体现在赎回权中。表 11-5 总结了信用债市场的主要特殊条款。

表 11-5 信用债市场主要特殊条款概览

类型	条款
可回售债券	往往以"$X+N$"的形式出现。包括可回售权和票面利率调整权。在债券存续的第 X 年,发行人可选择调整票面利率,并且在调整后的 N 年内固定不变。同时,投资人有权在第 X 年年末将持有的部分或全部债券按票面金额回售给发行人
永续债券	往往以"$X+N$"的形式出现。理论上在约定赎回前债券可以长期存续,X 年是票面利率重置周期。永续债券往往包括可赎回权、票面利率重置权和延期支付利息权三方面。可赎回权指发行人有权在第 X 个票面重置日和其后每个付息日按照面值赎回债券;票面利率重置权指发行人可以按照"当期基准利率 + 初始利差 + 上浮基点"的方式重置票面利率;延期支付利息权指除非发生强制付息事件,否则,发行人可以选择延期利息支付
分期还本债券	发行人在债券存续期的第 X, $X+1$, $\cdots$, $X+N$ 年年末,按照一定比例偿还债券本金
其他	以上三种含权债的组合或其他创新

资料来源:中金公司固定收益研究。

11.3.4.1 可回售债券

可回售债券是最为常见的一类含权债,采用"$X+N$"年的方式发行,比如 2+1 年、3+2 年、5+2 年等,在 X 年年末发行人具有调整票面利率选择权,投资者具备回售权。目前也有些债券采用多次回售权的格式。在回售时,发行人会首先公告票面利率调整方案,投资人在回售期内登记回售。一旦投资者登记回售,其回售部分将无法在二级市场上进行交易。

可以发现,发行人的票面利率调整方案很大程度上反映了其自身财务状况和再融资意愿,也影响了投资者的回售意愿。当市场融资利率低于当期票面利率时,发行人可能通过降低票面利率的方式促进投资人回售。反之,可能通过调升票面利率的方式表达不希望回售。但如果投资者认为发行人违约概率很高,可能无论多高的利率水平均会选择回售。同时,投资者要意识到票面利率调整会影响未来现金流,如果发行人向下调整票面利率,债券的价值会出现下跌。

目前中债登对可回售债券的估值采用均衡票面利率来代替行权后票面利率的方式。①此前中债登采用行权后票面利率不变的方式进行估值，这种估值方式虽然简便而易于操作，但与现实情况并不相符。目前的估值方法引用了均衡票面利率估值，即假设未来发行人在行权日发行相同剩余期限债券时的预期利率水平（通过远期收益率曲线估算）。但这种方式是假设发行人未来会考虑公司再融资成本，理性调整票面利率。如果发行人还有促进投资者回售或其他目的，则仍有可能发生较大估值波动。

11.3.4.2 永续债券

永续债券自2014年下半年起已逐渐成为信用债市场的主要品种之一。永续债券的条款设计较为复杂，一般采用"X+N"的发行期限。永续债券附有发行人赎回选择权，即如果发行人不依照条款约定赎回债券，债券将长期存续。如果发行人选择不赎回债券，则会有利率跳升机制。一般来说，从第二个重定价周期开始，发行人会采用"当期票面利率＝当期基准利率＋初始利差＋上浮基点"或者"当期票面利率＝上期票面利率＋上浮基点"的方式。另外，永续债券往往包含利息递延和强制付息条款，即除非发生强制付息事项，否则，发行人在每个利息支付日前可自行选择将全部或部分当期利息和已经递延的利息及其孳息推迟至下一付息日，递延支付没有递延时间和次数的限制，且不应被视为违约行为。所谓强制付息事件一般包括向普通股股东分红、减少注册资本等。

永续债券尽管在破产清算时的清偿顺序等同于发行人的其他债务融资工具，但在会计处理上可以被归为"权益工具"，部分发行人倾向于通过发行永续债券来调整资产负债率。

由于永续债券的复杂条款，其在实际投资交易中存在一些特殊之处。第一，中债登对永续条款的溢价估值采用历史数据的统计推导方式，可能存在净值波动风险。第二，含永续条款的企业债券和公司债券在交易所上市和质押回购上存在区别。第三，由于永续债券在会计处理上确认为权益，因而对于银行而言投资"永续债券"将归为权益类资产，额外多消耗资本金。

永续债券虽然比其他信用债拥有更高的票面利率，但在条款上对投资者并不利。由于永续债具有递延利息的条款，发行人可能会选择不赎回债券并且递延利息，这对投资者并不利。2018年1月29日，吉林森林工业集团公告称，对15森工集MTN001不行使赎回权，15森工集MTN001的票面利率将从2月4日起跳升为当期基准利率加上初始利差3.93%再加上300 BP，即10.55%，该只债券成为市场上首个利率跳升的"真永续"债券。

11.3.4.3 分期还本债券

分期还本债券是指发行人在债券存续期内按照特定比例分期偿还部分本金的债券，本金一旦兑付将不再计算利息。目前上交所对于减少面额债券会用PR表示，但是需要关注如果是采用减少持仓的债券方式偿还（面值不变），提前偿还会导致久期改变，使得债券价值发生较大变化。

---

① 请参考《含投资人回售权和发行人调整票面利率选择权的附息式固定利率债券估值方法》。

11.4 信用债投资人结构变化对市场的影响

信用债市场主要的投资主体有商业银行、保险机构、证券公司、广义基金以及其他投资机构（如境外机构）。根据中债登和上清所的托管数据，截至2018年12月，如图11-47所示，各大投资主体信用债的持有比例大致为：广义基金占58%，商业银行占22%，证券公司占6%，保险机构占3%。而纵观2011年至2018年信用债市场投资者结构的变化，可观察到广义基金逐渐取代商业银行成为目前信用债市场最大的投资主体。这不仅是我国新生的资管行业在特定经济和政策环境下蓬勃发展的结果，也改变了信用债市场的投资行为和资产价格的涨跌规律。

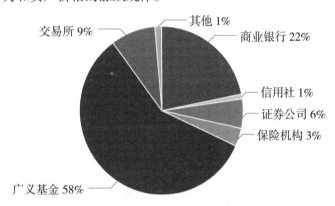

图 11-47 信用债市场投资者结构

资料来源：Wind 数据库，天风证券固定收益总部。

11.4.1 信用债市场投资主体介绍

11.4.1.1 商业银行

商业银行主要使用自有资金在银行间市场进行债券交易。由于监管的严格要求，商业银行对债券流动性的要求相比其他机构更高。从产品类型上看，商业银行的配置品种一般以利率债为主，高等级信用债为辅。商业银行对债券的需求主要受超储率约束，超储率一方面取决于央行的货币政策，另一方面受到实体融资需求的影响。如果超储率较高，会提高银行对债券的配置需求，进而影响债券的利率水平。由于银行资金体量庞大，因此过去债市主要由商业银行主导。2012年以来，经济基本面和资本市场发生了深刻的变化。一方面，经济进入新常态，实体融资需求放缓，贷款在商业银行总资产中的占比整体处于下行趋势，相应的标准债券投资占比上升。另一方面，央行货币政策宽松，资金从表内流出，以货币基金、银行理财为代表的广义基金崛起，商业银行对于债券市场的影响相对下降。不同规模的商业银行有着各不相同的资产配置模式。四大商业银行贷款占比相对较高且稳定，仍然以传统存贷款业务为主。而区域中小银行由于信贷业务受地区限制，负债成本高，盈利压力大，债券持有量占其总资产的比例较高。截至2018年12月，商业银行持有信用债约2万亿元，占整个市场的22%。

11.4.1.2 保险机构

保险机构可以投资的资产种类较为丰富，包括银行存款、有价证券、不动产、股权和国务院规定的其他资金运用形式。保险机构在银行间市场和交易所进行债券交易。由于保险机构负债端相对更稳定，因此对久期较长的债券品种有一定需求。同时，保险机构投资行为受到严格的监管。2013年开始，监管部门放宽保险机构对非标债权计划等高收益资产的投资比例，保险机构其他固定收益类投资增速加快，从而对债券类资产的投资有所放缓。截至2018年12月，保险机构持有约3 000亿元信用债，占整个信用债市场的3%。

11.4.1.3 证券公司

证券公司自营资金可以投资境内证券交易所上市的证券、权证、证券投资基金，银行间市场的利率债、信用债，以及在境内金融机构柜台交易的开放式基金、证券公司的理财产品等。证券公司自营资金在银行间市场和交易所进行债券交易。证券公司的风险偏好相对较高，追求高收益率，信用债投资是其主要的收益来源，并利用杠杆操作扩大收益。截至2018年12月，证券公司持有约5 044亿元信用债，占整个信用债市场的6%。

11.4.1.4 广义基金

广义基金目前没有一个广泛认可的定义。根据业内对于债券投资者种类的划分，所有从事资产管理类业务的金融产品和服务都可被纳入广义基金的范畴。资产管理是资产管理人受投资者委托，为实现投资者的特定目标和利益，进行证券和其他金融产品的投资管理服务，并收取相应费用。根据该定义，广义基金主要包括公募基金、私募投资基金、资金信托计划、券商资产管理、保险资产管理、期货资产管理、银行理财等。广义基金可以在银行间市场和交易所进行所有品种的债券交易，以短中期品种为主，并配以一定程度的杠杆。广义基金对信用债的投资需求也相对较高。从2015年开始，广义基金在信用债市场的份额迅速增加，2017年7月，信用债持有占比首次超过商业银行，至2018年12月已持有市场上58%的信用债，约5万亿元，是信用债市场最活跃的投资者。2012年以来，广义基金经历了自生发展和监管规范两个阶段。随着各项监管政策的落地，广义基金的杠杆率上限大幅降低，风险指标、净资本和准入门槛要求提高，其在新监管环境下的投资行为将受到极大影响。

11.4.2 投资者结构变化对信用债投资的影响

当前信用债市场投资者结构已经发生了巨大变化，机构类型及投资风格更加多样化。2011年，商业银行持有的信用债占整个市场的50%，广义基金的份额只有15%。截至2018年12月，商业银行和广义基金的信用债持仓比例已经完全逆转，分别为22%和58%。广义基金等机构的投资行为与商业银行风格不同，投资者结构的改变也开始重塑债市的运行逻辑,资金流动以及机构配置行为逐渐成为债券资产价格变动的主要驱动力之一。这一点在 2014 年至 2016 年的债券牛市中非常明显。具体而言,投资者结构变化对信用债市场的影响主要有如下三个方面。

11.4.2.1 杠杆率提高

与商业银行相比,广义基金操作相对灵活且更加注重投资收益,杠杆操作成为提高收益必不可少的手段。广义基金市场内加杠杆以质押式回购为主,全国性商业银行是质押式回购的主要资金融出方。广义基金的杠杆行为对市场流动性水平以及监管程度极为敏感。如 2014 年至 2016 年的债券牛市中,货币政策宽松,资金利率波动很小,为广义基金加杠杆创造了良好的市场环境。银行间质押式回购成交量同比增速在这段时间一直处于高位,2015 年 12 月达到最高 157% 的同比增速(见图 11-48)。2016 年年底,货币政策开始收紧,中央经济工作会议和次年召开的金融工作会议开始整治金融"乱象",金融监管的协调性开始加强且力度加大,债市由牛转熊。在这样的环境下,资金面波动加剧,质押式回购成交量减少,广义基金的杠杆行为受到遏制,杠杆操作隐藏的风险也逐渐暴露出来。

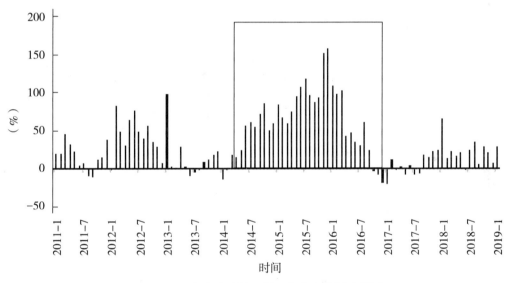

图 11-48　银行间质押式回购成交量同比增速

资料来源:Wind 数据库,天风证券固定收益总部。

11.4.2.2 利率中枢下移

2014 年以来,广义基金进入了快速发展时期,2016 年 6 月,银行理财规模达 26 万亿元,信托规模达 17.3 万亿元,基金及子公司专户 16.5 万亿元,券商资管 15 万亿元。部分银行理财通过委外业务转移给非银金融机构后,非银金融机构又会进行一次杠杆操作。资产配置力量膨胀导致资产价格被抬高,引起利率中枢下移。2016 年,10 年国开债收益率降至 3.0129% 的历史最低点(见图 11-49),其他类型债券收益率也在同期降至低点(见图 11-50 和图 11-51)。

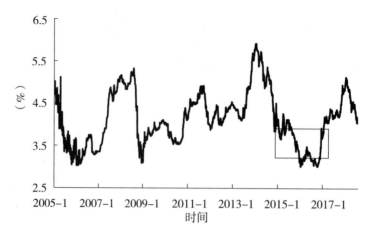

图 11-49　10 年国开债到期收益率

资料来源：Wind 数据库，天风证券固定收益总部。

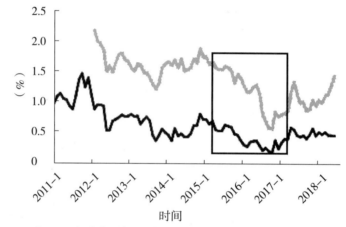

—— 5 年 AAA 级中期票据 -5 年国开　　—— 5 年 AA 级中期票据 -5 年国开

图 11-50　中期票据信用利差

资料来源：Wind 数据库，天风证券固定收益总部。

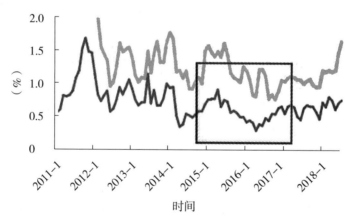

—— 1 年 AAA 级短期融资券 -1 年国开　　—— 1 年 AA 级短期融资券 -1 年国开

图 11-51　短期融资券信用利差

资料来源：Wind 数据库，天风证券固定收益总部。

11.4.2.3 信用利差收窄

在宽松的货币和监管环境下,规模逐渐扩大的广义基金不断寻找高收益资产,市场的风险偏好显著提升,信用利差收窄。在牛市后期,随着收益率下行,为了实现收益率目标,价值洼地被机构投资者充分挖掘,部分中低评级信用债信用利差下降明显。

11.5 我国信用债市场违约特征分析及高收益债投资思考

11.5.1 我国信用债市场违约情况统计

自 2011 年开始,我国信用风险事件逐渐增多。2014 年 3 月,"11 超日债"违约,正式拉开了我国信用债违约时代的序幕。此后,信用债市场违约逐步进入常态化,从私募债到公募债,从交易所市场到银行间市场,从民企到央企、国企,违约事件在不同领域相继出现。

一般而言,信用债违约是指发行主体在本息兑付日未及时拨付兑付资金。截至 2018 年 12 月 31 日,我国信用债市场共有 278 只债券发生了违约(仅考虑银行间市场和交易所市场),其中公募债 220 只,私募债 58 只,共涉及 94 个发行主体,违约的债券规模达 2 299.16 亿元。

从违约事件时间分布来看,如图 11-52 所示,2014 年违约债券共 6 只,对应 5 个不同的发行主体,违约债券余额共计 13 亿元。2015 年违约数量与规模继续上升,年内新

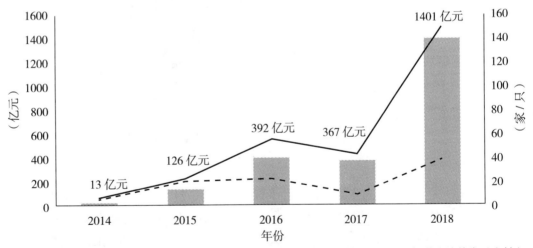

图 11-52 违约债券分布情况

注:新增违约主体数量按主体首次发生违约的时间计;跨市场债券只统计一次;对于同一只债券在不同时间发生违约的,新增违约债券按首次发生违约的时间计。

资料来源:Wind 数据库,天风证券固定收益总部。

增违约债券数量 23 只，对应 20 家不同的发行主体，新增违约规模达 126 亿元。2016 年是我国信用债违约高峰期，全年新增违约债券数量快速攀升到 56 只，新增违约主体 22 个，新增违约规模达 392 亿元，同比增长超过 212%，新增违约数量以及新增违约债券规模均较大。2017 年受经济回暖等因素影响，违约情况有所缓和，当年新增违约债券 43 只，新增违约主体数量仅 9 家，但违约金额仍然处于较高水平，达 367 亿元。2018 年上半年债券市场违约事件频发，市场上不断涌现出"2018 年是继 2016 年后的又一个违约潮"的声音，截止到 2018 年年底，年内新增违约债券 150 只，新增违约债券主体达 38 家，违约规模也超过 2016 年，达到 1 401 亿元，创了新高。

具体来看，我国信用债违约事件主要呈现以下几个特征。

11.5.1.1 违约主体以民营企业为主

从违约主体的属性来看，信用债违约事件主要集中于民营企业，且以非上市民营企业为主。如图 11-53 所示，截至 2018 年年底，银行间市场和交易所市场共有 61 家民营企业发生信用债违约事件，占违约主体数量的比例高达 65%，其中有 50 家为非上市民企。地方国有企业及中央国有企业违约主体数量分别为 11 家和 6 家，占比分别为 12% 和 7%。相较于国企而言，民企经营稳定性普遍较差，外部资金支持力度不足，违约风险系数高于国企。

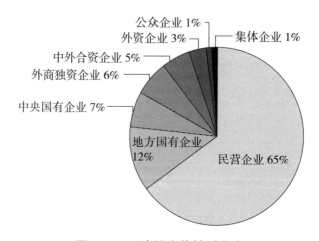

图 11-53　违约主体性质分布

资料来源：Wind 数据库，天风证券固定收益总部。

从违约主体的演化路径来看，如图 11-54 所示，违约风险呈现出从民营企业扩散至国有企业，又聚集到民营企业的过程。2014 年，违约主体集中暴露于民营企业。2015 年，违约主体的性质扩大至央企及其子公司，地方国有企业的刚性兑付也开始被打破。2016 年，地方国有企业违约风险集中暴露。2017—2018 年，信用债违约又回归集中于民营企业。截至 2018 年年底，信用债市场上除城投公司外，各类主体刚性兑付均已被打破。

从违约主体的评级来看，如图 11-55 所示，发行时主体评级分布在 AA- 到 AAA 之间，以主体评级为 AA 的居多。大部分债券在违约前出现过主体评级和债项评级下调，多家主体在违约前半年出现评级连续下调的情况。

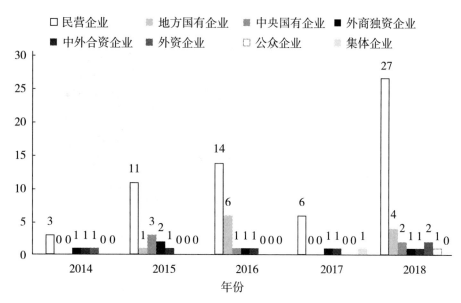

图 11-54 新增违约主体性质分布

资料来源：Wind 数据库，天风证券固定收益总部。

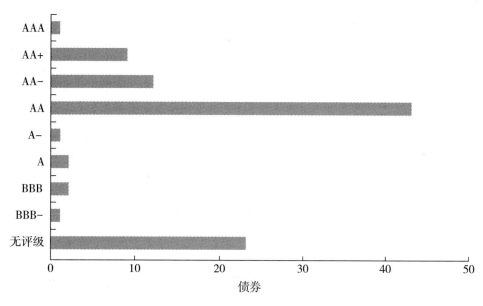

图 11-55 违约信用债发行时的主体评级分布

资料来源：Wind 数据库，天风证券固定收益总部。

11.5.1.2 违约期限分布多元，短期化趋势显现

从违约信用债券种分布来看，如图 11-56 和图 11-57 所示，违约券种以私募债、中期票据、定向工具、短期融资券为主。2014 年，违约事件集中暴露于私募债和公司债券，2015 年违约债券已覆盖市场上主要的债券品种，2016 年资产证券化产品也出现违约。

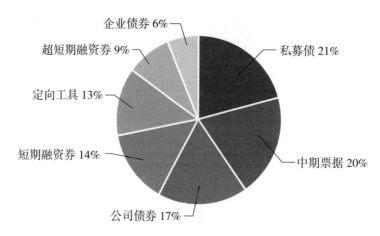

图 11- 56　违约信用债券种分布（按只数）

资料来源：Wind 数据库，天风证券固定收益总部。

图 11-57　年度新增违约信用债券种分布（按余额规模）

资料来源：Wind 数据库，天风证券固定收益总部。

从债券期限结构看，违约信用债券种短期化趋势更加明显。2014 年、2015 年违约债券主要集中于一年期以上的中长期品种。2015 年 11 月，首只超短期融资券发生违约。2016 年年末，当年新增违约中，期限在 1 年以内的违约债券规模占比已超过 50%。

11.5.1.3　行业下行阶段，违约风险容易集中爆发

行业分布方面，如图 11-58 所示，违约债券多分布在产能过剩及强周期行业，由最初的光伏产业逐渐向钢铁、机械设备、煤炭等行业扩散。特别是 2016 年以来，由于供给侧改革及去产能的实质性推进，煤炭钢铁类企业面临经营困境，兑付风险集中暴露，

全年新增债券规模有 2/3 以上集中于过剩产能行业。

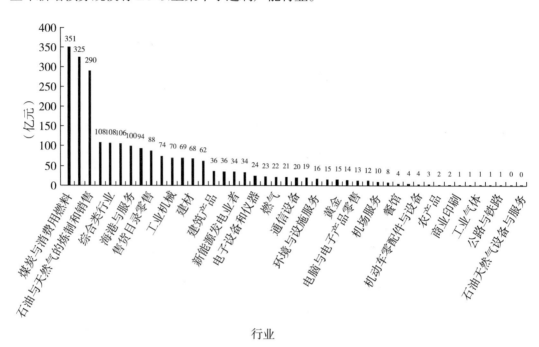

图 11-58　违约信用债行业分布（按余额规模）

资料来源：Wind 数据库，天风证券固定收益总部。

11.5.1.4　违约原因多样化，非经营基本面因素影响日益体现

从违约原因来看，2016 年的集中违约主要源于行业整体景气度低迷，导致公司持续亏损。例如，光伏行业景气度低迷，企业持续亏损侵蚀净资产和现金流，最终导致"10 英利 MTN1"违约。此外，引发民企债违约的另一重要原因来自实际控制人风险，主要包括公司实际控制人出现意外事件、投资激进、控制权纠纷三类。例如，亚邦集团、南京雨润都是由于实际控制人出现意外而加剧了企业债券的兑付风险。

2018 年上半年违约事件的触发因素及信用特征与 2016 年明显不同。在金融环境转向防风险、去杠杆时，广义信用收缩，融资环境全面收紧，导致流动性危机，信用债违约的节奏明显加快。违约主体向上市公司扩散，违约原因向"再融资"靠拢。例如，被曝债务危机的盾安集团，由于 12 亿元超短期融资券未能成功发行，直接导致出现流动性危机，而单从盈利能力来看，盾安集团的净利润为正，并未出现巨额亏损。相较于盈利情况，现金流往往更重要，现金流的健康稳定是企业偿还债务最根本的保障。

□ 11.5.2　典型违约案例分析

本部分对我国信用债市场典型违约事件展开分析，回顾发行主体概况和违约事件演变过程，进行简要的风险分析，跟踪违约后续处置和偿还情况，并总结违约事件对信用债市场的影响以及启示。

专栏 11-1

"11超日债"——第一只公募债券违约

2014年3月5日,上海超日太阳能科技股份有限公司(以下简称"超日太阳")发布公告称,"11超日债"(112061)第二期利息8 980万元无法按期全额支付,仅能按期支付400万元人民币,由此宣告了"11超日债"的违约,这成为我国第一个债项违约事件,开启了我国公募债券违约的先河。关于该债券的具体信息可见表11-6。

表 11-6 "11超日债"(112061)概况

发行主体	规模	期限	利率	所属行业	券种	违约时间
超日太阳	10亿元	3+2年	8.98%	太阳能光伏	公司债券	2014年3月5日

资料来源:Wind数据库,天风证券固定收益总部。

超日太阳成立于2003年,是我国较早从事太阳能光伏产业的民营企业。2011年以来,受行业景气度影响,超日太阳陷入亏损。2013年,超日太阳利润总额-22.34亿元,连续两年亏损。2014年公司经营业绩并未好转。其主要财务指标可见表11-7。从2011年到2014年,鹏元资信多次下调超日太阳评级,其主体和债项评级双双从AA下降到C。

表 11-7 超日太阳主要财务指标

财务指标	2012年	2013年	2014年第一季度
资产总额(亿元)	78.32	62.70	62.16
货币资金(亿元)	2.09	0.60	0.51
营业收入(亿元)	21.53	3.05	0.56
利润总额(亿元)	-13.39	-22.34	-2.66
短期借款(亿元)	18.72	13.80	13.74
流动负债合计(亿元)	42.75	40.43	41.37
负债合计(亿元)	66.28	65.48	66.17
经营性净现金流(亿元)	5.02	-1.64	0.25
资产负债率(%)	84.63	104.43	106.45
速动比率(%)	64.87	53.08	51.41

资料来源:Wind数据库,天风证券固定收益总部。

"11超日债"违约的主要原因与行业景气度相关。从行业发展角度而言,2012年光伏行业产能过剩,加上欧债危机和"双反"(反倾销和反补贴调查)的影响,企业利润受到重创。就公司层面而言,超日太阳过度扩张,投资于重资产海外电站且应收账款居高不下,导致公司出现流动性危机。此外,"11超日债"还存在违规发行的嫌疑和诸多信息披露的问题。一系列原因导致"11超日债"最终发生利息违约并退市。

2014年10月28日,法院裁定批准超日太阳破产重组申请。"11超日债"本息于2014年12月22日获得偿付,成为国内首只通过破产重组完成最终偿付的违约债券。

2015年之前,我国信用债市场只有"11超日债"这一只公募债券发生过实质性违约。2015年,连续发生了7个公募债券违约事件。2015年9月,信用债违约事件开始从民营企业蔓延至央企,保定天威集团、中国二重、中国中钢集团公司、中国铁路物资股份公司等央企陆续违约,国企刚性兑付被打破,信用债市场的违约频率骤然提高。

专栏 11-2

"11天威MTN2"——第一只央企债券违约

2015年4月21日,天威集团发布公告称,由于公司持续亏损,资金枯竭,主要资产被轮候查封,本应于4月21日兑付利息8 550万元的"11天威MTN2"(1182127.IB)未能按期兑付,出现实质性违约。该事件开创了国企公募债券违约的先例,也是首例银行间市场违约,同时还是首例银行间市场交易商协会主管的公开品种违约。关于该债券的具体信息可见表11-8。

表 11-8 "11天威MTN2"(1182127.IB)概况

发行主体	规模	期限	利率	所属行业	券种	违约时间
保定天威集团有限公司	15亿元	5年	5.7%	电气机械及器材制造业	公司债券	2014年3月5日

资料来源:Wind数据库,天风证券固定收益总部。

保定天威集团有限公司(以下简称"天威集团")成立于1991年,系中国十大军工企业之一的兵装集团的全资子公司,属于中央国有企业。公司是以输变电产业、新能源产业为主业的重大装备制造企业集团。

"11天威MTN2"违约的主要原因为激进多元化转型失败和大股东支持意愿弱,事件过程可谓一波三折。

天威集团被激进多元化转型拖垮。天威集团原为保定市国有独资公司,在2008年并入央企兵装集团,成为其全资子公司。公司原有传统业务为输变电业务,在央企资源的助推下,从2001年开始涉足新能源业务,超常规快速发展,形成了光伏和风电两大产业群。2011年公司扩张达到顶峰,而此时光伏产能出现过剩,主要市场——欧美国家——大规模削减对光伏发电的补贴,使得光伏产品市场价格大幅降低,加上"双反"调查,公司光伏业务亏损巨大。此外,在激进投资期间,公司治理不规范也一直受到诟病。截至2012年年底,天威集团有3个投资项目超计划投资2.85亿元,未按规定报经主管部门审批;11个项目未经兵装集团审批即开工建设,涉及投资额24.85亿元。2014年审计署的审计结果显示,2008—2012年,天威集团的21个新能源固定资产投资项目中,有20个未经董事会审议等法定程序,涉及投资额152.75亿元。天威集团未经国家发改委批准擅自上调投资计划,其实施的境外新能源投资项目因设计缺陷等原因被迫停工、破产清算。公司新能源业务由于行业竞争加大、管理混乱等,盈利一直较低,给传统业务造成较大的资金压力。2014年,虽然输变电业务盈利好转,但是新能源业务持续亏损,总体亏损上百亿元。

大股东"弃帅保车"。大股东兵装集团三次增资天威集团仍未见起色后,开始了一系列资产重组,通过资本运作"弃帅保车",构成三部曲(见图11-59)。

第一步：兵装集团受让天威集团旗下上市公司 *ST 天威的股权。2013 年 5 月 29 日，天威集团通过协议转让的方式将 *ST 天威 3.53 亿股的股票转让给兵装集团，转让达成后，天威集团的持股为 25.66%，兵装集团直接持有 *ST 天威 25.64% 的股权，升至 *ST 天威第二大股东。

第二步：2013 年 10 月，天威集团与 *ST 天威进行资产置换。2013 年 10 月，*ST 天威通过资产置换将旗下大幅亏损的天威长春、天威风电、天威薄膜、天威叶片等新能源资产全部剥离至天威集团，作为置换交易的兑价，天威集团置出传统输变电业务资产以及部分房屋土地。2013 年 1—8 月，*ST 天威置换给天威集团的 4 家公司合计亏损额达 18.5 亿元。此外，天威集团还以现金支付差价 7 079 万元。在此次置换中，*ST 天威成功将不良资产剥离至天威集团，并置换天威集团旗下优质资产。2014 年 12 月，*ST 天威向天威集团出售其所持天威英利 7% 的股权，获得 3.9 亿元现金。这又是一次用不良资产套取现金的资本运作。截至 2014 年 9 月，天威英利亏损 2.1 亿元。通过一系列置换，连续两年亏损的 *ST 天威成功于 2014 年扭亏为盈，保住了上市公司壳资源。与此相对的是，天威集团 2014 年亏损 76.04 亿元，令债券的违约风险进一步加大。

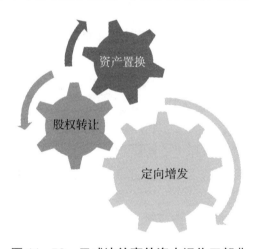

图 11- 59　天威违约事件资本运作三部曲

资料来源：根据天威集团公司公告整理，天风证券固定收益总部。

第三步：兵装集团通过定向增发获得 *ST 天威的控制权。2014 年 12 月，*ST 天威向兵装集团非公开发行股票 1.61 亿股，发行完成后，兵装集团的持股比例升至 33.47%，获得 *ST 天威的控制权。2015 年 2 月，天威集团发布公告称，*ST 天威董事会决议公告董事会成员发生变动，天威集团对 *ST 天威不再具有管理权，不再将其纳入财务报表合并范围。此外，兵装集团下属子公司兵装财务公司此前曾两次就债务问题向天威集团提起法律诉讼，天威集团持有的 *ST 天威被锁定。

天威集团资产质量差，负债率逐年升高，下属上市公司 *ST 天威实际控制权被股东剥离，股权难变现，与关联方和银行诉讼不断，银行逾期早已发生。最终，"11 天威 MTN2"无法按期兑付，开创国企债券违约先河。2014—2015 年，联合资信评估有限公司多次大幅下调天威集团信用评级，天威集团评级由"11 天威 MTN2"发行时的 AA+ 级下降至 C 级。

2015 年 9 月 18 日，天威集团向法院提交了破产重组申请。截至 2018 年 8 月 5 日，天威集团的四只债券"11 天威 MTN1""11 天威 MTN2""12 天威 PPN001""13 天威 PPN001"均已违约，尚未偿付。

天威集团违约事件对分析信用风险的启示比较多。首先,"11天威MTN2"违约已经深入债市腹地。从违约爆发的路径来看,已经从民营企业蔓延至央企。其次,债券投资人要警惕发行主体与关联方的资本运作。从兵装集团主导的一系列资本运作来看,其"弃帅保车"的意图非常明显。随着债市刚性兑付逐步打破,信用债的估值将更多地反映其风险水平。但伴随着违约预期逐渐充分,单一违约事件对整个信用债市场的冲击力在下降。

随着大规模违约事件的爆发,违约事件的原因也越来越多样化。梳理目前债券违约的原因可以发现,行业不景气导致公司盈利能力下降是主要原因。例如,光伏行业疲弱最终导致"11超日债"违约,煤炭行业产能过剩致使"12川煤MTN1"出现违约。引发民企债违约的另一重要原因来自公司治理风险。山东山水的股权纷争、亚邦投资董事长被调查、南京雨润实际控制人被执行指定居所监视等原因引致违约的事件让公司治理风险开始暴露。此外,交叉违约等触发特殊条款也成为债券违约的重要原因。大连机床由于"16大机床SCP002"和"16SCP003"触发交叉违约条款而导致违约。中城建债券触发点心债提前赎回条款,最终出现连环违约。

专栏11-3

"15山水SCP001"——第一只超短期融资券违约

2015年11月12日,山东山水水泥集团有限公司(以下简称"山东山水")发行的"15山水SCP001"(011599179.IB)未按期兑付到期本息,开创了国内超短期融资券违约的先河。关于该债券的具体信息可见表11-9。

表11-9 "15山水SCP001"(011599179.IB)概况

发行主体	规模	期限	利率	所属行业	券种	违约时间
山东山水	20亿元	7个月	5.30%	建材-水泥	超短期融资券	2015年11月12日

资料来源:Wind数据库,天风证券固定收益总部。

"15山水SCP001"的发行主体山东山水成立于2001年,是外商独资企业,曾是山东、辽宁两省最大的水泥生产企业。"15山水SCP001"系山东山水的香港上市母公司中国山水水泥集团有限公司的境内债务。

该事件发生在一系列密集信用事件之后,尽管市场对违约风险的系统性爆发已有所预期,但"15山水SCP001"作为第一只违约的超短期融资券,还是超出人们的预期,引发市场极大的恐慌,信用债收益率出现明显抬升,信用利差明显走阔;同时对一级市场也造成比较大的冲击,2015年11月,信用债一级市场取消发行规模接近600亿元,达到历史最高水平。

一方面,"15山水SCP001"违约事件带有一定的"恶意"嫌疑。该事件主要是由于公司治理风险和行业景气度下降叠加所致,而由前者引发的股东控制权纠纷是直接原因。2012年以来,受宏观经济和房地产调控影响，水泥行业下游需求不足，整体盈利能力明显下滑，但直至2014年年底，发行主体凭借自身在规模、成本、区域上的优势，保持优于行业的盈利能力。其主要财务指标见表11-10。

表11-10 山东山水主要财务指标

财务指标	2012年	2013年	2014年	2015年第三季度
总资产（亿元）	270.67	309.13	327.33	335.09
总负债（亿元）	147.85	172.46	181.32	193.98
所有者权益（亿元）	122.82	136.67	146.01	141.11
营业总收入（亿元）	161.16	163.55	154.40	85.61
利润总额（亿元）	25.38	20.06	12.16	-6.27
资产负债率（%）	54.62	55.79	55.39	57.89

资料来源：Wind数据库，天风证券固定收益总部。

也就是说，直至2014年年底，发行主体本身基本面尚可，之后的违约主要由股东之间的股权纷争导致，股权变动、股东博弈以及诉讼导致公司的经营和财务状况急剧下降，并且导致自身代偿意愿不足，外部融资也受到不利影响。股东控制权纷争和股权纷争还触发母公司票据提前偿付，使得母公司本身的流动性降低。母公司大量现金用于偿付境外债务，无力对"15山水SCP001"施以援手。山东山水股东纷争主要时间节点见图11-60。

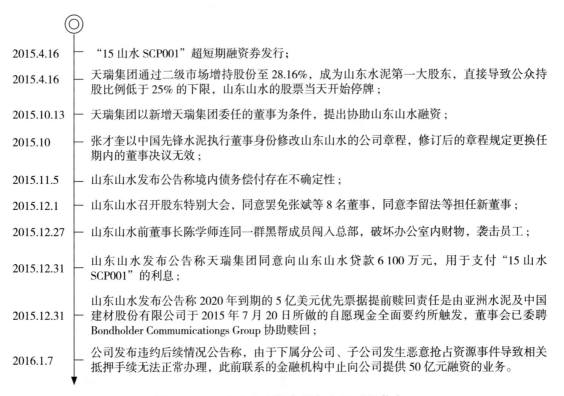

图11-60 山东山水股东纷争主要时间节点

资料来源：根据山东山水公司公告和公开信息整理，天风证券固定收益总部。

中诚信连续下调山东山水信用等级，山东山水主体信用等级由"15山水SCP001"债券发行时的AA+级下调至C级。

山东山水已于2015年11月10日提交清盘申请。自"15山水SCP001"违约之后，山东山水陷入连环违约旋涡。截至2018年8月5日，山东山水共涉入5起违约事件。

2016年之前，从发行人的属性上看，民企、央企、外资企业均出现了违约，但地方国企尚未出现实质性违约。

2016年，尤其是2016年上半年，是债券市场违约事件爆发最密集的时段之一。半年间，新增违约债券29只，违约规模达202亿元，违约数量和规模均已超过2014年和2015年的总和。其间，东北特钢、广西有色、四川煤业等地方国有企业的债券陆续违约，地方国有企业刚性兑付被打破。

专栏11-4

东北特钢连环违约事件

2016年3月28日，东北特殊钢集团有限责任公司（以下简称"东北特钢"）发行的"15东特钢CP001"宣告违约，系首例地方国企公募债券违约。此后，东北特钢后续到期的9只债券全部违约，其违约的全部债券涉及本金71.7亿元，被冠以"违约王"的称号。其违约债券具体情况可见表11-11。

表11-11 东北特钢债券违约情况

违约时间	债券简称	债券类型	发行规模（亿元）	发行期限（年）
2016-3-28	15东特钢CP001	短期融资券	8	1
2016-4-5	15东特钢SCP001	超短期融资债券	10	0.25
2016-5-5	15东特钢CP002	短期融资券	7	1
2016-6-6	14东特钢PPN001	定向工具	3	2
2016-7-11	13东特钢PPN001	定向工具	3	3
2016-9-6	13东特钢PPN002	定向工具	3	3
2016-9-26	15东特钢CP003	短期融资券	7	1
2017-1-16	13东特钢MTN1	中期票据	14	3
2017-4-12	13东特钢MTN2	中期票据	8	5
2017-7-17	15东特钢PPN002	定向工具	8.7	2

资料来源：Wind数据库，天风证券固定收益总部。

在国企重组大潮的推动之下，东北特钢由原大连钢铁集团、抚顺特钢集团、北满特钢集团于

2004年9月重组而成，是北方最大的特钢企业。

东北特钢违约事件的过程有些戏剧化。2016年3月18日，公司发布公告称将如期偿还到期债务。3月24日，公司董事长杨华自缢身亡。此时距离"15东特钢CP001"的兑付仅有1个工作日的时间。上述变故造成此前确定的债券偿付资金筹措方案落空，并且在该时间窗口内，发行人和主承销行均来不及再次筹措资金。3月28日，东北特钢发行的"15东特钢CP001"宣告违约，开创了地方国企债券违约的先河。作为东北特钢多只债券承销行的国家开发银行曾在其违约前提出向其提供30亿元的授信，帮助其渡过难关，但要求当地政府对这笔授信提供政府信用担保，令人感到意外的是，这一提议却被当地政府拒绝。2016年5月18日，公司召开第二次持有人会议，东北特钢同意投资人提出的要求，明确表示不会采取恶意逃废债行为，也不会单方面对未兑付的债务进行债转股。但是，在7月20日的第三次持有人会议上，东北特钢新任董事长却提出债转股方案，遭到承销商和债权人的一致反对。

由于大股东辽宁省国资委在很长一段时间内没有表态，该事件还触发了辽宁省政府的信用危机。辽宁省的信用利差在2016年3月飙升到0.95%，直至2017年7月才有所下降。图11-61总结了东北特钢违约事件历程。

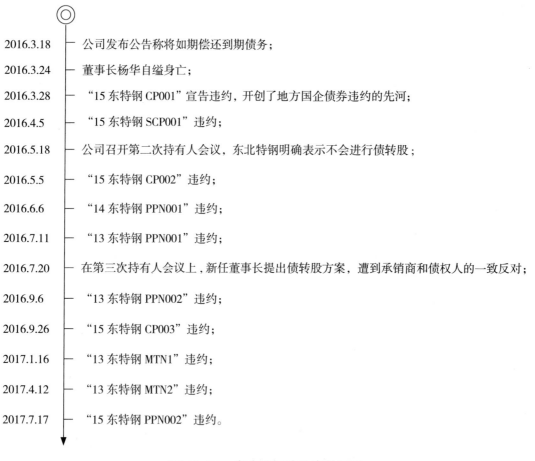

图11-61 东北特钢违约事件历程

资料来源：根据东北特钢公司公告和公开信息整理，天风证券固定收益总部。

东北特钢违约事件的导火索为其董事长意外身亡。从表面上看，违约系来不及再次筹措资金。实际上，刨除近年来经济下行导致钢铁行业不景气等因素外，东北特钢扩张和搬迁导致其背上巨额债务包袱，资金链断裂是其违约的根本原因之一。

东北特钢的债务高企始于2007年的整体搬迁。2007年3月，东北特钢大连基地启动整体搬迁，搬迁过程中，公司投入了约150亿元资金进行大规模技术改造，为此公司不得不通过银行借贷以及发债等手段筹集资金。随后几年，东北特钢并未停止产能的扩张与生产线的升级改造。评级报告显示，截至2015年6月，东北特钢尚在进行中的投资规划项目达6项，总投资额为216.22亿元。搬迁与扩张导致东北特钢的债务负担大幅上升。根据财报，东北特钢的资产负债率也从2007年的65.85%攀升到2010年的87.35%，2013年至2015年均处在85%左右的高位。同时，东特钢存在部分关注类债务，且受限资产较多，非受限货币资金仅有约8亿元。东北特钢的主要财务指标见表11-12。前期项目投资规模过大，叠加行业景气度下行，外部融资环境收紧，最终导致"15东特钢CP001"宣告违约。

表11-12 东北特钢主要财务指标

财务指标	2013年	2014年	2015年第三季度
资产总额（亿元）	518.04	518.18	527.76
货币资金（亿元）	52.70	52.77	54.80
营业收入（亿元）	192.08	207.91	145.28
利润总额（亿元）	1.07	1.76	2.02
经营性净现金流（亿元）	17.46	6.55	14.69
短期借款（亿元）	282.38	273.67	276.85
全部债务（亿元）	377.28	376.63	388.31
资产负债率（%）	84.85	83.32	84.35
速动比率（%）	35.05	34.21	0.34
经营性现金流动负债比（%）	5.21	2.01	0.45

资料来源：Wind数据库，天风证券固定收益总部。

此前，云煤化、广西有色和川煤集团等地方国企曾出现过信用风险事件，在地方政府的协调下，违约不久后便筹措到资金完成刚性兑付。而在东北特钢违约事件中，相关政府介入的力度非常有限，加大了债务违约的概率。2016年第一季度，辽宁省GDP出现负增长，上半年财政收入同比下降18%。财政实力较弱意味着当地政府很难兜底东北特钢的债务。

2016年10月10日，在辽宁省政府的推进下，东北特钢正式进入破产重组程序。2017年8月11日，大连中级人民法院裁定通过此次重整计划，成为国企信用债违约后首例破产重组成功的案例。截至2018年8月5日，东北特钢集团共涉10起违约事件。

2015—2016年，我国信用债市场大规模扩容，进入牛市行情。2017年，金融环境转向防风险、去杠杆，债券市场融资通道明显收紧。2018年发布的《关于规范金融机构资产管理业务的指导意见》(以下简称《资管新规》)对各类表外和非标业务的监管加强,再融资渠道收紧导致的短期流动性问题成为新一轮违约潮的重要原因。

> **专栏 11-5**
>
> 丹东港连环违约事件
>
> 2017年10月30日,丹东港集团有限公司(以下简称"丹东港")发布公告称公司已向托管机构划付"14丹东港MTN001"应付利息5 860万元,但是尚未能按照约定将回售部分本金10亿元按时足额划至托管机构,"14丹东港MTN001"出现实质性违约。此后半年内,丹东港连续3只债券违约,其违约的全部债券金额累计超34亿元人民币,具体情况可见表11-13。
>
> 表 11-13 丹东港债券违约情况
>
> | 违约时间 | 债券简称 | 债券类型 | 发行规模(亿元) | 发行期限(年) |
> |---|---|---|---|---|
> | 2017-10-30 | 14丹东港MTN001 | 中期票据 | 10.00 | 5 |
> | 2018-1-15 | 15丹东港PPN001 | 定向工具 | 5.00 | 3 |
> | 2018-3-12 | 15丹东港MTN001 | 中期票据 | 10.00 | 3 |
> | 2018-3-13 | 13丹东港MTN1 | 中期票据 | 9.00 | 5 |
>
> 资料来源:Wind数据库,天风证券固定收益总部。
>
> 丹东港成立于2005年,是外商合资企业,主营港口仓储、装卸及运输等业务。公司位于环渤海经济带的东段,区域同业竞争激烈,吞吐量增速放缓,但公司近年的营业收入一直保持增长,从其财务数据看,经营状况尚可,盈利能力及短期偿债能力位于行业中等水平。但在靠扩规模来提升竞争力的主要战略下,丹东港近年来的固定资产和在建工程增速处于较高水平,加大了企业长期经营的难度以及大量的债务压力。
>
> 表 11-14 丹东港主要财务指标
>
> | 财务指标 | 2015年 | 2016年 | 2017年第三季度 |
> |---|---|---|---|
> | 资产总额(亿元) | 508.04 | 552.02 | 601.79 |
> | 固定资产(亿元) | 141.65 | 158.16 | 150.77 |
> | 在建工程(亿元) | 199.58 | 229.10 | 334.77 |
> | 货币资金(亿元) | 20.60 | 16.74 | 14.71 |
> | 营业收入(亿元) | 55.29 | 64.80 | 48.63 |
> | 净利润(含少数股东损益)(亿元) | 11.05 | 8.94 | 5.39 |
> | 短期借款(亿元) | 8.81 | 37.38 | 47.97 |
> | 流动负债合计(亿元) | 105.44 | 93.63 | 100.16 |

（续表）

财务指标	2015年	2016年	2017年第三季度
负债合计（亿元）	385.07	420.18	464.56
经营性净现金流（亿元）	32.81	36.88	25.87
资产负债率（%）	75.80	76.12	77.20
速动比率（%）	82.83	88.98	37.08

资料来源：Wind 数据库，天风证券固定收益总部。

丹东港主营业务经营正常进行，此次违约主要是由于到期债务集中偿付带来的流动性压力。2017年公司共有5只债券到期。10月24日，15亿元的定向工具到期。10月27日，5.6亿元公司债券及回售的10亿元中期票据同时到期。短短一周之内，公司需偿付债务30.6亿元。

公司的收入和现金流可以全面覆盖基本运转和应付利息，但相较于庞大的债务而言，难以缩减负债规模，缓解债务滚动的压力。截止到2017年6月末，丹东港集团包括发行债券和银行贷款在内的有息债务总余额371.12亿元。截至2017年第三季度，丹东港集团净利润5.39亿元，总资产601.79亿元，负债合计464.56亿元，资产负债率高达77.2%，期末现金余额不足0.5亿元。

丹东港资金链条的运营模式基本为借新债还旧债，债务滚动主要依靠银行贷款以及债券发行。根据公司的规划，2017年偿还到期债务主要依托原有融资额度的滚动发行或置换，银行短期借款使用额度内滚动续贷。然而，2017年以来，信用债一级市场疲弱，债券融资难度较高。此外，2016年9月13日，公司实际控制人王文良涉嫌在省人大选举中拉票贿选被调查。短期大量的债券兑付压力叠加公司管理层的不利传闻，提升了企业发行债券融资的难度。2017年，丹东港没能在债券市场募集到资金。也就是说，短期内丹东港继续滚动债务的主要资金来源是银行贷款。一旦新的借款难以到位，即面临资金链断裂的风险。银行贷款方面，共有18家银行机构为丹东港提供信贷额度，剩余信贷额度已不足总额度的1/3，可见，企业对于信贷融资的依赖程度较高。从额度变化来看，丹东港在银行信贷额度增量上也有较强的局限性，信贷融资压力较大。

从非流动资产变现偿债的角度而言，面对债务的集中到期，丹东港大部分资产已被抵押，处于受限状态。公司2016年报显示，公司货币资金为16.74亿元，其中14.78亿元主要为银行承兑汇票保证金。公司货币资金基本上全部为银行承兑汇票的保证金，已属于受限资产，无法以此进行短期债务偿还。截至2017年5月27日，公司累计抵押资产账面价值83.85亿元，占2016年年末审计净资产的63.6%。大量的非流动资产也已用于银行贷款的抵押，通过资产变现偿债也不现实。

资产负债率居高、短期偿债能力较弱，债券融资环境恶化叠加债券集中兑付压力，最终导致丹东港连环违约。

11.5.3 海外高收益债投资经验

高收益债又称垃圾债、非投资级债券或投机级债券，是指信用评级为投资级以下（BBB-/Baa3以下）的公司债券。高收益债起源于美国，如今在美国已发展出规模最大、体系最成熟的高收益债市场,因此本节主要以美国为例,介绍海外高收益债的市场概况及常见的投资策略。

11.5.3.1 海外高收益债市场概况

美国高收益债的发展曾经一波三折。1977年发行了第一只高收益债,之后越来越多的中小企业开始通过高收益债进行融资,较高的债券收益率吸引了众多投资者,使高收益债市场迅速繁荣壮大。20世纪90年代,因经济衰退、内幕交易丑闻及严格的监管政策,高收益债市场一度陷入低迷,1991年曾创下10.69%的高违约率纪录,严重打击了投资者的信心。之后随着经济增长恢复及市场逐渐规范,高收益债市场又重新复苏。

经过40多年的发展,美国高收益债市场有如下几个特点。从发行主体上看,主要以中小企业和信用评级较低的公司为主,行业分布以传媒、金融、通信、能源电力和原材料为主,信用评级集中于投机类债券的中高档级别。根据标准普尔的统计,美国高收益债最低违约年份的违约率为0.63%,最高违约年份的违约率为11.19%。

考虑到高收益债的高风险性,高收益债的契约条款与普通债券不同,主要表现在风险隔离、信息披露、债务人行为、权利义务等方面有更严格的规定。通常包括:①限制债务人的额外负债与现金支付,包括新增各类负债,维持净资产,保持财务比率在一定水平,禁止违反规定对外提供担保或担保承诺等;②约束债务人的重大资产重组行为,包括转移核心资产、合并分立、资产证券化、融资租赁行为等;③约束债务人的股权投资、分红等行为,包括收购子公司股份、支付股息、回购股份等;④约束债务人的重大投资、资本性支出等行为,如超过净资产10%以上的重大投资、进入未经同意的新业务领域等;⑤限制关联交易,包括公司实际控制人及下属子公司的交易价格、资金用途、现金支付等行为的约束。在发债主体违反上述约定的情况下,债券持有人有权要求发债主体采取补救措施,或召开债券持有人大会,严重时可能引发债券立即进入清偿程序。

11.5.3.2 海外高收益债投资概况

美国高收益债具有期限较长、成交活跃的特点。投资者主要为资产期限长、风险识别能力强的投资者,早期主要包括保险公司、储蓄与贷款机构、专门投资高收益债的共同基金等。1989年,美国颁布了《金融机构改革、复兴和强化法案》(The Financial Institutions Reform, Recovery and Implementation Act),禁止储蓄与贷款机构买卖高收益债,后者逐渐退出了高收益债市场。目前,美国高收益债市场中的投资者以保险公司、高收益共同基金、养老基金和担保债务凭证(Collateralized Bond Obligation,CBO)为主,95%以上的投资者为机构投资者。个人投资者通过投资购买高收益债基金间接参与这个市场。

海外高收益债的投资策略分为组合投资策略及波段投资策略。首先对于组合投资,高收益债与投资级债券最大的不同在于违约率偏高,如果将投资集中于某一行业和级别就会面临较大的违约风险,因此组合投资的目的就是尽可能地分散风险。组合投资中又分为被动组合投资和主动组合投资,其中被动组合投资策略是指对各类高收益债不进行区分,尽可能多地持有高收益债,充分分散风险;主动组合投资是根据一定的标准选择高收益债构建投资组合,常见的标准包括信用级别、信用评分模型等。

其次,对于波段投资,高收益债与投资级债券一样,可以作为波段交易品种,在赚取高票息的同时获得资本利得。美国高收益债的收益率与其他债券收益率的走势基本相同,均与经济增速相关。此外,利用高收益债做波段投资时,如果企业具有较好的发展前景,具有信用级别提升的可能,那么在信用级别提升之前,投资者可以获得超额的持有期收益。值得注意的是,高收益债同样面临较大的信用风险和流动性风险,交易通常不活跃,不适合做短期的波段交易。

11.5.4 我国高收益债市场及制度建设

我国对于高收益债没有统一的定义,一般通过收益率或者收益率的分位数进行划分,但这两种方法都存在不足。按照收益率进行划分,优点是能够根据投资者对高收益债投资回报的要求进行灵活的调整,缺点是受市场利率中枢波动的影响较大,且高收益债的信用资质会随着市场利率的波动而改变。通过收益率的分位数进行划分,如定义收益率最高的前10%的债券为高收益债,优点是考虑了市场利率的波动,缺点是该统计口径下高收益债的市场规模、投资回报等受信用债总体的市场规模和收益率的影响较大。本书将采用收益率进行划分,将到期收益率高于7%的债券定义为高收益债。

11.5.4.1 国内高收益债市场概况

截至2018年8月9日,我国存量高收益债余额为2.75万亿元,占所有信用债存量的16.10%,其中私募债和定向工具占比47.29%。公募高收益债的平均收益率为12.35%。对于公募高收益债,评级分布主要集中在AA级和AA+级(见图11-62),行业分布较广泛,但高收益债分布较多的行业大多数是周期性行业,如图11-63所示,前五大高收益债分布的行业分别为建筑装饰、房地产、综合、商业贸易、化工。公募高收益债的剩余期限普遍偏长,剩余期限为3—5年的高收益债占比约50.75%。

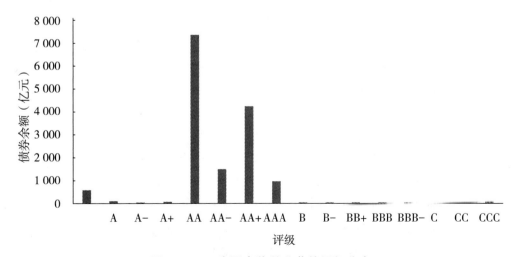

图11-62 我国高收益公募债评级分布

资料来源:Wind数据库,天风证券固定收益总部。

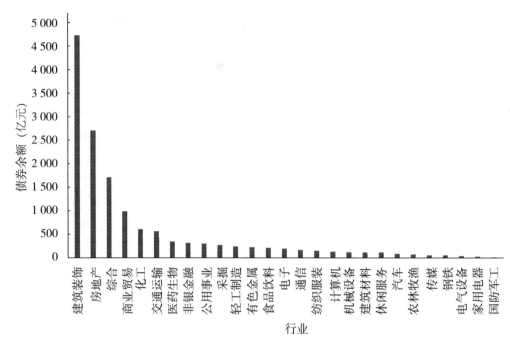

图 11-63 我国高收益公募债行业分布

资料来源：Wind 数据库，天风证券固定收益总部。

11.5.4.2 我国高收益债市场的制度建设

我国高收益债始于2012年创业板私募债、中小企业私募债等品种的推出。2012年5月，深交所、上交所发布了《深圳证券交易所中小企业私募债券业务试点办法》《上海证券交易所中小企业私募债券业务试点办法》，提出了中小企业私募债以非公开方式发行，采取备案制发行，提高了中小企业私募债的发行速度和发行效率；此外，中小企业私募债的发行规模不受净资产40%的限制，对盈利也无特殊要求，实际上降低了中小企业私募债的发行门槛。中小企业私募债的推出旨在解决中小企业融资难、综合融资成本高，以及部分中小企业短贷长用的问题。

中小企业私募债推出后发展不尽如人意，体现在整体发行量偏低、流动性较弱、承销商积极性不高、发行人资质较差、发行成本偏高等方面，发行和需求均不及银行间被定向工具。2015年，随着《公司债券发行与交易管理办法》的推出，中小企业私募债逐渐退出历史舞台。2015年1月，证监会发布《公司债券发行与交易管理办法》，扩大了公司债券的发行主体范围，使得之前发行条件较为宽松的中小企业私募债优势不再。根据《公司债券发行与交易管理办法》，中小企业私募债的发行范围被公司债券覆盖，而其私募的属性也可以通过发行非公开公司债券来实现。2015年5月，深交所发布《深圳证券交易所非公开发行公司债券业务管理暂行办法》，不再对中小企业私募债券、中小企业可交换私募债券、证券公司短期公司债券、并购重组私募债券进行发行前备案。表11-15总结了我国的高收益债相关政策。

表 11-15 我国高收益债相关政策

时间	政策	主要目的
2012 年 5 月	《深圳证券交易所中小企业私募债券业务试点办法》《上海证券交易所中小企业私募债券业务试点办法》	拓宽融资主体范围：发债企业不强制要求评级，仅需要出具 2 年完整跨级年度的财务报告；降低融资成本：发行利率不超过同期银行贷款利率的 3 倍
2015 年 1 月	《公司债券发行与交易管理办法》	扩大发行主体范围：全面建立非公开发行制度，对非公开与公开发行的公司债券交易场所进行拓展，取消保荐制和发审委制度，取消期限要求，淡化净资产 40% 的限制
2015 年 5 月	《深圳证券交易所非公开发行公司债券业务管理暂行办法》	不对中小企业私募债、可交换私募债、证券公司短期公司债、并购重组私募债进行发行前备案
2015 年 11 月	《关于简化企业债券审报程序，加强风险防范和改革监管方式的意见》	放松企业债券发行要求，简化审批流程

资料来源：公开资料，天风证券固定收益总部。

我国的高收益债市场仍处于发展的初级阶段，虽然自 2012 年起就出台了相关政策进行制度建设，但仍未形成成熟的政策机制，主要有以下几个原因：

（1）法律法规的约束

虽然 2012 年以来出台了多项政策，但目前对于中小企业发债仍有着种种限制性条款。如公开发行的公司债券要求累计债券余额不超过上一年企业净资产的 40%，非公开发行的债券要求连续三年盈利，主体评级在无担保的情况下不低于 AA。而且机构投资者对投资品种的限制也制约了高收益债市场的发展。

（2）债券市场风险分担机制不成熟

成熟市场所拥有的风险转让工具在我国还未普及，如结构化产品和信用衍生产品在我国虽然已起步，但整体体量不大，风险分担机制还有待完善。市场上缺乏规避信用风险的衍生品，对风险的定价还不确定，很大程度上影响了投资者对高收益债的投资意愿。

（3）高收益产品定价机制不成熟

在美国，市场参与各方根据债券风险水平进行市场化的定价，才有了高收益债市场的发展。我国自推出 SHIBOR 以来，对市场产品定价的指导作用明显，多个债券市场的投资品种广泛采用与 SHIBOR 挂钩的定价机制，但 SHIBOR 在久期偏长、流动性偏弱的高收益债定价中的运用还面临挑战。

（4）信用评级区分度不明显

目前我国评级行业实力积累不足，权威性不够，与发达国家仍存在较大的差距。评级机构普遍以 AA 级为中枢，高等级企业占比明显偏高，低等级发行人占比很低。对比来看，美国等发达债券市场投资级以 BBB 级为中枢，投机级以 B 级为中枢，高级别的企业债券分布比例非常低。日本市场级别分布范围小于美国，但高信用等级的企业占比也较低，AA-级以上的企业占比不超过20%。而我国AA-级以上企业占比高达97%，目前存续的高收益债评级也多集中于AA级和AA+级。信用区分度的不足不利于投资者进行风险判断，高收益债投资存在较大难度。

11.5.5 高收益债的投资策略

高收益债市场相比于普通信用债市场，存在流动性差、信用风险高的特征，投资策略并不完全遵循传统理念。

11.5.5.1 左侧配置

投资高收益债需要判断经济周期和阶段，控制和管理违约损失及其成本。高收益债往往具备同涨同跌的特征，这主要是因为高收益债的回报与所处经济周期有密切关系。一般来说，在经济衰退末期和扩张初期，市场对于企业信用基本面存在触底反弹的预期，此时信用利差往往处于高位，具备较好的安全边际。在经济扩张中期，高收益债信用基本面逐步改善，市场索取相对低的信用风险溢价，高收益债依然能够获得较高的回报。此外，高收益债往往外部支持能力相对较弱，对外部融资环境较为敏感。在信用政策放宽时期，高收益债能获得较好的表现。

11.5.5.2 分散投资

高收益债天然具备违约风险大的特征，信用分析和风险缓释手段无法完全规避违约损失。同时，我国高收益债中的产业债多由现金流缺口较大、自身经营基本面相对较弱的民营企业发行，且这类企业部分存在信息披露瑕疵，无法完全通过信用分析甄别风险。因而，投资高收益债应该通过组合分散风险，同时应有适度的违约和估值容忍度。

分散投资可以从分散行业、分散地域的角度思考。第一，同一行业、同一产业链的发行人受到行业景气度影响，信用基本面趋近，导致其违约风险易集中爆发。第二，同一区域企业往往具有产业聚集的特征，如山东地炼企业、江浙化纤纺织企业等，导致地域集中度和产业风险集中度出现重叠。另外，同一区域企业容易出现互保现象严重的特征，导致违约事件扩散。第三，我国的国企、民企获得外部支持的能力不同，且资产规模较大的企业由于税收、就业等方面的优势可能比小规模的企业更易获得外部支持，因此高收益债的分散投资也可以从这一角度进行配置。

11.5.5.3 借助衍生工具对冲

目前我国债券市场已经有IRS、国债期货等利率风险对冲工具，但CDS等工具发展仍在开发中。CDS可以提供信用风险对冲手段，为高收益债投资提供更大的保护空间。另外，在负债端可以通过结构化的产品设计，提升产品的流动性抗压能力及整体风险容忍度。由于高收益债流动性偏弱，因此当市场低迷时容易陷入抛压和估值下降的负反馈循环中，如果投资者能够通过产品设计突破资金的流动性约束，则可以享受到高收益债估值修复的资本利得。

本章小结

目前我国信用债市场的主要投资品种包括短期融资券、超短期融资券、中期票据、定向工具、企业债券和公司债券等，其中超短期融资券在发行数量和发行额方面都占有绝对比重。

信用债存量中，分行业来看城投债占比42%，产业债中存量占比排名前三的行业为房地产、采掘和公用事业。

从行业利差绝对水平来看，目前AAA级行业利差数值处于前四的行业依次为化工、商贸、煤炭和有色金属。

影响信用债信用利差走势的主要因素有货币政策、行业调控政策、行业基本面等。

房地产企业的一般财务特征是剔除预收账款的资产负债率处于较高水平，存货周转率较低。

钢铁企业的一般财务特征是资产负债率较高，短期偿债能力弱，毛利率及净利率低。

信用债收益率可以拆分为基准利率和信用利差两部分，研究信用债的定价往往侧重于对信用利差的研究。

信用利差体现了信用风险溢价、流动性风险溢价、税收溢价和其他部分多方面的因素。

信用债特殊条款债券大体上可以分为含权债券和分期还本债券。含权债券的权利则又包括回售权和赎回权，分别对应了投资者和发行人的权利。永续债券则多体现在赎回权中。

永续债券在条款上对投资者并不利，在会计处理上可以被归为权益工具。

信用债市场主要的投资主体有商业银行、保险机构、证券公司和广义基金等。

广义基金的投资行为与商业银行有很大不同，投资者结构的变化对信用债市场有显著影响。

信用债违约事件主要集中在民营企业，且以非上市民营企业为主，违约风险呈现出从民营企业扩散至国有企业，又聚集到民营企业的过程。

违约信用债债券品种呈现多元化，以私募债、中期票据、定向工具、短期融资券为主，短期化趋势明显。信用债市场上除城投公司外，各类主体刚性兑付均已被打破。

违约信用债多分布在产能过剩及强周期行业，由最初的光伏产业逐渐向钢铁、机械设备、煤炭等行业扩散。

信用债违约的原因主要有行业景气度低迷、实际控制人风险、触发特殊条款、融资环境转变等，再融资渠道收紧导致的短期流动性问题成为新一轮违约潮的重要原因。

信用债市场刚性兑付逐步被打破，信用债的估值将更多地反映其风险水平。市场对于违约的预期逐渐充分，整体而言，单一违约事件对市场的冲击力度下降。

美国高收益债市场已经发展出了比较成熟的市场体制，常用的投资策略有组合投资策略和波段投资策略两种。

我国对于高收益债还没有明确的定义，制度建设尚处于初级阶段，发展仍面临挑战。

高收益投资可以从左侧配置、分散投资、借助衍生工具对冲等方面进行。

重要术语

短期融资券　超短期融资券　中期票据　定向工具　企业债券　公司债券　商业银行　保险机

构　证券公司　广义基金　杠杆率　信用利差　地方政府融资平台　城投债　产业债　信用风险溢价　流动性风险溢价　可回售债券　永续债券　分期还本债券　信用风险　信用债违约　实质性违约　刚性兑付　再融资　高收益债

思考练习题

1. 我国的信用债市场发展会对经济运行产生哪些影响?
2. 钢铁行业的短期偿债能力较差,中位数远小于1,那么投资钢铁债违约风险是否可控?
3. 为什么会出现地方政府融资平台?
4. 城投信仰指的是什么?为什么城投信仰能带来较小的信用利差?
5. 投资永续债券时需要注意哪些问题?
6. 试讨论新的监管环境会对各大投资主体的投资行为带来哪些影响。
7. 导致信用债违约的原因主要有哪些?
8. 目前我国的高收益债市场制度存在哪些问题?

参考文献

［1］2017债市宝典之城投债:老话题,新博弈[R].中金公司,2017.

［2］2017债市宝典之信用篇[R].中金公司,2017.

［3］本轮违约潮有何不同?[R].天风证券,2018.

［4］丹东港违约,原因几何?影响几何?——信用债复盘笔记之四(2017.10.30—2017.11.5)[R].兴业证券,2017.

［5］东方固收.中国高收益债市场和产品设计的几个思考——债券策略实证系列专题之二[EB/OL].(2017-12-27)[2020-7-27]http://www.sohu.com/a/212955503_729461.

［6］兑付风险上升——天威中票违约事件追踪[R].中信建投证券,2015.

［7］房地产行业债券投资策略系列研究:行业利差构建方法详解及特征分析,中债资信[R].2017.

［8］海通证券固定收益专题报告:城投转型路在何方[R].海通证券,2017.

［9］贾昌杰.美国高收益债券市场发展的经验及其启示[J].金融论坛,2012(11):64—71.

［10］金融严监管的脉络与冲击[R].中金公司,2018.

［11］联讯证券宏观专题研究:城投转型模式全解析[R].联讯证券,2017.

［12］毛振华等.中国债券市场信用风险与违约案例研究[M].北京:中国社会科学出版社,2017.

［13］聂新伟.刚性兑付、债务展期与债务违约——兼论市场与政府在信贷资源配置中的作用[J].财经问题研究,2017(1):93—100.

［14］申万宏源城投债系列专题之三:城投债法规编年史[R].申万宏源证券,2018.

［15］天风证券如何看待存量城投债系列专题:为何特别看待存量城投债?[R].天风证券,2018.

［16］天威事件的启示——信用策略周报[R].光大证券,2016.

［17］信用债市场投资策略和信用分析框架[R].华创证券,2016.

［18］信用债特殊条款知多少?[R].中金公司,2017.

[19] 许余洁. 中美债券市场差异折射我国债市多种弊端 [J]. 中国银行业, 2016(5):43—46.

[20] 有中国特色信用利差的历史与未来 [R]. 中金公司, 2014.

[21] 怎么看信用事件的长期演化？[R]. 天风证券, 2018.

[22] 债市新格局：投资者结构变迁及影响 [R]. 中金公司, 2016.

[23] 张俊杰. 海外高收益债券投资策略方法介绍 [J]. 债券实务, 2012 (10): 69—73.

[24] 中国高收益债投资手册（2014）[R]. 国泰君安证券, 2014.

[25] 中国信用债策略分析手册（二）——超越基本面 [R]. 国泰君安证券, 2014.

[26] 中英公司债产品创新项目组. 我国高收益债券的市场需求与制度设计 [J]. 中国债券, 2010 (10): 13—20.

第 12 章
资产证券化产品*

黄长清　全庸薇　张嵩（天风证券）
陈文婷（华夏理财）

学习目标

通过本章的学习，读者应能够：
◎ 理解资产证券化的基本概念和基本原理；
◎ 了解美国和我国资产证券化市场的概况及主要特征；
◎ 了解我国资产证券化参与机构及其工作内容；
◎ 掌握资产证券化产品的交易规则和投资模式；
◎ 理解资产证券化产品投资的定价方法和风险分析。

■ 开篇导读

在近年来金融创新和改革的不断推进下，我国金融市场环境已经发生了巨大变化，因此，我国迫切需要加快金融市场创新发展，以更好地服务于实体经济。其中，资产证券化的发展备受期待。

本章在简要分析资产证券化的基本概念、基本原理后，分别介绍了美国与中国资产证券化市场的概况，并进行了比较。随后分析了资产证券化产品主要参与方及其关系，详细阐述了资产证券化产品的交易规则及投资模式，并着重分析了国内资产证券化产品投资交易市场存在的主要问题及措施建议。最后，对资产证券化产品投资的定价和风险

---
* 本章由郭杰群（宁波（中国）供应链创新学院）审校。

问题进行了分析,并给出了改善定价方法及防范风险的建议,希望能够为我国的资产证券化市场主体在整体规划上提供一些方向性的参考。

专栏 12-1

2004 年 1 月,《国务院关于推进资本市场改革开放和稳定发展的若干意见》提出"积极探索并开发资产证券化品种"。2005 年 8 月,证监会批准第一个试点项目——中国联通 CDMA 网络租赁费收益计划,资金规模合计 32 亿元。

2012 年 8 月 3 日,银行间交易商协会发布《银行间债券市场非金融企业资产支持票据指引》,资产支持票据正式诞生。2012 年 8 月 7 日,上海浦东路桥建设股份 2012 年第一期资产支持票据、宁波城建投资控股 2012 年第一期资产支持票据和南京公用控股(集团)2012 年第一期资产支持票据等作为首批资产支持票据正式发行。

2017 年 6 月 21 日,由中国人民银行发布《内地与香港债券市场互联互通合作管理暂行办法》,旨在规范开展内地与香港债券市场互联互通合作相关业务,保护境内外投资者合法权益,维护债券市场秩序。

为深入落实推动中央关于内地与香港债券市场互联互通业务,首单资产支持票据产品——北京京东世纪贸易有限公司 2018 年度第一期资产支持票据,已于 2018 年 8 月 8 日在银行间市场成功发行。该产品注册规模 40 亿元,首期发行 10 亿元(其中优先级 A 档 7.5 亿元,期限 1.5 年,国际评级 A+;优先 B 档 1.5 亿元,期限 1.5 年;中间档 0.5 亿元,期限 1.5 年;次级档规模 0.5 亿元)。产品发起机构为北京京东世纪贸易有限公司,主承销商为中国银行股份有限公司,受托机构为平安信托投资有限责任公司。基础资产为发起机构持有的京东白条应收账款资产,入池资产单笔金额较小,行业地区分散度较高,是具有消费场景依托、指定用途的规范化消费金融资产。该产品首次引入国际评级机构惠誉国际,对优先级 A 档给予 A+ 的高评级,获得了汇丰银行、渣打银行等境外投资机构的积极认购。

12.1 资产证券化产品概述

12.1.1 基本概念与基本原理

12.1.1.1 资产证券化的基本概念

资产证券化(Asset Backed Securitization,ABS)是指以基础资产所产生的现金流为偿付支持,通过结构化等方式进行信用增级,在此基础上发行资产支持证券的业务活动。资产支持证券是由上述具有自动清偿能力的基础资产组成的资产池支持的证券。

（1）从信用基础看资产证券化

资产证券化是对传统融资方式的突破，依托发起机构资产产生的现金流而非自身信用来满足其对资金的需求，帮助发起机构盘活存量资产，提高融资效率，并拓宽融资渠道。资产证券化受发起机构主体财务指标的影响较小，在满足一定条件时产品评级可以超越主体评级。

（2）从资产负债表看资产证券化

从资产负债表角度看，如图 12-1 所示，资产负债表的右边是为企业搭建资本结构，包括银行贷款、发行债券、发行股票等，此类融资是以公司为主体，并且假设公司会永续经营。资产证券化的重点在资产负债表的左边：把企业资产负债表左边的资产，如应收账款或不动产资产转让而获得资金。资产支持证券需要设立特殊目的载体（Special Purpose Vehicle，SPV），在设立的第一天就应明确 SPV 的终止日期是一种结构性金融（Structured Finance）。

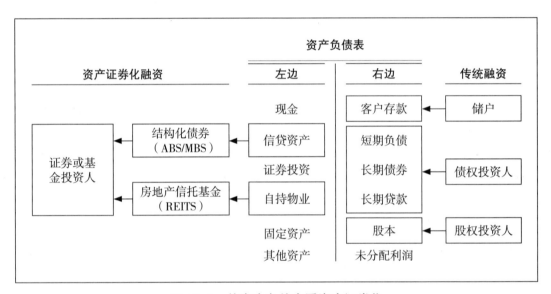

图 12-1 从资产负债表看资产证券化

12.1.1.2 资产证券化的基本原理

（1）分散性原理

资产证券化的分散性原理是"大数法则"和"相关性原理"的有机结合。当资产池借款人（或债务人）数量很大时，"大数法则"发挥作用，表现为频率的稳定性和平均结果的稳定性；当资产池的行业、地区分散性较高时，"相关性原理"发挥作用，表现为评级压力测试倍数的降低，进而有利于提升产品评级。

资产池的分散性可极大地提升资产证券化产品的评级（比如，优先级证券达到 AAA 级）、降低发行成本（比如，分散性高的汽车贷款、个人消费贷款、信用卡应收款、小额贷款、个人经营性贷款、小微企业贷款等）。

（2）结构化分层

结构化分层（比如优先/夹层/次级）是资产证券化产品的典型特征，也是实现"信用超越"的机制基础。结构化分层主要应用于既有债权或不动产资产，在未来债权（或未来收益权）资产中作用较弱。

直接转让普通资质的信贷资产或小额贷款难度很大，但通过结构化分层后可切分出高信用等级的标准化产品，吸引大型稳健型机构投资者（优先级产品）和有较强风险偏好的进取型投资者（次级产品），进而可有效创造投资需求。通过结构化分层，普通的城商行、消费贷款公司、小贷公司等基础资产通常都可以切分出 AAA 级或 AA+ 级产品，进而可有效降低发行成本，提高这类发起机构开展资产证券化的需求。

（3）真实出售与破产隔离

真实出售是指在资产转让的过程中，发起机构以出售的形式将与基础资产有关的收益和风险转移给 SPV，资产转让后 SPV 对基础资产拥有完全的所有权，发起机构或发起机构的债权人不得对该资产行使控制或收益等所有权权利。真实出售由于多方面的作用而奠定了其在资产证券化交易中不可或缺的地位。从发起机构角度讲，真实出售有助于提高发起机构的资本效率，分散或转移发起机构的资产风险，改善发起机构的资产负债结构，提升发起机构的资金流动性；从 SPV 角度讲，真实出售是 SPV 在基础资产和发起机构之间架构风险隔离墙的重要基石，真实出售也为 SPV 对基础资产的管理和证券化产品的偿付提供了便利；从投资者角度讲，由于真实出售将基础资产与发起机构的破产风险隔离开，投资者的收益回报免受发起机构的破产影响，收益的稳定性和可预期性得到了提高。

破产隔离是指证券化资产与发起机构、SPV 之间实现了隔离。当发起机构或 SPV 破产时，证券化资产不作为破产财产被分配，债权人与破产人的股东均不能对证券化资产主张追索权。同样，证券化资产出现损失时，资产支持证券投资者的追索权也只限于资产本身，而无法追溯至发起机构。

一般来讲，破产隔离是认定基础资产是否真实出售的标准之一，而真实出售被认为是实现破产隔离的重要手段。

12.1.1.3 资产证券化与债券的比较

资产证券化有利于企业盘活存量资产，有助于通过"真实出售""出表"优化企业资产负债结构，除了传统的"负债端"债券融资，很多企业通过发行资产证券化产品进行"资产端"融资。同样作为固定收益市场的产品，资产证券化与债券的主要差异如下：

①资产证券化是以基础资产的现金流作为第一还款来源，受主体财务指标的影响较小；债券的还款来源通常并不特定化，受主体财务指标的影响较大。

②作为证券化基础资产的债权资产和不动产资产在满足一定条件时可以实现"真实出售"和"破产隔离"，债券依赖融资主体的信用。

③资产证券化在满足一定条件时，产品评级可以超越主体评级，债券评级通常按发行人与担保人的评级孰高的原则选取（抵押债券或项目收益债券在满足一定条件时，可以实现信用超越）。

④基础资产监测是资产证券化后续管理体系的核心，主体资信表现是债券后续管理体系的核心。

12.1.2 境外市场简介

12.1.2.1 整体发展情况概述

美国是资产证券化的发源地，同时也是目前资产证券化市场规模最大的国家。20世纪70年代，在经济"滞涨"导致金融脱媒、婴儿潮时期出生的一代大幅提升住房抵押贷款需求以及利率市场化的大背景下，美国资产证券化进入发展快车道。除美国外，以英国、德国、意大利等国家为代表的欧洲是全球市场第二大的资产证券化市场。伴随着金融产品的创新，主要依靠市场机制推动资产证券化发展的英国在基础资产转移方面为交易提供了灵活有效的选择。不同于英国，意大利资产证券化的发展动力源于政府支持和完善的法制体系。而通过搭建中小企业信贷资产化平台解决中小企业融资难问题推动了德国资产证券化的发展。日本将美国模式的基本架构和运作程序与自身金融生态环境相结合，现已发展成为亚洲重要的资产证券化市场。

截至2017年年末，美国ABS存量为14 710.33亿美元，全年发行增量为5 591.80亿美元。截至2018年3月末，美国ABS存量为14 705.66亿美元；2018年上半年发行增量为1 943.74亿美元，与2017年上半年相比下降了32.99%。更多信息可参见图12-2。

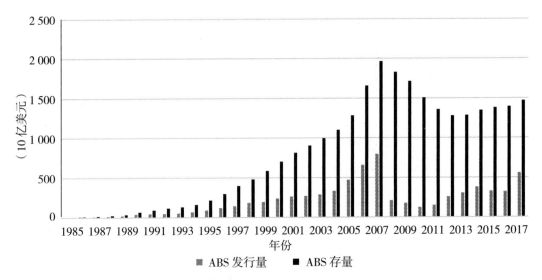

图12-2 美国1985—2017年资产证券化产品发行量及存量

资料来源：SIFMA网站，天风证券资产证券化总部。

12.1.2.2 美国资产证券化市场简介

美国资产证券化市场的发展可以分为三个阶段：20世纪70年代石油危机期间（起步期）；20世纪80年代中期至2007年8月次贷危机爆发（繁荣期）；2007年8月至今（转型期）。

20 世纪 70 年代之前，住房抵押贷款从中短期气球型贷款[①]向标准化长期贷款转型，贷款转让二级市场的建立为后来的住房抵押贷款证券化（Mortgage Backed Security, MBS）发展奠定了基础。20 世纪 70 年代初期至 80 年代中期，是资产证券化在美国孕育成长的时期，作为典型代表的 MBS 逐步完善并初具市场规模，同时新型的 MBS 创新产品开始出现。MBS 产生的标志是 1970 年吉利美（Ginnie Mae）首次发行住房抵押贷款转付证券[②]。1986 年，美国国会通过了《税收改革法案》（Tax Reform Act），一个新的资产证券化载体——不动产按揭投资通道（Real Estate Mortgage Investment Conduits, REMIC）由此诞生，这种证券化载体可以避免双重征税，也使证券化资产的范围从单纯的不动产抵押贷款扩大到多种金融资产。20 世纪 80 年代中期至 2007 年 8 月，资产证券化逐渐走向成熟，开始在各个领域大量运用，各种证券化产品不断涌现，基础资产类型包括信用卡贷款、汽车贷款、学生贷款和住房权益贷款[③]等。20 世纪 90 年代中期，担保债务凭证（Collateralized Debt Obligation, CDO）开始推出，包括担保贷款凭证（Collateralized Loan Obligation, CLO）和担保债券凭证（Collateralized Bond Obligation, CBO）。图 12-3 展示了 1996—2017 年 ABS 与 MBS 的发行量对比。

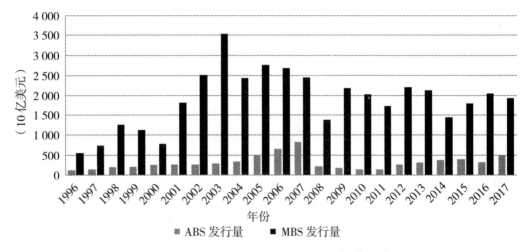

图 12-3　美国 1996—2017 年 ABS 与 MBS 产品发行量

资料来源：SIFMA 网站，天风证券资产证券化总部。

截至 2017 年年末，美国固定收益市场的存量规模为 407 894 亿美元，其中，国债、资产证券化产品、公司债券、市政债和货币市场工具的存量规模分别为 144 688 亿美元、107 429 亿美元、88 264 亿美元、38 507 亿美元和 9 659 亿美元，资产证券化存量规模仅次于美国国债。更多信息可参见图 12-4。

---

① 气球型贷款的主要特色是借款人在贷款期间只支付利息，不偿还任何本金或者只偿还很少的本金，直至到期日才一笔还清贷款。
② 住房抵押贷款转付证券是指投资银行将担保后的住宅抵押贷款打包成贷款组合，然后以股份权益的方式销售给机构投资者。
③ 住房权益贷款是指借款人以所拥有住房的权益（房产估值减去房贷债务余额）作为抵押或担保获得的贷款。

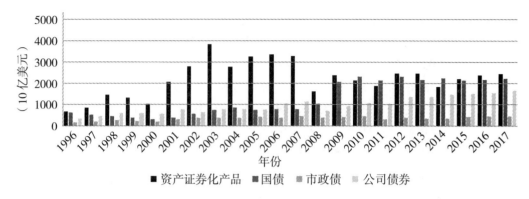

12-4 美国 1996—2017 年债券发行量

资料来源：SIFMA 网站，天风证券资产证券化总部。

（1）基本模式

①融资型

融资型 ABS 的基础资产通常是未来收益权或企业应收账款资产。为降低融资成本，发起机构一般会提供差额支付承诺等增信措施，无法实现会计出表。

②资产负债表型

资产负债表型 ABS 的发起人通常是信贷机构，发行 ABS 的目的是将资产负债表上的信贷风险资产转出，从而提高资金周转效率，减少风险资产数量（从而减少必需的监管资本数量），提高净资产收益率。

资产池一般为静态池，即交易后除非因入池资产在入池之前不符合标准，否则资产池维持不变，在资产池动态衰减的情况下偿还优先级产品和次级产品，发起机构一般提供自有资产入池。

③套利型

套利型 ABS 发起人的目的在于获取基础资产收益率与 ABS 各级证券利息收入之间的利差。套利型 ABS 的基础资产可能并非发起人所有，发起人可以从市场上购买基础资产，组成资产池后加以证券化。

（2）发起机构类型

对于美国市场的 MBS 和 ABS 两种类型的产品来说，发起机构的类型主要包括以下两种。

① MBS：房地美、房利美、吉利美、住房专业银行及储蓄机构。

② ABS：商业银行、汽车金融公司、融资租赁公司、消费金融公司、人寿保险公司、知识产权拥有者等。

美国市场的 ABS 产品对于当下中国的借鉴意义较大。1985 年 3 月，美国佩斯里金融租赁公司（Sperry Lease Finance Corporation，现改称 Unisys）发行了世界上第一只资产支持证券。1985 年 5 月，美国马林·米德兰银行（Marine Midland）紧随其后，发行了全世界第一只以汽车贷款作为基础资产的资产支持证券。

1997 年，超级摇滚歌星大卫·鲍伊将其在 1990 年以前录制的 25 张唱片的预期版权（包括 300 首歌曲的录制权和版权）许可使用费证券化，于 1997 年发行了 Bowie

Bonds，筹集到 5 500 万美元，开启了知识产权证券化之门。关于美国不同品种 ABS 的更多信息可见图 12-5。

12-5 美国 1996-2017 年不同品种 ABS 发行量对比

资料来源：SIFMA 网站，天风证券资产证券化总部。

（3）SPV 类型

资产证券化的 SPV 主要类型包括信托型 SPV（SPT）和公司型 SPV（SPC）。SPV 也可采用合伙型，但很有限。

① SPT 模式：信托制度所包含的天然的风险隔离机制以及税收优势，使得 SPT 成为美国资产证券化的典型模式。

② SPC 模式：可以拥有证券化基础资产的实质所有权，把一个或一组发起机构的基础资产加以证券化，这些证券化资产可以彼此相关也可以毫无联系；可以扩大资产池的规模，摊薄证券化交易费用；可以对资产产生的现金流进行任意的分割组合，发行不同档次或支付来源的多种类型的证券；可以在多次的证券化融资中被反复使用。

（4）基础资产及产品类型

美国资产证券化的基础资产类型非常丰富，主要包括贷款、应收账款、收益权、知识产权类、租赁收入、保险费收入等，如表 12-1 所示。从产品类型来说主要分为两大类，一类是 MBS（基础资产为个人住房抵押贷款），另一类是 ABS（Asset Backed Security，基础资产为除个人住房抵押贷款之外的其他基础资产类型）。其中 MBS 占据绝对主导地位。MBS 中政府担保类 MBS（GNMA、FNMA、FHLMC）占据 80% 以上的市场份额。ABS 可以分为狭义 ABS 和 CDO 两大类别：狭义 ABS 一般是指以汽车贷款、学生贷款、信用卡应收款等为基础资产的证券化产品；而 CDO 又分为信贷资产证券化（CLO）和市场流通债券的再证券化（CBO），CLO 的基础资产是高收益贷款或杠杆贷款，CBO

的基础资产以公司债券为主。图12-6总结了美国资产证券化产品的主要分类。

表12-1 美国资产证券化市场主要基础资产类型

基础资产分类	基础资产类型细分
贷款	住房抵押贷款、汽车贷款、学生贷款、商业地产贷款、各类工商企业贷款等
应收账款	信用卡应收款、公司贸易和服务应收款等
公用事业和基础设施收入	电力、供水、水处理、天然气、高速公路、铁路、机场、港口、主题公园、体育馆、商业地产、滑雪场、高尔夫球场等
租赁收入	计算机、办公设备、飞机汽车船舶等交通工具、集装箱等
保险费收入	巨灾保险、人寿、健康保险等
自然资源储备	林地储备、石油天然气储备、矿藏等
知识产权收入	电影、唱片、快餐店店名委任权、服装名牌专利、药品专利等

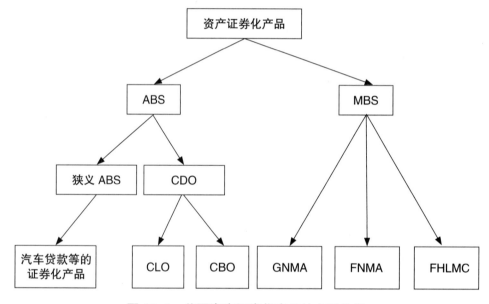

图12-6 美国资产证券化产品的主要分类

（5）投资者结构

在美国市场上，资产证券化的投资者群体非常广泛。对于MBS，因其具有期限长、收益率较高、风险小和流动性强的特点，养老基金、共同基金、保险资金等机构投资者一直是主要买家，其次为商业银行及其他存款机构、境外投资者等；对于ABS，其收益较高和期限分档较细的特点吸引了众多机构投资者，包括货币市场投资者、共同基金、对冲基金、商业银行、保险资金和养老基金等。图12-7展现了美国政府赞助企业（Government-Sponsored Enterprise，GSE）支持证券的投资者结构。可以明显看出，美国GSE支持证券的投资者有很大一部分来源于存款机构、货币当局和国外机构。

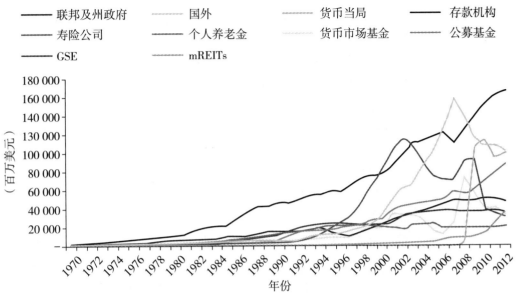

图 12-7 美国 GSE 支持证券投资者结构

12.1.3 境内市场发展现状与基本特征

12.1.3.1 发展历程

2004 年，证监会发布《关于证券公司开展资产证券化业务试点有关问题的通知》，2005 年，人民银行和银监会联合发布《信贷资产证券化试点管理办法》，由此正式开启了我国资产证券化的发展历程。

（1）业务早期试点阶段（2005—2008 年）

2005 年 3 月，人民银行、银监会等十部委组成信贷资产证券化试点工作协调小组，正式启动我国信贷资产证券化试点。2005 年 12 月，国家开发银行和中国建设银行分别发行了我国首只信贷资产支持证券和住房贷款支持证券，成为我国试点发行的首批信贷资产证券化产品。

2005 年 8 月，证监会批准中国联通 CDMA 网络租赁费收益计划——我国推出的首只企业资产证券化产品。2007 年 9 月，我国启动第二批信贷资产支持证券试点。国际金融危机期间，我国出于宏观审慎和控制风险的考虑暂停了资产证券化试点。

（2）试点重启阶段（2011—2014 年）

2011 年 9 月，证监会重启对企业资产证券化的审批。2012 年 5 月，人民银行、银监会和财政部联合发布《关于进一步扩大信贷资产证券化试点有关事项的通知》，标志着在经历了国际金融危机之后，我国资产证券化业务重新启动，进入第二轮试点阶段。

2012 年 8 月，银行间交易商协会发布《银行间债券市场非金融企业资产支持票据指引》，资产支持票据（ABN）正式诞生。至此，我国三种主要资产证券化产品类型（信贷资产证券化、企业资产证券化、资产支持票据）全部推出。

2013年3月，证监会发布《证券公司资产证券化业务管理规定》，证券公司资产证券化业务由试点业务开始转为常规业务。2013年7月，国务院发布《关于金融支持经济结构调整和转型升级的指导意见》，明确要逐步推进信贷资产证券化常规化发展，盘活资金支持小微企业发展和经济结构调整。2013年8月，人民银行和银监会推动国开行、工商银行等机构开启第三轮试点工作，试点额度达到4 000亿元，我国资产证券化市场正式进入常态化发展时期。

（3）快速发展阶段（2014年至今）

2014年年底，我国资产证券化业务监管发生了重要转折，完成了从过去的逐笔审批制向备案制的转变。通过完善制度、简化程序、加强信息披露和风险管理，促进市场良性快速发展。

信贷资产证券化实施备案制+注册制。2014年11月20日，银监会发布《关于信贷资产证券化备案登记工作流程的通知》，宣布针对信贷资产证券化业务实施备案制。2015年1月4日，银监会下发批文公布27家商业银行获得开展信贷资产证券化产品的业务资格，标志着信贷资产证券化业务备案制在实操层面落地。2015年3月26日，人民银行发布《关于信贷资产支持证券试行注册制的公告》，宣布已经取得监管部门相关业务资格、发行过信贷资产支持证券并且能够按照规定披露信息的受托机构和发起机构可以向央行申请注册，并在注册有效期内自主发行信贷ABS。

企业资产证券化实施备案制+负面清单管理。2014年11月19日，证监会发布《证券公司及基金管理公司子公司资产证券化业务管理规定》，对企业资产证券化监管进行全面梳理。2015年2月6日，证监会发布《资产支持专项计划备案管理办法》，开始针对企业资产证券化实施备案制，同时配套《资产证券化业务风险控制指引》和《资产证券化业务基础资产负面清单指引》，提出8类负面清单，大大拓宽了发行人及基础资产的可选范围，推动企业资产证券化实现高速发展。

资产支持票据相关文件修订指引。2016年12月，交易商协会发布《非金融企业资产支持票据指引（修订稿）》《非金融企业资产支持票据公开发行注册表格体系》，在交易结构中引入信托，以特定目的的信托为载体，使资产出表和破产隔离成为可能，为企业发行信托型ABN提供了明确的政策指导。

12.1.3.2 基础资产类型

（1）债权资产（既有债权）

债权资产是指已经在资产负债表的资产项中进行会计确认的债权，是开展资产证券化最为标准化的基础资产类型，主要包括信贷资产、租赁债权、保理债权、小额贷款、应收账款、信托受益权等。如果要出表的话，资产负债表左端可以移出来变成货币资金。债权中还有一类是未来债权，有时候与收益权资产有很多重合，由于在开展资产证券化的时候不在资产负债表上，因此不存在会计出表问题。

（2）收益权资产

收益权资产是指依据政府特许经营权或已经签署的合同将在未来形成的可预期的、比较稳定的财产权利（在产品发行时不在资产负债表上进行确认），主要包括各种收费权、收益权。收益权资产的产生基础包含两个方面,一方面是特许经营权,如水、电、热、气、交通运输等,通常由政府特许经营,可以不用与用户签订合同;另一方面是需要通过签订合同来明确未来权利义务的,或者是租金收益权即出租人与租户签订的合同。

(3) 不动产资产

不动产资产是指商业地产、工业地产、保障房、医疗地产、养老地产等商业不动产和收费公路资产、通信设施资产、铁路资产、污水处理设施等基础设施类不动产,更注重物业或物业项目公司股权本身的所有权。如商业物业、租赁住房等不动产财产,主要表现为通过持有股权而间接持有不动产资产,将不动产资产产生的现金流作为资产支持证券分配现金流来源。

12.1.3.3 主要参与机构

(1) 发起机构类型

目前,我国国内的资产证券化业务发起机构主要有以下类型:银监会监管的金融企业,一般类非金融企业,城投公司、市政收费企业或PPP项目公司,房地产企业、能产生稳定租金收入的非房地产企业,人文及自然景观等经营企业。

表12-2 国内主要发起机构类型一览

序号	发起机构	资产类型	具体形式
1	银保监会监管的金融企业	信贷资产	(1) 商业银行的信贷资产(自营贷款、委托贷款); (2) 银保监会监管的融资租赁公司的债权; (3) 信托公司的信托贷款(自营性信托贷款、理财资金通过银信合作形成的信托贷款、集合计划发放的信托贷款); (4) 小额贷款公司的信贷资产; (5) 消费金融公司的消费贷款
2	一般类非金融企业	企业应收款	(1) 企业之间因贸易或提供服务产生的应收账款; (2) 符合证监会要求的BT回购债权; (3) 商务部监管的融资租赁公司的债权
3	城投公司、市政收费企业或PPP项目公司	基础设施收益权	高速公路(桥梁、隧道)收费权、自来水收费权、污水处理收费权、燃气收费权、供热收费权、电费收益权、地铁收费权、铁路运输收费权、公交收费权、渡口收费权、飞机起降收费权、有线电视收费权、垃圾处理收费权等
4	房地产企业、能产生稳定租金收入的非房地产企业	商业物业等不动产财产或不动产收益权	(1) 商业物业类不动产财产; (2) 非商业物业类不动产财产; (3) 不动产收益权
5	人文及自然景观等经营企业	门票收入收益权	(1) 游乐场所的门票、博物馆门票等; (2) 自然景观门票(非财政收入部分)

(2) 投资者类型

根据我们近期与主要机构投资者的沟通,随着资产证券化市场的不断扩大,市场对资产支持证券的接受程度有所提高,市场需求前景良好。目前商业银行及其理财计划、保险公司、公募基金及私募基金、券商及其资管计划、财务公司等是主要投资者群体，具体信息可见表12-3。

表 12-3 国内主要投资者类型一览

主要投资者	偏好及参与情况	相关投资政策
商业银行	・国内资产证券化产品最主要的投资者 ・偏好中短期限、流动性较好的产品 ・理财资金在收益足够大的情况下，可承担一定的风险 ・目前已广泛参与投资各类资产证券化项目	2018年4月24日，银保监会正式发布《商业银行大额风险暴露管理办法》，商业银行对非同业单一客户的贷款余额不得超过资本净额的10%，对非同业单一客户（主要为企事业法人、自然人和匿名客户）的风险暴露不得超过一级资本净额的15%。商业银行对同业单一客户或集团客户的风险暴露不得超过一级资本净额的25%。由于部分ABS产品难以实现穿透（如原始权益人并非实际融资人、基础资产笔数极多等），若不进行穿透，则需计入匿名客户即非同业单一客户，执行不超过资本净额15%的规定
保险公司	・随着"险资13项投资新政"*的推出，保险机构将成为资产证券化产品优先级的重要投资者 ・偏好中长期限、高等级品种，主要参与了大型国企及大型银行的资产证券化项目	（1）保险公司投资单一信贷资产支持证券、专项资产管理计划和项目资产支持计划不得超过发行规模的20%；保险集团（控股）公司及其保险子公司，投资单一有关金融产品的账面余额，合计不得超过发行规模的60% （2）保险公司投资信贷资产支持证券、资产支持专项计划和项目资产支持计划合计不高于公司总资产的30% （3）保险资金投资的信贷资产支持证券，入池基础资产限于五级分类为正常类和关注类的贷款。按照孰低原则，产品信用等级不低于国内信用评级机构评定的A级或相当于A级的信用级别。保险资金投资的信贷资产支持证券，担任发起机构的银行业金融机构，其上年年末经审计的净资产应当不低于300亿元人民币，或者为境内外主板上市商业银行，信用等级不低于国内信用评级机构评定的A级或者相当于A级的信用级别，境外上市并免于国内信用评级的，信用等级不低于国际信用评级机构评定的BB级或者相当于BB级的信用级别 （4）2018年4月1日起开始实施的《保险资金运用管理办法》明确规定保险资金可以投资资产证券化产品，将保险资金可投资的证券化产品扩大至所有标准证券化产品
券商	・偏好中短期限的产品 ・在收益足够大的情况下，可以承担较高的风险 ・目前已广泛参与投资各类收益较高的资产证券化产品品种	2013年6月，证监会颁布《证券公司客户资产管理业务管理办法》，取消了证券公司投资资产证券化产品比例的限制，目前证券公司投资资产证券化产品只受自身投资策略及监管指标影响
基金		（1）单只基金认购不超过同一专项计划各分档品种的10%，认购同一原始权益人各资产证券化产品（含专项计划）总量不得超过基金净资产的10%，认购资产支持证券总量不得超过其净值的20% （2）同一基金公司旗下多只基金认购同一原始权益人各资产证券化产品（含专项计划）总量不超过各资产证券化产品总量的10% （3）货币市场基金只能认购剩余期限在397天之内的资产支持证券

注：*"险资 13 项投资新政"是指《保险资金境外投资管理暂行办法》《保险资金投资债券暂行办法》《关于调整基础设施债权投资计划有关规定的通知》《关于保险资金投资股权和不动产有关问题的通知》《保险资金境外投资管理暂行办法》《保险机构融资融券管理暂行办法》《保险资金参与金融衍生品交易暂行办法》《保险资金参与股指期货交易监管规定》《保险资金委托投资管理暂行办法》《保险资产托管管理暂行办法》《保险资产配置管理暂行办法》《保险资产管理产品暂行办法》《加强保险资金公平交易防范利益输送的通知》。

（3）主要参与中介机构

我国国内的资产证券化业务涉及多种参与机构，主要包括主承销商、信托公司、律师事务所、资信评级机构、监管银行或托管银行、会计师事务所、资产评估机构等。

表 12-4　国内资产证券化主要参与中介机构

主要参与方	主要职责
主承销商	资产支持证券的销售商牵头负责设计交易方案、进行尽职调查、撰写申报文件、协调监管沟通、组织销售路演、安排信息披露和存续期相关工作
信托公司	信托公司是现金流的管理者，作为 SPV 的代表，从发起人处购买资产，对现金流回款向投资者进行分配
律师事务所	负责出具《法律意见书》，对资产证券化各参与主体资质、基础资产等发表相关法律意见
资信评级机构	负责对所发行的资产支持证券进行信用等级评定，同时每年对资产支持证券信用等级进行跟踪评定
监管银行/托管银行	负责对基础资产现金流进行监管/托管
会计师事务所	对发起机构进行审计，出具《审计报告》
资产评估机构	对基础资产进行现金流评估，出具《现金流评估报告》

12.1.3.4　产品基本功能

（1）降低融资成本

基础资产的信用状况与发起人的信用状况相互独立，同时通过内外部的信用增进安排，可获得更高的信用评级，从而取得更低的发行成本。

一些发债存在制度障碍或者达到监管指标上限的企业（如公开发债额度超过净资产比例的 40% 等）以及资产负债率过高导致其发债比较困难的企业，可以通过资产证券化进入信用资本市场，降低融资成本。

对于银行来说，可将表内的非标资产作为基础资产，发行资产支持证券，实现"非标转标"，降低融资成本。

此外，资产支持证券投资者可通过对持有的资产支持证券质押式回购进行融资。

（2）从单纯的融资工具向财务报表管理工具转变

企业可以通过发行资产证券化产品提高企业资产流动性，优化企业资产结构；金融机构可以通过提高资本充足率等监管指标，增加收入（资产出售收入、利差收入、服务费收入等）。

（3）从金融产品向金融机制转变

企业可以通过发行资产支持证券产品实现"轻资产转型"；对于大型商业物业如写字楼、购物中心和酒店等的物业持有人来说，可以通过发行物业抵押类资产支持证券或类REITs等产品，将物业资产盘活，实现轻资产运营。

（4）提升公司运营和管理能力

资产证券化产品是在资本市场发行的标准化产品，产品要求发起机构具有较强的资产管理能力、风险识别能力、投行能力和信息系统的竞争力等，同时要求发起机构信息披露规范，这些要求有助于提升公司运营和管理能力。

（5）提升市场创新形象

资产证券化是国内资本市场的创新产品，有利于企业建立起勇于创新、锐意进取的良好资本市场形象，同时该产品在银行间债券市场或证券交易所挂牌，能够极大地提升融资企业的市场知名度。

12.1.3.5 中美资产证券化市场比较

我国资产证券化市场尚处于起步阶段，推动其不断发展仍是我们目前面临的首要问题。同时，我们应清醒地认识到国内的金融环境与国际存在很大差异，在资产证券化的发展问题上既要参考国际先例，也要注重国内实情。表12-5从监管模式、基础资产、投资者类型、运作模式和市场交易五个方面对中美资产证券化市场进行了具体比较。

表 12-5 中美资产证券化市场比较

	美国	中国
监管模式	·次贷危机前，美国采取"先发展再监管"模式，政府机构对于资产证券化业务发展基本不设任何限制； ·次贷危机后，美国对资产证券化自持比例、信贷信用审查等提出具体要求，监管要求逐渐审慎	·资产证券化分为证监会和银保监会两套系统，不同系产品由不同监管机构监管，适用于不同的监管规则； ·我国资产证券化根据监管机构不同主要分为四类：信贷资产证券化（央行+银保监会）、企业资产证券化（证监会）、资产支持票据（银行间交易商协会）和保险资产证券化（银保监会）
基础资产	·基础资产类型非常丰富，但从大类上分为MBS和ABS两种； ·MBS占据绝对市场主导地位，市场占有率达80%以上	·企业资产证券化和资产支持票据的发起机构多为非金融企业，基础资产种类众多，主要为融资租赁债权、应收账款债权、委托贷款债权、消费贷款债权、小额贷款债权、融资融券债权、股票质押回购债权、信托受益权、供热收费权、供电收费权、供气收费权、景区门票收费权、物业收费权、商业不动产抵押贷款和商业物业等不动产权益； ·企业资产证券化和资产支持票据发行占比较大，基础资产创新品种较多
投资者类型	·投资者类型广泛，主要包括养老基金、共同基金、保险公司、银行及其他存款机构等	·投资者主要为银行、保险、基金、券商资管计划、社保基金、企业年金等

(续表)

	美国	中国
运作模式	· 主要采取表外业务模式，运作中最核心的环节是真实出售和破产隔离； · SPV既包括特殊目的公司（SPC），也包括特殊目的信托（SPT）	· 资产支持票据和信贷资产证券化：依据《信托法》，以信托公司设立SPT为载体，实现真实出售和破产隔离； · 企业资产证券化：依据《证券公司及基金管理公司子公司资产证券化业务管理规定》，以证券公司或基金管理公司子公司设立的"资产支持专项计划"为载体实现真实出售和破产隔离
市场交易	· 交易活跃，广泛采取做市商机制； · 二级市场与一级市场存在良性互动	· 交易很不活跃，2017年，ABS的二级市场交易量仅为人民币1 839亿元，相比1.73万亿元的存量规模，流动性较低

12.2 资产证券化产品的主要参与方及其关系

12.2.1 资产证券化的发起人

发起人是出售基础资产用于证券化的机构，通常为资产证券化业务的源头。

12.2.1.1 信贷资产证券化的发起人

根据《信贷资产证券化试点管理办法》第二章的规定，通过设立特定目的信托转让信贷资产的金融机构为信贷资产证券化发起机构。目前开展信贷资产证券化业务的金融机构主要包括在中国境内依法设立的商业银行、政策性银行、信托公司、财务公司、城市信用社、农村信用社以及中国银保监会依法监督管理的其他金融机构。图12-8总结了信贷资产证券化发起人的金额结构分布。

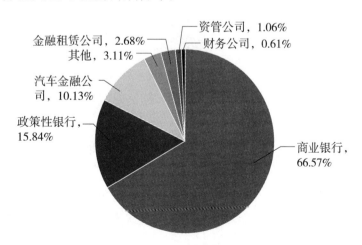

图12-8 信贷资产证券化发起人金额结构分布（截至2018年6月末）

资料来源：Wind数据库，天风证券资产证券化总部。

12.2.1.2 非信贷资产证券化的发起人

非信贷资产证券化产品包括在证券交易所（含报价系统）发行的资产支持专项计划和在银行间市场发行的资产支持票据。

根据《证券公司及基金管理公司子公司资产证券化业务管理规定》，原始权益人是指按照本规定及约定向专项计划转移其合法拥有的基础资产以获得资金的主体。图12-9总结了资产支持专项计划原始权益人的金额结构分布。

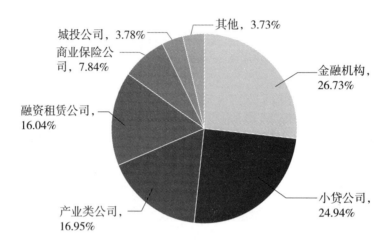

图 12-9　资产支持专项计划原始权益人金额结构分布（截至 2018 年 6 月末）

资料来源：Wind 数据库，天风证券资产证券化总部。

根据交易商协会发布的《非金融企业资产支持票据指引（修订稿）》，资产支持票据发起机构是指为实现融资目的而开展资产支持票据业务的非金融企业。图12-10总结了资产支持票据机构的金额结构分布。

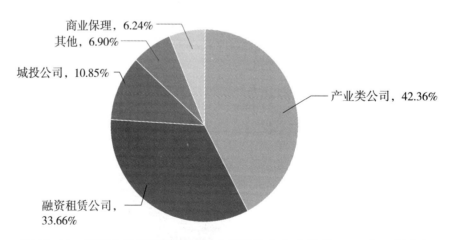

图 12-10　资产支持票据发起机构金额结构分布（截至 2018 年 6 月末）

资料来源：Wind 数据库，天风证券资产证券化总部。

12.2.1.3 不同资产类别发起人的工作内容

资产证券化的基础资产分为信贷资产、债权资产（非信贷）、收益权资产和不动产资产四大类。

（1）信贷资产

信贷资产证券化发起人的主要工作内容包括：制定资产证券化目标和管理办法、中介机构选择、尽职调查、产品结构设计、申报材料制作、产品定价、路演工作、投资管理及会计处理、信贷资产回收款的回收、服务费的计算及收取、证券化信贷资产质量管理、风险监督与管理、贷款合同管理等（其中部分工作内容为协助主承销商开展）。表12-6对信贷资产证券化发起人的主要工作内容进行了更详细的介绍。

表12-6　信贷资产证券化发起人的主要工作内容

项目阶段	工作内容	内容要点
准备阶段	制定资产证券化目标和管理办法	·发起机构在开展信贷资产证券化前需要制定基本目标以及确定该年信贷资产证券化的目标规模，立项通过后，由公司确定牵头部门组织项目落实 ·为系统开展信贷资产证券化业务，发起机构需要在主承销商的协助下制定一个框架性的内部管理制度
准备阶段	中介机构选择	·中介机构的选择通常从专业经验、市场占比、费率、沟通合作能力、综合服务能力等方面综合考虑
执行阶段	尽职调查	·若资产池笔数不多，则通常采取全部尽调方式；若资产池笔数众多（如个人住房抵押贷款、汽车贷款等资产类型），则将采取抽样尽调方式
执行阶段	产品结构设计	·信用增级措施：从目前已发行的产品来看，所发行的大部分产品均采用了优先/次级分层以及超额利差的内部增信措施，并且采用了本金账户与收益账户金额互转机制用以缓冲证券支付中的流动性风险 ·现金流偿付顺序方式：须综合考虑资产池加权平均期限、利差高低、增信措施多寡、对贷款服务机构费用、次级档兑付本息、利息回补本息等要素后进行，以使得具备跳动现金流表现的资产池实际兑付现金流趋于平滑。证券的偿付方式有摊还型和过手型两种 ·信用触发机制：绝大部分产品都会设置加速清偿与违约事件触发机制
执行阶段	申报材料制作	·2014年12月之前采用审批制，需要监管部门对发起人资质、资产结构和底层资产情况进行规范性审查；2014年银监会备案制和2015年央行注册制的推出使得流程得以简化
发行阶段	产品定价	·由于受到目前中国ABS市场的诸多限制，难以通过成熟的现金流估值方法进行定价，多数情况下是在同期限、同评级的信用债价格基础上加一定的流动性溢价进行定价
发行阶段	路演工作	·主承销商、发起人、受托人等机构通过初步接洽、电话沟通、现场路演、路演后流程审批等，联络投资机构，询价，发行前安排预簿记，并确保投资量等
后续管理阶段	投资管理及会计处理	·发起人可以作为投资人合规开展资产支持证券的投资，并依据信贷资产证券化业务会计核算规程对所投资资产支持证券进行相应的账务处理
后续管理阶段	信贷资产回收款的归集	·发起人接受受托人的委托作为贷款服务机构，按借款合同约定回收信贷资产回收款后，将信贷资产回收款划入资金保管机构负责保管的信托账户

(续表)

项目阶段	工作内容	内容要点
后续管理阶段	服务费的计算及收取	·首先由发起人总行相关部门测算当季服务费，然后受托人确认并支付服务费；总行集中收取后，分配并下划给分行，然后由分行进行账务处理
	证券化信贷资产质量管理	·证券化信贷资产质量分类标准、分类操作与管理参照发起人内部制定的《信贷资产风险分类实施办法》《信贷资产风险分类实施标准》等规定执行 ·证券化信贷资产质量预测标准和方法参照发起人内部制定的《全面风险管理报告办法》和《重大突发信用风险事件应急处置预案》等规定执行，并与表内信贷资产质量预测一同报告内部相关部门
	风险监督与管理	·银行作为贷款服务机构对借款人、贷款项目和担保等进行跟踪监督与分析，及早识别并处理信贷风险，确保信贷合同顺利执行。分行对证券化信贷资产要视同表内贷款严格进行信贷风险监督与管理
	贷款合同管理	·作为贷款服务机构，发起人不能随意变更已订立的借款合同及担保合同有关条款

（2）债权资产

债权资产在这里指非信贷类债权资产，主要包括租赁债权、保理债权、企业应收款、小额贷款、信托受益权、委托贷款等。表12-7对债权资产证券化原始权益人的主要工作内容进行了详细的介绍。

表12-7 债权资产证券化原始权益人（发起机构）的主要工作内容

项目阶段	工作内容	内容要点
准备阶段	内部决策	原始权益人对开展资产证券化的必要性、可行性和基本方案进行内部讨论，并报公司管理层进行决策，通过后方可正式实施
	原始权益人和基础资产选择	若原始权益人过于分散而且数量较多，建议通过内部债权转让方式将基础资产集中于少数原始权益人，以提高执行效率
	中介机构选择	需要重点考虑中介机构的专业性与重视程度，以及中介机构的收费水平
	基本融资要素确定	原始权益人需与管理人、律师、评级机构等中介机构就基本融资要素进行深入讨论，对内部决策阶段的基本方案进行细化和完善，确定交易结构、产品方案增信措施、现金流归集与分配方案等基本融资要素，为下一步正式执行奠定基础
执行阶段	中介机构尽职调查	原始权益人需配合各个中介机构完成对基础资产、原始权益人、增信主体及其他项目参与主体的尽职调查
	交易文件讨论及定稿	原始权益人对律师起草的交易文件初稿进行反馈，律师按照各方意见最终定稿
	履行内部流程	原始权益人需要履行的内部流程主要包括：①内部有权机构同意公司开展资产证券化的决议；②内部有权机构同意公司提供差额支付承诺或其他增信方式的决议（如需）
	信息系统搭建或改进	原始权益人需逐步建立覆盖证券化业务全流程的信息管理系统，实现基础资产选择、项目测算与方案设计、存续期资产管理和服务等环节的系统管理

（续表）

项目阶段	工作内容	内容要点
发行阶段	路演推介和产品定价	原始权益人配合销售机构向潜在投资者进行路演推介，并综合考虑市场资金面、产品评级及期限等因素确定产品价格
后续管理阶段	提供资产服务管理的工作	以融资租赁债权为例，原始权益人需提供的服务包括：承租人的关系维护、回收租金的资金管理、租赁项目的跟踪评估、租金回收情况的查询和报告、租赁合同的变更管理、基础资产项目预提管理、基础资产项目出险管理、基础资产合同期满（租赁期结束）的法律手续处理、资料保管等

（3）收益权资产

收益权资产主要包括市政收费权、PPP 项目收益权、租金收益权、票款收益权等。收益权资产证券化项目中原始权益人的工作内容与债权资产证券化项目中原始权益人的工作内容基本相同。

（4）不动产资产

不动产资产主要包括商业地产、工业地产、保障房、养老地产和医疗地产。目前，国内不动产资产证券化主要是发行类 REITs 产品和 CMBS 产品。表 12-8 对类 REITs 和 CMBS 项目原始权益人的主要工作内容进行了介绍。

表 12-8　类 REITs 和 CMBS 项目原始权益人的主要工作内容

准备阶段	执行阶段	发行阶段	后续管理阶段	上市退出（类 REITs）
·内部决策 ·原始权益人和基础资产选择 ·中介机构选择 ·基本融资要素确定	·配合尽职调查 ·审阅交易文件 ·履行内部流程 ·税收筹划	·参与路演推介 ·提供投资决策文件 ·配合上市登记	·资产服务管理 ·配合信息披露 ·流动性支持（如有） ·行使优先收购权（如有）	·配合主承销商完成公募上市退出

与债权类资产及收益权类资产证券化相比，类 REITs 项目的原始权益人还需履行如下几项工作。

①税收筹划

税收筹划是指在法律规定许可的范围内，通过对经营、投资、理财活动的事先筹划和安排，尽可能取得节税的经济利益。类 REITs 主要涉及所得税、土地增值税和印花税三种税负。

②流动性支持

大部分类 REITs 项目期限较长（如设置为 18 年或 12 年），通常都会设置开放期，每 3 年投资人可申请退出。为了保障开放期投资者的回售，存续期间原始权益人或其指定主体将为优先级资产支持证券提供流动性支持，根据《流动性支持协议》的要求履行流动性支持义务。

③行使优先收购权

有些类 REITs 项目中设置了原始权益人或其关联企业对于资产支持证券或基础资产

（私募基金份额）的优先收购权，从条款的设计来看，很多项目原始权益人或其关联企业行使优先收购权的概率非常高。

④配合主承销商完成公募上市退出

类REITs产品的退出渠道之一为公募REITs上市，在产品到期日前原始权益人需配合主承销商（通常为类REITs的管理人）完成公募REITs的发行准备工作。退出时点，非公募基金将所持物业100%的权益出售给由基金管理人发起的交易所上市REITs。

12.2.2 资产证券化的交易协调人

12.2.2.1 交易协调人的基本含义

交易协调人是资产证券化发行主体和交易市场之间的枢纽，在整个业务流程中起主导作用。交易协调人的工作内容主要包括协调各机构开展工作、寻找投资人、安排证券发行等，在产品设计和证券定价过程中扮演关键角色。在中国资产证券化市场中，交易协调人通常由主承销商担任。

12.2.2.2 交易协调人的主要工作内容

无论是信贷资产证券化还是企业资产证券化业务，交易协调人的作用和责任均可以总结为产品设计、执行工作协调和销售与发行三大方面，具体介绍如下。

（1）产品设计

自2014年年底备案制推出以来，中国资产证券化市场发行数量和发行金额均呈现快速增长态势，资产证券化的发展方向也呈现出由"融资导向型"向"投资导向型"转变的趋势。在此背景下资产证券化产品设计能力成为交易协调人的核心竞争力之一。交易协调人需根据投资者的需求和偏好，设计更加前置化、专业化和精细化的证券化产品，以实现顺利发行、低成本融资。表12-9列出了交易协调人产品设计的具体工作内容。

表12-9 交易协调人产品设计相关的工作内容

主要工作	具体内容
基础资产选择	基本原则：基础资产无法律瑕疵，可转让，可特定化，可预测，现金流比较稳定 关注要点：①债权类资产：基础资产的信用资质、分散性、现金流规模、收益率、期限分布、历史违约率、早偿率、担保措施等；②收益权资产：基础资产的运营方实力、现金流稳定性、抵质押状况、现金流规模、现金流历史记录、行业前景等
交易结构设计	信用增级措施：结构化分层、超额抵押、超额利差、偿付加速机制、差额支付承诺、第三方保证担保、现金储备账户等 信用触发机制：指与发起人或资产服务机构主体信用等级或运营状况相挂钩的机制，如现金流划转机制、权利完善事件、加速清偿事件、违约事件、提前终止事件等 账户设置：包括募集资金账户、托管账户（即信托账户或专项计划账户）、监管账户等 现金流划转流程：包括现金流归集与划转频率、现金流划转路径、现金流分配顺序等 循环购买安排：循环购买频率、循环购买标准、循环购买期、循环购买终止机制等

（续表）

主要工作	具体内容
产品方案确定	分层结构：优先级、中间级（如有）和次级，优先级或中间级可以进行细分 产品规模与期限：通常与基础资产的现金流规模和期限结构相匹配 本息支付方式：包括本金支付方式和本息支付频率，本金支付方式分为固定还本型和过手支付型 含权结构：包括回售选择权、赎回选择权、回拨选择权和票面利率调整权等

（2）执行工作协调

在项目执行过程中，交易协调人通常为发起人提供具体的资产证券化咨询服务，协助其开展资产证券化可行性研究，扮演交易的总协调人角色，策划、组织交易的全过程，负责安排交易的各主要事项，协调律师事务所、评级机构、会计师事务所等其他中介机构开展工作。

（3）销售与发行

销售与发行是资产证券化产品走向资本市场的最关键一步，信贷资产证券化和企业资产证券化业务销售与发行的流程基本相同，大致为确定潜在投资者—组建承销团—路演推介—定价与发行。

①确定潜在投资者

目前信贷资产证券化和资产支持票据主要在银行间债券市场发行与交易，资产支持专项计划主要在交易所市场发行与交易。表12-10总结了这两类市场的投资者群体和主要特点。

表12-10 银行间债券市场与交易所市场的投资者群体和主要特点比较

	投资者群体	主要特点
银行间债券市场	银行、信用社、保险公司、公募基金、券商、信托公司、财务公司、企业法人	机构投资者市场，银行、农信社和保险公司是银行间债券市场的主要投资机构，银行居于主导地位
交易所市场	上市银行、银行理财、保险公司、券商、公募基金、私募基金、信托公司、财务公司、企业法人	以非银行投资为主、个人投资者为辅，保险公司、基金是交易所市场的主要投资机构，很多资金（如券商资管、私募基金）间接来自银行

②组建承销团

确定了潜在投资者范围后，对于规模较大的资产证券化项目，主承销商需要组建承销团。由于商业银行是资产证券化产品的主要投资者，因此承销团的主体将是银行类机构，其中多次参与资产证券化产品的各大银行等机构原则上为承销团的主要邀请对象。在此基础上，综合考虑机构投资其他证券化产品及债券产品的情况、初步需求摸底的情况以及近期是否有证券化产品发行计划等因素，确定其他新增邀请对象。

③路演推介

对于规模较大的资产证券化项目，主承销商可针对重点投资者制订路演推介方案以增强推介效果，这对于基础资产类型比较富有创新性或产品结构比较复杂的证券化产品很有必要。路演推介方案通常分为路演准备、"一对一"和"一对多"路演推介以及锁定投资者需求三个阶段。

④定价与发行

资产证券化的定价过程可大致分为如下阶段：首先，采用合理的定价理论和方法，结合市场实际情况确定初步的利率区间，作为进行市场摸底和投资者询价的基本出发点；其次，针对潜在投资者进行广泛的销售摸底工作，收集投资者对于投资意向和定价方面的反馈信息，并调整利率区间；再次，根据前期销售摸底的情况和市场环境的变化，确定最终的发行时点及发行时的利率区间；最后，根据发行时的投资认购情况，在发行利率区间的范围内确定最终发行利率。

12.2.3 资产证券化的受托机构

12.2.3.1 受托机构与特殊目的载体

受托机构负责管理特殊目的载体（SPV）的财产，并发行资产支持证券。在资产支持专项计划项目中，专项计划管理人承担与受托机构类似的职责。这里将 SPV 的管理机构统称为受托机构。

以信贷资产证券化业务为例，受托机构在证券化业务中的主要工作内容包括：与发起人签订信托合同，完成资产的"真实出售"；发行资产支持证券；管理信托财产；持续披露信托财产和资产支持证券信息；分配信托收益。

12.2.3.2 受托机构的主要类型

国内受托机构的主要类型包括：信托公司、券商/券商资产管理公司、基金子公司、保险资产管理公司。

（1）特殊目的信托（SPT）

特殊目的信托以《信托法》为法律基础，信托公司作为特殊目的信托和资产支持证券的受托人，从发起人处获得基础资产。在这种结构下，破产隔离的效力是《信托法》所赋予的，因此，以信托形式进行资产转让具有很强的破产隔离效力。在资产证券化业务中，SPT 的破产隔离体现在两个方面：SPT 和受托人的破产隔离以及 SPT 和发起人的破产隔离。当前 SPT 主要应用于银行间市场发行的信贷资产支持证券和资产支持票据。

（2）特殊目的实体（SPE）

资产支持专项计划（主要在交易所市场发行的以非金融企业的资产和非银保监会管辖的金融企业的资产作为基础资产的证券）和资产支持计划（银保监会主管的资产证券化的发行载体）可统称为 SPE。以资产支持专项计划为例，资产支持专项计划和管理人的资产隔离关系是依据《证券公司及基金管理公司子公司资产证券化业务管理规定》和《私募投资基金监督管理暂行办法》，其上位法为《证券投资基金法》和《证券法》。目前法律意见通常将资产支持专项计划与证券持有人之间的关系定位为"一种委托理财的形式"，因此资产支持专项计划和原始权益人的破产隔离是基于"资产买卖合同"，具有较好的破产隔离效力。

（3）信托公司作为受托机构的主要工作内容

①与发起人签订信托合同，完成资产的"真实出售"

在信托设立初期，信托公司需要参与的工作包括尽职调查、参与编写交易文件、选任中介机构、签订信托合同、开立信托账户、编写可行性研究报告和业务计划书、编写联合项目备案报告等事项。

a. 尽职调查

受托机构作为信托财产的受让方，应对信托财产的真实性、合法性和有效性进行尽职调查。此外，受托机构还需对贷款服务机构履行合同义务的能力进行尽调，主要内容包括：信托财产独立性的保证、信息系统的支持、基础资产出现风险时的应对能力、资金划拨的内部流程等。对于规模较大的发起人，一般来说都能够履行贷款服务机构的义务，但对于规模较小的发起人，则需要进行细致的调查和访谈，在必要的情况下，甚至需要协助其对内部流程、风险管理体系、信息系统进行适当的改良和改进。

b. 参与编写交易文件

信贷资产证券化的交易文件主要包括"主定义表""信托合同""信贷资产交割函""信贷资产清单""贷款服务合同""资金保管合同""担保合同""承销协议""发行协议"和其他相关的协议。

证券化的交易文件由律师起草，交易结构由各中介机构沟通讨论确定。受托机构的业务部门负责审阅权利义务的适当性、交易结构的合理性、流程时效的可执行性、相关模型的准确性以及各交易文件的一致性等内容。受托机构的风控合规等中，后台部门负责审阅交易中风险的可控性、项目合规性、与机构内部规章的相容性等内容。

c. 备案材料准备

2014年11月20日，银监会下发《关于信贷资产证券化备案登记工作流程的通知》，将信贷资产证券化的审批制改为备案制，获得业务资质的银行业金融机构只需向银监会和各机构监管部进行备案登记，即可开展资产证券化的发行工作。

②发行资产支持证券

受托机构应与主承销商研讨发行方案、确定发行市场并申请证券发行。在银行间市场发行的，需要获得人民银行的核准；在交易所市场发行的，需要获得交易所的挂牌无异议函。

发行阶段，受托机构协助销售的，需要参与承销团的组建和后续的路演工作；完成发行前的信息披露；完成正式发行，具体包括与登记托管机构签订《登记托管和代理兑付委托协议》、开设发行账户、发布招标公告、办理券种注册、完成招标和中标确认、公布发行结果、支付登记托管费用；发行结束后，受托机构将募集资金转入发起人的专用账户，并向人民银行和银保监会报告资产支持证券发行情况；向人民银行申请证券的交易流通事宜。

③管理信托财产

在SPT运营管理阶段的参与者主要包括信托公司、发起人、贷款服务机构、登记托管机构。一个完整的受托管理期间以贷款服务机构收到本息开始，在此后的规定日期内，贷款服务机构准备贷款服务机构报告并转付回收款，资金保管机构准备资金保管机构报告，至此，资产端的事务处理完毕。SPV端的工作时间以本息兑付日为基准，在本息兑付日之前的规定日期内，受托机构完成信托财产收集，撰写受托机构报告，填写付息兑付通知单，并据此向资金保管机构发送划款指令，将应付的所有费用和报酬转到登记托管机构的指定账户，由其向受益人分配。

受托管理期间具体日期的设置一般有两方面的考虑。一方面是资产池的资金归集所需的时间，贷款服务机构统计分析贷款的回收情况、核查各类款项需要花费较长时间，因此，从结息日到贷款服务机构报告/转付日有较长的时间间隔；在贷款服务机构完成资金转付后的第二天，资金保管机构就可以出具资金保管报告。另一方面是资产支持证券收益兑付所需的时间，这一阶段的进度主要取决于登记托管机构的工作流程，依据中央国债登记结算有限责任公司的《资产支持证券发行登记与托管结算业务操作规则》，要求"受托机构应不迟于T-5日向中央结算公司提交……资产支持证券兑付付息通知单……《受托机构报告》……""应于本息兑付日前一个工作日（T-1日）上午9:00前，将本息兑付资金向中央结算公司的资金账户划出"。

表12-11 受托过程管理的一般流程

日期	工作内容	参与机构
T	本息兑付	登记托管机构
T-1	中债登核对、计算分配金额	登记托管机构
T-2	向中债登划款	受托机构、资金保管机构
T-5	受托机构报告/付息兑付通知单	受托机构
T-6	信托收益分配/收益结算单	受托机构
……		
X+6	资金保管机构报告日	资金保管机构
X+5	回收款转付/贷款服务机构报告	贷款服务机构
X	第n个计算日	贷款服务机构
S	第n个结息日	贷款服务机构、原始债务人

④持续披露信托财产和资产支持证券信息

信息披露是保护投资者合法权益的一项基本措施，在资产支持证券的发行交易、存续管理期间，都需要进行持续性披露。尤其是资产证券化实行备案制以后，监管机构只对发起机构的合规性、资料齐备性进行检查，不再对具体发行方案进行审查，使信息披露的重要性进一步提升。

资产支持证券受托机构是信息披露的责任主体，发起机构和其他接受受托机构委托为证券化提供服务的机构向受托机构提供有关信息报告。

在资产支持证券的发行环节，受托机构信息披露的主要文件有发行办法、发行公告、发行说明书、信托公告、信用评级报告、募集办法和承销团名单。其中，对投资人而言，发行说明书和信用评级公告是最主要的信息披露文件。

在资产支持证券的存续期，信息披露同样非常重要，它可以帮助投资人了解资产池的变化对资产支持证券投资价值产生的影响，有助于及时更新投资人对证券风险的判断。存续期的信息披露包括如下内容：受托机构报告，反映当期资产支持证券对应的资产池状况和各档次资产支持证券的本息兑付信息；跟踪评级报告则基于资产池的更新信息，进行风险评估。受托机构报告属于发行说明书所披露信息的延续，重点应反映资产池的变化情况以及资金的管理和流向。《中国人民银行公告〔2005〕第14号》提供了"受托机构报告"的编制规范，《资产支持证券信息披露规则》对该规范进行了更新，使报告的内容更加合理。报告的主要内容包括参与机构信息、证券信息、交易结构信息、入池资产总体特征、入池资产分类信息、资产池进入法律诉讼程序的信托资产情况、其他事项等。

另外，从投资者的角度看，资产池出现的任何与预期假设相背离的情况（在交易方案设计之初或在产品收益率分析和定价时，通常会对资产池的情况进行一些假设），受托机构也应当进行披露，这有助于投资者进行日常管理，也有助于投资者对二级市场上流通的证券化产品进行估价。资产池的这些变化包括但不限于违约率、早偿率、资产池组成、现金流等的变化和与预期的背离情况及原因。

除了在每个受托机构报告日出具受托机构报告，受托机构还需要在每年4月30日前出具由注册会计师审计的年度受托机构报告。年度受托机构报告所披露的信息也应包括上文所述的内容。在编制规范方面，年度报告与每个信托机构报告日出具的受托机构报告并无区别。

受托机构与信用评级机构约定资产支持证券跟踪评级的有关安排，并于资产支持证券存续期内每年的7月31日前向投资者披露上年度的跟踪评级报告。

⑤分配信托收益

信托收益分配流程主要包括如下几方面：

a. 信托账户的设置。

b. 各种费用的支付顺序，包括账户不足时的处理方式（例如，随着交易结构的日益复杂，国内资产证券化业务所涉及的现金流分配方式也越来越复杂和多样，包括顺序支付、按比例支付等多种支付形式）。

c. 违约事件触发条件。

d. 加速清偿事件触发条件。

e. 涉及报酬的各种期间设置（例如，各类日期期间一头一尾的时间如何计算，"留头去尾"还是"留尾去头"，在涉及浮动利率贷款或证券时尤其需要注意）。

f. 各种报酬的计算基准（例如，计算各中介机构报酬的基准通常是起初资产池的未偿本金余额，而计算信托收益的基准则是各档资产支持证券的未偿本金余额，如果涉及担保，担保费用的计算基准则通常是所担保优先级的证券的未偿本金余额，等等）。

12.2.4 三类机构的作用与关系

如前所述，资产证券化业务的发起人为基础资产供给方，受托机构为资产支持证券的发行人，交易协调人通常为主承销商。三类机构的作用与关系如图 12-11 所示。

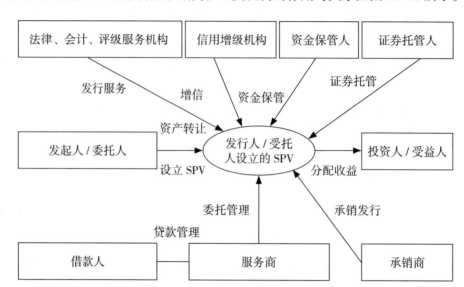

图 12-11　发起人、受托机构、交易协调人三方的作用与关系

在一个典型的资产证券化交易结构中，发起人出售基础资产用于证券化；受托机构从发起人处购买资产池中的打包资产，借以发行资产支持证券，是连接发起人和投资人的桥梁；交易协调人负责销售资产支持证券，以保证证券成功发行。

以捷赢 2018 年第二期个人消费贷款资产支持证券为例，如图 12-12 所示，我们可以更直观地了解到实务中三类机构的作用与关系。捷信金融作为发起机构，将部分贷款债权作为信托财产委托给受托人华润深国投信托有限公司，由华润信托设立特定目的信托。受托人向投资者发行本期资产支持证券，并在信托计划成立后，以信托财产产生的现金为限支付相应税收、费用及本期资产支持证券的本息及其他收益。广发证券、中金公司等证券公司组成的承销团负责销售资产支持证券。

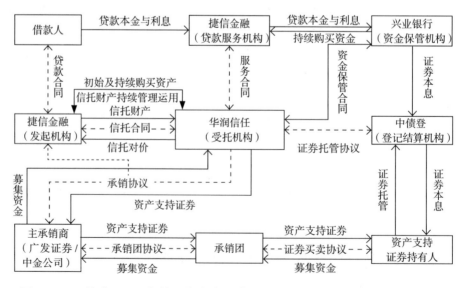

图 12-12　捷赢 2018 年第二期个人消费贷款资产支持证券项目交易结构图

12.3 资产证券化产品的交易规则及投资模式

12.3.1 资产证券化产品的交易规则

12.3.1.1 银行间市场的交易规则

目前在全国银行间债券市场发行并流通的资产支持证券主要是中国银保监会与中国人民银行管辖、依据《信贷资产证券化试点管理办法》及相关法规设计和发行的信贷资产证券化产品,以及根据中国人民银行《银行间债券市场非金融企业债务融资工具管理办法》及中国银行间市场交易商协会相关自律规则设计和发行的资产支持票据。

(1) 银行间市场对于资产支持证券的合格投资者要求

《关于进一步扩大信贷资产证券化试点有关事项的通知》要求稳步扩大资产支持证券机构投资者范围,信贷资产证券化产品的合格投资者范围从银行业金融机构扩大至保险公司、证券投资基金、企业年金、全国社保基金等非银行机构投资者,且将单个银行业金融机构购买持有单只资产支持证券的比例放宽至不得超过该单证券发行规模的40%。

鉴于信贷资产证券化产品在银行间债券市场交易,因此机构投资者投资信贷资产证券化产品需要自行开立或委托其他机构开立银行间市场账户。目前银行间债券市场的参与主体主要包括商业银行、信用社、证券公司、保险公司等金融机构、非金融机构法人以及证券投资基金、信托计划、保险产品、证券公司和基金管理公司特定资产管理产品等在内的非法人机构,其中商业银行持有量有所下降,非法人机构持有比例持续增高。截至2017年年末,银行间债券市场各类参与者共计18 681家,较2016年年末增加3 437家,同比增加22.5%。其中,境内法人类参与机构为2 665家,境内非法人机构投资者为15 458家。

(2) 银行间市场对于资产支持证券转让与交易的规定

资产支持证券在银行间市场的交易按照《全国银行间债券市场债券交易管理办法》《全国银行间债券市场债券交易流通审核规则》的相关规定执行。

资产支持证券在银行间市场的交易以询价方式进行,自主谈判,逐笔成交。金融机构可直接进行债券交易和结算,也可委托结算代理人进行债券交易和结算;非金融机构应委托结算代理人进行债券交易和结算。交易双方应订立书面形式的合同(包括交易日期、交易方向、债券品种、债券数量、交易价格或利率、账户与结算方式、交割金额和交割时间等要素),合同的具体形式可以以同业中心交易系统生成的成交单、电报、电传、传真、合同书和信件等来呈现,并办理交易相关的结算工作。

2007年9月30日发布的《中国人民银行公告〔2007〕第21号》明确:经中国人民银行批准在全国银行间债券市场交易流通的资产支持证券可用于质押式回购交易。允许资产支持证券做质押式回购交易,发挥其应有的质押融资功能,有效提升了资产支持证券在二级市场的流动性。

12.3.1.2 交易所市场的交易规则

目前在国内证券交易所挂牌交易的资产支持证券主要是根据中国证监会管辖、依据《证券公司及基金管理公司子公司资产证券化业务管理规定》及前期法规设计和发行的资产支持专项计划，具体交易平台分别为上海证券交易所固定收益证券综合电子平台、深圳证券交易所综合协议交易平台和机构间私募产品报价与服务系统固定收益平台。

资产支持专项计划的现行交易规则主要包括《上海证券交易所资产证券化业务指引》《深圳证券交易所资产证券化业务指引（2014年修订）》《机构间私募产品报价与服务系统资产证券化业务指引（试行）》及配套文件。

其中，上交所和深交所对于资产支持专项计划的合格投资者认定要求与交易规则整体上是相同的。区别在于：第一，根据上述交易指引，上交所要求优先档资产支持证券按净价方式转让，次级档资产支持证券按全价方式转让；深交所要求资产支持证券采用全价转让的方式。第二，上交所与深交所要求的挂牌申请材料清单略有不同，主要体现为深交所对申请材料中提出了评级报告要求。第三，上交所固定收益证券综合电子平台交易时间为9:30至11:30、13:00至14:00，深交所综合协议交易平台接受资产支持证券转让申报的时间为每个交易日9:15至11:30、13:00至15:30。

（1）对于资产支持证券的合格投资者要求

①上交所

上交所于2017年6月28日发布的《上海证券交易所债券市场投资者适当性管理办法（2017年修订）》中规定，资产支持证券仅限合格投资者中的机构投资者认购及交易。合格投资者中的机构投资者应当符合下列条件：

a.经有关金融监管部门批准设立的金融机构，包括证券公司、期货公司、基金管理公司及其子公司、商业银行、保险公司、信托公司、财务公司等；经行业协会备案或者登记的证券公司子公司、期货公司子公司、私募基金管理人；

b.上述机构面向投资者发行的理财产品，包括但不限于证券公司资产管理产品、基金管理公司及其子公司产品、期货公司资产管理产品、银行理财产品、保险产品、信托产品、经行业协会备案的私募基金；

c.社会保障基金、企业年金等养老基金，慈善基金等社会公益基金，合格境外机构投资者（QFII）、人民币合格境外机构投资者（RQFII）；

d.同时符合下列条件的法人或者其他组织：1.最近1年年末净资产不低于2 000万元；2.最近1年年末金融资产不低于1 000万元；3.具有2年以上证券、基金、期货、黄金、外汇等投资经历；

e.中国证监会和上交所认可的其他投资者。资产支持证券原始权益人及其关联方认购及交易相应的资产支持证券，不受上述规定的合格投资者条件的限制。

②深交所

深交所于2017年6月28日发布的《深圳证券交易所债券市场投资者适当性管理办法》中规定，资产支持证券仅限合格投资者中的机构投资者认购及交易。合格投资者中的机构投资者应当符合下列条件：

a.经有关金融监管部门批准设立的金融机构，包括证券公司、期货公司、基金管理公司及其子公司、商业银行、保险公司、信托公司、财务公司等；经行业协会备案或者登记的证券公司子公司、期货公司子公司、私募基金管理人；

b.上述机构面向投资者发行的理财产品，包括但不限于证券公司资产管理产品、基金管理公司及其子公司产品、期货公司资产管理产品、银行理财产品、保险产品、信托产品、经行业协会备案的私募基金；

c.社会保障基金、企业年金等养老基金，慈善基金等社会公益基金，合格境外机构投资者（QFII）、人民币合格境外机构投资者（RQFII）；

d.同时符合下列条件的法人或者其他组织：1.最近1年年末净资产不低于2 000万元；2.最近1年年末金融资产不低于1 000万元；3.具有2年以上证券、基金、期货、黄金、外汇等投资经历；

e.中国证监会和深交所认可的其他投资者。资产支持证券原始权益人及其关联方认购及交易相应的资产支持证券，不受上述规定的合格投资者条件的限制。

（2）报价系统

中证机构间报价系统股份有限公司于2017年9月5日发布的了《机构间私募产品报价与服务系统投资者适当性管理办法（试行）》，规定报价系统的投资者分为普通投资者和专业投资者。符合下列条件之一的是专业投资者：

a.经有关金融监管部门批准设立的金融机构，包括证券公司、期货公司、基金管理公司及其子公司、商业银行、保险公司、信托公司、财务公司等；经行业协会备案或者登记的证券公司子公司、期货公司子公司、私募基金管理人；

b.上述机构面向投资者发行的理财产品，包括但不限于证券公司资产管理产品、基金管理公司及其子公司产品、期货公司资产管理产品、银行理财产品、保险产品、信托产品、经行业协会备案的私募基金；

c.社会保障基金、企业年金等养老基金，慈善基金等社会公益基金，合格境外机构投资者（QFII）、人民币合格境外机构投资者（RQFII）；

d.同时符合下列条件的法人或者其他组织：1.最近1年年末净资产不低于2 000万元；2.最近1年年末金融资产不低于1 000万元；3.具有2年以上证券、基金、期货、黄金、外汇等投资经历；

e.同时符合下列条件的自然人：1.金融资产不低于500万元，或者最近3年个人年均收入不低于50万元；2.具有2年以上证券、基金、期货、黄金、外汇等投资经历，或者具有2年以上金融产品设计、投资、风险管理及相关工作经历，或者属于本条第（a）项规定的专业投资者的高级管理人员、获得职业资格认证的从事金融相关业务的注册会计师和律师。

相关参与人可将普通投资者按其风险承受能力等级由低到高至少划分为五级，分别为C1（含风险承受能力最低类别的投资者）、C2、C3、C4、C5。

相关参与人可将产品或服务风险等级由低至高至少划分为五级，分别为R1、R2、R3、R4、R5。C1级投资者匹配R1级的产品或服务；C2级投资者匹配R2、R1级的产品或服务；C3级投资者匹配R3、R2、R1级的产品或服务；C4级投资者匹配R4、R3、R2、R1级的产品或服务；C5级投资者匹配R5、R4、R3、R2、R1级的产品或服务。专业投资者可购买或接受所有风险等级的产品或服务。

《机构间私募产品报价与服务系统投资者适当性管理办法（试行）》对投资者适当性的管理要求适用于在报价系统发行的所有私募产品，并未针对资产支持证券有特别的约定。

综上，上交所和深交所对于资产支持证券的投资者要求完全一致，仅限于合格投资者中的机构投资者认购资产支持证券，其对合格投资者的界定与《证券期货投资者适当性管理办法》保持一致。报价系统则未针对资产支持证券投资者设置特别的要求，其发布的《机构间私募产品报价与服务系统投资者适当性管理办法（试行）》与《证券期货投资者适当性管理办法》基本一致，要求报价系统参与人明确投资者分类、产品或者服务分级、适当性匹配的具体依据、方法、流程，并按照制度要求开展报价系统相关业务的适当性管理工作。

（3）对于资产支持证券转让与交易的规定

①上交所

在上交所申请挂牌资产支持证券需要提交的材料包括：专项计划完成备案的证明文件；计划说明书、主要交易合同文本、相关决议和承诺以及证券服务机构出具的意见或报告等资产支持证券发行文件；特定原始权益人最近3年（未满3年的自成立之日起）经审计的财务会计报告及融资情况说明；资产支持证券实际募集数额的文件；资产支持证券的登记托管文件；专项计划是否发生重大变化的说明；上交所要求的其他材料。

上交所对于挂牌的资产支持证券的转让，按照申报时间先后顺序对资产支持证券转让进行确认，对导致资产支持证券持有人数超过200人的转让不予确认。资产支持证券以现货或上交所认可的其他方式转让，并可根据相关规则通过债券质押式回购进行融资。2015年2月上交所发布的《上海证券交易所债券质押式协议回购交易暂行办法》中明确了资产支持证券可用于协议回购。上交所、中国证券登记结算有限责任公司于2018年4月24日联合发布的《债券质押式三方回购交易及结算暂行办法》中确立了资产支持证券可作为三方回购质押标的，规定可作为三方回购的担保品应当是上交所上市交易或者挂牌转让的债券，包括公开发行债券、非公开发行债券和资产支持证券（次级档除外）。资产支持证券的现货转让适用交易所债券交易的相关规定，单笔申报数量应当不低于100万元发行面值。优先档资产支持证券按净价方式转让，次级档资产支持证券按全价方式转让。交易所停止转让服务的情形主要包括：在资产支持证券到期前2个交易日，或资产支持证券未到期，但专项计划根据计划说明书约定终止的，或计划管理人、上交所认定需要终止转让的其他情形。

②深交所

在深交所申请挂牌资产支持证券需要提交的材料包括：挂牌申请书；专项计划备案证明文件；计划说明书、交易合同文本以及法律意见书等专项计划法律文件；资信评级机构出具的报告（如有）；特定原始权益人最近三年（未满三年的自成立之日起）经具有从事证券期货相关业务资格的会计师事务所审计的财务会计报告及融资情况说明；募集完成后经具有从事证券期货相关业务资格的会计师事务所出具的验资报告；指定登记结算机构出具的登记托管证明文件；专项计划是否发生重大变化的说明；深交所要求的其他文件。

深交所对于挂牌的资产支持证券的转让，按照时间先后顺序对资产支持证券转让申报进行实时成交确认。转让后单只资产支持证券的投资者合计不得超过200人。资产支持证券采用全价转让的方式，转让价格由买卖双方自行协议确定。资产支持证券转让可以当日回转。深交所接受资产支持证券转让申报的时间为每个交易日9:15至11:30、13:00至15:30，转让申报当日有效，接受意向申报、定价申报、成交申报和其他申报方式。资产支持证券以当日该证券所有转让的成交量加权平均价为收盘价。当日无成交的，以前收盘价为当日收盘价。

2018年7月13日，深交所联合中证登发布《债券质押式三方回购交易及结算暂行办法》(以下简称《暂行办法》)。同时，深交所发布了《深圳证券交易所债券质押式三方回购交易业务指南》，对《暂行办法》相关内容进行细化和明确。《暂行办法》明确：可用于三方回购的质押券包括在深交所交易或转让的各类债券、资产支持证券（次级资产支持证券除外）及深交所认可的其他债券品种。

与ABS的质押式回购以及协议式回购相比，上交所和深交所对三方回购相关办法的发布不仅规范了ABS三方回购业务的细则，也首次将ABS纳入质押券篮子，扩大了担保品的范围。三方回购提供质押券篮子管理、质押券选取、逐日盯市等一系列担保品管理服务，提高了交易结算的效率，同时第三方的介入可以帮助交易双方便利存续期风险管理、降低协商成本。通过划分质押券篮子这一途径，信息披露更加透明充分，有利于增加二级市场流动性，从而降低发行成本、压缩流动性溢价，对资产证券化市场的发展有着重大意义。

③机构间私募产品报价与服务系统

机构间私募产品报价与服务系统申请挂牌需要提交的材料包括：计划说明书；法律意见书；风险揭示书；认购协议；托管协议；信用评级报告（如有）；增信相关文件（如有）；机构间私募产品报价与服务系统要求的其他文件。

机构间私募产品报价与服务系统对于挂牌的资产支持证券的转让，可以采用协商成交、点击成交、拍卖竞价、标购竞价、做市等转让方式。管理人可以在产品转让注册时选择一种或多种转让方式，并在报价系统披露。资产支持证券持有人可以依据报价系统相关业务规则，开展资产支持证券质押式协议回购业务。自发生计划说明书约定终止情形之日起或自资产支持证券存续期届满前的第2个工作日起，报价系统终止资产支持证券的转让。资产支持证券应当向合格投资者发行或转让，单只资产支持证券的实际持有人数量合计不得超过200人。合格投资者认购、受让资产支持证券，单笔交易单位所对应的发行面值或等值份额总和应当不低于100万元。

《报价系统质押式回购交易操作指南（V1.0版本）》中列明资产支持证券可作为质押标的，遵守《报价系统非公开发行公司债券质押式协议回购业务指引》的相关规定。

12.3.2 证券化产品的投资模式

国内的资产支持证券投资尚处于初级阶段，机构投资者对于资产支持证券的投资主要采取买入并持有的投资策略，以获得资产支持证券的相对高票息。部分业内领先的机构投资者开始尝试资产支持证券的套利策略，以获取资产支持证券的资本利得、评级调升等综合投资收益。另外，随着消费金融、融资租赁等大类基础资产的收益率曲线（ABS指数）的推出，部分机构已在研究并开发ABS指数投资策略。

在发行环节，资产证券化的发行机构可以通过基础资产池的收益及资产打包成本之间的利差进行套利交易，并通过提供流动性和期限错配的方式获取流动性套利和期限套利的利差。

在交易环节，首先要明确谁是证券化市场的主要参与者。目前，银行依然是资产支持证券投资中最主要的参与者，非银投资者（基金、券商资管或自营）近年来对资产支持证券的投资也有所增加。

不同机构对于投资资产支持证券的偏好有所差异。对银行而言，自营资金投资AA-以上的资产证券化优先级的风险占用为20%，高于信用债的100%。总体而言，银行对资产支持证券流动性的要求要低于非银机构，相对偏好重资产、规模大、久期长的项目，持有的方式也以买入持有为主。对于非银机构，负债的稳定程度相对弱于银行，对流动性的要求更高。对基金公司而言，配置资产支持证券会更倾向于高等级、流动性强的产品，青睐于消费金融类、应收账款类这种标准化程度和滚动发行的频率较高的投资标的。对券商资管而言，持有资产支持证券有利于进行组合配置，另外，由于委外成本较高，也会适当考虑选择夹层档的资产支持证券。券商自营的资金成本一般低于资管，配置品种与基金类似。

12.3.2.1 套利交易模式

所谓套利交易，就是在两个不同的市场中，以有利的价格同时买进或卖出同种或本质相同的证券的行为，而在组合投资中，套利交易的金融工具可以是同种类的也可以是不同种类的。套利主要包括风险套利、期限套利、流动性套利、产品转换套利、时间套利、空间套利等。而资产证券化可用于流动性套利和期限套利等交易，进而获得无风险或低风险收益。

资产证券化发起机构一方面可以尽可能地获取基础资产池收益与资产支持证券发行成本之间的利差，另一方面可以通过对资产支持证券提供流动性支持等合适的方式参与资产证券化，实现期限错配，进一步获取流动性套利和期限套利的利差。

除了传统资产证券化发起机构，商业银行、投资银行、信托公司和其他资产管理机构也可以通过买入外部非流动性资产，在期限可控的时间里，将资产打包成标准化的资产支持证券进行发售，通过对相同信用风险的基础资产进行切分和发行，获取无风险或低风险的套利投资收益。

12.3.2.2 买入持有模式

相比于公募债券,目前国内资产支持证券的流动性相对较弱,交易市场不活跃,因此资产支持证券相对于其他高评级信用债产品具有一定的票面利率溢价。[①] 鉴于这部分票面利率溢价主要体现为流动性溢价和底层资产的信用风险溢价,在信用风险可控的情况下,杠杆需求不强的机构投资者可以通过买入并持有的策略获取资产支持证券的相对高收益。资产支持证券整体久期偏短,且账户的配置型资产多以成本法计价,在债市面临调整时能够保持较稳定的净值水平。另外,随着银行间市场和交易所市场资产支持证券质押式回购机制的引入及融资效率的提升,借助财务杠杆可以进一步扩大买入并持有策略的投资收益。

买入持有模式是最基础的资产支持证券投资模式之一,是在我国资产支持证券发展初期适用性最强的交易策略,也是机构投资者逐步熟识资产证券化产品并开发多元化、立体化投资策略的基础。目前商业银行、保险、基金、证券公司等机构投资者投资资产支持证券主要采取买入持有策略,而这也导致机构投资者目前对久期短的产品更为青睐。

12.3.2.3 组合投资模式

组合投资模式是以资产证券化投资组合为基础的投资模式,其以基金中的基金(Fund of Funds,FOF,即以基金而不是股票、债券等有价证券为投资标的)为特色,注重基础资产和产品的多元化、分散、灵活配置,机动性和可扩展性较强,可在一定程度上实现"信用超越迭代"(分散风险,进而降低风险成本、降低风险方差)和"收益超越迭代"(通过波段操作、大类资产类型配置、产品转换套利、有限损失场景下的收益博弈等方式尽可能提升收益回报,并保持较高的收益/风险比)。组合投资的实质是以"分散性思路"开展资产证券化产品投资,建立多层次投资架构体系,实现传统价值分析向多元化、结构化、创新化方向转型。组合投资主要有如下三种模式:第一,跨行业分散投资、久期与评级组合投资;第二,债券与ABS组合投资——"杠杆利器"+"收益利器";第三,大类基础资产精选投资组合:①债权资产ABS基金:双重分散性,相对最低风险模式;②收益权资产ABS基金:类抵押债券配置型投资;③不动产资产ABS基金:优选不动产组合投资,部分获取股性回报。

12.3.3 国内证券化投资交易市场存在的主要问题及措施建议

12.3.3.1 目前存在的主要问题分析

(1)信息披露不透明和制度环境不完善使得投资人的动力不强

从投资方的角度来看,资产证券化应当提供稳定的风险收益比、明确可预期的制度

---

① 根据厦门国金ABS云数据库统计,2017年信贷ABS优先A档一年期AAA级证券与一年期同信用等级企业债平均发行利率利差为55BP;优先A档两年期AAA级证券与同信用等级两年期企业债平均发行利率利差为46BP。2017年企业ABS优先A档一年期AAA级证券与同信用等级一年期企业债平均发行利率利差为95BP;优先A档两年期AAA级证券与同信用等级两年期企业债平均发行利率利差为102BP。

环境以及相对透明的信息披露。然而，实务中资产证券化产品的结构及条款相对复杂，投资人尤其是不在银行体系内的保险、证券、投资基金等机构，由于没有风险信息的抓手，而且要考虑法律、会计、税收等不确定性，会降低对资产证券化产品的投资需求。

（2）产品交易不活跃，流动性较弱

我国目前的证券化产品交易不活跃，主要由以下原因导致：

①资产证券化产品的自身特性

目前我国的资产证券化产品虽然被设计为结构化产品，分级结构使得风险偏好不同的投资者可以针对自身承受能力进行配置，但实际情况却是优先级多为固定收益结构，大部分资金来源于银行资金；次级为融资企业所持有，需用自有资金打款至产品账户为优先级份额提供足额担保；而夹层档和次级档的市场化投资者群体不多。这一特征决定了其持有者大多以持有到期获取预期收益为目的，中途临时转让的情况不多，从而在根本上导致市场流动性较差。

②定价方式比较复杂，缺乏行业标准

产品的定价方式比较复杂也是制约资产证券化产品流动性的一个因素。根据相关规定，资产证券化产品的本金是逐步偿还的，不管是计价还是久期的计算都比较麻烦，而且市场上没有同类型的产品作为比较，较难定价，也正是因为如此，与交易对手就很难形成一致的判断。资产证券化产品还涉及资产池的变化，评估其现金流缺乏专业的技术积累，因此市场对于这类产品在认识上存有差异，交易报价也难以谈拢，定价困难制约了其流动性的发挥。

③底层资产的波动率较为平缓

对于股票、期货、债券等二级市场，其价格波动性的根本在于供需的平衡打破，再平衡再打破，核心在于在有效市场中，信息的透明度较高、交易成本较低、预期的不对称与对标的资产价值的估值偏差共同作用，导致资金在套利的过程中看多或看空标的，造成波动率提高，从而形成有效的流动性。但对于资产证券化产品而言，由于目前底层资产类型不太丰富或以静态池为主，未来现金流回流较为平缓，几乎并无很强的预期偏差，定价的模型已将未来的不确定性基本包括在内。

（3）信息披露不够充分，达不到有效风险定价的需求

信息披露在证券化业务的监管及产品投资方面非常重要，能够为投资者的选择判断提供依据。我国信息披露在执行过程中不够严格和及时，导致资产池信息披露不够充分，投资者难以全面了解资产属性和风险点，难以直接根据公开信息进行风险分析和定价。

（4）评级体系需加强，评级机构能力有待提升

评级在资产证券化中发挥着不可替代的作用，是产品信息披露的重要组成部分，也是资产支持证券定价的重要参考及投资者投资决策的重要依据。同时，随着资产证券化的大规模发展，对评级机构的专业水平和服务质量也提出了更高的要求。虽然我国目前提供信用评级的评级机构均为第三方评级机构，但发展时间较短，大多依据国外数据基础建立测算模型，将其用于国内资产信用评级，存在标准不明确、评级方法及测算标准不透明等问题，国外投资者认可度较低。

（5）破产隔离难度较大，投资评价类似于信用债

对大部分融资租赁公司、商业保理公司等金融机构来说，虽然出表模式证券化中基础资产从法律角度已实现真实出售，但由于目前法律制度环境不完善且缺乏资产处置案例经验，投资者对该类产品能否实现真正的破产隔离有所顾虑，因此非常看重发起人的主体评级。对以收益权资产开展证券化的非金融机构来说，由于基础资产未来现金流的产生依赖发起人自身的持续运营能力，破产隔离难度较大，投资者对发起人资质的要求要高于基础资产质量。对于这些类别的证券化产品来说，投资者的评级体系类似于信用债，难以发挥出资产证券化产品"资产支持"的特殊优势。

12.3.3.2 下一步发展建议

（1）建立权威的第三方估值体系及适当的资产支持证券收益率曲线

建立权威的第三方估值体系有助于为投资者的交易和定价提供参考，提升产品流动性，资产证券化二级市场的效率提升将直接有助于一级市场的顺利发行与定价，形成市场的正反馈与良性循环。只有基于通用的价格基础，大家才能对交易细节进行详细的描述、讨论，才能对资产的定价达成一致。这种定价应该是基于违约概率计算、交易结构建模等技术分析得到的，这需要标准化、透明化的模型方法，以及统一的基础数据库去实现。为合理制定资产证券化二级市场的价格，我们需要建立适当的收益率曲线。

债券收益率曲线是描述在某一时点上一组可交易债券的收益率与其剩余到期期限之间数量关系的一条曲线。一条合理的债券收益率曲线将反映出某一时点上（或某一天）不同期限债券的到期收益率水平。中债登自1999年开始编制中债收益率曲线，最早为中国债券市场提供客观、中立的收益率参考标准。中债收益率曲线可为债券发行人提供当前市场上对应的债券品种各期限债券合理的收益率水平，为其制订发行计划提供参考，同时，也为投资者提供债券投资的可参照收益标准。

由于资产支持证券流动性较差、交易量很少，中债资产支持证券收益率曲线的构建基于资产支持证券的发行价格及可比信用债的收益率曲线。一般是可比信用债的收益率曲线加一定的流动性点差（双评级、信用状况较好的情况下没有信用点差），同时根据市场上资产支持证券的发行利率进行修正。

受制于发行量少、数据较少等方面的原因，目前市场上发行的资产支持证券并没有以收益率曲线为参考。随着资产证券化的快速发展，资产证券化产品的种类不断增多，期限不断丰富，规模不断加大，其收益率曲线必然会逐步获得市场的认可，成为产品发行价格的重要参考。

（2）通过做市商制度等多种方式提升资产支持证券的流动性

流动性是资产证券化区别于其他类型资产融资的本质，只有综合考虑信贷和企业资产证券化市场，壮大规模（降低一级市场成本）、提升流动性（降低二级市场利率）后，资产证券化的融资成本才能降低。除了设计合适的回购和做市商制度、第三方流动性支持制度，以及让银行间市场与交易所市场互联互通，以提升市场流动性，还可以吸收美国房利美、房地美中的合理成分，借鉴美国资产证券化发行机构中的政府支持以保证公信力，如央行可以联合系统重要性金融机构作为第三方流动性支持，作为最终贷款人，以稳定投资者的信心。

需要特别指出的是,做市商制度是一种市场交易制度,由具备一定实力和信誉的法人充当做市商,不断地向投资者提供买卖价格,并按其提供的价格接受投资者的买卖要求,以其自有资金和证券与投资者进行交易,从而为市场提供即时性和流动性。

完善做市制度是提高资产支持证券产品流动性的核心要点。境外成熟债券市场大多都建立了完善的做市商制度,做市商在维持市场流动性上发挥着重要作用。建立与完善做市商制度,激发机构对资产支持证券做市的参与热情,是提高资产证券化流动性的重要途径。2000年年初,人民银行提出了双边报价的概念。2007年2月1日,人民银行开始执行《全国银行间债券市场做市商管理规定》,做市商机制正式建立。2014年6月,银行间同业拆借中心发布了《银行间债券市场尝试做市业务规程》,银行间债券市场通过尝试做市制度进行公开连续竞价。2016年8月,中国银行间市场交易商协会发布了《银行间债券市场做市业务指引》及《银行间债券市场做市业务评价指标体系》的公告,进一步促进银行间债券市场做市业务规范发展,完善做市机构激励约束机制。

对于企业资产证券化产品,做市商机制已具备大的法规基础。2014年11月19日,证监会公布《证券公司及基金管理子公司资产证券化业务管理规定》,允许资产支持证券在证券交易所、全国中小企业股份转让系统、机构间私募产品报价与服务系统、证券公司柜台市场,以及证监会认可的其他证券交易场所进行转让。此外,还允许券商为资产支持证券转让提供双边报价服务,即券商可以成为资产支持证券的做市商,按照交易场所的规则为产品提供流动性服务。根据证券交易场所相关规则,资产支持证券持有人可以通过回购进行融资。

(3)积极培育和引入次级投资人

资产支持证券市场成功的关键在于不同风险层级的结构化产品是否能获得不同风险偏好投资者的认可。建议大力培育有风险识别和风险定价能力的市场投资人(如美国对冲基金的专门机构)来购买资产证券化产品中高风险、高收益的次级档。应收账款等资产出表问题的关键在于能否实现风险的卖断和期限匹配,也就在于能否找到购买次级档的投资人。目前中国资产证券化缺少次级投资人,信贷资产证券化的次级产品目前基本上采取的是非市场化发行方式,企业资产证券化的次级产品销售难度很大。交易型机构投资者(私募基金、券商资管、信托计划、对冲基金等)和PE管理机构能够承受较高的风险,对高收益的产品比较有兴趣,有望成为资产证券化产品的次级投资人。这类机构没有硬性的资本约束,如果能进入证券化领域,作为次级投资人,乃至成为资产证券化产品的资产管理人,对整个市场的发展意义重大。

(4)完善信息披露制度

资产证券化优越于传统融资方式的独特之处在于它充分利用了信息时代的各种优势。其集约化的信息生产、标准化的信息处理、流水线的信息传递、网络状的信息共享、专业化的信息分析与管理,以及格式化的信息公示,既是证券化发挥资产信用融资优势的基础所在,也是一国应用证券化技术的基本环境要求。从我国的证券化探索来看,尽管诸多因素影响了证券化进程,但信息环境方面的欠缺无疑是一个致命的主因。而如何建立更完善的信息披露机制,构建合理的监督流程,也是健全市场的必要条件之一。结合我国市场发展现状，针对我国资产证券化信息披露制度的具体建议有：第一，提高对证券化交易的参与主体和有关事项的信息披露要求，包括发起人、SPV 和受托机构的信息披露义务，以及针对资产池状况、发行说明书等事项的披露义务，规定会计师事务所、评级机构、律师事务所等中介机构在证券化交易中的信息披露要求，并明确这些中介机构对披露信息的准确性和完整性所承担的责任与义务；第二，在逐步制定和完善更细致、更具体、更有针对性的信息披露内容与电子化格式标准后，要逐步建立信息披露质量的评价制度，让相应责任与义务落实到位并可追究。

12.4 资产证券化产品的定价和风险分析

12.4.1 资产证券化产品的定价方法

12.4.1.1 基本定价原理

资产支持证券作为固定收益证券的一种，优先档和夹层档资产支持证券份额具有相对确定的预期收益率以及到期日，因此资产支持证券的定价模式与传统债券具有相似性。但由于资产支持证券（特别是信贷资产支持证券）具有高于传统债券的早偿风险，且信用风险源于较为复杂的基础资产和交易结构，因此资产支持证券的定价往往比传统债券的定价更显复杂。

资产支持证券的定价在思路上分为绝对估值定价和相对估值定价两种，其中绝对估值定价是将资产支持证券的未来可预期现金流，通过适当的利率进行折现以得到资产支持证券的绝对价格；相对估值定价是在选定基准收益率的基础上，根据信用风险、流动性、期权价值等因素导致的收益率补偿，计算得到资产证券产品的预期收益率的定价思路。基于实践经验，资产支持证券预期收益率相对于基准收益率（可比债券的收益率）的利差，主要来源于信用利差、流动性溢价、创新产品溢价等。

12.4.1.2 境外资产证券化的定价方法

目前，资产证券化产品定价模型在美国的发展已经具有成形的体系，其原因主要可以概括为两个方面：一方面，美国资产证券化起步早，相关的历史数据与资料比较丰富，可以为现有模型的模拟与预测提供相对充足的数据支撑；另一方面，美国资本市场是全世界发展最为完善、体系和制度最为健全的资本市场。完善的利率市场化、优良的资产池状况与稳健的金融生态为资产证券化产品的定价提供了坚实的基础。

（1）模型定价

在美国，模型定价在市场上被广泛应用。资产证券化产品的定价模型分为两步，一是对基础资产池的定价，完成对资产池的定价即相当于确定了资产池未来现金流的分布，这包括现金流入的时间、规模以及对应的概率分布等；二是各类别资产支持证券的定价，根据发行证券化产品契约的约定，各分层证券的现金流入可以根据资产池定价的结果确定出来（忽略利息支付对本金支付的影响），根据一定的贴现规则，该层证券化产品的定价就可以计算出来。

根据采用现金流计算的方法和采用贴现率计算的方法的不同，定价模型大体可以分为静态方法和动态方法两种，其中静态方法和动态方法又可以细分为若干种，主要总结如下。

①静态方法之一——预期现金流法

在风险中性的前提下，证券基本的定价公式一般为

$$P = \sum_{i=1}^{n} \frac{E(CF_i)}{(1+r_{f,i})^i} \tag{1}$$

对于各分层的资产证券化产品，$E(CF_i)$ 为该分层证券的预期未来第 i 期现金流入，$r_{f,i}$ 为期限为 i 的即期无风险利率。

该分层证券的定价通过预期未来现金流入 $E(CF_i)$ 与资产池定价结果相联系：

$$E(CF_i) = E(PR_i) + (Par - \sum_{j=1}^{i-1} E(PR_j)) \times r_i \times t_i \tag{2}$$

$E(PR_i)$ 是预期未来第 i 期支付的本金，Par 为证券的面值，r_i 为证券在第 i 个计息期的利率。

结合公式（1）和（2），令 P 等于 Par（证券平价发行），即可得到 r_i（若为固定利率，则 $r_i=r_1$；若为浮动利率，则需要计算当前市场交易数据隐含的未来各期的基准利率变动情况，从而得出该证券要求的利差）。

②静态方法之二——静态利差法

在风险中性的前提下，也可以对（1）进行改写：

$$P = \sum_{i=1}^{n} \frac{CF_i}{(1+r_{f,i}+SS)^i} \tag{3}$$

与①的区别在于，CF_i 表示该分层证券在不考虑资产池违约情形下的未来第 i 期现金流入，SS 表示该分层证券要求的收益率溢价水平，包含风险溢价、流动性溢价等，称为静态利差（Statistic Spread）。

这种定价方法需要有一个前提，即 SS 已知。这时，将（3）中的现金流入均改为不考虑违约情形下的本息支付，则令 P 等于 Par，得到的 r_1 即为定价结果。

静态利差 SS 一般可以从二级市场交易数据或以前发行的一级市场定价结果推导出来，不同分层和评级的证券化产品对应于不同的静态利差，并且静态利差也不是一成不变的，很可能随市场环境的变化而变化，若市场环境恶化，静态利差很可能扩大，反之亦然。

在应用该定价方法的时候需要注意一点：该方法没有考虑具体资产池的违约可能性，因此暗含了这样的假设，即作为静态利差推导来源的证券化产品的资产池应与需要定价的证券化产品的资产池具有一致的表现，即二者的资产池需要足够类似才行。

对于 CDO/CMBS 产品，资产数量很少，因此很难保证两个资产池足够类似，该方法的适用性可能较差；对于 RMBS 产品，或者是资产数量很大的 ABS 产品，如汽车抵押贷款、信用卡应收账款等做基础资产池的 ABS 产品，采用该方法将会有比较好的效果。

③动态方法——期权调整利差法

该定价方式类似于静态利差法，不同之处在于对利率路径进行了模拟：

$$P = \frac{1}{N} \times \sum_{i=1}^{N} \sum_{j=1}^{n} \frac{CF_{ij}}{\prod_{k=1}^{j}(1+r_{ik}+\text{OAS})} \tag{4}$$

其中 N 为利率路径数（模拟次数），CF_{ij} 为第 i 条利率路径上第 j 期的现金流入，r_{ik} 为第 i 条利率路径上未来的单期即期利率（无风险利率），OAS 为期权调整利差（Option Adjusted Spread）。

这样做的好处在于，采用模拟的利率路径可以更好地与资产的提前偿还可能性结合起来，从而更准确地计算住房抵押贷款等资产的提前偿还情况。

④工具软件的运用

模型定价是国外成熟金融市场国家主要使用的定价方法，而预测现金流在模型定价中又是极为重要的。成熟的金融市场存在很多可以用来计算资产支持证券现金流的工具，这些工具包括资产预测和现金流瀑布（Cashflow Waterfall）两部分。如图 12-13 所示，根据给定的情境参数（比如违约率、损失率、早偿率等），资产预测模块计算出资产现金流（同时包含资产余额、逾期比例等其他结果），而现金流瀑布模块则根据交易结构中的规定确定各债券的现金流。有时，工具软件也会在前端提供一个简单的资产模型，用户可以选择让这个模型自动根据资产的情况生成情境。不过大部分买方并不满足于这种共有模型，所以它的作用更多的是提供一个参考和作为市场参与者之间沟通的基准。在工具的后方一般也都提供常用的定价功能，比如计算收益率、久期等参数。

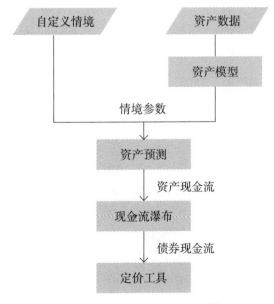

图 12-13　ABS 现金流工具

目前使用最广的此类软件是 Intex，其覆盖了欧美市场大部分已经发行的资产支持证券。而且由于 Intex 已是业界标准工具，因此即使还没有发行的证券，投行在询价时也常常提供一个自制的债券定义文件（cdu），投资者可以直接在 Intex 中使用这个文件对债券做分析。

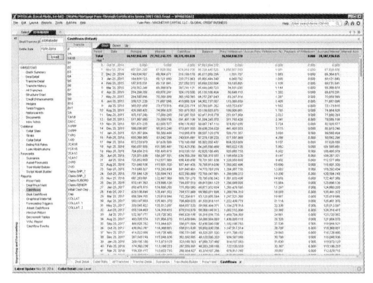

图 12-14　Intex ABS 工具

Bloomberg 近年来也在逐步增加这方面的功能，不过其覆盖率、准确性都还与 Intex 有一定距离。当然，由于 Bloomberg 的其他功能是海外投资交易不可或缺的，因此作为一站式解决方案，它的 ABS 分析工具还是具有一定的使用率（见图 12-15）。

国内资产证券化还在发展的早期，尚未见到成熟的 ABS 分析工具。但最近已经有公司注意到这个方向并且已经实现了部分模块。图 12-16 是通联数据（www.datayes.com）最近上线的 ABS 工具，允许用户用编程语言或者图形化的方式设计交易结构并定义不同情境对债券做分析。

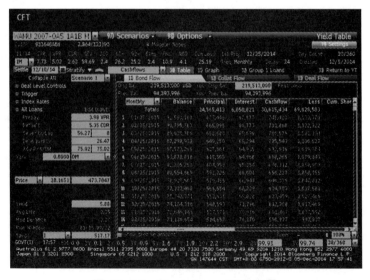

图 12-15　Bloomberg ABS 工具

图 12-16　通联数据 ABS 工具

（2）二级市场驱动型定价

资产证券化市场分为一级市场和二级市场。在一级市场中，发行人将新发行的资产支持证券出售给投资者；在二级市场，投资者可以通过交易柜台对已发行的资产支持证券进行交易。一级市场与二级市场具有共生性，一个活跃的二级市场对于一个运作良好的一级市场而言是不可缺少的。

美国资产证券化二级市场比较活跃，交易量大，产品价格由买卖双方共同确定，定价参考的因素有近期交易数据、产品历史表现、基础资产质量以及加权平均剩余期限等，双方会根据当前的情况折价或溢价出售证券。这里，价格由预期现金流按照收益率曲线贴现确定，而收益率曲线是通过基准利率曲线加证券化二级市场的利差得到的。需要注意的是，二级市场的产品定价基于量化再评级而不是公开评级，所以对于二级市场而言，产品定价需要信息的及时披露。在资产证券化一级市场，定价团队连同销售人员与投资者广泛交流以获取投资意向和需求的相关信息，根据投资者反馈和市场情况确定参考价格区间。定价团队会寻求一个均衡合理的利差，使得各级证券可以获得足够的认购量，同时也避免发行人融资成本过高。

一级市场和二级市场的利差通常是正相关的，产品价格由市场供求关系决定：供给减少或需求增加将导致利差收紧，供给增加或需求减少将导致利差扩大。当一级市场利差缩紧时，二级同类产品会相对便宜，于是投资者竞相购买，价格上涨，二级市场的利差随之收紧，反之亦然。所以二级市场利差的变化可以作为反映证券化市场投资者需求的指标，同时也可以作为新产品发行价格的参考。

对于成熟的证券化市场，如美国市场，证券化产品的定价由二级市场驱动和主导。这是因为，一方面，在整个产品的运行过程中，投资者能够更好地去评估和挖掘这个证券真正的价值；另一方面，二级市场能够以这种真正的价值挖掘进行反向传导，优化一级市场的发行定价。

12.4.1.3 境内资产证券化的定价方法

（1）可比定价法

目前国内市场实践中最常使用的方法是可比定价法，从定价思路上主要与具有相同或相似风险收益特征的市场化债券产品进行类比，以获取机构投资者可以接受的价格。下面以信贷资产证券化产品和交易所资产支持证券化产品为例，展示国内资产证券化产品定价的基本步骤。

①信贷资产支持证券的常见定价步骤

在对信贷资产支持证券进行定价时，首先要详细分析基础资产池状况、交易结构安排、证券结构等，找出其中的优势和可能存在的风险，并结合市场情况，对产品进行定价。信贷资产证券化产品定价考虑的主要因素是证券的信用风险补偿、流动性补偿和其他风险补偿，同时考虑证券结构设计、期限以及市场环境变化的影响。从定价思路上主要与具有相同或相似风险收益特征的市场化债券产品进行类比，以获取机构投资者可以接受的价格。

第一，优先档资产支持证券定价。

信贷资产支持证券的优先档证券评级通常能够达到 AAA 评级，且目前产品的期限都相对较短（不超过 2 年，且 1 年内期限占比较大），因此可以考虑与 AAA 评级短期融资券、其他资产支持证券进行类比，根据差异调整利率的方式进行定价。在这种可比分析中，因为选取的可比证券属于与待定价证券信用风险特征相似的证券，因此主要信用利差已经包含在可比证券的收益率中，在参照收益率基础上调整的幅度主要体现为流动性、早偿等风险所要求的补偿及部分细节差异导致的信用利差。

另外，使用数理模型也是优先档证券定价方法的研究依据和有效补充。数理模型的方法主要是通过计量模型直接计算待定价资产支持证券相对于无风险利率的信用利差，然后再考虑流动性和早偿等因素要求的收益率补偿，进而加总估算出优先档资产支持证券合理的收益率水平。

- 以高评级短期融资券或债券作为定价参考

鉴于多数机构投资者对于短期融资券投资已经轻车熟路，且 AAA 级优先档资产支持证券在信用水平上与同评级短期融资券较为相近，因此对于短期限的优先档资产支持证券，可以用 AAA 评级的短期融资券作为定价参照物。具体做法如下。

确定市场上与待定价资产支持证券期限相同的高评级短期融资券的利率区间（如果当时市场上没有同期限的短期融资券，则应结合期限因素对参照利率进行适当调整）。在短期融资券利率区间基础上，资产支持证券定价区间应给予投资者一定的流动性补偿（流动性补偿可以通过测算市场存续的资产支持证券与同期限、同信用等级的短期融资券利差进行估算）。结合提前偿还风险、利率属性（浮动或固定）等因素对资产支持证券定价区间进行适当调整。在减息周期中，提前偿还风险越大，需要给予投资者的收益率补偿越多；在加息周期中，固定利率资产支持证券定价时需要考虑利差补偿，而浮动利率资产支持证券则需要关注证券的票面利率调整频率以及票面利率调整时间相对于基准利率调整时间的时滞，如果时滞较大也应考虑利差补偿。

对于未来逐步出现的长期限 AAA 级优先档资产支持证券，则可以使用同期限、同信用等级的金融债或者高信用等级的中期票据作为定价参照物。

- 以已发行的同评级资产支持证券作为定价参考

鉴于目前资产支持证券的发行量呈现爆发趋势，存续期证券的期限和类型丰富度大大提高，这就为资产支持证券定价寻找可比证券奠定了基础。使用可比资产支持证券作为定价参考时，需要尽量满足可比证券与待定价证券在基础资产类型、交易结构安排、分级方式、发行规模等方面的相似性。通过比较待定价证券与可比证券在主要正面因素和负面因素上的差异，在可比证券收益率基础上进行适当的调整。如果特定类型的资产支持证券在近似期限内没有可比证券发行或没有合理的可比证券二级市场价格，需要与可比证券历史数据相参照，则必须考虑两个时点上市场环境的差异。

主要需要关注拟定价证券与可比证券如下因素的相似程度。

基础资产池情况：资产类型相似性、资产质量优劣（如贷款影子评级）、行业与地域的分散度、历史违约率与早偿情况（如汽车贷款或住房贷款等），通常资产质量越高、分散度越好，优先档证券收益率越低。

证券产品设计：分级结构及各档证券厚度，夹层档和次级档厚度越大，对于优先档的保护通常就越好，优先档证券的收益率就越低；加权平均期限越短，预期收益率越低；利率类型，加息预期下固定利率产品收益率要求相对高，浮动利率产品收益率要求相对较低，降息预期则相反；付息频率，通常证券付息频率越高，收益率要求相对越低。

增信措施：超额利差、储备资金账户以及加速清偿保护等，增信措施越完善有效，优先档证券的收益率要求越低。

第二，夹层档资产支持证券定价。

- 与本资产支持证券的优先档证券进行比较定价

同一个资产支持证券的夹层档和优先档本质上是对于同一个资产池所产生的现金流不同支付顺序的分配，因此夹层档证券的收益率定价可以在优先档证券收益率基础上，结合两档证券在信用等级（预期损失程度）、加权平均期限等方面的差异，给予一定的利差补偿，从而得到夹层档证券需要的收益率水平。其中，信用等级差异需要的补偿利差可以通过计算已发行资产支持证券的优先档、夹层档的利差或相应评级的短期融资券利差进行判断；加权平均期限差异需要的补偿利差可以参考金融债利率曲线或高评级企业债利率曲线来判断。

- 与同等评级的其他资产支持证券夹层档进行比较定价

使用同等评级的其他资产支持证券夹层档作为定价参考时，需要尽量满足可比证券与待定价证券在基础资产类型、交易结构安排、分级方式、发行规模等方面的相似性。通过比较待定价证券与可比证券在主要正面因素和负面因素上的差异，在可比证券收益率基础上进行适当的调整。如果特定类型的资产支持证券在近似期限内没有可比证券发行或没有合理的可比证券二级市场价格，而需要与可比证券历史数据相参照，则应该考虑两个时点上市场环境的差异。如果近似期限内没有与待定价证券同等评级的其他夹层档证券，而使用近似评级的其他夹层档证券作为可比证券时，则需要考虑信用评价差异对收益率的影响。

②交易所资产支持证券的常见定价步骤

交易所挂牌的资产支持专项计划（或既往发行的专项资产管理计划）的定价逻辑与信贷资产支持证券具有很强的相似性，在实务操作中主要也是采取可比分析法进行定价分析。整体上看，资产支持专项计划作为一种信用债产品，其风险收益特征与相同评级的银行间短期融资券、中期票据具有相似性，其定价利差主要来自交易场所、产品结构、流动性等方面的差异。另外，由于资产支持专项计划在我国仍属于较为创新的证券产品，广大投资者尚处于逐步研究和尝试投资的状态，因此资产支持专项计划与相同评级的短期融资券、中期票据之间存在着新产品溢价，即因为投资者对新产品了解不够透彻而要求的投资风险补偿。

另外，随着资产支持专项计划的备案制改革，以各类债权或收益权（如租赁、小贷、特许经营权收益等）作为基础资产的资产支持专项计划数量大大增加，待定价的资产支持证券可以选择相同评级、类似基础资产类型的可比资产支持证券作为定价参照物。

第一，以短期融资券或中期票据作为定价参考。

考虑到资产支持专项计划与银行间中短期票据相比在交易场所、产品结构、流动性以及投资者接受度方面的差异，在将同评级、同期限的中短期票据作为定价参考时，需要针对这些差异进行调整，具体表现为流动性利差和新产品溢价。

流动性利差的存在是因为现阶段资产支持专项计划在交易所市场的交易效率显著弱于银行间的短期融资券或中期票据，投资者需要就此获得利差补偿。这部分利差可以参考其他资产支持专项计划与同期限评级的中短期票据的利差均价进行估算，也可以参考在银行间和交易所同时上市的相同主体或类似主体发行的中短期票据与公司债券的利差进行估算。

新产品溢价的存在是因为资产支持专项计划是一种创新产品，产品结构相对复杂，投资者群体相对有限，且资产支持专项计划在破产隔离方面还存在一定的法律不确定性，因此资产支持专项计划需要支付一定的新产品溢价以吸引更多的投资者参与。

第二，以同期限同评级的资产支持专项计划作为定价参考。

以可比资产支持专项计划作为参考给拟定价证券进行估值时，需要尽量选择与待定价证券评级相同、期限相同或相近、基础资产类型相同或具有相似性、分级与交易结构相近的可比证券。鉴于现阶段为待定价证券找到各方面要素完全相同的可比证券存在很大难度，因此在进行比较定价时，需要根据各主要要素差异的正面影响或负面影响，相应地调整拟定价资产支持专项计划的预期收益率水平。整体上来说，相比于可比证券，待定价证券期限越短、基础资产资质越高、次级证券对待定价证券的保护程度越高，其他交易结构和增信措施对待定价证券的保护程度越高，就需要相对越低的收益率。

（2）定价方法存在的主要问题及改善建议

我国资产证券化产品市场化定价的突出问题包括以下几点：

一是二级市场交易不活跃，流动性差，投资者基本是长期持有，每日资产估值形同虚设。中国资产证券化分析平台（China Asset Backed Securities，CNABS）根据公开资料统计，2017年度银行间资产支持证券总成交金额约为1 200亿元；从交易所市场的交易量来看，2017年度交易所市场总成交金额约360亿元。相比于一级市场，国内资产证券化产品二级市场的交易活跃度较低。

二是市场上缺少一条有效且被广泛应用的收益率曲线来为交易双方提供产品价格的参考标准。中债登对于银行间债券市场流通的信贷资产支持证券的参考估值存在偏离市场的现象，而中证登尚未对交易所市场流通的资产支持证券提供参考估值，CNABS 推出的收益率曲线也还需进一步提高市场的推广运用程度。由于基准收益率曲线不完善，市场无法实现以收益率曲线为核心的零波动率利差定价。

三是由于历史大数据的缺乏，目前大多数的资产证券化产品都采用可比定价法，这种估值方法有一定的弊端，并未依靠预测未来现金流，而是通过寻找具有相同或相似风险收益特征的市场化债券产品进行类比确定利差水平，但是，利差往往隐含了大量的信息，如结构风险、信用风险、提早偿付风险、流动性风险等，且利差的确定严重依赖经验主义，定价的优劣更多取决于项目人员的主观技术水平，因此仅仅依靠可比定价法有可能会导致定价脱离产品的内在价值。此外，提前还款的研究基本是空白，并且我国居民的消费特征与国外相异，国外的一些经验模型在我国可能并不适用。

针对上述问题，一是在制度建设上，需扩展交易平台，完善交易制度，特别是对于交易所企业资产支持证券，建议将产品从上交所大宗交易系统/深交所综合协议交易平台扩展到集中竞价系统，且可在适当时机推出做市商制度，提供市场的双向报价服务功能，提高产品流动性，形成合理的价格发现机制和产品流通机制。二是健全对资产证券化产品的估值体系。三是金融机构特别是银行应该加强定价方面的研究，注重数据的积累，鼓励内外部评级共同发展，在给结构化产品定价时，努力扩展模型的适用范围，比如使用动态 Copula 函数；结合实际情况，将对未来经济的预期加入参数的确定中来；使用压力测试以增加模型的弹性；使用多种模型互相验证，提高结果的准确度等。

12.4.2 证券化指数介绍及应用

12.4.2.1 指数的作用和特征

好的指数，一方面应该是市场的表现标杆，能为市场交易提供重要的参考作用，能指导一级市场发行价格与二级市场成交价格，另一方面应该是一个很好的可直接投资、对冲风险或套利的交易工具，并有利于构建标准化估值和评价体系。在我国资产证券化市场快速发展的当下，为市场引进具有指导意义与认同感的价格指数十分重要。

根据 CFA 协会提供的指南，证券指数应该具有以下特征：

（1）简单而客观的选择标准

指数应包含一套清晰的规则，包括债券、股票或市场，投资者应该能够预测和认可指数中证券组合的变化。

（2）综合的

指数应包括所有市场参与者在正常市场条件下实际可以购买所有证券。新的和现有的证券都应该有频繁的定价，因此可以准确地测量指数变化。

(3) 可复制的

指数报告的总回报可以被市场参与者复制。随着时间的推移，指数必须代表被动投资者可能遵循的现实基线策略。

(4) 稳定性

指数应保持一定的稳定性，不应经常改变成分，且其成分的所有变化都应基于易理解和高度可预测的特征。指数不应受到任何诸如在哪些特定日期应包括哪些特定债券或股票等意见的左右。此外，预计指数构成会偶尔发生变化以确保其准确反映市场结构。提供索引的一个关键优点是提供被动基准，但投资者不应为求和该基准保持同步而被迫执行大量交易。

(5) 相关性

指数应与投资者相关，至少应该追踪投资者最感兴趣的市场和细分市场。

(6) 进入壁垒

指数中包含的市场或细分市场不应存在重大进入壁垒，尤其是国家可能阻止外国拥有其债券或参与其股票市场的国际指数。

(7) 费用

投资过程常常会伴随产生与预扣税、保管和交易相关的费用。市场或细分市场的参与者应充分理解这些辅助费用。如果此类费用不可预测或不一致，则指数将无法公平衡量市场表现。

12.4.2.2 美国 ABS 指数介绍

国际资产证券化市场上存在众多具有代表意义的价格指数，例如 Bloomberg 指数（原为 Lehman 指数）、ABX 指数、S&P MBS 指数等。金融机构以上述价格指数为判断依据预估市场的荣枯走势。不同价格指数的编制遵循不同的准则。例如 Bloomberg Index 中入选的产品包括政府债券、MBS、ABS 等，且入选产品的到期日长于一年；ABX Index 分为 6 个子集指数，分别计算美国 20 只具有代表性的次级房贷支持产品。

(1) Bloomberg 指数

Bloomberg 指数（Bloomberg Barclays US Aggregate Bond Index）是美国最具权威性的固定收益指数，它的前身是 Lehman Aggregate Bond Index 和 Barclays US Aggregate Index，这些指数的建立可以追溯到 1976 年。Bloomberg 指数是美国固定收益投资者广泛参考的指数，是指数投资参考的基准之一。Bloomberg 指数分为四个部分，分别是政府债券指数（Government Index）、信用债券指数（Credit Index），以及始于 1986 年的 MBS 指数（Mortgage Backed Securities Index）和始于 1992 年的 ABS 指数（Asset Backed Securities Index）。

MBS 指数和 ABS 指数是美国债券市场资产证券化产品的重要参考指数。MBS 指数包括 GNMA、FNMA、FHLMC 发行的住宅抵押贷款过手证券（Pass-through）。ABS 指数包括信用卡应收账款、汽车贷款和住宅权益贷款（Home Equity Loan）。各类资产权重并不是一成不变的。随着新的资产类别的加入、债券发行量的增减和证券市值的波动，指数组合的权重会随着时间的推移而变化。表 12-12 展示了 MBS 指数 2010—2013 年资产权重的变化。

表 12-12　2010—2013 年 MBS 指数资产权重变化　　　（单位：%）

年份	GNMA	FHLMC	FNMA
2013	26.70	26.90	40.60
2012	25.70	22.90	46.50
2011	23.50	30.30	46.20
2010	20.40	32.20	47.40

（2）ABX 指数

ABX 指数是次级房屋贷款债券价格综合指数或次贷衍生债券综合指数，也可称为 Markit ABX 房屋净值指数、ABX.HE 指数或资产支持证券指数。ABX 指数是由 Markit 公司创建的指数，代表 20 个次级住宅抵押贷款支持证券（RMBS），常被用作衡量次级住宅抵押贷款市场整体价值和业绩的财务基准。

ABX 指数在其构建中使用信用违约互换，以提供代表次级 RMBS 市场的指数。ABX 指数包含 6 个子指数，代表不同 RMBS 部分的不同信用质量水平。其数值每日更新，在 50—100 之间变化。ABX 指数随次贷证券资产风险升高而下降。2007 年，在金融危机最严重之前，该指数报告为 55，其价值从那时起稳步上升至约 100。

ABX 指数每半年重建一次，一般发生在 1 月 19 日和 7 月 19 日（或每个日期之后的下一个工作日）。Markit 公司担任指数的管理人，审查过去六个月内所有市场发行的次级住宅抵押贷款支持证券，以包含在下一个滚动日期内，确定下一期相应的信用违约掉期。

ABX 指数作为次级房贷市场的"晴雨表"，银行对冲基金也直接就 ABX 指数进行投资决策，与 ABX 指数相关的衍生工具的交易也是在柜面私下交易的。当次贷债券市场发生震荡时，也就是敏锐发现套利机会的对冲基金盈利的好机会。

12.4.2.3　我国现有的 ABS 指数

（1）中债 - 银行间资产支持证券指数

中央国债登记结算有限责任公司编制的"中债 - 银行间资产支持证券指数"于 2016 年 7 月 20 日发布国内首只资产支持证券指数，填补了我国资产支持证券市场和债券指数族系的空白。

中债 - 银行间资产支持证券指数（代码：CBA05301）基期日为 2014 年 12 月 31 日，基点值为 100，指数成分券由银行间上市流通的资产支持证券组成（不包含次级档）。截至 2018 年 8 月 6 日，指数成分券共 458 只，指数总市值约为 6 418.97 亿元。该指数在每个全国银行间债券市场交易日调整成分券，符合条件的债券自中债估值发布第二个工作日起进入指数，不符合条件的债券当日即退出指数。图 12-17 为 2018 年 8 月 6 日指数行情部分截图，完整信息可登录相关网站查看。

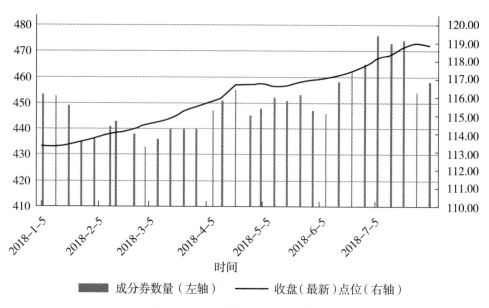

■ 成分券数量（左轴） —— 收盘（最新）点位（右轴）

图 12-17　中债 – 银行间资产支持证券指数行情截图

资料来源：Wind 数据库，天风证券资产证券化总部。

（2）德邦 – CNABS 消费金融 ABS 指数

德邦 – CNABS 消费金融 ABS 指数的成分券包括在全国银行间债券市场、上海证券交易所、深圳证券交易所上市流通的资产支持证券（除次级档），可作为投资该类债券的业绩基准和标的指数。该指数资产池的基础资产与个人消费相关，主要分成两类：汽车消费和个人消费。具体的基础资产分类和入池标准如下。

①汽车消费：包括个人汽车贷款与个人汽车租赁等，即以对自然人发放的非经营性乘用车租赁债权为底层资产，就混合租赁而言，自然人租金余额占比不低于90%。

②个人消费：包括消费分期贷款和消费信用贷款，即基于场景的线上/线下消费分期贷款或用于指定用途的消费信用贷款。

德邦 – CNABS 消费金融 ABS 指数包含三个指标，分别是回报指数、收益率指数和加权平均期限。该指数以 2016 年 1 月 1 日为基期，回报指数基点值为 100，并根据以后各时期的证券变化进行调整，可以反映消费金融 ABS 市场的收益与风险。随着我国资产证券化市场的发展，消费金融 ABS 的定价规律可能会发生变化，在指数后续的工作中会定期对模型的参数及表现形式按季度做出调整，不断修正，以贴近市场真实表现。图 12-18 和图 12-19 是 2018 年 8 月 2 日指数行情部分截图，完整信息可登录相关网站查看。

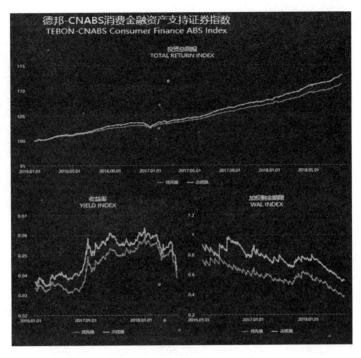

图 12-18　德邦 – CNABS 消费金融 ABS 指数（收益与期限特征）

指数表现

日期	2018-08-01	2018-07-31	2018-07-30	2018-07-29	2018-07-28
优先级-总回报	111.2502	111.2144	111.1685	111.0974	111.0848
优先级-涨跌幅(%)	0.0321	0.0413	0.0640	0.0113	0.0110
优先级-WAL(年)	0.3773	0.3797	0.3799	0.3826	0.3853
优先级-年化收益率(%)	3.8483	3.9060	3.9880	4.1289	4.1290
次优级-总回报	113.1008	113.0553	112.9832	112.9092	112.8954
次优级-涨跌幅(%)	0.0403	0.0638	0.0656	0.0122	0.0121
次优级-WAL(年)	0.5350	0.5378	0.5387	0.5414	0.5442
次优级-年化收益率(%)	4.2236	4.2785	4.3778	4.4795	4.4793

图 12-19　德邦 – CNABS 消费金融 ABS 指数（市场表现）

（3）CNABS 价格指数

CNABS 依据市场上发行的产品种类、年限、证券层级以及发行时间，编制了系列价格指数。每个价格指数都包括三个部分：价格总回报曲线、收益率以及加权平均到期时间。CNABS 价格指数属于总回报指数，即指数假定所有现金分发（分红、利息、股权等）全部被再投资，这种处理方式可以更加精确地判断产品的表现。

CNABS 将每个年度划分为两个阶段：1 月 1 日至 6 月 30 日、7 月 1 日至 12 月 31 日。可以进入同一价格指数的产品需要符合以下条件：基础资产属于同一种类、发行时间为同一年的同一阶段、证券层级为相同层级（同为优先级或夹层级，CNABS 指数不包括劣后级）。CNABS 已推出了基础资产为汽车贷款、企业贷款、融资租赁、消费金额的四组价格指数。

CNABS 网站每日会将前一天的价格指数更新，图 12-20 为 2018 年 5 月 17 日指数行情部分截图，完整信息可登录相关网站查看。

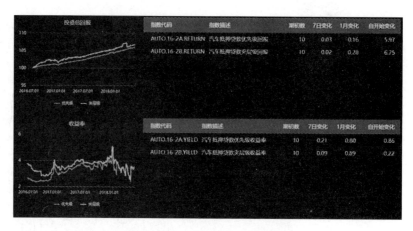

图 12-20 CNABS 价格指数

12.4.3 资产证券化产品的风险分析

12.4.3.1 资产证券化产品的主要风险因素

从法律属性来看,国内资产证券化产品的基础资产可以分为三大类,包括债权资产(既有债权)、收益权资产和不动产资产。本节将详细阐述这三类基础资产在实务中面临的主要风险因素。

(1) 债权资产

债权资产主要包括应收账款类、租赁资产和小额贷款类等债务性质的基础资产。在分析风险因素时,这类资产应该着重考虑以下几点:

一是基础资产的信用风险。对于债权资产而言,基础资产的信用风险主要与底层借款人/债务人的资质相关,因此需着重关注借款人/债务人,特别是入池金额占比超过 15% 的重要债务人的股权结构、股东实力、行业属性、加权影子评级及区域分布、历史信用情况、偿债能力、盈利能力、授信情况、对外担保及代偿情况等。

二是基础资产的集中度风险。这包括基础资产在行业、地区以及个体角度的集中度高低。若集中度较高,则需着重关注行业的发展前景及系统性风险、地区财政实力及负债率、个体的信用风险(同上一点)。一般而言,应尽量避免产能过剩行业、信用风险频频爆发的区域以及个体过于集中的 ABS(有强担保主体或强增信措施的除外)。

三是交易架构和基础资产的法律风险。原始权益人将基础资产转让给 SPV 后,基础资产将与原始权益人实现"破产隔离",证券化资产不会因任何业务参与人发生破产风险而受到影响,这就要求 SPV 必须具有独立法人主体资格以受让原始权益人转让的基础资产。但目前针对企业资产证券化而言,尽管《证券公司及基金管理公司子公司资产证券化业务管理规定》明确了 SPV 独立于原始权益人、投资者、管理人,但其只是中国证监会颁发的文件,而目前法律上尚未明确赋予企业资产证券化中 SPV 的独立主体资格,存在一定法律风险。此外,对于基础资产而言,要查看基础资产所有权是否清晰;如果基础资产存在转让限制，要查看是否已获得同意转让的函件；还需查看基础资产及对应的设备设施等是否存在权利负担，若存在，要查看是否已提供解除权利负担的相关交易安排等。

四是发起人（资产服务机构）的运营与破产风险。比如 CLO（对公信贷资产支持证券），其基础资产为银行的对公贷款，对于不良率持续攀升、风控能力不强、对公业务在区域上过于集中的原始权益人，在分析其资产池的构成时需更为精细。

五是现金流归集与划转风险。在进行现金流归集时，应关注资金混同风险，若归集频率较高且设置有加速归集事件，则在一定程度上可缓释这一风险。

六是信用增级措施的有效性和可执行性风险。这类资产的证券化交易的信用增级措施主要包括结构化分层、超额利差、超额抵押、保证金、差额支付承诺、保证担保、信用保险等，需要从法律角度和操作性角度仔细分析各类信用增级措施的触发条件、执行步骤、担保范围等内容，分析其是否具备较强的有效性和可执行性。

七是循环购买风险（如有）。需考虑循环购买资产不足、循环购买资产质量下降的风险，需特别关注循环购买的资产合格标准是否弱于初始入池资产合格标准以及循环购买资产的中介机构核查程序。

（2）收益权资产

收益权基础资产包括收费路桥、水电气公用事业、能源、景区门票收入等，具有一些不同于债权类基础资产的典型特征。收益权类基础资产往往依附于单一经营实体或实物资产，原始权益人对收益权基础资产的运营管理水平会影响到未来现金流的大小及分布，而原始权益人与基础资产的紧密相关容易造成资金混同风险和流动性风险。由于公开信息不足，对于收益权资产的现金流预测是否合理比较难以评估。因此，收益权资产风险分析应着重集中在原始权益人的运营与破产风险、基础资产的稳定性以及现金流预测风险上。此外，还应考量交易架构和基础资产的法律风险、破产隔离是否完备、现金流归集与划转风险以及信用增级措施的有效性和可执行性风险。

（3）不动产资产

从中国证券投资基金业协会备案情况来看，目前国内不动产行业发行资产支持专项计划的主要基础资产有商业物业抵押贷款（CMBS）、企业应收账款（供应链保理）、类REITs、购房尾款、物业费债权、信托贷款以及租金合同债权等几大类。在对不动产进行风险分析时应主要关注以下几个方面。一是不动产资产的运营与估值风险。不动产资产证券化的定价模型往往较一般的资产支持证券更复杂，所用定价模型面临许多假设，当现实与假设不符时，估值可能严重偏离实际价值。二是原始权益人的运营与破产风险。比如对于物业管理费 ABS 来说，物业管理公司一方面是原始权益人，另一方面是基础资产服务机构，物业管理费收入现金流的产生依赖于物业管理公司提供持续的良好服务。一旦物业公司丧失运营能力，物业管理费收入将无法实现。三是交易架构和基础资产的法律风险。对不动产资产而言，需着重关注目标物业产权是否明晰、产证是否齐全、用途是否合法合规、有无质押和抵押等权利负担情况，以及在进行抵押或质押变更登记时有无变更登记的风险等。四是现金流归集与划转风险。五是信用增级措施的有效性和可执行性风险。

12.4.3.2 资产证券化产品信用分析的基本方法

(1) "三驾马车"原理

"三驾马车"是指资产证券化产品信用分析框架的核心包括主体资质、基础资产和交易结构三个方面。主体资质包括股东背景、主体评级、管理团队、资产服务能力和信息系统。基础资产方面,可以从资产类型(债权/收益权/不动产)、产生基础(特许经营权/合同/所有权)、现金流稳定性和可预测性(历史记录、未来增长情况、最终债务人情况)三个方面入手分析。交易结构是指账户设置、现金流划转路径、现金流分配顺序、增信措施、信用触发机制、循环购买机制(如有)等。

(2) 重点问题清单分析法

重点问题清单分析法是通过逐一针对单个资产证券化产品来重点回答如下问题,对资产证券化产品的信用进行分析。

①基础资产的行业基本面是否中上?现金流稳定性及分散性如何?资金划转路径的清晰性如何?是否能一步到位?(若基础资产现金流回款可以直接划入专项计划账户、债务人基本面很强且无法律瑕疵和抗辩性,则基本可以不用再看原始权益人和增信主体,该种情况可被称为存在非特定原始权益人,如以核心企业为债务人的供应链ABS项目。)

②特定原始权益人的行业基本面、股东背景、管理运营能力、财务实力及稳健性如何?

③增信主体的行业基本面、股东背景、管理运营能力、财务实力及稳健性、评级质量、担保严密性如何?

④在相同评级、相近期限、相近基本面券种中,该产品的收益率是否有比较优势或者其他亮点(比如行业或地域基本面符合自身偏好,放入投资组合搭配性更强等)?

(3) "白名单"+"黑名单"

通过"白名单"描述配置偏好,通过"黑名单"过滤风险类型。

①白名单(配置偏好):比如通过国家鼓励发展行业、经济发达地区或新兴经济地区、主体评级/债项评级不低于一定水平或基础资产类型等维度设置白名单。

②黑名单(负面清单):比如通过不景气行业、经济欠发达或信用风险较大的地区、被列入被执行人或有重大负面新闻企业等维度设置黑名单。

(4) "好主体"+"资产隔离"

该方法是从主体和基础资产角度分析资产证券化产品的信用水平,在好主体基础上做好资产隔离,产生优于信用债的效果。所谓"好主体"是指股东背景强、主体评级高的主体;"资产隔离"是指以相对独立可特定化的资产作为基础资产,避免成为"纯信用债"。

(5) "好资产"+"破产隔离"

如果主体不是特别强,便要强调基础资产的破产隔离。资产最好要追求与原来主体的破产隔离,这样可以实现信用超越,如果没有做到破产隔离,便与信用债相差无几。"好资产"是指债务人整体很强、资产池足够分散、资产具有特许经营权(垄断性)或者是稀缺不动产。"破产隔离"是指资产真实的出售,对于发行人来说就是要出表,如债权资产真实出售、类REITs股权过户或现金流直接划转到专项计划账户等。

12.4.3.3 资产证券化产品风险防范措施建议

资产证券化产品的风控措施比较多元化，核心关注点主要包括第一还款来源的可靠性和稳定性、发起机构的资产服务能力和再融资能力、增信措施的有效性与覆盖程度、信用触发机制的灵敏性与可执行性，以及后续管理机制的严密性与有效性等。

基础资产现金流作为第一还款来源，是首先需要关注的因素，应分析其法律基础和未来趋势，进行敏感性分析和压力测试。发起机构的资产服务能力对于基础资产现金流的持续稳定性非常重要，再融资能力则对于不利情况下的流动性管理很有意义。增信措施首先需要从法律角度关注其有效性（可操作性、是否有免责条款），其次需要从现金流角度考察其对产品偿付的覆盖程度。信用触发机制参数的设置要能灵敏反映不利情况的变化，同时在触发事件发生后要能迅速进入加速清偿状态或提前结束产品（若不利情况达到一定程度）。此外，后续管理机制应注重严密性与有效性，具体包括信息披露频率不能太低、引入和建立专业化信息管理系统、设置专职后督岗位及尽责督导。

本章小结

资产证券化是指以基础资产所产生的现金流为偿付支持，通过结构化等方式进行信用增级，在此基础上发行资产支持证券的业务活动。

资产证券化以分散性原理为基础，通过结构化分层实现信用增进，具备真实出售和破产隔离的特征。

资产证券化的 SPV 主要包括信托型 SPV（SPT）、公司型 SPV（SPC）和合伙型 SPV。

国内资产证券化按基础资产分类可分为债权资产证券化、收益权资产证券化和不动产资产证券化。

资产证券化产品的基本功能主要包括降低融资成本、改善企业财务报表、实现企业轻资产转型、提升公司运营管理能力和市场创新形象。

证券化产品的发起人是出售基础资产用于证券化的机构，通常为资产证券化业务的源头。由于资产证券化基础资产类别的不同，发起人的工作内容也有所差异。

交易协调人是资产证券化交易和市场之间的枢纽，在整个业务流程中起主导作用，其作用和责任可以总结为产品设计、执行工作协调和销售与发行三大方面。

受托机构是负责管理 SPV 的财产并发行资产支持证券的机构，其主要工作内容包括与发起人签订信托合同，完成资产的"真实出售"；发行资产支持证券；管理信托财产；持续披露信托财产和资产支持证券信息；分配信托收益。

证券化产品的交易规则取决于其交易场所，银行间市场和交易所市场对于资产支持证券合格投资者的要求以及转让与交易的规定都有所差异。

证券化产品的投资模式主要分为套利交易模式、买入持有模式和组合投资模式。

资产支持证券定价在思路上分为绝对估值定价和相对估值定价两种。国际资产证券化市场上存在众多具有代表意义的价格指数，例如 Bloomberg 指数（原为 Lehman 指数）、ABX 指数、S&P MBS 指数等。国内首个资产证券化指数是中债登 2016 年 7 月发布的"中债－银行间资产支持证券指数"。

证券化产品的主要风险包括基础资产的信用风险、集中度风险、法律风险；发起人（资产服务机构）的运营与破产风险；现金流归集与划转风险；信用增级措施的有效性和可执行性风险；循环购买的风险等。

证券化产品信用分析的基本方法主要包括"三驾马车"原理、重点问题清单分析法、"白名单"+"黑名单"、"好主体"+"资产隔离"，以及"好资产"+"破产隔离"。

重要术语

资产证券化　分散性原理　结构化分层　真实出售　破产隔离　SPV　SPT　SPE　信贷资产证券化　企业资产证券化　资产支持票据　债权资产证券化　收益权资产证券化　不动产资产证券化　套利交易　做市商制度　绝对估值定价　相对估值定价　可比定价法　破产隔离

思考练习题

1. 简述资产证券化产品的基本功能。
2. 简述我国资产证券化发展历程。
3. 简述我国资产证券化的基础资产类型。
4. 论述中美资产证券化市场差异。
5. 资产证券化业务的三类主要参与方各自的作用是什么？它们之间的关系是什么？请举例说明。
6. 上海证券交易所、深圳证券交易所与机构间私募产品报价与服务系统对于资产支持证券转让和交易的规定有哪些异同？
7. 投资资产支持证券常用的投资模式有哪些？请列举。
8. 证券化产品的定价原理是什么？与固定利率的债券定价有何区别？
9. 好的证券化指数应该具备的特征有哪些？请列举。
10. 证券化产品的主要风险因素有哪些？

参考文献

［1］郭杰群、张立.资产证券化产品定价 [J].中国金融，2014（20）：36—38.

［2］贺巍.资产证券化产品的投资价值与模式简析 [J].现代商业，2015（6）：174—175.

［3］林华.中国资产证券化操作手册 [M].北京：中信出版社，2015.

［4］彭琨.境外资金投资国内资产证券化产品的探索 [J].银行家，2015（5）：58—59.

［5］邹晓梅，张明，高蓓.欧洲的资产证券化：发展历程、特色产品及其对中国的启示 [J].上海金融，2015（1）：79—84.

［6］Fabozzi F. J., Kothari V. *Introduction to Securitization*[M]. London: John Wiley & Sons, Inc. 2011.

相关网络链接

中国银行间市场交易商协会：http://www.nafmii.org.cn/

美国证券业与金融市场协会：https://www.sifma.org/

中国人民银行：http://www.pbc.gov.cn/

中国银行保险监督管理委员会：www.cbrc.gov.cn/

中国证券监督管理委员会：http://www.csrc.gov.cn/

上海证券交易所：http://www.sse.com.cn/

深圳证券交易所：http://www.szse.cn/

机构间私募产品报价与服务系统：www.interotc.com/

中国证券投资基金业协会：http://www.amac.org.cn

中国资产证券化分析网：https://www.cn-abs.com/

Bloomberg Barclays Index Factsheets: https://www.bloomberg.com/professional/product/indices/bloomberg-barclays-indices/-resources/

第 13 章
可转债市场*

屈庆（江海证券）

> **学习目标**
>
> 通过本章的学习，读者应能够：
> ◎ 了解可转债的基本概念和特性、基本条款、分析指标；
> ◎ 了解可转债的发行条件、发行方式和一级市场申购情况；
> ◎ 理解可转债的定价方法：B-S 模型、二叉树模型、蒙特卡洛模型；
> ◎ 了解可转债条款博弈：下修博弈、赎回博弈；
> ◎ 掌握可转债的驱动因素。

■ 开篇导读

虽然早在 20 世纪 90 年代国内市场就开始探索可转债，也经历了 2010—2015 年的快速发展期，但作为企业融资工具的一种，相对股票和债券来说，可转债市场规模较小，很多人对可转债并不熟悉。我们先用一个简单的例子来了解一下可转债。

某日，甲："现在手上有点多余的钱，想进行投资，有什么好的品种推荐吗？"

乙："可以投资股票呀。"

甲："现在股票行情不太好，而且股票风险大不太适合我。"

乙："那可以买点债券基金，风险比较小。"

甲："感觉债券基金收益弹性不大。"

---

* 本章由柯聪伟（浦银安盛基金）审校。

乙："你这要求还挺多，要收益高，又要风险小，那你可以考虑下可转债。"

甲："可转债？"

乙："对，可转债。它是一种可以转换成股票的债券，具有债券和股票的双重属性，特点是'进可攻，退可守'，市场不好时，它跌得比股票少，市场好时，又有很强的跟涨能力，可以考虑一下。"

甲："这么好？那我去了解一下。"

通过以上对话，我们对可转债有了简单了解，但实际中，可转债包括一系列的条款，投资相对较为复杂。本章将带你详细了解可转债产品。

13.1 可转债市场概述及条款介绍

13.1.1 可转债基本概念及特性

可转债，全称为"可转换公司债券"，是指在规定期限内，持有人有权按约定价格转换成发行公司股票的债券。对投资者来说，可以选择一直持有可转债，到期还本付息；也可以选择在约定时间内将可转债转换为公司股票，获取股利分配或资本增值。

一般可以简单将可转债看作"债券+股票期权"的组合，投资者购买可转债就是买了一个普通债券和一个对公司股票的看涨期权。除此之外，可转债还包括一系列的条款，如赎回条款、下修条款和回售条款等，这也赋予了可转债独有的特性。

首先，债券属性使得可转债具有保底功能。作为普通债券，每年会获得利息，到期还本付息，不过可转债利息很低，一般第一年不超过0.5%，之后逐年增加，最后一年不超过2%。只要在面值100元及以下买入，持有至到期至少不会亏损，还会有少量利息，除非出现违约不能兑付。但截至2018年8月，可转债尚未出现过违约情况，主要是发行可转债的公司需要满足一定要求，而且公司还可以通过下修转股价来避免回售和促使可转债转股。

其次，股票看涨期权理论上可以让可转债价格上不封顶。股票价格上涨是可转债价格上涨的主要驱动力，当遇到股票牛市时，可转债可以跟随股市赚取超额收益，只要可转债没有进入赎回期，就可以一直跟随股票上涨，而一旦进入赎回期则会受到赎回条款的限制，强制转股。

最后，可转债的条款能够保护投资者利益。当公司股价持续下跌且低于转股价某个比例时，就会触发有条件回售条款，这时投资者有权将可转债按面值加一定的溢价回售给公司，而公司为了避免回售，一般会选择下修转股价，可转债的转股价值也会随之大幅提升。

综合来看，"债券+股票"的双重属性使得可转债具有"进可攻，退可守"的特性。股票熊市时，可转债下跌幅度比股票小；股票牛市时，可转债又有很强的跟涨能力，而且高评级的可转债有质押回购融资功能，可以加杠杆放大收益。

13.1.2 可转债市场发展历程

20世纪90年代,国内资本市场正处于起步阶段,当时企业的融资需求旺盛,但融资渠道相对有限,可转债作为融资工具对拓宽企业的融资渠道有一定的意义。纵观我国可转债市场的发展历史,可以分为以下几个阶段。

1990—2000年:探索期。1992年,深宝安在国内首次发行了5亿元的可转债;1993年,经国务院同意,中纺机、深南玻被正式批准到境外发行可转债,但由于当时还没有正式出台规范可转债市场的相关文件,导致可转债在发行和运行中出现一些问题。直到1997年3月,《可转换公司债券管理暂行办法》发布,对可转债的发行、交易、转股等进行了详细规定。1997年年底,南化股份、丝绸股份、茂炼等非上市公司发行可转债,之后又有上海机场、鞍钢等上市公司发行可转债,可转债的发行规模也逐步扩大。

2001—2004年:发展期。2001年,《上市公司发行可转换债券的实施办法》《关于做好上市公司可转换公司债券发行工作的通知》出台,可转债作为资本市场重要的融资手段,正式进入快速发展期,2003年4月,转债市场规模突破100亿元,到2004年年底,市场规模超过300亿元。随着可转债发行数量的不断增加,可转债的条款也在不断完善,趋于标准化。

2005—2009年:短暂停滞到正式规范。2005年,股权分置改革导致股票一级市场全面停滞,可转债市场经历了长达20个月的一级市场真空期。2006年5月,《上市公司证券发行管理办法》正式施行,对可转债发行主体条件、转股价的设定等进行了规范,一级发行重新开启。但其间可转债市场规模并没有明显增加,反而由于2007年的股票牛市,导致可转债纷纷转股,市场规模一度下降至50亿元以下。

2010—2014年:成熟发展期。2010年,随着中行转债的发行,可转债市场进入大盘转债时代,2011年3月,市场规模突破1 000亿元,并在2014年10月达到1 700亿元的最高值。

2015—2016年:股票牛市后的稀缺期。2014年年底,股票大牛市开始启动,持续到2015年6月,其间大盘转债纷纷触发赎回而转股,导致可转债市场规模快速下降,一度降至150亿元以下。而2015年下半年,由于股市异常波动,可转债和新股一样暂停发行,直到2016年年初才恢复发行,之后市场规模小幅增加,到2016年年底超过300亿元。

2017年之后:走向繁荣期。2017年2月,再融资新规出台,定增受到限制,上市公司纷纷公布可转债预案,3月光大转债发行,市场规模突破500亿元,9月可转债迎来新的发行方式,可转债供给爆发,数量和规模快速上升,到2018年5月,上市交易可转债达到73只,规模接近1 500亿元。图13-1显示了2005年1月至2018年5月可转债市场数量和规模的变化情况。

伴随着可转债市场的不断扩容,可转债的投资群体也在不断丰富,主要包括基金、保险、自然人、年金、社保、券商资管和自营、QFII等。从图13-2显示的2018年5月上交所披露的可转债持有人结构看,持仓占比最大的是一般法人,为37.8%,主要是参与配售的股东;其次是基金和保险,占比分别为19.6%和9.9%;社保、券商自营、券商资管、QFII 等，持仓占比大多在 3%—5%。

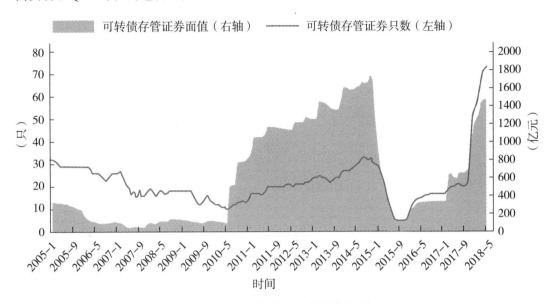

图 13-1　可转债市场数量与规模

资料来源：Wind 数据库。

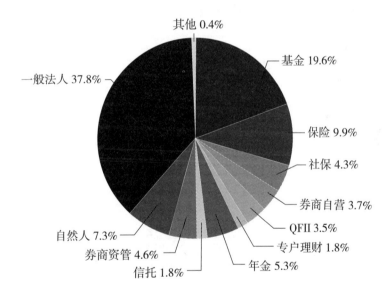

图 13-2　上交所可转债持有人结构

资料来源：上交所网站。

在公募基金中，持有可转债占比最大的是债券型基金，因为可转债是债券投资者间接参与股市、博取超额回报的重要途径。图 13-3 显示了 2018 年一季度各类基金持有可转债占比情况，债券型基金持有可转债规模占比达到 67.7%，其中二级债基占比最大，为 45.4%，一级债基和中长期纯债基占比分别为 11.5% 和 10.7%。

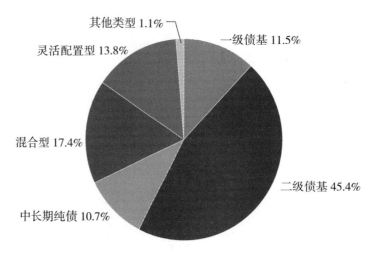

图 13-3　各类基金持有可转债占比情况

资料来源：Wind 数据库。

另外，公募基金中有一类专门投资可转债的基金叫可转债基金，一般要求投资于固定收益类资产的比例不低于80%，其中可转债投资比例不低于固定收益类资产的80%，也就是说，投资可转债的比例不低于64%。图 13.4 显示了 2011 年 1 月至 2018 年 1 月可转债基金持有可转债的规模变化情况。

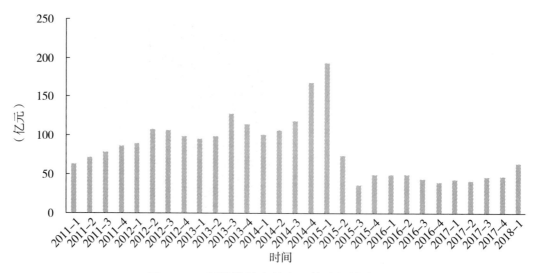

图 13-4　可转债基金持有可转债规模情况

资料来源：Wind 数据库。

13.1.3　可转债基本条款

可转债的复杂之处主要在于条款，不过，随着市场的不断发展，可转债的条款也越来越规范，不同的可转债之间区别不大，一般包括纯债条款、转股条款、下修条款、赎回条款和回售条款。

13.1.3.1 纯债条款

纯债条款主要是作为债券属性存在的一些基本条款，一般包括发行期限、票面利率、评级、担保。

可转债的发行期限基本上都是 6 年期限，只有少数是 5 年期限，最早有过 3 年期限，其实期限越长对发行人越有利，因为这样转股的时间更充足。

可转债票面利率采用递增结构，一般首年票息较低，在 0.2%—0.5% 之间，最后一年票息在 1.8% 或 2.0%，到期后还会有赎回价格，通常高于面值与当年应计利息之和，一般是按债券面值的 106% 或 108%（含最后一年利息）。在实际存续期内，大多数可转债都能转换成股票，所以后几年相对较高的票息很少真正支付。

可转债评级分为主体评级和债券评级，一般情况下主体评级和债券评级相同，也有少数不同，资信评级机构每年至少公告一次跟踪评级报告。

可转债担保方面，2006 年之前必须提供担保，2006 年之后最近一期末经审计的净资产不低于人民币 15 亿元的公司可以不提供担保，一般是以公司股票作为质押资产进行质押担保。

13.1.3.2 转股条款

可转债最大的特色就在于可转换为股票，那么以什么价格转换成股票，能转换成多少股票就是关键。

初始转股价是可转债最初发行时在募集说明书中设定的转股价，投资者在转股时以面值转股，每张面值 100 元的转债可以转为 "100/当期转股价" 股正股，如果转股价为 10 元，则可以转换为 10 股正股。通过可转债转股得到的股票是公司新发行的股票，对公司股本有稀释效应。

初始转股价的确定并不是依据发行人的意愿，而是需要符合相关规定，一般是"不低于募集说明书之日前 20 个交易日公司股票交易均价、前 1 个交易日公司股票交易均价、最近一期经审计的每股净资产的孰高值"。对于发行人来说，一般都希望转股价越低越好，这样可以尽早完成转股。

当然，可转债并不是一上市就可以转股，需要经过一段时间后才可以转股，也就是需要进入转股期，一般是在发行后 6 个月至到期日之间。一旦进入转股期，发行人可以随时转股。但可以转股并不意味着投资者会转股，一般最常见的转股模式是可转债价格上涨到一定幅度，触发赎回条款后转股，很少有投资者直接转股。

转股价也不是一成不变的，在正式发行之后，当上市公司发生派送股票股利、转增股本、增发新股或配股（不包括因本次发行的可转换公司债券转股而增加的股本）、派送现金股利等情况使公司股份发生变化时，将按照一定的规则和公式，进行转股价格的调整。具体的调整方法及计算公式如下。

$$派送股票股利或转增股本：P_1=P_0/(1+n);$$
$$增发新股或配股：P_1=(P_0+A×k)/(1+k);$$
$$上述两项同时进行：P_1=(P_0+A×k)/(1+n+k);$$

派送现金股利：$P_1=P_0-D$；

上述三项同时进行：$P_1=(P_0-D+A×k)/(1+n+k)$

其中，P_0 为调整前转股价，n 为送股或转增股本率，k 为增发新股或配股率，A 为增发新股价或配股价，D 为每股派送现金股利，P_1 为调整后转股价。

当公司出现上述情况时，将依次进行转股价格调整，并在上交所和深交所网站及中国证监会指定的上市公司信息披露媒体上刊登转股价格调整的公告，并于公告中载明转股价格调整日、调整办法及暂停转股期间（如需）。

13.1.3.3 下修条款

下修条款，全称为"转股价向下修正条款"，是指在既定的条件下，发行人拥有向下修正转股价的权利。

常见下修的条件是"在本次发行的可转换公司债券存续期间，当公司股票在任意连续 30 个交易日中至少有 15 个交易日的收盘价低于当期转股价格的 80% 时，公司董事会有权提出转股价格向下修正方案并提交公司股东大会表决"，一般交易日的要求主要有 15/30、20/30、10/20 三种，修正幅度有 80%、85%、90% 三种。

公司董事会提出下修转股价方案后，须经出席会议的股东所持表决权的三分之二以上通过方可实施。股东大会进行表决时，持有本次发行的可转换公司债券的股东应当回避。修正后的转股价格应不低于本次股东大会召开日前 20 个交易日公司股票交易均价和前一交易日均价之间的较高者，有的也需同时满足修正后的转股价不低于最近一期经审计的每股净资产。

比如，某只可转债最初的转股价为 10 元，公司股价在任意 30 个交易日中至少有 15 个交易日低于 10 元的 80%，也就是 8 元，这时就会触发下修条款，发行人有权提出转股价向下修正方案，但并非"义务"，最终到底是否下修还是要看发行人的意愿。从历史下修案例看，一般触发下修时，发行人并不会及时主动提出下修，其往往是为了避免触发回售条款才被动提出下修，但近年来存在发行人回购股份，为避免投资者召开持有人会议回售可转债，发行人主动下修的情形。

下修转股价对于持有人无疑是利好，降低了转股的门槛，可转债的价值也得到提升，因此往往在发行人提出下修转股价之后，可转债的价格也会上涨，给投资者带来博弈机会。不过需要注意的是，发行人提出下修后存在一定的不确定性，一方面，下修需要经过股东大会表决，且持有可转债的股东需要回避，是否通过存在不确定性，历史上有民生、唐钢、蓝思等可转债下修未通过的案例；另一方面，即使下修通过，下修的幅度也存在不确定性。

13.1.3.4 赎回条款

可转债持有人一般很少会主动转股，往往只会在触发赎回条款时才转股，可以说赎回条款是促使持有人转股的约束性条款，分为到期赎回和有条件赎回两种。

到期赎回是指可转债到期后五个交易日内，公司将按债券面值上浮一定比例的价格赎回未转股的可转债，一般是面值的 106% 或 108%（含最后一期利息）。

有条件赎回是指在转股期内，当下述任意一种情形出现时，公司有权决定按照以债券面值加当期应计利息的价格赎回全部或部分未转股的可转债：

第一，公司 A 股股票在任何连续 30 个交易日中至少有 15 个交易日收盘价格不低于当期转股价格的 130%；

第二，当本次发行可转债未转股余额不足 3 000 万元时。

一般常说的赎回条款主要是指有条件赎回的第一种。当期应计利息的计算公式为

$$I_A = B \times i \times t/365$$

其中，I_A 指当期应计利息，B 指本次发行可转债持有人持有的将赎回的可转债票面总金额，i 指当年票面利率，t 指计息天数，即从上一个付息日起至赎回日止的实际日历天数（算头不算尾）。

为何触发赎回条款就会促成转股？主要是由于触发赎回时，可转债价格已经很高，一般超过 130 元，而赎回价格仅略高于面值，显然接受赎回是不明智的。不过需要注意的是，触发赎回需进入转股期，也就是说在进入转股期前，可转债价格的上涨是没有限制的。

触发赎回后，公司会发布公告提示，公告会公布赎回价格、赎回登记时间、赎回款发放时间等内容，会有 2—3 周的时间，供持有人卖出或转股，投资者需密切关注公告信息，往往会有少数人忘记卖出或转股，最终只能低价接受赎回，不过历史上也有很少的转债发行人放弃赎回，比如民生、金鹰、锡业等可转债。

13.1.3.5 回售条款

回售条款分为有条件回售和附加回售，具体如下：

有条件回售条款是对投资者的保护条款，当公司股价持续下跌触发回售条款时，投资者有权将手中的可转债按略高于面值的价格回售给公司。对于发行公司来说，一般情况下肯定是不希望将融到的钱归还给投资者，而是希望通过转股的方式结束，这时就会选择下修转股价来避免回售，当然也有少数公司可能知道即使下修，最终可转债也难转股，刚好公司不缺钱，因此会选择直接回售。最常见的有条件回售条款是"在可转债最后两个计息年度，如果公司股票在任何连续 30 个交易日收盘价格低于当期转股价的 70%，可转债持有人有权将其持有的全部或部分可转债按面值的 103% 或面值加上当期应计利息的价格回售给公司"。少数条款规定低于当期转股价的 80%，这个比例肯定要比下修触发的比例低，也就是说，回售触发的条件要比下修触发的条件难。

附加回售条款一般是指"若公司本次发行可转债募集资金投资项目实施情况与公司在募集说明书中的承诺情况相比出现重大变化，根据中国证监会的相关规定被视作改变募集资金用途或被中国证监会认定为改变募集资金用途的，可转债持有人享有一次回售权利"。这里提到的改变募集资金用途的情况一般包括取消原募集资金项目，实施新项目；变更募集资金投资项目实施主体；变更募集资金投资项目实施地点；变更募集资金投资项目实施方式；实际投资金额与计划投资金额的差额超过计划金额的 30% 等。

历史上也曾出现很多会触发附加回售的案例，比如久立一期、燕京、塔牌及三一等，但投资者会不会选择回售还是要看当时可转债的价格，如果可转债的价格明显高于回售价，显然投资者不会选择回售，比如三一转债触发附加回售时，转债价格在 120 元左右，而回售价只有 103 元，因此投资者肯定不会选择回售。

13.1.4 可转债分析指标

可转债既然具有债券和股票的双重属性，那么分析指标也可分为债性指标和股性指标，其中债性指标包括纯债价值、纯债溢价率和纯债到期收益率；股性指标包括转股价值和转股溢价率。

13.1.4.1 债性指标

纯债价值，又称债底价值，是仅考虑可转债纯债券属性的价值，具体包括将可转债当作纯债券持有到期，各期利息收入和到期可转债面值，以及期末（赎回）补偿价值的折现价值。

$$纯债价值 = \sum_t \frac{第 t 期票息或本金}{(1+收益率)^t}$$

其中，收益率可以用同期限、同评级的纯债收益率。

纯债溢价率是可转债价格高于纯债价值的比率：

$$纯债溢价率 = \frac{转债价格 - 纯债价值}{纯债价值} \times 100\%$$

纯债到期收益率与普通债券的到期收益率相似，是使各期票息和本金贴现值恰好等于可转债价格的贴现率。

13.1.4.2 股性指标

转股价值，又称平价，是可转债转为股票后的价值。

$$转股价值 = 正股价格 \times (100 \div 转股价)$$

转股溢价率是可转债价格高于转股价值的比率：

$$转股溢价率 = \frac{转债价格 - 转股价值}{转股价值} \times 100\%$$

专栏 13-1

三一转债分析指标计算

2018年7月12日，三一转债收盘价为122.28元，正股收盘价为8.41元，转股价为7.43元，6年票息分别为0.2%、0.5%、1.0%、1.5%、1.6%、2.0%，到期按面值的106%（含当期应计利息）的价格赎回，主体评级和债项评级均为AA+，剩余期限为3.48年，同期限同等级企业债收益率为4.75%，则：

$$转股价值 = 8.41 \times (100 \div 7.43) = 113.19（元）$$

$$转股溢价率 = \frac{(122.28-113.19)}{113.19} \times 100\% = 8.03\%$$

$$结债价值 = \sum_{t} \frac{第t期票息或本金}{(1+收益率)^t} = 93.9（元）$$

$$纯债溢价率 = (122.28 \div 93.9 - 1) \times 100\% = 30.22\%$$

13.2 可转债一级市场发行及定价

13.2.1 可转债发行条件及流程

13.2.1.1 可转债发行要求

上市公司发行可转债的主要法规是证监会2006年颁布的《上市公司证券发行管理办法》，其对可转债上市门槛、条款设置等方面进行了规范。

可转债发行上市的主要要求包括：第一，最近3个会计年度加权平均净资产收益率不低于6%，且按照扣非后和扣除前孰低原则；第二，本次可转债发行后，累计公司债券余额不超过最近一期末净资产的40%；第三，应当提供担保，但最近一期审计的净资产不低于人民币15亿元的公司除外；第四，最近3个会计年度实现的年均可分配利润不少于公司债券一年的利息。上市公司可转债、配股以及定增融资的发行要求对比见表13-1。

表 13-1　上市公司可转债、配股以及定增融资的发行要求

融资方式	相同点	不同点
可转债	（1）最近24个月内曾公开发行证券的，不存在发行当年营业利润比上年下降50%以上；（2）最近3个会计年度连续盈利，按照扣非后和扣除前孰低原则；（3）36个月内未受到过证监会的行政处罚、最近12个月内未受到过证券交易所的公开谴责，近36个月内财务会计文件无虚假记载，且不存在重大违法行为	（1）最近3个会计年度加权平均净资产收益率不低于6%（净利润扣非前后取孰低）；（2）本次可转债发行后，累计公司债券余额不超过最近一期末净资产的40%；（3）应当提供担保，但最近一期审计的净资产不低于人民币15亿元的公司除外；（4）最近3个会计年度实现的年均可分配利润不少于公司债券一年的利息
定增融资		（1）最近3个会计年度加权平均净资产收益率不低于6%（净利润扣非前后取孰低）；（2）发行价格应不低于公告招股意向书前20个交易日公司股票均价或前1个交易日的均价；（3）本次发行董事会决议日距离前次募集资金到位日原则上不得少于18个月，但证监会在2018年11月9日修订发布了《发行监管问答——关于引导规范上市公司融资行为的监管要求》，对再融资时间间隔的限制做出调整，允许前次募集资金基本使用完毕或募集资金投向未发生变更且按计划投入的上市公司，申请增发、配股、非公开发行股票不受18个月融资间隔限制，但相应间隔原则上不得少于6个月
配股		（1）拟配售股份数量不超过本次配售股份前股本总额的30%；（2）控股股东应当在股东大会召开前公开承诺认配股份的数量；（3）本次发行董事会决议日距离前次募集资金到位日原则上不得少于18个月，同增发一样，证监会于2018年11月9日对间隔时间进行了修订

资料来源：华创证券。

对于发行人来说，发行可转债的优势在于：发行门槛低于其他股权融资，可享受溢价发行，融资成本低；可转债只有转股后才会稀释股权，也就是可以延迟股权摊薄，同时原股东可以通过优先配售获益；可转债发行不受间隔18个月的时间限制。

发行可转债的劣势主要在于：监管审核节奏较慢，发行时间较长，融资效率较低；有一系列条款，设置略显复杂，资金用途限制较多。

《上市公司证券发行管理办法》还规定了可转债的发行期限、评级要求、转股价要求等。例如可转债的发行期限最短为1年，最长为6年；应当委托具有资格的资信评级机构进行信用评级和跟踪评级，且每年至少公告一次跟踪评级报告。

13.2.1.2　可转债发行流程

可转债发行上市流程一般需要经过6个步骤，即发布预案—股东大会通过—过发审会—核准批文—发行公告—上市，所以可转债发行上市需要较长的时间，一般平均需要8—9个月，其中耗时最长的阶段就是过发审会，平均在3—4个月，过完发审会到拿到核准批文又需要1—2个月。因此，可转债发行时间的长短关键要看监管审核的速度，历史上比较快的只用了4个多月，比如中行转债，但比较慢的耗时两年才完成。

在发行过程中需要注意的事项主要包括以下两点。第一，核准批文的有效期一般为6个月。自证监会核准发行之日起，上市公司应在6个月内发行证券；超过6个月未发行

的，核准文件失效，须重新经证监会核准后方可发行，宁波银行就经历过批文失效重新申请发行的情况。

第二，利润分配方案实施后才能发行转债。2017年9月修订的《证券发行与承销管理办法》规定，上市公司发行证券，存在利润分配方案、公积金转增股本方案尚未提交股东大会表决或者虽经股东大会表决通过但未实施的，应当在方案实施后发行，相关方案实施前，主承销商不得承销上市公司发行的证券。这就会导致每年的4—6月份，可转债的发行相对较慢，因为一般年报之后都会有利润分配方案。

13.2.2 可转债发行方式

2017年9月，证监会正式公布了可转债、可交债的发行新规，相比于过去的发行方式，新规最大的变化在于将资金申购改为信用申购，取消申购环节预缴款，调整为确定配售数量后再进行缴款。

过去可转债申购跟最初的打新股一样，需要冻结资金，一般网下申购是10%—30%的定金，网上则是全额定金。为降低可转债发行时冻结大规模资金对货币市场和债券市场产生的扰动，证监会将资金申购改为信用申购。修改后网上申购无须缴纳定金，跟新股建立统一的信用申购违约惩戒机制，即12个月内累计违约3次，暂停6个月内可转债、可交债及新股申购；网下申购承销商不再按申购金额的比例收取定金，但仍可收取不超过50万元的保证金，并在发行公告中明确约定网下投资者违约时的申购保证金处理方式。

可转债的发行方式有三种，分别是股东配售、网下发行和网上发行，可以采用其中的一种或者几种方式来发行可转债。信用申购后，最常见的发行方式就是股东配售＋网上发行，少数会有网下发行。

13.2.2.1 股东配售

原股东可优先配售的可转债数量为其在股权登记日收市后登记在册持有的正股数量，按每股配售一定面值可转债的比例计算可配售可转债的金额，再按100元/张转换为张数，每1张为一个申购单位。比如某股东持有的正股股数为100万股，若按每股配售2元面值的可转债，则其可配售200万元的可转债，即2万张可转债。

公司大股东一般都会参与配售，一方面是表明股东看好公司，降低发行难度，尤其是在市场环境不好的时候，若大股东都不参与自家可转债的配售，会给其他投资者带来偏负面的影响；另一方面可通过配售获得筹码来获益，若可转债上市后价格高于面值，则可通过减持获益，而且目前监管对于大股东减持可转债数量没有要求。根据沪深交易所《股票上市规则》，规定持有可转债发行量20%及以上的投资者，每减持或增持10%应公告，其中上交所要求3日内，深交所要求2日内。另外，在报告期内和公告后2日内，不得再行买卖该公司的可转债和股票。

对于其他股东来说，是否参与配售，要考虑市场环境、公司基本面、可转债条款等因素，若市场环境不好，公司基本面较差，其他股东的配售意愿也会比较低。

因此，可转债配售比例的高低要看大股东是否参与配售、市场环境、公司基本面等因素，历史上股东配售比例高的能接近90%，比如金禾转债、小康转债，而配售比例低的可能不到5%，如吉视转债只有3.8%。图13-5显示了信用申购后，部分可转债股东配售比例情况。

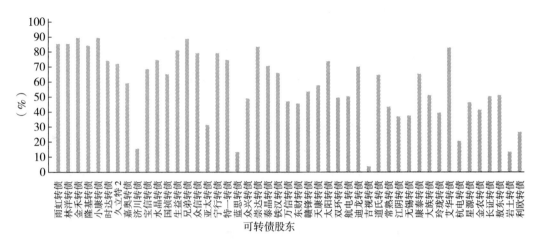

图13-5　信用申购后部分可转债股东配售比例情况

资料来源：Wind数据库。

13.2.2.2　网上发行

网上发行主要是面向社会公众投资者，信用申购后，网上发行不需要缴纳定金，操作也方便得多，导致网上投资者申购的数量明显增多，尤其是信用申购初期，当时股市表现较好，上市的可转债价格较高，通过网上申购可以获得较高收益，申购户数一度超过700万户，但好景不长，之后股市下跌，叠加可转债供给加快，上市的很多可转债破发，网上申购后将面临亏钱，使得申购户数大幅下降，一度稳定在40万—60万户。图13-6显示了信用申购后，部分可转债网上申购户数的变化情况。

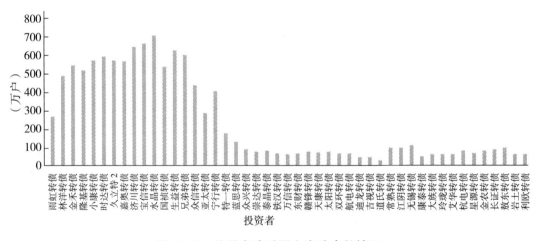

图13-6　信用申购后网上申购户数情况

资料来源：Wind数据库。

投资者在进行网上申购时，会有申购下限和上限的要求，一般每个账户最小申购单位为10张（1 000元），每10张为一个申购单位，超出10张必须是10张的整数倍，每个账户申购上限是1万张（100万元），超出部分为无效申购。投资者应结合行业监管要求及相应的资产规模或资金规模，合理确定申购金额。保荐机构（主承销商）发现投资者不遵守行业监管要求，超过相应资产规模或资金规模申购的，则该投资者的申购无效。

13.2.2.3　网下发行

网下发行面向的是机构投资者，即依法批准设立的证券投资基金和法律法规允许申购的法人，以及符合法律法规规定的其他机构投资者。机构投资者应以其管理的产品或自有资金参与网下申购，网下申购也有下限和上限的限制，每个可转债对应的上下限不同，同样申购规模不能超过相应资产规模或资金规模。

网下申购的流程要明显比网上申购复杂，信用申购后，网上申购的人数大幅增加，依靠股东配售＋网上发行基本能完成发行，因此由网下发行的可转债越来越少，使得机构投资者失去了通过网下申购获取筹码的机会，那么在一级市场只能提前"埋伏"正股以获得优先配售的机会，这就是抢权配售的概念。

抢权配售是指在可转债申购前，通过买入正股获取参与配售的权利。可转债正式申购（T日）前一个交易日（T−1日）为股东优先配售股权登记日，投资者只要在当天收盘前买入公司股票就可获得参与配售的权利。

需要注意的是抢权配售存在一定的风险。一方面是公司股票下跌的风险，即使是在T−1日收盘前买入股票，T日开盘股票仍有下跌风险，尤其是投资者在获得配售权之后就可能会卖出股票，有时就会出现在公司公布转债发行公告后，抢权配售的存在导致股价拉升，配售完之后股价下跌的情形。有些投资者会利用这种规律，更早之前买入股票，当抢权的拉升股价后就卖出获利。因此，抢权宜早不宜晚，可以在公司拿到批文后选择合适的机会买入股票，说不定还能获得股票上涨的收益。另一方面是可转债上市破发的风险，通过抢权配售获得可转债之后，若可转债上市破发，仍将面临亏损的风险，因此需要在公司公布发行公告时，对可转债上市价格进行分析，为是否参与申购提供参考。

13.2.3　可转债定价

13.2.3.1　可转债定价：基于期权定价模型

可转债是在传统债券的基础上附以各种期权（如转股期权、赎回期权、回售期权等），所形成的较为复杂的金融衍生产品，理论上可将可转债的价值拆分为纯债价值、转股期权、回售期权和赎回期权几个部分。由于涉及期权，定价时需要用到各种期权定价模型，如B-S模型、二叉树法、蒙特卡洛法等，方法上，一般可以分为成分定价法和整体定价法。

成分定价法就是将可转债价值简单拆分为纯债价值和各个期权价值之和，其中纯债价值用贴现方法即可获得，期权价值可以使用B-S模型求解。如果仅考虑转股期权，则

$$转债价值 = 转股期权价值 + 纯债价值$$

$$转股期权价值 = C(S, X, R, T, \sigma) \times 100 / X$$

$$C(S, X, R, T, \sigma) = SN(d_1) - Xe^{-RT}N(d_2)$$

$$d_1 = \frac{\ln(S/X) + (R + \sigma^2/2) \times T}{\sigma\sqrt{T}}$$

$$d_2 = d_1 - \sigma\sqrt{T}$$

$$纯债价值 = \sum \frac{C_i}{(1+r)^i}$$

其中，S 表示正股价格，X 表示转股价，R 表示无风险利率，T 表示可转债剩余期限，σ 表示正股波动率，r 表示纯债贴现率。

B-S 模型的优点是操作简单，运行效率快，但也存在明显的缺陷，一方面，成分定价法将转债价值拆分为纯债价值和期权价值本身就存在先天缺陷，另一方面，将各个期权看作是相互独立的，忽略了它们之间的相互作用。正是由于成分定价法存在明显的缺陷，现在基本都采用整体定价法。

整体定价法是将可转债视为一个整体来定价，不对纯债部分和期权部分进行区分。通过对未来股价的模拟，预测判断是否转股，同时设置边界条件和终端条件，反映各附加条款对可转债价值的影响程度，确定在具体节点上的可转债价值，最后在一定条件下进行贴现获得可转债价格。常见的方法有二叉树法、有限差分法、蒙特卡洛法等数值解法，这里仅简单介绍二叉树法和蒙特卡洛法。

二叉树法是假设股价未来有向上和向下两个方向，且假定每次向上或向下的概率和幅度都是已知的，从而生成一个股票未来路径的二叉树形，再根据未定权益的到期收益一步步往前倒推，从而得出每一个树节点上的未定权益的理论价格。具体的实现步骤如下。

第一步：构建股价树状图。假设在初始时刻，正股股价为 S，在单位 dt 时间后，股价上涨至 Su（$u>1$）或下跌至 Sd（$d<1$），如果股价服从几何布朗运动，$u \times d = 1$，则可以推导出 $u = e^{\sigma\sqrt{dt}}$，$d = 1/u$，其中 σ 为正股股价波动率。股价树状图如下：

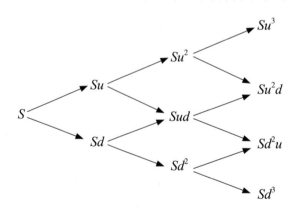

图 13-7 股价树状示意图

第二步：计算二叉树末端可转债价值。假设可转债价值（V）由股权价值部分（U）和债券价值部分（B）构成，则 $V(S,T)=U(S,T)+B(S,T)$。在二叉树末端，若转股价值 nS 大于到期赎回价格 F，则会选择转股，$V(S,T)=nS$；若转股价值 nS 小于到期赎回价格 F，则会选择赎回，$V(S,T)=F$，其中 n 为转股比例。

第三步：根据末端价值倒推之前节点价值。由已知的第 $j+1$ 列第 $i+1$ 行可转债价值倒推第 j 列第 i 行可转债价值，其中假设债权价值部分等于下一期的风险中性期望加利息再进行贴现，贴现率考虑信用风险，信用利差为 r_c；股权价值部分等于下一期风险中性期望的贴现，直接用无风险利率贴现。具体公式如下：

$$B(i,j)=\exp\left[-(r+r_c)\mathrm{d}t\right]\left[p\cdot B(i,j+1)+(1-p)\cdot B(i+1,j+1)+\text{coupon}\right]$$

$$U(i,j)=\exp\left[-r\mathrm{d}t\right]\left[p\cdot U(i,j+1)+(1-p)\cdot U(i+1,j+1)\right]$$

其中，$p=\dfrac{e^{rt}-d}{u-d}$ 表示风险中性概率，coupon 表示第 j 期至第 $j+1$ 期获得的利息。

第四步：确定边界条件。转股边界条件：在转股期内，可转债持有者拥有转股权，可以将可转债转换为股票，若可转债价格小于转股价值，则会选择转股，即 $V=nS$。赎回边界条件：可转债触发赎回条款时，持有者可以选择将可转债转为股票或等待赎回，若可转债价格大于赎回价格，则会选择转股，即 $V=nS$。回售条件边界：触发回售条款时，投资者可选择回售或继续持有，若可转债价格小于回售价格 P，则会选择回售，即 $V=P$。

第五步：重复上述步骤，倒推出当前可转债价值。

二叉树法的优点在于能够充分考虑美式期权的定价问题，能够得到收敛的稳定价，但不能刻画赎回条款和回售条款的路径依赖特征，比如赎回条款规定必须在股票价格连续 15 个交易日内都大于转股价的 130% 时，才可行使赎回权，这就是一个路径依赖期权，但二叉树模型没有办法统计连续 15 个交易日股价的表现情况。

最小二乘蒙特卡洛（LSM）模拟法是先随机模拟出多条股价变动路径，再根据可转债的条款，分析每条股价路径下的对应收益，并按照风险因子进行贴现，得出该条股价路径上的收益现值，最后对所有股价路径上的收益现值取平均值，得到当前可转债的理论价值。具体实现步骤如下。

第一步：假设模拟产生 n 条路径，每条路径上有 t 个时点，假定股价服从几何布朗运动，每条路径上股价的运动轨迹为

$$S_{t+1}=S_t\exp\left[(r-\sigma^2/2)\mathrm{d}t+\sigma\sqrt{\mathrm{d}t}\cdot\text{randn}\right],$$

其中 randn 为服从正态分布的随机数，$\mathrm{d}t=T/t$。

第二步：对 n 条路径进行跟踪，一旦股价满足回售条款，则调整转股价，使可转债价值大于回售价格。

第三步：在触发回售条款的路径中，统计触发回售之后又触发赎回条款的路径，计

算触发日转股价值，并贴现至计算日，加上存续期截止到转股时的利息贴现，记为 V_i，则可转债价值可以表示为

$$V_i = \exp(-rt_i)(nS_{t_c} + I)$$

其中，t_i 为触发赎回日，nS_{t_c} 为触发赎回时的转股价值，I 表示截止到 t_i 时获得的利息。

第四步：在未触发回售条款的路径中，统计触发赎回条款的路径，计算触发日转股价值，并贴现至计算日，加上存续期截止到转股时的利息贴现，同样记为 V_i。

第五步：对于未触发赎回条款的其余路径，不受任何可转债条款影响，是否转股只与转股价值有关，用 LSM 方法对该期权进行定价，到期日可转债价格为

$$V_T = \max\left(S_T \times 100 / X, 100 + \text{coupon}(end)\right)$$

在非赎回路径上，到期转债价格等于到期赎回价与转换价值的较大者；找出 T–1 时刻转股价值大于持有价值的路径，将股价记为 Z，将路径对应的 V_T 贴现至 T–1 时刻，记为 Y，利用最小二乘法，得到回归方程：

$$Y = a + b \times Z + c \times Z^2$$

代入 Z 得到期望值，与 T–1 时刻的转股价值比较，决定继续持有还是转股；如转股，则将现金流设置为转股价值；依次循环，得到 T–2，…，1 时刻的转债价格，最后均贴现至计算日。

第六步：取各路径转债价值的平均值，即得可转债价值。

LSM 模拟法的优点在于能够充分考虑期权特征和路径依赖特征，但缺点是需要大量重复计算，运算效率低。

综合来看，上述几种方法各有优缺点，但都是依赖国外的期权定价模型，很多假设并不符合国内可转债市场，因此用模型算出的理论价格往往与实际价格偏差较大。

13.2.3.2 可转债上市定价

上市公司发行可转债时，投资者需要对可转债上市价格进行判断，以确定是否参与申购。若上市价格低于面值 100 元，申购将面临亏损，肯定不会参与申购。由于模型定价往往存在较大偏差，在实际定价时，需要更加注重相对价值的比较，模型定价仅作为参考。

对于新券而言，先根据初始转股价算出对应的平价，然后优先在存量可转债中寻找平价水平相似的个券进行比较，其次再比较可转债规模、正股基本面、行业、弹性等，同时还要考虑转债条款、市场环境等，最终给出一个上市的转股溢价率区间，算出对应的上市价格区间。

专栏 13-2

宁行转债上市定价分析

2017 年 11 月 30 日,宁波银行公布转债发行公告,初始转股价为 18.45 元/股,按照当时正股 18.38 元/股的收盘价,对应的转股价值为 99.62 元。存量可转债中,不管是转股价值水平还是行业、规模,相对可比的都是光大转债,当时光大转债的转股价值为 98.1 元,转股溢价率在 10% 左右。考虑到宁波银行的基本面要略好于光大银行,给予 10%—12% 的转股溢价率,则可以算出对应的可转债价格为 109.6—111.6 元。表 13-8 给出了更详细的宁行转债上市定价分析。

但需要注意的是,可转债从发行到上市需要一段时间,比如宁行转债直到 2018 年 1 月 12 日才上市,所以其间正股价格波动将直接影响到最终可转债的上市价格。好在宁行转债上市时,正股价格较发行时波动不大,为 18.51 元/股,最终可转债上市首日开盘价为 111.5 元,收盘价为 112.38 元,略高于此前的估计。

表 13-2 宁行转债上市定价分析

正股价格(元) \ 转股溢价率(%)	9	10	11	12	13
17.28	102.07	103.01	103.94	104.88	105.82
17.64	104.24	105.20	106.16	107.11	108.07
18.01	106.41	107.39	108.37	109.34	110.32
18.38	108.59	109.58	110.58	111.58	112.57
18.75	110.76	111.77	112.79	113.81	114.82
19.12	112.93	113.97	115.00	116.04	117.07
19.48	115.10	116.16	117.21	118.27	119.33

13.3 可转债投资

13.3.1 可转债的驱动因素

在选择投资可转债之前,需要了解可转债的驱动因素。理论上,因为可转债是股票和债券的结合,所以影响股票和债券市场的因素应该都会影响可转债价值,但在实际考虑驱动因素时,主要从纯债价值、转股价值和估值三个角度分析。

13.3.1.1 纯债价值

纯债价值，即债底价值，是仅考虑可转债纯债券属性的价值。理论上，纯债价值作为可转债价值构成的一部分，它的提升会驱动可转债价格上涨，但在实际表现中，债底的影响偏弱，这主要是出于两方面的原因。一方面，债底价值本身变动的幅度不大，像2014—2016年的债券市场大牛市，利率大幅下行，可转债平均债底价值仅上升了7元左右；另一方面，大多数可转债的价格距离债底价值较远，转债价格对债底的变动不敏感。另外，债底价值的提升意味着债市利率的下行，而可转债的投资者大多是债券投资者，债市的走牛会使得可转债的机会成本上升。

债底价值的作用更多体现在对可转债价格下跌时的支撑上，尤其是在市场环境不好，可转债大幅下跌时，债底价值能够很好地限制可转债价格下跌的空间。如图13-8显示的可转债平均价格与平均债底价值情况，2008年年底，可转债平均价格最低距离平均债底价值在10元左右，也是历史上的最低水平。

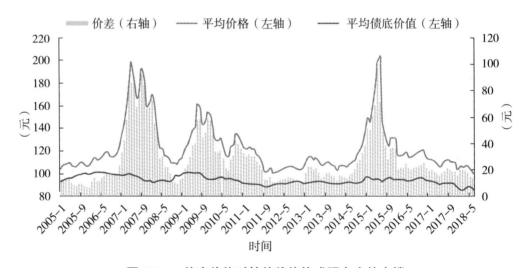

图 13-8　债底价值对转债价格构成强有力的支撑

资料来源：Wind 数据库。

13.3.1.2 转股价值

转股价值，即平价，从公式上看，平价的提升主要来自正股价格的上涨，也就是说正股价格的上涨是可转债价格上涨的根本驱动力。

大方向上，整个可转债市场的表现主要依赖于股票市场的表现，如图13-10所示，可以看到中证转债指数与上证综合指数的走势基本一致，2004—2008年两者的相关系数达到0.77。虽然趋势一致，但可转债市场的波动幅度要比股市小，往往表现出"进可攻，退可守"的特性，更加适合风险偏好相对较小的投资者。

在表13-3中，我们统计了2004—2017年中证转债指数和上证综合指数的涨跌幅，可以看到只有2004年、2005年、2015年和2017年两者的走势不一致。

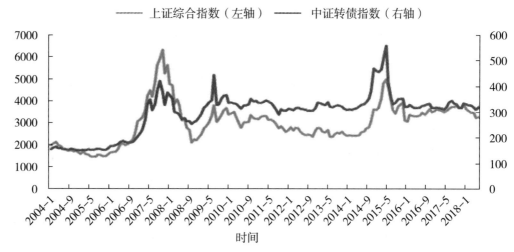

图 13-9 中证转债指数和上证综合指数走势

资料来源：Wind 数据库。

表 13-3 可转债市场跟随股市波动　　　　　　　　　　（单位 %）

年份	中证转债指数涨跌幅	上证综合指数涨跌幅	年份	中证转债指数涨跌幅	上证综合指数涨跌幅
2004	1.03	−15.40	2011	−12.77	−21.68
2005	5.56	−8.33	2012	4.11	3.17
2006	37.69	130.43	2013	−1.42	−6.75
2007	103.13	96.96	2014	56.94	52.87
2008	−32.35	−65.39	2015	−26.54	9.41
2009	42.63	79.98	2016	−11.76	−12.31
2010	−6.33	−14.31	2017	−0.16	6.56

2004 年和 2005 年，可转债的表现要明显好于股市，主要是当时可转债市场才发展起来，由于融资渠道狭窄，很多优质公司都通过可转债进行融资，可转债的条款非常丰厚，比如董事会就可以决定转股价修正而无须股东大会通过，多数可转债都由商业银行提供担保等，而且可转债的估值也极其便宜；同时，由于债券市场不发达，投资渠道有限，可转债面临的机会成本低，所以可转债的性价比要高于股市，表现也好于股市。

2015 年上半年是大牛市，可转债纷纷触发赎回转股，可转债个数和规模大幅减少，下半年股市异常波动，市场开始大幅下跌，政府出于维稳救市的考虑，主要是拉权重大的股票，所以全年看，上证指数是上涨的，中证转债指数是下跌的，但其实很多可转债个券上半年都转股赚钱了。

2017 年是分化明显的一年，以大盘蓝筹为主的上证 50 持续上涨，而以小股票为主的创业板大幅下跌，由于可转债中大盘转债较少，最终中证转债指数小幅下跌，上证指数上涨。

除上述年份外，其余年份中证转债指数和上证指数都是同涨同跌的，尤其是股市大熊市时，可转债表现出明显的抗跌性，比如 2008 年，上证指数下跌 65.39%，转债指数仅下跌 32.35%，而股市牛市时，可转债表现也不差，比如 2007 年和 2014 年，中证转债指数涨幅还略高于上证指数。

小方向上，可转债个券表现依赖正股表现，因为即使在股市熊市里，只要正股基本面优秀，股价依旧能够上涨，尤其是在 2017 年年底可转债扩容之后，叠加股市表现又不好，可转债内部分化明显，只有选择了好的可转债，才能获得较高的收益，这就需要对正股进行深入研究。

13.3.1.3 估值

可转债估值可以用来衡量可转债相对于正股的性价比，它可分为股性估值和债性估值，其中股性估值一般用转股溢价率表示，债性估值一般用纯债溢价率或纯债到期收益率表示。

转股溢价率是可转债价格高于转股价值的比例，转股溢价率越低，说明可转债价格越接近转股价值，股性越强，弹性越大。纯债溢价率是可转债价格高于纯债价值的比例，纯债溢价率越低，说明可转债价格越接近纯债价值，债性越强，弹性越小。

一般中高转股价值可转债的股性较强，可以用转股溢价率来表示其估值水平，而低转股价值可转债的股性较弱，债性较强，可以用纯债溢价率或纯债到期收益率表示其估值水平。由于可转债的投资收益主要看正股价格上涨时可转债的价格弹性及转股收益，弹性越大，跟涨能力越强，正股价格上涨时，可转债获得的收益越大，而债性估值主要是约束可转债的投资风险，债性越强，可转债的抗跌风险越大。因此，一般说的可转债估值主要指股性估值，即转股溢价率。

可转债股性估值的影响因素较多，主要包括股市表现、可转债供需、条款博弈等。

股市表现可以分为牛市、熊市和震荡市。当股市进入牛市时，市场情绪高涨，看涨预期强烈，正股波动率提升会提高可转债的期权价值从而推动估值上升，同时通过可转债博取股市上涨的需求会大幅增加，而可转债的供给会随着不少可转债的赎回而减少，会加剧供需的不平衡，导致可转债估值与股市走势呈现正相关。当股市进行熊市时，股票价格持续下跌，但可转债价格有债底支撑，跌幅会明显小于正股，导致估值被动走扩，可转债估值与股市走势呈负相关。当股市进入震荡市时，市场下跌，估值被动提升；市场反弹，估值压缩，可转债估值与股市走势呈负相关。

可转债供需包括供给和需求两个方面。其中供给主要看新券发行和赎回转股，新券的不断发行会对存量老券价格产生冲击，导致估值压缩。比如 2017 年 9 月信用申购开启后，可转债供给大幅增加，平均转股溢价率持续压缩，从 35% 左右压缩至 2018 年年初的 25% 左右。赎回转股主要发生在牛市阶段，大量的个券触发赎回转股，而新券发行又跟不上，导致可转债市场规模大幅下降，可转债成为稀缺标的，估值大幅上升。比如 2015 年年中，可转债市场规模一度下降至 150 亿元以下，平均转股溢价率最高上升至 60% 以上。

可转债的供给相对来说比较好跟踪，新券的发行情况可以密切关注上市公司可转债发行预案的进度，有的软件，比如 Wind 资讯会有详细的统计；赎回转股只需要关注个券赎回条款的触发进度即可。截至2018年7月底，公布可转债预案的上市公司约170家，计划发行总规模约4 400亿元，未来还会不断增加，可见整个可转债市场将迎来大扩容。

可转债需求可以细分为两方面。一方面是存量可转债退市之后的资金移仓需求，主要来自可转债基金，因为转债基金对可转债的仓位有一定的比例限制，一般不能低于64%，转债基金是刚需资金。如图13-10显示，2015年转债基金持有的可转债规模占可转债总规模的比例最高接近35%。另一方面是新增资金的需求，前面提到可转债投资者主要包括基金、保险、年金等，其中边际影响最大的就是公募基金，尤其是债券基金。债基需求的变化主要看股市表现和债市表现。当股市表现好时，债基就会加大持仓来博取股市弹性，而且还可以通过加杠杆的方式；当债市表现好时，持有可转债的机会成本就会增加，相应的需求也会下降。从图13-11可以看到，2015年后债基持有的可转债规模占债基总规模的比例一直处于低位。

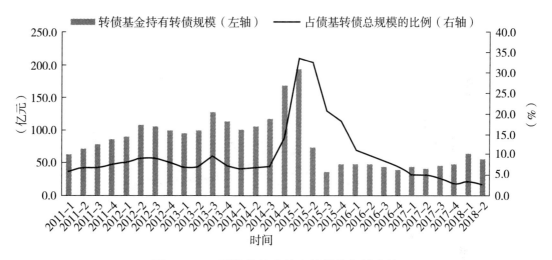

图 13-10　可转债基金持有的转债规模占比

资料来源：Wind 数据库。

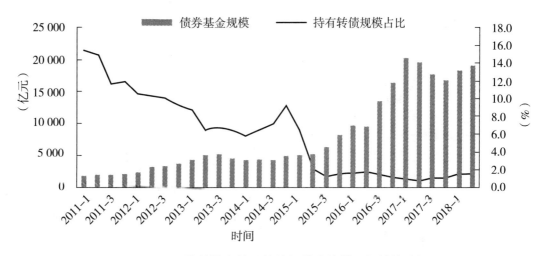

图 13-11　债基持有的可转债规模占债基总规模的比例

资料来源：Wind 数据库。

可转债需求变化比较难跟踪,像基金持仓变化一般只能通过基金季报看到,频率低且相对滞后,比较高频的就是上交所每个月公布的可转债持有人结构数据。

条款博弈对可转债估值的影响主要包括触发赎回和转股价下修。当正股价格持续上涨将触发强制赎回时,可转债的转股溢价率将逐步回归至零,在触发赎回之前,若转股溢价率为正,则将逐步面临压缩,若转股溢价率为负,则将逐步回升。

专栏 13-3

触发赎回条款对可转债估值的影响

以白云转债为例,如图 13-12 所示,在上市初期,白云转债转股溢价率维持在 25%—30% 的水平,2016 年 6 月之后,随着正股价格上涨,转股溢价率逐步压缩,2017 年 2 月,正股价格接近赎回触发价,转股溢价率快速从 10% 压缩至 0 附近。

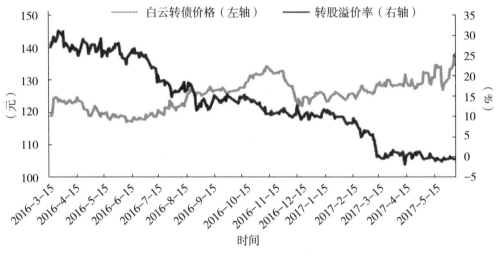

图 13-12 白云转债触发赎回后转股溢价率逐步压缩至 0 附近

图 13-13 万信转债触发赎回后转股溢价率快速回升至 0 附近

再来看万信转债，如图 13-13 所示，上市初期，万信转债的转股溢价率就不高，在 5% 左右，之后随着正股价格上涨，市场给予的负溢价越来越高，主要是可转债未进入转股期，而且很多债券投资者对公司的业务不熟悉。2018 年 6 月底，可转债进入转股期，即将面临赎回，叠加负溢价率套利（即买入转债的同时卖出对应的正股），转股溢价率迅速从 –15% 左右回升至 0 附近。

当转股价下修时，转股溢价率会立刻压缩，因为随着转股价的下修，可转债的转股价值会提升，对应的转股溢价率会下降。至于转股溢价率下降到多少，要看转股价下修是否充分，若充分下修，则转股价值会提升至接近 100 元，对应的转股溢价率也会大幅下降。

专栏 13-4

转股价下修对可转债估值的影响

先以无锡转债为例，2018 年 5 月 18 日召开的股东大会通过转股价下修议案，由于股东大会召开日前 20 个交易日和前 1 个交易日的股票交易均价分别为 6.85 元和 6.84 元，最终转股价下修至 6.85 元/股，不低于两者之间的较高者，转股价充分下修，平价提升至 100 元左右，对应的转股溢价率从 30% 左右下降至 0 附近，如图 13-14 所示。

图 13-14　无锡转债转股价充分下修后转股溢价率下降至 0 附近

再来看江南转债，2018 年 4 月 19 日，股东大会通过转股价下修议案，股东大会召开日前 20 个交易日均价和前 1 个交易日的价格分别为 5.01 元和 4.78 元，但最终转股价只下修至 6.10 元，转股溢价率从 100% 左右下降至 30% 左右，如图 13-15 所示。

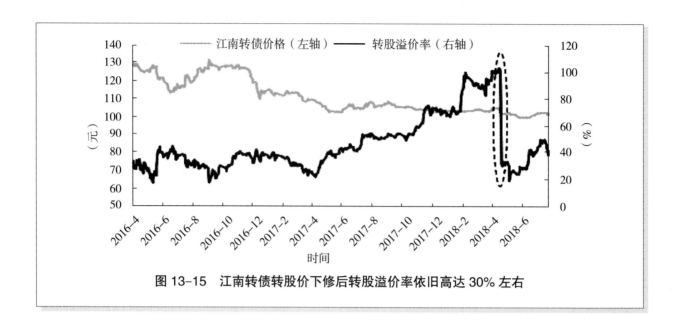

图 13-15　江南转债转股价下修后转股溢价率依旧高达 30% 左右

13.3.2　可转债个券选择

13.3.2.1　基于可转债正股

正股价格上涨是驱动可转债价格上涨的核心因素,可以说选可转债就是选正股,由于对正股的选择属于股票研究范畴,这里我们只分析可转债与股票的不同。

可转债与股票的最大不同在于前者有一系列的条款,而且发行人可以通过这些条款来促使可转债转股,关键要看发行人促转股的意愿。有些发行人可能只想低成本融资,即使达到下修条件后也不主动下修。而有些发行人促转股意愿强烈,可以通过多次下修来促转股,甚至会主动发布一些利好消息来刺激股价上涨促使可转债转股,所以就会出现"差公司、好转债"的情况,因为对于股票投资者来说,公司基本面业绩差,可能并不是一家好公司,但对于转债投资者来说,只要公司有促转股的意愿和能力即可。比如牛市中,小市值的公司股价弹性大,往往发布一个利好消息就可能会导致股价的连续涨停,达到转股目的。

另外,可转债的流动性要比股票差,很多可转债的日换手率不到 1%。这一方面是由于可转债扩容后,本身出现很多小转债,比如再升转债规模只有 1.14 亿元;另一方面是市场表现不好,缺乏赚钱效应,导致成交不活跃,特别是一些偏债型转债。流动性差就会出现即使看好正股表现,但可转债买不到量,尤其是对机构投资而言,除非是提前买入正股参与优先配售或者在刚上市高换手时买入。

13.3.2.2　基于估值和绝对价格

可转债估值反映的是可转债相对正股的弹性,转股溢价率低,说明股性强,弹性大;转股溢价率高,说明债性强,弹性小。所以面对股票市场的不同表现时,基于估值也有不同的选择。当股票市场表现好时,可以选择转股溢价率较低的偏股型可转债,最好正股的弹性也不差,这样可以充分享受股市上涨带来的收益;当股票市场表现不好时,可以选择防御性强的偏债型可转债,下跌空间有限,风险相对较小。下面我们用专栏13-5来直观地解释一下。

专栏 13-5

基于估值选择可转债个券

2018年3月底,中美之间发生贸易摩擦,股市开始下跌,5月下旬,贸易摩擦进一步激化,股市加速下跌。2018年5月21日至7月5日这段时间,上证综合指数下跌幅度达15%左右,可以说股票市场表现非常不好,那么不同估值的可转债表现如何?

首先通过图13-16看水晶转债。2018年5月21日,水晶转债价格为95.88元,转股溢价率为41%,正股价格为15.52元/股;到了7月5日,水晶转债价格下跌至92.1元,跌幅为-3.9%,而正股价格下跌至11.56元/股,跌幅达到-25.5%。

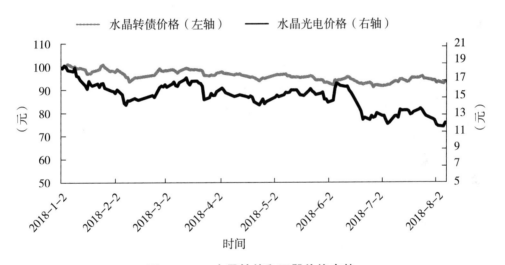

图 13-16 水晶转债和正股价格走势

再通过图13-17看泰晶转债。5月21日,泰晶转债价格为116.63元,转股溢价率为-2.36%,正股价格为21.56元/股;到了7月5日,泰晶转债价格下跌至98.13元,跌幅为-15.9%,而正股价格下跌至15.44元/股,跌幅达到-28.4%。

水晶转债和泰晶转债的正股均属于电子行业,其间正股跌幅差不多,但可转债表现截然不同,高转股溢价率的水晶转债跌幅只有-3.9%,而低转股溢价率的泰晶转债跌幅高达-15.9%。

可见,当股票市场表现不好时,高转股溢价率的可转债更加抗跌,风险相对较小。对于机构投资者来说,由于可转债流动性较差,调仓会受到限制。

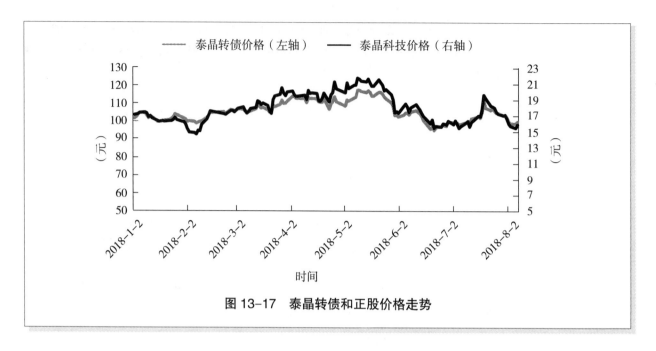

图 13-17 泰晶转债和正股价格走势

基于绝对价格一般指的是低价策略,就是买入绝对价格低、高纯债到期收益率的可转债,可以选择分批买入,越跌越买。因为低价可转债的风险小,收益确定性较高,而且剩余期限越短越好,发行人促转股的意愿强。比如买入一个价格在 90 元、纯债到期收益率为 5%、剩余期限还有 4 年的可转债,若 2 年后进入回售期,触发回售,最终以 103 元回售,则不考虑票息,年化收益率也有 7.2% 左右。若发行人为了避免回售而下修转股价,对可转债来说也是利好,可以提升可转债价值。若最终触发赎回转股,收益将更高。即使将其作为一个纯债持有至到期,每年的收益率也有 5%。

13.3.2.3 基于条款博弈和转股套利

最常见的条款博弈就是转股价下修博弈,是指在发行人提出下修转股价前买入可转债来博弈下修后的上涨机会。

2018 年以前下修转股价的一般模式是为了避免触发回售而被动下修转股价,所以可以在即将满足回售条件前买入可转债等待下修。我们统计了 2006 年至 2017 年可转债下修情况,共有 23 只可转债提出了 28 次下修,其中有 19 次发生在回售期,6 次在非回售期,3 次没有回售条款;而且有 25 次下修成功,仅 3 次下修失败,可见下修通过是大概率事件。对于可转债来说,下修转股价无疑是利好,一般会刺激价格上涨,尤其是董事会通过后一交易日,25 次中仅 8 次是下跌的,上涨概率达到 68%,平均涨幅在 1.4% 左右,而股东大会后,由于此前市场已有反应,上涨的概率和幅度都会下降,上涨概率为 50%,平均涨幅仅为 0.1%。如果是单纯的博弈下修,董事会通过后的放量上涨可能是比较好的离场机会,要是等到股东大会可能还会面临下修不通过和下修不充分的风险。

2018 年下修的模式有所变化。由于 2017 年年底大量的可转债发行上市,而 2018 年 2 月之后,受中美贸易摩擦和信用风险影响,股市大幅下跌,导致很多可转债达到下修条件,虽然没有进入回售期,但很多可转债却主动提出下修转股价,可转债市场迎来一波"下修潮"。2018年前7个月,共有12只可转债提出下修,其中除江南转债是迫于回售压力下修外,其余均是主动下修,有些甚至尚未进入转股期。发行人主动下修转股价的原因主要包括:第一,早日促转股,降低财务费用,虽然可转债的票面利率很低,但其利息费用是按实际利率法计算的;第二,银行转债是为了转股后补充核心一级资本充足率,如下修的3只银行转债:无锡转债、江银转债和常熟转债;第三,大股东配售比例高,可转债价格下跌导致亏损较大,通过下修来刺激价格上涨。

以往迫于回售压力的下修是比较好预期的,投资者也好提前埋伏,但发行人主动下修的不确定性较大,正是由于存在不确定性,一旦提出下修,获得的涨幅也较大,董事会通过后一交易日的平均涨幅为3.8%。发行人主动下修转股价是为了更好地促转股,也体现出较强的转股意愿,但最终能不能转股,还是要看正股的表现,若正股基本面较差,下修后股价继续下跌,可转债价格也将跟随下跌,而且由于转股溢价率的压缩,下跌幅度可能还会加大。下面我们通过专栏13-6来分析不同情况下可转债下修后的表现。

专栏 13-6

下修转股价博弈

骆驼转债是2018年首只主动提出下修的可转债,当时明显超出了市场的预期。如图13-18所示,2018年3月9日,董事会提议下修转股价,次交易日可转债价格大涨6.92%,至105.56元,成交也大幅放量,之后几个交易日可转债价格继续小幅上涨。2018年3月20日,股东大会通过下修议案,前20个交易日和前1个交易日股票交易均价分别为12.65元/股和13.24元/股,最终转股价下修至13.5元/股,基本充分下修,次日可转债价格小幅上涨。再之后中美贸易摩擦爆发,可转债价格跟随正股价格持续下跌,最低下跌至93.63元,较高点下跌幅度达15%左右。

图 13-18 骆驼转债价格和成交量走势

江南转债是2018年提出下修的第二只可转债,在此之前已经达到下修条件,只是没有进入回售期。如图13-19所示,2018年3月18日,可转债进入回售,4月3日,迫于回售压力,董事会提议下修转股价,由于市场已有预期,次日可转债价格小幅上涨1.1%,至105.3元。4月9日,股东大会通过下修议案,前20个交易日和前1个交易日股票交易均价分别为5.01元/股和4.78元/股,但最终转股价仅下修至6.10元/股,并未充分下修,明显低于市场预期,次日可转债价格下跌2.56%。之后正股价格持续下跌,触发回售条款,发行人没有选择继续下修而是选择回售,可转债价格回升至103元的回售价附近。

图 13-19 江南转债价格和成交量走势

蓝思转债的下修有点复杂。在最初发行时,大股东承诺参与配售,但最终却没有选择配售,导致弃购率较高,转债上市破发,大股东又承诺择时增持。如图13-20所示,2018年6月8日,

图 13-20 蓝思转债价格和成交量走势

董事会提议下修转股价，次日转债价格上涨 3.85%，但 6 月 26 日的股东大会未通过下修议案，次日转债价格盘中大跌 8.35%，收盘跌 5.35%。之后大股东又承诺会再次提议下修转股价，不久就低位完成增持，并于 7 月 18 日再次提出下修，但有了前次教训后，次日转债价格基本没有反应。

综合来看，下修博弈分为预期之中和预期之外两种，预期之中是迫于回售压力下修，市场有预期，提出下修后可转债表现一般，而预期之外是发行人主动下修，存在较大的不确定性，不好提前预判，提出下修后可转债涨幅较大。但是不论哪种下修，提出下修后均面临下修幅度不及预期和下修不通过的风险，往往提出下修后放量是比较好的离场机会。

赎回博弈是指在可转债将要触发赎回前买入，博弈最终触发赎回的机会，也是一种条款博弈。一般当可转债将要触发赎回时，发行人为了一举完成转股，可能会发布利好消息刺激股价。从历史数据看，一般在赎回公告日前 30 日到前 5 日，正股价格会持续上涨，触发赎回条款，但从赎回公告日前 5 日开始，正股的压力会加大，一般会持续到赎回公告日后 10 个交易日，一方面是面临可转债转股后卖出的压力，另一方面是触发赎回后，发行人维持股价的意愿也会下降，另外也要看可转债转股的稀释度，稀释度越高，正股的压力也越大。当然，如果市场环境较好，正股表现强势，即使触发赎回，对正股的压力也不大，可转债仍有上涨空间，也并不急于转股，而且转股后也可以继续持有正股。

转股套利是指当可转债价格低于转股价值，即转股溢价率为负时，当天可以买入可转债转股，次日卖出套利。不过，由于当日转股需次日才可卖出，将面临次日正股价格下跌的风险，而且值得注意的是，由于需要转股，必须要进入转股期才行，所以经常可以看到未进入转股期、转股溢价率为负的可转债，一旦即将进入转股期，套利的存在会使得转股溢价率快速回升。

专栏 13-7

负转股溢价率套利

某日某可转债的转股价为 10 元/股，正股价格为 10.3 元/股，可转债价格为 102 元，对应转股溢价率为 -0.97%，买入一张可转债可转为 10 股正股，次日按 10.3 元/股卖出可获得 103 元，获利 1 元。

历史上，像广汽转债就出现过多次负溢价率套利转股，导致可转债余额下降，如图 13-21 所示，2017 年 5 月出现过 12 次溢价率为负的情况，当月可转债规模缩小约 7.1 亿元。

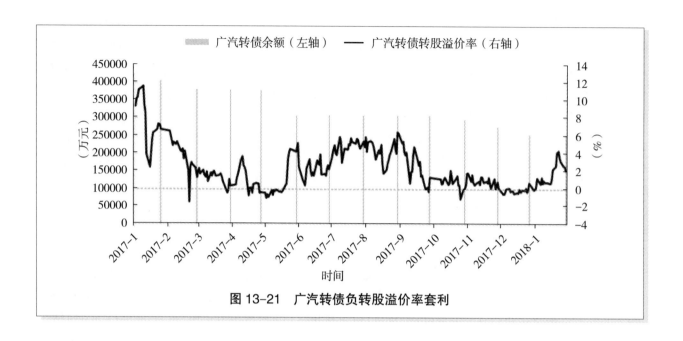

图 13-21 广汽转债负转股溢价率套利

本章小结

可转债是指在规定期限内，持有人有权按约定价格转换成发行公司股票的债券，可以简单看作"债券+股票期权"的组合。

可转债具有"进可攻，退可守"的特性，一般在股票熊市时，可转债下跌幅度比股票小；在股票牛市时，可转债又有很强的跟涨能力。

可转债的投资群体主要包括基金、保险、自然人、年金、社保、券商资管和自营、QFII 等。

可转债的基本条款一般包括纯债条款、转股条款、下修条款、强制赎回条款和回售条款。

可转债分析指标可以分为债性指标和股性指标，其中债性指标包括纯债价值、纯债溢价率和纯债到期收益率；股性指标包括转股价值和转股溢价率。

可转债发行上市流程一般需要经过 6 个步骤，即发布预案—股东大会通过—过发审会—核准批文—发行公告—上市，因此可转债发行上市需要较长的时间。

可转债的发行方式有三种，分别是股东配售、网下发行和网上发行，可以采用其中的一种或者几种方式来发行可转债。

可转债定价需要用到各种期权定价模型，如 B-S 模型、二叉树法、蒙特卡洛法等，方法一般可以分为成分定价法和整体定价法。

在实际考虑可转债驱动因素时，主要还是从转股价值、纯债价值和估值三个角度分析。

可转债估值分为股性估值和债性估值，其中股性估值一般用转股溢价率表示，债性估值一般用纯债溢价率或纯债到期收益率（YTM）表示。

在选择可转债时，一般主要基于正股基本面、可转债估值和绝对价格。

可转债条款博弈主要分为下修转股价博弈和赎回博弈。

转股套利是指当可转债价格低于转股价值，即转股溢价率为负时，当天可以买入可转债转股，次日卖出套利。

重要术语

可转债 纯债条款 转股条款 下修条款 赎回条款 回售条款 纯债价值 纯债溢价率 转股价 转股比例 平价 转股溢价率 信用申购 优先配售 网上发行 网下发行 隐含波动率 二叉树模型 蒙特卡洛模型

思考练习题

1. 试讨论以下观点：
   (a) 可转债在存续期内都可以转换成发行公司股票。
   (b) 可转债只要持有到期，公司不发生违约就不会亏损。
   (c) 可转债的股票期权属性可以让其价格一直上涨不封顶。

2. 请简要阐述我国可转债市场发展历史的几个阶段。

3. 可转债的基本条款包括哪些？简要阐述每个条款的具体内容。

4. 试判断以下观点：
   (a) 当可转债触发下修条款时，发行人有义务提出下修方案。
   (b) 当可转债触发赎回条款时，持有人只能选择转股。
   (c) 当可转债触发回售条款时，持有人都会选择回售。

5. 假设某只可转债的价格为106.13元，当期转股价为4.13元，正股价格为3.57元，6年票面利息分别为0.3%、0.5%、1.0%、1.5%、1.8%、2.0%，到期按面值的106%（含当期应计利息），同期限、同评级的企业债到期收益率为4.8%。试计算该可转债的转股价值、转股溢价率、纯债价值和纯债溢价率。

6. 可转债的发行要求包括哪些？与配股、定增融资有哪些相同点和不同点？

7. 假设某只可转债发行，投资者想要参与配售，以12元/股的价格买入1万股正股，每股可以配售2元面值的可转债，配售完之后，以11.5元/股卖出正股，等到可转债上市时，以105元的价格卖出全部可转债，请计算投资者的盈亏。

8. 假设某日某只可转债的价格为105元，正股价格为10.8元/股，转股价为10元/股，投资者买入1 000张可转债当日转股，次日以10.5元/股的价格卖出，请计算投资者的盈亏。

参考文献

[1] 安道全. 可转债投资魔法书（第二版）[M]. 北京：电子工业出版社，2014.

[2] （美）弗兰克·J.法博齐. 固定收益证券手册（第8版）[M]. 周尧，等译. 北京：中国人民大学出版社，2018.

[3] 赖其男，姚长辉，王志诚. 关于我国可转换债券定价的实证研究 [J]. 金融研究，2005(9):105—121.

[4] 郑振龙，林海. 中国可转换债券定价研究 [J]. 厦门大学学报（哲学社会科学版），2004(2):93—99.

相关网络链接

上证债券信息网：http://bond.sse.com.cn/
上海证券交易所：http://www.sse.com.cn/

深圳证券交易所：http://www.szse.cn/

金融市场从业人员
能力建设丛书

固定收益证券及其衍生品

（下册）

FIXED INCOME SECURITIES AND DERIVATIVES

中国银行间市场交易商协会
教材编写组 / 编

北京大学出版社
PEKING UNIVERSITY PRESS

目录

>>>>>> 下 册 <<<<<<

第四篇 固定收益衍生品实务

第 14 章 利率互换 ··· **399**

  开篇导读 ·· 399
  14.1 利率互换概述 ·· 400
  14.2 利率互换的业务流程 ·· 411
  14.3 利率互换的估值与风控 ·· 426
  14.4 利率互换的交易策略与应用 ·· 443

第 15 章 国债期货 ··· **455**

  开篇导读 ·· 455
  15.1 国债期货概述 ·· 456
  15.2 国债期货的定价 ·· 464
  15.3 期现套利策略 ·· 473
  15.4 基差交易策略 ·· 483

第 16 章 信用衍生品 ··· **495**

  开篇导读 ·· 495
  16.1 信用衍生品概述 ·· 496
  16.2 信用衍生品的功能 ·· 509
  16.3 信用衍生品的交易策略 ·· 514
  16.4 信用衍生品的风险管理 ·· 519
  16.5 信用衍生品与商业银行资本管理 ·· 521

第五篇　固定收益组合管理

第 17 章　固定收益组合管理策略 ... **539**

开篇导读 ... 539
17.1　现代投资组合理论概述与最新进展 ... 540
17.2　固定收益组合管理的目标、范围和类型 ... 545
17.3　固定收益组合管理策略：基于债券基准指数的策略 ... 546
17.4　负债驱动的固定收益组合管理策略 ... 549
17.5　积极的固定收益组合管理策略 ... 552
17.6　固定收益组合管理中的风险 ... 556
17.7　固定收益组合管理复杂策略 ... 558

第 18 章　固定收益组合构建 ... **563**

开篇导读 ... 563
18.1　固定收益组合的投资目标与账户类型 ... 564
18.2　固定收益组合的构建与量化管理 ... 573
18.3　对冲基金的固定收益组合交易策略 ... 583
18.4　全球固定收益组合管理 ... 589
18.5　固定收益组合管理的国际比较 ... 599

第 19 章　固定收益组合业绩分析 ... **605**

开篇导读 ... 605
19.1　固定收益组合的业绩归因分析 ... 606
19.2　固定收益组合的业绩归因应用 ... 616

第 20 章　固定收益组合管理实务 ... **621**

开篇导读 ... 622
20.1　固定收益组合的配置要点及逻辑 ... 622
20.2　固定收益组合管理的策略与操作 ... 631
20.3　固定收益组合管理的限制 ... 656
20.4　会计、税收和资本管理对固定收益组合管理的影响 ... 669

第六篇　中国固定收益证券市场行为规范与监管

第21章　中国固定收益证券市场行为规范 ········· 683
开篇导读 ········· 683
21.1　银行间债券市场管理与监测 ········· 684
21.2　交易所债券市场交易管理与监测 ········· 693
21.3　机构行为规范 ········· 694
21.4　个人行为规范 ········· 695

第22章　中国固定收益证券市场监管 ········· 700
开篇导读 ········· 700
22.1　债券市场监管框架的演变 ········· 701
22.2　债券市场监管框架现状 ········· 707
22.3　债券市场监管改革方向 ········· 726

第四篇

固定收益衍生品实务

第 14 章
利率互换*

叶予璋（兴银理财）
杨　雪（浙商基金）

学习目标

通过本章的学习，读者应做到：
◎ 理解利率互换的概念、本质特征、基本功能与风险；
◎ 掌握利率互换的现金流计算和交易特点；
◎ 理解利率互换的定价原理；
◎ 理解利率互换的交易策略；
◎ 了解全球与中国利率互换市场的发展现状；
◎ 了解利率互换的风险控制和各项制度。

■ 开篇导读

利率互换是利率衍生品的重要组成部分，也是目前国际场外金融市场交易量最大的品种。利率互换不涉及债务本金的交换，可以看成一系列远期利率协议（Forward Rate Agreements，FRA）的合成，而远期利率协议也可以看成单期的利率互换。

利率互换是对冲利率风险的重要工具，也是良好的曲线交易工具。商业银行可以使用利率互换来对冲期限错配的风险，贷款机构可以使用利率互换来锁定融资成本，交易商可以使用利率互换来进行组合久期的微调和对冲，对冲基金和自营交易平台可以使用

---
* 本章由王焕舟（国泰君安证券）审校。

利率互换来表达其对利率的判断和观点，进行投机和套利交易。

假设组合静态收益率为 4.5%，拟通过 1.5 倍杠杆提高组合收益，由于回购利率始终处于波动状况，预计平均回购成本为 3%—4%，则 1.5 倍杠杆的组合收益范围计算如下：4.5% + 0.5 × （4.5% - 3%）= 5.25%，4.5% + 0.5 × （4.5% - 4%）= 4.75%，因此 1.5 倍杠杆的组合收益区间为 4.75%—5.25%。

此时 1 年期 FR007 利率互换的价格为 3.5%，卖出利率互换合约，支付浮动利率，收取固定利率，锁定杠杆成本为 3.5%，则组合收益为 4.5% + 0.5 × （4.5% - 3.5%）= 5%。

此外，根据利率互换曲线形态的变化，聪明的交易者也可以进行曲线凹凸和基差交易。债券市场、国债期货市场和利率互换市场相互影响、相得益彰，与大宗商品市场、外汇交易市场一起，为投资者提供了丰富的交易品种，投资者可以构建多角度、跨市场的交易策略。

14.1 利率互换概述

14.1.1 利率互换的定义和种类

利率互换，作为一种有效的利率风险管理工具，在国际金融市场上具有极其重要的地位，目前已发展成国际场外金融市场交易规模最大的品种。利率互换于 2006 年登陆中国，随后经历了快速的发展。各家银行纷纷引进优秀人才，迅速推动了利率衍生品的发展。然而，2008 年的金融危机使得利率互换市场发展进程趋缓。近年来随着交易制度和交易模型的不断完善，人民币利率互换的交易量从 2006 年的全年 300 亿元发展到 2017 年的全年 10 万亿元。可喜的是，2015 年央行宣布取消存款利率幅度限制，标志着中国利率市场化取得巨大进展。2016 年央行的宏观审慎评估体系（Macro Prudential Assessment，MPA）纳入利率自律定价机制，对存款利率上浮行为进行软约束，实体经济利率与金融市场利率逐步关联，推动了利率互换和利率衍生品的长足发展。

14.1.1.1 利率互换的定义

利率互换（Interest Rate Swaps，IRS），也叫利率掉期，顾名思义就是对两个利率相关的现金流进行交换，即指交易双方于约定期限内相互按照约定利率，根据一定的规则进行利息的交换。广义的利率互换中两个现金流的名义本金可以是不同货币，惯例上利率互换交易不对两笔现金流的本金进行交换。

人民币利率互换是指交易双方约定在未来一定期限内，根据约定的人民币本金和利率计算利息并进行利息交换的金融合约。其中，固定利率支付方（利率互换合约的买方）是有义务支付固定金额的一方；浮动利率支付方（利率互换合约的卖方）是有义务支付浮动金额的一方。

14.1.1.2 利率互换的种类

广义的利率互换有三种主要类型：息票互换、基础互换以及交叉货币利率互换。

息票互换（Coupon Swap）是同种货币的固定利率和浮动利率之间的互换，即交易的一方向另一方支出一系列固定利率的利息款项，换取对方支付的一系列浮动利率的利息款项。从交易的对方角度看，则是支付一系列浮动利率的利息款项，换取对方支付一系列固定利率的利息款项。息票互换是利率互换中最基本的交易方式，也是国内目前进行交易的利率互换类型。

基础互换（Basis Swap）是同种货币基于不同参考利率的浮动利率对浮动利率的利息互换，即以一种参考利率的浮动利率交换另一种参考利率的浮动利率。在基础互换交易中，交易双方分别支付和收取两种不同浮动利率的利息款项。两种浮动利率的利息额都以同等数额的名义本金为基础计算。实际业务中可以将基础互换拆分成两笔固定利率对浮动利率的互换。

交叉货币利率互换（Cross Currency Interest Rate Swap）是不同货币不同利率的互换，即一种货币固定利率与另一种货币浮动利率的互换，或者说，是在一笔互换交易中，既有不同货币的互换，又有不同利率的互换。

14.1.2 利率互换的发展历程

14.1.2.1 利率互换在国际市场的发展

国际市场上的利率互换是在 20 世纪 80 年代初兴起的，最早出现于 1981 年，起初是利用不同利率市场所具有的比较优势来满足降低双方融资成本的需要。世界银行在国际上借款并将这些资金贷给发展中国家用于基建。它向借款人收取基于其必须支付的资金的利率，且有一个明确的动机——寻找它能以最低成本借款的货币。1981 年，美国的相关利率为 17%，这是由于时任美联储主席的保罗·沃尔克的反通货紧缩货币政策而导致的极高利率。在联邦德国，相应的利率为 12%，瑞士为 8%。世界银行面临的问题是，瑞士政府对世界银行在瑞士借款有限额。世界银行已经在瑞士借入了允许的限额，世界银行在联邦德国也是如此。而与此同时，IBM 拥有大量的瑞士法郎和德国马克债务，因此需要支付这两种货币的债务。于是世界银行和 IBM 签订了一项协议，其中世界银行在美国市场借入美元，并将美元债务与 IBM 的瑞士法郎和德国马克债务交换。在世界银行和 IBM 进行这次利率互换之后，利率互换在国际市场的发展突飞猛进。2018 年全球利率互换市场存量名义本金额大约在 275 万亿美元左右，更多信息可见表 14-1。

表 14-1　2018 年全球利率互换市场存量规模　　（单位：百万美元）

净存量名义本金	5月25日	6月1日	6月8日	6月15日	6月22日
已清算的合约	167 117 164	170 209 282	175 244 904	176 479 670	168 075 539
未清算的合约	104 309 092	106 101 553	107 799 476	107 252 103	107 109 509
所有规模	271 426 256	276 310 835	283 044 380	283 731 773	275 185 048

资料来源：美国商品期货交易协会。

14.1.2.2 利率互换在国内市场的发展

下面我们从业务制度层面介绍利率互换在国内市场的发展进程。

2006年1月24日发布的《中国人民银行关于开展人民币利率互换交易试点有关事宜的通知》（以下简称《通知》），标志着人民币利率互换交易在国内诞生。互换交易可以通过中国外汇交易中心暨全国银行同业拆借中心（以下简称"交易中心"）的交易系统进行，也可以由交易双方通过电话、传真等其他方式进行。《通知》要求各意向参与机构积极制定互换交易风险管理制度和内控制度，在报送相关监督管理机构的同时抄送交易中心备案。截至2008年年底，申请参与市场交易的备案机构从最初的39家发展到65家。其中，中资银行30家，外资银行21家，证券公司、保险公司等其他金融机构14家，可见银行占据了互换交易的主体。

2007年4月，交易中心下发了《银行间市场人民币利率互换交易操作流程》的通知，推出了人民币利率互换交易的相关操作规程，并针对系统网络故障等原因引起的应急交易制定了《全国银行间债券市场应急交易规则》，进一步规范了银行间市场的人民币利率互换交易。

2007年7月，为建立货币市场以基准利率为核心的市场利率体系，指导货币市场产品定价，进一步培育上海银行间同业拆放利率（SHIBOR），交易中心发布了《关于开展以SHIBOR为基准的票据业务、利率互换报价的通知》。报价机构分别以SHIBOR O/N、SHIBOR 1W和SHIBOR 3M为基准报出不同期限、不同品种的双边报价，推动货币市场、衍生品市场的发展。

2008年1月18日，经过近两年的试点交易，中国人民银行正式发布了《中国人民银行关于开展人民币利率互换业务有关事宜的通知》，总结了试点交易的工作，并要求市场参与者在进行利率互换交易时应签署《中国银行间市场金融衍生品交易主协议》。随后，《关于人民币利率互换交易备案有关事项的通知》《人民币利率互换交易操作规程》相继出台，进一步完善了人民币利率互换市场的法规制度，改善了人民币利率互换市场的外部环境。

2009年年初，为进一步确立SHIBOR的基准利率地位，交易中心公布了《关于调整以SHIBOR为基准的利率互换报价品种的通知》，对以SHIBOR为基准的利率互换报价品种进行调整，调整后的报价品种共计19个，优化了以SHIBOR为基准的利率互换报价品种。完善后的报价体系提升了利率互换的定盘价和收盘价的参考价值，为后续多边冲销和未来利率期权的开展打下了扎实的基础。同年，央行和外管局同意交易商协会发布《中国银行间市场金融衍生产品交易主协议》；交易中心也发布了《关于金融衍生产品交易及备案相关事宜的通知》。

2010年，保监会发布了《关于保险机构开展利率互换业务的通知》，明确了保险机构参与利率互换业务的基本细则。

2011年3月28日，交易中心通过电子化方式推出利率互换交易确认业务，并发布了《全国银行间同业拆借中心利率互换交易确认细则》。为扩大利率互换交易确认功能的适用范围，提高双边确认效率，交易中心组织机构多边签署了《全国银行间同业拆借中心利率互换交易确认功能使用承诺函》，通过交易系统进行电子化确认，提升了利率互换的标准化。

同年，银监会发布《金融机构衍生产品交易业务管理暂行办法》，对于金融机构参与衍生产品交易进行了具体规范。

2014年上海清算所发布的《关于开展人民币利率互换集中清算代理业务的公告》标志着利率互换业务步入中央清算的行列，解决了利率互换交易对手的授信与风险问题，为利率互换的持续发展保驾护航。

截至目前，国内利率互换市场已呈现蓬勃发展的景象，参与机构不断增多，市场规模日益增大。截至2018年6月，利率互换名义本金交易量已达57 729.46亿元。更多信息可见图14-1和图14-2。

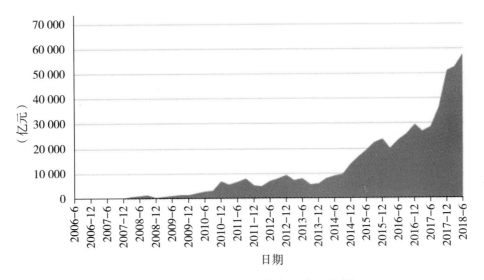

图14-1　国内利率互换名义本金总额

资料来源：Wind数据库。

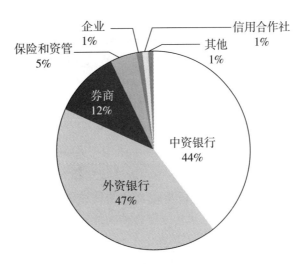

图14-2　国内利率互换的参与机构

专栏 14-1

利率互换之比较优势

假设企业 A 有较高评级，P 银行提供的融资利率分别是固定利率 4%，浮动利率 SHIBOR；而企业 B 的评级较低，Q 银行提供的融资利率分别是固定利率 5.5%，浮动利率 SHIBOR+2.5%。在两个市场 A 都要比 B 有融资优势，但是 B 相对于 A 在固定利率市场的信用溢价是 150BP，而在浮动利率市场的信用溢价是 250BP，比较优势的差异就是 100BP=250BP-150BP。假设两者分享该收益，则双方分别获利 50BP，具体如下：A 融入 SHIBOR，A 向 B 支付 3.5%，收取 SHIBOR，即融资成本为 3.5%；同时 B 融入 5.5%，B 向 A 支付 SHIBOR，收取 3.5%，即融资成本为 SHIBOR+200BP。

A 虽然节省了 50BP 的融资成本但承担了信用风险，因为交易对手 B 的信用评级较低，可能出现互换交易的违约，因此在互换交易中应当引入银行 P 和银行 Q，四者分享 100BP 的收益。

比较优势的差异很大部分来自信息不对称，即不存在利率互换市场。从银行的报价角度，P 银行对利率互换的定价为 4%，Q 银行对利率互换的定价为 3%。一旦存在活跃的利率互换市场，那么比较优势就会不复存在。

专栏 14-2

利率互换业务在交易层面的发展[①]

利率互换的出现对交易员来说意味着什么呢？

首先，利率互换为我们揭示了收益率曲线的秘密。这是当时确认融券功能的债券市场所不完全具备的功能，而只有债券和利率衍生品互相碰撞下的利率曲线才可能成为我国基准曲线的基石。2016 年有位交易员说："别总进行 3M、1Y 的交易，我们来做 3M*10Y 的交易吧，DV01 为 0，没有什么风险。"利率互换不同于利率期货或者债券，有很大的基差风险，一入市场就难以自拔，因为不论是总的 DV01 还是分段 DV01，都不是随着时间的推移慢慢变成 0，而是往往会发生很大的跳跃，需要时刻对冲，类似于期权的希腊字母管理。

其次，利率互换为我们打开了国际视野，开启了相关性交易的模式。国内第一笔利率互换的成交完全是出于实际需要：2006—2007 年，国开行发债和光大银行贷款的利率风险相匹配，成交了 50 亿元 10 年期的利率互换，利率 2.98%。而计算过去 10 年的存款利率平均值正好处于这个水平，误差小于 5BP，标志性的首笔利率互换体现出精准的预测性。2006 年下半年至 2007 年下半年，基于与金融债券相似的风险特性，利率互换处于向债券学习的阶段；2007 年下半年开始，海外对冲基金大量进入利率互换市场，起先传言海外因为担心经济升温，资产因加息而缩水，故进行利率

[①] 建议读者先对该专栏进行初步的了解，在学习完本章内容后再慢慢体会，将会有更多的收获。

互换；此后又传言海外看多中国和巴西的利差，由于两国同为"金砖四国"，经通胀和利率比较之后，巴西为正利率，中国为负利率，因此做多中国利率，做空巴西利率，对冲基金大幅看涨中国利率，互换利率也随之大涨。2007年的利率互换市场亦是如此，对冲基金的强势完全冲垮了之前的市场主导者。此后随着贝尔斯登的破产，利率互换率先下跌，无视中国债券利率的上扬和股市的疯狂。此外，对比过去几年美元和亚洲货币的利率走势差异，海外看待中国市场与其他新兴市场差异不大，类似的例子还有中国企业的境内外债券的信用溢价差异和价格波动。

再者，利率互换除了创新交易模式和交易理念，更重要的是大幅提升了风险资产收益率。利率互换的做市交易产生了巨量的存量合约，尽管自身收益率很低，但是可以为交易类债券提供帮助。当拥有利率互换、国债期货、汇率掉期、债券借贷等利率工具后，交易类债券获得了强大生命力和价值。此外，利率互换具有套利的特质，即利率互换可以充分利用不同机构在不同市场和不同基准利率下的比较优势进行帕累托改善。当资产端或者负债端具备美元和人民币的固定和浮动的定价，通过汇率互换和利率互换，可以统一转换成人民币的固定利率定价，从而存在四者的最优选择。

2007年SHIBOR报价正式亮相，作为中国基准利率的雏形，备受市场关注。兴业银行与花旗银行成交了第一笔基于SHIBOR的利率互换交易。通过进行货币市场、信贷市场、股票市场的关联性分析，从实证和逻辑角度预测SHIBOR和REPO的价差变化，投资者可对抗大型银行定价曲线，持续在机构利率互换业务中取得收益。

理论上，任何资产之间都可以作价差交易。国债与利率互换的价差呈现有规律的波浪走势，周期为一年左右；澳元兑日元（AUD/JPY）可与全球股市较为完美的匹配；大宗商品指数与钢铁煤炭债券的信用溢价呈现负相关性。除了价差交易，亦可以将某类资产视为利率互换的先行指标，例如2011年欧债危机期间，利率互换市场最活跃的时间是下午4点左右，交易员都在关注欧洲股市的开盘情况，以决定利率互换短期头寸的押注方向。

套利交易的实质是价差交易，即正息差（Carry）的价差交易，实际较为困难。例如购买债券的同时进行一笔支付固定利率的利率互换交易，对于这样的情形，即使是逐日盯市亦可能产生亏损，这是由于没有选择好最佳时间入场，而且持有至到期就不会亏损的固化思想造成了很多债券交易者对机会成本的忽视。

交易一方面是服务客户的基础，另一方面亦是一种数字游戏，绝不能简单地固守于历史走势、产品相关性、绝对价值和过去的成功模式。市场是变化的，逐日盯市结算制度是交易的生命。相关性的丧失有很多种情况，例如汇率掉期隐含价差与中美利率互换的价差分离。丧失相关性的原因在于，当你有强烈预期时，表面的利率平价可能不再成立。

衍生产品类似于一种奢侈品，机构自身需要消耗大量的人力成本、IT资源和风险资产。美国衍生产品市场的集中度极高，各类衍生品前五名的总份额基本都在90%以上，因此衍生产品的投入是战略性的。银行体系的衍生品从业者是艰辛的，利润压力有别于其他业务，同时银行的管理理念刚刚从信贷发展到投资，短期内较难接受衍生品的风险特质，在业务推进方面需要付出更多努力。

幸运的是，在衍生产品发展的这10年，利率期权和信用违约互换有望充实市场的衍生产品库，并且汇率和利率市场化将给银行带来更多机会，企业存在更多元化的风险管理需求。此外，交易中心的 X-Swap 平台将进一步推动市场的进步和分化，跨产品跨市场的量化交易、程序化交易未来必将成为新的业务路径。

14.1.3 利率互换的交易要素

14.1.3.1 利率互换的交易要素及其定义

表 14-2 的简易成交单展示了利率互换的交易要素。

表 14-2 利率互换简易成交单

条款	支付端	收取端
名义本金（RMB）	100 000 000	
交易日	2007-10-9	
起息日	2007-10-10（T+1）	
到期日	2010-10-10	
支付周期	季	季
计息基准	A/365	A/360
利率	4.60%	SHIBOR 3M
参考利率确定日	—	季 / 起息前 1 日 / 单利
营业日准则	经调整的下一营业日	

各交易要素的主要定义如下：

交易日即指交易双方达成一笔利率衍生产品交易的日期，计为 T 日。

起息日指开始计算资金利息的日期，除了参考利率为 SHIBOR O/N 时起息日是 T+0，其余均是 T+1 起息。

到期日指一笔利率衍生产品交易结束的日期，一般为起息日加上交易期限。

计息期指一个支付日（含该日）至下一支付日（不含该日）之间的天数，即常说的"计头不计尾"的模式。

支付周期指交易双方用以推算支付日的固定时间间隔，常见支付周期为季和年。

付息日约定前端残段后按照起息日与支付周期依次推算。如果一笔利率互换交易为畸零期限的，即合约期限（到期日减去起息日）不是支付周期的整数倍，那么一般采用前端残段，即指交易双方约定首个计息期不可整除支付周期，采用这种惯例的好处在于便于冲销该笔交易。比如起息日为 3 月 8 日，到期日为 10 月 22 日，支付周期 3 个月，则付息日为 4 月 22 日、7 月 22 日和 10 月 22 日。此外，付息日通常采用 EOM（End of Month）规则，即首个付息日为月底，后面所有付息日均为月底，在汇率产品中亦采用该种惯例。

计息基准一般有两种：①"实际天数/365"（简写为A/365），指该计息期实际天数除以365的商，若该计息期包含2月29日，计算该日利息；②"实际天数/360"（简写为A/360），指该计息期实际天数除以360的商，若该计息期包含2月29日，计算该日利息。

参考利率确定日指确定参考利率的日期。

营业日准则一般采用"经调整的下一营业日"，即若某一相关日期并非营业日，则顺延至下一营业日，但如果下一营业日跨至下一月，则提前至上一营业日；其中营业日默认为银行间工作日。

14.1.3.2 利率互换的利率品种

根据利率互换的定义，其所涉及的固定利率和浮动利率的表述如下：

（1）固定利率

固定利率指约定的计算固定利率支付方应支付的固定金额所依据的利率水平，即利率互换报价时采用的利率。固定金额指固定利率支付方在支付日应支付的款项，等于名义本金×固定利率×固定利率计息基准，计息基准为A/365。

（2）浮动利率

浮动利率指浮动利率支付方在计息期使用的年利率。同时，要注意以下三种情况：除非交易双方另有约定，浮动利率指各利率确定日的参考利率水平；当约定上限利率时，为上述利率减去所约定的上限利率之差（若为负数则视为零）；当约定下限利率时，为所约定的下限利率减去上述利率之差（若为负数则视为零）。国外浮动利率一般为LIBOR，国内利率互换的参考浮动利率则包括SHIBOR 3M、FR007等品种。不同浮动利率的利率重置频率不同，计息基准也不同。其中，就一个计息期而言，重置日从计息期首日按重置频率依次推算，惯例上重置日不进行节假日调整。重置频率为浮动利率本身的期限，比如参考利率为FR007时，重置频率为7天。重置期就一个计息期而言，指相邻两个重置日间隔的天数（算头不算尾）。如果是单利，则重置期即为计息期。利率确定日指确定某个重置日参考利率水平的日期。除隔夜指数掉期利率（Overnight Indexed Swap，OIS）交易，利率确定日为重置日的上一营业日。

对于国内而言，常见的浮动利率种类具体介绍如下。

人民币定存利率（DEPO）：就某一重置日而言，指该日前一营业日北京时间下午3点中国人民银行在其官方网页公布的人民币定期存款利率。如果在上述指定时间中国人民银行官方网页上没有显示上述利率，则按双方约定办理。常见的为人民币1年定存利率，计息基准为A/360。

SHIBOR：指中国人民银行授权交易中心于每一营业日大致北京时间上午11：30在SHIBOR官网发布的上海银行间同业拆放利率，包括O/N、1W、2W、1M、3M、6M、9M、1Y八个关键期限点，分别表示相应期限的该利率水平。若某一营业日的SHIBOR未公布，则以该日前最近一个营业日的SHIBOR作为替代；若发生其他情形，导致SHIBOR停止公布，则按交易双方约定办理。当SHIBOR O/N（SHIFON）为参考利率时，其利率确定日为重置日当日；当选定其他期限 SHIBOR 为参考利率时，包括 SHIBOR 3M，其利率确定日为重置日前一营业日。常见的为 SHIBOR O/N 和 SHIBOR 3M，计息基准为 A/360。

回购定盘利率：指中国人民银行授权交易中心于每个营业日大致北京时间上午 11：00 在中国货币网发布的标识为 FR001 和 FR007 的隔夜回购定盘利率和 7 天回购定盘利率。若某一营业日回购定盘利率未公布，则以该日前一营业日的回购定盘利率作为替代。若发生其他情形，导致回购定盘利率停止公布或不复存在，则按交易双方约定办理。当选定 FR001 为参考利率时，其利率确定日为重置日当日；当选定 FR007 为参考利率时，其利率确定日为重置日前一营业日。常见的为 7 天回购定盘利率，计息基准为 A/365。

为进一步丰富利率互换产品序列，提供债券市场对冲工具，交易中心于 2017 年 10 月 30 日起新增 10 年期国债收益率（GB10）、10 年期国开债收益率（CDB10）、10 年期国开债与国债收益率基差（D10/G10）、3 年期中短期票据 AAA 与国开债收益率基差（AAA3/D3）四个利率互换参考利率。其中，以债券收益率基差（D10/G10、AAA3/D3）为参考利率的利率互换合约可方便市场成员实施不同券种间交易策略，并有效剥离债券收益率中的信用利差部分，可用于调整信用利差久期。

当下最活跃的利率互换品种如表 14-3 所示。

表 14-3　国内主要利率互换品种一览

利率互换名称	OIS	SHIBOR IRS	REPO IRS	DEPO IRS
参考利率	SHIBOR O/N	SHIBOR 3M	七天回购定盘利率（FR007）	人民币 1 年定期存款利率
主要期限	1M—3Y	6M—5Y	3M—5Y	2Y—5Y
支付周期	年付	季付	季付	年付
浮动利息计息基准	A/360	A/360	A/365	A/360
浮动利息计息方式	复利	单利	复利	单利

浮动金额的计算公式如下。

若以单利方式计息，则公式如下：

$$浮动金额 = 名义本金 \times (浮动利差 \pm 利差) \times 浮动利率计息基准$$

若以复利方式计息，则公式如下：

$$C_{\text{float},i} = Q\left\{\prod_{j=1}^{N}\left[1 + \frac{(r_{\text{float},i} + BP) \times d_j}{D}\right] - 1\right\}$$

其中，$C_{\text{float},i}$ 是浮动利率支付方第 i 个计息期支付的现金流，Q 是一笔利率衍生产品交易的名义本金，$r_{\text{float},i}$ 是第 i 个计息期中第 j 个重置日对应的浮动利率，BP 是利差。d_j 可以分两种情况：第一，当参考利率为 SHIBOR O/N 或 FR001 时，d_j 在某一营业日后一天也为营业日的情况下为"1"，在某一营业日后一天为非营业日的情况下等于自该营业日起（含该日）至下一营业日（不含该日）为止的自然天数；第二，当参考利率为其他利率时，d_j 为第 i 个计息期中第 j 个重置期对应的实际天数（算头不算尾）。N 是第 i 个计息期中包含的重置期个数，D 是参考利率计息基准对应的年度计息天数。

当浮动金额是负数时，交易双方约定的处理方法一般为负利率方法，即浮动利率支付方应付的浮动金额应被视为零，而另一方除支付相关计息期原本应付的金额外，还应支付浮动金额的绝对值。[①]

14.1.3.3 利率互换的现金流计算

在可交易的众多浮动利率中，以 FR007 和 SHIBOR 3M 为最活跃的两个品种。FR007 更能反映市场的交易情绪，而 SHIBOR 3M 则可以反映银行体系对资金面的情况。下面以 1 年期 FR007 和 SHIBOR 3M 为例介绍利率互换的交易资金计算过程。

（1）以 SHIBOR 3M 为浮动利率标的进行利率互换交易

2017 年 7 月 6 日，金融机构 A 与做市商 B 达成一笔利率互换协议，A 作为利率互换的买方，买入一笔 1 年期固定利率为 4.8% 的利率互换，标的为 SHIBOR 3M，起息日为 2017 年 7 月 7 日。具体交易要素如表 14-4 所示。

表 14-4 SHIBOR 3M 利率互换的交易举例

单利	SHIBOR 3M	计息期（天）	94
名义本金（元）	100 000 000	成交利率	4.8000%
上一支付日	2017-7-7	利率确定日	2017-7-6
下一支付日	2017-10-9	重置利率	4.3876%
固定端（元）	-1 236 164.38	交易方向	支付固定利率
浮动端（元）	1 145 651.11	结算金额（元）	-90 513.27

对于 SHIBOR 3M，每季度进行一次资金轧差，如遇付息日为节假日，则付息日自动顺延至下一个工作日。同时，每季度进行一次利率重置，重置利率日为每季度起息日或付息日的上一个工作日。此外，固定利息的计算参照 A/365，对于 SHIBNOR 3M，浮动利息的计算基准为 A/360。根据 2017 年的节假日安排，付息日如表 14-5 所示。

表 14-5 SHIBOR 3M 利率互换的现金流计算

付息日	期限（天）	固定利息（元）	重置利率日	浮动利率	浮动利息（元）	轧差（元）
2017-10-9	94	-1 236 164.38	2017-7-6	4.3876%	1 145 651.11	-90 513.27
2018-1-8	91	-1 196 712.33	2017-9-30	4.3565%	1 101 226.39	-95 485.94
2018-4-8	90	-1 183 561.64	2018-1-5	4.6637%	1 165 925.00	-17 636.64
2018-7-9	92	-1 209 863.01	2018-4-4	4.3101%	1 101 470.00	-108 393.01

（2）以 FR007 为浮动利率标的进行利率互换交易

由于以 FR007 为浮动利率标的时的计算模式为复利，在计算现金流时，首先要根据

---

① 《中国银行间市场利率衍生产品交易定义文件（2012 年版）》。

起息日和到期日将利率互换的存续期切割为 N 个计息期（每期假设为 t_k），一般为 3 个月，遵守经调整的下一营业日准则，然后将浮动利率计息期切割为 M 个计息期（每期假设为 t_i），一般为 7 天，无须营业日调整，重置日为 t_i，采用利率确定日为 t_{i-1} 发布的浮动利率 FR007。更多信息可见图 14-3。

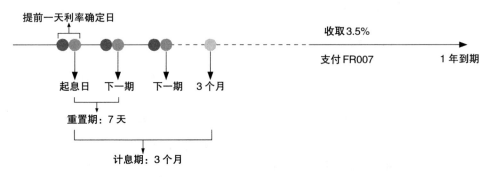

图 14-3　FR007 利率互换交易的交易日示例

专栏 14-3

2016 年 12 月 22 日，金融机构 A 与金融机构 B 达成一笔利率互换协议。A 卖出一笔 1 年期 FR007 利率互换协议，成交利率为 3.6%，即收固定利率 3.6%，付浮动利率 FR007。

以 REPO 为标的的利率互换，付息频率也为按季付息。但是与 SHIBOR 3M 不同的是，FR007 的计息基准为 A/365，同时浮动利息的计息方式为复利，而 SHIBOR 品种的计息方式为单利。FR007 每 7 天进行一次重置利率，重置利率遇节假日不进行递延，每季度计算季度复利浮动利率。

交易要素如表 14-6 所示。

表 14-6　FR007 利率互换交易要素

复利	REPO	计息期（天）	90
名义本金（元）	100 000 000	成交利率	3.6000%
上一支付日	2016-12-23	利率确定日	2017-7-6
下一支付日	2017-3-23	重置利率	2.8792%
固定端（元）	887 671.23	交易方向	收取固定利率
浮动端（元）	-709 929.84	结算金额（元）	177 741.40

第一个付息日浮动利率的计算如表 14-7 所示。

表 14-7　FR007 利率互换浮动利率计算

浮动利息基准日	浮动利息重置日	FR007	期限（天）	累积浮动利息测算
2016-12-23	2016-12-22	2.700	7	51 780.82
2016-12-30	2016-12-29	3.240	7	113 949.98
2017-1-6	2017-1-5	2.480	7	161 565.82
2017-1-13	2017-1-12	2.400	7	207 667.59
2017-1-20	2017-1-19	2.500	7	255 712.36
2017-1-27	2017-1-26	2.700	7	307 625.59
2017-2-3	2017-2-2	2.700	7	359 565.70
2017-2-10	2017-2-9	2.650	7	410 570.36
2017-2-17	2017-2-16	2.830	7	465 067.16
2017-2-24	2017-2-23	3.340	7	529 419.86
2017-3-3	2017-3-2	3.100	7	589 186.66
2017-3-10	2017-3-9	3.000	7	647 059.89
2017-3-17	2017-3-16	3.800	6	709 929.84
2017-3-23		合计天数	90	709 929.84

14.2　利率互换的业务流程

14.2.1　利率互换的业务架构和交易流程

14.2.1.1　利率互换的业务架构

首先我们以银行为例，从银行金融市场部的组织架构和利率互换的业务架构来深入理解利率互换业务的特点。

银行每项业务的开展都会涉及合规性与风险管理、会计记账与核算、业务相关协议的法律文本的审核等，即需要从市场风险和信用风险两个维度的制度来支持业务的健康发展。利率互换作为一种基本工具，计划财务部和资产管理部均会有一定的需求，一般银行会以金融市场部作为利率互换业务的对外统一窗口开展业务，为相关部门提供产品报价。此外，金融市场又会以交易和销售作为"双轮"驱动，促使业务在承担有限市场风险的前提下做大做强。更多信息可见图 14-4。

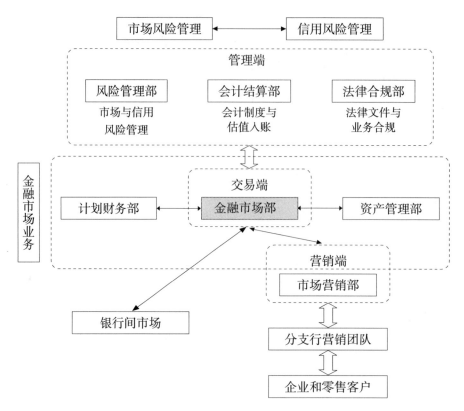

图 14-4　商业银行金融市场业务前、中、后台

银行的金融市场业务分为表内业务和表外业务。表内业务一般以金融市场部为主导，主要分为交易业务、代客业务和投资业务，业务的开展需要司库提供资金并进行内部资金转移定价（Funds Transfer Pricing，FTP），交易对手需要同业部准入，各类业务风险受风险管理部监控。表外业务主要包括以下三种：资管业务，即为客户理财；托管业务，即将各类资管业务的资金独立建档管理与风险隔离；投行业务，即帮助企业通过资本市场进行直接融资，对应于银行表内的信贷业务。商业银行的金融市场业务概览请见图14-5。

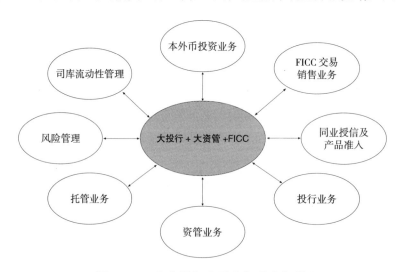

图 14-5　商业银行金融市场业务概览

从业务种类上看，金融市场业务主要是 FICC 业务，其中 FI 代表 Fix Income，即固定收益业务，主要是围绕债券业务展开的，由于债券面临利率风险和信用风险，因此利率和信用衍生品也属于固定收益业务范畴；第一个 C 代表 Currency，即汇率业务，包括即期、远期、掉期和期权，业务品种上一般以人民币相关货币对以及 G10 货币[①] 为主；第二个 C 代表 Commodity，即商品，包括黄金、白银、原油等。

从业务职能上看，金融市场业务主要是交易、投资和理财。其中交易包括自营和做市两种业务模式，也称为买方交易模式和卖方交易模式。投资与交易的差异在于：投资一般以持有为主，目的是获取票息，计入可供出售账户或者持有到期账户，有些银行将持有到期账户的债券投资归银行司库运作；交易一般以赚取价差收入为主，计入交易账户。理财业务一般而言是由独立部门或独立子公司负责运作。此外还有应收账款账户，一般非标业务均属于此类，但是按照新的会计准则，应收账款账户不再存在。

自营交易和做市交易的差别主要在于：自营是通过交易策略赚取业务利润，损益的波动相对较大；做市是为投资者提供持续的产品报价而获得询价－报价的价差收益。但做市交易一般是由寡头垄断的，不是所有机构都能做，例如在美国，前五名的机构垄断了市场 95% 的份额，所以做市交易是一个高度垄断的业务模式。

另外，从会计角度看，交易账户损益计入净利润，可供出售账户的债券损益计入净资产，在其他综合收益项下，持有到期类债券的损益不影响会计报表，因此资本充足率相对受限的银行的持有到期类债券的规模占比往往较大。

银行本身就是经营错配和管理信用的专业机构，银行的运营目标是在各种监管指标的约束下，创造最大的税后利润。通常金融市场业务的运转要围绕经济增加值（Economic Value Added，EVA）这个指挥棒，EVA 就是将收益减去成本、风险资产和税收。

专栏 14-4

银行 A 考虑与一家大型国企 K 合作，对方有资金的需求，但能接受的利率仅为 4.4%（低于市场收益率），银行 A 的资金成本 FTP 为 4.0%（边际成本 NCD 为 4.6%），风险资产折合 0.6%，业务落地困难，如何才能合作？具体如下：

（1）综合业务带动

要求贷款匹配一定的存款，吸引客户做结算业务、汇率和利率套保业务。

（2）节省风险资产

类信贷模式：与客户签署一系列合同，叙做黄金租赁或者衍生组合期权；ABS 模式：金市投资优先级，资管投资劣后；企业发债：纳入交易类，由金融市场与分行双线记账或者由资管直接投资与分行双线记账。

---

① G10(Group of Ten)，又称 G-10 或十国集团，最初是由十个共同参与一般借款协定（General Arrangements to Borrow, GAB）的国家所组成的团体，于 1962 年设立。目前 G10 的成员包括比利时、荷兰、加拿大、瑞典、法国、瑞士、德国、英国、意大利、美国和日本，其中瑞士于 1964 年加入，但 G10 的名称仍维持不变。

> （3）税收减免
>
> 公募基金的所得税和增值税优于银行自营账户直接投资。
>
> （4）考核套利
>
> 司库FTP定价模式1：浮动利率SHIBOR+50BP或者美元固定利率2.0%，通过基于SHIBOR的利率互换或外汇掉期转换成人民币固定利率；
>
> 司库FTP定价模式2：分行固定利率VS总行浮动利率（FR007+50BP）。
>
> 如果浮动利率匹配利率互换低于分行固定利率，可以业务落地在总行，总分双线记账。

结合金融市场的EVA考核，开展利率互换业务的优势主要包括以下几个方面：

第一，收益弹性大，具备杠杆属性。利率互换业务除了保证金部分，不需要占用资金，不仅可以实现便捷化的杠杆交易（不用每天在银行间市场进行融资），还可以快速调整资产组合的久期。

第二，信用风险低。①交易对手的信用风险：银行间的利率互换交易一般采用中央清算，几乎没有信用风险；代客业务的利率互换交易一般采用保证金模式，风险有限，不过要关注客户对最佳保证金的认知度与审批流程，否则需要较高的初始保证金。②产品本身蕴含的信用风险：回购利率FR007是市场交易的结果，属于短期的抵质押回购，风险极低；同业拆借SHIBOR利率是报价利率，是最高等级银行的拆借利率，信用等级相对较高，信用风险低。不过在2008年美国的次贷危机期间，美元的LIBOR利率出现过飙升，甚至为了压低拆借的基准利率LIBOR，出现过LIBOR造假案，使得LIBOR在金融市场的重要性逐步下降。

第三，风险资产占用低。利率互换本身的风险资产和交易利率债相当，但是用利率互换对冲交易类债券组合可以大幅降低组合的风险资产，具体在后面的章节会有讨论。

第四，税收低且能优化税收。①所得税：利率互换是以盈利为基准缴纳所得税，通常比金融债券的税率低。②增值税：利率互换不需要缴纳类似信用债利息部分的增值税，即增值税的贷款/类贷款服务项；利率互换需缴纳已实现利润的增值税，即增值税的金融商品转让项。实践中，构建高票息的国债（免税额高）和低票息的其他债券（增值税低），并且在已实现的利润较多的时候，可以提前终止亏损的利率互换交易，降低已实现的利润，以进行合理税收筹划，同时构建与提前终止组合风险相似的新交易，使得市场风险保持不变。

第五，利率互换的收益具备考核优势。债券投资中，由于不同机构和部门在风险资产、税收、考核、风险偏好上的不同，各自具备不同的比较优势，因此债券市场往往是合作的市场。但未来合作套利的空间将变小，一方面是因为监管的加强使得不同机构的监管导向一体化，另一方面是由于银行结束了快速扩张阶段，对资产流转的需求增加，不能完全以自我为主，必须思考市场在不同要素下的均衡定价。而利率互换业务一般属于中间业务，在考核上优于投资收益。并且不同于债券，利率互换具有对市场参与者一视同仁的特性，可以支持公允的考核激励。利率互换的业务应当从投资套保、交易销售联动及资管产品稳定性三方面入手，具体内容将在后续的章节中详细说明。

14.2.1.2 利率互换的交易流程

利率互换交易包括询价、前台交易确认和后台交易确认三个过程。其中询价主要是通过货币经纪的声讯经纪服务或者外汇交易中心提供的电子经纪服务平台完成。具体的交易流程如下：

（1）做市商与货币经纪的询价与交易

通常可以通过录音电话或者受监控的通信软件向做市商进行询价，询价时一般包括利率互换品种、期限和名义本金等要素，通常不需要提供交易方向。

比如询价方 B 对 3 年期利率互换有买卖的意向，他可以问"3Y REPO IRS 100Mio，pls"[①]，这时候做市商即报价方 A 会给出双边报价，通常 A 的报价会省略利率的大数，比如利率在 3.75 附近，A 会报价"3Y 76/72"，其中 72 即 3.72，为出价（Bid），即 A 愿意支付固定利率（Pay Fix）收取浮动利率的水平；76 即 3.76，为入价（Offer），即 A 愿意收取固定利率（Rec Fix）支付浮动利率的水平，价差为 3.76－3.72＝4BP，可以衡量市场流动性和报价方能力。

如果询价方 B 愿意支付固定利率收取浮动利率，可以回答"Mine【76】"；同样，如果 B 愿意收取固定利率支付浮动利率，可以回答"Yours【72】"。一般来说，不论什么产品，询价方 B 的成交价格是择差交易，即对自己不利的方向，这是对做市商 A 提供产品流动性支付的溢价或者补偿。

此时报价方 A 会确认这笔成交，并且重复细节："Done. To cfm the deal：3Y REPO IRS@3.72 100 Mio，u rec fix."这时询价方 B 回道："All agreed，tks."

如果询价方 B 不是直接问报价方 A 的报价，而是通过货币经纪 C 以最优的匿名报价成交，成交后货币经纪 C 会向 B 告知交易对手 A 的名字，同时发布成交信息。

（2）本币系统的询价与交易

①对话报价

对话报价即对一个对手方交易员发送的格式化询价报价，对手方可直接成交。一般适用于已经通过货币经纪或双方认可的讯息平台等达成交易意向的情形，在交易中心的本币交易系统发起成交，如图 14-6 所示。

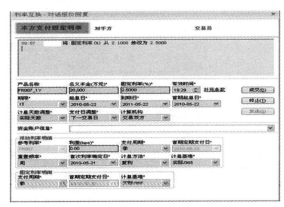

图 14-6 本币系统对话报价示例

[①] 注意对话中 1Mio 代表 100 万元的名义本金，一些英文字母为交易中常见的缩写方式。

② X-SWAP 点击成交

X-SWAP 报价是对整个市场发出的，可供有授信对手方直接成交的报价。只有做市商可以发送 X-SWAP 报价，且只能对标准产品进行 X-SWAP 报价（见图 14-7）。

利率互换 - 报价行情

+ 新订单　全部冻结　筛选合约品种

合约品种	订单类型	订单笔数	买单总量(百万元)	买价(%,BP)	卖价(%,BP)	卖单总量(百万元)	订单笔数	订单类型
FR007_3M		3	300(100)	3.3125	3.3600	300(100)	3	
FR007_6M		3	200(50)	3.3225	3.3600	300(100)	3	
FR007_9M		1	50(0)	3.3575	3.3800	300(100)	3	
FR007_1Y		4	250(200)	3.3750	3.3850	100(50)	2	
FR007_2Y		3	150(50)	3.4475	3.4650	150(50)	3	
FR007_3Y		3	150(50)	3.5375	3.5550	100(0)	2	
FR007_4Y		3	150(50)	3.6150	3.6375	150(50)	3	
FR007_5Y		3	60(40)	3.6900	3.6950	60(40)	3	
FR007_7Y		3	60(20)	3.7850	3.8075	60(20)	3	
FR007_10Y		2	40(0)	3.8575	3.8600	40(20)	2	双边
FR007_6M*9M		3	300(100)	1.25	2.25	400(300)	2	
FR007_9M*1Y		3	450(150)	1.25	2.50	600(300)	4	
FR007_1Y*2Y		4	200(50)	7.50	8.25	150(50)	3	
FR007_1Y*5Y		3	60(20)	31.00	31.75	40(20)	2	
FR007_2Y*5Y		3	60(20)	23.00	24.50	60(20)	3	

图 14-7　X-SWAP 报价示例

（3）交易确认环节——前台确认

一笔利率互换交易的完成包括交易前台确认和交易后台确认，交易前台确认的法律文本称为成交单（Termsheet），交易后台确认的法律文本称为交易确认书（Confirmation）。在利率互换的初期，交易确认的法律文本是交易双方自行制定的，此后中国外汇交易中心暨全国银行间同业拆借中心分别发布了前台成交单和后台确认书的标准文本，使得交易确认环节更加标准化和电子化，极大地提升了交易的效率。前台成交单的样本如图 14-8 所示，主要内容包括交易双方主体、交易要素、账户信息等，如果有一些个性化的条款，可以添加附加文字说明。

利率互换成交单

成交日期：2010-05-19　　成交编号：IRS20100519XXX

固定利率支付方信息	浮动利率支付方信息
机构：XXX	机构：XXX
交易员：XXX	交易员：XXX
电话：-　传真：-	电话：-　传真：-
法人代表：-	法人代表：-
地址：XXX	地址：XXX

产品名称 FR007_1Y　期限 1Y　名义本金（万元）20,000　计息天数调整 实际天数

起息日 2010-05-22　首期起息日 2010-05-22　到期日 2011-05-22　支付日调整 下一交易日

争议解决方式 诉讼　计算机构 交易双方

固定利率明细	浮动利率明细
固定利率（%）2.5000　支付周期 季	参考利率 FR007　利差（bps）0.00
首期定期支付日 2010-08-23　计息基准 实际/365	首期定期支付日 2010-08-23　支付周期 季
	首次利率确定日 2010-05-21　重置频率 周
	计息方法 复利　计息基准 实际/365

固定利率支付方账户	浮动利率支付方账户
资金账户户名 XXX	资金账户户名 XXX
资金开户行 XXX	资金开户行 XXX
资金账号 XXX	资金账号 XXX
支付系统行号 -	支付系统行号 -

* 交易合同一方违约，违约方应根据双方约定向对手方承担违约责任。

成交序列号：XXX

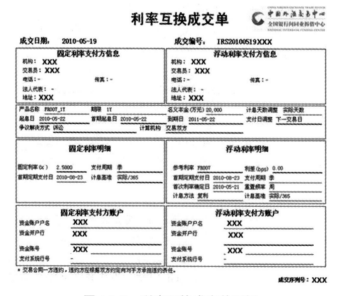

图 14-8　利率互换成交单示例

（4）交易确认环节——后台确认

2011年3月，外汇交易中心推出利率互换电子交易确认系统功能，确认模块中可对5个交易日内（含当日）系统成交的利率互换交易进行确认。同时，具有录入、确认操作权限的人员可以通过确认界面进行录入和确认操作，确认书中的相应交易要素根据前台成交单数据生成。此外，录入人须填报联系人信息，确认人进行最终确认操作；交易双方确认后，系统自动生成完整的交易确认书（见图14-9和图14-10）。

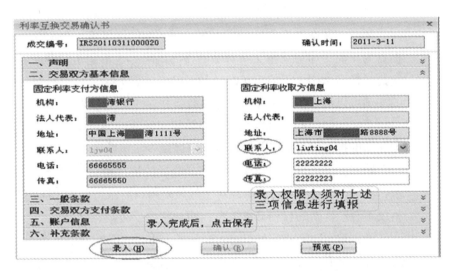

图14-9 利率互换交易确认书示例（1）

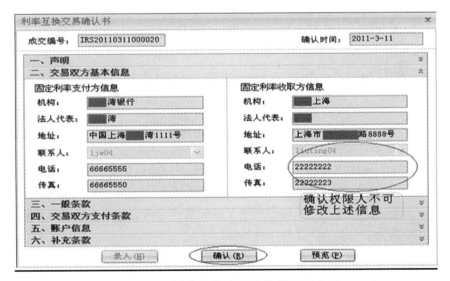

图14-10 利率互换交易确认书示例（2）

（5）交易终止环节——交易冲销

利率互换冲销（即主动提前终止合约）是除中央对手方清算（Central Counter Party，CCP）外管理衍生品风险最直接、最有效的方法。不同于CCP只对信用风险进行转移和分散处理，冲销使得有关风险随着衍生品合约的提前终止而完全消失。

利率互换的冲销业务分为双边冲销和多边冲销。双边冲销一般为交易双方互相协商，就某笔交易或某些交易提前终止,并交割相应的损益。双边冲销一般只要双方同意,即可随时开展,但往往冲销效率不高。由于市场的波动,冲销往往是针对一组市场风险相对较小的利率互换组合,但由于交易时往往择优交易,因此要找到一组市场风险相对较小的利率互换组合难度较大。为解决冲销的效率问题,外汇交易中心以第三方的身份,定期或者不定期组织多边冲销,即引入较多的交易对手,使得冲销结果更为公平合理,降低沟通成本,提高终止比例。

利率互换的冲销具备以下特点:

第一,利率互换业务会产生交易对手的信用风险,当交易一方在某笔交易的未交割损益为正时,即会承担交易对手的违约风险。这不同于现券交易,现券交易大多为 T+1 交割,最多承担 1 天的市场波动的风险,一般无须计算交易对手的信用风险。利率互换的冲销可以消除信用风险,锁定损益,并在 T+1 日交割。

第二,多边冲销可以在大量释放信用风险的同时基本不改变市场风险状况,并且因为交易的提前终止可以节约资本,所以减少了风险资产的占用。

第三,多边冲销可以使得每个参与者的被冲销交易组合的市场风险敞口满足设定要求,甚至可以满足对每个交易对手的风险敞口要求,在冲销匹配并交割时采用净额结算,不仅不会产生新的权利义务关系,而且减少了交割风险。

特别地,冲销业务对非法人产品尤为重要,因为利率互换不能像债券那样进行转让,所以在解除套保组合、实现策略损益或者资管产品到期时都需要终止相应的利率互换头寸,而不是等到所有利率互换交易到期。

目前外汇交易中心为市场参与者提供利率互换冲销服务,并且以 X-SWAP 结合定盘数据来计算利率互换估值和 DV01 数据,相比双边冲销更加公允。

14.2.2 利率互换的清算与代理清算

14.2.2.1 人民币利率互换的清算发展历程

人民币利率互换市场始于 2006 年,经过十余年的发展,利率互换清算量已从 2006 年的 300 多亿元上升到了 2017 年的 14.7 万亿元,成为国内银行间市场最具影响力的利率衍生品之一。人民币利率互换的清算方式也从原本的双边清算,发展为如今以集中清算为主、双边清算共存的局面。

2009 年 11 月 28 日,银行间市场清算所股份有限公司(以下简称"上海清算所")成立,该机构是中国人民银行认定的合格中央对手方。2013 年 12 月 31 日,中国人民银行批准上海清算所开展人民币利率互换集中清算业务。2014 年 2 月 20 日,中国人民银行授权上海清算所发布通知称,自 2014 年 7 月 1 日起,符合要求的人民币利率互换交易均应提交上海清算所进行集中清算。2014 年 5 月 30 日,上海清算所发布《关于开展人民币利率互换集中清算代理业务的公告》称,自 2014 年 7 月 1 日起开展人民币利率互换集中清算代理业务,并于同年 6 月 3 日公布了首批人民币利率互换集中清算业务综合清算会员名单。

14.2.2.2 人民币利率互换双边清算

人民币利率互换双边清算,是指交易双方对达成的利率互换交易自行进行清算,而不用通过上海清算所进行集中清算的模式。从产品种类来看,双边清算适用于非标准化的利率互换;从交易对手来看,双边清算适用于以一般工商企业为主的非金融机构。相比于集中清算,双边清算由于主要针对非标交易,具有交易灵活度高的优势,可以根据交易双方的需求对期限、浮动利率等交易要素进行定制化的设计,但劣势是流动性较差,并具有一定的交易对手信用风险。

14.2.2.3 人民币利率互换集中清算

(1)背景简介

中国人民银行 2014 年发布的《中国人民银行关于建立场外金融衍生产品集中清算机制及开展人民币利率互换集中清算业务有关事宜的通知》规定:"自 2014 年 7 月 1 日起,金融机构之间新达成的,以 FR007、SHIBOR ON 和 SHIBOR 3M 为参考利率的,期限在 5 年以下(含 5 年)的人民币利率互换交易,凡参与主体、合约要素符合上海清算所有关规定的,均应提交上海清算所进行集中清算。不能进行集中清算的,应向中国人民银行说明。"

为了更好地开展人民币利率互换集中清算业务,上海清算所将利率互换市场参与者进行分层,分为综合清算会员、普通清算会员和非清算会员(或称"代理客户")三种。图 14-11 对此进行了总结。

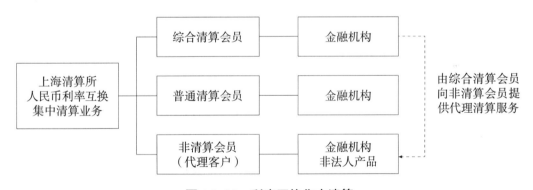

图 14-11 利率互换集中清算

注:非法人产品包括但不限于私募基金、公募基金、银行理财、资管计划、信托计划等。

①综合清算会员:上海清算所从普通清算会员中遴选出综合管理水平较高、内控体系较完善、利率互换交易实力较强的金融机构,具有代理非清算会员参与利率互换集中清算的专项资格。

②普通清算会员:可直接参与上海清算所集中清算业务的机构。普通清算会员不能代理非清算会员参与利率互换集中清算。

③非清算会员:或称"代理客户",是已在上海清算所备案的机构或产品,需通过综合清算会员代理清算的方式参与到集中清算中去。

截至 2018 年 6 月 30 日，人民币利率互换市场共有 6 家综合清算会员、41 家普通清算会员，以及 128 家非清算会员。6 家综合清算会员分别是中国工商银行、交通银行、上海浦东发展银行、兴业银行、中信证券和国泰君安证券。

（2）集中清算

人民币利率互换集中清算是指上海清算所对市场参与者达成的利率互换交易进行合约替代，承继交易双方的权利及义务，成为中央对手方，并按多边净额方式计算各清算会员在相同结算日的利息净额，建立相应的风险控制机制，保证合约履行，完成利息净额结算。从产品种类来看，集中清算适用于标准化的利率互换；从交易对手来看，集中清算主要适用于金融机构。与双边清算相比，集中清算因为主要针对标准化交易，所以具有流动性好、交易对手信用风险低等优势，但劣势是无法根据交易双方的需求对期限、浮动利率等交易要素进行定制化的设计。

图 14-12 展示了一笔人民币利率互换交易实现集中清算的流程。

① T 日，金融机构 A 与金融机构 B 达成一笔利率互换交易。

② 该笔交易通过中国外汇交易中心推送至上海清算所，通过上海清算所相关审核后，于 T+2 个工作日纳入集中清算。

③ 上海清算所作为中央对手方，通过合约替代，分别成为金融机构 A 和金融机构 B 的实际对手方。金融机构 A 和金融机构 B 向上海清算所交纳保证金。

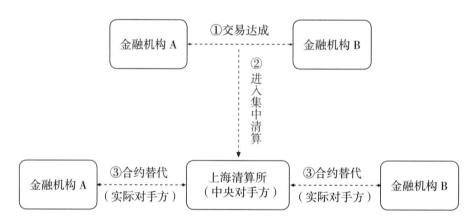

图 14-12 利率互换集中清算流程

（3）代理清算

人民币利率互换代理清算是指非上海清算所利率互换清算会员的市场参与者（即"非清算会员"），通过利率互换综合清算会员代理，参加人民币利率互换集中清算的处理过程。从某种意义上来讲，代理清算是集中清算的形式之一，主要适用于非清算会员金融机构以及非法人产品，其中，非清算会员金融机构只能通过综合清算会员代理进行集中清算。上海清算所一般从金融机构中遴选出资质较好、市场影响力大、有一定规模资产负债表的机构作为利率互换综合清算会员，在合理控制交易对手信用风险的同时，丰富利率互换市场的交易对手种类。

图 14-13 展示了一笔人民币利率互换交易实现代理清算的流程。

①T 日，代理客户 A 与金融机构 C 达成一笔利率互换交易。

②交易双方交易确认后，由上海清算所向代理客户 A 指定的综合清算会员发送待接单交易，若综合清算会员确认接单，则该笔交易纳入集中清算，接单时间原则上不晚于 T+5 个工作日。

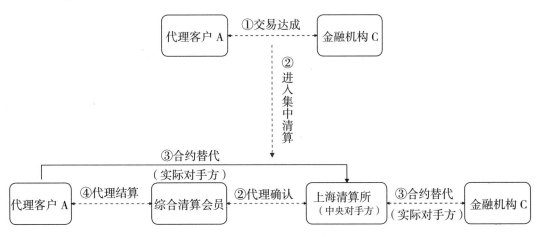

图 14-13　利率互换代理清算流程

③上海清算所作为中央对手方，通过合约替代，分别成为代理客户 A 和金融机构 C 的实际对手方，金融机构 C 向上海清算所交纳保证金，代理客户 A 向综合清算会员交纳保证金，综合清算会员再向上海清算所交纳保证金。

④综合清算会员根据上海清算所日终清算单据，向代理客户 A 发送清算单据，为代理客户 A 完成清算与结算工作。

14.2.2.4　小结

目前，人民币利率互换清算方式主要包括双边清算和集中清算。双边清算适用于非标准化的利率互换，主要针对以一般工商企业为主的非金融机构。集中清算适用于标准化的利率互换，对于清算会员类金融机构而言，可自行参与集中清算；对于非清算会员金融机构和非法人产品而言，需通过利率互换综合清算会员代理进行集中清算。

14.2.3　利率互换的法律、流程和内部控制

14.2.3.1　法律核心

根据人民银行发布的《中国人民银行关于开展人民币利率互换业务有关事宜的通知》，市场参与者开展利率互换业务应与对手方签署《中国银行间市场金融衍生产品交易主协议》（以下简称《主协议》），并制定利率互换的内部操作规程和风险管理制度。

作为场外金融衍生产品市场的基础性制度安排，《主协议》有助于推动场外金融衍生品市场的规范发展。《主协议》通过为金融衍生产品交易设立相对固定的交易条件以及较为明确的违约处理机制，方便共同采用《主协议》的市场参与者便捷地达成交易，

提高交易效率，降低法律风险，方便市场参与者进行产品创新。同时，《主协议》中关于单一协议和终止净额等的基础制度安排，可以有效降低金融衍生产品系统风险，并且采用同一《主协议》的市场参与者范围越广，这一作用的效果越明显。《主协议》确立了统一的中国标准，为中外资金融衍生产品市场参与者在境内开展金融衍生产品交易提供了一个平等的协议文本，为我国机构参与国际金融衍生产品交易奠定了规则上的对话基础。此外，《主协议》的推出还有助于加快解决终止净额制度和转让式履约保障制度等国外成熟而国内仍属创新的制度安排的法律适用性问题，有利于进一步夯实金融衍生产品市场发展的法律及制度基础。

14.2.3.2 流程控制

（1）参与机构

利率互换市场的参与机构分为法人主体和非法人产品两大类。

法人主体：包括银行（利率互换市场的最大参与机构，交易量大概占市场份额70%左右）、券商、保险等。

非法人产品（特殊主体）：利率互换市场的一个新兴力量，随着近几年市场化推进、银行委外的扩大，保险公司、基金公司、银行、私募、券商管理下的资产管理公司等都产生了大量的利率对冲需求。非法人产品主要分为基金专户、券商资管、信托计划银行理财、私募产品、保险资管等。

其中，法人主体人民币利率互换业务的开展流程如下：①获得对应监管机构的资格审批；②制定操作规程和风险管理制度，向交易中心、交易商协会进行备案；③寻找确定交易对手并签署《主协议》及附属协议，《主协议》为银行间市场金融衍生品交易的基本协议，参与机构广泛，市场发展较成熟；④按照交易对手的要求提供材料获取授信。

在获得授信之后、开始交易前，还需要相关的技术支持，详见图14-14。其中如果清算所非会员想要到上海清算所集中交易，需要找六家清算所综合会员之一代理其进行清算。

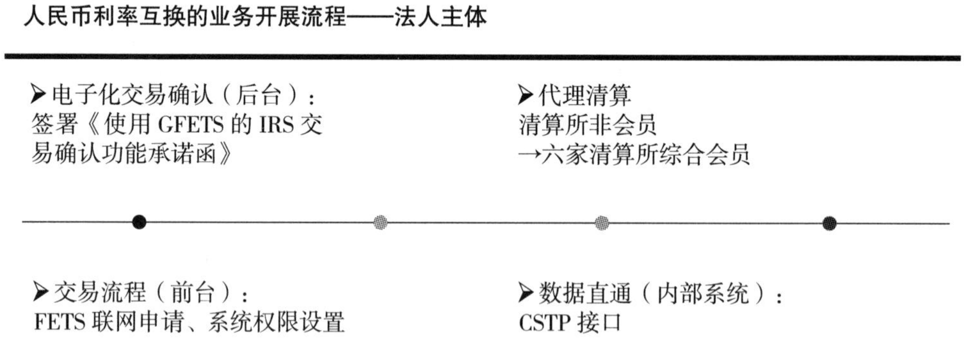

人民币利率互换的业务开展流程——法人主体

- 电子化交易确认（后台）：
  签署《使用GFETS的IRS交易确认功能承诺函》
- 代理清算
  清算所非会员
  →六家清算所综合会员
- 交易流程（前台）：
  FETS联网申请、系统权限设置
- 数据直通（内部系统）：
  CSTP接口

图14-14 法人主体开展人民币利率互换业务流程

非法人主体进行利率互换业务流程类同于法人主体开展相关业务，详见图14-15。

人民币利率互换的业务开展流程——非法人主体（代理清算）

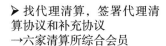

➤ 找代理清算，签署代理清算协议和补充协议
→六家清算所综合会员

➤ 交易商协会备案，开通权限

➤ 向人民银行备案，产品在银行间市场开户（中债登和上清所）

➤ 签署协议（交易对手）：NAFMII主协议及非法人产品的补充协议

图 14-15　非法人主体开展人民币利率互换业务流程

（2）整体交易流程

利率互换整体交易流程如图 14-16 所示，具体包括：①双方达成协议；②分别提交交易信息到外汇交易中心；③返回成交信息；④同时将成交信息提交至上海清算所进行清算，利率互换是日清算；⑤上海清算所将清算日结单反馈给清算代理方；⑥清算代理方将日结单返回给机构。

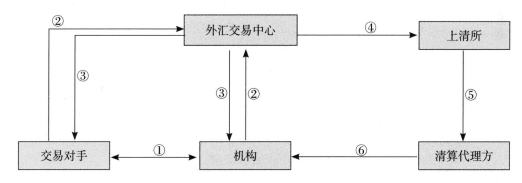

图 14-16　利率互换交易流程

（3）冲销

如果希望终止单笔或多笔利率互换交易，就涉及利率互换的冲销，具体流程如下：①外汇交易中心发布冲销通知；②机构及交易对手方确定是否达成冲销，如确定，提交冲销信息至外汇交易中心；③外汇交易中心根据提交信息及有效交易确定冲销情况；④外汇交易中心通知冲销结果，各家机构对冲销结果进行审核并确认。

（4）利息支付

当需要划付利息时，利息支付流程如下：①上海清算所根据支付日信息进行净额清算，自动划转保证金；②将清算数据返回清算代理方。

（5）上海清算所清算费用

上海清算所清算费用按季度收取，收取分为两部分：①代理清算基本费，按笔收取，每笔10元；②利率互换名义本金×代理清算费率，代理清算费率与剩余年限有关，一般而言，剩余年限越高，费率越高，费率一般为百万分之几。

14.2.3.3 内部控制

为了有效开展利率互换业务，机构应建立如下的利率互换内部控制制度。

（1）利率互换授权批准制度

利率互换的业务管理制度、业务流程及利率互换业务计划须经部门的最高管理当局批准，最高管理当局授权根据利率互换业务计划进行具体利率互换业务的批准，具体办法为：利率互换业务主管根据利率互换计划，与利率互换对手草拟利率互换合同，经内部审计部门测算，提交测算报告，部门领导根据测算报告结论进行判断、决策和批准。

（2）利率互换不相容职责分工制度

办理利率互换业务的不相容职责应相互分离、制约和监督。利率互换所涉及的不相容职责包括以下几方面。

①利率互换计划由利率互换业务主管根据财务计划对资金的需求状况及利率波动情况编制。利率互换计划由董事会或企业最高管理当局根据利率互换主管呈报的利率互换业务计划审批。计划的编制与审批属于不兼容职责，应由不同的部门进行处理。

②利率互换业务主管根据利率互换业务计划提出利率互换单项方案，具体内容包括利率互换对手、利率互换名义本金和利率互换价格等。之后由企业内部审计部门对单项利率互换项目进行分析论证，主要内容为利率互换对手审核和利率互换定价审核。分析论证报告报总裁审批后，由利率互换业务部门执行。必须明确的是，利率互换分析论证与执行必须由不同部门来操作。

③利率互换业务的决策与执行领导负责单项利率互换业务的审批，利率互换业务部门负责利率互换业务的执行，两者为不相容职责，应分离。

④利率互换业务项目的处置审批与执行如需中止，应报总裁审批，总裁批准后，应由利率互换业务部门执行，此亦为不相容职责，应分开。

⑤利率互换业务的执行部门不得进行利率互换业务的会计记录，应由企业的财务部进行利率互换的会计核算。

（3）利率互换资产负债保管追踪制度

对于利率互换得到的资产和互换形成的负债要设置追踪查簿。及时记录换入的本金（名义本金）、利率、汇率、使用、回笼、归还以及对应换出的本金（名义本金）、利率、汇率、收回、还贷等事项。所有经办人员都须签名。严格规定互换所得资产的用途和使用审批手续，严格规定资金回笼渠道和时间，设置时间及金额预警。

（4）与交易对手的定期对账制度

严格规定定期对账的时间，并由内部审计人员会同会计人员、利率互换业务执行人员与利率互换对手定期对账，对账的内容包括名义本金数量、收入利率、支付利率、应收应付利息金额等，并将对账状况记录于备查簿，如对账不符应及时查明原因，如存在重大差错应及时找原因，并报告董事会。

（5）利率互换会计核算制度

利率互换产生的资产和负债都要进行完整的会计记录（包括会计账簿和备查簿），并对其增减变动及应收应付利息进行相应的会计核算。具体而言，应按每一项利率互换设置对应的换入和换出明细分类账,详细记录其名称、金额、利率、汇率、日期、收入或支付的利息及手续费汇兑损益等。

(6)内部审计

内部审计人员应经常评价企业规定的利率互换管理制度及工作流程是否得到贯彻执行;定期(按月)进行利率互换盘点询证;定期(每半年)对利率互换业务会计账目进行审查,并编制工作底稿和内部审计报告。由内部审计部门牵头进行利率的预测,并由内部审计部门对利率互换的定价进行审查,报总裁以作为审批利率互换合同的依据。

(7)利率互换定价审核制度

利率互换的定价模型应是利率互换内部控制制度的一个重要组成部分,机构应选定利率互换定价模型,报董事会批准。在签订利率互换合同之前,对利率互换的价格用定价模型进行测算,以测算价格作为基本数据,加入调节因子,从而确定利率互换合同的价格。在报总裁审批利率互换合同前,由内部审计部门进行评估和再测算,并将测算资料和结论一并报总裁,以确定是否签订此利率互换合同。

(8)利率互换风险管理制度

利率互换风险管理管理制度的主要内容包括以下几方面。

①明确在企业总部专设机构进行利率互换的操作分支机构不得进行利率互换的操作,分支机构如需进行利率互换交易,应委托总部专设机构操作。

②强化利率互换定价审核规定,应由内部审计机构牵头选定利率预测模型和利率定性预测专家组,通过模型预测并结合专家组的定性预测,提高利率预测的准确性。再由内部审计部门对互换定价进行审核,并填写审核报告,报总裁作为审批利率互换合同的依据。

③对交易对手的信用等级进行评估,规定各等级交易的限额,对交易对手信用等级进行评估。可采用现行银行信用评估办法,对不同等级设置不同的利率互换交易上限,以控制风险。

④设置抵押或担保交易对手为一般企业时,要求交易对手企业提供资产作为抵押,防范其违约行为;交易对手为商业银行时,双方相互提供抵押担保,当交易对手信用明显恶化时,要求增加抵押的资产。

⑤缔结对冲交易,抵销市场风险,规定一般企业作为交易对手进行利率互换交易时,本企业须缔结对冲利率互换以抵销市场风险。

⑥选择交易双方利息轧差进行结算,以降低风险。记账时可详尽记录应收、应付利息金额。但利息交割时规定采用利息轧差进行结算以控制交易风险。

建立、健全并切实执行利率互换的内部控制制度,是实现利率互换管理的必要保证,是防范利率互换风险的根本措施。目前我国利率互换业务的开展尚处于初创阶段,各商业银行及相关机构尚未建立起完整的利率互换的内部控制体系。随着我国利率互换业务的日益增多,开展利率互换业务的商业银行及相关机构不断增多,利率互换业务的内部控制制度的建立、健全和完善将是我们必须解决的重要问题。

14.3 利率互换的估值与风控

14.3.1 利率互换的估值

利率互换的最基本形式是浮动利率和固定利率的单纯利率互换,其本质是将未来两组利息的现金流量(固定利率部分和浮动利率部分)进行交换。任何一笔利率互换都可以理解为一系列现金流,而通过一系列现金流的现值再加总,就可以对利率互换进行估值和定价。

合约初始阶段,利率互换的价值为0或接近于0。随着时间的变化,利率互换的价值可能为正,也可能为负。利率互换有两种估值方式:第一种方式是将利率互换视为两个债券的差;第二种方式是将利率互换视为由FRA组成的交易组合。

14.3.1.1 债券法

可以用债券价格计算利率互换价格。虽然在利率互换中本金不进行互换,但是为了便于理解,我们将收入固定利率、支付浮动利率的利率互换视作买入固定利率债券和卖出浮动利率债券的组合。

$$V_{swap} = PV_{fix} - PV_{floating}$$

其中,V_{swap}是利率互换的价值,PV_{fix}是某一时点利率互换中固定利率债券的价值,$PV_{floating}$是某一时点利率互换中浮动利率债券的价值。

反之,一个收入浮动利率、支付固定利率的互换可以视作买入浮动利率债券和卖出固定利率债券的组合,即

$$V_{swap} = PV_{floating} - PV_{fix}$$

$$存续期限 D_{swap} = \frac{PV_{floating}}{PV_{floating} - PV_{fix}} \times D_{floating} - \frac{PV_{fix}}{PV_{floating} - PV_{fix}} \times D_{fix}$$

14.3.1.2 用FRA来计算利率互换价格

利率互换是远期合约的组合。利率互换期初,固定利率的设定一般要保证利率互换的价值是0,即期初利率互换中所有FRA的价值总和是0。假设利率期限结构是上行的,长端利率高于短端利率,则FRA到期期限增长时,远期利率有所提高。每一次付息都可以看作一个FRA,而利率互换的估值是所有FRA的价值之和。

以上是利率互换估值的两种方法。而使用这两种方法,需要理清以下几条利率曲线的关系。

14.3.1.3 与互换利率相关的曲线

利率互换的估值过程涉及零息票利率、贴现因子、远期利率、平价－互换利率与时间的关系，可以画出零息票利率曲线（简称"零息曲线"）、贴现因子曲线、远期利率曲线、平价－互换利率曲线。它们的关系和计算方法包括以下六个步骤。

（1）零息曲线和贴现因子曲线的关系

零息票债券是投资期间没有任何利息的债券。其实际收益正好等于最初的到期收益率，因此也成为利率互换定价的参照基准。求一系列现金流的现值，可以用零息票利率计算贴现因子。

假设对于距今 t 月的零息票利率为 S_t，距今 t 月的贴现因子为 D_t，则贴现因子和零息票利率的关系如下：

对于复利的零息票利率，当 $0 < t < 1$ 时，

$$D_t = \frac{1}{1 + S_t \times \left(\frac{t}{12}\right)}$$

当 $t \geq 1$ 时，

$$D_t = \frac{1}{(1 + S_t)^{t/12}}$$

对于连续复利的零息票利率，

$$D_t = e^{-S_t \times t/12}$$

如果已知 t 时点的利率曲线，即 t 时点不同时间段的零息票利率，那么就可以求出其对应的贴现因子。例如，表 14-8 列出了基于 LIBOR 的不同时间段利率对应的贴现因子。

表 14-8 零息票利率－贴现因子表

时间段	LIBOR	贴现因子
LIBOR 3M	10%	0.9753
LIBOR 9M	10.5%	0.9243
LIBOR 15M	11%	0.8715

（2）用息票剥离法计算零息票利率和贴现因子

为了给利率互换定价，首先要构造一个零息曲线。构造零息曲线的方法一般为息票剥离法（Bootstrap Method，也可译为脱靴法），即用平价到期收益率曲线（Par Curve），层层解开靴子的鞋带，推导出即期曲线/零票息曲线。具体方法包括利用息票剥离法计算零票息利率和计算贴现因子两个路径。

方法一：用息票剥离法计算零息票利率

> **专栏 14-5**
>
> 如表 14-9 所示，假设 6 个月、12 个月、18 个月的 LIBOR/ 互换零息票利率分别为 4%、4.5% 和 4.8%（连续复利），2 年期互换的利率为 5%，每半年付息一次，对于平价债券而言，价格为 100 元，每次付息金额为 2.5 元。2 年期零息利率 S 的计算公式如下：
>
> $$2.5e^{-4\%\times 6/12}+2.5e^{-4.5\%\times 12/12}+2.5e^{-4.8\%\times 18/12}+102.5e^{-S\times 24/12}=100$$
>
> 计算得到 $S=4.9529\%$。
>
> 表 14-9　息票剥离法计算零息票利率
>
> | | LIBOR/ 互换零息票利率 | 折现因子公式 $e^{-r\times t}$ | 折现因子 | 固定利率债券的现金流（元） | 固定利率债券的现金流贴现（元） |
> |---|---|---|---|---|---|
> | LIBOR 6M | 4% | $e^{-4\%\times 6/12}$ | 0.9802 | 2.5 | 2.45 |
> | LIBOR 12M | 4.5% | $e^{-4.5\%\times 12/12}$ | 0.9560 | 2.5 | 2.39 |
> | LIBOR 18M | 4.8% | $e^{-4.8\%\times 18/12}$ | 0.9305 | 2.5 | 2.33 |
> | LIBOR 24M | S | $e^{-S\%\times 24/12}$ | $e^{-S\%\times 24/12}$ | 102.5 | 92.83 |
>
> 注：$92.83=100-2.45-2.39-2.33$。

方法二：用息票剥离法计算贴现因子

根据目前互换利率报价，通过平价债券收益率原理，可以推导出对应互换利率期限的贴现因子。假设当前 t_i 期限的互换利率报价为 I_{t_i}，贴现因子为 D_{t_i}。

对于 3 个月的零息票利率，根据平价债券原理，

$$1=\frac{I_{3m}}{M}\times D_{3m}+D_{3m}$$

其中，M 为一年付息的次数。可计算得

$$D_{3m}=\frac{1}{1+I_{3m}\times\left(\frac{1}{M}\right)}$$

即 $S_{3m}=I_{3m}$。

对于 6 个月的零息票利率，根据平价债券原理，

$$1=\frac{I_{6m}}{M}\times D_{3m}+\left(\frac{I_{6m}}{M}+1\right)\times D_{6m}$$

可计算得

$$D_{6m}=\frac{1-\dfrac{I_{6m}}{M}\times D_{3m}}{1+I_{6m}/M}$$

对于9个月的零息票利率，根据平价债券原理，

$$1 = \frac{I_{9m}}{M} \times D_{3m} + \frac{I_{9m}}{M} \times D_{6m} + \left(\frac{I_{9m}}{M} + 1\right) \times D_{9m}$$

可计算得

$$D_{9m} = \frac{1 - \frac{I_{9m}}{M} \times D_{3m} - \frac{I_{9m}}{M} \times D_{6m}}{1 + I_{9m}/M}$$

以此类推，第 K 期互换利率报价 SR_k 确定的第 K 期贴现因子为

$$D_K = \frac{1 - \frac{I_k}{M} \times (D_1 + D_2 + \cdots + D_{k-1})}{1 + \frac{I_k}{M}}$$

（3）根据已知期限的贴现因子计算远期利率

假设远期利率为 f，远期利率与贴现因子的关系如下：

$$D_2 = D_1 \times \frac{1}{1 + f_1/M}$$

$$D_3 = D_2 \times \frac{1}{1 + f_2/M} = D_1 \times \frac{1}{1 + f_1/M} \times \frac{1}{1 + f_2/M}$$

以此类推，

$$D_{k+1} = D_k \times \frac{1}{1 + f_k/M}$$

可以求出 $f_k = \left(\frac{D_{k+1}}{D_k} - 1\right) \times M$，$f_k$ 为时点 k 到时点 $k+1$ 的远期利率。

$$D_k = \prod_{j=0}^{k-1} \frac{1}{1 + f_j/M}$$

（4）根据插值法求任意时点的远期利率，即得未来的浮动利率

（5）根据任意时点的远期利率求任意时点的贴现因子

（6）求固定端未来现金流的净现值和浮动端未来现金流的净现值，进而计算互换合约在当前时刻的价值

总结来看，固定利率支付方利率互换价值＝浮动端现金流现值－固定端现金流现值。具体而言，该过程的难点在于预测未来浮动利率来计算浮动端现金流现值，具体方法可通过平价到期收益率曲线推出零息曲线，再计算远期曲线，推导出对应期限的贴现因子和浮动利率，再贴现求和。图 14-17 和图 14-18 分别列出了固定端和浮动端的现金流贴现计算步骤。专栏 14-7 对计算过程进行了举例说明。

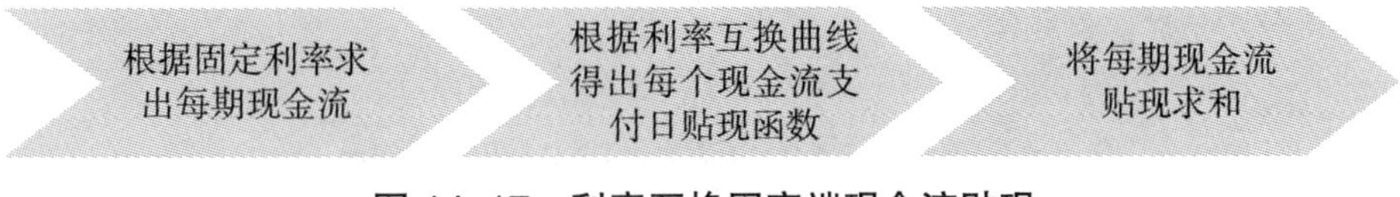

根据固定利率求出每期现金流 → 根据利率互换曲线得出每个现金流支付日贴现函数 → 将每期现金流贴现求和

图 14-17　利率互换固定端现金流贴现

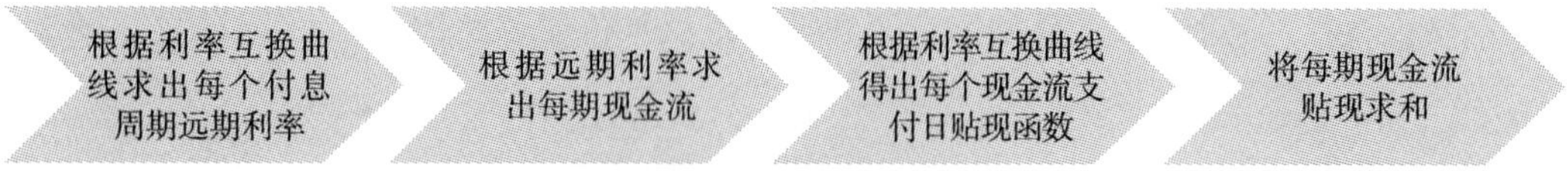

```
根据利率互换曲     根据远期利率求      根据利率互换曲线      将每期现金流
线求出每个付息  →  出每期现金流    →   得出每个现金流支   →  贴现求和
周期远期利率                         付日贴现函数
```

图 14-18　利率互换浮动端现金流贴现

专栏 14-6

A 与 B 进行一笔 1 年期的利率互换交易，利率互换价格为 5%，按季度轧差，求在距离到期日还剩余 10 个月时利率互换合约的价值。已知在距离到期日剩余 10 个月时利率互换市场的报价如表 14-10 所示：

表 14-10　利率互换报价表

IRS	报价
3M	3.40%
6M	3.60%
9M	3.60%
1Y	3.70%

根据债券法，$V_{swap}=PV_{fix}-PV_{floating}$，要计算 PV_{fix}，首先求贴现因子。对于该笔利率互换交易，截至目前，未来的现金流如表 14-11 所示：

表 14-11　利率互换现金流

付息日距今月数	固定利息	浮动利率	贴现因子
1M	1.25	F_1	D_1
4M	1.25	F_2	D_2
7M	1.25	F_3	D_3
10M	1.25	F_4	D_4

已知 5 月 2 日利率互换各期限报价，假设缩写为 I_t，即 $I_{3M}=3.4\%$，$I_{6M}=3.6\%$，$I_{9M}=3.6\%$，$I_{1Y}=3.7\%$。假设零息票利率为 S_t，t 为从当前到未来某一日的月数，需要求出 S_{1M}，S_{4M}，S_{7M}，S_{10M}。假设贴现因子为 D_t，对应各期限贴现因子即为 D_{1M}，D_{4M}，D_{7M}，D_{10M}。

第一步，已知利率互换报价利率，通过息票剥离法求报价利率对应期限的贴现因子。

按照利率互换的定义，I_{3M} 为从今日到 3 个月期间一次性轧差本息，根据无套利理论，零息票利率 $S_{3M}=I_{3M}=3.4\%$。

I_{6M} 为从 2018 年 5 月 2 日到 2018 年 11 月 2 日期间，每季度付息一次的年化固定利率。固定利息为 $I_{6M}/4=0.009$。其现金流如下：

$$CF_{3M}=0.009$$
$$CF_{6M}=1+0.009=1.009$$

根据无套利理论，$1 = CF_{3M} \times D_{3M} + CF_{6M} \times D_{6M}$

$$D_{3M} = \frac{1}{1 + r_{3M} \times (\frac{t}{12})} = \frac{1}{1 + 3.4\% \times (\frac{3}{12})} = 0.99157$$

$$D_{6M} = (1 - CF_{3M} \times D_{3M}) / CF_{6M} = 0.982236$$

$$S_{6M} = \frac{\frac{1}{D_{6M}} - 1}{6} \times 12 = 3.617\%$$

已知 9M IRS 报价 $I_{9M} = 3.6\%$，根据无套利理论和息票剥离法，计算 9M 的折现因子 D_{9M}。其现金流如下：

$$CF_{3M} = 0.009$$

$$CF_{6M} = 0.009$$

$$CF_{9M} = 0.009 + 1 = 1.009$$

根据无套利理论，$1 = CF_{3M} \times D_{3M} + CF_{6M} \times D_{6M} + CF_{9M} \times D_{9M}$

$$D_{9M} = (1 - CF_{3M} \times D_{3M} - CF_{6M} \times D_{6M}) / CF_{9M} = 0.973474$$

已知 12M IRS 报价 $I_{12M} = 3.7\%$，根据无套利理论和息票剥离法，计算 12M 的折现因子 D_{12M}。其现金流如下：

$$CF_{3M} = 3.7\% / 4 = 0.00925$$

$$CF_{6M} = 0.00925$$

$$CF_{9M} = 0.00925$$

$$CF_{12M} = 0.00925 + 1 = 1.00925$$

根据无套利理论，$1 = CF_{3M} \times D_{3M} + CF_{6M} \times D_{6M} + CF_{9M} \times D_{9M} + CF_{12M} \times D_{12M}$

$$D_{12M} = (1 - CF_{3M} \times D_{3M} - CF_{6M} \times D_{6M} - CF_{12M} \times D_{12M}) / CF_{12M} = 0.963822$$

第二步，根据对应期限的折现因子 D_{3M}，D_{6M}，D_{9M}，D_{12M}，假设远期利率为 $f_{t1 \times t2}$，求 $f_{3 \times 6}$、$f_{6 \times 9}$、$f_{9 \times 12}$，进而求 $f_{1 \times 4}$、$f_{4 \times 7}$、$f_{7 \times 10}$。

$$\frac{1}{D_{6M}} = (1 + S_{3M} \times \frac{3}{12}) \times (1 + f_{3 \times 6} \times \frac{3}{12}) \text{ 或 } D_{6M} = D_{3M} \times \left(\frac{1}{1 + f_{3 \times 6} \times \frac{3}{12}}\right)$$

可计算得 $f_{3 \times 6} = 3.802\%$。

$$D_{9M} = D_{6M} \times \left(\frac{1}{1 + f_{6 \times 9} \times \frac{3}{12}}\right)$$

可计算得 $f_{6 \times 9} = 3.6\%$。

$$D_{12M} = D_{9M} \times \left(\frac{1}{1 + f_{9 \times 12} \times \frac{3}{12}}\right)$$

可计算得 $f_{9\times12}=4.006\%$。

第三步，已知 $f_{3\times6}$、$f_{6\times9}$、$f_{9\times12}$，通过插值法求 $f_{1\times4}$、$f_{4\times7}$、$f_{7\times10}$，即为未来付息日对应的浮动利率。

已知 $S_{3M}=I_{3M}=3.4\%$，可以理解 $S_{1M}=S_{3M}=3.4\%$。

由于 $f_{3\times6}=3.802\%$，通过插值法求得 $f_{1\times4}=S_{3M}+(f_{3\times6}-S_{3M})/3=3.4\%+(3.802\%-3.4\%)/3=3.534\%$，此 $f_{1\times4}$ 即下一次付息日对应的浮动利率。

以此方法，求出 $f_{4\times7}$、$f_{7\times10}$：

$$f_{4\times7}=f_{3\times6}+(f_{6\times9}-f_{3\times6})/3=3.802\%+(3.6\%-3.802\%)/3=3.735\%$$

$$f_{7\times10}=f_{6\times9}+(f_{9\times12}-f_{6\times9})/3=3.6\%+(4.006\%-3.6\%)/3=3.735\%$$

第四步，通过 $f_{1\times4}$、$f_{4\times7}$、$f_{7\times10}$，计算不规则期限的折现因子 D_{4M}, D_{7M}, D_{10M}。

$$D_{4M}=\frac{1}{(1+S_{1M}\times\frac{1}{12})\times(1+f_{1\times4}\times\frac{3}{12})}$$

可计算得 $D_{4M}=0.9828$。

$$D_{7M}=\frac{1}{(1+S_{4M}\times\frac{4}{12})\times(1+f_{4\times7}\times\frac{3}{12})}=D_{4M}\times\frac{1}{1+f_{4\times7}\times\frac{3}{12}}$$

可计算得 $D_{7M}=0.9738$。

$$D_{10M}=\frac{1}{(1+S_{7M}\times\frac{4}{12})\times(1+f_{7\times10}\times\frac{3}{12})}=D_{7M}\times\frac{1}{1+f_{7\times10}\times\frac{3}{12}}$$

可计算得 $D_{10M}=0.96479$。

第五步，求付息日的固定利息和浮动利息。

$$固定利息=100\times5\%/4=1.25$$

$$浮动利息\ F_1=100\times S_{3M}\times\frac{3}{12}=0.850$$

$$浮动利息\ F_2=100\times f_{1\times4}\times\frac{3}{12}=0.883$$

$$浮动利息\ F_3=100\times f_{4\times7}\times\frac{3}{12}=0.934$$

$$浮动利息\ F_4=100\times f_{7\times10}\times\frac{3}{12}=0.934$$

第六步，计算 V_{swap}。

$$PV_{fix}=1.25\times D_{1M}+1.25\times D_{4M}+1.25\times D_{7M}+1.25\times D_{10M}=4.9$$

$$PV_{floating}=F_1\times D_{1M}+F_2\times D_{4M}+F_3\times D_{7M}+F_4\times D_{10M}=3.53$$

$$V_{swap}=PV_{fix}-PV_{floating}=1.37$$

即浮动盈利137万元。

14.3.2 利率互换的信用风险和市场风险管理

本节着重讨论实务中用到的与利率互换相关的信用风险与市场风险管理模式。

14.3.2.1 信用风险

利率互换信用风险敞口指交易对手违约所面临的损失，即违约时利率互换的市场公允价值。其计量标准和计量方法如下：在某一时点，以该时点浮动基准利率水平和市场收益率曲线为基准，逐笔计算所有利率互换交易未来现金流差额的净现值。

信用风险的管理可以采用授信模式，也可以采用保证金模式。下面我们通过对上海清算所利率互换业务的保证金制度的介绍，了解如何通过保证金模式控制信用风险。

鉴于利率互换业务可能存在的风险，清算会员参与利率互换业务，应向上海清算所交纳保证金，包括最低保证金与变动保证金。其中，变动保证金包括盯市保证金和超限保证金等。

最低保证金是清算会员事先交纳的现金或上海清算所认可的有价证券或资产，用于弥补清算会员在风险敞口限额范围内可能发生违约而产生的最大预计损失。

$$最低保证金要求 = 清算会员风险敞口限额 \times 清算会员资信因子$$

盯市保证金是清算会员根据上海清算所对纳入集中清算的利率互换合约逐日盯市结果交纳的现金。清算会员某一参考利率合约组合的盯市保证金要求，等于该合约组合当日的盯市亏损。

超限保证金是当清算会员利率互换合约组合的总风险敞口超出其风险敞口限额时，需缴纳的现金。

$$超限保证金要求 = （总风险敞口 - 风险敞口限额）\times 清算会员资信因子 \times 可变倍数$$

14.3.2.2 市场风险与 DV01

市场风险的衡量指标包括但不限于总规模、净规模、修正久期、基点价值、凸性、VAR 和压力测试指标等。

在实际业务中市场风险指标的选择和衡量一般需要满足以下条件：第一，计量性，即可以以市场公开的报价来计算获得；第二，实用性，即可以通过交易来消减该风险指标，从而规避相应的市场风险；第三，关联性，即该风险指标与损益的计算能简单关联。

例如，VAR 这个指标就不适合作为交易类业务的风险管理指标。VAR 虽然是商业银行审视全行所有业务风险最直观的单一指标，但在操作层面，VAR 存在一定的缺陷：一方面，VAR 无法推断每天的收益变化；另一方面，VAR 没有体现如何具体操作以消减风险。

对于利率互换业务风险指标的选择，最合适的风险管理指标是 DV01，即市场 IRS

报价利率每向上变动 1 个 BP 引起的未交割损益变化的金额，又称为 Delta 风险值或基点价值（PVBP 或 PV01），具体分为整条曲线平行上移 1BP 以及某个期限的 IRS 利率上移 1BP。

首先计算某笔利率互换的整体 DV01，即假设曲线各期限利率均上涨 1BP，该笔利率互换的市值为 Swap(+1BP)；假设曲线各期限利率均下降 1BP，该笔利率互换的市值为 Swap(-1BP)，则

$$DV01 = (Swap(+1BP) - Swap(-1BP))/2$$

其次计算利率互换某个期限的 DV01，假设该期限利率上涨或下跌 1BP，其他期限利率保持不变，DV01 的计算逻辑如图 14-19 所示。

如果要开展利率互换的交易类业务，我们推荐的风险管理模式如下。

（1）相似风险汇总管理

对所有利率风险相关的产品分别计算相应的 DV01，并汇总计算。利率风险相关的产品大类主要包括各类债券、债券期货、外汇掉期等。具体到利率互换，细分产品可以是基于 FR007、基于 SHIBOR 3M、基于 1 年期存款利率等利率互换品种。

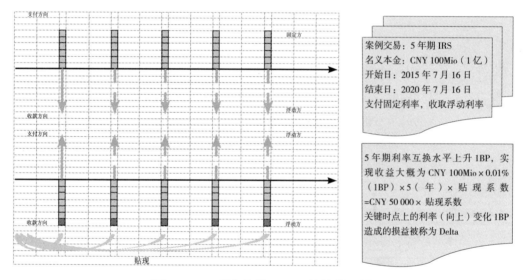

图 14-19 利率互换 DV01 的计算逻辑

在风险管控上，可以设置总的 DV01 限制和分大类产品和细分产品的 DV01 限制。一般而言，考虑到利率产品之间的相关性，细分产品的 DV01 为总 DV01 的 5 倍左右。

（2）分期限计算分段 DV01

一般而言，一个资产组合损益变化的 80% 来自曲线的平行移动，15% 来自曲线的陡峭度变化，5% 来自曲线的凹凸变化。特别对于衍生品，由于可以做多与做空，曲线交易更加便捷，对分期限的 DV01 利率相关产品的利率风险管理如表 14-12 所示。

表 14-12　不同交易产品的利率风险管理表　　　　　（单位：元）

期限/品种	REPO IRS	SHIBOR IRS	利率债	信用债	汇率掉期	国债期货	汇总
O/N	-1 603						-1 603
1M					4 532		4 532
3M					6 543		6 543
6M	3 218						3 218
9M							—
1Y	90 453	104 535		-156 028	34 230		73 190
2Y	14 290			-65 430			-51 140
3Y							—
4Y							—
5Y	156 010						156 010
6Y							—
7Y			-12 342			2340	-10 002
8Y							—
9Y							—
10Y			-180 340			54 400	-125 940
汇总	262 368	104 535	-192 682	-221 458	45 305	56 740	54 808

一般来说，产品期限越短，波动幅度越大，比如说短期回购利率可以在2%—10%区间内波动，但是10年期国债的利率一般在2.5%—4.5%区间内波动。因此在不同期限DV01的授权上，不仅需要对流动性差的期限（比如10年期）降低授权金额，还需要对短期限降低授权金额，不要保留对债券的投资理念。

（3）产品组合止损

由于衍生品的引入可以丰富交易策略，比如利率互换与金融债的价差交易，交易的目的是判断两者之间的价差是否收敛，而不是对绝对方向上的判断，因此对交易账户设置止损应当以组合的损益变化为基准，而非以单一产品的损益变化为基准。

14.3.2.3 利率互换的风险管理注意事项

利率互换的风险管理与传统的债券风险管理有一定的差异：债券是实际金融资产的投资，是在有限的资金下获得最高的收益；而利率互换是衍生品交易，是在有限的风险下获得最高的收益。

举例来说，比如2年期和10年期债券的利率分别为3.5%和4.0%，预期经济下行，流动性宽裕，2年期和10年期债券的利率可能分别为2.7%和3.5%（利率互换价格同债券）。

假设资金限制为1亿元，那么债券投资者应该买入10年期的债券，获利约为800万元，而买入2年期的债券，获利仅为500万元。

假设DV01的限制为8万DV01，那么利率互换投资者应该卖出名义本金为4亿元的2年期利率互换，获利640万元，而卖出名义本金为1亿元的10年期利率互换，获利缩减为 400 万元。

此外,在没有融入债券做空的情形下,债券的组合久期或 DV01 是逐步趋于 0 的,但是利率互换并非如此,DV01 并非线性衰减至 0,因此需要持续进行风险对冲。原因是两方面的,一是利率互换可以做多或做空,二是利率互换除非冲销或者当日交易,买卖的标的并非同一资产,这个不同于现券和期货。

专栏 14-7

下面举例说明利率互换风险管理中需要注意的情况。

假设当前组合 DV01 如表 14-13 所示:

表 14-13 组合 DV01 (单位:元)

交易 1	现在	3 个月后
1Y		−245
2Y	−1 920	−1 440
3Y		
汇总	−1 920	−1 685

该组合叙做一笔利率互换交易,期限为 3 年,名义本金 1 亿元,如表 14-14 所示:

表 14-14 叙做组合 DV01 (单位:元)

交易 2	现在	3 个月后
1Y		
2Y		4 800
3Y	28 400	20 300
汇总	28 400	25 100

那么交易组合的 DV01 如表 14-15 所示,可以看到 2 年期的 DV01 一开始为负,3 个月后重新变为正:

表 14-15 变化后组合 DV01 (单位:元)

组合	现在	3 个月后
1Y	—	−245
2Y	−1 920	3 360
3Y	28 400	20 300
汇总	26 480	23 415

因此利率互换在管理中要时时对冲风险,不能凭印象操作,特别是如果组合中还有一些非标

准的利率互换时,例如年度重置的 SHIBOR 互换,而在对冲时如果采用季度重置的标准利率互换,其 DV01 的变化往往会出乎意料。

专栏 14-8

某机构 2012 年 6 月 1 日支付固定利率 1Y 1 000Mio@3.00%,7 月 1 日利率上行,欲获利了结,因此做一笔收取固定利率 1Y 1 000Mio@3.10%。目标损益为 1 000 000 000×(3.1%-3.0%)=1 000 000。

2013 年 6 月 1 日,第一笔交易到期,第二笔交易还剩一个月。但是在 2013 年 6 月,货币市场利率大幅上涨,该月平均 FR007 为 6.0%,由此产生的损益为亏损 2 670 000=1 000 000 000×(2.8%-6.0%)/12。目标盈利的交易亏损了 1 670 000。

此外,在利率互换管理中还需关注重置风险(Fixing Risk)。虽然有些交易组合到期日十分接近,但相差几天的重置日也会带来巨大风险。例如假设 7 月 18 日,某机构与客户叙做 2 年的基于 DEPO 的利率互换,名义本金 500 000 000,该机构支付固定利率 3.50%,由于价格不理想,没有当日平盘。7 月 23 日,该机构平盘收取固定利率 3.53%。在第二年的 7 月 21 日人民银行加息 25BP,利率从 3.00% 上升至 3.25%。那么该笔交易因为重置风险而亏损 1 250 000(=500 000 000×25BP×1 年),远大于平盘带来表面的 300 000(=500 000 000×3BP×2 年)利润。

14.3.2.4 利率互换的风险资产计算

根据巴塞尔和银保监会的要求,银行运作表内业务时必须满足资本充足率的要求,商业银行总资本包括核心一级资本、其他一级资本和二级资本,对应不同的资本充足率要求。资本充足率的计算公式如下:

$$资本充足率 = \frac{总资本 - 对应资本扣减项}{风险加权资产} \times 100\%$$

商业银行资本充足率监管要求包括最低资本要求、储备资本要求、逆周期资本要求、系统重要性银行附加资本要求以及第二支柱资本要求。一般而言,资本充足率需满足 10.5%—14.0%,其中最低资本要求为 8%,储备资本要求为 2.5%,逆周期资本要求为 0—2.5%,系统重要性银行附加资本要求为 1%。此外,第二支柱资本要求一般与区域集中度、行业集中度和期限等因素相关。

资本是银行经营的限制条件之一,因此某个业务在银行体系是否有生命力,取决于其风险资产的回报是否足够,能否提升全行的 ROE。为保证资本充足率的达标,可以从分子和分母两个角度来提升。从分母角度是补充资本,资本一般来源于银行利润的积累、股票市场的 IPO 和定向增发,以及债券市场的可转债、次级债等。从分子角度是降低业务所占用的风险资产。

商业银行可以采用权重法或内部评级法计量信用风险加权资产。内部评级法目前只是对大型银行逐步放开，因此下面对风险资产计算的介绍以权重法为主。

对于投资类的业务，主要业务的风险资产占用如表 14-16 所示。

表 14-16 主要业务风险资产占用表

1. 对我国金融机构的债权	
1.1 对我国其他商业银行的债权（不包括次级债权）	
1.1.1 原始期限 3 个月以内	20%
1.1.2 原始期限 3 个月以上	25%
2. 对一般企业的债权	100%
3. 对符合标准的微型和小型企业的债权	75%
4. 对个人的债权	
4.1 个人住房抵押贷款	50%

可以看出投资商业银行债券的风险资产占用远小于投资券商、保险或者其他行业的信用债。因此对于相似信用风险，银行投资会选择风险资产具备优势的债券品种，比如之前的非标业务、银行计入同业投资的科目、享受商业银行债权的风险资产等，但 2013 年银监会公布 8 号文《关于规范商业银行理财业务投资运作有关问题的通知》和 127 号文《关于规范金融机构同业业务的通知》之后，监管要求按照穿透原则，按照底层企业债权的 100% 计算风险资产占用。又比如资产证券化业务的盛行，主要是由于中国评级体系的优势使得计提风险资产占用额极少，一般仅占 20%（如表 14-17 所示）。

表 14-17 风险资产占用额

长期信用评级	AAA 到 AA-	A+ 到 A-	B+ 及以下或者未评级
资产证券化风险暴露	20%	50%	1250%

对于交易类业务，需要占用交易对手的信用风险、特定市场风险和一般市场风险。对于利率互换业务，只需占用一般市场风险，这是由于绝大多数业务通过上海清算所进行中央清算，一般不再占用交易对手的信用风险；且由于不涉及发行主体，不占用特定市场风险。

一般市场风险的资本要求包含以下三部分：第一，每时段内加权多头和空头头寸可相互对冲的部分所对应的垂直资本要求；第二，不同时段间加权多头和空头头寸可相互对冲的部分所对应的横向资本要求；第三，整个交易账户的加权净多头或净空头头寸所对应的资本要求。

风险权重按照监管要求如表 14-18 所示，可以看到，风险权重的计量依赖于该期限的利率波动与该期限的 DV01。举例来说，名义本金 1 亿元，剩余期限 3.2 年的利率互换 DV01 为 3 万元，收益率变化 75BP，那么其损益为 225 万元 =3 万 ×75BP，相当于本金的 2.25%，与监管的风险权重基本一致。

表 14-18 风险权重

利率不小于3%	利率小于3%	风险权重（%）	假定收益率变化（%）
6—12 个月	6—12 个月	0.70	1
1—2 年	1.0—1.9 年	1.25	0.9
2—3 年	1.9—2.8 年	1.75	0.8
3—4 年	2.8—3.6 年	2.25	0.75
4—5 年	3.6—4.3 年	2.75	0.75
5—7 年	4.3—5.7 年	3.25	0.7

下面我们以一笔利率互换的交易为例，来理解风险资产占用所要求的回报。假设 A 银行叙做一笔 1 年期限的利率互换，名义本金 1 亿元，成交利率 3.5%。根据表 14-18，风险权重为 0.7%。计算业务回报时，涉及以下概念：

$$风险资产 = 风险资本 \times 12.5$$

$$核心资本计提比例 = 风险资产 \times 7.5\%（一般为 A 银行的核心一级资本充足率要求）$$

$$核心资本收益率要求 = 核心资本 \times 10\%（一般为 A 银行对风险资产回报的考核要求，略低于 ROE）$$

那么该笔业务基于资本占用的回报要求为 6.6 万，即

$$1 亿（名义本金）\times 0.7\%（风险权重）\times 12.5（风险资本转换成风险资产）\times \\ 7.5\%（资本计提）\times 10\%（资本回报）= 6.6 万$$

如果是债券交易呢？交易类账户的 1 年期利率债的风险资产回报要求与利率互换相同，为 6.6 万；1 年期信用债的风险资产回报要求为 15.9 万：

$$1 亿（名义本金）\times 1.7\%（风险权重，其中 1\% 为特定市场风险）\times 12.5（风险资本转\\换成风险资产）\times 7.5\%（资本计提）\times 10\%（资本回报）= 15.9 万$$

作为比较，持有至到期类账户的 1 年期信用债，风险资产回报要求为 75 万，远大于交易类账户；利率债由于不占用风险资产，风险资产回报要求为 0 万，小于交易类账户。

$$1 亿（名义本金）\times 100\%（风险资产占用）\times 7.5\%（资本计提）\times \\ 10\%（资本回报）= 75 万$$

上面我们讨论的是单笔交易，因为债券交易只能做多，一般无法大规模做空，所以债券组合的风险资产是叠加的。但是利率互换是双向交易，可以通过反向交易降低风险资产，只是对到期日错配较大的互换组合计量垂直资本要求和横向资本要求，从资本角度为曲线交易提供了便利。

更为重要的是，利率互换（支付固定利率，收取浮动利率）可以与债券进行风险资产的轧差。支付固定利率和收取浮动利率的 3 年期利率互换（浮动利率为 FR007）可以视为一个 3 年期固定利率债券的空头和一个基于 FR007 的浮动利率债券的多头。由于浮

动利率一般按照重置频率的期限计算风险权重，对风险资产的占用极少，债券组合加入衍生品不仅能降低波动，提高夏普比率，更能降低风险资产的占用。

14.3.3 利率互换的业务路径

衍生品交易自身无法创造出稳定的利润，那么为何还要开展衍生品业务呢？实际上利率互换既是银行金融市场业务的润滑剂，也是资产管理行业提高夏普比率、提供更多策略的必备工具。以下我们将从四个方面说明机构发展利率互换业务的必要性。

14.3.3.1 会计角度

套期会计方法是一种特殊的会计处理方法，它允许企业（依据公允价值和现金流量变动）对冲有关资产或负债的利得和损失，减少利润表的波动性，但为防止企业滥用套期会计方法，现行准则设置了较高的适用性门槛。然而严格的标准容易加剧企业损益的波动性，这背离了企业风险管理的初衷，影响企业参与套期业务的积极性。

（1）拓宽套期工具和被套期项目的范围

套期工具：非衍生金融工具。

被套期项目：某一风险成分（产成品的某种原材料）、一组项目的风险总敞口/净敞口。

（2）改进套期有效性评估

取消了原先的准则中 80%—125% 的套期高度有效性量化指标及回顾性评估要求，代之以定性的套期预期有效性的评估，强调两者的经济关系和反向波动特性。

（3）引入套期关系再平衡机制

通过调整套期关系的套期比率，使其重新满足套期有效性要求，原先的准则要求如果套期关系不再符合套期有效性要求，企业应当终止套期会计记账，否则会突然加大损益波动。

（4）增加期权时间价值的会计处理方法

当期权的内在价值为被套期项目时，剩余的未指定部分即期权的时间价值部分首先计入其他综合收益，原先的准则是将之视为衍生工具的一部分，以公允价值计量且其变动计入当期损益，造成了损益的潜在波动。

14.3.3.2 金融市场业务角度

在利率和汇率市场化的背景下，企业与机构客户的避险需求增加，金融机构可以采用交易和销售的双轮驱动来提升客户的体验。一边是交易人员，挖掘策略进行交易和做市报价。另一边是市场人员，主要目的是拓展客户、创设产品。具体而言，机构可以通过四种途径开展利率互换交易业务。

第一是打通所有的市场，跨市场跨品种交易，这种途径适合于大型机构。大型机构利用全产品、全牌照、全通道的优势，可以捕捉到不同市场对相关事件的预期差，比如英国要退出欧盟，不同市场对这一事件的预期和反应是不一样的，这时候就可以构建一些组合交易。券商有优势，因为它有国债期货，在利率市场上比银行有更强的获利能力。反过来，银行业也有特别优势，即银行可以买海外债券，能直接投资海外，风险收益比更高,而券商需要申请 QDII 额度才可以投资海外。因此不同机构有各自的优势。如果能通过集团不同子公司的优势打通各类业务,就可以获得超额的收益,盈利来自机构的业务范围优势和对不同市场差异的捕捉与判断。

第二是嵌入交易类债券,这种途径适合各类机构。不能把所有投资类债券都放在交易类的原因是这样做会导致每年的利润波动太大,而这是每个机构都无法承受的。如果合理地嵌入衍生品,并且合理运用衍生品的交易,保持回撤较小同时不触及止损,那么就可以做大交易账户的规模,从而能提高风险资产的收益率,甚至能提高绝对收益。

第三是发展做市商业务,这种途径适合大中型机构。大中型机构可以通过高质量的报价来增加客户的流量,获取稳定的价差收益。这就需要交易员具有较强的定价和把握市场的能力,此外需要多产品的思维。特别在衍生品发展的初期,一个优质的报价往往要通过其他相关产品对冲风险。

第四是开发产品,这种途径适合大中型机构。大中型机构可以通过设计符合企业客户风险要求的个性化产品吸引客户从而带来综合回报,或者设计结构化存款或与衍生品挂钩的理财,给个人和企业客户提供更多的投资渠道。

14.3.3.3 资管角度

传统债券业务的资管收益主要来源于杠杆、久期错配和信用挖掘。假设将 50% 的杠杆率(平均融资成本为 FR007)、3 年的久期以及 AA+ 的信用值作为最基础资产配置策略,那么 2010 年以来该策略年化收益率的中位数为 5.65%,夏普比率为 1.12。从收益角度基本可以满足投资者的低风险资产配置的需求,但是回撤比较大,会经常出现本金亏损的情形,因为夏普比率仅在 1 附近。

如果用衍生品进行套保,用 3 年期的利率互换对冲久期,用 1 年期的利率互换对冲杠杆成本,那么嵌入衍生品后策略的年化收益率的中位数为 5.60%,夏普比率大幅提升为 2.10,平均收益率变化不大,但是回撤大幅下降,95% 的情形下能获得超过 1% 的收益率。具体见图 14-20 和表 14-19。

图 14-20 纯债收益率和套保收益率的历史回测

表 14-19　各交易策略收益率回测

	纯债	纯债 + 杠杆	纯债 + 套保	纯债 + 杠杆 + 双套保
夏普比率	1.05	1.12	2.00	2.10
年度收益率中位数	5.00%	5.65%	4.90%	5.60%
90% 概率区间（上限/下限）	10.50%	11.90%	8.20%	9.25%
	−1.90%	−1.85%	0.65%	1.00%

如果嵌入类似银行自营投资的交易策略，还能进一步提升资管产品的绝对收益。

14.3.3.4　商业银行总分行联动角度

商业银行通过开展利率互换业务，可以通过总分行的联动，降低企业融资成本，同时实现各条线共赢。下面通过专栏 14-9 具体说明。

专栏 14-9

假设分行 A 的客户 K 有融资需求，客户可接受的利率为 5.0%。由于信贷额度紧张或者拨备压力等问题，分行 A 考虑通过购买企业发行的债券或者非标来投资。总行司库给分行的 FTP 定价为 4.5%。

从分行的角度看，该笔业务毛利为 50BP，但考虑风险资产和税收等因素，业务很难盈利。同时总行因为长期发行同业存单，形成一部分负债端与 SHIBOR 利率挂钩，因此总行司库新设了浮动利率 FTP 为 SHIBOR 3M+50BP。那么分行 A 可以与总行金融市场部叙做一笔基于 SHIBOR 3M 的利率互换。假设当时与客户融资需求同期限的利率互换价格为 3.5%，那么分行 A：

利率互换：支付 3.6%，收取 SHIBOR；

FTP：支付 SHIBOR+50BP。

从而分行 A 将浮动利率 FTP 转换成固定利率 4.1%，可以将客户的融资成本优惠到 4.8%。

该笔业务落地相对于原先的模式是"三赢"，甚至可以引入双线记账，让不同分行或者部门参与业务的动力更强。

分行 A 的毛利：70BP（=4.8%-4.1%），提升 20BP；

总行金融市场部的毛利：10BP（=3.6%-3.5%）；

客户节省的融资成本：20BP（=5.0%-4.8%）。

如果总行司库要求浮动利率 FTP 必须对应浮动利率资产，那么客户 K 发行浮动利率债券或者非标，然后与总行金融市场部签署利率互换协议，仍然锁定融资成本为 5.0%。

有些读者可能认为这个模式是套利，赚取了司库的收益，其实并非如此：第一，司库是基于全行负债结构和资产配置给出的定价，不一定与相对小众的利率互换市场保持一致；第二，司库结合了市场判断给出的定价，但直接参与利率互换市场会形成较大敞口从而有市值波动的不确定性，直接影响银行净利润，与司库的经营模式不一致；第三，若司库直接参与利率互换市场，由

> 于大单的冲击，可能最终的成交价格很差，如果让职能更专业的金融市场部来处理交易和对冲风险能获得更好的成交价格，交易员可以通过现券交易、债券借贷、基于FR007的互换或者利率互换的曲线交易、相关性交易等对冲模式将风险化整为零，降低冲击成本。

14.4 利率互换的交易策略与应用

14.4.1 利率互换的交易模式

14.4.1.1 交易理念

开展金融衍生品业务，首先要了解衍生品交易最基本的理念和模式，即学会计算损益/市值评估、计算风险和仓位管理，如图14-21所示：

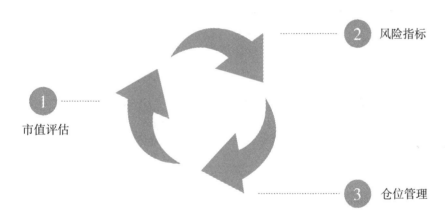

图 14-21 衍生品交易理念

第一步，计算金融工具的损益。以买卖债券为例，损益是买卖的全价差和中间实际收到的票息之和；以利率互换为例，损益是息差（Carry）、骑乘（Roll）、盯市市值（Mark-to-Mark）这三项之和。损益基于价格是定价的基础。金融工具的定价可采用无套利模型或B-S模型，市场价格一般是基于理论定价波动的。

进行利率互换交易的时候，学会计算息差很重要。广义的息差是指持有利率互换一段时间，假设市场报价没有变化时交易的损益变化，包括应计收益（即狭义的息差，通常为固定利率减去FTP，在利率互换业务上FTP就是浮动利率）和骑乘效应。图14-22展示了利率互换的骑乘效应。

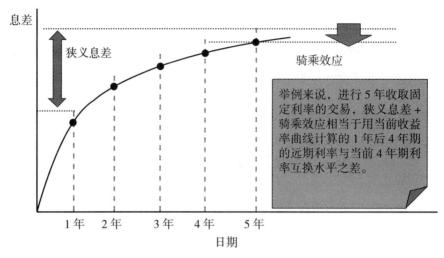

图 14-22 利率互换的骑乘效应

专栏 14-10

假设当前 1Y 和 2Y IRS（基于 REPO 的人民币利率互换）的市场价格为 2.02% 和 2.50%，某机构叙做 2 年期的利率互换，价格为 2.50%，名义本金为 1 亿元，收取固定利率，支付浮动利率，1 个月后市场价格不变，则该机构的市值损益大致为多少？（假设 1 个月内的 FR007 基本在 1.50% 附近小幅波动。）

应计收益：2 年的 1/24 期限赚 100BP，即（2.50%-1.50%）；
骑乘收益：2 年的 23/24 期限赚 4BP，即（2.50%-2.02%）/12；
合计收益：100×1/24+4×23/24＝8BP（约为 16 万元）。

第二步，计算风险。对于期权，最重要的风险管理指标是 Delta（＝看涨期权的价格变动/标的债券的价格变动）。对于短期的期权，最重要的风险管理指标是 Gamma（＝Delta 的变动/标的债券的价格变动），Gamma 表示目前市场成交的波动率水平和预期未来一段时间市场实际波动率之间的差异。对于长期的期权，最重要的风险管理指标是 Vega，Vega 代表期权价格关于标的资产价格波动率的敏感程度。此外，Theta（＝期权价格变化/到期时间变化）代表了时间价值，实质是一种息差。所以，管理希腊字母就是一种风险管理。

第三步，仓位管理，即入场出场点和头寸的配置等。金融市场业务作为交易类产品与投资不同，主要原因在于交易损益计入净利润，而投资计入净资产。举例来看，总额为 100 亿元的资产如果有 1 亿元的利润波动，那是十分巨大的，投资者会很敏锐地发现这家企业产生了很大问题，但总额为 100 亿元的资产如果净资本变动了 1 亿元，投资者可能只是感受到了资产负债的变化，关注度就会下降。正是因为市场的关注度主要集中在净利润变化，所以对于交易类账户而言，止损是十分重要的。

14.4.1.2 交易本质

交易的本质可以分为三个维度。第一维度：低买高卖；第二维度：时间价值（息差/波动率）；第三维度：重置风险（Fixing Risk/Reset Risk，属于基差风险的一种）。

第一维度是低买高卖，无论什么产品，长期中一定是盈利的。

第二维度是时间价值，即息差（Carry）管理。例如债券，到期收益率减去融资成本为息差。对于衍生品来说，成交的利率互换利率和未来一段时间内市场的回购利率的均值会形成一个息差，任何交易都必须计算息差，因为息差相当于交易成本。时间可能是我们的朋友，也可能是我们的敌人。买波动率的时候时间是我们的敌人；卖波动率的时候时间是我们的朋友。对于中国的债券市场，需要考虑息差/波动率：若该比值较大，做正息差交易是比较好的；若该比值较小，这时可以忽略时间价值，比如很多时候外汇的息差是远远小于其波动率的。

第三维度是重置风险，来自买卖时点的不同。进行利率互换交易时往往会有错期风险。例如做5年期利率互换交易，过了3个月以后变成4年9个月，但是只能用5年来或4年来平盘，在这种情况下未来会有错期风险，并且买卖时每个期限的固定利率不相同。又例如，两笔反向利率互换，一笔每次收取浮动利率都在周三，另一笔每次支付浮动利率都在周二，也有错期风险。评判重置风险主要需要考量基础资产的波动性和跳跃性，如果基础资产的波动性和跳跃性非常大，那么重置风险就非常重要，反之则不那么重要。具体而言，在利率互换市场上，由于央行的利率走廊模式，利率比较平稳，所以周三和周二错一天的话风险比较小。

14.4.1.3 交易策略

最后，我们需要学习金融衍生品的交易策略。

一维的交易策略是单边交易。例如债券，如果不考虑债券借贷和买断式回购，债券只能做多，和不考虑融券卖空的股票类似。

二维的交易策略是双边交易（Outright）。例如期货合约或外汇即期交易，保证金模式的业务一般可以做多也可以做空。

三维的交易策略是曲线交易（Spread）。例如利率互换，包括一条互换曲线上两个不同期限的看陡和看平交易，也包括一条互换曲线上三个不同期限的看凸和看凹交易。

四维的交易策略是相关性交易（Basis）或者风险对冲。

专栏 14-11

以下是曲线交易的具体案例，假设市场报价如表14-20所示。

表 14-20 市场报价表

品种/期限	1Y	3Y	5Y
REPO IRS	3.60	3.74	3.80
SHIBOR IRS	—	—	4.25

（1）如果预期经济下滑而看跌利率，可以卖出 5 年期利率互换，即收取固定利率 3.80%，收取浮动利率 FR007。

（2）如果预期未来流动性会改善，看陡收益率曲线。即当前 Spread 1*5=3.80-3.60=20BP，认为未来 Spread 1*5 会变为 40BP。操作上买入 1 亿元名义本金的 5 年期利率互换，卖出 4.6 亿元本金的 1 年期利率互换。

（3）如果认为中国经济周期持续 3—4 年，目前缓步加息，3 年后经济可能见顶，则可以采用买入 Butterfly1*3*5。即当前 Butterfly1*3*5 = 3.74×2-3.60-3.80 = 8BP，预期后续会上升至 15BP，操作上分别卖出 1 年期和 5 年期利率互换 2.8 亿元和 1.6 亿元，买入 3 年期利率互换 2 亿元。

（4）如果认为未来流动性会放松，信用改善，那么表征信用和中期流动性的 SHIBOR 3M 与表征有抵质押和短期流动性的 FR007 会收敛，可以卖出 SHIBOR-REPO Basis，当前价格为 4.25-3.80 = 45BP。

14.4.2 利率互换的交易策略

考虑应用利率互换工具的时候，往往有几种情形，如图 14-23 所示，本节首先介绍宏观经济、事件驱动和技术分析等通用性的交易策略，其次介绍套期保值/收益提升、相对价格套利等交易策略。

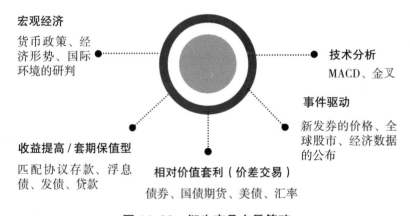

图 14-23 衍生产品交易策略

14.4.2.1 宏观经济指数策略

宏观经济数据及其内在的逻辑是判断债券和利率互换走势的最基本要素，也是交易的最基本前提。通过宏观经济策略指导利率互换投资，首先要区分研究和交易的差别。

研究的模式是什么呢？一种研究会提供很强的逻辑体系，并匹配数据验证，告诉我们"未来可能会发生什么"或者"路径是怎样的"，但因为因果关系中的"因"不能百分之百地确定，比如央行是否坚持汇率目标而放松利率目标，所以"果"也有不确定性，这种研究重在为投资人员拓展思路。另一种研究则会对未来提供明确的点状预测，比如"利率会跌到 2.0%"，这种研究为投资人员提供目标，使其坚定某个方向的交易。

但是交易不能完全依赖于研究,因为研究无法确定入场时机、如何分配仓位,以及是否止盈和止损等。研究是对未来的一个"点"状判断,而交易取决于"路径",投资人员的考核、客户状态、止损等都与路径有关,研究只是辅助交易的一个手段。

因此,非量化的宏观研究无法精准指导交易,而是给各项宏观经济指标赋予不同的权重,拟合成债市视角的经济指数(如图14-24),形成指数化的交易策略,可以将研究转化为交易信号。指数化交易是一种重要的交易策略,也是步入人工智能时代的必要工具。策略的形成一般分为数据抓取、数据清理、策略因子和智能组合。极值的数据抓取就是所见即所得。数据清理是经验人士对数据的初步挖掘,比如如何调整季节性、如何调整春节因素后形成的经济数据等。策略因子是将数据与投资理念指数化,便于回溯、交易和跟踪。智能组合是根据投资人的要求、约束条件、市场状况智能选择策略因子的组合。

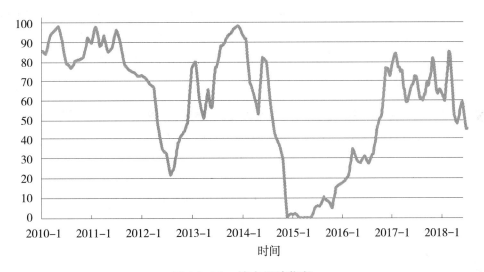

图 14-24 债市经济指数

如何构建自己的宏观经济指数?主要有以下途径:可以通过多读研究报告,提升宏观分析能力,并亲自动手验证作者的观点;多和同业交流分析,理解市场的交易逻辑;多参加监管机构会议,把握监管动向等。

构建完宏观经济策略指数后,可以执行两种交易方式。第一种是"领头羊"模式:对市场有准确的判断,能够精确把握时机,并且对市场有一定的影响力,提前于其他市场参与者做出行动,吸引大家跟随。第二种是跟随模式:有成形的想法但不提前做出行动,在市场一致变动时及时入场,跟随市场趋势和逻辑判断的一致性。

14.4.2.2 事件驱动策略

事件驱动的意思是指在经济数据公布的时候大家能对数据是好还是不好立刻做出反应,进行短线操作。在2012年欧债危机的时候,利率互换最活跃的交易时间是欧洲股市开盘的时间,即下午4点左右。股市的涨跌代表了欧债危机发展的情况,市场会根据短期头寸的押注来赌市场方向,股市好就看涨利率,股市差就看跌利率,这就是事件驱动的交易策略。

事件驱动交易策略的重点是理解市场的预期和对预期外结果的反应，通过增强全球视角来理解风险偏好和相应的市场反应。事件驱动中的"事件"可以是新发券的价格、全球股市、经济数据的公布、未来一段时间的资金面等，重要的是要了解市场近期的关注点及相应的行为模式。

14.4.2.3 技术分析策略

衍生品也可以进行技术分析，技术分析的有效性见仁见智。可以将外汇或者股票技术分析方法移植到中国的衍生品市场来试一试，技术分析一般在不成熟的市场往往非常有效。一个完整的交易策略需要考虑四要素：量（由止损金额倒推）、盈亏比、胜率以及策略的可成交频率。下面看一个背离的例子。

图 14-25 是个很经典的背离的交易模式，当利率互换价格跟 MACD（Moving Average Convergence Divergence，指数平滑移动平均线）产生背离的时候，往往有一个回落机会。比如一次背离时，利率互换会有一次小幅下跌或上涨，两次背离的时候利率互换必有一次大跌或者是大涨，呈现反向的关系。所以从图 14-25 可以看出，技术分析策略也可以应用于衍生品交易。

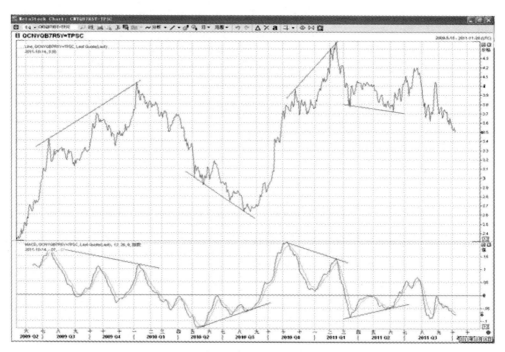

图 14-25 利率互换技术分析

14.4.2.4 跨市场跨品种交易策略

金融现货品种主要包括债权类资产和权益类资产，两者分别以债券和股票为主，与债权类资产相关的金融衍生品主要分为四大类：债券类、利率类、信用类和外汇类。各类金融资产隐含对市场的不同预期差，可以通过相关性回归分析，形成价差策略和引导策略。由于本书篇幅有限，在此不予详述。投资者可以深入研究不同市场的相关性，进行债券、利率互换、国债期货、汇率掉期等跨市场跨品种的组合交易。

14.4.3 利率互换的交易应用

上一节讲述了基于基本面的交易模式,本节我们从套期保值和提升组合收益的角度分析利率互换的应用。

14.4.3.1 套期保值:对冲债券资产的利率风险

纯债与利率互换组合投资,可以有效对冲债券资产的利率风险,实现套期保值的应用。投资者在以下三种情况中可以使用套保策略:①希望赚取信用溢价的票息收入,利率互换套保主要对冲利率风险;②投资者认为市场利率可能上扬,但资产流动性差或不愿卖出实现亏损;③投资者对市场无方向性的观点,认为债券收益率相对利率互换有价值,采用中性的套保策略。专栏14-12以2016年的债市为例,介绍利率互换的套期保值功效。

专栏 14-12

采用纯债投资策略

2016年,5年期FR007利率互换和10年期国开债到期收益率如图14-26所示。若产品规模为10亿元,共买入10亿元10年期国开债,总DV01为80万元,则全年总收益率为-2.5%。其中,利息收入为3.20%;资本利得为-75BP×76万/10亿=-5.70%。

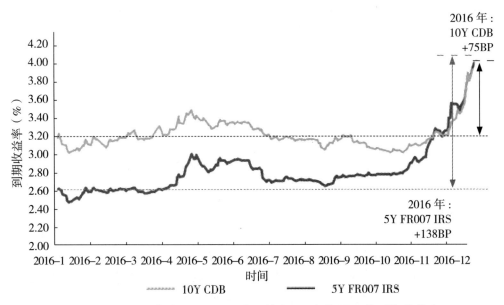

图14-26 5年期FR007利率互换和10年期国开债到期收益率

资料来源:Wind数据库。

> 若采用 IRS 完全对冲策略，全年总收益率为 8.0%（=10.5%-2.5%）。
>
> 操作上是叙做支付固定利率、收取浮动利率的 5 年期利率互换合约。为使久期匹配，利率互换规模为 17.5 亿元。那么利率互换资本利得为 138BP×76 万 = 1.05 亿元，折合组合收益率为 10.5%。

14.4.3.2 负债管理：改变负债属性，提高收益确定性

情景：假设 1 年期同业存单的收益率为 4.0%，计划通过回购杠杆 1.5 倍提高收益，由于未来回购利率具有不确定性，如果确保投资收益？

情形 1：如果回购利率在 3.5%，则综合回报为 4.0%+0.5×（4.0%－3.5%）=4.25%。

情形 2：如果回购利率在 5.0%，则综合回报为 4.0%+0.5×（4.0%－5.0%）=3.50%。

如果参与利率互换市场，假设融资成本基本在 R007 附近，1 年期利率互换的价格为 3.60%，那么就锁定了融资成本为 3.60%，综合回报为 4.20%，不再需要承受由于货币市场的波动造成的不确定性（收益在 3.50%—4.25% 之间）。

14.4.3.3 负债管理：改变资产属性，增加资产收益

情景：5 年期 SHIBOR 3M IRS 的报价为 3.2%，国开 5 年期 SHIBOR 债（或同业存单）为 SHIBOR 3M+50BP，国开的固息债为 3.5%，如何提升投资收益？

① SHIBOR IRS：收取 3.2%，支付 SHIBOR 3M。

② SHIBOR 债：收取 SHIBOR 3M+50BP，支付 FTP。

③ 固息债：收取 3.5%，支付 FTP。

① + ②综合来看为付 FTP，收 3.2%+50BP=3.7%，优于③。

若浮息债和 IRS 两者 SHIBOR 重置利率的时点不一致，可以叙做一个定制化的利率互换，完全匹配债券的重置利率特征。

根据历史数据测算，浮息债 + 利率互换的组合收益优于固定收益投资，如图 14-27 所示，但需要注意的是要选择合适的时点。所谓套利交易，实际就是在有限的资金和占用授信的前提下，获取套利最大化，比如浮息债 + 利率互换组合优于固息债，案例中的优势为 20BP，但是优势最大的时候超过 100BP。但如果入场时间不合理，就会造成表面利率高而实际会出现较大市值亏损的情况，类似于投资 5 年金融债和信用债一样，站在短期的视角，并非到期收益率高的持有期收益一定高，当然，对于小于半年的债券，一般票息高的债券持有收益高。

再举一个人民币利率互换发展历程中出现的真实案例。当时由于大规模套保使得利率互换不同品种出现相关性变小的情况，利率互换市场同时出现向上倾斜的基于 7 天回购的利率互换曲线和向下倾斜的基于 1 年期存款的利率互换曲线。有意思的是，此后确实发生了存贷款利率的下行和货币市场利率的上行。

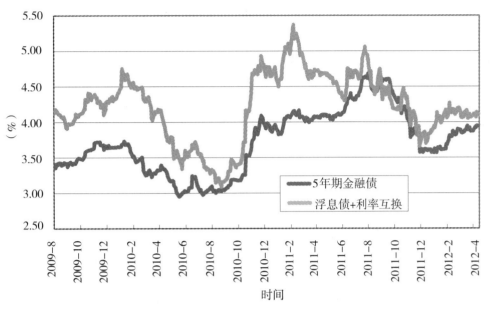

图 14-27　5 年期金融债与浮息债 + 利率互换

14.4.3　结构化产品的设计

随着利率市场化和银行理财产品打破刚兑净值化，结构化产品的重要性日益突出。结构化产品一般以底层的债权资产作为基础收益，叠加与利率、股票、汇率或者商品等挂钩的衍生结构提升收益弹性。一般衍生结构可以用利率互换、汇率期权、股指期货等工具对冲风险，或者直接用总收益互换（Total Return Swap，TRS）把结构整体转让给大型金融机构。

TRS 可以看作衍生品中的非标，其买方在获得该资产的全部收益的同时，也承担了该资产的全部风险，包括信用风险和市场风险。TRS 的好处在于投资人能够便捷地进入不同的市场，不用直接签署相应市场的相关协议，节省了法律协议和系统对接等进入门槛。

比如 A 机构想投资亚洲新兴市场的债券，但是直接购买这些国家的债券需要签署大量的法律文本，并且需要相应的汇率转换与风险规避工具，给投资带来极大的成本。A 机构可以与 C 机构叙做 TRS 交易，支付一定的资金成本（一般为 C 机构的融资成本 + 一定的收益），收取债券指数 K 的收益。其中债券指数 K 可以是市场现存的指数，也可以是根据投资者 A 的偏好定制的指数。此外，还可以针对某个投资策略制定指数，作为 TRS 的一方的收益标的。

专栏 14-13 是一个与利率互换相关的结构化产品的具体例子，可以从中分析产品的设计与风险对冲。

专栏 14-13

反向浮动利率存款是一种和浮动利率存款相反的产品,参考利率越低,反向浮动利率存款的收益率越高,其收益率等于固定收益率－浮动利率指标×倍数。

假定反向浮动利率存款的收益率 = 26%－5×FR007ave,其中 FR007ave 为每个计息期 FR007 的平均值。

起息日为 2007 年 6 月 27 日,到期日为 2010 年 6 月 27 日,每 3 个月付息一次。

(1) 投资者收益分析:

假设在 2008 年 9 月 27 日,前 5 个季度的存款收益率为 2.70%、2.60%、2.98%、2.48%、2.55%,平均年化收益率为 10.65%。

如果 FR007 持续在 2.0% 之下,那么剩余期限存款的年化收益率为 16%。

如果投资者认为互换市场透支了未来的降息预期,那么可以叙做 1.75 年的利率互换交易,支付固定利率,收取浮动利率,当时利率为 1.50%,从而将存款的未来收益率锁定在年化 18.5%,该笔 3 年期存款的年化收益率高达 15.2%。

(2) 管理人产品构造与收益分析:

假设 2007 年 6 月 26 日的 3 年期利率互换价格为 4.20%,基于 R007 的浮动利率债点差为 100BP 左右。反向浮动利率存款的收益率公式为

$$a - b \times FR007^*$$

其中,a 是固定收益率,b 是倍数,$FR007^*$ 是 FR007 的季度平均值。

对冲方案:

①买入浮息债,$FR007^{**} + 100BP$,其中,$FR007^{**}$ 为重置日前两周 FR007 的平均值;

②卖出 $(b+1)$ 倍 IRS(即收取固定利率,支付浮动利率),4.20%－FR007,交易的利率互换名义本金为 $b+1$ 倍,其中 b 为杠杆率。

管理人收益率为 $(b+1) \times (4.20\% - FR007) + (FR007^{**} + 100BP) - (a - b \times FR007^*) = (b \times 4.20\% - a + 5.20\%) + [(FR007^{**} + b \times FR007^* - (b+1)FR007)]$。

根据对 FR007 历史数据的分析,FR007 季度平均值、重置日前两周 FR007 平均值,以及 FR007 周复利(利率互换的计息规则)的基差风险在 5BP 以内,假设 $FR007^{**}$、$FR007^*$ 和 FR007 这三者是相同的,因此,管理人收益率为 $4.20\% \times b - a + 5.20\%$。

当 $a=26\%$,$b=5$ 时,管理人收益率为 0.2%,足够覆盖基差风险,如果管理人要提高收益率,可以降低 a,假设 $a=25\%$,管理人收益率为 1.2%,投资人收益率稳稳超过 10%,是成功的双赢的产品设计。

本章小结

人民币利率互换是指交易双方约定在未来一定期限内,根据约定的人民币本金和利率计算利息并进行利息交换的金融合约。

国外利率互换的浮动利率一般为 LIBOR,国内利率互换的参考浮动利率则有人民币定存利率、

SHIBOR 和回购定盘利率。

利率确定日指确定某个重置日参考利率水平的日期。除 OIS 交易外，利率确定日为重置日的上一营业日。

利率互换的优势包括：①收益弹性大，具备杠杆属性；②信用风险低；③风险资产占用低；④税收低且能优化税收；⑤收益具备考核优势。

利率互换交易流程包括询价、前台交易确认和后台交易确认三个过程。

人民币利率互换清算方式主要包括双边清算和集中清算。双边清算适用于非标准化的利率互换，主要针对以一般工商企业为主的非金融机构；集中清算适用于标准化的利率互换，对于清算会员类金融机构而言，可自行参与集中清算，对于非清算会员金融机构和非法人产品而言，需通过综合利率互换综合清算会员代理进行集中清算。

利率互换有两种估值方式：第一种方式是将利率互换视为两个债券的差；第二种方式是将利率互换视为由 FRA 组成的交易组合。

利率互换的驱动因素包括宏观经济、事件驱动和技术分析等。

利率互换具有如下应用场景：①套期保值：对冲债券资产的利率风险；②负债管理：改变负债属性，提高收益确定性；③负债管理：改变资产属性，增加资产收益。

重要术语

利率互换　息票剥离法　远期利率协议　零息票利率　贴现因子　远期利率　浮动利率　名义本金　重置日　重置频率　计息基准

思考练习题

1. 判断题

（1）人民币利率互换是指交易双方约定在未来一定期限内，根据约定的人民币本金和利率计算利息并进行利息交换的金融合约。

（2）利率互换的参考利率应为经中国人民银行授权的全国银行间同业拆借中心等机构发布的银行间市场具有基准性质的市场利率或中国人民银行公布的基准利率。

（3）金融机构在开展利率互换交易前，应将其利率互换交易的内部操作规程和风险管理制度送中国银行间市场交易商协会和全国银行间同业拆借中心备案。

（4）市场参与者开展利率互换交易应签署由中国人民银行授权交易商协会制定并发布的《中国银行间市场金融衍生产品交易主协议》。《中国银行间市场金融衍生产品交易主协议》中关于单一协议和终止净额等的约定适用于利率互换交易。

（5）套期保值类衍生产品交易是指银行业金融机构主动发起，为规避自有资产、负债的信用风险、市场风险或流动性风险而进行的衍生产品交易。此类交易需符合套期会计规定，并划入银行账户管理。

（6）银行业金融机构申请基础类资格，应当具备以下条件：具有接受相关衍生产品交易技能专门培训半年以上、从事衍生产品或相关交易 2 年以上的交易人员至少 2 名，相关风险管理人员至少 1 名，风险模型研究人员或风险分析人员至少 1 名，熟悉套期会计操作程序和制度规范的人员至少1名，以上人员均需专岗专人，相互不得兼任，且无不良记录。

2. 单选题

（1）假设当前的 SHIBOR 3M 收益率为 4.20%，市场 FRA3*6、FRA6*9、FRA9*12 和 FRA12*15 的价格分别为 4.25%、4.29%、4.32% 和 4.34%，那么基于 SHIBOR 3M 的标准 1 年期利率互换报价为多少？

A. 4.20%　　　　　　　B. 4.25%
C. 4.30%　　　　　　　D. 4.32%

（2）交易员甲于 4 月 18 日叙做了一笔基于 REPO 的 1 年期利率互换，名义本金为 2 亿元，那么到 8 月 18 日，该笔交易的 DV01 大致是多少？

A. 2.0 万元　　　　　　B. 1.5 万元
C. 1.3 万元　　　　　　D. 1.0 万元

（3）交易员甲认为目前曲线太平坦，并且认为未来经济会繁荣，利率会上行，那么以下操作策略哪个是错误的？

A. 支付 1Y IRS 100Mio；支付 3Y IRS 50Mio
B. 收取 2Y IRS 100Mio；支付 5Y IRS 50Mio
C. 支付 5Y SHIBOR IRS 50Mio；收取 3Y REPO IRS 50Mio
D. 支付 3Y IRS 50Mio；收取 5Y IRS 50Mio

（4）假设利率互换的一般市场风险占用为 0.7%（1 年期），那么从风险资本角度，叙做 1 年期的利率互换（名义本金 1 亿元）要求的盈利回报约为多少？

A. 5 万元　　　　　　　B. 22 万元
C. 100 万元　　　　　　D. 250 万元

（5）交易员甲于 4 月 20 日叙做一笔基于 SHIBOR 3M 的利率互换，4 月 21 日起息，首期支付日为 7 月 21 日，名义本金为 1 亿元，方向为收取固定利率、支付浮动利率，利率为 4.0%，交易为可以纳入清算所清算的标准条款互换，假设 4 月 20 日、4 月 21 日、7 月 21 日的 SHIBOR 3M 价格为 4.20%、4.50%、3.75%，那么 7 月 21 日，交易员甲需要多少资金用于交割利息？

A. 6.4 万元　　　　　　B. 99.7 万元
C. 12.5 万元　　　　　　D. 0 万元

（6）假设目前 7 年期和 10 年期国债的利率为 2.0% 和 2.1%，交易员 A 想用 5 年期利率互换去对冲 1 亿元 10 年期国债期货多头（1 个月后到期）的利率风险，那么他该如何操作？

A. 支付 5Y IRS 100Mio　　B. 收取 5Y IRS 65Mio
C. 支付 5Y IRS 130Mio　　D. 收取 5Y IRS 200Mio

参考文献

[1] 阿莫·萨德利. 率互换及其衍生产品——从业者指南. 上海：上海财经大学出版社，2013.

[2] （美）弗兰克·J. 法博齐. 债券市场：分析与策略（第9版）[M]. 北京：中国人民大学出版社，2016.

[3] （加）约翰·C. 赫尔. 风险管理与金融机构（第2版）[M]. 北京：机械工业出版社，2010.

[4] （加）约翰·C. 赫尔. 期货与期权市场导论 [M]. 北京：北京大学出版社，2006.

[5] （加）约翰·C. 赫尔. 期权、期货及其他衍生品 [M]. 北京：机械工业出版社，2009.

[6] 张光平. 人民币国际化和产品创新（第六版）[M]. 北京：中国金融出版社，2016.

相关网络链接

中国银行间市场交易商协会：http://www.nafmii.org.cn/

第 15 章
国债期货[*]

李世平　于兆昕　任　春（天风证券）
陈佳利（德邦证券）

> **学习目标**
>
> 通过本章的学习，读者应能够：
> ◎ 了解国债期货合约及其交割流程；
> ◎ 掌握国债期货的定价原理；
> ◎ 了解国债期货的期现套利交易策略；
> ◎ 了解国债期货的基差交易策略。

■ 开篇导读

国债期货自 2013 年顺利上市以来发挥了越来越重要的作用，尤其是 2015 年 3 月 10 年期国债期货上市之后，市场越发活跃，国债期货已经成为利率市场上最先反映市场预期的品种之一。2016 年四季度，债券市场遭受债灾冲击，从 10 月中旬到 12 月中旬，短短两个月的时间，10 年期国债到期收益率从 2.65% 的低位一度上行到 3.37%，收益率上行幅度达到 70BP 以上，同期 10 年期国开债到期收益率的上行幅度达到 90BP。反观国债期货，T1703 合约价格在 2016 年 10 月 24 日至 12 月 20 日期间，从高点 101.6 元最低下跌至 93.48 元，最大跌幅达到了 8.12 元，如果按照久期为 8 年即 1BP 对应 0.08 元估算，那么相当于该合约价格的下跌幅度达到 100BP 以上。与现货市场相比，国债期货超跌约

---

[*] 本章由刘维泉（杭州乒乓智能技术有限公司）审校。

30BP。那么，投资者应如何对国债期货进行合理定价？如何分析国债期货与国债现券走势的差别？上述市场环境中蕴含了什么样的交易机会？如何构建并有效执行国债期货的交易策略呢？本章将循序渐进地帮助读者找到思考上述问题的方向。

国债期货是非常重要的场内利率衍生品，在利率市场价格发现、主动管理利率风险、完善国债收益率曲线等诸多方面均具有重要作用。中国国债期货自2013年9月推出以来快速发展，市场活跃度逐年提高，在利率市场中已经占有举足轻重的地位。本章首先对国债期货合约规则、交割流程等基础概念进行介绍，其次从转换因子、基差、净基差以及隐含回购利率等指标的计算引出国债期货的定价和最便宜可交割券的经验法则。本章最后两节将主要从交易实务的角度对国债期货期现套利策略和基差交易策略进行详细的分析。

15.1 国债期货概述

15.1.1 国债期货合约简介

15.1.1.1 国债期货合约

国债期货自2013年上市以来经过了很多次合约规则的优化，且2015年中国金融期货交易所（下文简称"中金所"）上市了10年期国债期货，至2018年8月，国债期货合约的规格如表15-1所示。除5年期和10年期国债期货外，2年期国债期货于2018年8月17日上市交易。各品种合约的设计大同小异，主要区别在于可交割券的期限范围。

表15-1 国债期货合约规格

合约	5年期（旧）	5年期（新）	10年期	2年期
合约标的	面值为100万元人民币、票面利率为3%的名义国债	同5年期（旧）	同5年期（旧）	面值为200万元人民币、票面利率为3%的中短期国债
可交割国债	在交割月第一个自然日剩余期限4—7年的固定利率国债	发行期限不高于7年、合约到期月份首日剩余期限为4—5.25年的记账式附息国债	发行期限不高于10年、合约到期月份首日剩余期限为6.5—10.25年的记账式附息国债	发行期限不高于5年、合约到期月份首日剩余期限为1.5—2.25年的记账式附息国债
报价方式	每百元面值国债的净价	同5年期（旧）	同5年期（旧）	同5年期（旧）
最小变动价位	0.002元	0.005元	同5年期（新）	同5年期（新）
合约月份	最近三个季月（3月、6月、9月、12月中的最近三个月循环）	同5年期（旧）	同5年期（旧）	同5年期（旧）

(续表)

合约	5年期（旧）	5年期（新）	10年期	2年期
交易时间	9:15—11:30, 13:00—15:15； 最后交易日：9:15— 11:30	同5年期（旧）	同5年期（旧）	同5年期（旧）
每日价格最大波动限制	上一交易日结算价的±2%	上一交易日结算价的±1.2%	同5年期（旧）	上一交易日结算价的±0.5%
最低交易保证金	合约价值的3%	合约价值的1%	合约价值的2%	合约价值的0.5%
当日结算价	最后一小时成交价格按成交量的加权平均价	同5年期（旧）	同5年期（旧）	同5年期（旧）
交割结算价	非最后交易日：卖方交割申报当日结算价；最后交易日：当日全部成交价格按成交量的加权平均价	同5年期（旧）	同5年期（旧）	同5年期（旧）
最后交易日	合约到期月份的第二个星期五	同5年期（旧）	同5年期（旧）	同5年期（旧）
交割方式	实物交割	同5年期（旧）	同5年期（旧）	同5年期（旧）
最后交割日	最后交易日后的第三个交易日	同5年期（旧）	同5年期（旧）	同5年期（旧）
合约代码	TF	TF	T	TS

资料来源：中金所，天风证券固定收益总部。

（1）国债期货合约的规格

从合约设计上来说，2年期国债期货总体上与5年期和10年期品种保持一致，但2年期合约也有几项新的特点。首先，2年期合约面值放大为200万元人民币。由于2年期国债久期较短，放大合约面额将使得2年期每手合约的市场风险与5年期合约相近，这便于投资者实施国债期货的跨品种交易。其次，2年期合约的可交割券剩余期限范围比其他两个合约都窄，其可交割国债为发行期限不高于5年、合约到期月份首日剩余期限为1.5—2.25年的记账式附息国债，因此仅有0.75年的区间。这样的设计将使得2年期合约定价更趋稳定，不同久期可交割券的价格变化对其影响相对较小。最后，2年期合约的最小变动价位与5年期和10年期合约一致，均为0.005元。因为2年期合约久期在2年左右，那么4个最小变动价位就相当于现券收益率1BP的变动，而5年期和10年期合约的这一指标分别为8个最小变动价位和16个最小变动价位，所以，2年期合约交易的冲击成本将相对较高，这一因素可能对合约的流动性产生一定的影响。

（2）国债期货交易的特点

和现货以及债券远期交易相比，国债期货交易具有如下特点：

- 引入做空机制，可主动管理利率风险。

- 采用杠杆交易，交易成本低。
- 标准化合约，在交易所集中撮合交易，流动性强，透明度高。
- 采用中央对手方和逐日盯市制度。中央对手方由场内市场交易所担任，可有效控制交易对手风险；此外，逐日盯市制度可以有效控制市场风险。

（3）国债期货合约的典型周期

除新产品上市时最初挂牌的合约外，典型的国债期货合约从上市到退市的同期一般约为9个月。在此期间，合约会依次经历从上市到退市的五个阶段，如图15-1所示。下面我们以T1806合约为例进行说明。

阶段1（新生期）：合约上市初期。合约成交量、持仓量逐步上升，但依旧处于低位。

阶段2（成长期）：由非主力合约向主力合约切换阶段。主力合约由T1803向T1806切换，伴随着T1803成交量、持仓量迅速下降，T1806成交量、持仓量迅速上升并超过T1803，完成切换。

阶段3（主力期）：主力合约交易阶段。T1806作为主力合约，在三个可交易合约中，该合约持仓量最大。

阶段4（衰亡期）：由主力合约向非主力合约切换阶段。主力合约由T1806向T1809切换，伴随着T1806成交量、持仓量迅速下降。

阶段5（交割期）：T1806合约进入交割月，交易投资热情下降，持仓量持续降低，直至最后交易日合约结束。

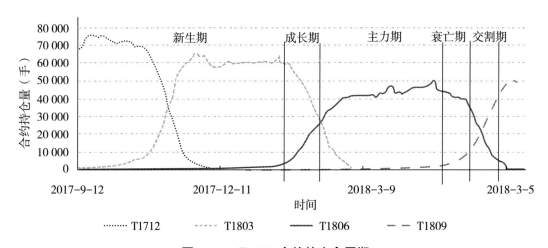

图15-1　T1806合约的生命周期

资料来源：Wind数据库，天风证券固定收益总部。

在合约的不同阶段，市场参与者行为、成交量、持仓量会有不同的特点，这对国债期货的定价和交易策略都有重要影响。市场参与者参与国债期货交易一般以阶段2至阶段4为主，此期间合约流动性相对较充裕。

15.1.1.2 可交割券

（1）可交割券简介

国债期货合约以实物交割，并规定了一篮子可交割国债。中金所 5 年期国债期货合约上市初期，可交割国债剩余期限范围为 4—7 年。2015 年 3 月 10 年期国债期货上市前，为协调 5 年期、10 年期两个品种的可交割券范围，将 5 年期可交割国债剩余期限范围缩减为 4—5.25 年。2018 年 2 月 13 日，在交割风险可控的前提下，为提升国债期货定价的准确性，减小反向套利风险[①]，提升多头进入交割的意愿，中金所剔除了可交割券范围中的部分旧券。

目前 5 年期合约可交割券为发行期限 7 年以下、合约到期月份首日剩余期限为 4—5.25 年的记账式附息国债；10 年期合约可交割券为发行期限 10 年以下、合约到期月份首日剩余期限为 6.5—10.25 年的记账式附息国债；2 年期合约可交割券为发行期限 5 年以下、合约到期月份首日剩余期限为 1.5—2.25 年的记账式附息国债。

在国债期货合约存续期间，新发行的、符合交割条件的国债将被纳入可交割国债篮子。因此，可交割国债篮子在合约存续期内会发生变动。

（2）可交割券的流动性

实际上，国债期货的理论价格行为主要由一篮子可交割券中流动性较高的债券决定。流动性较高的可交割券只占一篮子可交割券中较小的比例。在临近交割的过程中，国债期货和交割国债的价格逐步接近；在交割过程中，国债期货与交割国债的净基差将收敛至 0 附近。而没有流动性的可交割券若没有被交割，收敛效果会大打折扣。因此，在实际操作中，需要考虑可交割券的流动性。此外，可交割券的流动性也是动态变化的，历史上出现过原本流动性较差的可交割券流动性变好的情况，所以也必须要对流动性较弱的可交割券保持关注。

15.1.1.3 国债期货市场的发展

2013 年 9 月 6 日，5 年期国债期货顺利上市，是我国第一个场内利率衍生产品；2015 年 3 月 20 日，10 年期国债期货上市；2018 年 8 月 17 日，2 年期国债期货上市。国债期货多产品体系有助于完善国债收益率曲线。目前，国债期货作为我国重要的利率风险管理工具，市场参与者越发丰富，持仓量、成交量也与日俱增。

如图 15-2 所示，2017 年全年国债期货日均持仓 10.56 万手，是 2013 年的 28 倍，年均增长 130%；日均成交 6.05 万手，是 2013 年的 15 倍，年均增长 97%。2014 年至今，国债期货年度日均成交持仓比维持在 0.5 左右，和欧美等成熟市场水平相当。

---

① 国债期货与可交割债之间存在定价机制，可进行期现套利。所谓的正向套利，指的是买入可交割债现券，同时卖出国债期货；反之则称为反向套利。

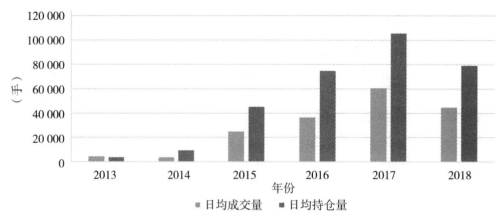

图 15-2 国债期货市场规模发展情况

资料来源：Wind 数据库，天风证券固定收益总部。

15.1.2 国债期货的实物交割

国债期货的交割制度有别于多数其他品种的金融期货合约，采用的是一篮子可交割券的实物交割方式。交割时有权决定具体交割券的是期货合约的空头一方。要理解国债期货的定价理论和交易策略，必须首先了解国债期货的交割规则。

15.1.2.1 交割流程

（1）实物交割

国债期货交易的标的物为名义标准券，但以实物交割。在交割时，卖方交付可交割券给买方、收款，买方支付交割款、收券。

（2）滚动交割和集中交割

从交割月首日到最后交易日（合约到期月份的第二个星期五），国债期货合约在交割月通常有 6—11 个交易日。交割月份分为滚动交割和集中交割两个阶段。

- 滚动交割：交割月第一个交易日开始到最后交易日前一个交易日，每日均可申报滚动交割。
- 集中交割：最后交易日结束后，所有未平仓合约自动进入最终的集中交割。

（3）双方举手和卖方举手

在 2013 年 9 月合约上市之初，为控制风险，中金所国债期货采取"双方举手"的申报交割方式。只有当交易双方同时申报交割，多空匹配成功后才能进入交割。自 2015 年 9 月合约交割起，交割规则改为"卖方举手"。卖方主动申报交割，并由交易所匹配买方进入交割。需要说明的是，不论是双方举手还是卖方举手，选择交割券的权利始终在空头一方。

（4）交割流程

目前，中金所国债期货交割有"一般模式"和"券款对付"（Delivery Versus Payment，DVP）两种交割模式。2013 年国债期货上市之初只有一般模式；2017 年 1 月，中金所与中央结算公司正式推出 DVP 交割业务，新的交割细则于 2017 年 1 月 4 日发布，并于同年 4 月 1 日实施；2017 年 6 月合约交割起，DVP 交割系统上线，并于 6 月 6 日顺利完成首批 DVP 交割。

在一般模式中，从卖方交券、交割货款到买方收券的过程长达 3 个工作日，交割效率较低。因此，DVP 模式推出主要基于两个层面：一是提高交割券款的使用效率，二是降低交割时的违约风险。

第一，提升交割效率：在 DVP 交割模式下，交易所向中央结算公司传输指令、客户确认交割指令后，只要货款、债券足额，债券交割与资金清算立即通过债券系统与支付系统同步完成，买方在付款当天可以拿到交割券，比一般模式提前了一天。

第二，降低交割时的违约风险：在 DVP 交割模式下，债券和货款的交割与清算同步受理，双方的违约申报也是同时处理，结算双方交割风险对等。

值得注意的是，使用 DVP 模式交割的前提是进入交割的多空双方都以中央结算公司的托管账户申报交割，否则仍将进入一般模式交割流程。两种交割模式流程上的区别如表 15-2 所示。

表 15-2 交割流程对比图

交易日	一般模式	券款对付（DVP）模式
T（意向申报日）	最后交易日之前任一交易日卖方在收盘前申报交割；最后交易日交易结束后买卖双方自动进入交割 中金所匹配买方，通知双方进入交割	申报过程同一般模式 若买卖双方同时以中央结算公司的托管账户参与交割，中金所指定以券款对付模式交割
T+1（第一交割日）	卖方向中金所交券	
T+2（第二交割日）	买卖双方完成交割货款收付	券款对付
T+3（第三交割日）	中金所向买方交付债券	

资料来源：中金所，天风证券固定收益总部。

15.1.2.2 交割期权

国债期货的空方举手交割制度赋予了空头潜在的权利，空头交割期权价值主要体现在两个方面。第一，转换期权，也叫质量期权，空头可以在一篮子可交割券中选择对自己有利的国债参与交割。一般空头会选择最便宜可交割券（Cheapest To Deliver，CTD），因此 CTD 对期货价格具有决定性作用。第二，时机期权，空头可以选择在交割月份任一交易日进行交割。

交割期权的存在使得国债期货与债券远期合约定价存在差别。理论上，交割期权会导致国债期货的均衡价格低于债券的远期价格。

15.1.2.3 发票价格和交割货款

国债期货交割以发票价格来计量交割债券价格，公式如下：

$$P_d = C \times F + \text{AI}$$

其中，P_d 为发票价格，C 为转换因子，F 为期货交割结算价，AI 为应计利息。应计利息是指从上一付息日至第二交割日每百元面值国债的应计利息，采用"实际天数/实际天数"的方法计算。

交割货款的计算公式如下：

$$交割货款 = 发票价格 \times 合约数量 \times 合约乘数$$

专栏 15-1

发票价格和交割货款的计算

下面计算 T1806 合约可交割券 170010 在 2018 年 6 月 7 日（滚动交割阶段第二交割日）的发票价格和交割货款（6 月 5 日为意向申报日）。

国债 170010 的票面利率为 3.52%，每年付息 2 次，以 2018 年 6 月 7 日为基准，上一付息日为 2018 年 5 月 4 日，下一付息日为 2018 年 11 月 4 日。2018 年 6 月 5 日，T1806 合约交割结算价为 94.53，交割券 170010 的转换因子为 1.0404。

在交割日，该债券当前付息周期的实际天数为 184 天（理论计息天数，不做假日调整），从上一付息日到第二交割日的计息天数为 34 天。故应计利息为

$$AI = 3.52/2 \times 34/184 = 0.325217（元）$$

此次交割的发票价格为

$$P_d = 1.0404 \times 94.53 + 0.325217 = 98.674229（元）$$

每张期货合约的面值为 100 万元，其对应的交割货款为

$$交割货款 = 98.674229 \times 10\,000 = 986\,742.29（元）$$

15.1.3 国债期货交易和交割制度变迁

国债期货市场近年来总的发展思路是坚持市场化、机构化发展。国债期货上市以来，中金所先后对国债期货交易、结算、交割和风控等多项业务细则进行调整和优化，并新增了国债期货期转现交易业务。另外，中金所做市商制度于 2018 年年底公布，2019 年 5 月国债期货做市商业务开始运行。具体的合约和规则调整过程如表 15-3 所示。

表 15-3 中金所国债期货合约演变历程

日期	合约重要变动
2013年9月6日	• 5年期国债期货合约TF1312上市，合约可交割券剩余期限范围为4—7年 • 采用一般模式交割，双方举手申报交割 • 平今仓交易手续费每手3元
2014年1月2日	• 5年期合约保证金由原先的3%—4%—5%下调为2%—3%—5%，TF1403、TF1406和TF1409合约立即执行 • 5年期合约平今仓交易免收手续费
2014年11月3日	• 5年期合约保证金由原先的2%—3%—5%下调为1.5%—2%—3%，TF1412、TF1503和TF1506合约立即执行 • 涨跌停板由原先2%（上市首日4%）调整为1.5%（上市首日3%），TF1412、TF1503和TF1506合约立即执行 • 5年期合约梯度限仓数量由原先的1000—500—100改为1000—600—300，TF1412、TF1503和TF1506合约立即执行
2014年12月15日	新上市合约交割改为卖方举手，从TF1509执行，无证券或债券账户者不得持仓进入交割月
2015年1月1日	国债期货产品开展国债冲抵保证金业务试点
2015年3月16日	• 5年期合约最小变动价位由原0.002元调整为0.005元，2015年3月16日结算时起实施 • 5年期合约可交割券范围调整至4—5.25年，从TF1512开始实行 • 涨跌停板由原先1.5%（上市首日3%）调整为1.2%（上市首日2.4%），从TF1512合约开始执行 • 5年期合约保证金由原先的1.5%—2%—3%下调为1.2%—1.5%—2%，从TF1512合约开始执行
2015年3月20日	10年期国债期货合约T1509上市，合约可交割券剩余期限范围为6.5—10.25年
2015年12月1日	5年期合约平今仓手续费调整为每手3元
2017年4月1日	引入DVP模式交割，从1706合约开始执行；客户同一交易编码下的持仓自进入交割月前两个交易日起自动冲销
2018年2月5日	5年期合约平今仓交易免收手续费
2018年2月13日	• 减少限仓梯级，5年期合约保证金由原先的1.2%—1.5%—2%下调为1.2%—2%，10年期合约保证金由原先的2%—3%—4%下调为2%—3%，从TF1806和T1806合约开始执行 • 5年期、10年期合约梯度限仓由原先的1000—600—300改为2000—600，从TF1806和T1806合约开始执行 • 剔除可交割券范围中部分旧券，其中5年可交割券发行期限不高于7年，10年可交割券发行期限不高于10年，从T1812合约开始执行
2018年7月18日	中金所就2年期国债期货合约风控、交割、交易等细则向社会征求意见
2018年8月17日	2年期国债期货合约上市交易
2018年12月28日	为进一步提升市场流动性，促进金融期货市场功能发挥，2018年12月28日，中国金融期货交易所发布《中国金融期货交易所做市商管理办法》，同时开始招募国债期货做市商
2019年1月11日	自2019年1月21日起，结算会员提交的国债可作为全部金融期货品种的保证金

资料来源：中金所，天风证券固定收益总部。

经过中金所多年的持续优化，国债期货合约交易交割制度日臻完善，市场运行效率和安全水平不断提升，产品体系逐步丰富，投资者结构逐步完善，国债期货市场稳步发展。截至2017年，国债期货是所有国内期货产品中机构投资者占比最高的品种。目前，随着2年期国债期货的上市、国债期货做市商招募工作的推进，场内利率衍生品将迎来更大的发展空间，利率衍生品也将发挥更重要的作用。

15.2 国债期货的定价

15.2.1 转换因子

15.2.1.1 转换因子的计算方法

中金所国债期货的合约标的是面额为100万元或200万元人民币、票面利率为3%的名义国债，也被称为名义标准券或虚拟券。

由于一篮子可交割国债的剩余期限、票面利率、付息频率、付息时间等因素各不相同，为了使所有可交割国债在交割时价值相当，且对国债期货的多空双方都是公平的，需要引入转换因子这个调整系数，把所有可交割国债按统一的标准换算成标准券，交割时根据转换因子计算债券交割结算价，使得

$$B = P - F \times C$$

其中，P为债券交割结算价，F为期货合约交割结算价，C为转换因子。

中金所公布的转换因子计算公式为

$$C = \frac{1}{\left(1+\frac{r}{f}\right)^{\frac{xf}{12}}} \times \left[\frac{c}{f} + \frac{c}{r} + \left(1-\frac{c}{r}\right) \times \frac{1}{\left(1+\frac{r}{f}\right)^{(n-1)}}\right] - \frac{c}{f} \times \left(1-\frac{xf}{12}\right)$$

其中，r为国债期货合约票面利率，三个品种国债期货合约的票面利率均为3%；x为交割月到下一付息月的月份数；n为剩余付息次数；c为债券票面利率；f为可交割国债每年付息次数。计算结果四舍五入至小数点后4位。

中金所会在每个国债期货合约上市前公布其可交割国债列表，并给出相应的转换因子，无须计算。

15.2.1.2 转换因子的特性

特性1：由中金所公布的转换因子计算公式可知，转换因子由对应的债券和期货合约共同决定。一旦债券的要素（可交割国债每年付息次数f、债券票面利率c、剩余付息

次数 n）和期货要素（交割月到下一付息月的月份数 x）确定下来，合约对应的可交割国债的转换因子就确定了。同一只国债在不同交割月合约的转换因子也不相同。

特性 2：影响转换因子最重要的因素是债券的票面利率。当债券票面利率等于国债期货标准券名义票面利率时，转换因子等于 1；当债券票面利率高于国债期货标准券名义票面利率时，转换因子大于 1；当债券票面利率小于国债期货标准券名义票面利率时，转换因子小于 1。

特性 3：如果可交割国债的票面利率大于国债期货标准券名义利率，即转换因子大于 1，那么在随后的合约月份，转换因子越来越小；如果可交割国债的票面利率小于国债期货标准券名义利率，即转换因子小于 1，那么在随后的合约月份，转换因子越来越大。

如何理解转换因子的这几项特性呢？转换因子的实质是将可交割券 1 元面值的现金流按照国债期货标准券的利率 3% 折现到交割月首日计算净价，如果 A 债券的计算结果为 1.05，则意味着在同样的定价参数下，交割时 A 债券的报价等于标准券的 1.05 倍，从而其转换因子就等于 1.05；如果 B 债券的计算结果为 0.986，其转换因子就等于 0.986。这样就在不同交割券之间建立起了一致的转换体系，可交割券的期货报价均按其对应的转换因子折算成标准券的期货报价。根据现金流折现的特点，上述三项转换因子的特性就容易理解了。

15.2.2　国债期货的基差和净基差

15.2.2.1　国债期货的基差

国债期货的基差被定义为国债现券价格与国债期货隐含远期价格之差：

$$B_i(t,T) = P_i(t) - F(t,T) C_i$$

其中，$B_i(t,T)$ 为可交割券 i 与 T 时刻交割的国债期货在时刻 t 的基差，$P_i(t)$ 为 t 时刻债券 i 的净价，$F(t,T)$ 为 T 时刻交割的国债期货在 t 时刻的价格，C_i 为交割券 i 的转换因子。

2018 年 7 月 20 日，10 年期国债期货 T1809 的结算价为 95.725，国债 180011 当日的估值净价为 101.4595，该券与 T1809 的转换因子为 1.0575。根据以上公式可得：

$$B_{180011}(7/20, T1809) = 101.4595 - 95.725 \times 1.0575 = 0.23$$

基差不单表示期货与现货的价差，在国债期货交易中，基差还代表了"基差头寸"。根据基差的定义，国债期货的基差就是在 t 时刻以价格 P 买入债券 i，同时以价格 F 卖出数量 C 倍的国债期货这个投资组合的价值。基差反映了国债现券与期货的关系，是国债期货市场最重要的概念之一。

基差多头是指在买入单位面值国债现货的同时，卖出相当于转换因子数量的期货合约。基差空头是指在卖出单位面值国债期货的同时，买入相当于转换因子数量的期货合约。

理论上，基差在期货交割时会收敛到 0，因为如果在期货合约临近交割时基差为正，那么投资者可以在现货市场上借入国债并卖空现券,同时在期货市场做多相应数量的国债期货,进入合约交割获得相当于基差的收益,反之亦然。

15.2.2.2 国债的持有收益

持有收益是投资者持有国债所获得的利息收入与持有国债的资金成本之差。

$$持有收益 = 利息收入 - 资金成本$$

每百元面值的国债至国债期货交割日的持有收益用公式表达为

$$持有收益 = \frac{c}{f} \times \frac{T-t}{\text{DC}} - (P_t + \text{AI}_t) \times R \times \frac{T-t}{365}$$

其中,c 为债券的票面利率,f 为每年付息次数,T 为国债期货的交割日,t 为购买国债现货的结算日,DC 为当前计息周期的实际天数,AI_t 为 t 时刻国债的应计利息,R 为融资利率。

一般来说,机构投资者在购买债券时,可以通过正回购融资构建债券的多头头寸,融资成本可以按照实际情况进行计算,银行间 7 天质押式回购利率 R007 通常被视为市场平均融资成本。

专栏 15-2

持有收益计算

某投资者 2018 年 2 月 1 日买入国债 170025 用于国债期货 T1806 交割,其持有收益可以计算如下:

首先计算债券的利息收入。170025 的上一付息日是 2017 年 11 月 2 日,将于 2018 年 5 月 2 日进行下次付息,两个付息日之间的天数为 181 天;再下一付息日是 2018 年 11 月 2 日,距离上次付息日 184 天。债券交易结算日(2018 年 2 月 2 日)距离下次付息日(2018 年 5 月 2 日)89 天;下次付息日(2018 年 5 月 2 日)距期货第二交割日(2018 年 6 月 12 日)42 天。票面利率为 3.82%,年付息次数为两次。

持有债券的利息收入为

$$利息收入 = 3.82/2 \times (89/181 + 42/184) = 1.3751495(元)$$

再次计算资金成本。2018 年 2 月 2 日买入债券的全价为 100.2632 元,当天的银行间 7 天质押式回购利率 R007 加权为 2.89%,则估计资金成本为

$$资金成本 = 100.2632 \times 2.89\% \times (89+42)/365 = 1.0399628(元)$$

$$持有收益 = 利息收入 - 资金成本 = 1.3751495 - 1.0399628 = 0.3351867(元)$$

在交易实务中，持有收益会与上述计算有所差异。首先，在进行回购交易时，逆回购方通常会要求正回购方根据质押券情况进行打折，全价为100元的债券可能只能融入98元。其次，在计算资金成本时，应当使用实际的融资利率来计算。最后，上述计算也未考虑期间收到票息现金流的再投资收益。

15.2.2.3 国债期货的净基差

通常将扣除了持有收益的基差称作净基差（Basis Net of Carry，BNOC），即BNOC=基差-持有收益。如前文所述，基差=国债现券即期价格-国债期货隐含远期价格。在交割日，国债期货的价格将收敛到CTD的价格，也就是国债的远期价格。理论上，国债的远期价格=国债即期价格+国债持有收益。

假设某只债券最终成为CTD，国债期货隐含远期价格=国债远期价格=国债即期价格+国债持有收益，那么它的基差的理论值就是持有收益，因此其净基差的理论值就是0。

相应地，非CTD对应国债期货合约的净基差就是它的基差中内嵌转换期权的期权费。如果要使用净基差指标寻找CTD，由于空头最有可能使用净基差最低的券进入交割，净基差最低的券最可能成为CTD。关于国债期货基差的期权特性，我们将在后面关于基差交易的内容中进行详述。

15.2.2.4 使用净基差对国债期货定价

国债期货CTD券的净基差代表了100元面值国债基差头寸中转换期权的价值。因此，我们可以从净基差的角度来判断国债期货与现货的相对关系，从而考察期货的定价是否合理。

在市场定价合理的情况下，所有可交割券的净基差都不应该小于零。从期权的角度看，基差交易的买方是交割期权的多头，净基差相当于买入期权所支付的期权费，如果净基差低于零，则意味着基差交易的买方可以免费获得期权，也就意味着存在无风险套利机会。

如果要直接对期货进行定价，投资者可以选取合适的可交割券作为CTD，使其净基差为0即可计算出期货的理论价格，由于未来的资金成本不能确定，计算持有收益时也必须对未来资金利率进行假设。当然，净基差假设为0仅是近似，因为今后可能出现CTD切换的情况，转换期权总是存在一定价值，投资者可以对转换期权进行定价以确定合适的净基差基准。

15.2.3 国债期货的隐含回购利率

15.2.3.1 国债期货与现货合成的回购现金流

如前文所述，要对期货定价，最重要的是找到对应的现券作为锚。在进入合约最后的交割日前，国债期货的价格很大程度上取决于一篮子可交割券中的哪一只券在交割月成为 CTD 券。我们可以通过隐含回购利率（IRR）这个指标来判断哪一只券最有可能成为 CTD。

构建一个在交易日 t 买入现货并卖出相同面值的国债期货的投资组合，持有至期货交割日进行交割。该组合的现金流相当于买断式逆回购，只不过交易场所是跨市场的，卖出现券是交割给了期货对手方而不是单一现券对手方。

从投资组合的角度理解，隐含回购利率就相当于投资者通过买断式逆回购获得的收益，哪一只可交割券对应的逆回购利率越高，期货空头就越有可能选择买入这只券并用于交割。

15.2.3.2 隐含回购利率的计算方法

上述合成的现券和期货组合现金流如下：

情况（1）：在交易日 t 购买可交割券，在债券结算日 $t+1$ 支付债券结算价 P_s，在 n 天后进行交割，收到期货交割款 P_d。

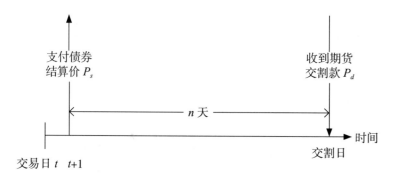

图 15-3　现券与期货组合构成的无付息现金流

我们可以得到隐含回购利率的计算公式：

$$\text{IRR} = \left(\frac{P_d - P_s}{P_s}\right) \times \frac{365}{n}$$

其中，P_s 是在现券结算日现券的全价；P_d 是在国债期货交割日空头交割国债收款的发票价格。

情况（2）：在交易日 t 购买可交割券，在债券结算日 $t+1$ 支付债券结算价 P_s，在 t_c 日收到票息 C，并使用 IRR 对票息收入进行再投资；在 n 天后进行交割，收到期货交割款 P_d。

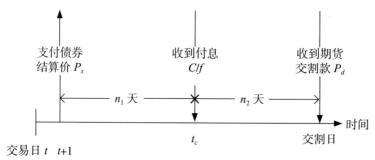

图 15-4　现券与期货组合构成的有付息现金流

其中，P_s 是在现券结算日买入现券的全价；P_d 是在国债期货交割日，空头交割国债收款的发票价格；C 是现券的票面利率；f 是现券的付息频率；t_c 是付息日，n_1 是交易日 t 到 t_c 之间的天数，n_2 是 t_c 到期货交割日的天数。

在情况（2）中，隐含回购利率的计算公式为

$$\text{IRR} = \left(\frac{P_d + \frac{C}{f} - P_s}{P_s - \frac{C}{f} \times \frac{n_2}{n}} \right) \times \frac{365}{n}$$

上面是两种较为主流的隐含回购利率计算方式。另外，根据不同的假设我们还可以得到不同的隐含回购利率估算方式，比如期间收到不止一次付息；中间付息收入按照其他利率获得投资回报，常见的是货币市场利率；或者因为市场利率太低，忽略票息的再投资收益等。

值得注意的是，隐含回购利率仅是一项分析指标，投资者可以根据自己的偏好进行隐含回购利率的假设和估算，事实上根据不同场景计算出来的隐含回购利率差别并不大。

专栏 15-3

计算隐含回购利率

以国债 170025 和国债期货 T1806 合约为例进行隐含回购利率的计算。

2018 年 2 月 1 日，以 T+1 的结算速度买入债券 170025，净价为 99.3119 元，以当日结算价 92.175 元卖出 T1806 合约。170025 的票面利率是 3.82%，每年付息 2 次，170025 对应 T1806 的转换因子为 1.0668。

代入上文中的公式，首先计算应计利息。债券付息日（2018 年 5 月 2 日）距期货第二交割日（2018 年 6 月 12 日）41 天，再下一付息日是 2018 年 11 月 2 日，距离 2018 年 5 月 2 日 184 天。

应计利息 =3.82/2×41/184= 0.4255978（元）

P_d = 期货结算价 × 转换因子 + 应计利息 =92.175×1.0668 + 0.4255978 = 98.9422

债券结算日 2 月 2 日距离上一付息日（2017 年 11 月 2 日）为 92 天，2018 年 5 月 2 日付息一次，两个付息日之间的天数为 181 天。

P_s=99.3119 + 3.82/2×92/181= 99.3119 + 0.9708 = 100.2827（元）

假设期间获得的利息收入依然以隐含回购利率获得再投资收益，将 P_s 和 P_d 代入隐含回购利率计算公式：

IRR=(98.9422+3.82/2−100.2827)/(100.2827×130/365−3.82/2×41/365)= 1.6%

隐含回购利率的计算过程比较烦琐，常用的固定收益行情和分析软件如 Wind、QB 等都能帮助投资者计算隐含回购利率。

15.2.3.3 用隐含回购利率对国债期货定价

理论上，国债期货的价格应当由 CTD 国债的价格决定，而隐含回购利率是从一篮子可交割券中寻找 CTD 券的基础指标。如上文所述，投资者可以通过比较同一合约不同券的隐含回购利率来寻找 CTD 券。一只券对应的隐含回购利率越高，越有可能被投资者买入并用来交割期货的空头头寸。

隐含回购利率的公式中一共有三个变量：隐含回购利率、期货价格和现货价格。当 CTD 现货价格已知时，设定合理的资金回购利率代入隐含回购利率，即可计算得到期货价格。因此，可以使用隐含回购利率对期货进行定价。与净基差定价的方法进行比较，隐含回购利率定价忽略了转换期权，而净基差定价可以直接反映转换期权的价值。

理论上来说，如果由此定价得到的期货价格低于期货市场成交价格，就可以卖出期货买入 CTD 进行套利；如果定价得到的期货价格高于期货市场成交价格，就可以买入期货卖空 CTD 进行套利。当然，在实际操作时，需要考虑的因素更多也更复杂。

15.2.3.4 隐含回购利率与市场回购利率的关系

如前所述，隐含回购利率是期现套利的指标：当其高于资金利率时，可以买入现券卖出期货；当其低于资金利率时，可以卖出期货买入现券。所以，从理论上来说，隐含回购利率应与资金利率有一定的正相关性。如图 15-5 所示，隐含回购利率较难长时间高于 R007，但两者的正相关性并不显著，反而经常出现阶段性背离。其中的原因主要是投资者结构和套利交易的成本约束。

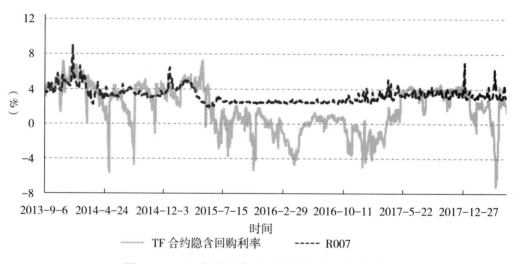

图 15-5　TF 合约隐含回购利率与资金成本对比

资料来源：Wind 数据库，天风证券固定收益总部。

在 2018 年，银行和保险等机构仍不能参与国债期货市场，这导致套保需求尤其多头套保需求缺失。同时，此前开展国债期货期现套利的机构投资者以券商自营为主，相对来说券商自营与银行和保险相比规模小、成本高,在隐含回购利率和资金利率出现背离时,其套利力量难以将隐含回购利率稳定在更合理的区间。另外,套利交易存在一定成本,尤其是卖出现券买入期货的套利交易成本很高,也是一个重要的限制因素。后文将对期现套利交易细节进行详述。

15.2.4 国债期货 CTD 的经验法则

上文分别介绍了使用净基差和隐含回购利率寻找 CTD 的方法,实际上,有一些经验法则能够让投资者较快速地缩小 CTD 的范围,这些经验法则有助于投资者理解国债期货价格行为。盖伦·D. 伯格哈特（Galen D. Burghardt）等在《国债基差交易：避险、投机和套利指南》一书中介绍了两个经验法则,即久期法则和收益率法则。根据中金所国债期货市场的实际运行情况,需要对经验法则进行扩展,引入票面利率法则。

15.2.4.1 久期法则

久期是反映债券价格对于收益率敏感程度的指标,定义为收益率单位变动情况下引起的债券价格变动,从数学角度来说,久期就是价格对收益率的一阶导数（斜率）。久期与债券剩余期限正相关,其余条款相同时,剩余期限越长的债券久期越长。久期经常被用来衡量利率风险,久期越长,利率变动带来的风险越大。

国债期货合约的转换因子本质上是 1 元面值的可交割券在交割月时到期收益率为 3% 的价格。如果在交割月首日,所有可交割券的到期收益率均为 3%,所有可交割券的净价除以转换因子得到的转换价格都是 100,那么交割券之间价格无差别,空方选择交割任何一只可交割券的成本都是相同的。然而,由于久期的不同,不同可交割券转换价格的一阶导数也有所不同。需要说明的是,虽然转换价格中有转换因子的因素,但是在交割券期限范围较大的合约,例如 T 合约中,交割券久期的差别往往远大于转换因子的差别。如图 15-6 所示,以 T1809 合约为例,7 年期可交割券 180013 的转换价格斜率显著小于 10 年期可交割券 180011。当收益率高于 3% 时,两只国债的价格均下跌,但 10 年期债券价格的下跌幅度更大,所以 180011 将比 180013 更便宜;当收益率低于 3% 时,两只国债的价格均上涨,但 7 年期债券价格的上涨幅度更小,所以 180013 将比 180011 更便宜。

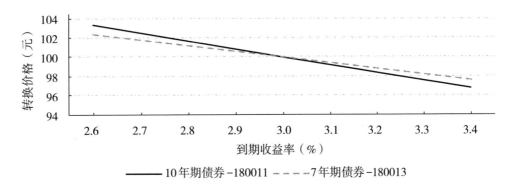

图 15-6 不同久期可交割券的转换价格

资料来源：天风证券固定收益总部。

如果 7 年期国债和 10 年期国债具有同样的收益率，那么久期法则总是成立。然而实际上收益率曲线一般情况下是向右上方倾斜的形状，即 10 年期国债收益率高于 7 年期国债收益率，因此，总的来说，在收益率高于 3% 时久期法则成立的确定性比收益率低于 3% 时要更高。因为收益率略低于 3% 时有可能出现因收益率曲线斜率较大而导致 10 年期国债更便宜的情况。另外，如果收益率刚好在 3% 附近，那么久期法则将失效，只能借助净基差或隐含回购利率的方式寻找 CTD。

15.2.4.2 收益率法则

久期法则一般情况下有助于缩小 CTD 的范围，但要找到 CTD，还需要借助收益率法则。

理论上来说，收益率曲线是较为平滑的，久期相近的债券，到期收益率也应较为接近。然而，实际上久期相近的债券在二级市场上的收益率与很多因素相关，包括票面利率的高低、市场卖空存量规模等。总之，久期相近的债券在二级市场交易时的收益率可能各不相同，其中利差小则数 BP，高则数十 BP。

在久期相近的债券中，如果上述利差较为显著，那么收益率较高者更便宜。需要注意的是，上述收益率法则并不是绝对成立，因为各个可交割券之间还存在久期的差别。如果收益率高于 3% 时出现久期略长的 10 年期交割券比久期略短的 10 年期交割券收益率低 1—2BP 的情况，那么此时经验法则都将失效，只能借助计算指标确定哪一只债券是 CTD。

前述两个经验法则对于寻找国债期货的 CTD 是简单快捷的方法：首先通过久期法则确定 CTD 是长久期还是短久期，再用收益率法则确定哪一只可交割券是 CTD。

15.2.4.3 票面利率法则

在中国国债期货市场，票面利率法则是对前述两个经验法则的有效补充。与前述两个经验法则略有不同，使用票面利率法则不能直接找到当前的 CTD，但对于理解相近久期国债的定价、理解国债期货 CTD 的决定因素有很大帮助。

票面利率法则是指，在遵循久期法则的前提下，国债期货 CTD 更有可能是票面利率更低的可交割券，票面利率差距越大，票面利率法则的有效性越强。结合上述收益率法则，票面利率法则实际上揭示的是可交割券票面利率越低，收益率越高，越可能成为 CTD。

理论上来说，票面利率与收益率没有直接联系，不同债券的现金流都反映在债券的净价高低上。然而，中国国债的税收机制存在特殊之处：国债的票面利息收入免征所得税和增值税，而国债的资本利得则要正常缴纳所得税和增值税。这一规则对于票面利率较低的国债来说较为不利。

以 2018 年 7 月 27 日作为结算日，那么新的 10 年期国债 180011（票面利率 3.69%）与 2016 年发行的 10 年期国债 160017（票面利率 2.74%）的到期收益率与税后收益率对应关系如图 15-7 所示。计算税后收益率时假设债券持有到期且每次付息时直接扣减应缴税款。如果按照图 15-7 定价，那么 160017 的收益率应高于 180011 约 32BP，但实际上当前 160017 在二级市场上的收益率仅比 180011 高约 8BP。其原因在于，国债二级市场并非完全由持有到期的投资者定价，市场风险偏好对久期相近的债券的收益率利差有非常大的影响。当市场情绪向好时,新老券利差容易缩窄;当市场情绪悲观时,新老券利差容易扩大。票面利率法则的意义是揭示了哪些债券有收益率走高从而成为 CTD 的潜力。以 T1803 合约为例,2018 年 1 月由于监管文件集中下发,导致市场情绪悲观,此种情况下 160017 的收益率一度比 170025 高 20BP 以上,成为 CTD,这导致国债期货价格盯住 160017 而与当时的 10 年期新券价格脱钩。

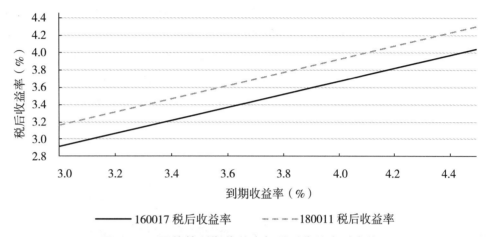

图 15-7 国债的到期收益率与税后收益率对应关系

资料来源:天风证券固定收益总部。

票面利率法则揭示的另一规律为:当收益率下行至低位时,老券票面利率较高,国债期货 CTD 更有可能是新券;当收益率上行至高位时,老券票面利率较低,国债期货 CTD 更有可能是老券。这与 T 合约运行几年以来表现出的特征较为一致。总的来说,最近两年 T 合约最终进行交割的券以票面利率较低的为主。

虽然经验法则总体上是有效的,但实际应用中并不一定可靠,投资者更多时候使用净基差和隐含回购利率寻找 CTD,同时使用经验法则进行佐证。

15.3 期现套利策略

期现套利是指在期货价格与现货价格有所背离时,同时建立现货和期货的数量相当、方向相反的头寸,以期在期货与现货价格收敛时获利的套利策略。期现套利是最基础的国债期货套利交易策略,有风险较低、资金容量较大、收益较稳健的特点,市场机构广泛参与其中。国债期货的期现套利按照交易方向可分为两种策略,一种是买入现券卖出期货的正向套利,另一种是卖出现券买入期货的反向套利。本节将讨论国债期货期现套利的策略细节和执行问题。

15.3.1 国债期货正向期现套利

国债期货正向套利是在期货价格偏高时,买入可交割券并卖出相应数量国债期货合约的套利交易策略。这样的交易实际上复制了前文所述的回购现金流,由于有交割机制的保证,正向套利就相当于买入了一笔无违约风险的逆回购资产,其回购利率就是由建仓的现货价格和期货价格计算出的隐含回购利率。

如图 15-8 所示,以 10 年期合约为例,以银行间市场 7 天回购加权利率作为资金成本来看,历史上国债期货正向期现套利机会主要有两个阶段。其一为 2015 年上半年,其二为 2017 年下半年至 2018 年上半年。其中 2015 年正向期现套利的机会更好,当时隐含回购利率一度高达 7%。2017 年下半年以来,正向期现套利的现券标的主要为老券,因此图 15-8 中显示的次新券隐含回购利率套利机会并不显著。实际上,此阶段老券的隐含回购利率最高点为 4.5% 左右,远低于 2015 年的隐含回购利率高点,这可能与国债期货市场投资者的多元化和丰富化有关。随着开展期现套利的投资者增多,套利空间自然有所下降。

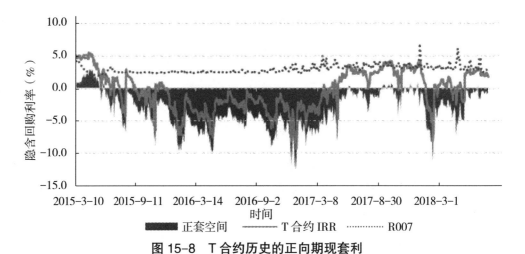

图 15-8　T 合约历史的正向期现套利

资料来源：Wind 数据库,天风证券固定收益总部。

注：正套空间为 T 合约 IRR-R007。

在开展正向期现套利过程中,由于买入国债需要较多资金,因此机构的实际资金成本与隐含回购利率之差决定了其开展正向套利的时机、头寸规模以及利润空间。总的来说,资金成本低而稳定的机构可以更早介入正向套利,通过银行间市场正回购建立更大杠杆,获取更多套利利润。然而,正向套利也有诸多建仓和离场的执行细节需要考虑。

15.3.1.1　正向套利策略的执行

(1) 择券

由于国债期货有一篮子可交割券,在正向套利时选择哪只债券建立头寸就是一个很重要的问题。从经验来说,如果几只可交割券的隐含回购利率相近,那么可以优先选择新券建立正向套利头寸。然而,市场上经常出现的情况是新券的隐含回购利率略低,而流动性较差的老券的隐含回购利率较高。此时就需要进行取舍。

- 使用新券建仓：二级市场流动性好,如果期货价格收敛,非常容易提前平仓,无须进入交割；新券享有一定的流动性溢价,一些情况下,其隐含回购利率潜在下行空间较大，但其确定性的套利空间相对较小。

- 使用老券建仓：隐含回购利率较高，确定性的套利空间较大；但受其二级市场流动性拖累，套利头寸较难提前止盈立场，往往需要做好交割的准备。

在考虑择券的问题时，机构需要根据自身情况做出决定。一般来说，交割能力强的机构（一般交割流程需要占用 2 个交易日交割款和交割券）可以更多考虑老券，而交割能力弱的机构只能考虑新券。

（2）换券

国债期货的卖方举手交割制度决定了持有国债并卖空期货的投资者有权利在更便宜的债券出现时进行卖出原债券、买入新的更便宜交割券的操作。实际上，在存量交割券之间，出现这种 CTD 切换的情况并不多，较显著的一次就是 2016 年年底 T 合约的 CTD 从 7 年期国债切换至 10 年期国债，更常见的是新券发行时的切换机会。由于新券招标发行之后才能进入交割券范围，因此在新券发行后有时存在一些换券机会。

（3）期货现货建仓比例

理论上来说，由于期货的虚拟标准券与实际现券不同，期货与现货的建仓比例并不是 1∶1，而是每买入 100 万元面值的现货，卖出其转换因子 C 倍面值的期货合约。然而，在实际操作过程中，由于要考虑交割的面额匹配因素，而且转换因子误差并不大，因此多数投资者习惯于正向套利 1∶1 的建仓比例。

15.3.1.2 正向套利的提前中止、展期与交割

正向套利头寸的处理有三种情况：提前中止、展期与交割。在国债期货正向套利历史上，这几种情况都出现过。

（1）提前中止

提前中止是正向套利头寸较为理想的一种情况。一般来说，只有当期货价格向现货收敛，隐含回购利率逐步走低，直至其低于资金成本时，才会考虑将正向套利头寸提前中止，此时，正向套利的利润已经全部实现。如果不平仓而继续持有，将面临较大的市场风险，且头寸后续的持有收益为负，这已经与正向套利的初衷相违背。

（2）展期

是否能够展期一般在主力合约切换时点附近进行评估，最理想的情况是远月的隐含回购利率存在套利空间且近月合约的价格已经收敛完成。另外，如果远月合约存在套利空间而近月合约尚未全部收敛，也可考虑展期。

（3）交割

一般来说，交割是实现正向套利收益的最后选择。正是由于交割机制的约束，从而存在理论上和实际上一致的正向套利的机会，但因为交割需要一定成本，所以如果有提前中止或者展期的机会，投资者一般都不会选择进入交割。

专栏 15-4 以 TF1712 合约以及 5 年期国债 170014 为例分别计算几种交易方式的盈亏以及收益率。当时的隐含回购利率走势情况如图 15-9 所示。

专栏 15-4

期现正向套利

2017年9月15日，TF1712与170014.IB的隐含回购利率为4.11%，基差为-0.16元。以3.59%买入170014.IB现券1亿元，以97.69元卖出TF1712合约100手。

- 提前中止：11月13日，隐含回购利率为0.27%，基差为0.25元，主力合约完成切换。当日期货结算价为95.67元，170014.IB的收益率为3.985%。
- 换券：10月19日，以3.72%卖出170014.IB，以3.73%一级投标买入170021.IB，并在11月9日平仓，当日期货结算价为96.02元。
- 交割：2017年12月4日申报交割，期货结算价为96.35元，配对缴款日12月6日，170014.IB应计利息为1.388元。

（注：按期货现货面额1∶1配比。忽略期货保证金成本。170014.IB转换因子1.0197，170021.IB转换因子1.0323，资金成本按此期间银行间7天回购平均加权利率3.45%计算。）

$$建仓时的现金流 = -1\,000\,000 \times (99.4578 + 0.6084) = -100\,066\,200（元）$$

- 提前中止：

$$现金流 = 卖出现券 + 期货盈亏 - 资金成本 = 1\,000\,000 \times (97.8349 + 1.1693) + 100 \times 10\,000 \times (97.69 - 95.67) - 3.45\% \times 100\,066\,200 \times 59/365 = 100\,466\,159.6（元）$$

$$净收益 = 100\,466\,159.6 - 100\,066\,200 = 399\,959.6（元）$$

$$年化收益率 = 399\,959.6 / 100\,066\,200 \times 365/59 = 2.47\%$$

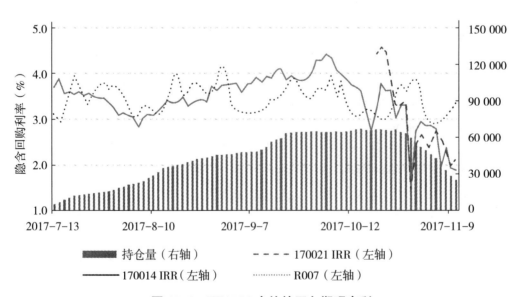

图15-9　TF1712合约的正向期现套利

资料来源：Wind数据库，天风证券固定收益总部。

> - 换券：
>
> $$\text{换券现金流} = -\text{买入 170021} + \text{卖出 170014}$$
> $$= -1\,000\,000 \times 99.9846 + 1\,000\,000 \times (98.9182 + 0.9317) = -134\,700\,(元)$$
>
> 平仓现金流 = 卖出 170021 + 期货盈亏 − 资金成本 = 1 000 000×(99.2947+0.2146)+100×10 000×(97.69−96.02)−3.45%×100 066 200×34/365−3.45%×99 984 600×21/365=100 659 254.8（元）
>
> $$\text{净收益} = 100\,659\,254.8 - 134\,700 - 100\,066\,200 = 458\,354.8\,(元)$$
> $$\text{年化收益率} = 458\,354.8/100\,066\,200 \times 365/55 = 3.04\%$$
>
> - 交割：
>
> 发票价格 = 转换因子 × 期货交割结算价 + 应计利息 = 1.0197×96.35+1.388=99.636095（元）
>
> $$\text{交割货款} = 99.636095 \times 1\,000\,000 = 99\,636\,095\,(元)$$
>
> 现金流 = 期货盈亏 + 交割货款 − 资金成本 = 100×10 000×(97.69−96.35)+99 636 095−3.45%×100 066 200×80/365=100 219 430（元）
>
> $$\text{净收益} = 100\,219\,430 - 100\,066\,200 = 153\,230\,(元)$$
> $$\text{年化收益率} = 153\,230/100\,066\,200 \times 365/80 = 0.7\%$$

15.3.2 国债期货反向期现套利

国债期货反向期现套利是指在国债期货价格被低估时，买入国债期货合约并卖空相应数量的可交割券的套利交易策略。这样的交易看起来只是与正向套利相反的过程，即现金流类似于正回购：建仓时卖出债券获得资金，平仓时买入债券交付资金。然而，卖方选择权的交割机制就决定了建仓时的"正回购"成本隐含回购利率实际上是不确保能实现的，因为反向套利进入交割时，空头交割的券很可能并非反向套利卖空的标的券。因此反向套利最终几乎必须依赖二级市场进行平仓了结，不论提前中止还是交割之后的换券。这就决定了反向套利的交易难度远高于正向套利。

虽然建仓时的隐含回购利率和净基差很可能无法实现，但反向套利建仓时参考的最重要指标仍是隐含回购利率和净基差。当CTD的隐含回购利率足够低、净基差足够高时，即可考虑反向套利建仓。一旦决定介入反向套利，面临的第一个问题就是如何借券做空。

15.3.2.1 借券卖空机制

当前国债现货市场并没有很便捷的借券卖空工具，目前市场上有两种主流借券方式：债券借贷和买断式逆回购。

（1）债券借贷

债券借贷是指债券融入方以一定数量的债券为质押物、从债券融出方借入标的债券，同时约定在未来某日债券融入方归还标的债券、债券融出方返还相应质押物的债券融通交易方式。值得注意的是，质押债券与标的债券面额不一定是1:1的关系，一般来说质押债券面额与标的债券面额之比在 0.7—1.2 区间，此质押率主要取决于质押债券的资质以及机构间授信等情况。另外债券借贷交易中借入方需要支付一定借贷费用给债券融出方。债券借贷费用的计算公式为

$$借贷费用 = 标的债券面额 \times 借贷费率 \times 借贷期限（天）/365$$

债券借贷的费率也依据标的券借贷供需而有所不同，如果借入一些毫无二级市场流动性的老券，借贷费率可低至 50BP 左右，如果借入一些二级市场热门债券，则需要支付较高的借贷费用，从 80BP 至 150BP 不等。

目前，债券借贷业务在银行间市场开展，需要融出方对融入方授信并双方签署债券借贷主协议，债券借贷融出方以商业银行为主，融入方以证券公司为主，债券借贷业务的标的债券绝大部分是利率债。证券公司融入利率债主要有两方面的目的，其一即为质押相对低资质债券融入利率债用于回购融资，其二即为融入流动性较好的债券用于现货卖空交易策略。

（2）买断式逆回购

不同于债券借贷的以券换券的借入方式，买断式逆回购是在交易首期融出资金的同时借入债券，以约定资金利率在到期日收回本息并归还债券的交易方式。目前在中国银行间市场回购有两种交易方式：质押式回购和买断式回购，由于质押式回购中质押债券不过户，质押式逆回购方对质押债券无处置权，因此使用回购方式借券卖空必须通过买断式逆回购。

通过买断式逆回购借券同样需要付出成本，其成本为市场同期限资金利率减去买断式逆回购利率。简言之，用于借贷的逆回购利率比市场利率低的部分就是其付出的借券成本（以资金利率计）。买断式逆回购借券并无统一市场或专项业务，必须由借券方在市场上询价。

（3）两种借券卖空方式的区别

两种借券方式最直观的区别在于债券借贷是以券换券，而买断式逆回购是以钱换券。这就意味着两者存在以下区别：

- 底仓风险：债券借贷必须先买入债券再借入债券，在债券借贷存续期内，不能对质押券进行处置，那么就存在质押券估值变动的风险，而买断式逆回购不存在这种问题。
- 交易接续：卖空交易策略存续时间难以预估，经常出现借券到期而卖空策略未实现盈利的情况，此时需要对借券交易进行接续。债券借贷到期时，如果没有债券归还往往需要使用其他底仓债券借新还旧，因为未归还标的债券时，原质押债券不能动用，而买断式逆回购不存在这种循环质押的问题。
- 授信：开展债券借贷交易需要银行对融入方授信，而逆回购不存在授信问题。这一问题在商业银行季末考核时点尤其突出。
- 杠杆：如前所述，债券借贷质押比率可以低于 1，即存在一定杠杆空间，而买断式逆回购一般成交金额都按照市场价计算，无杠杆。

既然上述几方面多数是买断式逆回购占优，那么为何在借券方式上仍是债券借贷占据主要地位呢？实际上，除了上述操作层面的区别，两种方式在债券融出方即商业银行对业务定位上也存在显著区别。目前债券借贷的费用收入在收入分类上普遍被划分为中间业务收入，而买断式逆回购借券时债券融出方为正回购方，这部分盈利体现在回购利息支出相对减少上，这两种业务定位在商业银行业绩考核上有比较显著的区别。

15.3.2.2 反向套利的执行

（1）择券

与正向套利类似，反向套利同样存在择券问题。在出现套利空间时，反向套利一般只能选择CTD进行交易。即使使用CTD也存在后续出现CTD切换的可能，更不要说不确定性更强的其他可交割券了。当然，如果CTD卖空量已经较大，可以选择卖空其他较便宜的可交割券以防范现货轧空风险。

（2）换券

不同于正向套利，CTD的切换对于反向套利来说意味着损失。当出现切换时，需要考虑是否将卖空头寸切换至新的CTD。如果市场收益率在国债期货标准券虚拟票面利率附近，那么可以考虑不切换空头头寸，因为后续可能多次出现CTD切换。除此之外的情况，应考虑对空头头寸进行处置，避免亏损进一步扩大。

15.3.2.3 反向套利的成本与收益

如果使用债券借贷的方式进行卖空，反向套利的成本有几个方面。首先，债券借贷费用是静态可估算的成本；其次，底仓对冲成本，如果可以利用利率互换等产品对冲底仓风险就应考虑对冲，如果不进行对冲，底仓部分就额外作为敞口部分计入反向套利盈亏；最后，CTD切换也带来成本，理论上CTD的净基差最终将收敛至0，因此也可以将此成本计入净基差估算，例如假设平仓时净基差为0.2元而非0元。

反向套利的收益主要来源于两个方面：其一为底仓的持有收益，一般来说反向套利建仓时的"资金成本"即隐含回购利率远低于底仓的收益率，在持有期间存在一部分持有收益；其二为净基差的收敛，此为反向套利交易的初衷，且如果持有时间不长，净基差的波动对反向套利的盈亏具有决定性影响。

15.3.2.4 反向套利的收敛

反向套利的收敛进程与正向套利也存在一些区别，从历史经验来看，反向套利的收敛相对较晚，一般来说要到主力合约切换之后几个交易日，近月合约才能逐步收敛到位。由于主力合约切换之后近月合约流动性逐渐衰竭，所以总的来说反向套利需要承担一些市场流动性的风险。近几年，基差提前收敛，给反向套利者提供止盈离场机会的情况较少见。

专栏 15-5

反向套利

T1703 合约的隐含回购利率如图 15-10 所示。2016 年 12 月 15 日,T1703 合约的结算价为 94.63 元,对应的 CTD 券为 160023.IB,基差为 2.466 元,隐含回购利率为 -7.66%。当日通过债券借贷融入 1 亿元面值的 160023,并卖出,同时买入 100 手 T1703。

- 提前中止。2017 年 1 月 20 日,基差为 0.684 元,隐含回购利率为 -1.98%。买入 1 亿元 160023,卖出 100 手 T1703,当日期货结算价为 97.25 元。
- 进入交割,交割券为 160023。2017 年 3 月 9 日申报交割,期货结算价为 96.84 元,交割全部获得 160023,3 月 13 日 160023 应计利息为 0.9696 元。
- 进入交割,交割券非 160023。2017 年 3 月 9 日,申报交割意向,当日期货结算价为 96.84 元,3 月 13 日全部获得 160017。该券于 2 月 4 日付息 1.37%,3 月 13 日 160017 应计利息为 0.2801 元,3 月 13 日卖出 160017 1 亿元(净价 94.7232 元),买入 160023 1 亿元(净价 94.248 元)。

(注:按期货现货 1:1 配比,忽略期货保证金成本。160023 转换因子为 0.975,160017 转换因子为 0.9788,底仓债券收益按 3M AAA 存单 4.1% 计算,借贷费率 100BP,债券借贷质押率 100%。)

建仓时的现金流 = 卖出现券金额 = 1 000 000×(94.7303+0.3133)=95 043 600(元)

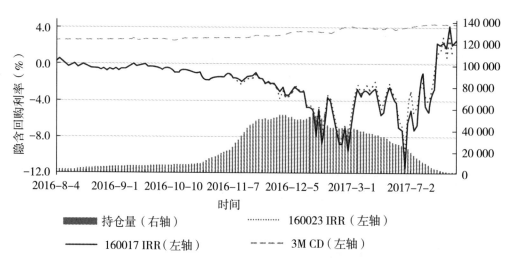

图 15-10 T1703 合约的反向期现套利

资料来源:Wind 数据库,天风证券固定收益总部。

- 提前中止:

现金流 = - 买入现券 + 期货盈亏 + 底仓收益 - 债券借贷费用 = -1 000 000×(95.5030+0.5818)+100×10 000×(97.25-94.63)+4.1%×100 000 000×36/365-100 000 000×1%×36/365=-93 159 046.58(元)

净收益 = 95 043 600-93 159 046.58=1 884 553.42(元)

年化收益率 = 1 884 553.42/100 000 000×365/36=19.11%

- 交割券恰好是期初卖出的现券：

发票价格 = 转换因子 × 期货结算价 + 应计利息 =0.975×96.84+0.9696=95.3886（元）

现金流 = 期货盈亏 - 交割货款 + 底仓收益 - 债券借贷费用 =100×10 000×(96.84-94.63)-1 000 000×95.3886+4.1%×100 000 000×88/365-100 000 000×1%×88/365=-92 431 202.74（元）

净收益 =95 043 600-92 431 202.74=2 612 397.26（元）

年化收益率 =2 612 397.26/100 000 000×365/88=10.84%

- 交割券不是期初卖出的现券：

换券现金流 =- 买入 160023+ 卖出 160017=-1 000 000×(94.248+0.9696)+1 000 000×(94.7232+0.2801)=-214300（元）

发票价格 = 转换因子 × 期货结算价 + 应计利息 =0.9788×96.84+0.2801=95.067092（元）

其他现金流 = 期货盈亏 - 交割货款 - 现券期间付息 + 底仓收益 - 债券借贷费用 =100×10 000×(96.84-94.63)-1 000 000×95.067092-1.37%×100 000 000+4.1%×100 000 000×88/365-100 000 000×1%×88/365=-93 479 694.74（元）

净收益 =95 043 600-214 300-93 479 694.74=1 349 605.26（元）

年化收益率 =1 349 605.26/100 000 000×365/88=5.6%

15.3.3 期现套利是不是无风险套利

众所周知，期货定价遵循无套利定价理论，而期现套利正是理论上的无风险套利。然而实际上，国债期货的期现套利在操作层面仍面临一些风险。

15.3.3.1 期现套利的盯市风险

由于国债期货实行每日无负债结算制度，期现套利交易在建仓之后需要承担短期基差波动的风险。一旦基差运行方向不利，期现套利交易将面临浮亏，如果期货出现亏损，很可能需要追加保证金。

15.3.3.2 期现套利的流动性风险

流动性风险是期现套利面临的最重要风险之一。

（1）正向套利的流动性风险

正向套利总体风险较低，由于实际操作中正向套利杠杆较高，正向套利的流动性风险主要是融资利率的风险。在正向套利建仓时预估的未来自身融资成本如果出现上行，将一定程度蚕食正向套利的利润。然而，融资利率超预期大幅上升反而不容易对正向套利构成威胁，因为从历史上来看这种情况对债券市场构成较强利空，期货空头将从市场下跌中获益，此时正向套利很可能出现止盈离场的机会而无须持续承担高资金成本。理论上来说，可以使用利率互换进行风险对冲。然而考虑到对冲成本以及正向套利的低风险特性，实际操作中很少有投资者选择对冲。

（2）反向套利的流动性风险

虽然无须担忧融资利率的变动，但反向套利面临的流动性风险比正向套利更加复杂。反向套利面临的流动性风险体现在两个方面。

第一，债券借贷接续的流动性风险。如前所述，如果在债券借贷到期时，反向套利未实现收益则面临债券借贷接续的问题。实际上，在反向套利机会较好的情况下，往往券源有限而借券需求旺盛，此时债券借贷的接续将成为一个较大的风险因素。如果无法接续，反向套利可能面临被迫亏损离场的不利局面。

第二，现券轧空风险。如前所述，反向套利很难通过交割实现盈利，几乎必然需要借助二级市场平仓。在现券空头回补过程中，可能将面临轧空风险。因此，反向套利交易的规模应充分考虑到轧空风险。不过，从2016年开始，财政部开始实施国债做市支持操作，一定程度上降低了国债现券轧空的风险。

专栏 15-6

现券轧空

160023 是 T1703 和 T1706 合约的反向期现套利和做空基差的主要现券标的。如图 15-11 所示，在 2017 年 6 月之后，市场存在大量该券的空头待回补，至 2017 年 7—8 月该券被显著轧空，160023 的收益率一度低于 10 年期国债估值收益率 12BP 左右。财政部于 2017 年 7 月 18 日、8 月 15 日分别进行了 15.1 亿元、15.2 亿元的 160023 随卖操作。两次随卖操作之后，160023 与 10 年期国债的收益率之差逐渐恢复到正常水平。

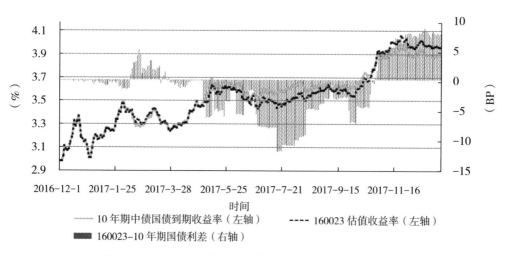

图 15-11　160023 与 10 年期国债估值收益率的利差

资料来源：Wind 数据库，天风证券固定收益总部。

本节介绍了国债期货期现套利策略的细节和执行问题，在国债期货上市的这几年中，期现套利机会时常出现，此套利策略能够为投资者提供较好的风险收益比，值得进行跟

踪研究。总的来说,未来国债期货市场将逐渐引入商业银行等成本优势更大的投资者,随着国债期货市场的发展,今后期现套利的机会将逐渐减少。

15.4 基差交易策略

首先回顾基差的公式:$B=P-F\times C$,其中 P 为现货净价,F 为期货价格,C 为转换因子。基差交易就是以基差作为做多和做空标的的交易策略。

基差交易是除期现套利外最常见的国债期货交易策略。从交易的执行层面来说,基差交易与期现套利几乎一致,都是在期货和现货之间建立多空匹配的头寸,但基差交易建立头寸期望在基差的波动中获利,而期现套利仅在期货定价有偏差时开展,等待期货价格收敛过程中逐渐获利。

15.4.1 国债期货基差交易

基差交易有两个方向,即做多基差和做空基差。做多基差为买入现货,卖出期货;做空基差为卖出现货,买入期货。基差交易中期货和现货面额比例为转换因子:1。然而,在实际操作中,系数比例的误差一般来说小于基差波动的幅度,因此很多投资者在操作中使用 1∶1 的比例。但应注意,如果转换因子偏离 1 较远,则此误差将不可忽略,否则基差交易将有较大的额外风险敞口。

15.4.1.1 基差交易与期现套利策略的不同

基差交易表面上与期现套利完全一致,然而基差交易与期现套利在几个方面都存在差别。

第一,基差交易的盈利来源主要为基差的波动,而期现套利的盈利来源主要是期货出现定价偏差时持有期中的持有收益。换言之,在做多或做空基差时,基差的绝对水平相对次要,可以在基差较高时继续做多基差,在基差较低时做空基差。而期现套利仅衡量基差和隐含回购利率的绝对水平,且交易方向与基差绝对水平相反,即在基差高位进行反向套利,在基差低位进行正向套利。

第二,标的券存在差别。期现套利的现货标的基本集中在 CTD 和较便宜的可交割券,而基差交易则不受此限制,可选择交易 CTD 基差,也可交易其他相对较贵的可交割券的基差。

第三,持有期存在差别。期现套利更加注重持有收益,风险较低,一般仅在期货价格收敛到位后才考虑平仓,因此持有期一般较长。而基差交易相对来说市场风险更大,更注重基差的波动,故持有期相对较短。短的基差交易可在日内平仓,长的基差交易持有期一般也不超过一个月。由于持有期较短,基差交易对标的券的流动性要求比期现套利要高。

第四,是否进入交割存在区别。期现套利交易经常需要考虑进入交割实现收益,而基差交易对流动性有要求,持有期较短且更注重基差的波动,因此基差交易一般不会进入交割。在一些情况下，如果基差交易头寸确实需要通过交割实现利润，那么可以认为此基差交易头寸已经转换为期现套利头寸。

15.4.1.2 基差的影响因素

国债期货的基差包含两个部分，首先为持有期收益价值，其次为基差隐含的期权价值。

持有期收益由可交割券的收益率和市场融资成本决定。对于当前的 10 年期和 5 年期国债期货，相应期限的国债收益率绝大多数情况下高于市场短期融资利率，因此随国债期货逐渐临近到期，持有期收益价值逐渐降低，基差将自然下降。当然，需说明的是，上述基差仅指 CTD 的基差，其他可交割券的基差可能不符合上述规律。

基差隐含的期权是空头选择权，主要是转换期权，即空头选择一篮子可交割券中哪一只债券用于交割的选择权。在交割月，空头还有选择滚动交割和集中交割的时机期权，然而这部分期权价值仅含有一周左右的持有期价值，总的来说价值较低。因此，基差隐含的期权价值主要是转换期权的价值。需要说明的是，此期权在期货空头方，因此基差多头相当于做多期权价值，基差空头相当于做空期权价值。

15.4.2 基差交易中隐含的转换期权

基差交易中隐含的转换期权是有价值的，此价值的高低主要取决于什么情况下会出现 CTD 的转换。在出现转换的可能性较大时，转换期权的价值将较高；在出现转换的可能性较小时，转换期权的价值将较低。

15.4.2.1 基差隐含期权的特点

基于前面所述的久期经验法则，可以从图 15-12 理解转换期权。如图 15-12 所示，有两只可交割券：券 A 久期较长，价格随收益率的变化率较高；券 B 久期较短，相应

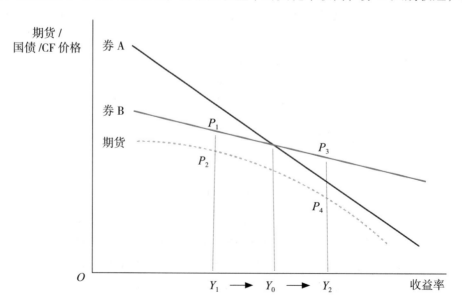

图 15-12 收益率变动对基差的影响

斜率较小。当收益率处于 Y_1 时，短久期的券 B 为 CTD，在收益率达到 Y_0 以上时，CTD 转换为券 A，当收益率继续上行至 Y_2 时，可以看到券 B 的基差由原本在 Y_1 时的 P_1P_2 变为了 P_3P_4，扩大了不少。如图所示，基差的扩大是从收益率到达 Y_0、CTD 出现转换后开始的，可以说，Y_0 对应的价格是此笔基差交易隐含期权的行权价格。理论上来说，出现 CTD 转换的收益率仅有 Y_0 一处，那么对应基差隐含期权的行权价格也仅有一个。

使用 CTD 进行基差交易时，隐含期权也有所不同。当收益率处于低位、做多短久期交割券的基差时，其隐含期权相当于利率看涨期权。当收益率处于高位、做多长久期交割券的基差时，其隐含期权相当于利率看跌期权。如图 15-13 所示，做多短久期交割券的基差，其曲线与看涨期权相近；做多长久期交割券的基差，其曲线与看跌期权相近；做多中等久期交割券的基差，其曲线与跨式期权相近。

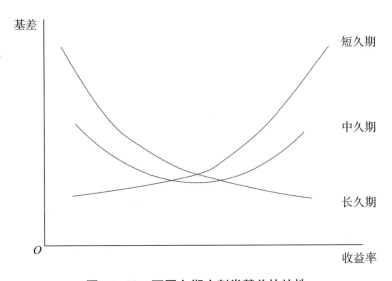

图 15-13 不同久期交割券基差的特性

需要注意的是，上述分析仅适用于不同可交割券之间利差较小且收益率曲线平行变动的情况。如果同期限交割券出现一定利差，则高收益率的交割券将更容易成为 CTD。如果国债收益率曲线变陡或变平，那么相应的长久期或短久期的债券更容易成为 CTD。

国债期货基差中的转换期权从何而来？实际上，此期权很大程度上是国债期货的可变久期带来的。由于基差头寸均按照转换因子进行期货和现货配比，接近于 1∶1。在收益率处于低位时，国债期货的久期缩短，因此 1∶1 配比的长久期交割券基差多头中就隐含了现券多头风险敞口，基差头寸将从收益率下行中获益；相反地，在收益率处于高位时，国债期货的久期变长，因此 1∶1 配比的短久期交割券基差多头中就隐含了期货空头风险敞口，基差头寸将从收益率上行中获益。如果国债期货久期的可变范围缩小，那么基差中隐含期权的价值也将降低。以 2 年期国债期货合约来说，可交割券的范围为剩余期限 1.5—2.25 年，交割券范围如此之窄，可以预见其转换期权的价值将相对有限。

15.4.2.2 做多基差隐含期权的实际案例

国债期货上市交易以来，TF 合约调整过交割券的范围。在调整前，中长期国债收益率均处于 3% 上方,CTD 基本一直都是 7 年期可交割国债,当时转换期权价值较低。在调整之后,交割券范围大幅收窄,仅有 5 年期国债可用于交割,因此总的来说转换期权价值也不高。而反观 T 合约可交割券期限范围非常宽,涵盖 7 年期和 10 年期两个品种的关键期限国债,因此转换期权价值相对较高。

T 合约转换期权价值凸显的情况在近几年来出现过两次。2016 年四季度时,利率市场环境大幅恶化,长端国债收益率开始大幅上行,10 年期国债从前期 2.7% 附近低位快速上行突破 3%。此前收益率处于低位时,T 合约 CTD 集中于 7 年期国债。随着收益率上行突破 3%,T 合约基差中隐含的期权价值显现,CTD 切换至 10 年期国债,且由于当时市场处于一定的恐慌之中,国债期货承担了利率风险套期保值的压力,因此基差扩大的效应更加显著,此期间 T 合约的基差走势充分显示了前文所述的基差隐含期权特性。

专栏 15-7

做多隐含期权案例 1

2016 年 11 月 3 日,T1703 与 160020 的基差为 0.992,当日做多基差,以 2.69% 买入 1 亿 160020,以 100.855 卖出 98 手 T1703。如图 15-14 所示,2016 年 12 月 5 日,10 年期国债收益率突破 3%,T 合约 CTD 由 7 年期的 160020 转变为 10 年期的 160023,随后 160020 基差大幅走扩。2016 年 12 月 20 日,基差达到 3.488,当日平仓。平仓当日期货结算价 94.755,160020 收益率 3.28%,期间现券无付息。此交易期间基差变动如图 15-15 所示。

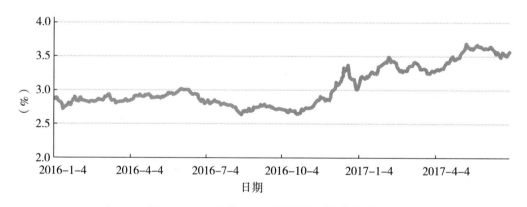

图 15-14 中债 10 年期国债到期收益率

资料来源:Wind 数据库。

注:期货现货面额按转换因子:1 配比,四舍五入。忽略期货保证金成本。160020 转换因子为 0.9853,资金成本按此期间银行间 7 天回购加权利率均值 2.8% 计算。

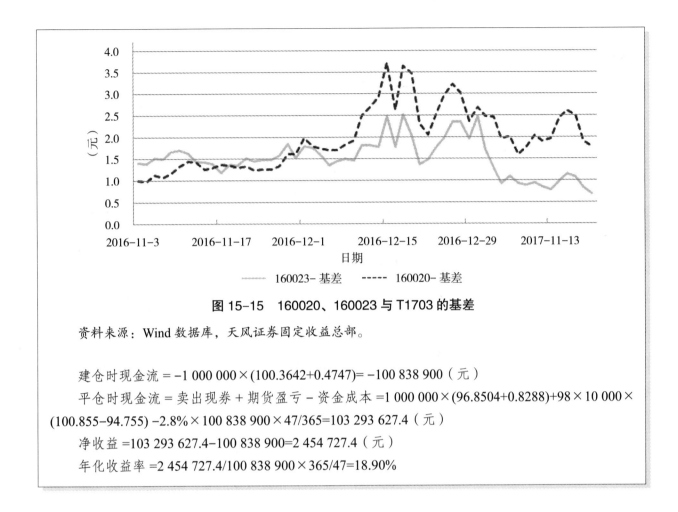

图 15-15　160020、160023 与 T1703 的基差

资料来源：Wind 数据库，天风证券固定收益总部。

建仓时现金流 = -1 000 000×(100.3642+0.4747)= -100 838 900（元）

平仓时现金流 = 卖出现券 + 期货盈亏 - 资金成本 = 1 000 000×(96.8504+0.8288)+98×10 000×(100.855-94.755) -2.8%×100 838 900×47/365=103 293 627.4（元）

净收益 =103 293 627.4-100 838 900=2 454 727.4（元）

年化收益率 =2 454 727.4/100 838 900×365/47=18.90%

上述案例显示了久期经验法则的有效性，即低收益率时短久期券为 CTD，高收益率时长久期券为 CTD。然而，在看似 CTD 转换可能性很小、基差隐含期权价值较低时，同样可能出现基差较大幅度变化的情况。

在 2018 年年初，10 年期国债收益率位于 3.9% 附近，CTD 为 10 年期国债，其中流动性较好的可交割券为 170025 和 170018。随当时监管机构密集下发各类监管新规，市场情绪非常悲观，国债期货随之下跌，反观 170025 收益率相对稳定，最高仍未触及 4%。如果没有其他有流动性的债券成为 CTD，理论上国债期货的价格后续将逐渐收敛。然而，在 1 月中下旬，原本的非活跃券 160017 的流动性变强，其剩余期限为 8 年多，且其收益率高达 4.1%，与 170025 等券的利差一度达到 20BP 以上，这使得 160017 顺利成为 CTD。在此期间，虽然市场收益率并未触及 3%，但由于个券标的之间的收益率大相径庭，使得 CTD 出现了转换，从而实现了基差隐含期权的价值。

出现此种现象背后的原因是票面利率效应，160017 的票面利率比 170025 低 100BP 以上，因此当两者到期收益率相近时，税后收益率差别非常大，在市场情绪悲观的情况下，160017 的收益率比 170025 更容易被推高，从而成为 CTD。

专栏 15-8

做多隐含期权案例 2

2017 年 12 月 4 日，T1803 与 170025 的基差为 0.07，当日做多基差，以 3.89% 买入 1 亿 170025，以结算价 93.005 卖出 106 手 T1803。2018 年 2 月 13 日，T 主力合约已移仓换月，基差走扩至 1.24，平仓做多基差头寸。当日以 3.87% 卖出 1 亿 170025，以结算价 92.07 买入 106 手 T1803，期间无现券付息。此期间 CTD 券 160017 与 170025 的基差走势如图 15-16 所示。

（注：期货现货面额按转换因子:1 配比，四舍五入。忽略期货保证金成本。170025 转换因子为 1.0683，资金成本按此期间银行间 7 天回购平均加权利率 3.4% 计算。）

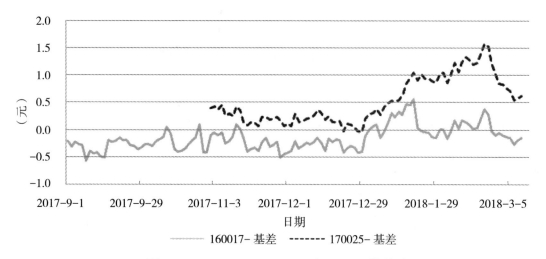

图 15-16　160017、170025 与 T1803 的基差

资料来源：Wind 数据库，天风证券固定收益总部。

建仓时现金流 = −1000000×(99.4262+0.3377)= −99763900（元）

平仓时现金流 = 卖出现券 + 期货盈亏 − 资金成本 =1000000×(99.5939+1.0869)+106×10000×(93.005−92.07)−3.4%×99763900×71/365=101012091.6（元）

净收益 =101012091.6−99763900=1248191.6（元）

年化收益率 =1248191.6/99763900×365/71=6.43%

15.4.2.3　做空基差

做空基差就是卖空现券，买入期货，卖空现券的方式与反向期现套利一致。与做多基差相反，做空基差相当于做空基差隐含的期权价值。随着收益率的变化，做空基差将面临类似于卖出期权的资金曲线。卖出短久期债券的基差类似于卖出利率看涨期权，利率上升较多时亏损扩大；卖出长久期债券的基差类似于卖出利率看跌期权，利率下跌较多时亏损扩大；卖出中等久期债券的基差类似于卖出跨式期权。

做空基差同样需要考虑择券问题。如果卖出 CTD 券的基差，就相当于以净基差的成本卖出了一个平值期权（At-the-money Option）。如果此后 CTD 不出现转换，那么后续基差将逐渐出现收敛，从而实现收益。如果 CTD 出现转换，那么基差不会收敛，是否能够盈利取决于净基差的成本和新 CTD 的走势。

做空非 CTD 的基差大致可分为两种情况。其一为做空久期与 CTD 相近的交割券的基差。此种做空基差策略理论上与做空 CTD 基差相近，在交易实施层面可以达到分散化单一现券轧空风险的效果，然而在操作中还需考虑票面利率效应等因素，注意其与 CTD 利差的变化带来的风险。其二为做空久期与 CTD 差别较大的交割券的基差。此种做空基差策略隐含一定的风险敞口，如果类比于期权，这种策略相当于卖出一个实值期权（In-the-money Option）。例如高利率水平时做空短久期交割券的基差，由于近似于 1 : 1 的期现货配比，基差空头中将隐含期货多头风险敞口，将在收益率下行中获益；低利率水平时做空长久期交割券基差，其中将隐含现货空头风险敞口，将在收益率上行中获益。这与图 15-13 所示的基差特性一致。不过，考虑到卖空的成本、债券借贷接续，以及平仓时面临的流动性风险等因素，实际操作中，国债期货投资者很少通过这种方式建立风险敞口。在做空基差的操作中，仍是以做空 CTD 基差的方式为主。

专栏 15-9

做空基差

T1706 合约期间，经过此前两个合约的大幅快速下跌，收益率逐渐企稳，市场波动率与前期相比有所减小，此种市场环境有利于基差的修复，是做空基差的良好时间窗口。

2017 年 2 月 15 日，T1706 与 170004 的基差为 2.48，当日做空基差，采用债券借贷借入 1 亿 170004，以 3.4% 到期收益率卖出，以结算价 94.34 元买入 103 手 T1706。5 月 17 日，基差收敛至 0.21，且 T 主力合约已移仓换月。当日平仓，以 3.63% 买入 1 亿 170004，以结算价 94.77 元卖出 103 手 T1706。期间基差走势如图 15-17 所示。

注：期货现货面额按转换因子 :1 配比，四舍五入。忽略期货保证金成本。170004 转换因子为 1.0333。底仓债券收益率按 3M AAA 存单 4.3% 计算并假设其收益率不变，债券借贷费率 100BP，债券借贷质押率 100%。

建仓时现金流 = 卖出现券金额 =1 000 000×(99.9573+0.0564)= 100 013 700（元）

平仓时现金流 =－买入现券 + 期货盈亏 + 底仓持有收益－债券借贷费用 =－1 000 000×(98.1319+ 0.9111)+103×10 000×(94.77-94.34) +4.3%×100 000 000×91/365-100 000 000×1%×91/365= -97 777 360.27（元）

净收益 =100 013 700-97 777 360.27=2 236 339.73（元）

年化收益率 =2 236 339.73/100 000 000×365/91=8.97%

图 15-17　170004 与 T1706 的基差

资料来源：Wind 数据库，天风证券固定收益总部。

15.4.3　国债期货跨品种基差交易

国债期货跨品种交易是常用于收益率曲线形态的交易工具。2018 年时 10 年期合约与 5 年期合约的久期之比约为 1.8∶1。实践中，有些投资者使用 2 作为系数构建跨品种交易头寸，有的投资者使用 1.8 作为系数构建头寸。投资者在预期国债收益率曲线变陡时，买入 5 年期合约，卖出 10 年期合约；在预期国债收益率曲线变平时，卖出 5 年期合约，买入 10 年期合约。然而，此交易策略未考虑基差变动的影响。在 5 年期合约的头寸上乘以系数也就是在其基差上乘以相应系数，当 5 年期合约和 10 年期合约的基差各有不同时，此系数带来的误差将不可忽略，且阶段性的基差变化可能主导跨品种价差的变化，使其与国债收益率曲线形态背离。

15.4.3.1　跨品种基差交易

跨品种基差交易就是利用不同合约基差所处阶段的不同而进行的交易，上述系数进一步放大了基差效应。例如 5 年期合约的隐含回购利率较高且净基差为负，而同时 10 年期合约的隐含回购利率较低且净基差为正。由于系数的存在，跨品种价差上将有较大的回落可能，此时可以考虑建立卖出 5 年期合约并买入 10 年期合约的交易头寸。

跨品种基差交易不是严格的基差交易，由于并未建立现货头寸，总体市场风险比纯基差交易更大。然而如果能把握好基差收敛的时机，可以短期地介入此交易策略。

跨品种基差交易的机会并非经常存在，在市场平稳阶段，基差变化往往不大，而且两个品种合约的基差往往同向变动，较少出现交易机会。然而在 2017 年，1709 和 1712 合约上跨品种基差交易的机会非常好。

由于资金面的收紧和债券市场的走熊，2017 年国债收益率曲线持续走平，10 年期与 5 年期国债利差一度倒挂 6BP，创下历史极值。在这种背景下，有较多机构投资者通过国债期货构建做陡曲线的头寸，即买入 5 年期合约，卖出 10 年期合约。市场上随之出现了 5 年期合约持仓量持续走高以及 5 年期合约隐含回购利率走高的显著变化，并出现正向期现套利的机会。然而，由于债券市场仍处在熊市环境，在较长的时间内10年期合约并未出现明显的隐含回购利率走高现象，这样的市场环境下出现了较好的跨品种基差交易机会。

如图15-18所示，2017年7月14日国债现货10年期减5年期利差为5BP，1.8×TF1709-T1709的跨品种价差为80.8元，至8月9日国债现货利差为2BP，跨品种价差为80.2元。由于久期匹配，1BP的现货利差变动理论上对应跨品种价差0.08元的变动，然而基差的相对变化带来了0.3元以上的跨品种价差变动。与之类似，10月9日国债现货利差1BP，11月10日国债现货利差0，然而1712合约跨品种价差从80.6元跌至80.1元，基差的相对变化导致了约0.4元的跨品种价差变动。

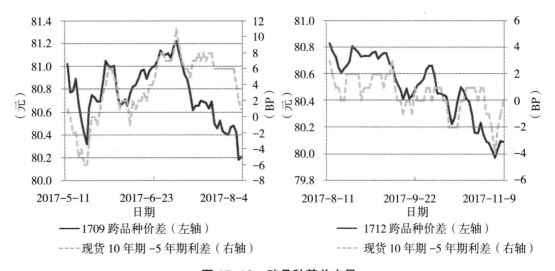

图 15-18 跨品种基差交易

资料来源：Wind数据库，天风证券固定收益总部。

2018年8月，中国金融期货交易所2年期国债期货合约上市交易，从合约条款来看，2年期合约面值设定为200万元，为5年期和10年期合约的两倍，非常易于进行久期匹配的跨品种交易。随着2年期合约顺利上市，跨品种交易的组合变为三组，很大程度上拓宽了此类交易策略的空间。

15.4.3.2 跨品种基差交易的风险

使用纯期货交易的好处是市场流动性较强，且做空成本很低，数亿元规模名义本金的头寸都可以在两个交易日内建仓或平仓。跨品种基差交易最大的风险在于忽略了现货端收益率曲线的变化。如果严格进行基差交易，那么应该在现货端进行相应的买入或卖出交易，这样就分别构建了两个合约的基差多头和基差空头的头寸，最大限度地降低其现货端风险。

对于纯期货的跨品种基差交易来说，现货端曲线的变化是其面临的重要风险之一。从1709和1712合约的例子来说，基差变动带来的收益约0.3—0.4元，那么国债现货10年期与5年期利差只要走扩5BP，就会将这部分利润蚕食殆尽，如果处理不当，甚至有亏损的风险。因此，要进行纯期货跨品种基差交易，必须密切跟踪评估现货端曲线形态变动的风险。

跨品种基差交易的另一个风险是CTD转换的风险。一般来说，跨品种基差交易对于在久期相近的券之间出现的CTD转换并不是很敏感。但对于T合约来说，如果出现10年期国债和7年期国债之间的CTD转换将对跨品种基差交易带来很大冲击，因为这将直接影响久期匹配的系数。根据久期经验法则，当市场收益率在3%附近时，这种风险将较为显著。

15.4.4 国开债与国债期货的类基差交易

近几年，10年期国开活跃券已经成为利率债市场标杆，每日成交量最大的利率债往往是10年期国开活跃券。作为流动性极佳的交易品种，国开债自然可以与国债期货进行类基差的交易，即买入10年期国开债、卖出国债期货，或卖出10年期国开债、买入国债期货。由于国债期货并不以国开债为标的，因此这样的交易策略相当于在基差交易的基础上叠加了国开债与国债利差的复合基差交易策略。

15.4.4.1 国开债与国债利差

总的来说，国开债与国债利差反映市场风险偏好。当市场走熊时，国开债收益率上行幅度远大于国债。例如，在2013年的一轮熊市中，国开债与国债利差最高达到130BP以上；在2016年四季度开启的一轮熊市中，国开债与国债利差最高达到110BP以上。与之相反，在债市走牛的过程中，国开债与国债利差逐步收窄。例如，在2014年国开债与国债利差经历大幅收窄，至2016年年初，此利差下降到23BP的低位。

15.4.4.2 国开债与国债期货的类基差交易

由于国开债与国债利差的波动性大于国债期货基差的波动性，因此使用国开债与国债期货进行类基差交易必须将基差风险与国开利差风险进行独立评估，且以国开债与国债利差为重点。国开债与国债利差的分析与市场多空方向的分析高度趋同，总的来说，国开债与国债期货的类基差交易的关键点是市场方向的分析。当然，由于国开债具备优秀的流动性，使用国开债与国债期货进行日内基差交易也是可行的，提高交易频率在一定程度上将降低国开债与国债利差对该策略的影响。

本章小结

本章主要介绍了国债期货的基础知识和基本交易策略实务。

国债期货合约采用一篮子可交割券的实物交割方式，交割券的选择权在空头一方。国债期货的一篮子可交割券使用转换因子进行标准化。

CTD决定了国债期货的定价。可使用净基差和隐含回购利率（IRR）寻找CTD。

可以使用资金利率和期货价格为国债现券定价。

隐含回购利率高于资金成本时可以开展国债期现正向套利。隐含回购利率较低时可以开展国债期现反向套利。

借券卖空方式主要有债券借贷和买断式逆回购两种，其中以债券借贷为主。

国债期现套利并非无风险套利，实际操作中面临诸多风险，以反向期现套利为甚。

国债期货基差交易与期现套利存在诸多不同。

国债期货基差中隐含期权价值，此价值是国债期货久期的可变特性带来的。

国债期货基差隐含期权在虚拟票面收益率处于3%左右时具有较高价值。

当CTD基差较高时，可考虑做空国债期货基差。

跨品种基差交易存在空间，但现券端收益率曲线形态的风险较大。

国开债可与国债期货进行类基差交易。

重要术语

可交割券　发票价格　转换因子　基差　净基差　隐含回购利率（IRR）　最便宜可交割券（CTD）　期现套利　正向期现套利　反向期现套利　债券借贷　轧空　跨品种基差交易

思考练习题

1. 一个国债期货合约的周期可分为哪几个阶段？
2. 国债期货一篮子可交割券中对国债期货定价起关键作用的是哪几只可交割券？
3. 如果某国债期货T合约有且仅有下列四只可交割券，那么按照经验法则，CTD应是哪一只？

	久期	到期收益率（%）	票面利率（%）
券A	6.1	3.22	3.50
券B	6.0	3.34	3.05
券C	8.2	3.50	3.82
券D	8.0	3.62	3.4

4. 国债期货隐含回购利率显著高于银行间7天回购利率时，存在什么样的交易机会？
5. 使用债券借贷融入1亿元面额债券，费率为90BP，期限31天，到期时应付多少债券借贷费用？
6. 通过债券借贷开展国债期货反向期现套利的风险主要有哪些？
7. 为什么说国债期货基差中隐含期权价值？
8. 在做多基差时要想在收益率下行中获利，需要如何构建多头基差头寸？

参考文献

[1] 陈蓉, 葛俊. 国债期货定价：基本原理与文献综述[J]. 厦门大学学报（哲学社会科学版），2015（1）：33—40.

[2] 陈蓉, 郑振龙. 固定收益证券[M]. 北京：

北京大学出版社，2011.
[3]（美）弗兰克·J.法博齐.债券市场：分析与策略[M].北京：中国人民大学出版社，2011.
[4]（美）弗兰克·J.法博齐等.固定收益证券手册[M].北京：中国人民大学出版社，2005.
[5]（美）盖伦·D.伯格哈特，等.国债基差交易：避险、投机和套利指南[M].北京：机械工业出版社，2016.
[6]（加）约翰·赫尔.期权、期货及其他衍生产品[M].北京：机械工业出版社，2010.
[7]戎志平.国债期货交易实务[M].北京：中国财政经济出版社，2017.
[8]王舟.妙趣横生的国债期货：跟小船学国债期货交易[M].北京：机械工业出版社，2017.
[9]张继强，陈健恒，杨冰.DVP交割业务在国债期货市场落地[R].中金公司固定收益研究报告，2017-6-23.
[10]中国金融期货交易所国债期货开发小组.国债期货产品制度设计及应用策略[M].北京：中国财政经济出版社，2013.
[11]中国期货业协会.国债期货[M].北京：中国财政经济出版社，2013.

相关网络链接

中国金融期货交易所：http://www.cffex.com.cn
中国外汇交易中心-全国银行间同业拆借中心：http://www.chinamoney.com.cn/chinese/
中国债券信息网：http://www.chinabond.com.cn

第 16 章
信用衍生品[*]

王焕舟　颜欢　董悠盈（国泰君安证券）
叶予璋（兴银理财）

学习目标

通过本章的学习，读者应能够：
◎ 理解并区分不同信用衍生品的结构；
◎ 理解信用衍生品的功能和作用；
◎ 掌握信用衍生品的多种交易策略；
◎ 理解信用衍生品的风险来源与风险管理；
◎ 了解不同监管体系中的商业银行资本管理要求。

■ 开篇导读

21世纪以来，我国信用债市场飞速发展，截止到2019年年末，信用债余额约32.89万亿元，占债券市场近34%，也成为亚洲最大的信用债市场。但用于管理信用风险的信用衍生品市场在我国的发展却还相对滞后，这主要由两个原因引起。

第一个原因是市场上存在对信用债的刚兑预期。2006年的"福禧事件"是我国第一个公募债风险事件，为中国债券市场投资者敲响了信用"警钟"。之后在2011年和2012年又发生了海龙、赛维、新中基、云城投等信用风险事件，但在刚兑的环境下这些风险事件并没有造成真正的违约损失，市场对信用衍生品的需求仍不强烈。2014年11

---

* 本章由陈蓉（厦门大学）审校。

月超日债成为公募债券市场首单实质违约信用债,刚兑预期被动摇。之后据Wind统计,违约数量持续攀升:2014年6只、2015年27只,刚兑基本被打破,违约事件加速发生。2015年4月天威成为首个违约央企,2016年3月东特钢打破了地方国企和国开主承零违约的神话,市场对信用衍生品的需求突然爆发。

第二个原因是已推出的信用衍生品工具存在一定缺陷。2010年银行间市场推出信用风险缓释合约(CRMA)和信用风险缓释凭证(CRMW),但它们不满足《巴塞尔协议Ⅲ》中对合格信用衍生工具的要求,既无法对持有的债务做到风险资产的减免,又因针对单一债务和非标准化而无法满足市场的流动性需求。随着刚兑的打破,市场需要信用违约互换(Credit Default Swap,CDS)等更活跃的信用衍生产品,从而与信用债市场产生良性的互动。CDS能引入更多类型的参与者,将聚集在银行体系内的风险在社会体系内重新分配,有利于金融市场的重新整合,而且多元化的参与者能更好地识别信用风险,使信用风险在金融市场中更合理地定价。另外,大数据等新金融科技带来的金融信息革命,也为CDS等信用衍生产品更好地发挥作用提供了条件。

2016年9月23日,中国银行间市场交易商协会发布《银行间市场信用风险缓释工具试点业务规则》和《中国场外信用衍生产品交易基本术语与适用规则(2016年版)》,在之前CRMA和CRMW的基础上,新增CDS和信用联结票据(Credit-Linked Notes,CLN)两类信用风险缓释工具。2018年11月,沪深交易所推出信用保护工具业务试点,包括信用保护合约和信用保护凭证。

16.1 信用衍生品概述

16.1.1 信用衍生品市场发展历程

信用衍生品是衍生品领域一个重要的组成部分,指用来分离和转移信用风险的各项工具和技术。CDS是最为常见和基础的一种信用衍生品,由JP摩根于20世纪90年代设计,最早用在JP摩根对埃克森美孚石油的贷款上。1993年,国际掉期与衍生品协会(International Swaps and Derivatives Association,ISDA)发布了信用衍生品定义文件,初步明确了违约主体和违约事件的界定方法,规范了交易规则和交易流程,之后信用衍生品呈现爆发性增长,在2007年,CDS的市场规模一度超越全球GDP。

CDS与保险类似,买方定期支付保费,在发生违约事件后可以获得赔偿。例如借款机构A借款给了企业B,如果A担心B有违约的风险,那么A可以和机构C达成一项协议,由A定期向C支付费用,在B发生某些特定信用事件时,由C来偿付A,A和C达成的协议就是CDS。CDS的购买者被称作"信用保护买方",CDS的出售者被称作"信用保护卖方"。

CDS与保险买家的区别在于保险是投保自己的身体和财产,而信用衍生品可以投保他人的资产,即投保人并不是参考实体所发生债务对应的债务方。第三方的参与有利于揭示信用主体健康和风险的信息，他们利用自己拥有的私人或公开信息进行交易，这些信息就汇集到 CDS 市场上，减轻了金融市场中的信息不对称，提高了金融市场的运行效率。

信用是现代金融发展的最重要基石，在信用衍生品发展之前，人们只能通过评级报告或者其他旧信息渠道观察信用主体的信用状况，信息效率和交易便捷性都是比较低的。信用衍生品的诞生为市场提供了一种便捷的交易信用的方式，使整个市场对于信用风险的管理、分析和应用进入了一个新时代。传统信用额度审核部门可以利用 CDS 市场，通过该市场，授信主体不再是隐藏在授信审批书后的名字，而是变成了可以实时观察的市场交易标的，信用溢价有了最直接的价格载体。信用在整个银行体系内像资金一样转移和定价，信用管理的模式也从传统的审批模式转向交易和审批并重模式。

信用衍生品大大丰富了风险管理的手段，改进了风险的分配和定价，理论上来说使得最有风险承受能力的人以最有效的价格承担了风险，有助于金融市场整体的稳定。但信用衍生品也不是万能的，尤其是只能交易风险而不能消除风险，无视市场规律的过度滥用也会导致灾难性的后果。2008 年次贷危机前，美联储长期的低利率水平政策催生了住房抵押贷款市场繁荣，其中贷款人资信较低的次级抵押贷款更是迅速发展。华尔街投行为了扩大业务规模，将次级贷款资产证券化，然后打包出售，同时大量购买 CDS 以缓释风险，两者循环往复，次级抵押贷款和 CDS 的规模都迅速扩大。房地产泡沫破裂后，次级贷款人大量违约，CDS 的信用保护卖方需要支付巨额赔偿，引起这些公司资不抵债，继而又触发了一系列挂钩这些公司主体的 CDS 信用事件，循环往复，造成了全球性的金融危机。从整个事件来看，CDS 市场是危机链条中的关键一环，特别是卖出 CDS 的机构不负责任地大量卖出 CDS 导致风险集中，以及各机构持有 CDS 头寸的匿名性导致了相互怀疑。但实事求是地说，CDS 作为一种工具，本身并不能引发危机，只有使用工具的人才可以，当然越强大的工具越需要更好的操作和监管。金融危机后全球场外监管体系开始"亡羊补牢"，推进场外衍生品特别是 CDS 的交易规则标准化、交易结构中央清算化、产品简单化等，虽然 CDS 市场规模大幅缩小，但却真正开始回归其作为信用价格发现功能的本质属性。

中国的信用衍生品市场起步较晚，中国银行间市场交易商协会于 2010 年发布《银行间市场信用风险缓释工具试点业务指引》，推出了银行间市场信用风险缓释工具（CRM），具体包括 CRMA 和 CRMW 两类具有中国特色的信用衍生品。CRMA 和 CRMW 依据当时中国债券及信贷市场的特点，为单只债券或单笔贷款提供针对债务违约的保险。由于当时中国金融市场所处的发展阶段和产品结构等原因，信用衍生品的需求疲弱，信用衍生品市场的发展缓慢。近年来，随着中国经济进入增速换挡期，宏观经济进入新常态，信用事件逐步增多，市场对相应衍生工具的需求有所增加。同时，监管环境也发生了变化，商业银行、保险公司、证券公司等金融机构的内控体系和市场化经营能力明显提高，也为信用衍生品市场的进一步发展创造了条件。2016 年 9 月，中国银行间市场交易商协会发布《银行间市场信用风险缓释工具试点业务规则》和《中国场外信用衍生产品交易基本术语与适用规则（2016 年版）》，在之前 CRMA 和 CRMW 的基础上，新增 CDS 和 CLN 两类信用风险缓释工具。2018 年 11 月，沪深交易所推出信用保护工具业务试点，包括信用保护合约和信用保护凭证。2019年12月，中国外汇交易中心、银行间市场清算所股份有限公司和国泰君安证券股份有限公司联合发布并试运行"CFETS-SHCH-GTJA 高等级 CDS 指数"，这也是全球首个立足于中国市场的 CDS 指数和中国市场首个 CDS 指数。

16.1.2 信用衍生品的主要品种

信用衍生品是一种双边合同，可以用于转移、重组和转换信用风险，通过这类合同，签约的一方将其对某一经济实体的信用风险暴露转移到另一方，在该经济实体发行的金融资产（如债券）出现兑付危机时得到补偿。信用风险的载体被称为参考实体，通常是独立于签约双方的第三方，可以是一家公司或一国政府等。信用风险载体的媒介，即由参考实体发行的债券或举借的贷款则被称为参考债务。

国际市场和中国市场常见的信用衍生品有 CRMA、CRMW、CDS、CLN、信用违约互换指数、一篮子信用违约互换、信用违约互换期权等。

16.1.2.1 信用风险缓释合约

信用风险缓释合约（Credit Risk Mitigation Agreement，CRMA）指交易双方达成的，约定在未来一定期限内，信用保护买方按照约定的标准和方式向信用保护卖方支付信用保护费用，由信用保护卖方就约定的标的债务向信用保护买方提供信用风险保护的金融合约。CRMA 属于一种合约类信用风险缓释工具，其原理可以用图 16-1 来表示。

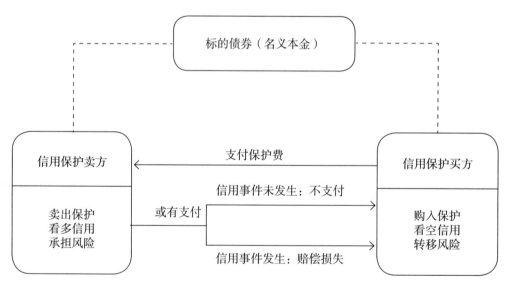

图 16-1 CRMA 的交易结构

CRMA 与 CDS 的区别在于，CRMA 的保护范围仅为单一债务，而 CDS 的保护范围为参考实体的一揽子债务。

16.1.2.2 信用风险缓释凭证

信用风险缓释凭证（Credit Risk Mitigation Warrant，CRMW）是指由标的实体以外的机构创设的，为凭证持有人就标的债务提供信用风险保护的，可交易流通的有价凭证。CRMW 属于凭证类信用风险缓释工具，其原理可以用图 16-2 来表示。

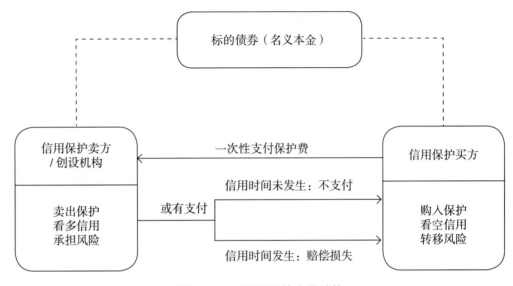

图 16-2　CRMW 的交易结构

2019 年全年，中国银行间市场共发行信用风险缓释凭证 105 笔，名义本金总计 138.53 亿元。

专栏 16-1

德力西"债券发行+CRMW"

2018 年 11 月，民营企业德力西集团有限公司拟发行总面值为 4.2 亿元的公司债券（18 德力西 SCP001），债券期限为 270 天，发行利率采用固定利率，由标的债务的集中簿记建档结果确定。

为进一步提高发行率，有效管控发行成本，中债信用增进投资股份有限公司与浙商银行股份有限公司为德力西集团提供"债券发行+CRMW"的综合金融解决方案。图 16-3 为交易结构图。

在 CRMW 约定期限内，中债信用增进投资股份有限公司与浙商银行股份有限公司是信用保护卖方，为 18 德力西 SCP001 提供相关的信用保护。本次 CRMW 是银行间市场第一单由增信公司与银行联合发行的信用风险缓释工具。

经过上述交易安排，德力西集团本期债券发行效率大幅提高，投资者非常认可主承销商为所承销的债券提供增信的业务模式，市场反响良好，最终发行利率为 6.30%，发行人也对此感到满意。

"债券发行+CRMW"模式使得投资人通过 CRMW 管理信用风险，发行人通过 CRMW 提高融资效率、降低融资成本，实现多方共赢。

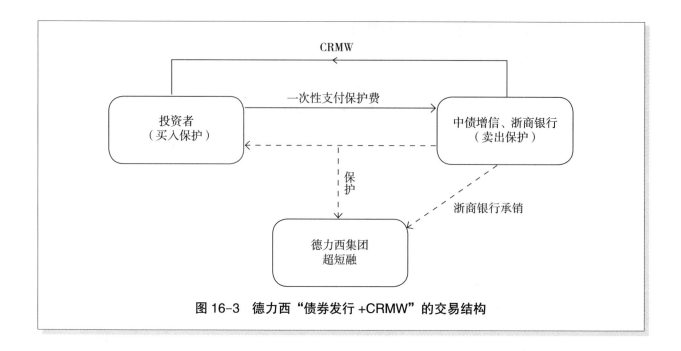

图 16-3 德力西"债券发行+CRMW"的交易结构

16.1.2.3 信用违约互换

信用违约互换（Credit Default Swap，CDS）是信用衍生品市场上最基本、最核心的产品。买方通过 CDS 向卖方转移参考实体的信用风险，这里所说的参考实体通常是 CDS 买卖双方之外的第三方实体。换句话说，CDS 买卖双方之间所转移的风险，是除它们自身外的第三家实体的风险。一般把购买 CDS 称作购买保护或多头保护，把买方称作信用保护买方；把出售 CDS 称作出售保护或空头保护，把卖方称作信用保护卖方。一旦 CDS 的买卖双方达成协议，信用保护买方将向卖方支付保护费，而信用保护卖方将在参考实体发生信用事件时向买方提供协议金额的赔偿。图 16-4 展示了 CDS 的基本交易结构。

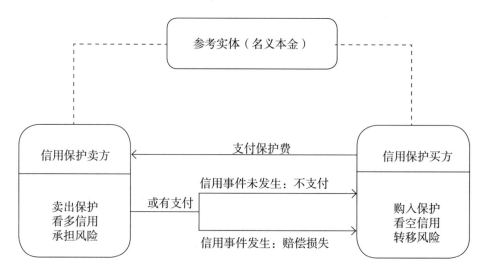

图 16-4 CDS 的交易结构

根据2009年4月ISDA在CDS改革方案中新增的交易规则，对于标准的CDS交易，买方需定期向卖方支付统一的固定费用。参考实体为投资级的，固定费用为100BP，为高收益级的，固定费用为500BP。由于CDS参考实体的风险不尽相同，各个具体的CDS的价格可能高于或低于固定费用，因此在交易的当日，买卖双方必须通过一次性的即期费用彼此清算，以避免一方向另一方支付过多。另外，卖方还须将上个付息日到合同起始日的息票退还给买方。

在CDS交易存续期间，若参考实体发生信用事件，则信用保护买方支付上一个付息日至信用事件发生日之间的应计保护费，信用保护卖方赔偿信用保护买方因信用事件所遭受的损失。

在信用事件发生后，交易双方可采用实物结算和现金结算两种结算方式。实物结算是指信用保护买方将参考实体的相关债务交付给信用保护卖方，并收取与原面值相等的金额，如相关债务为参考实体发行的债券，则信用保护买方将债券按照面值交付给信用保护卖方。现金结算是指信用保护卖方向买方支付参考实体债务面值与回收值（发生信用事件的债务实际剩余的金额）之间的差额，通常在信用事件发生后数月内进行。

CDS交易使信用保护买方在保留相关资产所有权的前提下，将债券或贷款等资产的信用风险剥离出来，经过市场定价后转移给愿意承担该信用风险的投资者，为长期以来只能依靠内部管理或多样化来分散信用风险的金融机构提供了一种新的对冲工具，从根本上改变了信用风险管理的传统特征。从境外市场的发展经验来看，商业银行、投资银行、保险公司、对冲基金等金融机构是CDS市场的主要参与者。

16.1.2.4 信用联结票据

信用联结票据（Credit Linked Notes，CLN）是将普通的固定收益债券与CDS相结合构建而成的一种衍生品。CLN首先是一种债务融资工具，与普通债券的区别在于其持有人不仅承担债券发行人的风险，也承担CLN挂钩标的的信用风险，可以看作现金债券和CDS的结合。

CLN的投资者与票据的发行人实质上进行了一笔CDS交易，投资者为信用保护卖方，在CLN的参考实体发生信用事件时要承担损失；CLN的发行人则相当于信用保护买方，他向投资者支付信用风险保护费，该保护费体现为票据利息的一部分。如果债券存续期内，参考实体未发生信用事件，则投资者可在债券到期日收回全部本金及利息；但如果参考实体发生信用事件，则投资者收回的金额相当于债券的面值减去参考实体发生信用事件后实际造成的损失，也即参考实体的回收值。CLN交易结构如图16-5所示。

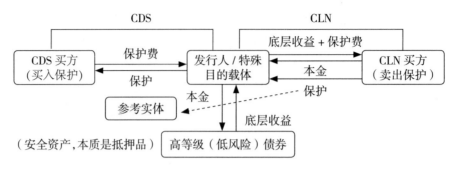

图 16-5 CLN 的交易结构

注：特殊目的载体作为 CDS 卖出方，可能需要交纳履约保障品。

由于 CLN 是债券和 CDS 的结合，它的票息包含两部分：CDS 的保护费和债券本身的票息。一旦参考实体发生信用事件，CLN 的抵押品将被变卖以赔偿 CDS 买方的损失。而这部分损失最终将在偿还 CLN 时从其本金中扣除。通过这一过程，信用风险便从 CLN 的发行人转移到了投资人。与 CDS 相比，CLN 因信用保护卖方提供了全额保证金（即票据的投资本金）而降低了交易对手信用风险，因此深受机构青睐。

CLN 是信用衍生品中发展最为迅速的领域之一，甚至出现了专门从事 CLN 业务的金融机构。这些金融机构通常以发行特殊目的载体（Special Purpose Vehicles，SPV）的形式发行 CLN，再将筹集到的资金投资于安全性较高的资产，例如财政部发行的国债或货币市场资产。有信用风险对冲需求的机构可以同该 SPV 的发行人签订一种"纯粹"的 CDS 交易合约。当信用事件发生时，信用保护买方的赔偿由 SPV 筹集到的资金所投资的安全性资产来给予保证。SPV 实质上充当了信用保护买卖双方的中介机构，其投资者实质上是信用保护卖方，收益为所投安全性资产的收益率和 SPV 发行人从信用保护买方收取的保护费。

上述整个交易的流程步骤如下：第一，投资人向 SPV 的发行人购买该 SPV；第二，SPV 的发行人用所筹集到的资金投资于安全性资产；第三，SPV 的发行人同有信用风险对冲需求的机构签订 CDS 合约，并定期收取保护费；第四，SPV 的发行人向投资人支付安全性资产的利息及保护费；第五，SPV 的投资人向信用保护买方提供信用保护。

16.1.2.5 信用违约互换指数

信用违约互换指数（CDS Indices）是以多个 CDS 为基础，按一定的标准编制的指数产品。大多数 CDS 指数选择成分并不是基于市场规模，流动性是其第一考察要素。指数被设计成高度标准化的产品（采用前端付费 + 固定票息），其目的是确保流动性，通常每 6 个月更新一次。CDS 指数是一种典型的组合产品，其诞生是 2004 年后信用衍生品市场快速增长的主要动力。

2004 年之前，市场上存在着两类交易活跃的 CDS 指数：Trac-X 和 iBoxx，两者相互竞争。2004 年之后，两者合并，并按地域划分，形成了目前市场上 iTraxx 和 CDX 两大 CDS 指数，且均由 Markit 公司计算、管理和发布。iTraxx 指数主要集中在欧洲和亚洲市场，而 CDX 指数主要集中在北美和除亚洲外的新兴市场。两大 CDS 指数按其成分特征或期限又分为很多子指数,其中,iTraxx 包括投资级和非投资级两个子指数,CDX 则包括投资级、非投资级和介于二者之间的混合指数三个子指数。与更常见的股票指数一样,CDS 指数反映的是指数中各个参考实体的平均保护费随时间波动的情况。

CDS 指数的买方为避免指数中的多个参考实体(承载信用风险的多个第三方实体)发生信用事件,向信用保护卖方支付保护费,由信用保护卖方在约定时期内,就指数中所有参考实体向买方提供信用风险保护。以 CDX 指数为例,它由特定的参考实体组成,且每 6 个月会有新的 CDX 系列被推出,类似于国债市场上的滚动发行,而最新推出的 CDX 则成为"当期"(On-the-run)系列,以反映信用市场的最新变化。

与一般的 CDS 一样,CDS 指数交易提供的是基于指数中所有参考实体的信用保护,通常参考实体的名义本金相同,例如 CDX.IG.NA(北美投资级 CDS 指数)包括了 125 家北美投资级公司,且每 6 个月会对其中包含的公司名字进行动态调整,并推出新一期的 CDX 系列,其运作机理如表 16-1 所示。

表 16-1 以 CDX.IG.NA 为例说明 CDS 指数的运作机理

指数含义	CDX 指数体系下北美(NA)投资级企业债(IG)指数
指数成分	在 CDS 市场交易活跃的北美 125 家投资级企业债发行人的 CDS
加权方式	等权重加权,权重为保留小数点后三位的百分数。实际中会按照首字母对各公司排序,靠前的公司权重向上进位,靠后的公司权重向下舍去,以保证总权重为 100%
指数调整日	每年 3 月 20 日、9 月 20 日
子指数	按行业划分:消费、能源、金融、工业和电信、媒体和科技
	按期限划分:1、2、3、5、7 和 10 年期
信用事件	破产和无法偿付
违约处理	若有 1 家违约,原指数自动分解为另 124 家参考实体的 CDS 指数和该违约参考实体的单一名称 CDS

资料来源:Markit。

除了基于指数的 CDS 交易,市场中的机构还可以根据实际需求进行指数信用风险的某一特定部分或分块的交易。例如,投资者卖出基于名义本金为 1 亿美元的 CDX.IG.NA 的 3%—7% 分块,即当指数的损失在 300 万—700 万美元之间时,信用保护卖方需要补偿信用保护买方的损失,其最大补偿额为 400 万美元。通过不同期限和不同分块 CDS 指数的搭配,交易对手之间可以产生出多种不同的交易策略。

16.1.2.6 一篮子信用违约互换

一篮子信用违约互换(Basket CDS)的信用标的是一篮子参考实体。第一违约互换(First-to-default)是指在一篮子参考实体中只要发生第一个信用事件,信用保护即生效,类似地可拓展至第 N 违约信用衍生工具(Nth-to-default)。以上的违约赔偿与一般 CDS 的违约赔偿方式相同。

发生信用事件时,结算既可以是现金结算,也可以是实物结算。信用事件的定义与单一名称 CDS 的定义相同。当发生信用事件时,信用保护卖方损失的金额是相关债务的面值减去回收值。

16.1.2.7 信用违约互换期权

信用违约互换期权（Credit Default Swaption）赋予持有人在未来某个特定时间，以事先同意的保护费（又称执行价）买入或卖出 CDS 的权利。

信用违约互换期权分为看涨期权和看跌期权。如果期权到期时 CDS 保护费高于看涨期权的执行价，则看涨期权持有人有权以执行价买入 CDS，否则，期权不会被行使。同样，如果到期时 CDS 保护费低于看跌期权的执行价，投资者将会以执行价售出 CDS，反之则不行权。如果在期权到期之前，参考实体发生信用事件，则信用违约互换期权合约将会自动失效。信用违约互换期权的有效期一般为 3 个月。信用违约互换期权的持有人为获取买入或卖出 CDS 的权利，必须向信用违约互换期权的出售人支付一定的期权费用。

16.1.3 信用衍生品的交易要素

根据中国银行间市场交易商协会发布的《中国场外信用衍生产品交易基本术语与适用规则（2016 年版）》，信用衍生品主要有以下交易要素。

16.1.3.1 参考实体

参考实体指交易双方在相关交易有效约定中列明的、以其信用风险作为信用衍生产品交易标的的单个或多个实体。

16.1.3.2 债务

债务指参考实体的各类债务，既包括参考实体作为主债务人负有的债务，在相关交易有效约定选择适用时，也包括参考实体作为保证人所承担的或有债务。

16.1.3.3 债务种类

债务种类指参考实体所负债务的类别，包括但不限于：①付款义务，即任何支付或偿还款项的义务；②借贷款项，即基于贷款或债务融资法律关系产生的一种付款义务；③贷款，即根据相关贷款协议、授信安排、保险资金间接投资基础设施债权投资计划或信托安排已经发放的贷款；④债务工具，即各类公开发行、非公开发行或定向发行的债务工具；⑤贷款或债务工具，即适用的债务种类，或为贷款，或为债务工具；⑥仅为参考债务。

16.1.3.4 债务特征

债务特征指参考实体所负债务的一项或多项特征，包括但不限于一般债务、次级债务、交易流通、本币或外币等特征。

16.1.3.5 参考债务

参考债务亦称参照债项,指交易双方在交易有效约定中列明或描述的参考实体的一项或多项债务(或一类或多类债务),且以"参考债务"冠名。

16.1.3.6 信用事件

信用事件指交易双方在相关交易有效约定中就一笔信用衍生产品交易约定的触发结算赔付的事件,包括但不限于破产、支付违约、债务加速到期、债务潜在加速到期、债务重组等事件。

(1)破产

破产指参考实体发生下列任一事件:①解散(出于联合、合并或重组目的而发生的解散除外);②不能清偿到期债务,并且资产不足以清偿全部债务或明显缺乏清偿能力的;③书面承认其无力偿还到期债务;④为其债权人利益就其全部或实质性资产达成转让协议或清偿安排,或就其全部或大部分债务的清偿事宜与债权人做出安排或达成和解协议;⑤自身或其监管部门启动针对其的接管、破产、清算等行政或司法程序;或其债权人启动针对其的接管、破产、清算等行政或司法程序,导致其被依法宣告破产、停业、清算或被接管,或上述程序在启动后三十天内未被驳回、撤销、中止或禁止的;⑥通过其停业、清算或申请破产的决议;⑦就自身或自身的全部或大部分资产寻求任命临时清算人、托管人、受托人、接管人或其他类似人员或被任命了任何前述人员;⑧其债权人作为担保权人采取行动取得了其全部或大部分资产,或使其全部或实质部分资产被查封、扣押、冻结或强制执行,且上述情形在三十天内未被相关权力机关撤销或中止;⑨其他任何与上述第①项至第⑧项有类似效果的事件。

该破产定义相对《企业破产法》的含义更为丰富,专栏 16-2 将以中国第二重型机械集团公司的破产重整为例进行说明。

专栏 16-2

中国第二重型机械集团公司破产重整

2014 年 7 月,中国第二重型机械集团公司(以下简称"中国二重")2.05 亿元贷款本息逾期。2014 年 10 月,中国二重核心子公司 *ST 二重宣布累计银行贷款等债务约 11.35 亿元逾期;中国银行德阳分行等 7 家银行提出了诉前保全。2014 年 11 月,中国二重公告到期商业承兑汇票不能按期兑付。2015 年近 30 家金融债权人成立了中国二重金融债权人委员会,展开了庭外重组谈判,并在银监会的组织下,各方于 9 月达成了框架性的重组方案;9 月 21 日中国二重收到四川省德阳市中级人民法院通知书(债权人机械工业第一设计研究院等向四川省德阳市中级人民法院提起了针对中国二重的破产重整申请);9 月 21 日,中国二重发布公告称"12 二重集 MTN1"利息偿付存在不确定性,并暂停交易。

对上述事件经过简要分析可知,2014 年的债务并没有触发目前的信用违约互换信用事件;

2015年9月21日中国二重收到德阳市中级人民法院受理通知书，可以视为构成破产事件，适用于破产定义中的第五条："自身或其监管部门启动针对其的接管、破产、清算等行政或司法程序；或其债权人启动针对其的接管、破产、清算等行政或司法程序，导致其被依法宣告破产、停业、清算或被接管，或上述程序在启动后三十天内未被驳回、撤销、中止或禁止的"；前期多家银行与中国二重之间的谈判是否构成"破产"信用事件值得讨论，可能触发破产定义中的第二条："不能清偿到期债务，并且资产不足以清偿全部债务或明显缺乏清偿能力的"。

（2）支付违约

支付违约指参考实体未按约定在一项或多项债务的支付日足额履行支付义务，未支付款项总金额超过适用的起点金额，且在适用的宽限期届满后仍未纠正。考虑到发生信用事件的严重后果，参考实体只有在超过了相关债务适用的宽限期后仍未支付该债务、且实际未支付款项的总金额超过适用的起点金额时，方构成一项支付违约。起点金额与宽限期等限制因素的目的在于避免参考实体因内部管理疏忽或支付系统故障等原因没有支付小额到期债务，却构成了一项支付违约的情形。若参考实体在适用于该债务的合同项下没有补救支付违约的宽限期，或交易双方没有约定起点金额，则在判断参考实体是否构成相关支付违约时无须考虑相关因素。专栏16-3以华昱事件为例说明支付违约的具体情况。

专栏 16-3

华昱违约支付事件

2016年4月6日，华昱CP001未能到期支付本息，4月7日主承销商上海清算所等机构发布未能兑付本息公告。2016年4月13日，中煤集团山西华昱能源最新公告称，通过多种渠道筹措资金，确定于2016年4月13日足额偿付本息6.386亿元。

关键时间点：4月6日为违约支付发生日；4月11日为宽限期限日；4月13日为公告偿付日。下面两种情形中信用事件确定日是不同的，影响了信用违约互换的保护效力，本质上是国内债权人保护机制不够完善，交叉违约和加速到期普及度不够。

情景1：在4月11日日末即发送相关信用事件通知给交易对手，交易对手在4月12日确认收到了相关事件通知。

情景2：在4月11日日末即发送相关信用事件通知给交易对手，交易对手在4月14日确认收到了相关事件通知。

（3）债务加速到期

债务加速到期指因参考实体在一项或多项债务项下的违约（但未支付任何到期应付款项的支付型违约事件除外）导致该债务在原到期日之前已被宣告提前到期应付的情形，且已被加速到期应付的债务总金额超过了起点金额。

构成债务加速到期应满足下述条件：第一，参考实体在相关债务合同项下发生了违约事件（例如违反了某项陈述、未采取承诺的行动等），但该违约事件不包括支付型违约事件；第二，该债务因此在原到期日之前已被相关债权人宣告提前到期应付；第三，已被加速到期应付的债务总金额超过了交易双方在相关交易有效约定中就债务加速到期约定的起点金额。

（4）债务潜在加速到期

债务潜在加速到期指因参考实体在一项或多项债务项下的违约导致该债务可被宣告提前到期应付的情形，且可被宣告提前到期应付的债务总金额超过起点金额。

债务潜在加速到期与债务加速到期相似，但不同之处在于债务加速到期强调的是相关债务已被实际宣告到期，而债务潜在加速到期强调的是参考实体发生违约行为而导致相关债务可被宣告提前到期的情形。在债务潜在加速到期项下，即使相关债权人没有实际宣告相关债务加速到期，只要参考实体发生了该术语中描述的债务潜在加速到期情形，并且根据适用于该债务的相关合同的约定，债权人有权宣告该债务加速到期（不管其是否实际行使了该权利），即可构成参考实体的债务潜在加速到期。

（5）债务重组

债务重组亦称偿付变更或债项重组，指因本金、利息、费用的下调或推迟或提前支付等原因对债务的重组而导致的信用损失事件，包括但不限于下述安排：①降低应付利率水平、减少应付利息金额或减少预定应计利息的金额；②减少应到期偿还或分期偿还的本金数额或溢价；③提前或推迟本金、利息或溢价的偿付日期，或推迟应计利息的起息；④变动该债务的受偿顺序，导致其对任何其他债务成为次级债务；⑤改变本息偿付币种；⑥若债务种类为债务工具，该债务工具的发行人在未获得全体持有人同意的情况下，将该债务工具替换或置换为已发行或拟发行的另一债务工具。

若交易双方在相关交易有效约定中约定了适用于债务重组的起点金额，则上述债务重组涉及的债务总金额应超过该起点金额。

参考实体在正常经营过程中因监管、财会或税务调整采取上述债务偿付方面的重组，或该等变更不是因为参考实体的资信或财务状况恶化而采取的，则不构成债务重组。何为正常经营过程中的"监管、财会或税务调整"，以及如何判断该等变更是否源于参考实体的资信或财务状况恶化，应依赖具体事实情况加以判断。

参考实体可以采用两种办法进行债务重组：一是由参考实体与相关债务的全部或部分持有人达成重组协议（若仅与部分持有人达成该协议，则适用于该债务的有关合同或协议能够约束该债务的全体持有人），且涉及重组的债务金额不低于交易双方约定的起点金额；二是由参考实体单方面宣布的适用于所有债权人的债务重组行为。在第二种情况下，有权自行宣布债务重组，且可以在法律上约束所有债权人的参考实体，只能为国家或地区，且由该参考实体中有权处理债务重组的行政、立法或司法机构针对该参考实体的所有债务或某一类型的全部债务（例如所有外债）采取上述债务重组安排中描述的一项或多项安排。但是，在参考实体所在国家或地区的主管部门为了避免相关区域的社会、经济或金融系统出现重大或系统性风险而主持或指导参考实体与其债务的全体债权人就相关债务自愿达成协议或安排，同意参考实体就相关债务采取上述债务重组安排中描述的一项或多项安排，则不视为构成一项债务重组的信用事件。

比如 2012 年 3 月 9 日希腊发生的"私人债务减记计划"及"一致行动条款"事件，因为其最终效果是使全体私人持有人持有的希腊国债减少了本金数额，所以属于"债务重组"信用事件。

表 16-2 以表格的形式总结了信用互换的相关要素。

表 16-2 中国银行间市场信用违约互换相关要素

参考实体	×× 投资（集团）有限责任公司		
参考债务名称	16×× 集团 MTN001	参考债务代码	
起始日	2017/9/20	约定到期日	2018/9/20
交易名义本金（万元）	10000	前端费（万元）	50
债务种类	□非金融企业债务融资工具　□贷款　□贷款或债务工具　□仅为参考债务		
债务特征	□一般债务　□次级债务　□交易流通　□本币　□外币		
信用事件	□破产 □支付违约：起点金额（100）万元人民币或其等值金额　宽限期：（3）天 □宽限期递延 □债务加速到期：起点金额（1000）万元人民币或其等值金额 □债务重组：起点金额（1000）万元人民币或其等值金额		
结算方式	□实物结算　□现金结算		
可交付债务种类	□非金融企业债务融资工具　□贷款　□贷款或债务工具　□仅为参考债务		
可交付债务特征	□一般债务　□次级债务　□交易流通（不含 PPN）　□本币　□外币 □无扣减债务　□最长待偿期 10 年		

16.1.4 信用衍生品信用事件后处理

一般而言，CDS 的信用保护期从起始日到约定到期日，只有发生在该保护期内的信用事件才能获得相应的赔付，并且必须在信用保护终止日之后的一定期限内发送信用事件通知和公开信息通知。信用事件通知指在某一信用事件发生后，由信用事件通知方向另一方发送的确认该信用事件已发生的书面通知。公开信息通知指由信用事件通知方向另一方发送的，说明与所述信用事件有关的公开信息的书面通知。公开信息指可合理证明或确认信用事件通知所述信用事件已发生的任何事实、信息或资料。

发生信用事件后，信用保护的结算方式一般包括以下三种。

第一，实物结算，指信用保护买方根据实物交割通知向信用保护卖方进行可交付债务的交割，信用保护卖方向信用保护买方支付相应实物结算金额的结算方式。

第二，现金结算，指信用保护卖方在现金结算日向信用保护买方支付现金结算金额的结算方式。

第三，拍卖结算，指一笔信用衍生产品交易下的信用事件发生后，决定小组决议通过拍卖方式确定交易名义本金的拍卖最终比例，进而确定信用保护卖方应向信用保护买方支付相关金额的结算方式。

16.2 信用衍生品的功能

信用衍生品的功能主要体现在以下几个方面。

16.2.1 提升信用交易的透明度和效率

在流动性方面，过去主权或公司（CDS 主要的参考实体）信用风险的载体以债券为主，CDS 的诞生进一步丰富了信用风险的交易手段。相对于债券存在供给限制，且部分交易要素非标准化，衍生品在创设和供给上有较大的便利性，同时具备交易要素标准化的特点。此外，投资者交易 CDS 无需现货头寸进行匹配。上述原因使信用衍生品成为更好的信用风险载体，提升了整体的市场流动性。

在定价方面，普通债券一般同时包含市场风险、信用风险和流动性风险，CDS 能一定程度地将信用风险单独剥离出来，为分析参考实体信用风险（以违约率为主）提供了更纯粹的信息。当 CDS 市场具备较好的流动性后，交易价格将能够更好地反映信用风险的信息，提升市场透明度，缓解信息不对称。

通常 CDS 市场反映的信息比评级和债券市场更加快速和有效。CDS 市场无需本金，各类机构都可以参与，因此比需要本金的债券市场效率更高；而评级往往无法及时反映企业的经营恶化。观察彭博系统可以看到全球主要银行在 CDS 和评级上存在一定的差异，图 16-6 给出了全球主要银行 CDS 价格与评级情况。

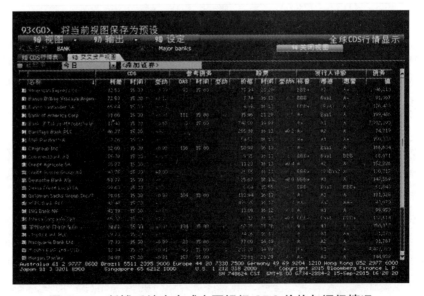

图 16-6　彭博系统中全球主要银行 CDS 价格与评级情况

16.2.2 对冲信用风险

中国经济增速放缓,信用事件发生的可能性也在逐步提高,CDS 的风险管理作用愈发重要。风险是不能被消除的,只能转移和分散。CDS 可以协助金融机构将违约风险在空间与时间两个维度上进行分散,以时间换空间,以空间换时间,避免信用风险集中爆发的后果。

对于银行等资金借出方而言,对冲和管理债券、贷款的违约风险是长期健康发展的第一要务,相比于直接卖出贷款或债券等信用风险管理方法,信用衍生品在流动性、时间成本等方面都具有优势。一个发展良好的信用衍生品市场是银行等信贷机构平稳发展的条件之一。

16.2.3 缓解信息不对称,降低企业融资成本

由于发行人和投资者之间存在信息不对称,债券的发行规模或利率往往只是达到初始的目标,如果有利率衍生品和信用衍生品帮投资者锁定风险,就可以吸引更多投资者参与。在现阶段的中国市场,投资者对于信用债大多持谨慎态度,民营企业融资难的问题较为突出,信用衍生品为解决这一问题提供了新的思路。金融机构作为主承销商可以通过出售相关的信用衍生品,为发行人提供信用保护,降低信息不对称,提升市场信心,这必将有助于相关债券的发行,提高融资效率,管控相关融资成本。而投资者在认购民营企业信用债的同时,也可以通过购买相关信用衍生品管理信用风险。经过上述安排,可以在一定程度上起到改善融资环境的作用。具体情况详见专栏 16-4 和 16-5。

专栏 16-4

圆通蛟龙"债券发行 + 信用衍生品"

2018 年 12 月,民营企业上海圆通蛟龙投资发展(集团)有限公司(以下简称"圆通蛟龙")拟发行总面值为 3 亿元的超短期融资券(18 圆通蛟龙 SCP001),债券期限为 270 天,中诚信国际给予圆通蛟龙的主体评级为 AA+。本期发行利率采用固定利率,由标的债务的集中簿记建档结果确定。

圆通蛟龙是上海地区较为优秀的民营企业代表,积极拓展物联网等创新业务领域,其核心子公司圆通速递是国内领先的综合性快递物流运营商。本次是上海圆通蛟龙公司首次面向银行间市场公开发行债券。为了进一步提高发行人的债券发行成功率,有效管控其发行成本,联席主承销商国泰君安证券为圆通蛟龙提供了"债券发行 + 信用衍生品"的综合金融解决方案。

如图 16-7 所示,国泰君安证券在发行 18 圆通蛟龙 SCP001 的同时,根据投资者的不同需求,同步提供了 CRMW、CDS 和 CRMA 三种合约类和凭证类工具,合计名义本金不超过 3 亿元,与债券发行规模保持一致。通过上述"三箭齐发"和 100% 信用保护的交易安排,提振了市场信心,

便利了投资者参与业务，灵活高效地促进了债券发行，也获得了发行人的高度认可。

作为首次在银行间市场发行债券的发行人，圆通蛟龙本次的发行结果显著优于过往债券首发类似案例。通过"三箭齐发"和提供100%信用保护的交易安排，国泰君安证券成功帮助圆通蛟龙提高了融资效率；债券投资者通过参与CRMW、CDS和CRMA等业务，有效对冲了债券的信用风险，提前锁定了综合投资收益，最终实现多方共赢。

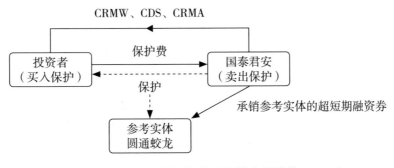

图16-7 圆通蛟龙项目的交易结构

专栏16-5

红狮集团"债券发行+信用保护工具"

2018年10月，民营企业红狮控股集团有限公司（以下简称"红狮集团"）拟发行总面值为3亿元的公司债券（S18红狮2），该债券在交易所市场发行，债券期限为3年，附第2年年末发行人调整利率选择权和投资者回售选择权。为进一步提高发行成功率，有效管控发行成本，国泰君安为红狮集团提供"债券发行+信用保护工具"的综合金融解决方案。

如图16-8所示，在信用保护合约约定的期限内，信用保护买方支付信用保护费，国泰君安作为信用保护卖方为红狮集团提供相关的信用保护。本次信用保护合约借鉴国际通行的信用违约互换交易要素规则，针对参考实体红狮集团提供信用保护，使用"前端费用+标准票息"的保护费支付方式。

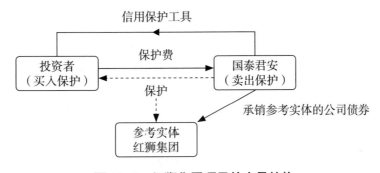

图16-8 红狮集团项目的交易结构

> 经过上述交易安排，红狮集团本期债券发行效率大幅提高，簿记日最终提前 4 个工作日，投资者非常认可主承销商为所承销的债券提供增信的业务模式，市场反响良好，全场认购倍数高达 3.03 倍，最终发行利率为 5.5%，处于发行区间下限，发行人也对此感到非常满意。
>
> 这种交易安排的优点是投资人通过信用保护工具管理信用风险；发行人通过信用保护工具提高融资效率、降低融资成本，实现多方共赢。

16.2.4 解决信用悖论，分散信用风险

金融机构可以通过 CDS 分散风险，解决信用悖论的问题。理论上，分散化是管理信用风险的最有效手段之一，但在真实世界中，区域性银行受制于管理半径、信息不对称、监管要求、规模和分支机构限制等原因，倾向于将贷款投向日常业务联系较为密切且熟悉的客户群体，导致信用风险过度集中。

举例来说，2015 年某落后地区的商业银行不良贷款率约 5%，且呈上升趋势，而某发达地区的商业银行不良贷款率约 1%。如前述信用悖论产生的原因，落后地区的银行很难在发达地区开展业务，而 CDS 提供了一种可行的解决方案：落后地区的银行可以继续向当地企业放贷，同时买入以这些企业为参考实体的 CDS，卖出以发达地区企业为参考实体的 CDS，将一部分面向落后地区企业的信用风险敞口转变为面向发达地区企业的信用风险敞口。通过这样的交易安排，落后地区的银行获得分散化的信用风险敞口，降低了发生不良贷款的潜在概率，并且继续支持了当地经济的发展。

16.2.5 提升资本金管理效率

一直以来，中国的商业银行只能通过规模控制和抵质押品等方式进行资产负债表和资本金的管理，随着中国金融市场的发展和国际化进程的加快，金融机构迫切需要新的手段来提升精细化和多样化管理能力。CDS 作为重要的信用衍生品，成为提升资产负债表和资本金管理效率的另一选择。

在国际市场，根据《巴塞尔协议》，在标准法下可以将标的资产的风险权重替换为 CDS 发行人的风险权重；在初级内部评级法下将标的资产发行人的违约率替换为 CDS 发行人的违约率，以此降低资本要求，达到资本缓释的效果。在中国市场，根据《商业银行资本管理办法》附件 6 第四条第五款的规定，在初级内部评级法下，也可通过同样的替代法，将标的资产发行人的违约率替换为 CDS 发行人的违约率，以此降低资本要求。总的来说，整体的监管规则对合理使用信用衍生品进行信用风险管理和缓释持认可态度。

16.2.6 管理授信和大额风险暴露

授信额度是商业银行为控制地区和客户风险所实施的内部控制贷款额度，评估的是

客户信用风险暴露总量。在产能过剩的环境下，传统银行往往将授信"一刀切"，对部分行业的企业严格限制，同时由于企业及行业的集中度管理需要，一些客户的合作往往无法持续。但 CDS 给银行提供了新的选择：银行可以与了解该客户或者具有授信的机构交易该客户作为标的 CDS，买入相关信用保护。这样既能满足全行统一授信体系的要求，又能保持与客户的良好关系。专栏 16-6 给出了 CDS 对于授信释放的作用。

专栏 16-6

CDS 释放授信

银行 A 的客户经理营销了企业叙做信贷、贸融、外汇避险等各类业务，但是本行授信审批慢，或者授信政策限制介入，或者全行客户集中度超标，但客户的综合回报较大，怎么办？

每家机构对客户的认识、准入政策是不同的，银行 A 可以与银行或券商 B 叙做 CDS 交易，每年向机构 B 支付名义本金的 1% 作为保险费，约定当客户破产或者债务违约时，机构 B 支付给银行 A 100% 的名义本金。假设该笔业务授信占用是 5 亿元，即银行 A 每年将支付 500 万元给机构 B，如果该客户的综合回报大于保险费，那么这个业务是值得的。CDS 不仅使得业务符合全行统一授信体系的要求，并且可以节省风险资产，提升客户关系。如果后续授信审批下来或者其他业务到期授信释放，还可以对之前的 CDS 交易做提前终止的处理。

授信管理也是商业银行内部业务管理流程的一部分。《巴塞尔协议Ⅲ——信用风险管理原则》中规定，银行可以利用交易结构、担保物和保证担保来帮助缓释每笔授信的风险（包括已经识别的和固有的）。在中国，中国人民银行出台的《商业银行实施统一授信制度指引》，以及银监会出台的《商业银行风险监管核心指标（试行）》《商业银行集团客户授信业务风险管理指引》等相关制度对商业银行的信用风险管理和授信管理进行了规定。理论上，银行可以通过信用衍生品释放相关授信，其作用在于，当部分高质量的贷款客户受限于授信规模的监管要求不能新增贷款或债券投资额度时，可以通过买入对应参考实体的 CDS 释放部分授信额度，维持与客户的相关业务往来。

2018 年 5 月银保监会出台的《商业银行大额风险暴露管理办法》附件 3 "交易账簿风险暴露计算方法"第四条第二款规定："如果商业银行利用信用衍生工具对某一头寸进行套期保值，并且该头寸对应的基础工具或信用参考实体的优先级不低于用于套期保值的信用衍生工具对应信用参考实体的优先级，则该套期保值具有风险缓释作用，商业银行应从该头寸的风险暴露中扣除被缓释部分，同时信用保护提供者的风险暴露相应增加。如果用于套期保值的信用衍生工具为信用违约互换，并且信用保护提供者和信用参考实体发行人均为非同业客户，则信用保护提供者的风险暴露增加额为对信用保护提供者的交易对手信用风险暴露；其他情况下，信用保护提供者的风险暴露增加额为原头寸风险暴露扣除金额。"该规定进一步明确了 CDS 降低信用风险暴露的作用，商业银行可以通过 CDS 进行大额风险暴露管理，降低风险集中度，满足监管机构的相关要求。

16.2.7 完善考核机制，提升经营效率

目前，部分国内商业银行采用的盈利考核指标以税后利润为主，其缺陷是片面考虑盈利能力，忽略了面临的风险和资本损耗。而国际银行业的发展趋势是在风险资产计量的基础上，建立以经济增加值（EVA）和经风险调整后的资本回报率（Risk Adjusted Return on Capital，RAROC）为关键指标的风险管理和绩效考核体系。

与传统的仅重视商业银行盈利能力的各类指标不同，EVA 和 RAROC 有机结合了风险、资本与收益三者，使计划管理、绩效考核不仅能够合理体现当期效益，同时考虑为不可预期的未来损失计提资本准备，使指标反映经风险成本和经济资本调整后的经济意义上的商业银行盈利能力。其中，EVA = 总收入 − 资金成本 − 操作成本 − 税负成本 − 预期损失 − 资本要求 × 回报要求，RAROC =（总收入 − 资金成本 − 操作成本 − 税负成本 − 预期损失）/ 资本要求。预期损失（即风险成本）反映当期可量化的未来损失；资本要求（即经济资本）主要用来抵御非预期损失，反映商业银行承担的风险；回报要求（即最低回报率）反映机会成本，是 EVA 的关键。商业银行使用信用衍生品主动管理风险敞口，可以在一定条件下降低预期损失和资本要求，完善考核机制，提升经营效率。

16.3 信用衍生品的交易策略

16.3.1 方向性策略：基于违约风险

当判断参考实体违约风险较小时，投资者可卖出 CDS，收取信用保护费；而当判断参考实体未来会违约时，投资者可在不持有债券的情况下买入 CDS，待参考实体违约后收取违约金。由于该策略的收益完全取决于参考实体是否违约，因此风险较大。

若投资者对参考实体未来是否违约无确定的把握，但认为其违约风险将上升，即未来 CDS 信用利差将变大，则可买入 CDS，待未来信用利差变大后卖出相同剩余期限的 CDS 合约进行平仓，从而获取盈利；与之相反，若投资者认为参考实体违约风险将下降，则可卖出 CDS，待利差缩小后平仓。

16.3.2 CDS 曲线远期策略：基于违约强度

交易或者应用 CDS 曲线策略时，核心是学会计算隐含的违约强度。如果 CDS 曲线隐含的未来违约强度过高，那么投资者可以通过滚动购买短期的 CDS 合约，达到较长

期限的信用风险保护效果。违约强度是否高于实际水平可以通过历史相似企业的经营环境和违约概率等判断。

比如投资者需要对某参考实体未来两年的信用风险进行规避，则可以采取两种策略：一是购买期限为 1 年的 CDS，价格为 S_1，1 年以后再购买期限为 1 年的 CDS，假设价格为 S_1'；二是直接购买期限为 2 年的 CDS，价格为 S_2。两种策略的成本不同，如果 1 年后期限为 1 年的 CDS 价格不发生大的变化，则第一种策略会更划算。

类似于债券的期限套利，因为曲线隐含了风险溢价和时间价值，因此"以短养长"一般能获得正收益，即一般而言策略一较策略二成本低。但是如果市场环境发生突变，那么短期的利率或 CDS 价格都会飙升，比如利率市场 2013 年的"钱荒"、信用市场 2008 年的"次贷危机"。

如果投资者持有某个企业的长期债券，预判未来的经济可能出现周期性下滑，并且企业属于强周期行业，而短期企业盈利能力尚可，库存现金及经营性现金流足以应对短期刚性债务，但企业未来投资支出较多，资金主要投向自身不熟悉的领域。若未来经济下滑，投资项目的亏损可能使得公司整体经营现现金流转为负值。如果投资者观察 CDS 市场，发现市场上以该企业为参考实体的 CDS 中，隐含的远期违约强度比较低，那么投资者可以卖出短期限的 CDS、买入长期限的 CDS 来实现自身对市场和企业的判断。

如果投资者不持有企业债券，但对企业有深入的了解和分析，认为虽然企业短期经营压力较大，偿债压力较为集中，但长期来看行业可能转好，比如企业可能引入国企入股，叠加企业扩张结束，业务培育期后逐步释放利润等，则投资者可以买入短期限的 CDS、卖出长期限的 CDS。如果企业熬不过短期的"寒冬"出现违约，那么两笔 CDS 保护同时触发，投资者没有损失；如果 2 年后企业熬过"寒冬"，迎来"春天"，那么此时企业的 CDS 价格会较大幅度下降，投资者到时可以买入相应剩余期限的 CDS 来平仓，获得盈利。

16.3.3 CDS 曲线形态策略

CDS 曲线的形态与传统的利率互换等固定收益衍生品的曲线类似，一般情况下斜率为正，少数时间斜率为负，或者出现弓形的形态，弓形形态一般意味着信用主体当前风险较大，但如果能够度过目前的危机，未来违约的可能性将大大降低，回到正常的企业信用曲线形态。

类似于利率互换，当我们对曲线的形态变化有具体的观点时，可以结合短期和长期 CDS，构建组合来进行 CDS 利差曲线期限结构上的交易策略。曲线形态策略不同于 CDS 曲线远期策略，仅仅是通过买卖名义本金相同或者相似的 CDS。例如，当投资者认为未来 CDS 曲线将变平，长期的 CDS 利差与短期的 CDS 利差将变小时，可以买入短期限的 CDS，卖出长期限的 CDS。

16.3.4 债券-CDS 基差交易

债券-CDS 基差交易是海外市场 FICC 部门中一种主流的 CDS 交易模式,类似于国债期货和现货的基差交易。当债券的收益率非常高时,就买入信用债同时买入相应主体的保护,由此来锁定低风险的收益,也是信用市场中最接近无风险套利的一种交易。

一般而言,债券与 CDS 的基差定义如下:基差=CDS 价格-债券利差(大于 0 为正基差,小于 0 为负基差)。

由于 CDS 的实物交割具备最便宜交付特性,买保护比做空债券更有可操作性,且 CDS 对信用主体的反应往往比债券市场更快。债券发行时买保护需求会集中爆发,这时呈现的是正基差的特性,而卖空 CDS 相当于加杠杆做多债券,且更为便捷。由于 CDS 存在交易对手信用风险,这时又呈现负基差的特性。基差的变化主要围绕这些因素展开,类似于国债期货内部收益率(Internal Rate of Return,IRR)与债券到期收益率减去资金成本的关系。从基差交易特征来看,除了属于低风险套利,还是一种波段或者价值回归的交易模式。

虽然国际经验显示债券利差与 CDS 价格走势大致吻合,并且与经济基本面呈现反向关系,但国内可能并非如此。2015 年以来中国经济增长率仍处于下滑趋势,但是债券利差持续收窄。2015 年以来两者的背离主要是央行的利率走廊政策极大改善了资金面的波动,此外大资管对信用债的需求增速远远超过银行自营资金对信用债的需求增速,而后者购买信用债需要占用风险资产,前者则不需要,需求者的结构变化同样压低了债券利差。因此债券利差的变化更多地依赖于债券流动性和资金面流动性的变化。扣除流动性/市场偏好因素后展现的信用因素才是 CDS 定价的基础。

16.3.5 信用 Alpha 策略

通过对整个信用市场趋势的判断,可以对不同参考实体 CDS 之间的利差进行套利。假设有两个参考实体 A 和 B,评级分别为 AAA 和 AA,其 CDS 报价分别为 S_A 和 S_B,二者之间的利差 $\Delta S = S_B - S_A$。一般而言,当经济上行时,企业的资产负债表较为稳健,投资者对信用风险的关注程度也会下降,此时 CDS 之间的报价可能会趋于收敛。此外,对于两个处于同一产业链上下游的行业而言,当经济环境有利于行业发展时,CDS 报价利差也会收敛;对于两个互为替代关系的行业而言,当其中一个行业恶化时,另一个行业的信用风险会趋于下降,这时二者之间的 CDS 报价利差则会扩大。当然,还有很多因素会影响不同参考实体 CDS 之间的相对利差。

在股票的风险中性的策略交易中,可以买入某个股票同时做空相关的 ETF 指数,对冲股市的整体波动,从而创造 Alpha。CDS 市场亦可以如此,如果看好某个企业的经营稳健性或者认为 CDS 的价格偏高,可以卖出该企业名字的 CDS,买入与该企业相关的信用等级或者行业的 CDS 指数,对冲宏观经济或者行业的变化,获得企业竞争力的 Alpha 收益。

16.3.6 挖掘境内外套利模式

CDS作为衍生产品,相比于传统的债券交易,可以更便捷地联通境内外投资者。引入海外参与者,可以使信用定价更加全球化、更加有效,亦可推动国内债券的定价模式和思维改善。投资者看待不同企业的信用通常是仁者见仁、智者见智,思考角度的差异也孕育了更多的交易机会。

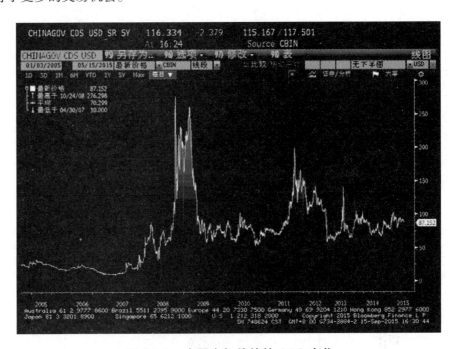

图16-9 中国主权外债的CDS变化

举例来说,由于境内外投资者差异以及本外币的信用风险不同,相关信用主体的债券在境内外的信用溢价相差较大。比如某地产公司,其海外债券美元收益率约8%,可以在买入该债券的同时在境内买入该地产公司的CDS。考虑到该地产公司境内债券收益率约为4%,扣除加杠杆后的综合资金成本,CDS价格正常在3%以内,上述做法将获得稳定的低风险超额收益。

从中国主权外债的CDS变化(见图16-9)也可以看出海外对中国市场认识的变化。最近几年CDS跳升的阶段是2008年次贷危机、2012年欧债危机和2013年"钱荒"事件。

专栏16-7

信用产品做市业务的模式探索

信用产品的做市业务主要依托于信用债与CDS及未来可能推出的CDS指数交易。首先我们看一下信用产品做市业务的必要性与可行性。

（1）信用违约发生概率与市场波动率加大。中国金融市场化的进程加大了汇率、利率及信用产品的波动性，特别是债券市场刚兑的打破，使得信用债的收益与风险关联度大幅增加。

（2）跳跃式扩张尾声激发信用产品的流动性需求。金融资产总量扩张对投资收益的贡献将日趋减少，M2/GDP 的增长也是政府所关注的。因此各家机构必将改变只追求以规模外延扩张为主的模式，转而重视对现有金融资产进行调整，优化资产配置，对市场流动性的需求进一步提升。

（3）信用产品品种繁多与流动性分散。债券市场的法人机构才 2 000 家出头，存量信用债的发行主体达 6 000 家，信用债数量约 16 000 只，每只信用债平均 0.3 家机构交易。相比之下，我国的上市股票不到 3 000 只，而股民账户总数超过 1.5 亿户，每只股票平均 5 万人交易。因此，中国债券市场存在天然的流动性匮乏。

（4）做市商对冲风险的"武器库"逐渐健全。做市商涉及债券库存的风险问题基本解决，目前对冲债券利率风险的工具有利率互换、国债期货等，对冲信用风险有 CDS 等工具。

（5）信用债交易具备盈利空间。国内信用债交易规模大约是每天 2 000 亿元，估计 20% 是以买卖为目的的交易，如果占据市场 20% 的市场份额（美国的 CDS 市场基本被 5 家做市商瓜分），以及 10BP 的买卖价差，则 $200\,000\,000\,000 \times 20\% \times 20\% \times 10 \times 250 = 2\,000\,000\,000$。

（6）客户询价成交与银行信贷构成大数据网。从更深层次看，金融科技武装的信用做市业务能积累最核心的客户资源与行为模式，结合银行的信贷数据与舆情大数据能获得最具竞争力的信用信息，同时能联动投行业务，为企业提供更加合适的融资方案，并对潜在投资人进行精准营销。

综上所述，信用产品做市市场是广阔的，那么该如何实现和提升做市能力？

（1）搭建智能定价平台

第一步：数据抓取与清洗。充分利用开源化的现代 IT 技术，通过网络爬虫、文本解析、自然语言理解、随机森林等技术提升非标准化、非结构化数据的处理能力，提升机构的核心竞争力。

第二步：建立定价模型。对信用主体涉及的财务、行业、区域、舆情、市场隐含信息等信息进行量化和跟踪，结合经回溯验证的经验量化模型和深度学习等人工智能模型，结合收益率曲线确定信用定价及报价策略。

第三步：市场反馈与人机互动。根据报价引擎反馈回来的标准化的市场信息，经过智能整理分析后，识别其中的错误报价，或者学习具有提前意义的"先知"成交，并据此调整报价策略和定价模型。

（2）搭建自动报价引擎

第一步：建立报价发布接口，将定价平台的双边报价传送至交易中心、交易所等外部标准化报价平台和内部代客系统平台、货币经纪平台等系统形成做市报价，并根据不同渠道的特质确定点差。

第二步：建立信息接收接口，能够抓取各平台的询价、报价和成交等信息，通过自然语言理解形成标准化信息并存储。

第三步：客户询价的反馈。可采用人工结合拟人化自动报价机器人（类似 Siri），全面覆盖诸如 QQ 等非标准化的交流平台，自动接洽客户询价并报价成交，提高应答比率和交易效率。

第四步：智能匹配需求。一方面，当客户询价流量达到一定水平后，报价的一大部分来自其他的客户需求信息，逐步转型成"自营+撮合"模式，减少债券库存。另一方面，分析客户行为模式，自动挖掘客户偏好，推荐其可能感兴趣的产品报价，提高报价引擎的成交概率和客户体验。

16.4 信用衍生品的风险管理

信用衍生品作为一种场外金融衍生品，在投资交易时也存在相应的风险。我们以 CDS 为例，对信用衍生品的几种主要风险进行分析。

16.4.1 市场风险

CDS 的市场风险是指 CDS 保护费的变化导致了 CDS 合约价值的不确定性。CDS 分为买入和卖出方向，若 CDS 保护费上升，则卖方受损，买方获益；若 CDS 保护费下跌，则卖方获益，买方受损。买入 CDS 的投资者付出一定的保护费，获得信用风险保护，最大损失为付出的固定保护费，故整体风险相对可控。卖出 CDS 的投资者相当于持有参考实体的信用风险敞口，与直接持有参考实体发行的债券具备相似的风险特征，当不发生信用事件时，投资者获得稳定的保护费收入（与获得债券信用利差的收入相似）；当发生信用事件时（与债券违约相似），在现金结算方式下，投资者需向交易对手方支付相应的赔付金额。通常赔付金额 = 名义本金 × (1- 回收率)，回收率可通过拍卖等形式确认。

从风险管理角度来看，CDS 既是风险管理的对象，又是风险管理的工具。单独作为一种交易品种，CDS 是风险管理的对象。从管理方式上来看，CDS 与其他衍生品并无本质上的不同，也是根据组合管理模式，设定总体风险敞口。由于 CDS 的特性，其信用利差变化的敏感度指标通常采用 CS01（CDS 曲线变动 1BP 引起的 CDS 合约价值的变化），而组合层面的 VAR 模式依然适用。

16.4.2 交易对手信用风险

CDS 可将参考实体的信用风险转移出去，但 CDS 自身也具有信用风险，即交易对手信用风险。交易对手信用风险，是指交易一方未能履行合约义务而对另一交易方造成经济损失的风险。

在 CDS 交易中，当参考实体发生信用事件时，CDS 的买方将有权从 CDS 的卖方获得一定的赔偿金额。不过，这种合约最终能否执行、CDS 的买方能否真正对冲参考实体的信用风险，还得看 CDS 的卖方能否履行合约。当信用事件发生后，若 CDS 的卖方无法按照约定对 CDS 的买方进行补偿，那么 CDS 的买方将有可能因交易对手的信用风险而承担更大的损失。

市场参与者应进一步完善对 CDS 交易对手信用风险的计量，提升风险管理的精细化程度，实现对交易对手信用风险敞口的日常监控和动态管理。在交易前，应加强对交易对手的信用状况和履约意愿及能力的调查，并将该调查结果与是否进行该业务以及如果进行该业务其主协议（如《中国银行间市场金融衍生品交易主协议》）的设计、履约保障协议的设计结合起来。在日常交易中，应逐步将交易对手信用风险作为独立的风险加以管理，强化内部评级法体系建设，实现对相关产品的内部估值，尤其是实现考虑到各种风险要素、履约保障品和保险要素之后对该风险敞口的准确、动态计量，从而有助于对该风险的管理。

市场参与者应当重视履约保障协议和履约保障品在交易对手信用风险管理中的作用，同时建议通过主协议实现净额结算。市场参与者应当加强对履约保障协议的运用，提高对履约保障品的估值和管理能力，充分评估交易对手的风险抵御能力，要求交易对手及时追加履约保障品，更好地抵御交易对手信用风险；同时，在法律制度框架、会计准则和IT设施进一步完善的条件下，应促进通过主协议净额结算制度的运用来进行净额结算，实现对同一交易对手的信用风险敞口轧差，降低交易对手信用风险总敞口，推进对交易对手整体信用风险的管控。

另外，采用中央对手方清算制度有助于较大程度地降低交易对手信用风险。中央对手方实际上是介于CDS买卖双方的交易对手。中央对手方清算指CDS买卖双方成交后，中央对手方分别成为买方的卖方和卖方的买方，以取代最初成交的CDS。未来任何一方违约时，中央对手方将首先承担偿付责任。中央对手方清算制度有利于大规模减少交易对手信用风险的发生，特别是连锁发生，并且有助于市场监管者及时掌握CDS市场风险集中程度、控制过度投机行为等，进而降低市场系统性风险。

16.4.3 流动性风险

在CDS发展初期，由于其属于场外金融衍生品，且相关法律体系不健全，合约标准化程度不足、信息不对称等，导致CDS存在一定的流动性问题。

管理流动性风险，需要相关监管机构加强监管力度，完善场外衍生品的相关法律法规及基础设施建设，强化信息披露，提高合约的标准化程度。

16.4.4 模型风险

模型风险是指基于错误的模型或错误使用模型做决策而可能带来的不利损失。模型风险的来源有很多：其一是模型自身设定存在缺陷，包括基本定义不当、前提假设错误、建模所用样本数据不具代表性、风险驱动因素遗漏等；其二是模型管理存在缺陷，主要有管理政策制度存在缺陷和建模人才不足等；其三是模型使用不当，包括数据信息录入错误、模型检测维护滞后和使用错误的模型等。

在CDS的定价和风险管理过程中，发展出了一系列模型方法，例如结构化模型和简约化模型。不同模型的结果具有差异性，根据不同模型的定价和风险管理所导致的损益也具有很大的差别。例如在金融危机前，大量的模型没有考虑到交易对手信用风险、流动性风险，或对其估计不足，导致在危机中造成了较大的损失，风险管理失效。

管理模型风险，需要市场参与者持续有效地强化基础设施建设和准确使用量化模型：第一，强化管理者专业能力建设，提高管理者量化决策水平，为模型的研发、验证、使用配置有效的资源；第二，强化风险量化政策制度建设，规范建模流程，使整个建模过程有章可循；第三，强化系统整合和数据库建设，为模型的开发、使用及回测奠定可靠的基础；第四，组建和培养独立验证模型队伍，在模型生命周期内持续有效地独立检验模型的准确性和稳定性，防止使用错误的模型及调整滞后；第五，要牢记即使是最完美的模型也有不符合市场走势的时候，要留好容错的余地。

16.5 信用衍生品与商业银行资本管理

商业银行的资本管理关系着银行内部风险是否会危及客户储蓄，甚至蔓延成为系统性风险。因此，资本管理也受到监管机构的高度重视。作为国际商业银行监管领域最普遍的准则，《巴塞尔协议》也主要关注资本管理，其中，资本充足率及核心资本充足率成为监管者及投资者最关注的指标，这也从另一个角度说明了资本管理的重要性。随着《商业银行资本管理办法》在中国的施行，资本管理也成为国内各银行的管理重点。

16.5.1 《巴塞尔协议》与商业银行资本管理办法

1974年，G10（十国集团）国家的中央银行在国际清算银行（Bank for International Settlements，BIS）的支持下成立了巴塞尔银行监管委员会（Basel Committee on Banking Supervision，BCBS）。为了统一各国风险资产衡量标准，消除不平等竞争，加强国际银行系统的稳定性，巴塞尔银行监管委员会于1988年7月公布了著名的《巴塞尔协议》。从诞生至今，《巴塞尔协议》不断完善，现已经历三个阶段：第一阶段是1988年的《巴塞尔协议Ⅰ》，该版《巴塞尔协议》在风险加权资产的计算上采用权重法，分为0、20%、50%、100%四档，根据不同的风险特点匹配相应的权重计量风险资产，并要求总资本（减去对应资本扣减项后）和加权风险资产之比不低于8%；第二阶段是2004年正式发布的《巴塞尔协议Ⅱ》，该版《巴塞尔协议》是风险管理领域的重大变革，主要解决了1988年版《巴塞尔协议》在风险权重的敏感性以及对金融形势的适应性等问题上存在的缺陷，修正了其在监管资本计量和信用风险缓释的认定范围，在风险加权资产的计量上采用两种方法——标准法和内部评级法，并提出了资本与风险之间的动态联系机制，构建了以三大支柱为核心的风险管理体系；第三阶段是2010年的《巴塞尔协议Ⅲ》，该版本在保留《巴塞尔协议Ⅱ》的大部分监管要求的基础上，提高了复杂证券化产品的风险权重，同时对合格信用保护提供者的范围进行了部分调整，提出了更严格的监管资本要求。

根据《巴塞尔协议Ⅰ》第193款至194款，首先，在满足其中"合格信用衍生工具需满足的要求"的基础上，当所提供的信用保护与保证相同时，CDS和总收益互换可以作为合格信用衍生工具；其次，在满足一定条件后，第一违约互换（First-to-default）和第二违约互换（Second-to-default）也可以发挥资本缓释作用；再次，银行为对冲银行账户风险而发行的，并且满足合格信用衍生工具要求的现金预置型CLN，应参照现金抵质押考虑其资本缓释效果。除此以外，《巴塞尔协议Ⅰ》暂不认可其他类型的信用衍生工具。以上规定同时适用于标准法和内部评级法。

《巴塞尔协议Ⅱ》风险管理体系（见图16-10）的第一支柱是最低资本要求，该部分扩大了1988年的规则并且允许风险权重体系基于外部或者内部信用评级法；第二支柱是外部监管，目的是确保银行的头寸与其整体风险情况和策略相一致；第三支柱是市场约束，鼓励高质量的信息披露，鼓励利益相关者（包括银行股东、存款人、债权人等）在自身利益驱动下关心其利益所在银行的经营状况、风险状况。相比之下，《巴塞尔协议Ⅰ》只处理了三大支柱中的部分风险，比如第一支柱中仅用简单的方式处理了信用风险，而市场风险的管理是事后追加上去的，对操作风险则基本没有涉及。

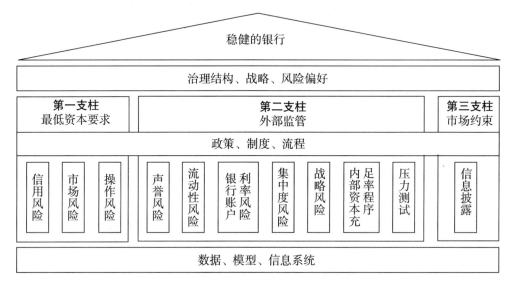

图 16-10　《巴塞尔协议Ⅱ》风险管理体系

从《巴塞尔协议》的发展历程看，其核心理念从初期的单纯以资本抵御风险转变为以风险管理体系管理风险。同时，《巴塞尔协议Ⅱ》对于损失界定和资本覆盖也有了新的思路：资产的风险在于其损失的不可预测性，银行的潜在风险可以分为预期损失（Expected Loss，EL）、非预期损失（Unexpected Loss，UL）与极端损失三部分，如图 16-11 所示。预期损失是商业银行在经营过程中主动吸收的部分，通过提取资产减值准备来覆盖；非预期损失由银行资本来抵御，其大小取决于两个因素：损失的分布和风险容忍水平；极端损失是资产减值准备和资本金不能覆盖的部分，需要靠金融体系的系统性应对措施解决。

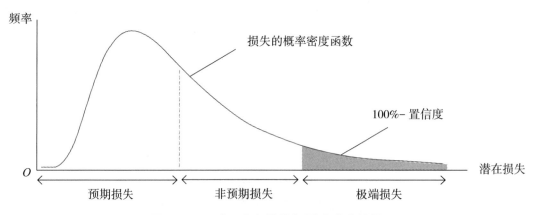

图 16-11　《巴塞尔协议》风险资本计提

资料来源：杨军. 风险管理与巴塞尔协议十八讲 [M]. 北京：中国金融出版社，2013.

《巴塞尔协议Ⅱ》的标准法承袭了《巴塞尔协议Ⅰ》中的权重法，有所不同的是在有关具体风险暴露的分类以及权重处理方式上，《巴塞尔协议Ⅱ》做出了更细致的区分。而新发展出的内部评级法允许银行通过构建自己的内部评级体系，依监管要求收集相关数据，建立模型评估各类风险的违约概率（Probability of Default, PD）、违约损失率（Loss Given Default, LGD）、违约风险暴露（Exposure at Default, EAD）和有效期限（Maturity, M）四个因子，并按照给定的规则计量风险加权资产。

在计量风险加权资产时，《巴塞尔协议Ⅱ》对非零售风险暴露资本要求的比例为 K[①]：

$$K = \left\{ \text{LGD} \times N\left[\sqrt{\frac{1}{1-R}} \times G(\text{PD}) + \sqrt{\frac{R}{1-R}} \times G(0.999) \right] - \text{PD} \times \text{LGD} \right\}$$
$$\times \left\{ \frac{1}{1-1.5 \times b} \times \left[1 + (M - 2.5) \times b \right] \right\}$$

其中，b 是期限调整因子，N 是标准正态随机变量的累积分布函数，G 是标准正态随机变量的累积分布函数的反函数，R 是资产价值相关系数，公式后半部分大括号内为期限调整项。

若定义极端损失发生在 0.1% 的经济环境下，则一笔贷款所需要的理论经济资本应覆盖 99.9% 经济环境下的损失（也可以理解为 99.9% 置信度下一笔贷款的风险价值）减去预期损失的剩余部分，即非预期损失。该公式依据上述理念，在贷款组合充分分散化并符合标准正态分布的假设下，以单因素模型为基础，计量一笔贷款需要的经济资本。公式中第一个大括号里的前半段代表经期限调整后预期损失与非预期损失之和，后半段代表经期限调整后的预期损失，两者相减得到非预期损失，即为图 16-12 中呈倒 U 形的线。

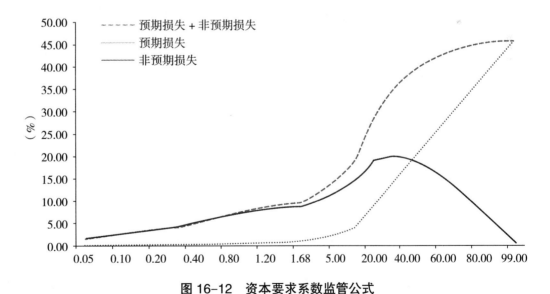

图 16-12 资本要求系数监管公式

资料来源：国泰君安证券。

注：图中预期损失与非预期损失均已经期限调整项调整（设 M=2.5 年）。

[①] 《商业银行资本管理办法》中对非零售风险暴露资本要求的计量与《巴塞尔协议Ⅱ》一样。

从公式看，随着违约概率增加，预期损失部分线性增加，而预期损失与非预期损失之和部分一开始增长率较高，之后增长率逐渐降低，两者联合作用下，非预期损失曲线呈现先增后减的倒 U 形。从内涵看，当违约概率趋近于 0 时，未来不确定性较小，预期损失与非预期损失都趋近于 0；随着违约概率的增加，未来的不确定性增加，但发生的损失多为非预期损失；当违约概率增加到超过某一临界点时，较高的违约概率使未来损失的确定性较大，相应地预期损失增加，而非预期损失逐渐减少；如果 100% 发生违约，则全部为预期损失，因而资本要求随着违约概率的上升呈先增加后减少的趋势。

在《巴塞尔协议》的框架下，无论是采用标准法还是内部评级法的商业银行，都可以通过 CDS 等合格信用风险缓释工具达到资本缓释的目的。在标准法下，商业银行将标的资产的风险权重替换为 CDS 发行人的风险权重；在初级内部评级法下，商业银行将标的资产发行人的违约率替换为 CDS 发行人的违约率，以此降低资本要求，起到资本缓释的效果。

在《巴塞尔协议》对风险进行精细化管理的思想下，信用风险通过违约概率、违约损失率、违约风险暴露和有效期限等几个风险因子进行更加精确和动态的计量，有助于商业银行使用信用衍生产品管理信用风险，缓释风险资本，提高资产负债表的管理效率。

16.5.2 权重法与内部评级法

2013 年 1 月 1 日，银监会正式颁布《商业银行资本管理办法》。《商业银行资本管理办法》体现了巴塞尔银行监管委员会的最新监管精神，构建了以最低资本要求、外部监管和市场约束三大支柱为核心的风险管理体系，使中国境内商业银行的资本管理要求和风险资产计量方式更加严谨、规范和专业，并和国际标准基本对接。

在《商业银行资本管理办法》中，信用风险、市场风险、操作风险的资本占用构成了商业银行资本管理的第一支柱。对中国绝大部分商业银行来说，信用风险对资本的占用最为突出，是风险资本的主要组成部分。

相对于市场风险，信用风险对资本的占用比例更高、周期更长，同时，贷款类资产以及投资类债券的流动性不佳，商业银行迫切需要市场工具来实现对信用风险的动态管理，而 CDS 完全是针对剥离信用风险而设计的产品，最主要的目的是管理信用风险，是非常理想的信用风险缓释工具。

《商业银行资本管理办法》对信用风险的计量分为权重法和内部评级法。权重法即《巴塞尔协议 II》中的标准法，但根据中国的实际情况对其进行了一定调整，例如赋予中小企业 75% 的风险权重。《商业银行资本管理办法》的内部评级法与《巴塞尔协议 II》的要求基本一致。

《商业银行资本管理办法》附件 2 和附件 6 分别针对权重法和内部评级法下的信用风险缓释工具[①]的认定提出了具体要求，上述认定要求基本承袭了《巴塞尔协议 II》的

---

① 此处信用风险缓释工具指《商业银行资本管理办法》中定义的具有信用风险抵补作用的工具（权重法下包括质物和保证；内部评级法包括抵质押品、净额结算、保证和信用衍生工具），而非交易商协会推出的 CRM。

相关条款，但也有细微差别。在权重法下，信用风险缓释工具包括质物和保证，其中保证的主体为一定评级以上的主权（政府）、银行类金融机构、国际多边类金融机构等。需要特别指出的是，在《巴塞尔协议Ⅱ》下，CDS等信用衍生工具在标准法下可以用作合格信用风险缓释工具，但在《商业银行资本管理法》下，CDS等信用衍生工具在权重法下不能作为合格信用风险缓释工具。在内部评级法下，信用风险缓释工具包括抵质押品、净额结算、保证和信用衍生工具。其中，保证的主体新增了一般金融机构（券商、保险、基金、信托等）、一般工商企业和非法人主体等，信用衍生工具包括CDS和TRS。表16-3对权重法和内部评级法进行了总结。

目前，中国大部分银行类金融机构依然采用权重法计量风险资产。2014年，中国工商银行、中国农业银行、中国银行、中国建设银行、交通银行和招商银行获批采用初级内部评级法进行风险资产管理。上述银行通过信用衍生工具进行信用风险缓释具备初步的合规性基础。

表16-3 风险加权资产计量方法的比较

	权重法	内部评级法	
方法内涵	根据风险暴露的特点，将风险资产划分到监管当局规定的积累档次上，每一类对应一个监管给定的固定风险权重（例如国债为0，3个月以内同业借款为20%，一般工商企业为100%，中小企业为75%等）	银行可以构建自己的内部评级体系计量风险资产。初级法和高级法下都可自行评估各类风险的违约概率，而对违约损失率等风险因子的规定则有所区别	
		初级法：银行只能采用监管给定的违约损失率值（非零售主体无抵押品高级债权和次级债权违约损失率分别为45%和75%）	高级法：允许银行在满足监管给定的最低标准条件下，自行评估违约损失率
对信用风险缓释工具的认定	质物、保证	抵质押品、净额结算、保证和信用衍生工具	
对信用风险缓释的计算	按合格质物和合格保证主体对应的风险权重进行计算	不直接调整风险权重，而是调整违约概率、违约损失率或违约风险暴露	

资料来源：《商业银行资本管理办法》。

为了帮助读者更好地理解初级内部评级法的内涵，在此我们用专栏16-8来展示风险资产的计量效果。

专栏16-8

初级内部评级法下的风险资本计量

2015年1月1日，某银行贷款给某公司（穆迪评级Baa）的账面贷款金额为人民币2亿元，期限为3年，现剩余2.5年。银行根据《商业银行资本管理办法》采用映射外部数据法，取2006—2015年穆迪评级Baa公司的年平均违约率均值0.27%，作为该公司未来一年的违约率，最低资本充足率要求为8%，在初级内部评级法下，给定的非零售主体无抵押品的高级债权的违约损失率为45%。

《商业银行资本管理办法》附件 3 沿用了《巴塞尔协议 II》在内部评级法下的信用风险加权资产的计量规则，对于非零售的风险暴露，资本要求系数 K 的计量公式如下：

$$K = \left\{ \text{LGD} \times N\left[\sqrt{\frac{1}{1-R}} \times G(\text{PD}) + \sqrt{\frac{R}{1-R}} \times G(0.999) \right] - \text{PD} \times \text{LGD} \right\} \times \left\{ \frac{1}{1-1.5 \times b} \times [1 + (M - 2.5) \times b] \right\}$$

其中，R 是信用风险暴露的相关性，对于主权（国家）和一般公司而言，R 的计算公式如下：

$$R = 0.12 \times \frac{1 - \dfrac{1}{e^{(50 \times \text{PD})}}}{1 - \dfrac{1}{e^{50}}} + 0.24 \times \left[1 - \frac{1 - \dfrac{1}{e^{(50 \times \text{PD})}}}{1 - \dfrac{1}{e^{50}}} \right]$$

b 是期限调整因子：

$$b = \left[0.11852 - 0.05478 \times \ln(\text{PD}) \right]^2$$

初级内部评级法下资本要求的计算过程如图 16-13 所示。

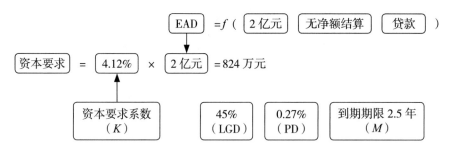

图 16-13 初级内部评级法下资本要求计算示意

资料来源：《商业银行资本管理办法》，国泰君安证券。

在初级内部评级法下，根据以上公式可计算得到风险暴露相关性 R 为 0.2248，期限调整因子 b 为 0.1958，资本要求系数 K 为 4.12%，资本要求为 824 万元；而权重法下，相应的资本要求为 1600 万元（$100\% \times 200\,000\,000 \times 8\%$）。

16.5.3 合格信用衍生工具的认定

在初级内部评级法下，CDS 等信用衍生工具通过调整违约概率来进行信用风险缓释，以起到资本节约的作用。《商业银行资本管理办法》附件 6 第四条第三款规定了合格信用衍生工具的认定条件，其中最重要的是信用事件的认定范围以及基础债项[①]与参照债

---

① 基础债项即标的债务，债务持有者购买信用衍生产品所覆盖的自身债务头寸。

项①错配的可接受条件。

关于信用事件的认定范围,《商业银行资本管理办法》规定:"合格信用衍生工具合约中认定的信用事件至少应包括未按期支付、破产及类似事件、债项重组。"当债项重组不作为信用事件时,风险缓释效果至多只能覆盖基础债项的60%。银行间市场交易商协会发布的《中国场外信用衍生品交易基本术语与适用规则(2016年版)》对信用事件的定义完全符合《商业银行资本管理办法》对合格信用衍生工具的认定条件。

关于基础债项与参照债项错配,《商业银行资本管理办法》规定:"信用衍生工具基础债项与用于确定信用事件的参照债项之间的错配在以下条件下是被接受的:参照债项在级别上与基础债项相似或比其等级更低,同时参照债项与基础债项的债务人相同,而且必须要有依法可强制执行的交叉违约或交叉加速还款条款。"该条款与《巴塞尔协议Ⅱ》第191款一致。信用风险缓释的路径选择如图16-14所示。

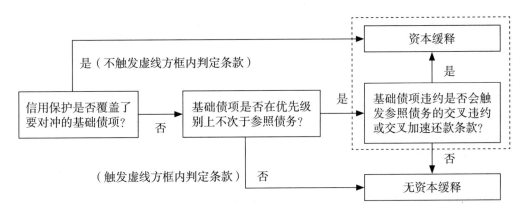

图 16-14 信用风险缓释的路径选择

资料来源:张海云等.信用风险缓释工具:产品改造与缓释失效[J].科学决策,2014年(5):47—57.

根据以上条款,银行间市场交易商协会于2010年推出的CRMA即使被纳入合格信用工具的行列,也会因为不符合基础债项与参照债项错配引发的判定条件而失去资本缓释的作用。表16-4和表16-5以一个案例说明了CDS与CRMA最本质的区别。

表 16-4 案例——某参考实体的债务情况

参考实体的所有债务	参照债务	基础债项
贷款A(优先有担保) 贷款B(优先有担保) 债券C(优先无担保) 债券D(优先无担保) 债券E(次级)	债券C(优先无担保,无交叉违约条款)	贷款A(优先有担保)

资料来源:张海云等.信用风险缓释工具:产品改造与缓释失效[J].科学决策,2014(5):47—57.

---

① 参照债项即参考债务,CDS合约中提及的用来确定保护范围和可交付债务的债务。

表16-5 案例——CDS和CRMA对比

	CDS	CRMA
债务种类	贷款或债务工具	—
债务特征	一般债务、次级债务	—
债务	贷款A（优先有担保） 贷款B（优先有担保） 债券C（优先无担保） 债券D（优先无担保） 债券E（次级）	债券C（优先无担保）
可交付债务种类	贷款或债务工具	—
可交付债务特征	一般债务	—
可交付债务	贷款A（优先有担保） 贷款B（优先有担保） 债券C（优先无担保） 债券D（优先无担保）	债券C（优先无担保）
若贷款A违约，债券C未违约	买方有权要求信用保护偿付	买方无权要求信用保护偿付
能否缓释信用风险和资本	能够缓释信用风险和资本	不能缓释信用风险和资本

资料来源：张海云等.信用风险缓释工具：产品改造与缓释失效［J］.科学决策，2014年（5）：47—57.

在国际通行CDS中，债务包含一整类债务，信用保护范围也涵盖一整类债务。与之不同的是，CRMA合约只能保护特定的一笔债务，因而参照债务、债务和可交付债务三种概念合而为一。如表16-5所示，CRMA始终针对债券C提供保护，若贷款A违约，债券C未违约，则CRMA买方无权要求信用保护偿付，不能对其起到信用风险缓释和资本缓释的作用。因此，CRMA不能真正覆盖参考实体的信用风险。

关于"参照债项必须要有依法可强制执行的交叉违约或交叉加速还款条款"一条，为便于理解，我们以一个案例说明其必要性：假设某商业银行持有贷款X，不持有债券Y，但同时购买了参考债务为债券Y的信用衍生工具。一段时间后，贷款X违约，而债券Y未违约。此时，若债券Y附有交叉违约或交叉加速还款条款，则贷款X的违约将触发该条款，继而触发该信用衍生工具所规定的信用事件，该商业银行将获得赔付，并以此对冲贷款X的损失。若债券Y未附有交叉违约或交叉加速还款条款，则该商业银行无法就贷款X的违约获得赔付（如图16-15所示）。

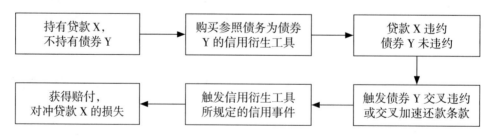

图16-15 参考债务的交叉违约或交叉加速还款条款解读
资料来源：《商业银行资本管理办法》。

国际通行CDS合约的保护范围是参考实体下满足条件的债务族，一般不会触发债务错配的判定条款，并且国际市场上债券普遍含有交叉违约条款，也符合发生错配后的判定条件。目前，中国市场的情况是贷款大多具备较为明确的交叉违约及交叉加速到期条款，而债券相关条款暂时缺失。但近期银行间市场交易商协会推出的《投资人保护条款范例》，明确了交叉保护条款在投资人保护制度中的地位，并对具体触发情形和违反约定责任做出了细化。此举对促进债券市场规范发展具有重大意义，也有望为银行间市场的 CDS 发挥信用风险缓释功能扫清障碍。

但需要指出以下两点。一是《投资人保护条款范例》系银行间市场交易商协会发布的标准条款，供发行人选择是否加入募集说明书，加入后方具有法律效力；商业银行贷款合同相应条款系借款人违反合同义务后即适用的强制性条款。二是《投资人保护条款范例》中条款触发后债券并不立即到期，而是召开持有人大会给予投资者选择豁免的权利，如果投资者不同意豁免或者发行人未能完成豁免条件，债券才到期；商业银行贷款合同则无此豁免程序。表 16-6 是《投资人保护条款范例》和典型的商业银行贷款合同相关条款的对比。

除《商业银行资本管理办法》附件 6 第四条第三款外，附件 6 第二条第六款也值得市场参与者关注："信用风险缓释工具的期限比当期风险暴露的期限短时，商业银行应考虑期限错配的影响。存在期限错配时，若信用风险缓释工具的原始期限不足 1 年或剩余期限不足 3 个月，则不具有信用风险缓释作用。"

表 16-6 《投资人保护条款范例》和商业银行贷款合同相关条款的对比

	《投资人保护条款范例》	商业银行贷款合同
交叉保护	【触发情形】发行人及其子公司未能清偿到期债务，或未能清偿金融机构贷款金额超过特定数额	【违约情形】借款人未按约定按时足额偿还贷款本息，或借款人未能履行其他协议项下的任何其他债务导致对协议项下义务产生影响的，构成违约事件
	【处置程序】发行人书面通知主承销商；主承销商书面通知全体持有人	
	【救济与豁免】主承销商在约定时间内召开债务融资工具持有人会议，由发行人做出解释或提供救济方案，债务融资工具持有人进行表决	
	【宽限期】不得超过 10 个工作日；若发行人在该约定的期限内恢复原状，则不构成发行人在本期债务融资工具项下的违反约定；可选择宽限期内是否需要支付罚息	
事先约束	【触发情形】发行人的财务指标未满足约定要求	【约束情形】借款人的财务指标突破约定标准，或股权结构、生产经营、对外投资等发生重大不利变化，已经或可能影响其在本合同项下义务的履行的情形；发生重大财务亏损、资产损失或其他财务危机；信用状况下降、主营业务盈利能力减弱等
	【处置程序】发行人 2 个工作日内公告，并书面通知主承销商；主承销商书面通知全体持有人	
	【救济与豁免】主承销商在约定时间内召开债务融资工具持有人会议，由发行人做出解释或提供救济方案，债务融资工具持有人进行表决	
	【宽限期】若发行人在该约定的期限内恢复原状，则不构成发行人在本期债务融资工具项下的违反约定；可选择宽限期内是否需要支付罚息	

(续表)

	《投资人保护条款范例》	商业银行贷款合同
控制权变更	【触发情形】发行人的控股股东、实际控制人、董事长、总经理或一定比例以上股东发生变动；控制权变更导致信用评级下调或信用评级展望由稳定调为负面 【处置程序】发行人2个工作日内披露控制权变更的起因、现状和可能影响，并持续披露相关事项，由投资者选择是否行使回售选择权；主承销商应协助发行人进行债券回售登记	【触发情形】借款人股权结构发生重大不利变化；借款人主要投资者个人、关键管理人员异常变动、失踪或被司法机关依法调查或限制人身自由；借款人的法定代表人、董事或重要高层管理人员发生人事变动

资料来源：国泰君安证券。

16.5.4 CDS 符合银监会《商业银行资本管理办法》的要求

《商业银行资本管理办法》明确将 CDS 列入合格信用衍生工具的行列，并对合格信用衍生工具的资本缓释办法进行了详细规定。此外，《商业银行资本管理办法》在附件6第一条第二款规定了具有信用风险缓释功能的工具需要满足的五项基本原则，这对判断一个产品是否从总体上满足《商业银行资本管理办法》原则具有重要意义。因此，本小节针对《商业银行资本管理办法》提出的五大原则，对 CDS 的总体适用性进行讨论。具体分析如下。

16.5.4.1 合法性原则

《商业银行资本管理办法》要求："信用风险缓释工具应符合国家法律规定，确保可实施。"因此，只有满足合法性要求的信用保护措施，经监管部门认可为合格的信用风险缓释工具，才能够为商业银行提供信用保护。将合法性放在首位，强调了商业银行无论采取何种信用风险缓释工具，都必须在法律明确的范围内，确保在债务人违约、无力偿还或破产时，能够采取一切必要的程序和措施向信用保护提供方进行追偿。

CDS 业务的基本运行规则《银行间市场信用风险缓释工具试点业务规则》（以下简称《业务规则》）和《信用违约互换业务指引》（以下简称《CDS业务指引》）是包括法律专家在内的市场成员集体智慧的结晶，并经主管部门中国人民银行备案通过。CDS的交易双方在平等、自愿的基础上达成并签署交易合同，根据《中华人民共和国合同法》，行使各自的权利，履行各自的义务。与此同时，交易双方还在平等、自愿的基础上签署了《中国银行间市场金融衍生产品交易主协议》及其补充协议。因此，根据上述规定达成的 CDS 业务符合合法性的要求。

16.5.4.2 有效性原则

《商业银行资本管理办法》要求："信用风险缓释工具应手续完备，确有代偿能力并易于实现。"因此，商业银行采取信用衍生工具进行信用风险缓释监管资本时，应当确保自身管理的规范性和有效性。商业银行应当确保信用保护提供方具备代偿能力。如果商业银行不能够为信用风险缓释建立规范的内部管理，疏于对交易对手的代偿能力检查，则有可能在债务人违约时无法借助信用风险缓释工具达到获取信用保护的效果，那么也就无法达到监管机构对有效性的要求。

银行间市场交易商协会在《业务规则》中对信用风险缓释工具试点业务参与者的内控制度和操作流程都提出了明确要求。银行间市场交易商协会金融衍生品专业委员会不仅要对申请成为核心交易商的金融机构进行评审，还将根据市场需要适时建立核心交易商的市场化评价机制，以确保市场交易行为的有效性，维护银行间市场正常的交易秩序。对参与CDS业务的金融机构的自律要求充分体现了《商业银行资本管理办法》中的有效性原则。

16.5.4.3 审慎性原则

《商业银行资本管理办法》要求："商业银行应考虑使用信用风险缓释工具可能带来的风险因素，保守估计信用风险缓释作用。"商业银行的资本用于抵御非预期损失，因而应该审慎处理信用风险缓释工具对监管资本要求的抵减作用。商业银行在使用信用风险缓释工具时，对集团内部或与关联公司之间相互提供信用保护的情况应从严掌握，对无法有效抵减所持有信用风险的情况应保守处理。

《业务规则》第三十一条规定："参与者不得开展以其自身债务为标的债务或以自身为参考实体的信用风险缓释工具业务，开展以关联方债务为标的债务或关联方为参考实体的信用风险缓释工具业务应予以披露，并在信用风险缓释工具存续期按季度向交易商协会报告。"同时，第三十二条规定："任何一家核心交易商的信用风险缓释工具净卖出总余额不得超过其净资产的500%。任何一家一般交易商的信用风险缓释工具净卖出总余额不得超过其相关产品规模或净资产的100%。"因此，从《业务规则》的自律规则来看，对CDS业务参与者的审慎性要求也达成了一定的共识，设定了最起码的审慎性原则。因此，CDS业务符合审慎性的要求。

16.5.4.4 一致性原则

《商业银行资本管理办法》要求："如果商业银行采用自行估计的信用风险缓释折扣系数，应对满足使用该折扣系数的所有信用风险缓释工具都使用此折扣系数。"商业银行无论是在银行内部还是在集团内部都有可能碰到对同一标的债务运用多个信用风险缓释工具进行信用保护的情况。商业银行根据一致性原则，应当采取《商业银行资本管理办法》所要求的方法计量信用风险缓释工具对监管资本要求的抵减作用。对于商业银行自行估计信用风险缓释工具折扣系数的，应当将该系数适用于该类信用风险缓释工具，避免不一致性，保持相对的连续性。一致性原则有助于防止商业银行随意挑选处理方法导致的监管资本套利，同时统一了不同商业银行的处理方法，增强了监管资本计量结果的可比性。

《商业银行资本管理办法》将缓释效应折扣系数的一致性原则贯彻于商业银行所适用的所有监管指引要求中。国内商业银行也严格按照监管要求进行监管资本的计量，对于CDS的使用，仍然适用于此一致性原则。因此，CDS业务在商业银行中的开展符合一致性原则的基本要求。

16.5.4.5 独立性原则

《商业银行资本管理办法》要求："信用风险缓释工具与债务人风险之间不应具有实质的正相关性。"独立性原则与有效性原则是密不可分的。信用风险缓释工具的参与者（无论是信用保护的购买方还是提供方）如果与债务人有着实质的正相关性，则所提供的信用保护就不应视为合格的信用风险缓释工具，也就失去了其应当具备的有效性。

《业务规则》第三十一条规定："参与者不得开展以其自身债务为标的债务或以自身为参考实体的信用风险缓释工具业务，开展以关联方债务为标的债务或关联方为参考实体的信用风险缓释工具业务应予以披露，并在信用风险缓释工具存续期按季度向交易商协会报告。"因此，CDS业务参与者应当遵循《业务规则》的自律规范，不得开展也不得接受与债务人相关的信用保护。可以说，该规定比《商业银行资本管理办法》的要求更为严格，商业银行按照《业务规则》开展交易必然符合《商业银行资本管理办法》所要求的独立性原则。

根据以上分析，从五大基本原则上来看，商业银行按照《业务规则》进行CDS交易能够满足《商业银行资本管理办法》关于合格信用风险缓释工具的总体原则。

16.5.5 运用CDS缓释银行信用风险的资本占用

在得到银保监会认可的前提下，CDS对商业银行信用风险资本占用的缓释作用非常明显，使用也比较简便，下面我们通过专栏16-9来说明。

专栏 16-9

CDS缓释信用风险资本占用

假设某银行贷款给某公司（穆迪评级B），剩余期限为2.5年，无合格抵质押品，违约率近似取2006—2015年B级债券的年违约率均值1.68%。根据《商业银行资本管理办法》的规定，采用初级内部评级法的商业银行，对信用衍生工具覆盖的风险暴露部分采用替代法计量违约概率，该银行可购买某金融机构发行的以该公司为参考实体的CDS，使用替代法将该公司的违约率（1.68%）替换为该金融机构的违约率（0.27%）（该金融机构的穆迪评级为Baa，违约率近似取2006—2015年，即过去10年Baa级债券的年违约率均值），将一般公司信用风险暴露的相关性替换为金融机构信用风险暴露的相关性，使资本要求从8.74%降低到5.48%，即节约了37%的资本金。

CDS可以有效提升商业银行资产负债表和资本金的管理效率。不同违约率对应的资本要求系数如表16-7所示。

表 16-7　不同违约率对应的资本要求系数　　　　　　（单位：%）

评级	Aaa	—	Aa	A	—	Baa	—	Ba	—	—	B	—	—	Caa-C	
PD	0.00	0.03	0.07	0.10	0.20	0.27	0.40	0.56	0.80	1.50	1.68	3.00	5.00	8.63	20.00
K	—	1.16	1.92	2.37	3.51	4.12	5.02	5.86	6.79	8.45	8.74	10.28	11.99	14.62	19.06
KFI	—	1.57	2.61	3.21	4.70	5.48	6.60	7.64	8.75	10.62	10.94	12.56	14.37	16.18	21.64

资料来源：国泰君安证券。

注：K为根据主权、一般公司信用风险暴露的相关性公式计算的资本要求系数；KFI为根据金融机构信用风险暴露的相关性公式计算的资本要求系数。

上述分析是基于商业银行采用初级内部评级法的结果。如果采用高级内部评级法，则商业银行可以采用债务人自身的违约率和银行内部估计的该CDS保护卖方的风险暴露的违约损失率，进一步获得风险缓释效果。

如果商业银行认为该公司的信用风险主要集中在贷款发生初期，则为了节省费用，可以只购买部分期限的CDS，只要原始CDS期限超过1年，在剩余期限超过3个月的期间内，仍可获得风险缓释效果，其公式调整为

$$P_a = P \times (t - 0.25) / (T - 0.25)$$

其中，P_a为期限错配因素调整后的信用保护价值；P为期限错配因素调整前经任何折扣调整后的信用保护价值；t为信用保护的剩余期限与T之间的较小值，以年为单位；T为风险暴露的剩余期限与5之间的较小值，以年为单位。值得提醒的是，CDS作为市场化的金融衍生工具，如果计入交易账户，还需占用市场风险资本，应按照市场风险管理模型计量。

本章小结

信用违约互换（CDS）是一种金融契约，通过该契约，买方向卖方转移参考实体的信用风险。交易达成后，信用保护买方以保护费或票息的形式向信用保护卖方定期支付一定的费用，而信用保护卖方将在参考实体发生信用事件时向买方提供相应赔偿。

信用联结票据（CLN）是一种债务融资工具，将普通的固定收益债券与信用违约互换相结合。信用联结风险的投资者同时承担了参考实体的信用风险与票据发行人的信用风险。

信用违约互换指数是多参考实体信用违约互换，是以多个信用违约互换为基础，按一定标准编制的指数产品。

一篮子信用违约互换针对多个参考实体，一般情况下，第k次违约一篮子信用违约互换只对参考实体中出现的第k次违约提供赔偿。

信用违约互换期权赋予持有人在未来某个特定时间，以事先同意的执行价（保护费）买入或卖出信用违约互换的权利。

信用衍生品具备以下主要的功能和作用：①提升信用风险交易市场的效率；②对冲信用风险；③提升企业融资效率，降低融资成本；④解决信用悖论，分散信用风险；⑤提升金融机构资产负债表和资本金管理效率；⑥管理授信和大额风险暴露。

基于信用衍生品主要可构建以下交易策略：①基于违约风险的策略；②滚动投资策略；③远期CDS策略；④利差套利策略；⑤期差套利策略；⑥指数套利策略。

信用衍生品面临的主要风险有：①市场风险；②交易对手信用风险；③流动性风险；④模型风险。

《商业银行资本管理办法》体现了巴塞尔银行监管委员会的最新监管精神，构建了以最低资本要求、外部监管和市场约束三大支柱为核心的风险管理体系。其中，信用风险、市场风险、操作风险的资本占用构成了商业银行资本管理的第一支柱。获批使用内部评级法的商业银行，可以使用满足《商业银行资本管理办法》规定的合格信用衍生工具进行信用风险缓释并释放相应资本金。

重要术语

信用衍生品　信用违约互换　参考实体　参考债务　信用联结票据　信用违约互换指数　一篮子信用违约互换　信用违约互换期权　信用事件　回收率　实物结算　现金结算　担保债务凭证　特殊目的载体　《巴塞尔协议》　标准法　内部评级法　风险敞口　中央对手方　结构化模型　简约化模型　资本充足率

思考练习题

1. 请简述信用违约互换和信用联结票据的基本交易结构。
2. 请比较信用违约互换指数与一篮子信用违约互换的相似点和不同点。
3. 近期，城投债逐渐显示出一定的违约趋势，试讨论投资者可以如何使用信用衍生品进行信用风险管理，以及可以运用什么交易策略进行套利。
4. 在2009年匹兹堡G2（二十国集团）峰会后，各大经济体的监管机构逐步出台了对场外衍生品（重点包括CDS指数）采取中央对手方集中清算的强制要求。请讨论中央对手方集中清算对于信用衍生品市场发展的意义。
5. 《商业银行资本管理办法》中对于合格信用衍生工具如何认定？
6. 请比较银行账户与交易账户中的信用违约互换的风险计量方法。
7. 信用风险缓释工具分为哪两种产品？
A. 合约类和凭证类
B. 高风险和低风险
C. 现金交割和实物交割
D. 欧式合约和美式合约
8. 《银行间市场信用风险缓释工具试点业务规则》不包含下列哪个工具？
A. 信用风险缓释凭证
B. 总收益互换
C. 信用违约互换
D. 信用联结票据
9. 具备以下条件的参与者可成为信用联结票据创设机构，以下哪个选项是错误的？
A. 净资产不少于10亿元人民币

B. 具有从事信用联结票据业务的专业人员，并配备必要的业务系统和信息系统

C. 建立完备的信用联结票据创设内部操作规程和业务管理制度

D. 具有较强的信用风险管理和评估能力，有丰富的信用风险管理经验，并配备 5 名以上（含 5 名）的风险管理人员

10. 下列哪个因素不是 CDS 正基差的形成原因？

A. "最便宜交付"期权，当可实物交割违约债券时，买信用保险的一方拥有此期权

B. 做空债券的可操作性较差，不如直接购买信用保护

C. 卖标的主体的信用保险相比买标的主体的债券更有机会增加杠杆率

D. CDS 市场对坏消息反应速度比债券市场快

11. 以下哪一项不是规避/转移信用风险的方法？

A. 直接卖出风险资产

B. 购买标的资产的 CDS

C. 叙做总收益互换

D. 买入交易对手的股票

12. 假设 B 评级的信用违约累计概率如下：

信用评级	第1年	第2年	第3年
B	18.00%	35.80%	48.50%

那么评级主体恰巧在第二年违约的概率（违约强度）是多少？

A. 12.5%

B. 18.0%

C. 21.7%

D. 30.2%

参考文献

[1] 王焕舟, 黄帅, 颜欢. 浅析 CDS 在中国市场的需求和应用——从商业银行监管和经营的角度 [J]. 货币市场和债券市场, 2016 (10): 52—157.

[2] 王焕舟, 黄帅, 颜欢. 信用风险管理：解读 CDS 合约与探寻中国路径 [J]. 金融市场研究, 2016 (52): 91—105.

[3] 中国银行间市场交易商协会. 信用衍生产品：理论与实务 [M]. 北京：北京大学出版社, 2017.

[4] Hull J. C. *Options, Futures, and Other Derivative Securities* (9th Edition)[M]. New Jersey: Prentice Hall Inc., 2014.

相关网络链接

国际清算银行：http://www.bis.org

中国银行间市场交易商协会：http://www.nafmii.org.cn/

第五篇

固定收益组合管理

第 17 章
固定收益组合管理策略*

周文渊（国泰君安证券）

学习目标

通过本章的学习，读者应能够：
◎ 了解固定收益组合管理的范围和意义；
◎ 掌握债券指数化投资策略的目标和类型；
◎ 掌握各类积极的债券组合管理策略：利率预期策略、收益率曲线策略、利差策略；
◎ 理解债券免疫策略的实施；
◎ 掌握投资组合管理者和交易者的杠杆；
◎ 理解固定收益组合管理的风险。

开篇导读

2015年，桥水基金的净收益超过索罗斯量子位居全球对冲基金首位。2016年，索罗斯、保尔森等带领的对冲基金巨头都遭遇不同程度的亏损，桥水基金再次以49亿美元收入排名榜首。桥水基金的成功首先建立在其 α 与 β 分离的架构之上，在此基础上，在风险平价思想的指导下通过低风险资产加杠杆等方式降低风险，获取收益，其中低风险资产主要为债券。

---

* 本章由夏冰、张良（中银国际证券）审校。

17.1 现代投资组合理论概述与最新进展

17.1.1 市场有效性的争论

1965年，尤金·法玛（Eugene Fama）在《金融分析师期刊》（*Financial Analysts Journal*）上发表文章《股票市场价格的行为》（The Behavior of Stock Market Prices），提出有效市场（Efficient Market）的概念。其对有效市场的定义是：如果在一个证券市场中，价格完全反映了所有可以获得的信息，那么就称这样的市场为有效市场。有效市场有三个前提假设：一是市场的每个参与者都是理性的；二是金融资产的价格反映了所有信息；三是市场供需平衡，一旦有套利机会，其瞬间就会消失。

有效市场通常指的是证券的价格反映其内在价值的市场。在有效市场上，每一种证券都被公平定价，以当时的市场价格简单地买入或卖出，并不能使投资者实现任何超额收益。证券价格迅速无偏地对信息做出反应。在有效市场上，有关证券的相关信息，能够"有效""及时""普遍"地传递给每一个投资者，投资者无偏地解读新信息，根据新信息建立或修正对该证券价值的预期，进而采取相应的买卖行为，导致这些信息最终反映到该证券的价格上。

有效市场分为三种形态：弱式有效市场、半强式有效市场、强式有效市场。

弱式有效市场。在弱式有效的情况下，市场价格已充分反映出过去所有证券的历史价格信息。如果市场未达到弱式下的有效，则当前的价格未完全反映历史价格信息，那么未来的价格变化将进一步对过去的价格信息做出反应。在这种情况下，人们可以利用技术分析和图表从过去的价格信息中分析出未来价格的某种变化倾向，从而在交易中获利。如果市场是弱式有效的，则过去的历史价格信息已完全反映在当前的价格中，未来的价格变化将与当前及历史价格无关，这时使用技术分析和图表根据当前及历史价格对未来做出预测将是徒劳的。如果不进一步运用价格序列以外的信息，那么明天价格最好的预测值将是今天的价格。因此在弱式有效市场中，技术分析将失效。

半强式有效市场。在半强式有效的情况下，价格已充分反映出有关公司营运前景的所有公开的信息。这些信息包括成交价、成交量、盈利资料、盈利预测值、公司管理状况及其他公开披露的财务信息等。假如投资者能迅速获得这些信息，股价应迅速做出反应。如果市场未达到半强式有效，公开信息未被当前价格完全反映，分析公开资料寻找误定价格将能增加收益。但如果市场半强式有效，那么仅仅以公开资料为基础的分析将无法提供任何帮助，因为针对当前已公开的资料信息，目前的价格是合适的，未来的价格变化与当前已知的公开信息毫无关系，其变化纯粹依赖于新的公开信息。所以在这样的一个市场中，已公布的基本面信息无助于分析师挑选价格被高估或低估的证券，基于公开资料的基础分析毫无用处。

强式有效市场。强式有效市场假说认为价格已充分反映出所有关于公司营运前景的信息，这些信息包括已公开的或内部未公开的信息。如果市场是强式有效的，人们获取内部资料并按照它行动,这时任何新信息(包括公开的和内部的)将迅速在市场中得到反映。所以在这种市场中,任何企图寻找内部资料信息来打击市场的做法都是不明智的。在这种强式有效市场假设下,任何专业投资者的边际市场价值都为零,因为没有任何资料来源和加工方式能够稳定地增加收益。

对于证券组合理论来说,其组合构建的条件之一即假设证券市场是充分有效的,所有市场参与者都能同等地得到充分的投资信息,如各种证券收益和风险的变动及其影响因素,同时不考虑交易费用。但对于证券组合的管理来说,如果市场是强式有效的,组合管理者会选择消极保守的态度,只求获得市场平均的收益率水平,因为区分将来某段时期的有利或无利的投资不可能以现阶段已知的这些投资的任何特征为依据,因此在这样一个市场中,管理者一般模拟某一种主要的市场指数进行投资。而在市场仅达到弱式有效状态时,组合管理者则是积极进取的,会在选择资产和买卖时机上下功夫,努力寻找价格偏离价值的资产。

在证券市场的运行过程之中,不少证据都显示市场并不是有效的。因为投资者并不是完全理性的,他们不仅偶然偏离理性,而且经常以同样的方式偏离理性。针对市场中普遍存在的市场无效性,比如小盘股效应、羊群效应、动量交易因子效应等,埃德加·E. 彼得斯(Edgar E. Peters)(1991,1994)首次提出了分形市场假说(Fractal Market Hypothesis, FMH),它强调证券市场信息接受程度和投资时间尺度对投资者行为的影响,并认为所有稳定的市场都存在分形结构。有效市场是分形市场的一个特例。

17.1.2 传统投资组合理论

1952年,美国经济学家哈里·M. 马科维茨(Harry M. Markowitz)在他的学术论文《资产选择》(Portfolio Selection)中,首次应用资产组合报酬的均值和方差这两个数学概念,从数学上明确地定义了投资者偏好,并以数学化的方式解释投资分散化原理,系统地阐述了资产组合和选择问题,标志着现代资产组合理论(Modern Portfolio Theory, MPT)的开端。该理论认为,投资组合能降低非系统性风险,一个投资组合是由其包含的各证券及相应权重所确定的,选择不相关的证券应是构建投资组合的目标。

现代资产组合理论包含两个重要内容:均值-方差分析方法和投资组合有效边界模型。均值是指投资组合的期望收益率,它是单只证券的期望收益率的加权平均,权重为相应的投资比例。方差是指投资组合的收益率的方差。收益率的标准差称为波动率,它刻画了投资组合的风险。理性投资者在给定期望风险水平下对期望收益进行最大化,或者在给定期望收益水平下对期望风险进行最小化。在波动率-收益率二维平面上,形成一条曲线。这条曲线上有一个点,其波动率最低,称之为最小方差点(Minimum Variance Point, MVP)。这条曲线在最小方差点以上的部分就是著名的(马科维茨)投资组合有效边界,对应的投资组合称为有效投资组合。投资组合有效边界是一条单调递增的凸曲线。

作为基于风险资产期望收益均衡基础上的预测模型之一,资本资产定价模型(CAPM)阐述了在投资者都采用马科维茨的理论进行投资管理的条件下市场均衡状态的形成，它把资产的预期收益与预期风险之间的理论关系用一个简单的线性关系表达出来，即认为一个资产的预期收益率与衡量该资产风险的一个尺度 β 值之间存在正相关关系。

CAPM 模型认为单个证券的期望收益率由两部分组成：无风险利率以及对所承担风险的补偿——风险溢价。风险溢价的大小取决于 β 值的大小。β 值越大，表明单个证券的风险越高，所得到的补偿也就越高。β 度量的是单个证券的系统风险，非系统风险没有风险补偿。系统风险是指市场中无法通过分散投资来消除的风险，也被称作市场风险（Market Risk），比如利率、经济衰退、战争都属于不可通过分散投资来消除的风险。非系统风险，也被称作特殊风险（Unique Risk 或 Unsystematic Risk），是属于个别股票的自有风险，投资者可以通过变更股票投资组合来消除。

CAPM 模型衍生出两条曲线，分别是资本市场线和证券市场线。资本市场线（Capital Market Line，CML）是表明有效组合的期望收益率和标准差之间的一种简单线性关系的射线，它上面的点均是由不同比例的无风险资产和市场投资组合构成的投资组合。证券市场线（Securities Market Line，SML），是 CAPM 模型的图示形式，可以反映证券报酬率与系统风险程度 β 系数之间的关系，以及市场上所有风险性资产的均衡期望收益率与风险之间的关系。资本市场线的横轴是标准差（既包括系统风险又包括非系统风险），证券市场线的横轴是 β 系数（只包括系统风险）；资本市场线揭示的是持有不同比例的无风险资产和市场组合情况下风险和报酬的权衡关系，证券市场线揭示的是证券本身的风险和报酬之间的对应关系；资本市场线的作用在于确定投资组合的比例，证券市场线的作用在于根据必要报酬率，利用股票估价模型，计算股票的内在价值。

按照 CAPM 模型的规定，β 系数是度量一项资产系统风险的指标，是用来衡量一种证券或一个投资组合相对于总体市场的波动性（Volatility）的风险评估工具。α 系数是投资或基金的绝对回报和按照 β 系数计算的预期风险回报之间的差额。绝对回报 (Absolute Return) 或额外回报 (Excess Return) 是投资/基金的实际回报减去无风险投资收益（一般采用同期国债利率）。绝对回报可以用来测量投资者或基金经理的投资技术。预期回报 (Expected Return) 是 β 系数和市场回报的乘积，反映投资或基金由于市场整体变动而获得的回报。α 系数的计算公式为

$$\alpha = (R_i - r_f) - \beta [E(R_m) - r_f]$$

在 CAPM 模型基础上发展出了套利定价理论（Arbitrage Pricing Theory，APT），由 APT 理论给出的定价模型与 CAPM 一样，都是均衡状态下的模型。APT 理论以收益率形成过程的多因子模型为基础，认为证券收益率与一组因子线性相关，这组因子代表证券收益率的一些基本因素。事实上，当收益率通过单一因子（市场组合）形成时，将会发现 APT 理论形成了一种与 CAPM 模型相同的关系。因此，APT 理论可以被认为是一种广义的 CAPM 模型，为投资者提供了一种替代性的方法来理解市场中的风险与收益率间的均衡关系。不过，APT 模型与期权定价模型等一般被用于资产定价模型分析，而较少用于投资组合管理分析。

17.1.3 新兴投资组合理论

随着金融市场实践的发展,在投资实务领域也发展出一些与金融业务结合较为紧密的新兴投资组合理论,其中具有较大影响的包括贝叶斯投资组合理论、混沌和分形投资组合理论、全天候投资理论以及行为资产投资组合理论等。

17.1.3.1 贝叶斯投资组合理论

经典的均值方差投资组合把来自样本数据的样本均值和样本方差作为未知参数的实际值或精确值进行运算。在整个投资组合持有期间,它把收益率的分布看成是不变的。但是在现实中,由于信息不完全,变量的未来分布是不确定的,用于刻画变量分布的模型和参数也是未知的。投资者在应用均值-方差模型进行资产配置时,事先并不知道投资组合的各种参数(如预期收益率、资产波动率以及资产间的协方差等),他们往往通过历史数据和各种计量模型进行估计。贝叶斯投资组合理论是使用贝叶斯估计方法替代经典统计学的方法,通过计算后验概率获得参数的估计和分布,进而提高组合的有效性。贝叶斯理论下的投资组合模型能够结合来自不同资源的信息,使投资组合更优化,从而使投资组合系数更加精确。

经典统计学派在进行统计推断时依据两类信息:一类是模型信息,即统计总体服从何种概率分布;另一类是数据信息,即观察或试验的结果。贝叶斯理论还利用另外一类信息,即有关总体分布中未知参数的分布信息。贝叶斯理论认为,先验分布所反映的是试验前对总体参数的认识,获得样本以后,对这个认识有了改变,其结果就反映在后验分布中,即后验分布综合了先验分布和样本的信息。假定要估计的模型参数是服从一定分布的随机变量,根据经验给出待估参数的先验分布(也称为主观分布),关于这些先验分布的信息被称为先验信息;然后根据这些先验信息,并将其与样本信息相结合,应用贝叶斯定理求出待估参数的后验分布;再应用损失函数,得出后验分布的一些特征值,并把它们作为待估参数的估计量。

17.1.3.2 混沌和分形投资组合理论

混沌的背后拥有精细的结构,这种精细的结构具有自相似性,称为分形。分形性是指奇怪吸引子的结构具有自相似性和不可微性。它不是传统欧几里得几何中描述的直线、平面等整形几何形状所具有的可微性,而是分维的"分形"物,具有结构自相似性和不可微性(不连续性)。目前所发现的奇怪吸引子,如马蹄铁吸引子、洛伦兹吸引子、埃农吸引子、罗斯勒吸引子等都具有分形性。分形并非纯数学抽象的产物,而是对普遍存在的复杂几何形态的科学概括。自然界中分形体无处不在,如蜿蜒起伏的山脉、凹凸不平的地面、曲曲折折的海岸线等。分形与混沌的内随机性、对初始条件的敏感依赖性有本质联系。

混沌理论与分形理论同属非线性理论,是从不同的角度对动态复杂系统进行研究。混沌分形理论视角下的投资组合理论认为,金融市场既是混沌的,又是分形的,既有确定性,又有随机性,既互相对立,又互为依存,既混乱无序,又迭代相似(部分和整体相似）；市场沿着阻力最小的方向运动，价格包容一切，历史会重复，但是不会简单重复，复杂的事物由基本的分形迭代演化而成。

17.1.3.3 全天候投资理论

全天候投资理论由桥水基金的雷伊·达里奥（Ray Dalio）提出。桥水基金成立于1975年，经过四十多年的发展，已经成为世界上规模最大、长期表现最好的对冲基金，为全球大约350家最大且最富有经验的机构客户管理超过1 500亿美元的资产。全天候策略的核心理念是风险平价(Risk Parity)，在限制条件下，构建一个风险最低的投资组合，在这个组合中，不同类别的资产提供的风险波动是均等的。达里奥认为，传统的资产配置远远不能防御潜在的系统性风险。如果将资产风险按不同的经济环境均衡配置，投资组合就能在长期适应不同的经济状态。这样不仅能免去择时的烦恼，还能在控制风险的同时取得良好的回报。这就是全天候策略：用风险平价以不变应万变。通过这一策略，投资人就可以从容应对不同的经济变化而无须做出前瞻性预测。全天候策略设想了4种可能的经济场景，分别是：经济增长和通胀均高于预期，经济增长低于预期、通胀高于预期，经济增长高于预期、通胀低于预期，经济增长和通胀均低于预期。这4种场景将复杂的经济环境大大简化，在不同的场景中，资产价格有不同的表现。

桥水基金公司的全天候策略自1996年问世以来，仅用了20年，其管理的资产量就从2亿美元膨胀到607亿美元；1984—2013年这30年中，费后年化净收益高达9.72%（由于全天候策略于1996年推出，故在此之前只是回测模拟表现）；投资者在超过86%的时间（即26年）中都能赚到钱，仅有4年收益为负，这4年平均回撤仅1.9%；以标准差衡量的风险度仅7.63%，这意味着投资组合的风险和波动极小。

17.1.3.4 行为资产投资组合理论

行为金融学萌芽于20世纪50年代，目前已经在金融理论中占有越来越重要的地位。行为金融学认为非理性交易者的行为并非不可捉摸，而是受到心理规律的限制，如果能把握他们的行为规律，那就能找到相应的获利方法。行为金融学提出了"行为资产组合理论"，该理论以"心理账户"为基础，认为现实中大部分投资者由于对资产的风险程度有不同认识，以及具有不同的投资目标，而形成一种金字塔状的行为资产组合，金字塔每一层的资产都与某一特定的目标和风险态度相联系，而各层之间的相关性为一般金融理论所忽略。人们在投资中会把投资组合放入两个甚至多个心理账户中，这样可以有效降低决策的复杂性和执行的难度，因而更具有实用价值。Shefrin和Statman(1994)在基于不确定条件下的选择理论和期望理论的基础上提出了实证行为投资组合理论(Behavioral Portfolio Theory，BPT)，而实证行为投资组合理论又有两种形式：BPT-SA(A Single Mental Account，BPT) 和 BPT-MA(A Multiple Mental Account，BPT)。行为金融学正在对投资行为产生重要而深刻的影响，尤其是其中一些新的研究课题，例如对卖空限制的研究等，无疑是今后投资理论的一个重要研究方向，同时，结合行为金融学的模糊集理论的投资组合选择也是未来的一个研究方向。模糊集理论是美国著名控制论专家、加利福尼亚大学洛特菲·阿斯卡·扎德（Lotfi Asker Zadeh）教授于1965年建立的,是处理非随机不确定性的有力工具,它在描述人的知识和行为的不确定性方面具有优势,是行为金融学研究潜在的有效手段和得力工具。

17.2 固定收益组合管理的目标、范围和类型

固定收益组合管理策略大体上可分为两类:消极的债券投资组合策略和积极的债券投资组合策略。

17.2.1 消极的债券投资组合策略

消极投资策略追求的目标主要有三类:一是为将来发生的债务提供足额资金;二是获得市场平均回报率,即获得与某种债券指数相同(相近)的业绩;三是在既定的流动性和风险约束条件下追求最高预期收益率。与上述三种目标相适应,在债券组合管理的实践中产生了两种主要的消极投资策略:负债管理策略和指数化策略。

17.2.1.1 负债管理策略

负债管理策略主要包括免疫和现金流匹配两种策略。银行、保险公司、基金等金融机构由于其资产和负债在到期结构上存在着自然的不匹配,往往导致机构的资产净值和未来支付债务的能力随市场利率的变化而变动,因此,它们希望能够通过资产负债的适当组合规避利率风险,免受偿债能力的降低或净资产的损失。

免疫策略就是通过资产负债的适当组合,规避资产负债的利率风险,使资产负债组合对利率风险实现免疫。但是债券组合的久期并不是随着时间的流逝而相应地线性减少,债券久期的减少速度慢于期限的减少速度,这意味着债券组合需要不断再平衡。

现金流匹配策略是指通过构造债券组合,使债券组合产生的现金流与负债现金流在时间上和金额上正好相等,这样就可以完全满足未来负债产生的现金流支出的需要,完全避免利率风险。

17.2.1.2 指数化策略

指数化策略是指债券管理者构造一个债券资产组合来模仿市场上存在的某种债券指数业绩,由此使该债券资产组合的风险回报与相应的债券市场指数的风险回报相当。指数化策略的基本过程是:债券管理者依据自己的风险收益要求选择合适的债券指数,再利用市场上可交易的债券复制该指数的全部或者部分风险收益特征。市场中复制指数的技术主要包括四种:直接复制(Straight Replication)、单元复制或分层复制(Cell Replication or Stratified Replication)、基于指数收益的复制(Bond Return Based Replication)和基于因子的复制(Factor Based Replication)。

17.2.2 积极的债券投资组合策略

积极的债券投资组合管理策略认为市场无效，进而可以通过投资组合选择获得超额收益，主要包括收益率曲线交易策略、期限分析策略和或有免疫策略。

收益率曲线交易策略也被称为骑乘策略（Yield Curve），是指当债券收益率曲线比较陡峭时，可以买入期限位于收益率曲线陡峭处的债券，随着持有期限的延长，债券的剩余期限将会缩短，债券的收益率水平将会较投资期初有所下降，对应的将是债券价格的走高。

期限分析策略包括子弹策略（Bullet Strategy）、哑铃策略（Barbell Strategy）和梯式策略（Ladder Strategy）。这三种常见的基本策略能够满足投资者对特定利率期限结构变化形态进行投资的需求。子弹策略是指投资者集中投资于某一剩余期限的债券。哑铃策略是指投资者将资金分配于短期债券和长期债券，而不投资于中期债券。梯式策略是指投资者将资金较为均等地分配于各个期限的债券。

或有免疫策略(Contingent Immunization Strategy)是先采取积极型策略，若表现不好，则改为免疫策略，以保证一定的收益率；若表现好，则继续维持积极型策略。

17.3 固定收益组合管理策略：基于债券基准指数的策略

指数化策略是指债券管理者构造一个债券资产组合来模仿市场上存在的某种债券指数业绩，由此使该债券资产组合的风险回报与相应的债券市场指数的风险回报相当。

17.3.1 指数化策略的优势

指数化策略作为一种公认的债券投资的有效方法，简单来说有如下几方面的优势：

第一，广泛的分散化。广泛的指数投资组合能够很好地分散风险，包括期限风险、发行人的信用风险及行业风险等，产生显著的发行人多样化收益。在给定收益率的情形下，多样化能充分降低投资组合的风险暴露水平。

第二，降低管理成本。指数化策略的竞争优势之一就是较低的成本：其一是较低的管理费用，其二是投资组合较低的周转率使得交易成本也相对较低。这种成本优势是持久的，且每年都可以预测。

第三，竞争性绩效。一个广泛的指数投资组合通常被用来代表市场上的全部投资机会。因此，所有积极管理投资组合的总和应等于组合中的指数。此外，所有积极管理投资组合的投资绩效的总和也应该等于指数投资组合的绩效。

第四，市场绩效的可预测性。恰当管理的广泛债券指数组合可以保证与市场整体的绩效一致。无论市场环境如何变化，债券整体走势波动如何，广泛多元的债券组合的投资绩效都会与市场表现相匹配。

第五，历史数据可靠。20 世纪 80 年代初以来，债券指数化管理经历过利率上升和下降的周期，也经历过信用利差扩大和缩小的周期，经历过所有这些市场变化的历史跟踪数据表明，债券指数可以实现颇具竞争力的收益水平，并将风险降至中度水平。指数化可以充分帮助投资管理者将精力专注于更加重要的决策，更加正确有效地进行资产配置。指数化那些代表高流动性的资产，可以更有效地为被动管理提供决策资源，同时为主动管理节省更多精力，让投资者更加专注于非流动性资产的投资。

第六，避税。交易所开放式指数基金（Exchange Traded Fund, ETF）具有避税的优势，机构可以通过一篮子股票换取基金份额，个人可以通过交易所市场买卖指数基金。首先，买卖ETF不需要缴纳印花税。其次，美国税法规定，若投资者在股利发放日前60天和后120天均持有该股票，则发放的股利免收个人所得税。而ETF的换手率通常较低，能够满足股利免税条件，因此只需要缴纳长期资本利得税，不需要缴纳不满足持有期间要求的个人所得税。

17.3.2 指数化策略的类型

指数化策略可以分为纯债券指数匹配和增强的债券指数化。

17.3.2.1 纯债券指数匹配

纯债券指数匹配是债券管理中风险最低且预期收益也最低的一种方法。这种方法的实质是保证债券投资组合的收益与债券基准指数的差距仅为组合管理的费用和交易成本。具体来说，就是使投资组合中所有债券的权重完全复制债券指数的权重。但是，这种方式在现实的债券市场中难以实现，且实行成本高昂。指数中的债券包括很多多年以前发行且现在缺乏流动性的债券，此外还包括很多发行时的利率与当前利率差别过大的债券等。

17.3.2.2 增强的债券指数化

增强的债券指数化投资组合在风险暴露上与债券指数大部分保持一致，如在久期、现金流分布、行业、信用质量和赎回风险上仍与指数相匹配，使除久期以外的风险因素出现较小的不匹配，从而投资组合呈现出围绕某些特定风险暴露的情形，如某个行业部门、信用评级、期限结构或赎回风险等。由于这种不匹配的程度很低，对指数跟踪的影响较小，因此仍被视为一种增强的指数化方法。与纯指数化的完全复制相比，增强的债券指数化将会产生更大的月平均跟踪差异（跟踪差异的标准差）。

17.3.3 指数化策略的实施过程与风险

债券管理者依据自己的风险收益要求选择合适的债券指数，再利用市场上可交易的债券复制该指数的全部或者部分风险收益特征。

17.3.3.1 债券市场指数

债券市场指数是反映不同时点债券价格变动情况的相对指标。通常是先将报告期的债券价格与选定的基期价格相比,并将两者的比值乘以基期的指数值,所得的结果即为报告期的债券市场指数。债券市场指数的编制远比股票市场指数的编制复杂。美国债券市场主要有三个债券指数:巴克莱资本债券指数、所罗门兄弟债券指数和美林债券指数。中国较成熟的指数有中央国债登记结算公司和中证指数公司发布的中债指数系列和中证债券指数系列。目前债券市场的指数发布种类很多,包括中债综合指数、中债总指数等综合指数和中债中国绿色债券指数等特色指数。但指数涉及的产品和交易很少,从发行量层面来讲,其中三只最大债券指数基金为海富通上证10年期地方政府债ETF、海富通上证可质押城投ETF和国泰上证10年国债ETF,分别代表市场发行量较大的国债、地方政府债和城投债,发行规模分别为54.20亿元、23.34亿元和19.42亿元,这与整个存量债券市场相比太小,从交易活跃度来讲,整个债券指数基金每天的成交量也较小。

17.3.3.2 选择债券市场指数需要考虑的方面

选择债券市场指数时主要需要考虑以下几方面。综合性:能满足绝大部分投资者的偏好,同时也能代表市场绝大部分的投资机会,兼顾市场整体。透明性:基准指数的择券标准清晰、简单、客观,债券纳入指数成份的规则应该是明确的。稳定性:指数成分变化较少,即使变化,也必须容易被市场理解和预期。可复制性:指数成分券种的整体流动性高、可获得性强。

17.3.3.3 指数复制技术

市场中复制指数的技术包括直接复制、单元复制或分层复制、基于指数收益的复制以及基于因子的复制。

最直接的指数复制技术是按照指数构成券种选择债券,并根据各债券在指数中的权重确定复制组合中各债券的比例。用这类技术复制股票指数还算可以,但将其应用到债券组合时,存在下列问题:第一,成熟的债券市场指数构成的复杂程度远超股票市场指数,如美国三大债券指数券种均超过5 000种,而且不同债券在期限、息票率等指标上都存在很大差异,复杂的债券指数构成使得直接复制债券指数相当困难;第二,债券指数的调整远较股票指数频繁,这使得精确复制债券指数常面临很高的成本;第三,债券市场的流动性不及股票市场,在市场上买卖起来往往非常困难。因此,直接复制缺乏可操作性。更具操作性的做法是选择数量较少、流动性较高的代表性券种来复制指数的关键特征。

单元复制是把整个指数按照不同特征分为若干个"单元"(cell),并从每个单元中选择一只或几只有代表性、流动性好的债券来复制指数。具体说来,分三个步骤:划分单元,选择代表性债券,确定复制组合中债券的权重。单元的划分需涵盖基准指数的主要风险特征,保证在每一单元内债券的风险要素基本一致,包括久期、票面利率、剩余期限、债券类别、信用等级、是否含权等。投资者从每一单元中选择若干代表债券用以复制基准指数,代表债券应满足流动性好、走势与基准指数相关程度高、主要风险要素接近单元的平均水平等条件。按每个单元在指数中所占的权重来确定每只债券在资产组合中所占的权重。

17.4 负债驱动的固定收益组合管理策略

银行、保险公司、基金等金融机构由于其资产和负债在到期结构上存在着自然的不匹配，往往导致机构的资产净值和未来支付债务的能力随市场利率的变化而变动。因此，它们希望能够通过资产负债的适当组合规避利率风险，免受偿债能力的降低或净资产的损失。负债管理策略主要有免疫策略与现金流匹配两种。

17.4.1 免疫策略

免疫策略就是通过资产负债的适当组合，规避资产负债的利率风险，使资产负债组合对利率风险实现免疫。通过构造债券组合，使得债券组合的久期和债务的久期相等，这样无论利率如何变动，投资者组合与债务受到的影响完全相同，从而不用担心债务无法偿还。免疫策略又可以分为单期免疫策略和多期免疫策略。

17.4.1.1 单期免疫策略

如果未来的债务只有一期，即只需要支付一笔确定的现金流，那么投资者构造的免疫策略就称为单期免疫策略。构造单期免疫策略就是使免疫组合的现值和债务的现值一致，免疫组合的久期和债务的久期一致。

专栏 17-1

某公司目前拥有一笔 10 万元的资金，5 年后将投入一项目。为了不使这笔资金闲置，该公司准备将其投入债券市场，期望收益率是 6%。该公司发现市场上有两只债券符合收益率的要求，这两只债券的基本资料如表 17-1 所示。

表 17-1 债券的基本资料

债券	票面利率(%)	到期日	面额(元)	价格(元)	到期收益率(%)	修正久期
甲	5	2012.8.25	100	97.327	6	2.696
乙	7	2016.8.25	100	105.582	6	5.475

假设持有甲债券的权重为 ω_1，持有乙债券的权重为 ω_2，根据单期免疫策略，那么有：

$$\begin{cases} \omega_1+\omega_2=1 \\ \omega_1 \times 2.696+\omega_2 \times 5.475=5 \end{cases}$$

$$\omega_1=0.1709,\ \omega_2=0.8291$$

因此投资甲债券 17 090 元,投资乙债券 82 910 元;相当于持有甲债券 175.6 张,持有乙债券 785.2 张。

17.4.1.2 多期免疫策略

多期免疫策略是让构建债券组合的久期和未来一系列负债的久期满足一定的条件,使得不论利率如何变化,债券组合和未来一系列负债所受利率的影响能相互抵消,一般可以通过两种方法实现。第一种方法是将每次负债产生的现金流作为一个单期的负债,然后利用上述单期免疫策略对每次负债分别构建债券组合,使各债券组合的久期和现值与各期负债的久期和现值相等。第二种方法是直接构建债券组合,使债券组合的久期与负债现金流的久期加权平均值相等。

专栏 17-2

某公司在 3 年、4 年和 5 年后需要支付 3 笔资金,第 1 笔资金的现值是 100 万元,第 2 笔资金的现值是 50 万元,第 3 笔资金的现值是 70 万元。

按照第一种方法,为了对这 3 笔负债进行免疫,该公司需要投资 3 个债券组合,第一个债券组合的现值为 100 万元,久期为 3 年;第 2 个债券组合的现值为 50 万元,久期为 4 年;第 3 个债券组合的现值为 70 万元,久期为 5 年。如果按照第二种方法,该公司需要设计一个债券组合,该组合的现值为 220 万元,久期为 3.86 年。

17.4.1.3 免疫策略的限制

理想环境下的免疫策略存在以下假设:收益率曲线是水平的,即短期利率和长期利率相等;收益率曲线是平行移动的,即长短期利率同步变动;债券没有提前赎回的风险,即债券发行者不会倒闭,债券没有赎回的条款。

专栏 17-3

某投资经理人预计两年后要支付 100 万元。有两种债券可供投资,债券 A 的期限为 1 年,息票利率为 7%,每年付息一次,面值为 1 000 元。债券 B 的期限为 3 年,票面利率为 8%,每年付息一次,面值为 1 000 元。债券 A 和债券 B 的到期收益率均为 10%。投资经理人面临的选择:单纯地直接投资债券 A;单纯地直接投资债券 B。采取免疫策略,构建投资组合。

第一步:确定组合中各债券的投资比例。根据条件可以计算债券 A 的久期为 1 年,债券 B 的久期为 2.78 年。假设债券 A 的投资比例为 ω_A,债券 B 的投资比例为 ω_B,那么,

$$\begin{cases} \omega_A + \omega_B = 1 \\ D_P = (\omega_A \times 1) + (\omega_B \times 2.78) = 2 \end{cases}$$

$$\omega_A = 0.4382, \quad \omega_B = 0.5618$$

第二步:确定组合中各债券的投资金额。投资经理人现在需要投资的金额为

$$\frac{1\,000\,000}{(1+10\%)^2} = 826\,446(元)$$

投资于债券 A 的金额 = 0.4382 × 826 446 = 362 149(元)
投资于债券 B 的金额 = 0.5618 × 826 446 = 464 297(元)

第三步:确定组合中各债券的投资数量。根据条件可以计算债券 A 和债券 B 的价格分别为

$$P_A = \frac{100+70}{1+10\%} = 972.73(元), \quad P_B = \sum_{t=1}^{3} \frac{80}{(1+10\%)^t} + \frac{1\,000}{(1+10\%)^3} = 950.25(元)$$

债券 A 和债券 B 的投资数量分别为

$$债券\,A = \frac{362\,149}{972.73} = 372, \quad 债券\,B = \frac{464\,297}{950.25} = 489$$

17.4.2 现金流匹配策略

通过构造债券组合,使债券组合产生的现金流与负债的现金流在时间和金额上恰好相等,这样就可以完全满足未来负债所产生的现金流支出需要,完全避免利率风险。最简单的方法就是购买零息债券为预期的现金支出提供相应的资金。

专栏 17-4

假设你是某保险公司的资金管理部负责人。你预计公司在未来三年内现金流支出情况以及三种债券的现金流模式如表 17-2 所示。

表 17-2　现金流支出情况及现金流模式　　（单位：万元）

	第 1 年年底	第 2 年年底	第 3 年年底
现金流支出	1 000	1 000	1 000
3 年期附息债券 1	50	50	500
3 年期附息债券 2	100	300	
零息债券	200		

如何使用上述债券实现现金流匹配？

根据条件，第 3 年年底需要 1 000 万元，而只有 3 年期附息债券 1 才在第 3 年年底有现金流 500 万元，因此应买入 2 张 3 年期附息债券 1 匹配第 3 年的现金流；第 2 年年底需要 1 000 万元，除去 3 年期附息债券 1 的 100 万元，还需买入 3 张 3 年期附息债券 2；第 1 年年底需要现金流 1 000 万元，除去之前买入的两种债券的现金流，还需要买入 3 张零息债券。

17.5　积极的固定收益组合管理策略

债券组合管理者之所以采用积极投资策略，是因为他们认为债券市场最多是弱式有效甚至是无效的。在这种情况下，市场上的债券价格就会偏离其真实价格。采用积极策略的债券组合管理者认为自己的分析能力和见解优于市场上的其他人，通过积极的债券组合能获得超额回报率（一般是相对于市场平均收益率和所承担的风险而言）。

积极的固定收益组合策略可以分为债券收益率结构分析、互换策略和收益率曲线交易策略。

17.5.1　收益率结构分析

收益率结构分析指的是，债券持有期的总回报＝时间因素的影响＋到期收益率变动的影响＋利息支付＋利息的再投资收益。若投资者认为其有能力对到期收益率及其变动进行预测，则他就可以根据其预测情况，选择是否投资及选择何种债券进行投资，以此获取超额收益。对到期收益率及其变动进行预测，又称为对利率水平进行预测，所以债券收益率结构分析又被称为水平分析。

利率预期策略就是利用对利率或收益率的预期,来判断何种债券被错估,再将被低估(高估)的债券纳入(剔除)组合。需要预测收益率曲线的形状,若预期未来长期债券的收益率上涨幅度高于短期债券,则目前应该调高中短期债券的比重,降低长期债券的持有比例。

专栏 17-5

90天国库券的市价为98.25元(银行贴现收益率为7%)。180天国库券的市价为96元(银行贴现收益率为8%)。投资者的投资期限为90天,投资者相信未来三个月收益率曲线将保持向上倾斜,在这种条件下,投资者可以先购买180天国库券,持有90天后卖出,由此获得更高的投资收益。

如果投资者购买90天国库券,其收益率为

$$\frac{100-98.25}{98.25} \times \frac{365}{90} = 7.22\%$$

如果投资者购买180天国库券并在90天后卖出,则其收益率为 $\frac{98.25-96}{96} \times \frac{365}{90} = 9.5\%$

17.5.2 互换策略

互换策略大体而言就是将预期收益率更低的债券转换成预期收益率更高的债券。可以分为替代互换(Substitution Swap)、跨市场利差互换(Inter-market Spread Swap)、利率预测互换(Rate Anticipation Swap)和纯追求高收益率互换(Pure Yield Pickup Swap)。

17.5.2.1 替代互换

替代互换是指将债券组合中的债券转换为市场上同质但收益率更高的债券。

专栏 17-6

某债券投资者持有一只10年期AA级金融债,票面利率为3.5%,按照目前的市价计算,到期收益率为4%。如果市场上同时还有一种10年期的AA级金融债,按照目前的市价计算,到期收益率为4.1%。替代互换的做法就是该债券投资者将其目前持有的第一种债券替换成同等金额的第二种债券,同时赚取10个BP的收益。

17.5.2.2 跨市场利差互换

跨市场利差互换指利用两类市场（如国债市场与公司债券市场）收益率差额的不合理，从一个收益率低的市场转移到收益率高的市场以获得额外收益。跨市场利差互换关注的是不同类型债券的利差是否合理。

17.5.2.3 利率预测互换

利率预测互换策略指债券投资者根据对市场利率变动的判断，来调整手中所持有债券的久期，以获得更高的收益或避免更大的损失。如果投资者预测利率上升，那么他应该将久期长的债券转换成久期短的债券，避免更大的损失；如果投资者预测利率下降，那么他应该将久期短的债券转换成久期长的债券，获得更大的收益。当然，利率预测互换策略成功的前提是对利率走势的预测准确度，若预测失误，投资者的操作完全相反，则损失更大。

17.5.2.4 纯追求高收益率互换

纯追求高收益率互换不是针对发现的错误定价，而是通过持有较高收益债券增加回报。比如，如果收益率曲线向上倾斜，则可以将短期债券转化为长期债券。这种策略实质上是通过承担更大的利率风险以期获得更高的报酬。

17.5.3 收益率曲线交易策略

收益率曲线是分析宏观经济趋势，为固定收益证券和利率衍生品定价，管理利率风险的基本工具。收益率曲线的变动是市场对诸如贷款供需、失业、通胀、经济周期、货币政策变化和市场参与者的活动等一些经济变量的预期发生改变的结果，能够比债券价格反映更多的未来信息。在成熟债券市场上，收益率曲线交易是债券主动型投资者获取超额收益的最常见手段之一。

17.5.3.1 收益率曲线的形状

债券收益率曲线通常表现为四种情况：一是正向收益率曲线，意味着在某一时点上，债券的投资期限越长，收益率越高；二是反向收益率曲线，表明在某一时点上，债券的投资期限越长，收益率越低；三是水平收益率曲线，表明收益率的高低与投资期限的长短无关；四是波动收益率曲线，表明债券收益率随投资期限的不同而呈现出波浪变动。

17.5.3.2 收益率曲线交易的具体策略

收益率曲线交易是指通过解读收益率曲线的形态而进行的债券交易，包括骑乘曲线交易、曲线平移交易、陡峭/平坦化交易、蝶式交易。具体来说，收益率曲线交易策略是为预测未来收益率变化而做出的投资策略。

（1）骑乘曲线交易

骑乘曲线交易是指购入长期债券，在债券到期前平仓退出的交易策略。骑乘曲线交易是主动型债券投资管理获取超额收益最常用的手段之一，即通过收益率曲线上长端部分的下滑收益来获取超额收益。骑乘曲线交易策略的风险来自基本假设的改变。当曲线大幅上行时，长端遭受的利率风险也同样加倍扩大。

（2）曲线平移交易

曲线平移交易是指预测未来收益率曲线仅发生平移变化而进行的交易策略。曲线平移交易的本质是利率水平运动方向的博弈。收益率下降（上升）时，债券价格上涨（下跌），债券投资者需要关注的是如何在牛市期间获得更多的收益而在熊市期间减少损失，在只考虑收益率平移变化的情况下，相对收益由修正久期决定，绝对收益由美元久期决定。

若考虑相对收益，则当预期未来收益率水平下降时，应购买长期限低票息的债券获得超额的资本收益；反之，当预期未来收益率水平上升时，应当购买短期限高票息的债券以减少资本损失。若考虑绝对收益，则当预期未来收益率水平下降时，应购买长期限高票息的债券获得超额的资本收益；反之，当预期未来收益率水平上升时，应当购买短期限低票息的债券以减少资本损失。

骑乘曲线交易与曲线平移交易策略从本质上来说是同一件事情：投资者是否愿意承担长期债券更大的利率风险，以博取长期债券的额外收益。

（3）陡峭/平坦化交易

陡峭/平坦化交易是指基于曲线期限利差变化的交易策略。当曲线变陡时，长期债券相对短期债券价值下降，此时应当做空长端，做多短端。当曲线变平时，短期债券相对长期债券价值下降，此时应当做空短端，做多长端。

（4）蝶式交易

蝶式交易是指基于曲线中端相对于长短端变化的交易策略。如果曲线中端相对于长短端有扩大趋势，即曲线变凸，那么应当做多长短期债券，做空中期债券，获取曲线变凸收益；如果曲线中端相对于长短端有缩小趋势，即曲线变凹，那么应当做多中期债券，做空长短期债券，获取曲线变凹收益。

专栏 17-7

收益率曲线的骑乘交易策略

期限为 3 个月、6 个月和 9 个月的债券的实际季度收益率分别为 0.75%、1.25% 和 1.5%。假设货币市场存在期限为 9 个月和 3 个月的两种零息债券，债券的面值都是 100 元。期限为 9 个月的债券的当前价格为 $100/(1.02)^3 = 94.23$（元）。

3 个月后如果该债券的期限缩短为 6 个月。由于收益率曲线不变，此时期限为 6 个月的该债券的适当贴现率（实际季度收益率）降为 1.5%，3 个月后的债券价格为 $100/(1.015)^2 = 97.07$（元）。

3 个月持有期回报率为 $(97.07-94.23)/94.23 = 3\%$，如果投资者购买的不是期限为 9 个月的债券，而是期限为 3 个月的债券，那么 3 个月债券的当前价格为 100/（1+0.75%）=99.26 元，三个月后投资者收到 100 元面值，三个月的回报率为 0.75%，远远低于 9 个月债券的 3 个月持有期回报率 3%。

17.5.4 或有免疫策略

或有免疫策略的基本思想是债券组合的管理者实施积极的组合管理策略，直至市场表现不好、债券组合可接受的最低回报率的实现受到威胁时，才改为实施消极的管理策略。在此时点（通常称为触发点）上，债券组合的管理者对债券组合实施免疫策略。在剩余的投资期限内，债券组合的回报率被锁定在既定的水平上。

专栏 17-8

假设某债券组合管理人为某家保险公司管理着 500 万元的资金，期限为 2 年，保险公司要求的 2 年总回报率至少为 10%，即保险公司要求 2 年后资金的终值至少为 550 万元。假设市场上存在一种期限为 2 年的零息债券，年收益率为 10%。该管理者购买价值为 454.5 万元的该零息债券，就可以保证 2 年后的价值为 550 万元。然而管理者手中其实有 500 万元资金，因此不用立即采取免疫策略，而是可以采取积极的管理策略，以争取更多的收益。但是，为了到期时资金不少于 550 万元，在未来任何时点债券组合的价值都应该至少等于 550 万元在该时点的现值。用 r 表示将来任意时点的利率，T 表示剩余的投资期限，则有资产组合的现值 $\geq 550/(1+r)^T$，550 万元的现值就是实施免疫策略的触发点。

17.6 固定收益组合管理中的风险

17.6.1 利率风险

债券的价格通常与利率反向变动：当利率上升时，债券价格下降；当利率下降时，债券价格上升。如果债券投资者需要提前卖出债券，那么利率上升意味着投资者可能遭受损失，这种风险被称为利率风险（Interest-rate Risk）或市场风险（Market Risk）。

17.6.2 信用风险

信用风险分为广义的信用风险和狭义的信用风险。狭义的信用风险又被称为违约风险（Default Risk），是指债券发行人由于各种原因未能及时还本付息的风险；广义的信用风险还包括信用利差风险（Credit Spread Risk），信用利差风险是指债券发行人受到信用事件的冲击导致估值的上升所产生的风险。

信用债的收益率由两个部分组成：无风险收益率，一般用同期限的国债收益率衡量；信用风险溢价收益率，这部分收益率被称为信用利差（Credit Spread）。债券的信用评级确定后，评级机构随时监测发行人的信用状况，一旦发行人的信用状况发生恶化，债券及债券发行人的信用评级下降将会大幅增加其信用利差，导致债券价格下降，这种风险被称为信用降级风险（Downgrade Risk）。信用降级风险是一种特殊的信用利差风险。

17.6.3 流动性风险

流动性风险（Liquidity Risk）取决于债券以公允价值出售的难易程度。衡量债券流动性的指标是做市商的报价，即买价和卖价之间的价差，做市商报出的价差越大，流动性风险越大。

17.6.4 货币风险

从中国投资者的角度看，投资美元计价的债券，一方面需考虑美元的现金流，另一方面还要考虑美元现金流产生时美元兑人民币的汇率。如果美元相对于人民币贬值了，那么投资者收到的人民币就少了，这种风险被称为货币风险（Currency Risk），也被称为汇率风险（Exchang-Rate Risk）。

17.6.5 其他风险

债券投资过程中还会遇到一些其他风险，比如结算风险等。

表 17-3 对影响投资组合管理的风险因子进行了总结。

表 17-3 风险因子总结

风险因子	风险因子度量	影响风险因子的市场变化
市场风险	存续期	收益率水平的变化-收益率曲线的平行变化
收益率曲线风险	凸性/主要利率存续期的分布（一次性还本、哑铃型、梯状和其他分布）	收益率曲线斜率和形状的变化
市场波动性敞口	凸性 负凸性资产（可提前赎回债券）/受波动性负面影响的资产组合 正凸性资产（可卖回债券）/从波动性中受益的资产组合	市场波动性 历史波动性，基于过去实际价格或收益率 预期波动性，正如期权的隐含波动性所显示的那样
部类利差风险	对每一宏观部类、微观部类和证券的百分比配置，以及每一部类按期权调整的利差	宏观部类、微观部类和单个证券按期权调整的利差的变化

（续表）

风险因子	风险因子度量	影响风险因子的市场变化
信用风险	资产组合及其部类的平均信用评级	信用利差的变化（例如国债与 AAA 公司债券之间的利差），以及特定的公司评级变化
流动性风险	一般由买卖价格利差计量，即在某一时间点上证券买入的价格和卖出的价格之间的差额 某证券的流动性是指其适销性（以市场价出售某证券的时间，例如某登记的公司债券出售所需的时间比私募的债券要少）和市场价格的稳定性	不同的债券具有固有的不同的流动性（例如国债比公司债券流动性强）。所有债券，特别是风险较高的债券的流动性，在市场动荡的时期都会下降
货币风险	美元和债券面值货币（例如日元和欧元）之间汇率的变动	汇率的波动性增大了债券的风险。另一种货币坚挺（美元疲软）对于持有以另一种货币为面值的债券的美国投资者是有利的（对其他美国投资者是不利的）

17.7 固定收益组合管理复杂策略

固定收益组合策略的制定通常有三种方法。第一种是总收益法（Total Return Approach，TRA），这是一种纯粹的资产管理方法。第二种是负债融资法（Liability Funding Approach），这种方法考虑了债券独有的特征，即固定的息票、确定的到期期限和到期价值，这些特征将现金流与一个机构的很多负债或产品联系起来，是一种资产负债管理方法。第三种是统一法，即将前两种方法统一起来并加以细化，这是一种盈余最优化策略，包括 β 系数和 α 系数管理。

17.7.1 总收益法

总收益法是常见的资产管理方法，是一种寻求投资组合总收益率最大化的投资策略。总收益率由收益部分和资本利得部分组成。在这种方法中，需将固定收益组合的总收益率与选作投资组合评估基础的基准总收益率进行比较，且两者的风险因子必须类似，因为两种不同的投资组合，或者一种投资组合和一种具有不同风险因子的基准，对于相同的市场变动会表现出不同的总收益率。因此组合管理人在选取基准、认识到投资组合的风险因子并对基准的风险因子进行计算之后，应当决定投资组合是照搬基准的风险因子，还是偏离基准的风险因子。照搬所有风险因子的投资策略为被动策略，偏离基准的一个或多个风险因子的投资策略为主动策略。

管理人可以对某些风险因子采取被动策略，对其他风险因子采取主动策略（考虑到不同的风险因子，就会有众多的策略组合）。被动策略不要求对未来市场变动进行预测，因为投资组合和基准对市场变动的反应完全一样。主动策略是基于预测的，投资组合管理人需根据预期的市场变动，决定投资组合的风险因子价值偏离基准的风险因子价值的方向和程度。

在有多种风险因子的条件下，投资策略会有纯粹的被动策略，也会有在某些风险因子上较为被动而在其他风险因子上较为主动的多种混合策略。表 17-4 列出了几种常见的被动策略和主动策略。

表 17-4 被动策略和主动策略

策略	描述	评论
被动策略		
指数化（纯被动）	复制"指数"或基准中的所有风险因素	实现这一策略的确定性方法是买入指数中的所有证券，且金额按指数中的权重确定。尽管在股市中较容易做到这一点：如果采用标准普尔500指数，那么以适当金额买入500种股票即可，然而在固定收益市场中却是很难做到的，例如雷曼总量指数是基于约6 000种债券的，而且很多债券的流动性较差
主动策略		
市场时机选择	偏离基准的持续时间	如果资产组合的持续期比基准长，那么在市场反弹时会比基准表现好，在市场收缩时会比基准表现差；反之亦然
收益率曲线交易	复制基准的持续期，但通过变动主要利率持续期来改变凸性和收益率曲线敞口	一次性还本债券在收益率曲线变陡时表现较好，哑铃型债券在收益率曲线变平时表现较好
波动性交易	偏离基准的期权性：可提前赎回债券比一次性还本债券的负凸性更高；可售回债券比一次性还本债券的可凸性更高	波动性上升使可售回债券（具有期权多头）受益，而对可提前赎回债券（具有期权空头）有负面影响
部类交易	偏离基准的宏观部类、微观部类或证券权重： 宏观部类——整体部类（国债、政府机构债券、公司债券、按揭贷款担保债券、资产担保证券、市政债券）；宏观部类的微观成分（例如，公司债券部类中的公用事业债券与工业类债券） 证券权重——在微观部类中对单个证券的过大权重/过小权重	基于部类、二级部类或单只证券相对于历史均值及基本面预测的利差（按期权调整）的错误定价进行套利；可以使用盈亏平衡利差（基于按期权调整的利差）作为偏离的基准 对于权重过大的情况，利差收缩产生收益，利差扩大产生损失；反之亦然
信用利差套利	偏离宏观部类或微观部类及其综合部类的平均信用评级	当经济增长缓慢或负增长时，信用利差一般会扩大，信用利差扩大会使较高信用评级受益；反之亦然
短期交易	基于短期价格差异的特定证券的短期变化	短期技术因素，包括短期供给/需求因素，常常会引起暂时性的价格差异

17.7.2 负债融资法

总收益法的基准是一个外部的平均固定收益率。现在我们来考虑基于机构的内部负债或产品的基准。在每一种情况下，负债的偿付都可以设立为现金流出的模型。此类固定的现金流出可以通过能提供已知现金流出的债券来融资，而不能通过未知现金流出的股票来提供。

例如，此类策略的一种方法是设立一个期限与该负债现金流的期限完全一样的固定收益资产组合。这种策略被称为风险免疫策略（Immunization Strategy）。实际上，风险免疫的资产组合只有在收益率曲线平行移动时才会在市场风险上与该负债相匹配。但是，如果收益率曲线变陡(变平)，风险免疫资产组合的表现就会比该负债的现金流要差(好)。

一个更为精确的与这些负债的现金流相匹配的方法是，设立一个与该负债具有完全一样的现金流的资产组合。这一方法被称为专用资产组合策略（Dedicated Portfolio Strategy）。实施专用资产组合策略的限制，比实施风险免疫资产组合策略的限制要多，因此收益率也要低。但是，专用资产组合策略的有效期不受收益率曲线斜率变化的影响。如果该资产组合包含非国债类型的证券，那么该策略与风险免疫策略一样都存在信用风险。某种程度上简化的专用策略资产组合被称为梯式资产组合（Laddered Portfolio）。它常被个人投资者用作退休规划。这一系列具有不同到期日的债券会随着时间的推移而接连到期，是一个梯形资产组合。

这类策略更为简单的方法是收益率利差管理（Yield Spread Management），或者就简单称为利差管理（Spread Management）。假设某商业银行发行一笔6个月的存单，或一家保险公司承保一笔6个月的担保投资合约（Guaranteed Investment Contract，GIC），那么这些工具的利益（不考虑GIC的期权性）将取决于针对这些产品（如6个月的商业票据或6个月的固定利率票据）所投资的资产的收益率与该机构在这些产品上所支付的收益率的利差。利差管理是基于投资资产与提供资金成本的差额管理。在短期内，如果运用的资产评级较低，那么其盈利就较高，但在较长时期内，可能会因发生违约而减少资产的盈利。

总之，债券和股票都可以用总收益利率策略，但只有债券适用于多种负债融资策略，因为债券按票面和到期价值都有固定的现金流。

本章小结

有效市场分为三种形态：弱式有效市场、半强式有效市场和强有效市场。

固定收益组合管理策略大体上可分为两类：消极的债券投资组合策略和积极的债券投资组合策略。

指数化策略是指债券管理者构造一个债券资产组合模仿市场上存在的某种债券指数业绩，由此使该债券资产组合的风险回报与相应的债券市场指数的风险回报相当。

负债管理策略主要有免疫策略与现金流匹配两种。

积极的债券投资组合策略可以分为债券收益率结构分析、互换策略和收益率曲线交易策略。

重要术语

现代资产组合理论　市场风险　特殊风险　资本市场线　波动性　绝对回报　额外回报　预期回报　套利定价理论　风险平价　投资组合理论　直接复制　单元复制或分层复制　基于指数收益的复制　基于因子的复制　或有免疫策略　替代互换　跨市场利差互换　利率预测互换　纯追求高收益互换　税收互换　利率风险　违约风险　信用利差风险　信用利差　信用降级风险　流动性风险　货币风险　汇率风险　总收益法　负债融资策略　风险免疫策略　专用资产组合策略　梯式资产组合　收益率利差管理　担保投资合约　市场风险资产组合　阿尔法资产组合

思考练习题

1. 固定收益组合管理的目标有哪些？
2. 请比较免疫策略和现金流匹配策略的异同。
3. 如何理解消极债券组合策略和积极债券组合策略的区别。
4. 积极债券投资组合策略有哪些？
5. 收益率曲线交易策略有哪些？
6. 固定收益证券面临哪些风险？

参考文献

[1] （美）弗兰克·J. 法博齐. 固定收益证券手册（第8版）[M]. 周尧等, 译. 北京: 中国人民大学出版社, 2018.

[2] 国泰君安证券. 中国国债期货投资手册（2016）[R].

[3] Black F., Karasinski P. Bond and Option Pricing when Short Term Rates are Lognormal[J]. *Financial Analysis Journal*, 1991, 4724(4): 52-59.

[4] Cammack E. B. Evidence on Bidding Strategies and the Information in Treasury Bill Auctions[J]. *The Journal of Political Economy*, 1991, 99(1): 100-130.

[5] Courtadon G. The Pricing of Options on Default-Free Bonds[J]. *The Journal of Financial and Quantitative Analysis*, 1982, 17(1): 75-100.

[6] Longstaff F. A. The Flight-to-Liquidity Premium in U.S. Treasury Bond Prices[J]. *Journal of Business*, 2004, 77(3): 511-526.

[7] Longstaff F. A., Schwartz E. S. Interest Rate Volatility and the Term Structure: A Two-Factor General Equilibrium Model[J]. *The Journal of Finance*, 1992, 47(4): 1259-1282.

[8] Nielsen S. S., Ronn E.I. The Valuation of Default Risk in Corporate Bonds and Interest Rate Swaps. Working Paper, 1998.

[9] Peters E. E. *Chaos and Order in the Capital Markets: A New View of Cycles, Prices, and Market Volatility* [M]. Wiley, 1996.

[10] Peters E. E. *Fractal Market Analysis: Applying Chaos Theory to Investment and Economics* [M]. Wiley, 1994.

[11] Pierides Y. A. The Pricing of Credit Risk Derivatives[J]. *Journal of Economic Dynamics and Control*, 1997, 21(10): 1579-1611.

[12] Rabinovitch R. Pricing Stock and Bond Options when the Default-Free Rate is Stochastic[J]. *The Journal of Financial and Quantitative Analysis*, 1989, 24(4): 447-457.

第 18 章
固定收益组合构建*

周文渊（国泰君安证券）

学习目标

通过本章的学习，读者应能够：
◎ 了解固定收益组合的账户类型；
◎ 掌握固定收益组合的杠杆；
◎ 掌握固定收益组合管理的目标、策略和业绩评价；
◎ 掌握对冲基金的固定收益组合交易策略；
◎ 理解固定收益的全球组合；
◎ 了解固定收益组合管理的国际比较：信用与信用评级；
◎ 理解固定收益组合管理的国际比较：会计分类与税收。

■ 开篇导读

长期资本管理公司作为一家全球固定收益类的对冲基金，公司的交易策略是"市场中性套利"，即买入被低估的有价证券，卖出被高估的有价证券，通过对冲机制规避风险，这种策略要求低估的债券和高估的债券相关性高度一致。1996 年，长期资本管理公司大量持有意大利、丹麦、希腊政府债券而沽空德国债券，随着欧元的启动，上述国家的债券与德国债券的息差将缩减，公司通过高杠杆获得巨大收益。但好景不长，1998 年，俄罗斯金融风暴引发了全球金融动荡，公司所沽空的德国债券价格上涨，它所做多的意大

---
* 本章由夏冰、张良（中银国际证券）审校。

利债券等证券价格下跌,它所期望的正相关变为负相关,结果两头亏损,公司走到了破产的边缘。

18.1 固定收益组合的投资目标与账户类型

18.1.1 明确投资者类型与目标

不同类型的投资者拥有不同的投资目标。退休基金的目标是希望投资组合所产生的现金流入可满足员工退休金的要求;人寿保险公司对保费的投资收入必须高于给予保险人的保障,方可赚取利润;银行吸收大众的资金转投资于有价证券、企业贷款、民众信用贷款等形成投资组合,以期能按时支付存款利息,并获得一定的利润;债券型基金的目标是希望在可接受的风险下,为受益人创造最大的财富,使其基金规模得以进一步扩大,为公司赚取更多的管理费。

18.1.2 明确投资账户和投资约束

配置类账户和交易类账户存在明显区别:配置类账户追求长期票面收入最大化;交易类账户关注短期资本利得。如果预期未来收益率逐步上行,则配置类账户需要逐步介入,而交易类账户则需全面回避。如果预期未来收益率逐步下行,则应快速加大配置类账户和交易类账户的配置力度。

从会计的角度可以将金融资产分为三类:以摊余成本计量的金融资产、以公允价值计量且其变动计入其他综合收益的金融资产以及以公允价值计量且其变动计入当期损益的金融资产。金融资产三分类有利于加强企业管理,一是有利于企业加强金融资产和负债管理,夯实资产质量,切实保护投资者和债权人的利益;二是有利于推动企业加强风险管理,及时预警企业面临的金融风险,有效防范和化解金融风险;三是有利于促进企业战略、业务、风控和会计管理的有机融合,全面提升企业管理水平和效率,促进企业转型升级。从金融市场的角度,金融资产三分类有利于提高金融市场透明度,强化金融监管,提升监管效能。

以摊余成本计量的金融资产的到期日固定,回收金额固定或可确定,银行有明确的意图和能力持有至到期,采用摊余成本法估值。

以公允价值计量且其变动计入其他综合收益的金融资产存在活跃的市场报价,具体计价取决于管理层的考虑,采用成本法估值,公允价值变动不影响利润表项目,但直接冲抵权益账户中的资本公积项,影响附属资本。

以公允价值计量且其变动计入当期损益的金融资产有活跃的市场报价,采用公允价值法估值,以赚取差价为目的,一定规模以上的交易账户要求计提市场风险资本。

各类型投资所面临的流动性约束、风险约束等相差较大。具体来看,投资约束包括信用评级限制、负债稳定性、税收政策、交易成本等因素。

18.1.3 固定收益组合基准选择

18.1.3.1 业绩基准选择的原则

现在大多数投资组合都是相对于基准来管理，选择一个高质量的业绩基准十分重要。固定收益业绩基准与权益业绩基准的原则一致，主要依赖于投资组合的目标和风险承受能力。对于债券基金经理来说，基准相当于无风险头寸，债券组合的绝对收益很大一部分来源于基准的选择，因此选择一个高质量业绩基准很重要。具体的原则主要包括以下几点：

第一，与投资者密切相关。任何被选作基准的指数都必须是与投资者密切相关的一种投资。一个最常见的具有相关性的例子是，努力避免发起机构和所投资资产组合的商业风险"自然集中"。例如，一个国防承包商会寻求把具有较低国防相关业务集中度的指数作为其养老保险基金的基准。出于这一目的，很多投资者运用定制的指数，在设立基准的同时排除引起自然集中的特定行业。另一个具有相关性的例子是，为养老基金选取一个适当的基准。为了减少融资缺口的波动性，一个养老基金管理人可能希望采用一个负债型资产组合作为基准，该资产组合的特点应与实际的养老基金负债的特点相似。例如，如果养老基金把一个持续期太短的指数（养老负债一般具有很长的持续期）作为基准，即使该养老基金碰巧比指数的业绩要好，利率的下降也可能会对其融资缺口产生负面影响。

第二，能代表市场。一个好的基准应对它宣称所代表的市场提供一个准确的概括。例如，如果市场上某一特定评级或行业所发行的大多数债券都低于指数的规模下限，那么该指数的表现就会与市场的表现很不相同。因而，具有不同的最低下限的两个指数可能呈现出极不相同的行业/评级分布，也由此呈现出极不相同的风险/收益模式。

第三，规矩透明，具有一贯的组成部分。债券指数是一个基于规则的债券的集合，因此，定义指数的规则必须是透明的，并且规则应客观地、以一贯的方式加以运用。但有时，歪曲规则可能是为了适应某些市场情况，如避免某一发行人或行业的不适当集中等。例如，2001年9月，荷兰皇家电信集团的降级使其在投资级别门槛的边缘上摇摆不定。这引起了一些高收益率基金管理人的担心：如果荷兰皇家电信集团转变成高收益率的债券，那么它会占到欧元高收益率债券领域的1/4以上。所以这些投资者希望寻求指数的变动，通过实施行业和发行人上限的形式，来处理这一特别情况。但如果实施此类上限，他们就违反了定义一个较好指数的原则。把未评级的票据纳入投资级别的指数就属于这类情况，这基于如下假设：如果对这些工具进行评级，它们最终将会是投资级别。

第四，具有可投资性和可复制性。投资者应能够用较少数量的工具以及相对较低的交易成本，并在不会对市场造成太多变动的情况下，来复制指数及其表现。出于这个原因，指数的组成部分应是具有标准特征、流动性好并在二级市场上交易活跃的一组债券。通过提高期货和掉期这样的衍生工具复制指数的能力，增强指数的吸引力。下限水平较高的指数，一般会包含较少流动性差的工具，因而，显而易见是容易复制的，也常常是在业绩上容易超越的。之所以得出后面这一论断，是因为存在流动性溢价。在其他条件相同的情况下，与流动性较差的债券相比，流动性较好的债券往往会以较小的利差进行交易，而两者利差的差额被称作"流动性溢价"。含有流动性较好的债券的指数，比起含有流动性较差的债券的指数，到期收益率较低，因此生产的收益也较低，进而意味着在业绩方面比较容易被超越。

第五，具有可度量性。基准组合的收益风险必须具有一般的可计算、可度量性。

第六，具有独立性。股票指数很流行的一个原因是，用来计算指数的价格来自独立和半监管机构。独立的指数也使指数和债券层面的数据可以从多个来源获得。

因为有多个交易商活跃在市场上，这就会鼓励以指数为目标的产品（包括衍生产品）的发展，而由此产生的竞争对所有市场参与者都是有好处的。但正如很多市场参与者所观察到的一样，上述原则并非完全相容，因而需要寻找一定的平衡。

18.1.3.2 业绩基准类型

一个好的基准往往符合全部原则。但实际过程中，基准的选择往往很难全部达到这些原则。我们在选择基准时，应该尽量做到合适，一个合适的基准首先应该匹配投资组合的目标和风险承受能力，其次应该做到投资经理可以复制。常见的业绩基准有以下三种：

第一，绝对收益基准。绝对收益基准一般由对冲基金所使用。

第二，债券基金经理均值。债券基金经理均值代表市场基金经理的平均水平，可以用于衡量基金经理的投资水平。但这一指标并不具有可投资性，因此在现实中很少用。

第三，债券指数。债券指数反映了所选定若干债券的综合表现水平，也是最常见的一种业绩评价基准，衡量债券市场的指数主要包括中国债券总指数、上证国债指数、中信国债指数等。

专栏 18-1

中国债券市场的机构投资者

银行间债券市场的交易主体包括商业银行及其授权分行、城乡信用社，境内外资金融机构、境外合格机构投资者，证券公司，基金管理公司、各类证券投资基金，保险公司、信托公司、财务公司、租赁公司等其他非银行金融机构，社保基金、住房公积金、企业年金等其他债券投资主体，企事业单位。银行间债券市场的结算成员分为甲类、乙类和丙类账户：甲类账户主要是商业银行和证券公司，具有结算代理和柜台业务资格；乙类账户为城商行、农商行、信用社、保险和基金等，只能办理自营业务；丙类账户主要是非金融机构法人，其交易结算需要委托甲类成员代为办理（2013年以后丙类账户的概念逐步弱化，现在统称为非金融企业账户，在北金所开户）。表18-1总结了债券市场参与主体的类型。

表 18-1 债券市场参与主体类型

机构类型	详细分类	甲类	乙类	丙类
金融机构	商业银行	√	√	√
	商业银行分支机构		√	√
	非银行金融机构		√	√
	港澳人民币清算行		√	√
	境外参加行			√
	境外其他金融机构			√
非法人产品	证券投资基金		√	
	企业年金基金		√	√
	社保基金组合		√	
	保险产品		√	
	信托产品		√	
	基金公司特定资产管理组合		√	√
	证券公司资产管理计划		√	√
	商业银行理财产品		√	
	RQFII			√
	QFII			√
	私募投资基金		√	
非金融机构	法人企业			√
	事业单位			√

资料来源：中央国债登记结算有限责任公司。

18.1.4 投资者账户类型

交易所债券市场除商业银行、信用社以外的机构投资者和个人投资者可以分为合格投资者和公众投资者。以上交所为例，合格投资者包括证券公司、基金管理公司及其子公司、期货公司、保险公司和信托公司等金融机构，证券公司资产管理产品等非法人机构投资者，QFII 和 RQFII 等境外机构，净资产不低于人民币 1 000 万元的企事业单位法人、合伙企业，名下金融资产不低于人民币 300 万元的个人投资者等。合格投资者可以认购并交易在交易所上市交易或者挂牌转让的债券，但非公开发行的企业信用债券仅限合格投资者中的机构投资者认购及交易；可以参与交易所国债预发行交易、现券交易、债券质押式回购交易。公众投资者可以参与现券交易、债券质押式逆回购交易。更多信息可见表 18-2。

柜台债券市场的交易主体包括个人、企事业单位等中小投资者。

表 18-2　上交所各市场参与者持有市值

市场参与者类别	合计持有市值（亿元）	占比（%）
信托	3876.2	4.62
券商资产管理	12312.74	14.69
自然人	162.06	0.19
一般法人	37488.34	44.71
其他	354.85	0.42
基金	6076.27	7.25
保险	10424.76	12.43
社保	1860.4	2.22
券商自营	6865.54	8.19
QFII	469.27	0.56
专户理财	703.64	0.84
年金	3245.54	3.87
总额	83839.61	100.00

资料来源：上交所网站。

18.1.4.1　商业银行

商业银行是我国债券市场最主要的机构投资者。我国的商业银行主要有四大国有商业银行、股份制商业银行、外资银行、城市商业银行、农村商业银行和其他商业银行等。

商业银行进行债券投资的主要目的是保证本金安全并获得一定利息收入，债券投资和贷款是商业银行资金运用的主要渠道，与贷款相比，债券的收益率虽然相对较低，但风险更小，有利于平衡风险与收益。

商业银行的投资特点有：风险控制第一位；资金量大；操作频繁；资金成本较低。其投资决策特点为：投资品种和交易对手均需内部授信，通常由投资主管领导等制定投资策略，各交易员对所负责资金盘进行操作。

商业银行的资金来源主要包括四个方面：存款、同业、理财和发债，对应的融资市场分别是存款市场、同业市场、理财市场和债券市场。对大型银行的自营投资而言，拉长利率债久期比增加中短期信用债配置更利于提高投资收益率。因为银行投资信用债需计提 100% 的风险权重，如果扣除资本占用成本和税收成本，则短融、企业债和银行次级债在风险调整后的实际收益率显著低于国债、地方政府债和金融债等品种，所以，当市场处于相对平稳且久期风险有限的环境时，大型银行的债券投资更愿意增持中长久期的利率债配置。城商行和农商行债券投资资金头寸充裕，但获得债券的能力不强。城商行和农商行一般有支农支小再贷款的低息政策优惠，以及较低的差别存款准备金优势，但获得新债的能力不如大银行和基金，以流动性管理目标为主，风险偏好较低。相对而言，城商行对高收益风险资产的偏好高于农商行。城商行债券投资以金融债、企业债为主，而农商行主要以国债为主。

18.1.4.2 银行理财

从 2004 年国内首只理财产品发行至今，中国银行业的理财业务已经历十多年的长足发展，截至 2017 年，全国理财产品规模已达 30 万亿元，银行理财呈现高速扩张趋势，对市场流动性和债券投资行为产生重大影响。理财产品的崛起是利率市场化和存款脱媒化大时代背景下的必然趋势，其投资范围更广，兼具收益性、安全性、封闭期等优点，有望成为银行存款的替代品。2007 年史无前例的大牛市唤起了全民理财意识。在 2008 年熊市导致股债、房地产等各类资产负收益环境下，理财尤其短期理财产品凭借其安全性、收益性和流动性，需求快速扩张。2009 年四万亿扩张为政府和企业留下巨大资金缺口。2010 年的紧缩环境导致地方平台、房地产等资金需求通过理财资金池等表外方式满足，也为理财产品的高收益创造了条件。2013 年银监会下发《关于规范商业银行理财业务投资运作有关问题的通知》后银行理财投资非标更加透明，竞争激烈，非标资产成为信贷出表、增强收益和提高杠杆的重要工具，钱荒后资金和固定收益资产利率大幅走高，利率市场化加速存款脱媒，银行理财增长突飞猛进。2015 年起理财产品规模增长开始放缓，经济融资需求萎缩，影子银行监管升级，银行理财跑马圈地的时代过去，当非标、股市相关资产的"无风险收益"被打破时，理财面临规模和收益率双双下滑的风险。债券及货币市场工具、银行存款、非标债权是银行理财最主要的配置资产，其中，债券及货币市场工具投资占比达 43.75%。

18.1.4.3 保险机构

保险机构是我国债券市场重要的机构投资者，其拥有巨大的保费收入，这些资金主要在银行协议存款、证券投资基金和债券之间分配。我国的主要保险机构包括人寿、平安、太保、人保、泰康、新华等，它们可同时参与银行间市场和交易所市场。

保险机构的投资目的主要是匹配资产，由于资金成本较高，通常要求收益率在 4% 以上。保险机构是长期品种的主要需求者，久期要求在 10 年左右，主要投资品种包括企业债、国债、金融债、回购、拆借等。其投资策略由投资委员会或领导制定，具体执行由投资经理负责。

近年来，保险行业总资产规模快速扩张。与基金、证券等其他机构相比，保险资金配置具有投资周期长、风险偏好低、资金成本合理、大类资产配置更为多元等特征。与商业银行类似，保险机构的资产配置与保费收入增速、保费来源的资金成本和期限、投资政策放宽、大类资产轮动等因素密切相关。

保险机构一般更加注重大类资产配置，注重流动性资产、债权、不动产、非标、权益等资产收益和风险的权衡，更关注绝对收益率。在资产配置结构上，保险投资以风险和收益稳健的固定收益资产为主，占比为 40%—45%，平均收益率为 4%—5%；银行存款是第二大配置资产，占比约为 30%，平均收益率在 4% 左右。从各机构横向对比看，保险资管在商业银行次级债、企业债和国开债投资中具有举足轻重的地位。截至 2015 年年底，保险资管投资在国债市场占比为 3%；在国开债投资中占比为 9.4%，是国开债第三大投资机构；对商业银行次级债的投资占比为 44%，是第一大持有机构，由于保险机构没有计提资产风险权重和资本的压力，因此在利率品配置中更偏好收益率更高的商业银行次级债；在信用债投资中，保险机构投资企业债和中票占比分别为10.2%和6.8%，对铁道债（政府支持机构债）的投资在市场中的占比达到6%。

18.1.4.4 证券投资基金

证券投资基金近年来发展迅速，投资规模不断扩大，已成为证券市场的主要机构投资者。基金按投资品种可分为股票基金、债券基金、货币基金和混合基金，其中债券基金和货币基金投资债券市场的比例较高，特别是货币基金，已成为短期国债、金融债和央行票据的重要投资者，对货币市场利率有较大影响。

基金的主要投资品种依据基金类型而定，目前还不能投资中期票据和私募产品。基金的投资特点是专业程度高，并且因为采取公募形式，监管严格。其投资决策由基金经理负责制定，交易员一般只负责执行。

债券基金是指基金资产80%以上投资于债券的基金产品。按类型划分，债券基金可细分为纯债基金、一级债基、二级债基和指数型债基，其中纯债基金和一级债基仅能投资于债券，二级债基可以有0—20%仓位投资于二级股票市场，而指数型债基主要跟踪债券基准指数。自2014年以来，所有债券基金均不得参与新股IPO打新。债券基金的规模扩张一般与股债轮动的资产切换紧密相连。2010年以前债券投资以金融债、国债和央票为主，占比超过60%，但2010年以后随着债市扩容和品种丰富，债券基金进入信用债投资为王的时期，票息资产成为绝对收益的主要来源。

货币基金的投资范围包括现金，期限在1年以内的银行存款、债券回购、央票、同业存单，剩余期限在397天以内的债券、AA+以上企业债、资产支持证券，证监会、央行认可的其他流动性货币市场工具。2015年5月，证监会发布《货币市场基金监督管理办法》征求意见稿，扩大了货币基金的投资范围，将同业存单、资产支持证券、AA+企业债、超短融等纳入投资目标，有利于提升资产收益率。

货币基金的整体流动性管理能力要求较高，投资久期和偏离度限制严格。久期要求平均剩余期不超过120天，平均剩余存续期不超过240天，杠杆比例不超过1.2倍，正偏离度在50BP以内，负偏离度在25BP以内，更注重流动性要求，限制了整体收益性。在严格的投资限制下，货币基金的资产配置范围其实很窄，主要配置三类资产，即债券、协议存款和买入返售等其他资产。其中，协议存款的投资政策从限制到放松再到重新限制，很大程度上影响了货币基金的资产选择。2008年之前，货币基金的大类资产配置以债券为主，占比超过65%，现金仅占比5%—20%。随着2011年协议存款投资限制显著放松，且允许协议存款提前支取不罚息的政策红利，协议存款投资开始大幅增加，从15%左右增加至60%以上，成为货币基金第一大持仓资产。尤其在2013年钱荒冲击过后，债券价格暴跌、资金利率飙升，协议存款兼具安全性、收益性和流动性，再次受到货币基金的青睐，占比提高近20个百分点，至70%—80%，部分互联网基金的投资比例甚至超过85%。2014年，央行叫停商业银行为货币基金办理两率相等的协议存款，重新限制协议存款的投资。

基金专户的投资范围主要包括二级市场的股票、债券、基金、央票、非金融企业债务融资工具、资产支持证券、金融衍生品和商品期货，以及股权、债权和财产收益权等，此外，新三板、并购市场基金也被纳入投资范围。产品投资期限一般在1年以上，定期开放和赎回。从资产投向看，2014年债券类产品占比为40.6%。

18.1.4.5 证券公司

证券公司是我国债券市场重要的机构投资者，虽然受制于资金实力，其自营债券投资规模并不大，但它在债券市场中扮演了一般投资者、中介机构和做市商等多重角色，居于重要地位。目前我国证券公司资金实力都较为有限，且长期资金较少，资金的机会成本（投资股票市场的收益）较高，因此债券投资一半都以短期配合流动性管理或博取债券价格波动中的资本利得为主。投资品种包括国债、政策性金融债、企业债等几乎所有债券品种，投资场所包括银行间市场和交易所市场，交易相对活跃。

证券公司的债券投资主要包括自营投资和受托（代理）投资两类。与作为债券投资主力的银行、理财和保险等配置性机构相比，证券公司在债券交易上具有明显优势，小而灵活，凭借投资范围广泛、政策限制小、可封闭操作、在优质项目资源获取上占有先机、偏好中低评级等亮点，在固定收益类产品收益率上具有相当竞争力。具体而言，证券公司的债券投资的主要特征包括①交易型投资，波段操作，资金规模小，收益率要求高，一般有封闭期，杠杆率没有限制，可多倍回购；②偏好高票息的信用债、转债等交易所产品，投资范围更广泛，积极参与非公开定向债务融资工具（Private Placement Note，PPN）、中小企业私募债等高收益品种，以及IPO、配资、分级基金A份额、非标、期货等类固定收益产品和衍生品；③产品广泛应用结构化设计，扩大杠杆倍数；④在大类资产和可投资品种中切换迅速，资产轮动较快；⑤拥有投行和客户资源，在优质项目资源获取上占有先机。

18.1.4.6 财务公司

财务公司也是债券市场重要的机构投资力量，多由大型国有企业设立，如中石油、中海油、宝钢的财务公司等，受到银保监会监管，但松于银行类机构。财务公司主要为企业内部服务，因此投资目的在于保持资金流动性，获得贷款以外的收益。其资金量取决于企业经营情况和资金需求情况，投资品种以流动性较好的中短期品种为主。

18.1.4.7 信托机构

信托行业是中国最大的非银行金融业，也是仅次于银行理财的第二大金融资管子行业。信托繁荣的背后是产品刚兑和高收益率的支撑，也是影子银行业务快速扩张之下银行体系表外信贷/债权融资的延伸。由于中国的信托行业与银行、保险等低风险偏好机构联系紧密，信托行业的违约风险和流动性风险能很快传导至整体金融系统。从固定收益的分析视角看，信托产品的规模扩张、资产投向、风险与收益比，代表着高收益非标债权的供需变化与挤出影响，对于市场的资产配置和资金波动造成深刻冲击。

18.1.4.8 境外机构

随着资本跨境流动迅猛扩张和人民币国际化进程加快,中国债券市场的开放度也在不断提升,境外机构尤其是离岸人民币资金池对境内资产的投资需求明显上升,交易日益活跃,成为支撑人民币股票和债券需求的重要新增力量。境外机构的加入使债券市场投资者结构更为多元化,市场交易更为深化,境内外资金双向流动性增强,债券市场利率的联动性显著上升。境外机构参与银行间市场一般有四类入市通道:一是境外央行、港澳人民币清算行、跨境贸易人民币结算境外参加行可以直接参与银行间市场;二是通过人民币合格境外机构投资者(RQFII);三是通过合格境外机构投资者(QFII);四是债券通业务。截至2016年年末,共有包括境外央行或货币当局、国际金融机构、主权财富基金、人民币业务清算行、跨境贸易人民币结算行、境外保险机构、RQFII和QFII等在内的600家境外机构获准进入银行间市场,涉及28个国家和地区,涵盖亚洲、美洲、欧洲、大洋洲,持有债券余额接近8 500亿元。境外主权国家、国际开发性组织、金融机构和企业纷纷发行熊猫债,总额已接近780亿元。

境外机构的债券投资结构以信用等级高、流动性好的利率产品为主,占比达75%以上。从横向比较看,境外机构持仓规模仅占全市场债券存量的1.9%,即使是境外机构投资比重较高的国债和政策性金融债,持仓占比也仅为2.77%和2.43%,从存量上看对债券市场影响较小。但随着境外投资渠道不断拓宽、人民币资产在全球配置的重要性提升,以及离岸人民币市场扩容带来的投资管理需求增长,债券市场成为境外机构获取人民币资产最便利、流动性最好的方式,预计海外对人民币债券的投资需求及所占比重将不断提高。

18.1.4.9 其他投资机构

除上述机构外,债券市场中还有很多其他投资机构。农信社投资品种较杂,曾经做交易所业务;一般集团企业监管松,专业程度不高;年金、社保等扮演管理人角色,采取私募形式,固定收益方面投资有限。

专栏 18-2

机构资金成本与会计科目

各类投资机构的资金性质、成本和稳定性等决定其资产配置,流动性变化、大类资产转换、事件冲击对资金来源和资产端影响较大。主要机构的资金成本总结如下。

银行资金:以储蓄存款为主,占比达70%以上,其中活期50%,定期50%,综合成本在2%—2.3%,股份制银行在3%—3.3%,中小城商行成本更高。会计科目核算方面,一般分以摊余成本计量的金融资产、以公允价值计量且其变动计入其他综合收益的金融资产和以公允价值计量且其变动计入当期损益的金融资产,商业银行的金融资产一般以摊余成本计量。

货币基金:在2.5%—4%区间,当日交割结算(T+0结算),与活期、交易保证金打通,波动较大。采用摊余成本法会计入账估值。

银行理财：综合成本在 4%—5%，期限以 3—6 个月为主。银行理财逐步从成本法会计记账向公允价值法会计记账转换。

保险机构：保单平均成本在 4% 以上，以持有至到期账户为主。

信托产品：回报率要求一般在 7% 以上，资金来源于高净值客户和银行理财，整体成本较高。

券商资管和基金子公司产品：通道业务收益率比信托要高 1—2 个百分点，达 8% 左右。会计核算分为可供出售和交易户，主要是交易户。

表 18-3 总结了不同投资机构的投资偏好与特征。

表 18-3 不同类型投资机构债券投资偏好与特征

	资产配置	资金来源	估值水平	杠杆水平
商业银行	信贷、同业、债券	超储	不敏感	一般
银行理财	权益、非标、债券	理财增长	敏感	低
保险机构	权益、非标、债券	保费增长	敏感	一般
基金	权益、债券及其他	基金发售赎回	敏感	较高
券商	权益、债券及其他	资本金	敏感	高
外资	权益、债券及其他	外部资金	敏感	较高
其他	权益、债券及其他			

18.2 固定收益组合的构建与量化管理

18.2.1 固定收益组合构建

18.2.1.1 消极的组合管理策略

一个典型的消极策略包含两个关键步骤：选择指数和复制指数。在复制指数的阶段，根据灵活性的不同，我们可以选择单元复制、基于指数收益的复制（跟踪误差最小化复制）和基于因子的复制策略。单元复制是完全不存在模型依赖的，它仅仅需要考虑如何将指数分成合理的单元并选择代表性债券，当且仅当单元的构成出现较大变化时，单元复制策略才需要进行较大幅度的调整。基于指数收益的复制关心的是复制指数的收益，它必须依赖历史数据估计出各债券的最优权重，其暗含的假定是：在较短的时间内，债券的最优权重是不变的，至少是相对稳定的，这一策略还依赖于对方差、协方差矩阵的有效估计。基于因子的复制关心的是对风险敏感度的复制效果，这一策略依赖于所选因子模型的可靠性。与基于指数收益的复制策略相同，这一策略同样需要通过历史数据估计参数，因此它们都无法捕捉历史上从未出现（或者样本期内没有出现）的结构性变化。

在实际中，通常可以使用单元复制法给出债券大致的选择范围以及初始权重，并结合基于指数收益的策略进行动态修正；同样，也可以结合基于指数收益的策略和因子复制策略，调整组合整体的风险暴露状况。事实上，在日常的固定收益证券资产组合管理中，单一使用某种复制策略并不多见。对于用来复制指数的工具的选择，除了债券，在实际中，投资者们还可以使用大量的利率衍生品（如远期、期货、互换等流动性高的衍生品）作为复制工具。使用衍生品的优势在于：第一，衍生品往往具有较高的杠杆比率，能够有效降低交易成本；第二，使用衍生品能够有效放松投资者面临的卖空约束，能够实现风险更有效地分散；第三，一般说来，衍生品市场的信息反应速度要领先于现货市场，流动性更好，使投资者能避免因为流动性问题而带来的不必要的损失。

一般以跟踪误差作为复制效果好坏的重要评价标准，这意味着给定一个基准指数，投资者可以度量组合和基准指数的偏差究竟有多大，但并没有给出基准指数的选择标准。事实上，基准指数的选择是一个投资者权衡风险和收益的问题，风险厌恶的投资者倾向于选择风险较小但收益相应也较低的指数作为基准，而相对偏好风险的投资者则愿意通过承担较高的风险获取更高的预期回报。从这个角度看，即便是纯粹的保守策略，在指数选择时也有一定的积极成分：投资者可以选择更为激进的债券指数，而不是最一般的市场组合。

18.2.1.2 积极的组合管理策略

在现实世界中，债券市场并非总是有效的：一方面，由于信息不对称的存在，不同投资者对于市场利率的预期不一致，有的投资者认为他们对于未来债券价格走势的预期要比市场更准确；另一方面，各类不同债券可能存在错误定价，导致市场利率期限结构出现异常。这两方面的市场非有效性正是积极的组合管理策略产生的动机。使用积极的组合管理策略的投资者并不满足于获得市场平均收益，他们总希望通过发现市场错误定价或者通过自己对于未来债券价格走势的预测能力获得超额回报。

整体来看，积极的组合管理策略可以分为两类：择时策略与择券策略。采用择时策略的投资者首先预测未来收益率曲线的变化形态，之后根据对收益率曲线的预测进行债券投资；采用择券策略的投资者则关注当前市场上各债券间的相对价格，发掘被相对低估或者高估的债券，据此进行投资。在积极的组合管理策略中，投资者有可能通过承担一部分额外的风险来获得高于市场平均水平的预期收益，因此评价积极的组合管理策略需要引入经风险调整的收益指标。

（1）择时策略

择时策略是根据当前的利率期限结构形态以及投资者对利率期限结构变化的预期来实时调整资产组合。与股票投资中的择时策略不同，债券投资的择时策略通常需要考虑一整条利率期限结构的变化，进而对一系列不同期限的债券头寸进行调整，因此固定收益证券中择时策略的分析远较股票投资的情况要复杂。

择时策略成败的关键取决于对利率期限结构或债券价格未来走势的预期是否正确，这里涉及的问题是：债券未来的收益率是可以预测的吗？大量的经验证据表明，利率期限结构或债券市场走势至少在一定程度上是可以预测的。基于这一事实，早在20世纪50年代，业界已开始结合对未来利率的预测，运用策略式资产配置进行组合管理。

多因子模型常被用来预测债券市场的收益率变化。其理论基础在于：经济环境和金融市场中的不确定性会对债券市场产生影响。例如，当经济面临很强的不确定性时，投资者更愿意购买信用等级高的债券，国债价格升高，造成国债指数表现好于高收益债券指数。因此，投资者可以选择一些能够反映经济形势变化和市场情绪变化的先导指标，建立多因子模型，辅以统计手段对未来利率或债券收益率的走势进行预测。常用的指标包括以下几种。

经济环境指标：通货膨胀率（例如CPI、PPI等价格指数）、货币供应量（例如M0、M1、M2等货币供应量的不同测度）、经济增长指标（例如季度和月度的消费、工业增加值、固定资产投资、进出口等指标）。

市场环境指标：短期的无风险利率（例如1个月期国库券的到期收益率）、股票市场的平均红利率、债券的信用利差（高信用风险债券与低信用风险债券之差）、债券的期限利差（长期债券的期限减去短期债券的期限）、市场总交易量以及期权市场的隐含波动率等。

使用多因子模型预测未来收益率时需要经过校准、检验和预测三个步骤。在校准阶段，投资者利用过去的收益率和风险因子进行滚动回归，得到模型的参数序列；在检验阶段，投资者对所估计的模型和参数进行样本外的回溯检验，选择样本外预测效果较好的模型。假设这个模型回测结果显著，则可将最新一期的因子值代入回归方程中，并得到回归方程的预测值。

（2）择券策略

择券策略，顾名思义，就是选择价格被低估的债券。择券策略的思想与金融学中套利的概念有相似之处，但其涵盖的范围更广。金融学中的套利指的是无风险套利，即当市场出现定价错误时，两种资产的各种风险（包括市场风险、信用风险、流动性风险等所有风险源）相同，现金流回报完全一致，而当前的价格不同，这时投资者可以通过买入相对低估的资产，卖出相对高估的资产获得无风险利润。无风险套利的关键在于：投资者不存在损失的风险，但存在获利的可能。但在择券策略中，除无风险套利之外，两个债券组合的风险源并不需要完全一致，只要投资者认为两只债券（或两个组合间）的相对价格当前是不合理的（并不意味着市场一定出现定价错误），或者其相对价格未来会呈现出某种可预期的变化形态，投资者都可以采用择券策略交易。因此，采用择券策略的投资者有损失的可能，这种情况往往也被称为风险套利。在实际交易中，无风险套利机会很少出现，即使出现，无风险套利的时机也转瞬即逝，很难被大量的投资者利用。市场中的择券策略更多地对应着风险套利交易。根据择券策略使用债券的不同，这一策略又可被进一步细分为同类债券间的套利交易与不同类债券间的套利交易。

18.2.2 固定收益组合风险类型与管理

一个有效的债券投资组合应当与业绩基准指数的主要风险因素相匹配，这就需要度量组合管理中的风险暴露。

18.2.2.1 久期与凸性

一般用久期和凸性的概念来分析和衡量债券的利率风险。久期是债券价格对收益率的一阶导数，反映了债券价格对收益率变化的敏感性，具体包括修正久期和麦考利久期。资产组合也有久期，资产组合的久期是资产组合的有效平均到期时间。计算方法是对组合中所有资产的久期求加权平均数，权重是各种资产的市场价格占资产组合总价值的比重。久期的计算公式如下。

久期：

$$\frac{dP}{dY}\frac{1}{P} = -\frac{1}{1+y}\left[\frac{1C}{1+y} + \frac{2C}{(1+y)^2} + \cdots + \frac{nC}{(1+y)^n} + \frac{nM}{(1+y)^n}\right]\frac{1}{P}$$

麦考利久期：

$$麦考利久期 = \frac{\frac{1C}{1+y} + \frac{2C}{(1+y)^2} + \cdots + \frac{nC}{(1+y)^n} + \frac{nM}{(1+y)^n}}{P}$$

修正久期：

$$修正久期 = \frac{麦考利久期}{1+y}$$

如图 18-1 所示，切线的斜率与债券的久期密切相关：切线越陡峭，久期越大；切线越平坦，久期越小。当收益率变动较小时，切线和久期可以很好地用来估算实际价格。但是，距离初始收益率 y^* 越远，估算效果越差。也就是说，久期只有在收益率有微小变化时才是一个好的价格变化近似百分比衡量尺度，近似值的准确度取决于债券价格 - 收益曲线的凸性。凸性（债券价格对收益率的二阶导数）是对久期在收益率大幅度变化时预测偏离的修正。

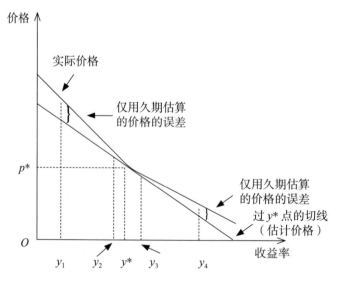

图 18-1 用久期计算价格的近似值

债券的凸性值公式为

$$\frac{d^2P}{dy^2} = \sum_{t=1}^{n} \frac{t(t+1)C}{(1+y)^{t+2}} + \frac{n(n+1)M}{(1+y)^{n+2}}$$

债券的凸性值可以用下面的公式近似估算：

$$凸性值 = \frac{V_+ + V_- - 2 \times V_0}{2 \times V_0 \times (\Delta y)^2}$$

其中，Δy 为小数形式的收益率变动，V_0 为初始价格，V_- 为收益率下降 Δy 时债券的价格，V_+ 为收益率上升 Δy 时债券的价格。

如图 18-2 所示，当必要收益率上升（下降）时，债券的凸性将减小（增大），具有正凸性。也就是说，未附期权债券的久期与市场收益率同向变动。当市场收益率上升时，债券的久期将增大，减缓了债券价格的下降速度；相反，当市场收益率下降时，债券的久期将减小，从而加快了债券价格的上升速度。

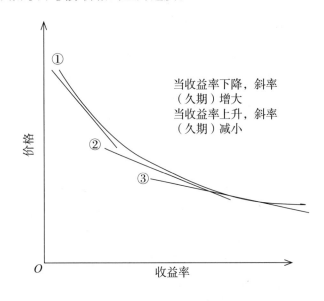

图 18-2　必要收益率变动时久期的变动

如图 18-3 所示，两个久期相同、收益率相同、凸性不同的债券（债券 B 的凸性大于债券 A 的凸性），无论收益率是上升还是下降，凸性大的债券的价格都更高。由此可知，由于凸性所引起的修正都是正的，因此久期相同的债券，凸性越大越好。

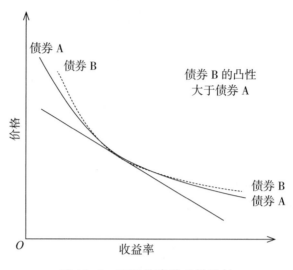

图 18-3 两只债券的凸性比较

18.2.2.2 修正调整久期

修正调整久期（也称期权调整修正久期）是一种度量投资组合利率风险的方法。久期是收到债券现金流的平均时间。当利率上升或下降一个基点时，投资组合久期就可以测度此时价格变动带来的影响。当收益率曲线不以平行方式移动时，久期的价值发挥会受到一定的限制。在投资组合中，将久期与市场基准指数的久期相匹配十分重要。

18.2.2.3 关键利率久期

在利率债的期限结构中有一些关键年份，通常是 1 年、5 年、10 年，因为这些关键年份国债流动性强，滚动发行。关键利率久期是以这些关键年限利率为基础，衡量价格对这些关键利率变动的影响。收益率曲线的变化包括平移、扭转（如短期利率下降、中期利率不变、长期利率上升）和蝴蝶状（如短期和长期利率下降、中期利率上升）。

假设基金持有一只久期为 7 年的国债，且 5 年期收益率为 3%，10 年期收益率为 4%。假设 5 年期国债利率下行 50BP，而 10 年期国债利率下行 100BP，由于 5 年期国债和 10 年期国债中间相隔 5 年，所以期限每增加 1 年，利率下行 10BP，相当于 6 年期国债利率下行 60BP，7 年期国债利率下行 70BP，8 年期国债利率下行 80BP，9 年期国债利率下行 90BP。可以看出 5 年期国债利率下行对 7 年期国债收益率的影响实际为下降 70BP。关键利率久期衡量 5 年期利率变动对 7 年期债券价格的影响。关键利率主要用在对冲上，利用流动性较强的关键期限的国债对冲收益率曲线变动的风险。

18.2.2.4 信用风险

信用风险也是需要度量和控制的重要风险之一。当发生显著的公司杠杆收购或因经济明显衰退而广泛出现风险时，不论债券的期限如何，价格都会发生突然下降的情形，因此发行人的久期风险和权重比例都要纳入考量。在发生负面的信用事件后，利差显著扩大，所以在度量发行人风险对投资组合的影响时，可以度量利差扩大对投资组合的影响。得到投资组合中持有的每个发行人的久期，就可以有效地度量这部分风险。

18.2.3 固定收益组合管理的评价方法

对组合管理的业绩评价关键在于理解相对于基准指数，投资组合的表现如何。评估相对表现时，则需要根据定价、支出、增值和重新平衡的交易成本对投资组合的收益率进行调整。

指数并不发生与资产增值、本金再投资或收益再投资相关的交易成本，为了考虑这些差异，就需要对投资组合的收益进行准确的调整。考虑这些因素的一种简单方法是，保持作为全部投资组合资产一部分的隐含交易成本的交易记录。对这些隐含交易成本进行周期性汇总，就能很好地估算与增值和收入再投资相关的跟踪误差阻力。最后对费用进行调整，即为了方便地度量投资组合收益，应当在调整收益水平时补偿费用支出。

另一种度量和评价业绩的方法是考察投资组合如何像指数那样有着相同的风险暴露，即评估投资组合相对于指数的滚动 12 个月的调整后跟踪差异的标准差——被称为月跟踪差异。如果投资组合适当地暴露于指数风险因素，那么在大多数时期标准差将会很低并且稳定。在市场压力和利差波动很大的时期，跟踪差异的标准差可能会增大。但是，增大的幅度应与利差波动性的增加大体上成比例，或者应该能被异质信用风险解释。

信息率度量的是与指数相比，投资组合所承担风险的价值增加量。计算方法是把 12 个月的跟踪差异（经过费用、定价和交易成本调整）除以调整后的跟踪误差年化标准差，一般合理的信息率保持在 1—3 的范围内。

为了更加准确地衡量风险因素管理和增级策略的成功性，管理者需要对业绩进行归因分析。具体来说，组合管理者要在相对于指数的投资组合层面来分析期限结构归因；在部门和更低一级组合来分析质量归因（配置和债券选择）。应当用次级部门、部门和债券层面上滚动的投资组合收益（相当于国债等值收益）对债券的业绩进行风险调整。这种层面的归因能为管理者提供准确度量风险匹配和收益增级策略的工具。

18.2.4 债券投资业绩的衡量

债券投资业绩一般用投资组合的收益率来衡量：

$$R_p = \frac{MV_1 - MV_0 + D}{MV_0}$$

其中，R_p 为投资组合的收益率，MV_1 为评估期期末的投资组合市场价值，MV_0 为评估期期初的投资组合市场价值，D 为客户在评估期内从投资组合中获得的现金分配。

根据上式，在任何一个评估期内，投资组合实现的收益等于投资组合在评估期期末的市场价值和评估期期初的市场价值之差与投资组合的所有收益分配之和。收益率等于投资收益与评估期期初的投资组合市场价值之比。

用上式计算收益率时有三个假设。第一，假设评估期内投资组合获得的利息收入没有被分配而是直接被再投资；第二，假设对投资组合的分配是在评估期期末进行或者以现金形式持有至评估期期末；第三，假设客户没有对投资组合追加现金投入。由于这三个假设的存在，当评估期较长或者评估期不相等时，该收益率公式无法提供可靠的信息。

子期间收益率是将收益率表示为单位时间的收益率，将评估期内各个子期间收益率平均就能得到评估期的收益率。计算子期间收益率平均值有三种方法：算术平均收益率、时间加权收益率和金额加权收益率。

18.2.4.1 算术平均收益率

算术平均收益率的计算公式为

$$R_A = \frac{R_{P1} + R_{P2} + \cdots + R_{PN}}{N}$$

其中，R_A 为算术平均收益率，R_{PK} 为第 K 个子期间的投资组合收益率，$K=1, \cdots, N$，N 为评估期内的子期间数量。

18.2.4.2 时间加权收益率

时间加权收益率的计算公式为

$$R_T = \left[(1+R_{P1})(1+R_{P2}) \cdots (1+R_{PN})\right]^{1/N} - 1$$

其中，R_T 为时间加权收益率，R_{PK} 为第 K 个子期间的投资组合收益率，$K=1, \cdots, N$，N 为评估期内的子期间数量。

时间加权收益率是指假设所有现金分配都被再投资于投资组合时，投资组合的初始市场价值在评估期内的复利增长率。算术平均收益率通常高于时间加权收益率，只有在所有子期间收益率都相等的特殊情况下，两者才会相等。

18.2.4.3 金额加权收益率

金额加权收益率的计算公式为

$$V_0 = \frac{C_1}{1+R_D} + \frac{C_2}{(1+R_D)^2} + \cdots + \frac{C_N + V_N}{(1+R_D)^N}$$

其中，R_D 为金额加权收益率，V_0 为投资组合的初始市场价值，V_N 为投资组合的期末市场价值，C_K 为第 K 个子期间内的投资组合现金流，$K=1, \cdots, N$。

金额加权收益率也叫内部收益率，计算的是评估期内所有子期间的现金流现值加上投资组合的期末市场价值等于投资组合初始市场价值的利率。

当评估期短于或者长于一年时，需要将子期间的收益率折算成年收益率：

$$年收益率 = (1+平均子期间收益率)^{1年内的子期间数} - 1$$

18.2.5 债券投资业绩的评价指标

本部分主要介绍常见的用于债券绩效评价的指标,包括特雷诺指数、夏普指数、詹森指数、T-M 模型、H-M 模型等。

18.2.5.1 特雷诺指数

特雷诺指数（Treynor Ratio）是采用基金的组合收益与证券市场的系统性风险对比的方法来评价投资基金的绩效。其计算公式为

$$PI_t = \frac{E(r_p) - r_f}{\beta_p}$$

其中，PI_t 为特雷诺指数，是特雷诺在 1965 年首先提出的一个复合指数，可以作为基金业绩评价的标准；$E(r_p)$ 表示某只基金在投资考察期内的平均收益率；r_f 表示考察期内的平均无风险利率；β_p 表示某只基金的系统风险。

特雷诺指数在衡量收益时未排除市场状况因素，其数值较大时有可能是因为市场因素在收益中起了较大的作用，而非基金管理人的运作能力。例如，同一只基金即使不根据市场状况对系统风险（β_p）进行调整，在牛市时 PI_t 也会比在熊市时大，这是由于市场风险的单位价格较高，而不是反映出基金管理人的经营能力强。因此，当各基金所处的市场状况不同时，用特雷诺指数进行绩效比较是无意义的。另外，特雷诺指数假设投资者是理性的风险厌恶者，并假定基金经理已经采用完全分散化的投资策略，不考虑非系统风险，其采用的收益是基金的整体收益，而基金管理人选择承担的是系统风险。所以，特雷诺指数只能反映基金经理获取风险溢价的能力，而没有说明基金经理的另外一个主要目标，即采用投资组合分散风险的能力。而实际上，投资者普遍要求基金经理具有消除非系统风险的能力，因为根据资本资产定价模型，决定必要收益的是系统风险，投资者承担非系统风险的期望收益为零。在现实中，基金所选择的组合对风险并非完全分散化，因而系统风险与总体风险存在较大的误差，采用该指标评价基金绩效很可能会与现实情况不符。

18.2.5.2 夏普指数

夏普指数（Sharpe Ratio）是通过基金的组合收益与总风险（系统风险和非系统风险）的对比来衡量基金的绩效。其计算公式为

$$PI_s = \frac{E(r_p) - r_f}{\sigma_p}$$

其中，PI_s 为夏普指数，表示单位总风险所获得的超额收益；$E(r_p)$ 表示期望的组合收益率；r_f 表示无风险收益率；σ_p 表示组合的波动率。夏普指数在考虑风险因素时，不仅考虑了系统风险，还考虑了非系统风险，即用总风险替代特雷诺指数中的系统风险 β_p。因

此这一指标既能体现基金经理获取风险溢价的能力，也能反映其分散风险的能力。

对于一个完全分散化的投资组合，夏普指数和特雷诺指数的评价效果是一致的；而对于一个风险分散化程度较低的投资组合，特雷诺指数将给出一个较高的评级，而依据夏普指数得出的评级将较低。但在衡量收益时，夏普指数同特雷诺指数一样，也没有排除市场状况因素的影响，都只能对相同市场状况下、同一时段的基金收益做横向比较，而不适宜对基金收益进行纵向比较或对所处不同的市场状况进行比较。

18.2.5.3 詹森指数

詹森指数（Jensen's Alpha）又称为詹森阿尔法值，是基于资本资产定价模型（CAPM），利用事后证券市场线，以业绩评估为目的构成的一个基准。詹森指数反映了基金业绩中超过市场基准组合所获得的超额收益。詹森指数越大，表面基金业绩优于市场基准组合越多。詹森指数用公式表示为

$$R_{p,t} - r_{f,t} = \alpha_p + \beta_p(R_{m,t} - r_{f,t}) + \varepsilon_t$$

其中，$R_{p,t}$ 为组合的收益率，$r_{f,t}$ 为无风险收益率，α_p 为回归方程的截距项，β_p 为组合相对市场指数的贝塔值，$R_{m,t}$ 为市场收益率，ε_t 为随机误差项。

18.2.5.4 T-M 模型

詹森指数虽然直观地显示了基金经理的综合绩效表现，但它无法区分基金经理的选股能力与时机选择能力。为此，Treynor 和 Mazuy（1966）在回归方程中引入一个二次项来描述基金经理的择时能力：

$$r_p - r_f = a + b(r_m - r_f) + c(r_m - r_f)^2 + e$$

模型中回归系数 c 值越大，说明基金管理者的市场时机把握能力越强，在基金业绩中的作用越显著。

18.2.5.5 H-M 模型

Henriksson 和 Merton（1981）提出了另一种相似的但更简单的方法，在 H-M 模型中引入了一个含有变量的单项式替代 T-M 模型中的二次项，该模型可根据市场状况做出不同的变形，特征线的变化反映出基金经理成功预测到市场的变化，并使资金在市场组合资产与无风险收益资产之间合理配置：

$$r_p - r_f = a + b(r_m - r_f) + c\max(r_f - r_m, 0) + e$$

若 $c > 0$，说明基金经理有正的市场时机把握能力；反之同理。

总之，金融市场运行的内在复杂性使债券组合绩效评价技术不断深入发展，尽管人们用不同的方法从不同角度对这一问题展开研究，但还是无法给出一个完全准确的评价方法。每一种绩效测量方法都有其局限性，为人们分析问题提供了不同的视角与工具，但这些方法都只能作为绩效评价的近似工具，还不是一种公认的正确标准。这一领域仍

有待深入探索。

18.2.6 固定收益组合的财务杠杆

固定收益的投资收益来自两个方面，第一个来源是利息收入，第二个来源是资本利得。债券组合经理可以运用财务杠杆来提高债券组合的收益率。为了在市场上获得比纯现金投资收益更高的投资组合，债券组合经理可以通过借入资金创建财务杠杆。使用财务杠杆的一个基本原则是资金的投资收益高于借入资金的成本。如果借入资金的投资收益是5%，而资金成本为3%，则使用财务杠杆是有利可图的。财务杠杆的主要工具包括回购协议、债券借贷和信用拆借。目前监管机构对不同机构和不同账户主体的杠杆率有明确规定，限制了市场的整体财务杠杆水平。

18.2.7 固定收益组合的再平衡

固定收益多因素模型是根据证券收益率的主要因素估计证券预期收益率的统计模型。收益率的主要影响因素被称为风险因子。多因素模型中的系统性风险包括收益率曲线风险、互换利差风险、波动性风险、政府债券的利差风险、公司债券的利差风险和证券化产品的利差风险。多因素风险中的风险敞口用跟踪误差衡量。多因素模型为投资组合经理提供了关于投资组合中风险来源的信息。结合多因素模型可以有效地重新平衡投资组合，以重新校准逐渐偏离基准指数或投资目标的投资组合。与此同时，在投资组合经理从客户或投资组合现金流入中得到新资金或客户提取资金时，也需要重新平衡投资组合。

18.3 对冲基金的固定收益组合交易策略

18.3.1 利率对冲交易策略

18.3.1.1 国债跨期对冲策略

跨期套利交易是国债期货套利交易中最常见的，是指交易者利用标的物相同但到期月份不同的期货合约之间价差的变化进行交易。跨期套利主要包括做多跨期价差和做空跨期价差。套利条件是期货合约到期时基差收敛，跨期价差应回归稳定。

具体来说，当交割月前后跨期价差过大时，可做空跨期价差，当价差如期在交割时收敛至正常水平时了结获利。如果预期交割月当季合约偏弱，预期跨期价差将迅速扩大，那么做多跨期价差，买进远期合约，卖出近期合约，待价格关系恢复正常时，再分别对冲。

18.3.1.2 国债跨品种对冲策略

跨品种套利是在同一交易所、相同到期月份但合约标的不同的国债期货合约之间进行的交易，利用合约的价差变化获利。

具体套利原理是根据国债期货的久期的反比进行合约配比，使得国债期货合约的久期与CTD券的久期相等，公式为

$$\text{TF 合约数}：\text{T 合约数} = \text{T 合约 CTD 券的久期}：\text{TF 合约 CTD 券久期}$$

久期中性法可保证组合对市场收益率小幅变动基本免疫。5年期和10年期国债期货的关联度强，价格影响因素大致相同，在正常情况下价差比较稳定，当TF-T价差处于高位时，投资者可在此时买入10年期国债期货，并按合约配比卖出5年期国债期货，即做5年期-10年期国债期货价差的空头。随着利差的进一步缩小，国债期货的价差也将缩减，届时可卖出平仓10年期国债期货，按合约配比买入平仓5年期国债期货，了结获利。

18.3.1.3 国债基差交易策略

国债期货基差是指国债现货和期货之间价格的差异，基差交易包括做多基差和做空基差。做多基差，即投资者认为基差会增大，现券价格的上涨（下跌）幅度会大于（小于）期货价格乘以转换因子的幅度，则买入现券，卖出期货，待基差如期增大后分别平仓；做空基差，即投资者认为基差会减小，现券价格的上涨（下跌）幅度会小于（大于）期货价格乘以转换因子的幅度，则卖出现券，买入期货，待基差如期减小后分别平仓。基差交易的利润来源于基差的变化和持有收益。基差变化的收益是指从国债期货、现货交易中分别获得的收益之差，持有收益是指在通过套利交易融入资金买入国债的过程中，国债持有期间的利息收入与融资成本间的差异。

18.3.2 资产支持信用策略

基于资产的信用策略是集中投资于证券化债务凭证（Securitized Debt Obligations）的组合管理的多头/空头方式，这些债务凭证可能包括范围宽广的债务类型，从住房及商业抵押贷款到租赁及信用卡贷款。组合经理将寻求识别相对于支持贷款抵押品的价值被错误定价了的资产支持证券以便进行多头或空头投资。这种策略通常聚焦于那些由较冒险的次级借款者的贷款所支持的较高收益证券，但也并非必须这么做。

购买错误定价的资产支持证券的最佳机会通常发生于信用市场出现明显错位的时期。此种策略的从业者通常会开发复杂的专有模型，参照给定证券对个别抵押品进行评估，其目的是查明证券所具有的清算价值及本利支付流是否比已内嵌于当前定价中的更多。这些估值模型将包括当前信息，比如该证券预期寿命内的支付预测和拖欠预测，因此模型将具有分析贷款数据的能力。此种策略中的对冲或做空可能倾向于对冲一些宏观风险因素，如一般市场价格下降、在特定年份对衍生品的使用、对证券化债务凭证的支

付优先性等。

该策略的资产支持信用抵押品类型包括机构及非政府支持企业发行的住房抵押贷款支持证券（此为主流）、消费信用资产支持证券、商业抵押贷款支持证券以及商业非抵押贷款资产支持证券，此外还有别的证券。住房抵押贷款是最大的资产支持信用分组，其组成证券由不同抵押贷款类型提供支持，包括准优级债券、期权可调利率抵押贷款（Option Adjustable-rate Mortgages）、其他次级贷款以及其他类型的证券。

这些贷款不仅被证券化到入池债务凭证证券（Pooled Obligations Securities）之中，而且被进一步分割到依支付优先性损失（Payment Priority Loss）来分层的各个分券之中。支付优先性越低，违约风险就越高，但同时当前收益率也越高。组合经理不仅要识别被错误估值的证券，还要识别被错误估值的分券，这是该投资策略的一部分。有时最廉价的证券可能会最先遭受损失，而在其他情况下它可能位于结构的顶层。认为违约具有某种周期性的组合经理也可能依据他们关于市场环境的印象来决定最适合的分券结构。

组合经理也可能选择购买"饱经风霜的"（Seasoned）证券。从历史观点来说，目前已经开始支付的借款者倾向于继续支付。然而，饱经风霜的证券往往定价更加充分因而更不便宜。做空策略倾向于防御系统性风险，比如对抗所有资产价格的普遍恶化，包括股票及债券两者，而较少针对某个证券，更不针对衍生品，这是由于做空或者从该资产类型中借用保证金的能力受到限制。

某些受到组合经理监控的基础抵押品信息包括住房及商业财产权价格、累计违约率、拖欠趋势、累计损失率、来自销售的损失幅度、贷款价值比、贷款修改水平、清算率、不动产水平、商业部门需求以及失业率等。违约率是这个资产类别的主要风险因子，资产支持信用组合经理将考虑资产支持证券背后的基础贷款的绩效，部分细节包括已发生拖欠的参照贷款的数量、拖欠的时间长度、不良贷款、丧失抵押品赎回权和被清算状况，以及重组和重建绩效。

随着时间的推移，在范围与潜力方面，对冲基金策略的对冲技术及可能性已经得到极大的拓展。人们曾经一度仅仅能在对冲系统或周期性风险的意义上想一想而已，只能选择应用广泛的信用、利率甚至股票指数来提供下跌时期的保护。然而，在2018年次贷危机的开始阶段，按类型参照了资产支持证券及资产支持证券的分券的衍生产品得以实现增值，从而提供了更加直接地对冲或卖空住房类及稍后的商业资产支持证券的多样化方式。这些产品中的一部分包括Markit ABX-HE、Markit CMBX、Markit CDX.NA、Markit iBoxx European ABS以及住房股权资产支持证券的信用违约互换。这些衍生品被划分为不同分券，允许更加具体的资产支持对冲或者卖空类型。

18.3.3 资本结构套利

资本结构套利（Capital Structure Arbitrage）是通常聚焦于受压（Stressed）或受困（Distressed）公司的投资策略，这些公司通常是具有高资产负债表杠杆的公司。一个使用资本结构套利策略的组合经理考察某一公司的所有证券（债券及股票）以寻找可能的错误定价或相对的错误定价。他们从依靠当前现金及未来盈余潜力的支付优先性角度看待这些证券，并通过公司支付债务凭证的能力及已实现股权（Potential Realized Equity）估值来对公司进行估值。资本结构套利策略是一种灵活且范围足够宽广的可以容纳整个信用周期的机会的投资策略。组合经理将有可能识别出那些纠正优先级相对于劣后证券的相对价值错误定价的特定催化事件。这种催化事件可能是即将到来的再融资或者是一个特定业务事件。此种策略倾向于使用低水平杠杆，这是由于投资于其中的公司具有高水平的资产负债表杠杆。

某一公司内部证券的层次可能相当多变，从具有牢靠契约的优先级担保银行债务到最劣后级的证券或者基于股权的证券。这些证券中的每一种都可以预期有一个独特的波动性特征。越是劣后的证券，波动性越有可能较大。组合经理在定位于多头或空头时必须考虑到这种波动性，因为这将影响到他们组合的总体损益波动性敞口。

组合经理必须评估未偿债务契约并确定支付优先性，这可能会很复杂。最难以评估的是有着复杂层次的多重子公司的债务契约。子公司与控股公司可能有交叉负债而且未必完全自立。组合经理还必须同时将债务到期计划表包括进来，作为对公司未来履行利息和本金偿付义务能力的重要预测元素。通常来说，支付优先性及财产权归属是在法庭上解决的。组合经理必须以深思熟虑的方式来评价涉及各种未偿付债务工具的破产诉讼，这一过程可能相当冗长且结果并不确定。然而，这些证券通常可以在最终司法决定达成之前就出售或者交易。

资本结构套利组合可能包含多种头寸，即来自不同公司内部资产结构的多种证券。作为有意义的当前或未来公司事件的当事者，每家这类公司都可能正在或者被预期经历着某种形式的结构性变动。这些事件可能不仅包括特定公司的资本结构变动，而且还包括由该经济体众多部门构成的较大宏观经济环境所造成的财务变动。资本结构套利组合通常可以按部门来加以集中化，这是由于行业动态可以以一种唯一的为该部门创造机会的方式立即影响多家公司。组合经理依据带有概率性结果的多种情境来思考，多头及空头的证券赋权将反映他们的概率估计。例如，当目前存在较为牢固的经济增长预期时，多头们可能持有较大的权重。事件都具有变动着的时间框架，而且组合经理也可能基于头寸中证券预期价格变动的现值来评估某个机会的吸引力。

此种策略中的对冲倾向于针对特定公司，不论是基于劣后证券还是优先证券。然而，在此种策略中看到针对行业水平的对冲甚至针对指数的对冲也很常见。其他更广义的对冲技术可能常常合乎情理地被用来减轻总体市场 β 值敞口。

18.3.4 多头/空头信用策略

多头/空头信用策略（Long/Short Credit Strategy）也被看作相对价值策略或固定收益套利策略，其中包括多种子策略或者投资方法。某些子策略可能具有非常具体的高度对冲的套利，而其他子策略可能具有更加系统或广义的对冲方法。多头/空头信用策略可以包括整个信用谱系（Credit Spectrum）中的债务证券，从投资级到高收益及受困的证券。所有方法都依赖于对某一公司自上而下的分析，这种分析基于它的商业模型及收入前景来判断其偿付债务凭证的能力。类似地，组合经理聚焦于经济的杠杆周期，这影响着公司履行其债务凭证的能力。多头及空头信用组合可以由多样化的债券头寸组成，组合经理基于当前违约概率而非当前价格认为应该看多或看空公司债券，可以预期组合经理会保持范围从净多头到较接近于市场中性的总敞口。从实践上来说，一个组合一贯保持净空头是不正常的。

现金公司债务（贷款、债券及优先股）和衍生品，除了参照指数及指数的分券，也参照单独的公司，是主要的债务工具，作为对主权债务工具的补充。具体来讲，现金公司债务是万一公司违约时具有某种索偿权或支付优先性的那些债务。衍生品，例如信用违约互换，通常是签约双方之间基于参考实体的财务状况签订的双边支付协议，一旦发生违约，这些工具并不代表被参考公司的直接义务，因此对这些工具的评价将基于给定实体的未来现金流、资产质量、契约保护、可改变某实体未来盈利能力的可能催化剂、行业趋势、总违约率、信用条件、行业以及广泛的经济因素。

多头/空头信用组合经理可能采取数种不同方法来构建他们的组合。他们可以建立一个信用多头账户及一个信用空头账户，其净敞口及毛敞口反映了关于基础市场波动性及近期走向的某些宏观观点。一般而言，可以预计的是，与较低评级、较宽利差的债务相比，那些较高评级、较窄利差的债务所对应的托管资产的汇总头寸的总市场价值要高一些。

定向多头可能包括这样一些债务或信用衍生品：它们来自失宠的、受压的、受困的公司，其价格似乎低于组合经理所评估的公允价格，或者来自正经历正向变动的公司。定向空头可能包括这样一些债务或信用衍生品：它们来自正经历周期性衰退的公司，其价格似乎高于组合经理所评估的给定未来盈利潜力时的公允价格。可以预计的是，组合经理将使用杠杆，但是会保留某个无产权负担的合理份额或过剩现金来覆盖它们的保证金要求。持有的无产权负担的现金的数量将依赖于市场的总体条件而增减，包括来自周期性及来自机会这两种因素，取决于组合经理的风险胃纳（Risk Appetite），他们的组合有可能高度多样化从而包含数以百计的头寸，或者可能更加集中化。一般而言，随着时间的推移，一个组合越是集中化，可以预计那个组合的估值就越有可能波动。集中度可以指头寸大小、特定债务发行的所有权百分比、地理、行业以及信用质量。

对于给定的债务发行，投资评级越高，违约概率就越低。然而，此种债务发行的收益分布将是负的、非对称倾斜的，其向下一面的潜力大于向上一面的潜力。这正是使对冲在此种策略中变得有趣的地方。对冲可以是针对特定公司的，它与资本结构套利相重叠，而且除了涉及参考信用违约互换，还涉及同一公司的其他债务。对冲或做空除了在市场混乱时期维持一个净空头头寸，还可以用于表达对一个公司或对一个部门的负面观点。本质上对冲也可以宽泛到包括广义股票、信用及利率对冲。一个给定的组合越是更紧密地对冲、越是市场中性或者越是聚焦于投资级，其杠杆相比于不这样做时就越可能更高。由于集中化或净多头的组合比市场中性的组合具有更大的波动性，因此可以预期这种类型的组合会有更低程度的杠杆化。

18.3.5 受困投资策略

受困投资策略（Distressed Investing Strategy）是聚焦投资于正在经历财务压力的那些公司的各种证券的策略，这些证券可能陷入违约的境地，也可能并没有。常见的投资情境可能是公司资产负债表正在改善。其他情境则可能包括清算投资，其中某个公司的证券可能代表着对贵重资产的某种债权，包括现金；某些流动性投资，其中再融资将提供必要的时间以使某个公司恢复元气；或者诉讼投资，其中组合经理可能参与债权人委员会，而某些证券的价值将在法庭上决定。同样地，某些头寸可能是做空那些状况正在恶化的公司的头寸，它们正在失去市场份额或者在性质上是周期性的。一般来说，所有头寸都将与一个可识别的催化剂或某一事件相联系，通常是法人特定的，它将释放组合中所持有证券的价值潜力。

受困投资策略组合中持有的证券除了包括加总债务证券，还可能包括某一公司、控股公司或者子公司的资本结构中的所有部分。证券范围从优先担保债务（比如银行贷款）到从属性债务（比如第二留置权债务）再到劣后担保证券（比如以远低于可转换债券价格及股票价格交易的破产可转换债券）。其他类型的债务证券仅与正在经历财务困境的公司并存，比如债务人持有资产或者救助融资。在资本结构或者支付优先性中所处层级越低，可以预计其现金价格就越低。

受困组合经理可以采用多种方法来建立他们的组合。这种策略主要是多头偏好的，组合中所持有证券的特征将会包括：它们是作为行业领导者或者有重要影响力的公司的债务或股权，它们不仅相对于当前股价是廉价的，而且拥有经济低迷及市场波动时期的保护垫，在该公司所处的行业和地区中拥有适宜的定价。组合经理可能使用其他类似行业中的公司估值来确定目标公司的价值，进而确定他们正持有的证券的总估值。值得注意的是，此种策略的一个方面与资产支持信用策略重叠，这是由于受损的结构化信用，比如都属于捆绑多种公司债务凭证的担保债务凭证（CDO）及贷款抵押债券（CLO，又称担保贷款凭证），常常是受困组合经理投资集合的一部分。这些证券可被分解为贷款或债券并依据基础公司债务的当前市场定价加以估值。组合经理将针对这些证券对担保债务凭证的总和进行评估并在出现适合的错配时谋利。总的来说，受困组合将有可能由多家公司的多种头寸组成，但也可能集中化，即前10个公司的证券代表了所投资的托管资产的绝大部分。

此种策略的对冲将从策略性多头头寸横跨到指数对冲或者利率对冲。对冲也可以将位于相同或者相似行业中的其他公司的债务或股权作为策略性多头头寸。给定行业趋势及经济前景，这种策略也可能包括那些财运不济的公司的空头头寸。然而，在周期性的情境中，组合经理可能倾向于限制资本流入，甚至会在机会匮乏时将资金退还给投资者。组合经理可能会在资本结构中战术性地"上蹿下跳"，在经济或行业周期较疲软的阶段购买优先担保头寸，而在周期的增长阶段持有更劣后的证券头寸、未担保的债券或股票。尽管这种策略不一定是一种良好的对冲技术，但它确实是一种有助于缓解风险的技术。

18.3.6 波动性交易

波动性交易（Volatility Trading）聚焦于购买与出售市场上隐含的波动性。在最直接的形式中，波动性交易试图从固定收益期权市场中的机会及觉察到的错误定价中获得益处。由于期权价格主要是由基础参考证券的隐含波动性决定的，因此组合经理可以从不同的角度来分析此种机会。

分析交易波动性的一种方法是当隐含波动性与其长期水平的测度相比显得贵或贱时就购买或出售期权。采用这种方法时，组合经理会运用多种估值技术来测度与预测已实现的波动性。如果隐含的波动性高于已实现波动性的预测量，那么期权将被出售而且基础证券的风险将以某种模型进行无风险对冲。期权价格通常反映了风险溢价，这是由于期权的出售者要求得到高于公允价值的补偿以便出售它们。从长期来看，来自出售固定收益期权的平均收益，尤其当它们被持有至到期日时，已经是正数了，这是由于收益自然就是均值回归的。许多组合经理遵循隐含波动性对已实现波动性的比率来等待启动这些交易。对于那些不想对基础证券风险进行无风险对冲的人，在可以做出与波动性冲击相关的关于波动性水平的直接对赌场合，可以使用诸如方差与波动性互换这样的工具。当然，这种策略在波动性水平及利率水平两方面都是具有方向性的，这是由于利润与亏损的驱动来自不确定性水平以及对冲者对期权需求水平的变动。

分析交易波动性的另外一种方法是观察波动性界面（Volatility Surface）并从特定的冲击、期满及到期日中发现错误定价的机会。

许多组合经理同样会横跨多种固定收益证券来看待隐含的可选择性。例如，由于上升的波动性提高了提前偿付的概率，因此抵押贷款支持机构转手证券（Mortgage Backed Agency Pass-through）对波动性的变动比较敏感。抵押贷款支持机构转手证券的买方自然看空住宅拥有者的提前偿付期权，并在额外利差的意义上获得期权补偿。如果互换期权的波动性低于隐含在抵押贷款证券中的期权的波动性，则组合经理可以通过购买 MBS 及互换期权来建立波动性套利头寸。

波动性交易的进一步拓展是跨市场波动性交易。人们可能持有美国期权的波动性高于欧洲固定收益期权的波动性的观点，从而在一处出售期权并在另一处购买。或者认为固定收益期权市场的波动性高于或低于较长期限的货币期权市场的波动性。这两者是相关的，因为货币远期是由即期汇率及利率差异两者共同驱动的，而对较长期限的远期而言，较长期利率的波动性及相关性就变成主导性的相对价值因子了。

18.4 全球固定收益组合管理

18.4.1 投资目标和基准选择

大多数投资者都为全球固定收益市场所吸引，因为作为一种大类资产，其具有一定的分散性。全球固定收益组合基准的选择与普通国内固定收益组合基准的选择原则和类型是一致的。

18.4.2 投资组合策略

一旦做出了投资政策声明，投资组合管理人就需要制定一个最适合投资者收益目标的投资组合策略。正如其他许多领域的投资管理一样，投资组合管理人往往遵从不同的管理模式和投资规范（Investment Discipline）。

投资组合管理人管理得好坏大多是用基准收益而不是绝对收益来衡量的。投资组合管理人可以通过一系列方法来提高投资收益，然而相当一部分的超额收益却来自更广泛的债券市场和货币配置的决策。一项规范的投资决策必须以基本面经济因素或者能促进市场和货币选择过程的市场价值指标为基础。由于货币收益在历史上有较大的波动，因此对货币管理方法的研究成为一个主要问题。

国际固定收益投资组合管理人所面临的挑战与那些国内固定收益投资组合管理人有所不同。首先，国际固定收益投资组合管理人必须在美国债券市场以及其他10—20个市场上同时进行操作，而各个市场有着相对独立的市场动态；其次，一般而言，利率的变动对一国国内债券市场不同板块（抵押贷款证券除外）的影响大致相同，只是影响的幅度可能会有所不同，但对国际债券市场的影响经常因为经济条件和投资者风险承受能力的不同而向不同的方向变动。

国际固定收益投资组合管理人还可以采用一种或多种不同的管理方式。他们大致可以被分为四类：经验交易派（Experienced Trader）、基本面分析派（Fundamentalist）、暗箱操作派（Black Box）和图表分析派（Chartist）。

经验交易派通常利用自己的经验和直觉来发掘市场机会。经验丰富的交易者往往在市场上非常活跃，并试图通过国际固定收益投资组合管理人（例如对冲基金、养老基金、中央银行）的市场操作来预测市场的下一轮变化趋势。他们的交易基于对竞争对手头寸的估计、市场价格的变化以及风险容忍度。经验丰富的交易者往往会逆势而上，在许多投资者都大幅亏损从而被迫退出市场的情况下寻求利益。

基本面分析派的管理方式依赖于一个重要的信念：债券和货币的交易量会随着经济周期的走势而变化；同时，经济周期还会影响到公司债券投资中不同行业板块的轮换投资，因为不同行业在同一经济周期中的不同时点会表现出不同的业绩，所以投资者也需要进行调整以获得更大的收益。崇尚基本面分析的管理人中，有些人相信经济周期是可预测的，并且在很大程度上依赖于其在债券市场和货币市场中进行的经济分析及预测来做决策。这些管理人通常换手率较低，因为经济基本面对于短期价格变动的影响较小。"自下而上"的公司债券选择也可能被定义为一种基本面分析方法，尽管这种方法主要针对具体的发行方进行基本分析，而非更广泛的经济基本面分析。

暗箱操作是定量分析管理人常用的方式，他们相信通过计算机模型可以拟合出常人难以发现的关于市场之间关系的信息。这些模型可以完全依赖于经济数据、价格数据或者两者的结合。定量分析管理人认为，普通管理人在进行市场操作时会因为对其岗位的情感依赖、交易纪律的缺失或者同时处理好几个变量的能力的缺乏而导致操作失误。但利用计算机模型就可以避免这些缺陷,并创建一种更严谨的投资方法。

所谓的图表分析派,也叫技术分析派,主要依靠技术分析来确定要买入或卖出哪些资产。图表分析师会仔细分析每天、每周、每月的图表,试图确定影响市场趋势的各种力量的大小,从而确定潜在的市场转折点。趋势跟踪的方法,如移动平均法,目的是让投资组合经理探求到市场动向。逆向分析方法(Countertrend Approaches),如相对强度指标和振荡器,都试图确定最近的价格趋势在何时会出现逆转。

只有少数国际债券投资组合管理人会单独采用一种债券管理方式,实际上大多数管理人都会将上述这些方式综合起来使用。比如依靠对经济周期的预测来确立投资的管理人,会时不时地选择违背他们中期战略的头寸,这样做是因为他们通过技术分析得出了短期的市场情况,由此他们就会改变头寸以从短期内被低估或者被高估的市场上获利。即使是大量依赖计算机模型来进行投资决策的数量分析专家也偶尔会推翻从模型中得出的结论而转向其他管理方式,从而提高投资的收益。无论管理人采取什么样的投资管理方式,投资决策都必须在投资指南所规定的范围之内,并且要与投资者的收益率目标和风险承受水平相吻合。

国际债券投资组合管理人应采用规范性的方法来进行债券买卖。这就要求每一个偏离基准的买卖决策都有一个更具体的目标价格(更常见的是收益率差或汇率水平)并按照基本原理来执行。基于不同的管理方式,头寸的大小也应该反映出投资者的信念和模型的信号强度。每一次交易都应该考虑到与之相关的债券收益率和汇率随着时间的推移而可能发生的变化。例如,如果汇率的变动表现出一定的趋势,那么与恢复平均水平的趋势相比,就需要一个不同的买卖规则。

18.4.3 超额收益来源

任何国际债券投资组合的标杆都是基准投资组合。然而,为了在缴纳管理费后赚取超过基准的收益,投资组合管理人必须想方设法地增加收益。这些超额收益可以通过以下五个策略相结合来产生:货币的选择;久期管理/收益率曲线投机;债券市场的选择;部门/信用水平/证券品种的选择;投资指数之外的市场(如果允许的话)。这些策略都可以提高收益率水平,但货币和债券市场的选择的影响一般更为显著。我们将在下文中详细讨论这些超额收益的来源。

18.4.3.1 货币的选择

大多数投资指南都允许一些积极的货币管理和风险敞口。积极的货币管理的吸引力是强烈的,因为潜在的收益十分可观。由于货币收益的波动性一般高于债券市场收益的波动性,因此所取得的超额收益必须相对于额外的风险进行评估。

对于积极的货币管理策略,如果想一直提供丰厚的风险调整后收益,货币走势的预测就是必需的,而且需要预测未来的即期汇率(未来外汇汇率)而非远期汇率(可通过远期合约在即期市场上锁定)。远期外汇汇率并不是未来的即期汇率的预测值,它仅是由两种货币的短期利差所决定的。

研究表明，可以通过积极的货币管理策略创造利润。此外，远期外汇的汇率预测并不是未来即期汇率的良好预测这一事实已被广泛接受。从历史上看，持有较高短期利率且未对冲的货币头寸可以带来丰厚的收益。同时，那些即将贬值的货币（即比投资者的当地货币提供更高利息的货币）的贬值幅度将小于隐含在远期利率中的贬值幅度。相比于增持实际利率较低的货币，增持实际利率较高的货币可以带来更丰厚的收益。此外，部分货币的走势并不是一个随机游走的过程，而是表现出序列相关（即汇率变动具有某一趋势）。在一个具有趋势的市场中，简单的技术分析可能会带来超额收益。这些研究结果共同证明：积极的货币管理可以带来一贯的超额收益，这也为积极的货币管理提供了一个强有力的支撑。此外，随着货币市场变得越来越透明，流动性越来越强，这些投资策略越来越被广泛熟知，传统管理技术的有效性可能日渐衰退，市场需要更先进的投资管理技术的出现。

18.4.3.2 久期管理／收益率曲线投机

久期与债券市场的选择有着密切的关系，通过对久期进行管理可以提高债券组合的收益率。在某一特定的债券市场中，投资者通过运用子弹策略与哑铃策略便可在陡峭或平坦的收益率曲线中提高收益率和总收益。除了这些可以在国内市场中运用的策略，国际固定收益投资组合的管理人还可以在投资组合久期不变的情况下，通过在不同的市场间转移来提高收益水平。

过去几十年间，国际债券投资组合中的久期结构管理工具已经被越来越广泛地使用。在国际债券市场中，利率互换市场通常流动性较高，也被机构投资者广泛地用于管理利率风险。在大多数市场，利率期货这一工具能够为迅速改变久期结构或市场敞口提供流动性，并且成本较低。在管理久期和风险敞口时，发行流动性较高的政府债券以及发展"带状市场"（即将政府债券的现金流分割为利息支付和本金支付两部分）也能够成为投资组合管理人的有效工具。

18.4.3.3 债券市场的选择

超配表现最好的债券市场的债券可以使整个组合获得大大超过基准指数的收益率。国际债券投资组合管理人运用许多技术工具来识别这些债券市场，这些工具包括宏观经济预测、量化分析模型以及主权风险等。市场混乱、市场非流动性以及市场信息不充分也会创造相对价值的空间，进而吸引债券管理人进入该市场。

18.4.3.4 部门／信用水平／证券品种的选择

有些全球债券指数只包括政府债券，而有些全球债券指数（如巴克莱资本全球综合指数和花旗集团全球广泛投资级指数）还包括其他投资工具，包括公司债券和抵押贷款固定收益证券及其衍生品债券。对投资管理人来说，如果当期也想获得较国内投资者而言更高的市场流动性并在国际市场上发行债券，总体公司债券市场成为非常具有吸引力的收益来源。原本通常运用"自下而上"的核心分析方法、基于信用基础因素来识别价值的投资组合管理人，现在能够关注更广泛领域的证券。同样地，抵押贷款债券、高收益债券、担保债券和资产支持证券也能够提供更多的投资收益来源。

18.4.3.5 投资指数之外的市场

如果允许，将部分资金投资于指数以外的市场也可以显著提高收益而不提高风险水平。例如，如果资产被配置于企业信贷或抵押债务，那么用花旗集团世界政府债券指数作为其基准的投资组合管理人将会进行基准调整。管理人需要通过总收益来评估指数外市场的表现。但作为一个国际债券投资组合管理人，还必须考虑到汇率变动的影响及对冲决定对投资指数外市场收益的影响。

18.4.4 投资组合构建

为了将一种投资组合的策略转变成一个实际的投资组合，还需要建立一个框架来评价预期收益和风险。全球固定收益组合收益可以分为三部分：无风险利率、债券超额收益和货币收益。

一旦做出固定收益配置的决策，每个市场的最优化久期与收益率曲线将被选定。国家选择方面，需要投资者在一个特定的时间选择一个被低估的债券市场，比如投资者基于对美国和日本的利率、经济基本面等整体分析，认为美国国债的吸引力比日本国债的吸引力大。证券品种选择也是全球固定收益投资组合的收益来源之一，这一收益要求投资团队具有丰富的信用研究能力，但要组建这样一个了解当地市场信用状况的投研团队就需要长时间的培育。

18.4.5 货币风险对冲

18.4.5.1 货币对冲的决定

汇率风险只是全球固定收益组合进行海外投资时所遇到的风险之一。汇率的波动对于跨境投资的收益率影响巨大。可以在跟踪国外市场指数的同时，以签订外币对本币汇率的远期合约的方式对冲汇率损益，最终获得与国外市场指数相似的收益水平。采用货币对冲的方式可以降低收益的波动性，但同时也提高了对冲交易成本。对于汇率风险，投资者可以选择不对冲和对冲。选择不对冲的投资者认为，汇率长期来看处于均值回归的状态；选择对冲的投资者认为，汇率波动是一种风险，必须要对冲掉；还有一种居中派认为，长期汇率风险可以不对冲，但短期汇率风险要对冲。

18.4.5.2 货币对冲方式

对冲投资者可以分为三种：被动对冲、灵活对冲和主动管理。当全球固定收益组合投资一种外国资产时，一是面临资产本身的风险，二是面临外汇的风险。被动对冲投资者认为投资国外债券时，汇率风险是多余的，必须对冲掉。被动对冲基本可以全部对冲掉汇率风险,但由于被动对冲成本很高,因此投资者很少选择被动对冲。灵活对冲本质上是对冲汇率风险,但由于对冲成本较高,因此投资者会对冲掉大部分汇率风险,并留下上下浮动的区间,降低来回对冲所带来的成本。这种对冲方式是投资者用得最多的一种方式。主动管理本质上是把外汇当成一种大类资产,分析外汇长期、短期走势,获取利润,这种方式投资者用得最少。

18.4.5.3 货币对冲工具

主要的货币对冲工具包括外汇远期、期货、掉期和期权等衍生产品,这些工具既可以单独使用也可以组合使用。我国长期实行汇率管制,2005年7月人民币汇率形成机制改革以来,我国外汇市场加速发展,交易品种日趋丰富,银行对客户市场和银行间外汇市场相继推出远期、外汇掉期和外汇期权等三类人民币外汇衍生产品。但在实际操作过程中有诸多限制,最为主要的限制是外汇对冲仅仅用于贸易需求,资本账户并不能对冲。

(1)远期

人民币外汇远期交易,是指交易双方以约定的外汇币种、金额、汇率,在约定的未来某一日期(距成交日两个工作日以上)交割的外汇对人民币的交易。人民币外汇远期交易主要包括两种业务:人民币远期结汇和人民币远期售汇,前者是外汇收入所有者将外汇卖给外汇指定银行,后者是外汇指定银行将外汇卖给外汇使用者。

(2)外汇掉期

人民币外汇掉期,实质上是外币兑人民币即期交易与远期交易的结合。具体而言,银行与客户协商签订掉期协议,分别约定即期外汇买卖汇率和起息日、远期外汇买卖汇率和起息日。客户按约定的即期汇率和交割日与银行进行人民币及外汇的转换,并按约定的远期汇率和交割日与银行进行反方向转换的业务。

(3)外汇期权

外汇期权,在国外也被称为货币期权或外币期权,指的是标的资产为约定汇率的期权。一般来说,外汇期权的期权费在签订交易合约之后两个交易日内以期权所涉及的两种货币中的任何一种支付,有的时候也可以用第三国货币支付。

专栏 18-3

美国债券市场

美国债券市场在经历了次贷危机的冲击之后,近几年发展迅猛,不仅市场规模稳步扩大,而且品种日益丰富,结构更加完善,满足了不同偏好的投资者需求,交易活跃。就具体债券品种而言,国债、MBS、公司债券的债券存量占美国债券市场总债券存量的比例最高,国债和机构MBS的日均交易量最大。

(一)美国债券市场规模大

据美国证券行业和金融市场协会(Securities Industry and Financial Markets Association,SIFMA)

的统计数据显示，美国的债券市场规模全球最大。如表 18-4 所示，截至 2016 年年末，美国债券市场存量超过 39.4 万亿美元，债券品种主要包括市政债、国债、MBS、公司债券、联邦机构债、货币市场、ABS，它们的存量规模分别为 3.8 万亿美元、13.9 万亿美元、9.0 万亿美元、8.4 万亿美元、2.0 万亿美元、0.9 万亿美元、1.4 万亿美元左右。国债是美国债券市场存量最大的债券资产。

表 18-4　美国各类债券存量　　　　　　　　　　（单位：10 亿美元）

年份	市政债	国债	MBS	公司债券	联邦机构债	货币市场	ABS	总存量
2000	1 480.7	2 951.9	4 119.3	3 402.4	1 853.7	1 614.0	705.4	16 127.4
2001	1 603.4	2 968.0	4 711.0	3 824.1	2 157.4	1 474.0	816.7	17 554.5
2002	1 762.8	3 205.3	5 289.4	4 029.1	2 377.7	1 374.9	905.2	18 944.3
2003	1 900.4	3 575.2	5 714.5	4 304.2	2 626.2	1 292.9	995.9	20 409.3
2004	2 868.1	3 945.8	6 301.7	4 533.7	2 700.6	1 399.1	1 100.4	22 849.3
2005	3 091.6	4 170.0	7 218.1	4 601.6	2 616.0	1 644.2	1 281.4	24 622.9
2006	3 278.1	4 328.0	8 389.9	4 838.3	2 634.0	1 958.4	1 654.0	27 080.7
2007	3 541.4	4 522.6	9 386.0	5 249.4	2 906.2	1 788.9	1 956.1	29 350.6
2008	3 656.8	5 783.6	9 467.4	5 412.6	3 210.6	1 599.8	1 822.9	30 953.7
2009	3 834.8	7 260.6	9 352.5	5 925.5	2 727.5	1 138.0	1 707.0	31 945.8
2010	3 942.6	8 853.0	9 258.4	6 532.5	2 538.8	1 057.6	1 499.1	33 681.9
2011	3 899.0	9 928.4	9 075.5	6 607.1	2 326.9	969.3	1 351.3	34 157.5
2012	3 893.1	11 046.1	8 838.1	7 037.8	2 095.8	952.4	1 272.7	35 136.0
2013	3 823.7	11 854.4	8 741.6	7 447.2	2 056.9	951.6	1 277.1	36 152.4
2014	3 776.8	12 504.8	8 838.7	7 821.3	2 028.7	930.4	1 342.7	37 243.4
2015	3 789.8	13 191.6	8 892.2	8 089.6	1 995.4	941.5	1 374.5	38 274.5
2016	3 832.0	13 908.2	9 013.3	8 440.2	1 971.7	884.9	1 386.3	39 436.5

资料来源：SIFMA，华创证券。

整体来看，美国债券市场上各大类产品的绝对规模都很大，而且品种发展较为均衡，产品结构相对完善。具体来说，近几年美国债券市场的发展呈现以下几个特点。

第一，从绝对规模来看，债券市场总规模稳步扩大，债券存量/GDP 比重总体而言呈上升趋势，截至 2016 年年末，美国债券存量是 GDP 现价的 2.12 倍（见图 18-4）。就存量而言，截至 2016 年，国债、MBS 和公司债券市场规模位居前三位，次贷危机后，国债发行量急剧攀升，信用产品市场发展有所放缓。

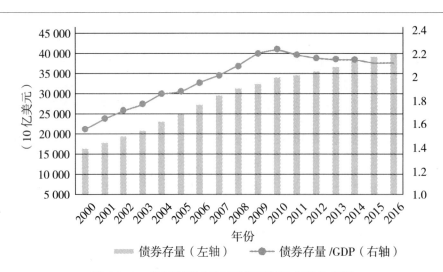

图 18-4 美国债券存量与债券存量 /GDP 走势

资料来源：SIFMA，华创证券。

第二，从相对占比来看，2000—2016 年，货币市场和联邦机构债占总债券存量的比重不断下降。次贷危机之后，国债和公司债券存量占总债券存量的比重呈上升趋势，MBS 和 ABS 等资产证券化产品占总债券存量的比重不断下降。截至 2016 年年末，国债、MBS、公司债券分别占总债券存量的 35.27%、22.86%、21.4%。更多信息可见图 18-5。

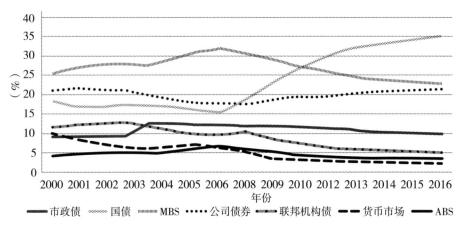

图 18-5 美国各类债券存量占总债券存量之比的变化

资料来源：SIFMA，华创证券。

第三，债券市场的发展在次贷危机冲击之后逐步恢复，再创新高。2008 年发生次贷危机时，美国债券总发行量仅为 48.67 亿美元，较 2007 年下降了 15.44 亿美元。次贷危机之后，美国债券市场逐步复苏，2017 年，美国债券总发行量达到 73.14 亿美元。就具体品种而言，次贷危机之后，美国国债和公司债券的发行量逐步上升，而 MBS、ABS 等资产证券化产品的发行量较次贷危机之前的水平有所下降，2017 年，国债、MBS、公司债券占美国债券总发行量的比重分别为 30.41%、25.75%、22.32%。更多信息可见表 18-5 和图 18-6。

表 18-5 美国各类债券发行量　　　　　　　　　　　　（单位：百万美元）

年份	市政债	国债	MBS	公司债券	联邦机构债	ABS	总发行量
2000	198.3	312.4	779.9	575.1	446.6	240.3	2 552.5
2001	286.2	380.7	1 816.7	770.5	941.0	261.4	4 456.6
2002	355.8	571.6	2 514.6	636.3	1 041.5	268.6	5 388.3
2003	380.2	745.2	3 536.9	773.1	1 219.5	287.6	6 942.4
2004	358.1	853.3	2 428.3	775.6	877.8	330.6	5 623.7
2005	407.2	746.2	2 764.1	748.2	635.0	473.7	5 774.5
2006	386.0	788.5	2 691.1	1 057.8	691.8	658.2	6 273.4
2007	429.2	752.3	2 434.2	1 137.1	831.2	827.6	6 411.6
2008	389.3	1 037.3	1 394.0	710.6	1 121.0	215.2	4 867.4
2009	409.6	2 074.9	2 173.3	941.4	1 212.6	177.9	6 989.7
2010	433.1	2 319.8	2 012.1	1 054.6	1 346.2	125.9	7 291.8
2011	295.2	2 103.3	1 724.5	1 021.3	932.3	151.0	6 227.6
2012	382.4	2 304.5	2 190.4	1 365.1	823.1	259.0	7 324.5
2013	335.2	2 140.0	2 109.3	1 376.9	584.4	304.1	6 849.9
2014	339.1	2 215.4	1 426.2	1 436.5	530.3	380.8	6 328.3
2015	405.0	2 122.5	1 792.3	1 489.4	634.2	387.8	6 831.2
2016	445.8	2 169.4	2 039.2	1 527.7	915.5	322.5	7 420.0
2017	438.8	2 224.3	1 883.3	1 632.5	710.0	425.1	7 314.0

资料来源：SIFMA，华创证券。

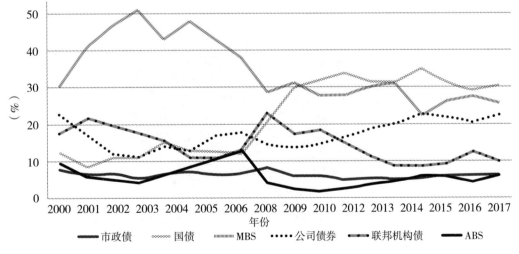

图 18-6 美国各类债券发行量占总债券发行量之比的变化

资料来源：SIFMA，华创证券。

（二）美国债券市场交易活跃

美国债券市场不但规模全球最大，交易也十分活跃。SIFMA 的数据显示，如表 18-6 所示，

2017年美国债券日均总交易量达到763.82亿美元,其中市政债、国债、MBS、ABS、公司债券、联邦机构债日均交易量分别为107.6亿美元、5051.7亿美元、2116.1亿美元、14.2亿美元、307.2亿美元、41.4亿美元。可见,就日均交易量而言,国债、MBS、公司债券是美国债券市场最活跃的债券品种。

表18-6 美国各类债券日均交易量 (单位:10亿美元)

年份	市政债	国债	MBS	ABS	公司债券	联邦机构债	日均总交易量
2011	11.29	567.81	247.70	1.47	20.65	9.59	858.51
2012	11.26	518.94	284.91	1.53	22.62	9.70	848.97
2013	11.18	545.38	226.92	1.30	24.70	6.63	816.11
2014	9.87	504.20	181.71	1.48	26.69	5.30	729.25
2015	8.63	490.11	196.13	1.44	27.94	4.51	728.76
2016	10.62	519.10	209.54	1.33	29.56	5.35	775.51
2017	10.76	505.17	211.61	1.42	30.72	4.14	763.82

资料来源:SIFMA,华创证券。

具体而言,去掉数据不完整的非机构MBS和ABS后,SIFMA的数据显示,2002—2017年,美国债券日均交易量总体比较平稳,但是次贷危机之后债券市场日均交易量有所下降。就各债券产品而言,日均交易量差别很大。2017年,国债日均交易量占美国债券日均总交易量的66.48%,机构MBS日均交易量占美国债券日均总交易量的27.51%,公司债券、市政债、联邦机构债日均交易量分别占美国债券日均总交易量的4.04%、1.42%、0.54%(见图18-7)。

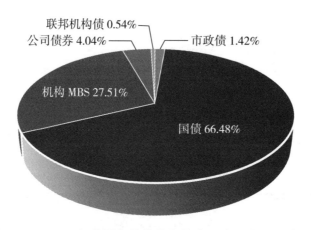

图18-7 2017年美国各类债券占债券日均总交易量的比重

资料来源:SIFMA。

18.5 固定收益组合管理的国际比较

18.5.1 信用评级体系的国际比较

信用评级指的是用相应的等级来评定债券发行主体或债券本身的信用质量，用以揭示其信用风险。根据评级对象的不同，信用评级可分为主体评级和债项评级；根据时间的长短，又可分为长期评级（1年以上债务）和短期评级（1年以下债务）。

标普、穆迪和惠誉是国际三大评级机构，它们对信用评级的定义基本一致：信用评级是对债务人偿债能力和偿债意愿的综合评价，评级机构通过综合考虑各种因素对评级对象信用质量可能产生的影响，最后将信用质量用简单的评级符号来表示。对于违约的定义，标普认为在宽限期内偿还逾期利息的不属于违约，穆迪则认为只要未能按照合同的规定按时偿还本金和利息就是违约。

三大评级机构虽然对信用评级的定义较为一致，但在具体评级符号代表的含义上仍存在一定的差别。

从主体评级角度来看，标普和惠誉的长期与短期主体评级均主要反映主体的违约概率，不反映债务违约可能带来的损失程度（不反映违约损失率）；而穆迪的长期主体评级不仅反映了主体的违约概率，而且反映了违约带来的损失程度，但穆迪的短期主体评级只反映违约概率。

从债项评级角度来看，三大评级机构的长期债项评级均反映了债券的违约率和违约损失率；短期债项评级方面，标普的短期债项评级包含了违约率和违约损失率，而穆迪和惠誉只反映债券违约率，不反映违约损失率。

具体来看，标普的长期信用等级分为AAA、AA、A、BBB、BB、B、CCC、CC、C和D级，其中BBB（含）以上为投资级，以下为投机级。惠誉的长期信用等级和标普的类似，除了将D级细分为DDD、DD和D级。穆迪的长期信用等级分为Aaa、Aa、A、Baa、Ba、B、Caa、Ca和C，其中Baa以上（含）为投资级，Baa以下是投机级。

在标准评级基础上，有时为了更精确地表示级别内部的区别，会在级别上加上符号：标普和惠誉的AA到CCC各等级前可加上"+""-"符号以表示同一等级内部的区别，而穆迪则在Aaa到Caa各等级基础上加上数字1、2、3以示区别。

短期信用评级与长期信用评级采用不同的符号，但短期信用风险与长期信用风险仍具有对应关系。如果某一企业长期信用等级不高，那么其短期偿债能力的评级也会受到制约。

18.5.2 国内评级体系

目前国内评级机构较多，但缺乏明确的监管主体，对于不同的债券品种进行评级需要先获得相关主管部门的评级资质，各个评级机构可以进行评级的债券品种有所不同。

中国人民银行 2006 年 3 月 29 日发布的《中国人民银行信用评级管理指导意见》以及 2006 年 11 月 21 日发布的《信贷市场和银行间债券市场信用评级规范》等文件详细规定了对于银行间债券市场中长期债券（1 年以上）和短期债券（1 年及以内）的信用评级等级以及借款企业的信用等级，因此与国外评级机构每家都有自己特有的评级符号体系不同，国内各家评级机构均采用相同的评级符号体系。

中长期债券信用评级等级划分为 9 级：AAA、AA、A、BBB、BB、B、CCC、CC、C，除 AAA 级和 CCC 级及以下等级外，每一个信用等级都可用 "+" "−" 符号进行微调，表示略高或略低于本等级。

短期债券信用评级等级划分为 6 级：A-1、A-2、A-3、B、C、D，并且每一个信用等级均不进行微调。

与中长期债券信用评级等级的划分类似，发债主体的信用等级也分为 9 级：AAA、AA、A、BBB、BB、B、CCC、CC、C，除了 AAA 级，每一个信用等级都可以用 "+" "−" 符号进行微调。

18.5.3 中美固定收益托管与清算比较

美国债券市场监管主体是美国证券交易委员会（SEC），其拥有制定规则、执行法律、裁决争议三项权力，可以在其权限范围内对美国债券市场进行全方位的监管。SEC 负责场内交易所市场的监管，而在债券场外交易市场，SEC 是通过全美证券交易商协会（NASD）间接地进行监管。此外，其他的行业自律组织也在美国债券市场的自律管理中发挥重要作用，其中最具代表性的是美国债券市场协会（The Bond Market Association），协会的主要目的是通过消除国籍限制向跨国金融机构开放全球债务市场，推进市场的公平与效率。

美国债券托管结算体系由交易后处理一体化的全美托管清算公司（Depository Trust Clearing Corporation，DTCC）负责，经过多年的发展，已经形成了统一清算、集中托管的债券托管体制。这种体制确保了债券场内、场外市场间的高流动性、高效率和安全稳定性。

我国有三类债券托管结算系统。一是由中国银保监会与中国人民银行共同监管的中债登。根据中国人民银行指定，中债登是银行间市场债券登记托管结算机构、商业银行柜台记账式国债交易一级托管人；根据发改委授权，中债登是企业债总登记托管人及发行审核的第三方技术评估机构；根据银保监会授权，中债登还承担理财信息登记系统、信托产品登记系统和信贷资产登记流转系统等的开发或运作。二是由中国银保监会与中国人民银行共同监管的银行间市场清算所股份有限公司，主要托管短融、中票等公司信用债券，同业存单、大额存单等货币市场工具，以及金融机构债券和结构性产品等创新金融产品。三是由中国证监会监管的中证登，其下又分上海分公司与深圳分公司，分别负责上海证券交易所与深圳证券交易所包括债券在内的所有场内证券的托管清算结算事宜。但这三大系统不仅尚未在技术与制度上连接，而且存在着很大的差异。

18.5.4 金融资产的会计分类国际趋势与税收比较

随着各类金融工具创新和全球经济发展一体化的加快,国际金融市场越来越融合,衍生工具的种类日益增多,其运用也日益频繁;与此同时,这些发展也给会计实务提出了新的课题,即如何规范核算衍生金融工具并在财务报表中规范披露。

金融资产如何确认和计量,关系到企业在利率或汇率变化情况下财务费用如何确认的问题;同时,对不同金融资产的后续计量采用不同的方法,也会对未来的减值准备产生重要影响。基于这种新的环境条件,针对金融资产的会计分类规范显得尤为重要。

18.5.4.1 金融资产的会计分类国际趋势

(1)金融资产分类原则

为了降低金融工具计量的复杂性,国际会计准则委员会从金融工具分类和计量、套期保值会计和金融资产减值三方面通过了 IFRS9 准则(2014年颁布和推行的国际财务报告准则第9号——金融工具),建立了国际会计准则的标杆。

(2)金融工具分类方法

原有的 IAS39 准则分类复杂且缺乏逻辑依据,它将分类与计量金融资产划分为金融资产、应收款项和贷款、可供出售的金融资产、持有至到期投资,其计量方式是采用公允价值的方法,并将变动计入损益。而 IFRS9 准则则引入了以原则为导向的分类依据,评估和分析金融资产的合同现金流量特点,并对主体管理金融资产的业务模型进行全面的构建和完善。IFRS9 准则要求企业依据下列分类基础对金融资产进行分类:企业管理该金融资产的业务模式,该金融资产的合约现金流量特性。

IFRS9 准则以此基础将金融资产分为两类。①后续以摊余成本计量的金融资产:该金融资产的合约现金流仅为支付的本金及流通在外的本金产生的利息,且该利息是对货币时间价值及特定期间内流通在外的本金金额相关信用风险的对价;IFRS9 准则规定只有先通过业务模式测试才能进行现金流量测试。②后续以公允价值计量的金融资产:不能同时满足以上两个条件的,则归类为以公允价值计量的金融资产。

(3)金融资产计量

IFRS9 准则对于金融资产计量的基础有三种:摊余成本;采用公允价值进行计量且其变动计入其他综合收益;采用公允价值进行计量且其变动直接计入损益。这与原准则 IAS39 类似,其区别在于具体划分金融资产类别的差异:如果将金融资产归类到摊余成本来计量,则其持有资产以用于支付本金和利息的合同现金流为目的,这种分类方式是将金融资产按照公允价值确认,在后续计量时用摊余成本计量;如果将金融资产归类于以公允价值计量且其变动计入其他综合收益类,则其持有资产的目的是收取并出售合同现金流,并且仅包括支付本金和利息,它采用公允价值计量金融资产的分类,并将金融资产的变动情况纳入其他综合收益的内容。

(4)金融资产减值

在金融资产减值方面,IFRS9 准则改变了原有 IAS39 准则"已发生损失模式"的金融资产减值方法,原有的"已发生损失模式"不确认前期发生的损失,而仅在减值已经发生时才确认，在操作实践中会由于延迟对损失的确认而成为内隐的缺陷。

18.5.4.2 税收比较

因金融创新而形成和衍生出的各种新的金融产品，其设计范围的广泛性与参与人群的多元性都是从前传统金融产品所无法超越的，因此也很难用传统的认定方式来判断所得金额与所得类别的性质；除此之外，金融创新导致金融工具组合多元化、复杂化，收益归谁难以有效确定。

随着经济全球化进程的加快，国际金融市场上的竞争愈演愈烈，在这种情况下，税收竞争成为一些国家参与全球化竞争的手段。这些国家往往通过税收优惠、税收抵免和延期纳税等办法，在金融衍生品课税上产生比较优势，以期达到吸引外资的目的。国际税收竞争所导致的税收差异，给金融衍生品带来很大的税收套利空间。

（1）我国的金融交易税

我国资本市场的发展历史较短，金融市场不完善，金融交易税制度体系并不健全。目前我国还没有全面开征金融交易税，仅开征了证券交易印花税。一个完整的金融交易税体系应该涵盖所有的金融交易行为，包括证券、金融衍生品、货币交易等。目前我国的证券交易印花税仅针对证券交易，没有涵盖外汇交易和金融衍生品交易，这显然是不够健全的。而作为金融交易税中唯一开征的税收类型，我国的证券交易印花税制度也存在诸多不足，主要表现在以下三个方面：第一，证券交易印花税设置不够完善；第二，证券交易印花税功能不健全，调控效果不容乐观；第三，证券交易印花税相关法律不完善。

（2）欧盟拟征的金融交易税

欧盟金融交易税征税对象的基本规则是，至少一方交易当事人在金融交易税管辖区的境内成立，并且至少涉及一家在该管辖区成立的金融机构。该金融交易税的使用范围采取了"三全"原则，即该税适用于全部金融市场（包括场内市场和场外市场）；适用于全部金融交易工具（股票、债券、金融衍生品等）；包括出售或购买、贷款和借款、所有权转让、订立或修改衍生工具合约等。税率则根据不同的金融工具而有所差异。这种方法使金融交易税容易被理解和使用，同时也让通过创造金融衍生工具合约而人为降低税负变得更难。在征税权归属方面，欧盟金融交易税实行以注册地所在国为主、发行地为辅的原则。另外，该税旨在针对金融市场中金融机构之间的交易，故在一些情形下提供豁免。

欧盟开征金融交易税对我国构建金融交易税制度具有借鉴意义。欧盟金融交易税的目标明确，功能定位准确。其目标主要是通过统一现存各国不同的交易税并引进新的最低税率，减少单一市场的竞争扭曲，抑制高风险交易行为，防范风险。欧盟金融交易税制度的设置较为合理。该税收使用范围采取了"三全"原则，涵盖了全部金融市场和全部金融交易工具，具有全面性；税率设计也比较合理——根据不同的金融工具而有所差异，进一步加强了反避税的规定。欧盟金融交易税从提出到经委员会、理事会、议会等权力机关充分讨论，充分体现出其产生经过了正当、透明的法律程序。

（3）美国的金融资产税

对个人股票投资所得的现金红利列入"个人所得税"征税范围。资本利得部分的税率在不同历史阶段有所调整。基金投资方面,投资共同基金收入的纳税与投资其他证券收入的纳税方法一样。债券投资方面,税收处理根据发行主体的不同而有所差别。

本章小结

不同类型投资者的目标是不同的。退休基金的目标是投资组合所产生的现金流入可满足员工退休金的要求;人寿保险公司对保费的投资收入必须高于给予保险人的保障,这样方可赚取利润;银行吸收大众的资金转投资于有价证券、企业贷款、民众信用贷款等形成投资组合,以期能按时支付存款利息,并获得一定的利润;债券型基金的目标是希望在可接受的风险下,为受益人创造最大的财富,使其基金规模得以进一步扩大,为公司赚取更多的管理费。

全球固定收益组合收益可以分为三部分:无风险利率、债券超额收益和货币收益。

组合管理的评价方法分为三类:算术平均收益率、时间加权收益率和金额加权收益率。

债券绩效评价的指标有特雷诺指数、夏普指数和詹森指数等。

对冲基金策略有利率对冲策略、资产支持信用策略、资本结构套利策略、受困投资策略等。

信用评级是对债务人偿债能力和偿债意愿的综合评价,评级机构通过综合考虑各种因素对评级对象信用质量可能产生的影响,将信用质量用简单的评级符号加以表示。

重要术语

特雷诺指数　夏普指数　詹森指数　证券化债务凭证　清算价值　非政府支持企业　准优级债券　期权可调利率抵押贷款　其他次级贷款　入池债务凭证证券　支付优先性损失　错误估值　做空策略　保证金　累计违约率　累计损失率　资本结构套利　已实现股权　债务到期计划表　结构性变动　多头/空头信用策略　信用谱系　参考实体　信用多头账户　信用空头账户　定向多头　市场混乱　利率对冲　受困投资策略　财务压力　救助融资　经济低迷　波动性交易　波动性界面　买方互换期权　隐含可选择性　机构转手证券　投资规范　基准收益　基本面经济因素　经验交易派　基本面分析派　暗箱操作派　图表分析派　逆向分析方法

思考练习题

1. 固定收益证券业绩基准的选择原则有哪些?
2. 固定收益证券业绩评价方法有哪些?
3. 对冲基金有哪些交易策略?
4. 全球固定收益组合超额回报来源有哪些?
5. 请比较国际评级体系与国内评级体系的异同。
6. 国内固定收益组合是否需要对冲货币风险?

参考文献

[1] （美）弗兰克·J.法博齐.固定收益证券手册（第8版）[M].周尧等，译.北京：中国人民大学出版社，2018.

[2] （美）弗兰克·J.法博齐.债券市场：分析和策略（第9版）[M].路蒙佳，译.北京：中国人民大学出版社，2018.

[3] 韩正宇.现代投资组合理论述评[J].经济研究参考，2013(60): 53—67.

[4] 肖鹏.借鉴美国经验构建我国金融资产税收体系[J].税务研究，2002(4).

[5] 余湄，谢海滨，高茜.国际投资中的汇率风险对冲问题研究[J].系统工程理论与实践，2014(s1): 67—74.

[6] Henriksson R.D., Merton R.C. On Market Timing and Investment Performance. II. Statistical Procedures for Evaluating Forecasting Skills [J]. *The Journal of Business*, 1981, 54: 513-533.

[7] Qin Zhenjiang. Speculations in Option Markets Enhance Allocation Efficiency with Heterogeneous Beliefs and Learning [J]. *Journal of Banking & Finance*, 2013, 37(12): 4675-4694.

[8] Treynor J., Mazuy K. Can Mutual Funds Outguess the Market? [J]. *Harvard Business Review*, 1966, 44: 131-136.

第 19 章
固定收益组合业绩分析*

樊 伟（天风证券）
蒋佳霖（京东数科）

学习目标

通过本章的学习，读者应能够：
◎ 了解固定收益组合业绩归因概念；
◎ 掌握固定收益组合业绩归因常用模型；
◎ 掌握业绩归因建模思路和方法；
◎ 了解各类市场风险，掌握其度量方法；
◎ 掌握如何运用相关模型对固定收益组合做业绩归因。

■ 开篇导读

投资本质上是一项极具风险的活动。承担风险是人类与生俱来的一种特征，人类承担各类活动中的风险也有着久远的历史。如果没有风险，那么也不会有收益。我们必须将风险管理作为投资进程中不可或缺的一部分。对风险的合理识别、测量和控制是投资过程中非常关键的一环，除非有相匹配的资源能够利用，否则我们绝不应将自己的投资目标置于巨大的风险之上。

近年来随着债券市场的快速发展，债券基金已成为市场上重要的理财产品。投资者需要了解怎样的产品值得投资，投资经理需要得到产品管理的及时反馈进而加以改进，

---

* 本章由周文渊（国泰君安证券）审校。

委托人则需要度量管理人的贡献度、量化投资决策对收益的影响。各方面的需求都离不开对组合业绩的有效评价和准确归因。在业绩评价中，不仅需要知道投资组合的业绩是否优于市场基准，还要了解它的具体表现。业绩归因即实现了这一点，它通过归因模型来量化和分析投资决策对组合业绩的影响，从而识别超额收益和损失的具体来源，帮助投资经理优化投资决策和提高管理水平。

19.1 固定收益组合的业绩归因分析

19.1.1 固定收益常用归因模型

业绩归因是科学评估和度量投资经理投资决策效果并帮助其改善投资业绩的有效方法，是投资组合业绩评估体系中的最重要环节。业绩归因方法本质上是将投资组合的实际业绩与一个市场基准的收益率进行比较，同时将两者之间的差异，即超额收益率部分分解成投资经理决策过程中的几种效应，以解释超额收益率的来源。

目前主流的业绩归因模型有多种，例如 Brinson、Fama、W-T 模型等，但多数都是针对股票投资，而对于固定收益业绩归因则很少涉及。债券投资和股票投资的收益来源有着本质的差别，股票收益主要来自市场敞口、行业敞口和个股选择，而债券收益则主要来自利息收益、资本利得以及再投资收益。在固定收益的业绩归因领域，目前业界使用最多的是 Campisi 模型，该模型将债券组合收益的超额收益分解成收入效应、国债效应和利差效应。收入效应可以进一步分解成票息收益和价格收敛收益；国债效应可以分解成久期管理收益和期限结构配置收益；而利差效应则可以分解成券种配置收益和个券选择收益，如图 19-1 所示。

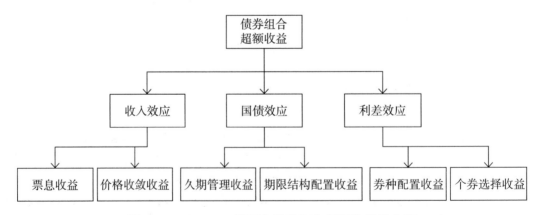

图 19-1 Campisi 模型中债券组合超额收益的分解

19.1.2 建模思路

债券组合业绩归因模型的核心是对债券收益率进行分解，分为单只债券收益率分解、债券组合收益率分解以及债券组合超额收益率分解。建模思路分为以下几个步骤：

第一，基于债券定价公式分解单只债券的收益率，以获取债券投资收益的来源。

第二，在单只债券收益率分解的基础上，对债券组合收益率进行分解。

第三，选择合适的业绩基准，将债券组合收益与业绩基准做对比，以获得相对业绩基准组合的超额收益部分。

第四，将超额收益部分根据 Campisi 模型分解成对应的各项效应，再将各项效应继续分解，以解释超额收益的具体贡献来源。

19.1.3 债券收益率分解

单只债券收益率可以分解为票息收益、债券价格随时间收敛到票面价格带来的收益以及国债效应和利差效应，数学表达如下：

$$R = C \cdot \Delta t + (y - C) \cdot \Delta t + (-MD) \cdot \Delta y_T + (-MD) \cdot \Delta y_C$$

公式中包含四个变量：时间（t）、修正久期（MD）、到期收益率（y）以及到期收益率变化（Δy）。公式的前两项指的是持有债券所获得的收益，称为收入效应，具体再分解成第一项票息收益 $C \cdot \Delta t$ 和第二项价格收敛收益 $(y - C) \cdot \Delta t$（即债券价格随时间收敛到票面价格带来的收益）；公式的后两项指的是随着持有期的缩短而产生的收益率变化，称为收益率曲线效应，具体再分解成第三项国债效应 $(-MD) \cdot \Delta y_T$（与同期限的国债收益率变化相等），以及第四项利差效应 $(-MD) \cdot \Delta y_C$（债券和国债的信用利差产生的收益）。

对于债券组合而言，根据组合中每只债券的持仓权重，按照上述理论做同样的分解，同时将债券的票息收益和时间收敛到票面带来的收益之和用 $\sum w_t \cdot y_t \cdot \Delta t$ 表示，可以得出组合的收益率，数学表达式如下：

$$\sum w_i R_i = \sum w_i \cdot y_i \cdot \Delta t + \sum w_i \cdot (-MD_i) \cdot \Delta y_{T_i} + \sum w_i \cdot (-MD_i) \cdot \Delta y_{C_i}$$

19.1.4 债券投资组合构成

可以根据持仓的债券名称、代码、久期、持仓数量、买入日期、到期收益率、票面利率和评级等要素构建债券投资组合，同时可以按照债券持仓种类、期限、等级、行业等给债券做归类。

按债券种类看投资组合配置，如图 19-2 所示。

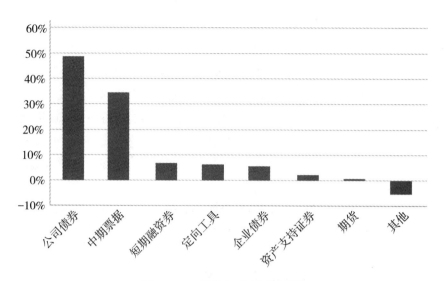

图 19-2 投资组合品种配置

按持有期限看投资组合配置,如图 19-3 所示。

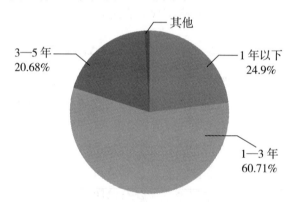

图 19-3 投资组合期限配置

按债券评级看投资组合配置,如图 19-4 所示。

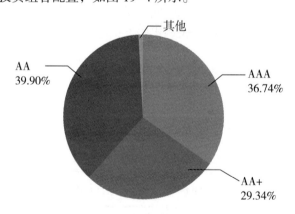

图 19-4 投资组合评级配置

按行业看投资组合配置,如图 19-5 所示。

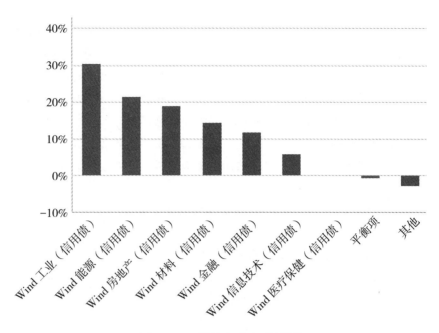

图 19-5 投资组合行业配置

19.1.5 业绩基准

对于固定收益投资组合而言，由于债券类型、期限、评级和行业的差异较大，因此可以选择的业绩基准也较为广泛。最为常见的基准有中债债券指数、中证债券指数、中信标普债券指数等。根据债券类型又有国债指数、金融债券指数、企业债券指数、公司债券指数、城投债券指数等。而根据期限长短不同又可分为短融债券指数、中票债券指数以及长期债券指数等。根据评级的不同可分为 AAA、AA+、AA、AA- 和高收益债券指数等。另外根据所属行业的不同，特别是产业债，又可按具体行业来选择业绩基准。当选择业绩基准时，应尽可能和自己的投资组合持仓相匹配，这样做出的业绩归因才更有针对性。

19.1.6 久期配置与期限结构配置

投资经理应该对当前和未来的利率水平有明确的预期，从而通过调整组合的久期来实现对组合业绩的管理。比如当预期未来市场收益率有上升的可能时，应该主动降低组合的久期配置，从而减小利率反弹对组合净值的影响；相反，当预期未来市场收益率有下降的可能时，应该主动提高组合的久期配置，从而增强利率下行对组合的净值贡献。对于业绩基准的比较也类似，当收益率上升时，投资经理通过降低自己组合的久期配置，使之低于业绩基准的久期水平，可以获得更好的利率免疫；相反，当收益率下降时，投资经理通过提高自己的久期配置，使之高于业绩基准的久期水平，可以获得更大的资本利得收益，总的来说，两者都可以较业绩基准获得更多的超额收益。

不过，市场收益率的变化通常并不是平行移动的，而是更多地表现为曲线走陡或者走平，称为收益率曲线结构变化。投资经理应该对收益率曲线结构的变化具有明确的预期，主动调整组合中各期限的配置权重。当预期收益率曲线有发生走陡的可能时，即短端收益率下行幅度超过长端（牛陡），或者长端收益率上行幅度超过短端（熊陡），此时应降低长期债券的配置权重，提高短期债券的配置权重；相反，当预期收益率曲线有发生走平的可能时，即长端收益率下行幅度超过短端（牛平），或者短端收益率上行幅度超过长端（熊平），此时应降低短期债券的配置权重，提高长期债券的配置权重。投资经理通过调整自己组合的期限结构配置，可以较业绩基准获得更多的超额收益。

19.1.7 债券品种配置和个券选择

除了久期和期限结构配置，投资经理还会对债券品种配置做选择。投资经理通常是在目前的市场环境下，基于宏观基本面的分析，再到中观的行业面分析，最后再到微观层面对个券进行分析，选择风险收益比较高的债券品种。这样的自上而下的分析方法，和股票市场较为相似。当然，基于目前国内的信用债市场环境，债券表现出较强的同质性，相对而言，α 成分所占的比重较低，更多的收益和风险是来自 β，但是我们不能就此否定债券的品种配置和个券选择的意义。

19.1.8 风险管理

19.1.8.1 风险类别

投资组合的敞口大致可以分为以下几类：市场风险（包括利率风险、汇率风险、股票价格风险、商品价格风险）、信用风险、流动性风险、操作风险、模型风险、结算风险、监管风险、法律/合同风险、税收风险、会计风险和主权/政治风险。

（1）市场风险

市场风险是与利率、汇率、股价及商品价格相关的风险，与各个市场的供求有关。在讨论如何测度和管理市场风险时，我们可以将利率风险、汇率风险、股票价格风险和商品风险区分开来。在风险管理领域发生的众多创新都源自理解和控制市场风险的需要。

（2）信用风险

除了市场风险，信用风险也是经济部门面临的一种主要财务风险。信用风险是指因交易对手或借款方无法偿还债务而造成损失的风险。这一定义反映了传统的二元信用风险的定义，总体上体现在信用风险之中（比如，与借款者或交易对手的不作为相关的风险）。但是在过去几年中，随着信用市场的不断发展，该市场呈现出来越来越多全面交易市场的典型特征，信用衍生品的发展使信用风险与市场风险之间的分界线越来越模糊。例如，一种用于交易的信用工具的持有者可能会因为短期供给不平衡遭受损失，而非从违约变动中获得其潜在收益。常常会有一群市场参与者，不管是信用状况好转还是恶化都会遭受损失，这是因为在信用市场上持有长头寸或短头寸都非常容易。需要说明的是，信用工具的定价规则主要基于与政府债券收益率或利率互换等市场基准收益率之间的利差。

随着场外市场衍生工具时代的到来，信用风险的高低成了一种独属于债券和借贷市场的忧虑。在交易所买卖的衍生品得到了相对信用损失的担保，而场外市场的衍生品却没有信用担保，因此一旦其交易对手无法偿付，参与者就会暴露在损失风险之下。

在场外市场衍生品被广泛使用之前，债券投资组合经理和银行借贷职员是主要的信用风险管理人。他们通过一系列方法度量信用风险，包括通过回顾其财务报表、信用评级计算并且根据那些一直为多数投资人所接受的对企业基本面定性分析的一致性信息。这一"信用共识"的组合体包括评级机构和信用部门，它们曾经是并在一定程度上仍然是信用质量信息的主要来源。但是场外衍生品市场金融工具的激增和复杂化，对理解其信用要素提出了新的要求。

（3）流动性风险

流动性风险是指因为市场无法有效容纳所需的交易规模，使得人们无法在避免较大的价格让步基础上实现金融工具的购买或销售。流动性风险同时存在于交易开始和流动的过程中，当流动伴随着巨大损失并希望减少敞口时，那些希望能在这种情况下卖出证券的交易者会发现市场上并无愿意以出售者可以接受的价格出价的购买者，尤其是在市场压力非常大时。卖空者填补损失头寸的需求时也冒着被夹仓（Short Squeeze）的风险，尽管这可能并不常见。尽管衍生品可以被有效用于卖空资产或变现短头寸，但它们通常不能用于管理流动性风险。如果标的物不具有流动性，那么很有可能所有与此相关的衍生品工具都会缺乏流动性。

对于用于交易的证券而言，买卖价差的大小常常被用作流动性指标。计算流动性最好的一种方法是监控交易量，根据经验法则，平均成交量越大的工具流动性也可能会越强。不过，这一方法不那么正式。但是在交易最需要流动性时，它的表现可能不像历史上的成交量那样让人满意。

流动性风险需要被严格对待，但其常常难以被观察或者量化。那些不具有流动性的股票并不总是显而易见的，而有些在购买（或者卖空）时具有流动性的股票在卖出（或购入以轧平短头寸）时可能遭遇流动性枯竭。定价模型极少在估算其公允价值时将这种流动性风险纳入考量。当然，当市场本身处于压力环境下时，这些问题就会更加严重，对流动性的需求也会更为强烈。从风险管理的角度来说，无法将市场承压时期可能产生的问题纳入考虑的流动性测试是不完整的。基于这些理由，流动性风险无疑是风险管理中较为复杂的一部分内容。

（4）操作风险

操作风险是指由公司系统、程序错误或外部事件造成的损失风险。这些风险可能来自计算机故障（包括故障、病毒和硬件问题）、人为失误或是发生了完全不受企业控制的事件（包括天灾和恐怖主义袭击）。

计算机故障其实很常见，但是近几年，系统备份和程序修复的发展已经降低了它们的影响，并且在专业人员、软件和系统的配合下变得越发可控，就连规模较小的部门都已经学会要给文件备份而不再依靠粗略估计的数字，规模较大的部门则有更广泛的计算机风险管理操作。

人为失误通常包括出现在各级部门的、可管理的无意识错误，以及更重要的且潜在危害更大的有意错误操作。

操作风险还包括来自外部事件的损失。保险常常能够对由火灾、洪水等自然灾害引起的损失提供保障，但是对于这些损失，保险公司只能以现金的方式进行补偿。如果洪水摧毁了一家银行的交易室，那么其得到的补偿可能远不足以补偿因客户流向竞争对手而造成的损失。因此，大多数企业都装有能在这类情况下启用的备用设备。

企业常常通过保险合约管理操作风险，这其中涉及风险的转移。一些品种的衍生品合约甚至能完全清偿操作损失，但是这些合约的市场尚未发展成熟，它们本质上仍是保险合约。大多数企业仍通过监控系统、进行防御性操作及制订应急方案，以对操作风险进行管理。

（5）模型风险

模型风险是指错误的模型或不当应用模型引致的风险。在投资中，这里的模型通常针对的是定价模型。所有尝试确定金融工具公允价值的模型中都存在一定程度的模型风险，而这个问题在衍生品市场使用的模型中更加严重。

随着对未来有重要影响力的布莱克－斯科尔斯－默顿期权定价模型的发展，衍生品和衍生品定价模型都大量涌现，这些模型的发展带来了极为显著的模型风险。如果投资者选择了不合适的模型、使用了不正确的输入数据或者误读了所得出的结果，那么造成损失的概率将会提高，同时对风险控制造成负面影响。因此，投资者必须仔细研究并客观确认其使用的所有模型。

（6）结算风险

结算风险是指交易的守约方因其对手方在结算过程中的违约行为造成的损失而产生的风险。大多数受监管的期货和期权交易所都是作为中间对手而存在的。这一功能通常以交易所的形式完成，且以大量可信赖的金融担保人作为支撑。交易所内的所有交易都是发生在一名交易所成员和中央对手之间的，这可以避免交易的结算风险。但发生风险的可能性总是存在的，不能保证交易所的成员不是为了机构利益而操作或其最终客户总能顺利结算。在这些情况下，很显然，做出正确选择和担负交易中任何损失的风险的责任就完全落在了交易所成员的肩上。

（7）监管风险

监管风险是指对交易将被如何监管的不确定性或与监管条例变动可能性相关的风险。不确定性部分来源于监管。受监管的持仓总是敞口于现行监管框架越来越繁重、约束力越来越强、执行成本越来越高的风险之中。未受监管的市场则不得不面对逐步被监管的事实，这较之无监管状态无疑增加了成本和约束。监管风险难以估测，因为法规及其执行常常是与时俱进的观念的反映，法律、法规及其执行状态会随着正当性和监管人员的更迭而发生变化，而全球各地的监管风险和监管程度也是千差万别的。

（8）法律/合同风险

几乎所有的财务交易都属于合同法中的某一形式。任何的合约都有两方，彼此互相承诺实现对方的一些要求。如果一方无法执行或者相信另一方涉嫌欺骗性行为，合约可以撤销。但这种情况可能出现争议，甚至引起诉讼，尤其是在造成巨额损失时。在一些案例中，造成损失方常会宣称对手进行不诚信操作或是主张合约期并不合法而应属无效。

这些主张被法院接受的可能性带来了一种形式上的法律/合同风险：因法律体系对执行内含金融风险的合约规定上的缺陷而造成损失的可能性。

（9）税收风险

税收风险的产生是因为存在与税法有关的不确定性。涉及所有权和金融工具交易的税法可能极其复杂，而对衍生品交易的征税更是充满了不确定性。税收规定有时阐明了这些问题，但是其他的时候它们让这些问题看起来更令人困惑。另外，税收政策常常很难跟上金融工具创新的步伐。当这种情况发生时，投资者们只能去猜测最终会采取何种类型的税收并且又是以怎样的水平征收的，而他们猜错的可能性并且之后可能涉及的退税问题会使得风险增加。

（10）会计风险

会计风险来自交易记录方式的不确定性和会计准则、规则变动的可能性。会计报表是人们对公开交易企业进行了解的关键来源。若是提供虚假财务报表，则其公司和委托人可能陷入民事、刑事欺诈诉讼之中。此外，市场也将惩治那些并未提供准确会计报表的企业，就像曾经的安然公司及其审计公司安达信。

（11）主权/政治风险

主权风险是信用风险的一种形式，具体是指借款方为一个主权国家政府的情况。和其他形式的信用风险类似，主权风险也是由现实性和潜在性成分两部分构成，其大小也取决于违约的可能性和预计的回收率。当然，衡量主权风险在许多方面要难于其他类型的信用风险，因为其中牵涉额外的政治因素。和其他类型的借款者类似，借贷国也有资产/负债/现金流稳健性等资料可供有能力的分析员们进行评估。但是除了这些文件，这些主权国家的债主们还必须对借贷国的方方面面进行考量，从其还款意愿（尤其是在不稳定的政治环境下）到其替代性融资手段及任何其他可以用以稳定状况的诸如货币贬值之类的手段。主权风险在现实中也是存在的，如1998年的俄罗斯违约和2008年金融危机之后的欧洲主权债务危机。

政治风险是与政治环境变动相关的风险。政治风险的形式多样，既可以是显著的，也可以是细微的，而且它广泛存在于金融工具交易的每一个环节。

19.1.8.2 风险度量

（1）在险价值

20世纪90年代，在险价值（Value at Risk，VAR）作为金融服务行业的首要风险管理工具出现了。VAR是对我们可预期的在给定时期内超过一定概率水平的损失进行的估计。J.P.摩根（现在是摩根大通）最先发明了这一概念并在公司内部使用，而后其公开了这一用来管理风险的工具。VAR在风险管理领域引起了广泛的关注和争论。这一节我们将简要介绍VAR，分析其优势与局限所在，并介绍其应用。

VAR是一种基于概率的对公司、基金、投资组合、交易或策略潜在损失进行测定的方法。它常常以百分数或货币单位的形式表现。任何可能使人处于损失状态的头寸都可以应用VAR测定法。而这一指标最广泛、最方便的应用在于其对市场风险引致损失的衡量，同时它也可以用来衡量信用风险和其他种类敞口可能带来的损失，不过要复杂得多。

VAR 是在给定时期内，对超过一定概率水平可能发生损失的预期估算。考虑如下在投资组合中应用 VAR 的案例。投资组合每天的 VAR 在 0.05 的概率情况下为 150 万元，也就是说，有 5% 的概率该投资组合在一天中会损失超过 150 万元。需要强调的是，损失 150 万元只是损失最少的情况。出于谨慎的考虑，我们也可以用最大值的概念来描述 VAR：在一天内损失不超过 150 万元的概率是 95%。在实际操作中我们也可以用置信水平来进行说明：有 95% 的把握（有 95% 的置信水平）认为该投资组合的单日 VAR 是 150 万元。但是我们更倾向于选用一定概率下最小损失的形式来对 VAR 进行解释，这一方法更保守些，因为它提醒人们损失情况可能会更糟糕。

一般而言，选择的概率水平要么是 0.05，要么是 0.01（相应地，就是 95% 和 99% 的置信水平）。选用 0.01 会得到一个更保守的 VAR 估计，因为其设定的给定损失会超过计算得出的 VAR 的概率只有 1%。但是，需要权衡的是，选用 0.01 时 VAR 的风险估计可能会远大于选用 0.05 时的情况。在之前的例子中，在 0.01 的概率下我们可能会得到 210 万元的单日 VAR。风险经理人是选择 0.01 还是选择 0.05，这其中并没有特定的规则用以评判孰优孰劣。对于有着几乎线性风险特征的投资组合而言，这两种概率水平会给出几乎一样的信息。但是，损失分布的尾部能给期权性风险或非线性风险的投资组合提供大量信息，而且在这些情况下，风险经理人一般需选择更加保守的概率标准。

VAR 使用者面临的第二个重要决策是对时间期限的选择。VAR 常常是按单日计算的，但是其他更长的时间期限也很常见。银行监管者一般选用两周作为其时间期限。许多企业都是每季度或每年对 VAR 进行报告，使其与经营周期报告周期相吻合。投资银行、对冲基金和交易商似乎更倾向于选用单日 VAR，也许是因为其头寸的高转手率。不论选用多长的时间期限，时间越长，VAR 的数额就会越大，因为潜在损失的规模大小与进行衡量的时间期限直接相关。负责风险管理的个人或相关人员等会对时间期限做出选择。

一旦这些主要的参数设定完毕，我们就可以通过处理真正得到 VAR 的估计值。这一过程中还包括了另一项决策：技术工具的选择。估计 VAR 背后的基本思想是识别投资组合收益的可能性分布特性。参考表 19-1 中的信息，这是一个投资组合在特定时期内的收益的简单概率分布情况。假设我们选择了 0.05 的概率水平。我们会将各等级区间的概率相加直到累计和达到 0.05。不难观察到该投资组合损失不低于 40% 的概率为 0.01，损失在 30%—40% 的概率为 0.01，损失在 20%—30% 的概率为 0.03，所以，0.05 的概率出现在该投资组合损失至少 20% 的情况下。因为我们想要以货币单位的形式表示风险水平，所以我们将 20% 乘以该投资组合的市值以得到 VAR。0.01 概率水平下的 VAR 可以通过将 40% 与投资组合市值相乘得到，从置信水平的角度来解释，即我们有 99% 的把握认为该投资组合在给定的时间内损失不会超过 40%。

表 19-1 投资组合收益概率分布

投资组合收益	概率	投资组合收益	概率
不低于 -40%	0.010	0—2.5%	0.175
-40%——30%	0.010	2.5%—5%	0.125
-30%——20%	0.030	5%—10%	0.100

(续表)

投资组合收益	概率	投资组合收益	概率
−20%—−10%	0.050	10%—20%	0.050
−10%—−5%	0.100	20%—30%	0.030
−5%—−2.5%	0.125	30%—40%	0.010
−2.5%—0	0.175	40%以上	0.010

表19-1提供了估计VAR所需信息的简化形式。这一计算VAR的方法其实是非常烦琐的，而且所需的信息并不总是方便取得。因此，行业中逐步演化出了三套标准化的VAR估计方法：方差-协方差分析方法、历史数据法和蒙特卡罗模拟法。

（2）压力测试

投资经理们常常使用压力测试（一个来自工程学的术语）作为VAR估计风险的补充手段。VAR分析法的主要目的是将正常市场情况下的潜在损失量化。相比之下，压力测试努力识别可能导致超过通常期望情况损失的非正常状况。显然，不同的情况会与不同的发生概率相对应，有些情况很有可能发生，有些则几乎不大可能发生。因此，其作为VAR的补充手段非常自然。压力测试具体包括两大类：情景分析和压力模拟。

第一，情景分析。情景分析是在不同的环境状态下对投资组合进行估计的过程。通常情况下，情景分析包含了设计故意夸大对投资组合资产和衍生品价值起关键作用的变量发生改变的情景。

情景分析的一种类型是典型情景（Stylized Scenario），其中包含了对利率、汇率、估价或商品价格中的至少一个相对于投资组合变动的模拟。这些变动可能是温和的变化，也可能是极端的变化。许多操作者使用标准设置的典型情景以强调有潜在风险的投资组合收益。

情景分析是对VAR的一大提升，它使那些对风险分析有兴趣的人能够识别风险并对那些能够影响投资组合的特定敞口进行分析。当然，其分析结果与设想情景的正确性呈正相关。但是这一方法的一大问题是冲击常常会在一段连续的时期内对变量产生影响。在现实中，这些冲击常常同时来袭，彼此之间有着胜过平时的相关性，或是彼此之间有了一些偶发性的联系。

情景分析的另一种类型是对假定事件（Hypothetical Event）设定情景，也就是对那些从未在市场上发生或只有较小概率发生的事件进行模拟分析。这些类型的情景分析很难进行且可能会得到一些令人困惑的结果，因此如果其产生了一些能够为风险管理过程增值的信息，就需要仔细地进行假设分析。

设计出了一系列合理的情景以后，下一步就是将其应用到投资组合中去。这里的关键任务是要理解该工具对需接受压力测试的潜在风险要素的敏感性。这一过程常常颇为复杂，其中需要对投资组合的风险参数加以了解，如此才能够使用合理的指标对其进行近似处理。市场流动性也是常常需要考虑的一个要素，尤其是在资产的潜在定价模型为无套利定价时，这是假设市场流动性满足任何交易量的情况。另外，在市场遭遇危机时，流动性常常会完全枯竭。

第二,压力模拟。考虑到估计投资组合工具对我们设计出的情景的敏感性有难度,使用现有模型并在技术上将被动和干扰作为模型输入数据便成了一种替代方法。我们需要对这一方法进行更加细致的考量,因为它强调了一系列的可能性而非一种情景,但是它可能会对计算能力有更高的要求,当然也可以就各种情景发生的可能性收集信息。

压力模拟最简单的形式就是因素推动型,其基本思想是将潜在模型中的价格和风险要素朝不利的方向推动并算出这对投资组合价值的综合影响。这一事件对很多模型都是适用的。其他方法包括最大损失最优化,通过该方法可以在数学上实现可能造成最大损失的风险变量的最优化。此外还有最糟糕情景分析法,通过该方法我们得以检验可能遇到的最糟状况。

总的来说,压力测试是对VAR分析法的一种有效补充,能够突出风险管理过程中的不足。

19.2 固定收益组合的业绩归因应用

我们接下来通过一个案例来说明如何应用业绩归因方法。

(1)组合资产配置概况

我们选用一组投资组合,包含公司债券、中期票据、短期融资券、企业债券、定向融资工具、利率债和其他类型债券,如图19-6所示,具体的权重如下:公司债券48.79%(约227 642万元)、中期票据25.57%(119 300万元)、短期融资券10.14%(47 326万元)、企业债券4.82%(约22 480万元)、定向融资工具5.77%(约26 930万元)、利率债2.72%(约12 706万元)、其他2.18%(约10 176万元)。期现配置权重如下:1年以下30%、1—3年51%、3—5年16.5%、5—10年2.5%。评级权重如下:AAA 35.4%、AA+ 28.7%、AA 35.9%。组合的加权久期为0.97,加权票面利率为5.49%,加权到期收益率为5.2%。

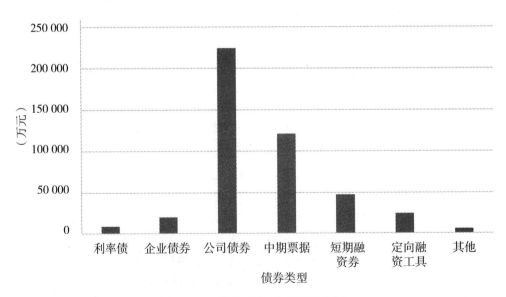

图19-6 投资组合债券配置权重

（2）基准选择

基准的选择应尽可能和自己的持仓相匹配。根据组合的配置情况，因为交易所债券持仓比例大致和银行间相当，且信用债持仓占绝对比重，所以可以选择中证或者中债相关信用债券指数；同时由于主要持仓集中在3年以下，因此应选择短期限债券指数；至于等级，由于比较分散，因此选择难度较大。综合而言，考虑到持仓情况和便捷性，我们选择中债信用债总财富指数作为基准。

（3）组合净值 vs. 基准

我们选择2018年4月全月的组合净值表现与基准做比较，结果如图19-7所示。

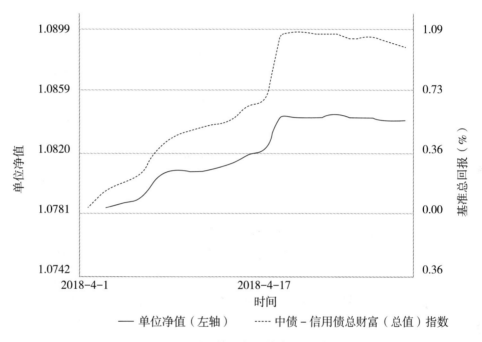

图 19-7　投资组合业绩表现与基准

收益方面，期间组合的绝对回报为0.59%，年化收益率为7.99%，可以看出组合的净值表现弱于基准，相对回报为-0.28%，年化超额收益率为-4.87%。

风险方面，指标统计结果如表19-2所示。组合的波动率为0.60%，明显低于基准的1.44%，下行风险为0.09%，也显著低于基准的0.21%，最大回撤为-0.03%，也低于基准的-0.11%，表现出更好的风险控制能力。其他系数方面，夏普比率是较为常用的风险收益率指标，表明每承受1个单位的风险，可以获得多少的超额收益，组合的夏普比率为13.21，明显高于基准的8.94；索提诺比率是另外一种常见的衡量风险收益的指标，和夏普比率类似，不同之处在于将总标准差置换成下行标准差，该指标对资产下跌更为敏感，组合的索提诺比率达90.22%，相对于基准的61.23%，表现出更好的风险收益比。

相关性方面，组合与基准的相关系数达到90.97%，整体相关性较高；β系数为0.44，相对偏低，原因是组合的加权久期只有0.97，而出于便捷性考虑，我们选取的基准为中债信用债总财富指数，相对久期较长，导致组合的β系数较小，同时4月市场收益率水平总体处于下行阶段，短久期债券组合的基点价值小于基准的基点价值，这也可以在很大程度上解释为什么组合的净值表现弱于基准。

表 19-2 风险指标统计

	项目	111	中债信用债总财富（总值）指数
收益	期间收益	0.59%	0.87%
	年化收益	7.99%	12.86%
	年化超额收益	-4.87%	0
	12 个月滚动收益均值	—	—
	12 个月滚动收益最低	—	—
	12 个月滚动收益最高	—	—
风险	波动性	0.60%	1.44%
	下行风险	0.09%	0.21%
	最大回撤	-0.03%	-0.11%
	最大回撤时间	2018-4-22—2018-4-25	2018-4-19—2018-4-28
风险调整	夏普比率	13.21	8.94
	索提诺比率	90.22%	61.22%
相关性	相关系数	90.97%	100.00%
	β 系数	0.44	1.00

（4）Campisi 模型的收益分解

根据 Campisi 模型，我们可以将组合收益做进一步分解，这样做的目的是可以细分哪些收益来自票息（收入效应）、哪些收益来自市场收益率整体下行产生的收益（国债效应）、哪些收益来自个券利差变化产生的收益（利差效应）等。

根据模型，收入效应 = 持有期票息收益 / 价格，国债效应 = -久期 × 国债收益率变化，利差效应 = 总收益 - 收入效应 - 国债效应。

计算结果如表 19-3 所示。

表 19-3 Campisi 模型收益分解结果

分析期间：2018/4/2—2018/4/30

组合收益	0.59%
收入效应	0.36%
国债效应	0.52%
利差效应	-0.49%
其他	0.20%

从以上结果可以看出，组合的收益率为 0.59%，具体可以分解为几部分：其中票息所产生的收益贡献为 0.36%（收入效应），市场收益率水平整体下行产生的收益贡献为 0.52%（国债效应），由个券利差变化带来的收益贡献为 -0.49%（利差效应），其他收

益的贡献为 0.20%。

具体分析，收益贡献最大的仍是国债效应，4月 AA+ 信用债收益率整体下行约 30BP；其次是由票息所产生的收入效应，这部分是静态收益，和市场变动无关；其他收益为 0.20%，由其他非债券资产构成，包括回购、权益和期货等；而由个券利差产生的收益（利差效应）为 -0.49%，这部分是负贡献，原因在于组合持仓中有大量的信用债，其中弱资质的占比相对较大，4月市场整体收益率水平虽然是下行，但由于信用利差仍处于走阔阶段，因此所产生的利差效应为负也不足为奇。

（5）情景分析

假设 4 月收益率曲线分别平移 ±10BP、±50BP、±200BP，组合预期收益变动如图 19-8 所示，当收益率曲线变动 +10BP 时，组合预期收益变动为 -1 222 万元；当收益率曲线变动 -10BP 时，组合预期收益变动为 1 230 万元；当收益率曲线变动 +50BP 时，组合预期收益变动为 -6 027 万元；当收益率曲线变动 -50BP 时，组合预期收益变动为 6 229 万元；当收益率曲线变动 +200BP 时，组合预期收益变动为 -11 859 万元；当收益率曲线变动 -200BP 时，组合预期收益变动为 26 242 万元。不同类型的债券由于持仓规模、基点价值的差异，在收益率曲线的平移中产生了不同程度的收益变动：组合中的中期票据、公司债券由于持仓规模较大，变动程度最大；利率债持仓规模不超过 3%，但由于其基点价值较高，在收益率曲线变动过程中也呈现出比较明显的变动。

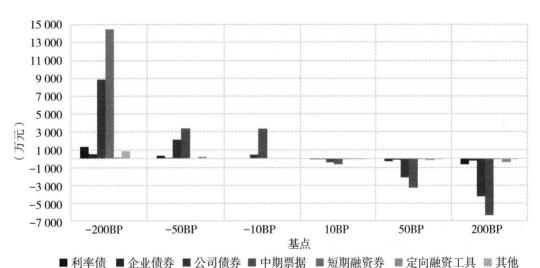

图 19-8　投资组合预期收益情景分析

本章小结

业绩归因是科学评估和度量投资经理投资决策效果并帮助其改善投资业绩的有效方法，是构成投资组合业绩评估体系的最重要环节。主流的业绩归因模型有多种，但多数都是针对股票投资的，对于固定收益的业绩归因则很少涉及。本章重点介绍了 Campisi 模型，该模型将债券组合收益的超额收益分解成收入效应、国债效应和利差效应。主要建模思路可以分为四个步骤：①基于债券定价公式分解单只债券的收益率，以获取债券投资收益的来源；②在单只债券收益率分解的基础上，对债券组合收益率进行分解；③选择合适的业绩基准，将债券组合收益与业绩基准做对比，以获得相对业绩基准组合的超额收益部分；④将超额收益部分根据Campisi模型分解成对应的各项效应，再将各项效应继续分解，以解释超额收益的具体贡献来源。

对于每一项投资和整个投资组合，我们都应该查验其风险与预期的收益情况，以确保在任意时刻都充分且清楚地知晓可获得的收益。对风险的合理识别、衡量和控制是投资过程中非常关键的一环。确定了组合可承受的风险水平，然后根据所有可得的信息识别风险，并尝试利用与所有已识别出的敞口信息或数据对风险进行测量，实时调整组合以适应变化环境下的风险水平，循环往复上述步骤就可以实现对组合的风险管理。

在案例分析中，我们选择一组实际的投资组合做业绩归因分析，根据组合的持仓特征选择合适的业绩基准；通过与业绩基准的对比，分析其收益和风险特征；再根据Campisi模型将组合收益继续分解成收入效应、国债效应和利差效应，并结合当时的市场环境，解释各类效应对组合收益产生贡献差异的原因。

重要术语

投资组合 业绩归因 市场基准 超额收益 票息收益 收敛效应 收入效应 国债效应 利差效应 市场风险 信用风险 流动性风险 夹仓 买卖价差 操作风险 模型风险 结算风险 监管风险 法律/合同风险 税收风险 会计风险 主权风险 政治风险 波动性 典型情景 假定事件 因素推动型 最大损失最优化 最糟糕情景分析法 夏普比率 特雷诺指数 索提诺比率 詹森指数

思考练习题

1. 什么是业绩归因？
2. 业绩归因常用模型有哪些？其中哪个最适合固定收益投资组合做归因分析？
3. 如何选择业绩基准？
4. Campisi模型如何做收益分解？
5. 什么是收入效应、国债效应和利差效应？
6. 常用风险度量指标有哪些？
7. 什么方法能够有效识别、衡量并管理风险？

参考文献

[1] （美）约翰·L. 马金等. 投资组合管理：动态过程（第3版）[M]. 李翔，刚健华，译. 北京：机械工业出版社，2012.

[2] Edwin J. E. et al. *Modern Portfolio Theory and Investment Analysis*, 9th Edition[M]. Wiley, 2014.

第 20 章
固定收益组合管理实务*

郑毅、毛倩君、曾鑫、宋黛兮、陈侃（天风证券）
陈海华（中国建设银行）
叶予璋（兴银理财）
王金翠（德勤）
龚克寒（人保资产）

学习目标

通过本章的学习，读者应能够：
◎ 了解固定收益组合的概念、账户、估值及风险；
◎ 深入理解固定收益组合的配置要点及逻辑；
◎ 理解固定收益组合管理的主要策略；
◎ 掌握流动性保值的概念及本质；
◎ 了解商业银行债券投资组合构建的过程；
◎ 理解自营操作实例及杠杆套息策略的特点；
◎ 掌握自营产品组合管理策略与操作；
◎ 掌握资管产品组合管理策略与操作；
◎ 理解商业银行所面临的资本、流动性、宏观审慎政策等约束；
◎ 了解商业银行风险限额体系；
◎ 了解证券公司自营风险限额管理体系的架构和流程；
◎ 掌握公募基金的投资限制；
◎ 了解公募基金的所得税和增值税规定及其对资产配置的影响；
◎ 了解资产组合管理相关的会计处理、税收以及资本管理法规；
◎ 了解会计处理、税收以及资本管理对于资产组合管理的影响。

---
* 本章由周文渊（国泰君安证券）审校。

开篇导读

目前，中国债券市场已成长为世界第三大债券市场。在债券市场参与机构中，商业银行债券投资规模不断扩大，债券投资作为商业银行第二大类资产的地位已稳固，同时，证券公司自营类及资管类账户、公募基金固定收益投资组合产品扩张迅速，在活跃市场、完善定价机制方面发挥着越来越重要的作用。作为市场的重要参与者，各类投资账户主要以利率债、信用债为投资标的，通过对市场的分析，灵活利用组合配置策略以构建投资组合。例如，2014年下半年某自营机构投资组合经理拟定的可供出售类债券组合配置策略如下：该投资账户下半年投资标的以利率债为主，信用债为辅；组合久期方面，控制并缩短整个组合的久期；信用债评级方面，由于AA+和AA中等信用评级的信用债绝对收益率相对较高，因此适当增持；信用债的期限以3年期品种为主；以50%、18%、18%的比例配置一般企业债、一般公司债、中期票据，其他种类的配置比例适当灵活调整。

本章将结合商业银行、证券公司自营和资管类、公募基金投资组合账户实际情况，通过构建投资组合管理逻辑，对配置债券具体品种、中国利率环境和债券市场进行深入分析，分析在多重约束的经营环境下如何进行债券组合管理、制定投资组合的配置策略，分析会计、税收以及资本管理对于投资组合管理的影响，对实务操作具有一定的指导意义。

20.1 固定收益组合的配置要点及逻辑

20.1.1 固定收益组合的概念

从广义来看，固定收益投资组合可以看成两个层次的组合，第一层次是大类资产配置，在债券类、现金类、其他类（权益、商品、衍生品等）各类资产之间的组合，即如何在不同大类资产中进行比例分配，资管类账户要求固定收益投资组合中固定收益类资产的比例不低于80%；第二层次是在同一大类资产中选择具体的品种，对于债券类资产而言，涉及信用品、利率品的择券及权重设定。为简化表述，本节重点讨论纯债型的投资组合。

债券投资组合是由多只债券组成的集合，目的是有效地分散投资风险，本质是一系列现金流的组合。表20-1提供了一个简单的债券投资组合的范例，18国开03、18国开05、18大同煤矿MTN003构成债券持仓，该投资组合的现金流由三只债券的现金流组合而成，根据时间排序，可以列出18笔大小不一的现金流。

表 20-1 投资组合现金流情况

债券代码	180203.IB	180205.IB	101800704.IB
债券名称	18国开03	18国开05	18大同煤矿MTN003
票面利率（%）	4.62	4.88	6.40
上市日期	2018-3-13	2018-2-12	2018-6-22
买入金额（万）	5 000	5 000	10 000
现金流（1）	231	244	640
现金流（2）	231	244	640
现金流（3）	5 231	244	640
现金流（4）		244	640
现金流（5）		244	10 640
现金流（6）		244	
现金流（7）		244	
现金流（8）		244	
现金流（9）		244	
现金流（10）		5 244	
现金流（11）			
现金流（12）			
现金流（13）			
现金流（14）			
现金流（15）			
现金流（16）			
现金流（17）			
现金流（18）			

资料来源：Wind 资讯金融终端。

20.1.2 账户分类

投资组合中的债券根据投资人的投资目的和持有能力不同，可以从会计角度分为三类账户：持有至到期账户、可供出售账户和交易账户。针对不同类别的投资组合，投资经理管理组合的方式也有所不同。持有至到期账户采用成本法估值，采取买入持有至到期策略，只要负债稳定，投资经理管理组合的压力就相对较小；而可供出售账户和交易账户采用市价法估值，持仓债券的估值跟随市场价格发生变化，投资经理需要随时准备对组合进行调整，以免市场风险给组合带来较大的估值压力。

20.1.2.1 持有至到期账户

一般而言，持有至到期账户内的债券买入即持有至到期，如果没有发生极端事件，债券不会卖出，以获取债券票息为主要收益目标。这种账户对应于较长期限的负债，投资经理会配置和负债期限相对匹配的债券,到期后获得与负债成本有一定价差的收益。这种情况下,持有至到期账户是一个相对稳定的账户。在债券市场上,可以看到有些债券流动性较差,找不到卖盘,很可能正是因为这些债券在各机构的持有至到期账户中。对于非银机构而言,负债主要来源于同业负债,成本较高且波动性较大,因此持有至到期账户占比较小。

20.1.2.2 可供出售账户

可供出售账户在买入债券后会持有较长时间,如果投资经理认为有一定的调仓必要,会选择适当的时机买卖债券。一般情况下,可供出售账户整体的操作不会过于频繁,在特殊时点才会进行调整。可供出售账户的规模一般比较大,和持有至到期账户相似,是以配置为主要目的进行投资的。可供出售账户采用市价法估值,账户的损益会随着市场情况的调整进行重新定价。账户的公允价值变动计入所有者权益(其他综合收益),因此对自营账户而言,账户的损益会直接影响公司的所有者权益。因为账户的规模较大,所以虽然采用市价法估值,单一债券对整体持仓的影响仍然有限。

20.1.2.3 交易账户

交易账户以频繁买卖、博取价差为主要目的。在这种账户中,投资经理更注重获取作为交易性收益的资本利得,会相对弱化债券票息带来的收益。交易账户有持仓时间的要求,各家机构根据自身情况设定不同的时间,一般为1—2个月,还有一些机构会要求更短的持仓时间。交易账户的规模不固定,在市场环境好时,交易账户规模会相对较大;在市场环境较差,没有明显趋势时,交易账户规模会相对较小。这种账户以市价法进行估值,公允价值变动计入当期损益,因此对自营账户而言,账户的损益会直接影响公司的净利润;对资管类账户而言,产品的资产净值波动风险较大。

20.1.3 估值方法

对于债券的估值方法,总体可以分为两类:成本法和市价法。其中成本法分为买入成本法和摊余成本法,市价法分为交易所收盘价和第三方机构估值价。

20.1.3.1 成本法

(1)买入成本法

买入成本法按照债券的买入价格入账,后续计量只考虑票息的计提,但这种情况并没有考虑债券存在的溢折价情况,在折价买入债券后的持有期间低估债券的价值,在溢价买入债券后的持有期间高估债券的价值。理论上,票面利率与面值相匹配,实际利率与买入价格(可能折价/溢价)相匹配,因此,如果债券按照买入价格入账,那么应该用相应的实际利率计算实际利息,按照实际利率计算出的实际利息与按照票面利率计算出的票面利息之差作为折价/溢价的摊销额。

（2）摊余成本法

摊余成本法是在债券买入价和应计利息的基础上，考虑了每日摊销的折溢价，相较买入成本法而言更加公允。在目前的会计准则中，规定只有持有至到期类型的债券才可以采用摊余成本法估值，所以对于非持有至到期且不好估值的债券会采用买入成本法估值。按照摊余成本法估值符合持有至到期类型债券的特征，并且能够减少市场变动对于投资决策的干扰，在市场波动不大的情况下，采用摊余成本法计量是合适的。

成本法总体适用于持有至到期策略的投资，因为持有至到期账户的债券持仓基本不会发生变动，所以成本法的优点主要在于可以规避市场波动的干扰，反映债券持有至到期所产生收益的稳定性，防止组合净值的大幅波动；但成本法的缺点在于存在持有期间债券估值远远偏离市场价的情况，这是因为被动变现的现象客观存在，所以如果必须变现就可能发生变现价（市场价）与估值价的偏离，造成组合大量浮亏/浮盈的实现。对于资管类账户而言，一方面要对采用成本法估值的产品设定限制，首先根据负债端期限约束资产端的债券久期，其次考虑负债端的稳定性和结构，例如是单一委托人还是多个委托人的结构；另一方面要搭配影子定价法和偏离度控制来使用。此外，如果一只债券含有权益成分，如可转债和可交换债，存在行权转股的投资策略，那么理论上不能采用成本法估值。

20.1.3.2 市价法

（1）交易所收盘价

在交易所竞价系统交易的债券可以获得交易所的收盘价，而在银行间、上交所固收平台和深交所大宗平台交易的债券都无法直接获得交易所的收盘价；而且债券的流动性可能较差，交易不活跃，其收盘价格并不公允。因此，由于债券的交易场所和流动性问题，采用交易所收盘价估值无法反映债券的真实变现价值。在使用交易所收盘价进行债券估值前，必须考虑收盘价的稳定性和公允性。

（2）第三方机构估值价

目前市场上第三方机构估值大多采用中债金融估值中心有限公司（以下简称"中债"）和中证指数有限公司（以下简称"中证"）两家机构的估值结果。两家机构都是用统计数据做出各种债券收益率曲线、行业利差，再根据成交信息和曲线、利差一起对债券进行估值。两者的区别主要是中债依托于国务院、人民银行和银保监会，而中证依托于两家交易所和证监会，其统计样本不同，覆盖范围也有所差别；中债估值使用到期收益率，中证估值使用即期收益率；在绘制收益率曲线时采用的插值法方面，中债采用单调三次Hermite多项插值法，中证采用三阶样条插值法，所以中证的曲线比中债光滑。在实务操作中，一般银行间债券使用中债估值，交易所债券使用中证估值。

市价法主要用于可供出售账户和交易账户，组合内持仓的债券会按照当日的市场估值进行重新估价。不同于成本法，市价法即使当日没有发生实质的买卖交易，也会按照市价体现组合持仓的损益结果。

20.1.3.3 《资管新规》的规定

在 2018 年 4 月 27 日发布的《关于规范金融机构资产管理业务的指导意见》(以下简称《资管新规》)中,对于摊余成本法的适用范围有如下规定:

金融资产坚持公允价值计量原则,鼓励使用市值计量。符合以下条件之一的,可按照企业会计准则以摊余成本进行计量:

①资产管理产品为封闭式产品,且所投金融资产以收取合同现金流量为目的并持有至到期。

②资产管理产品为封闭式产品,且所投金融资产暂不具备活跃交易市场,或者在活跃市场中没有报价,也不能采用估值技术可靠计量公允价值。

金融机构以摊余成本计量金融资产净值,应当采用适当的风险控制手段,对金融资产净值的公允性进行评估。当以摊余成本计量已不能真实公允反映金融资产净值时,托管机构应当督促金融机构调整会计核算和估值方法。金融机构前期以摊余成本计量的金融资产的加权平均价格与资产管理产品实际兑付时金融资产的价值的偏离度不得达到 5% 或以上,如果偏离 5% 或以上的产品数超过所发行产品总数的 5%,金融机构不得再发行以摊余成本计量金融资产的资产管理产品。

总体而言,《资管新规》允许资管类账户采用摊余成本法估值的核心,是资产端和负债端的期限匹配,估值方法和投资策略适配,禁止期限错配和刚性兑付。

20.1.4 风险与收益

20.1.4.1 风险因子

组合管理主要面对的风险有三大类:利率风险、信用风险和流动性风险。

(1) 利率风险

利率风险是由于市场利率水平发生变动,导致债券投资者在债券价格变动的过程中蒙受损失的风险。利率风险是系统性风险,无法通过分散投资规避,但可以选择不同的衍生工具实现套期保值和对冲。以国债期货为例,我国现在有 5 年期国债期货、10 年期国债期货和 2 年期国债期货三个品种,为债券投资者提供了丰富的投资多样性。自上市以来,国债期货功能逐步发挥,已成为稳定利率风险非常重要的金融工具,未来将会有更大的发展。市场上还存在另一种对冲工具——利率互换。2006 年人民币利率互换市场诞生,交易双方进行固定利率与浮动利率的调换,目前市场上 1 年期、5 年期品种成交比较活跃。但是由于大多数金融机构都是以固定利率资产为主,浮动利率资产的供给量非常小,因此利率互换的可操作性不强。

通过加强对利率走势的预测与利率风险的衡量,投资经理可以选择适当的利率风险管理方式。在利率升高时,投资经理可以选择降低仓位、缩短组合久期,从而达到降低损失的目的。随着市场的不断发展,未来可以更多地利用各种金融衍生工具来降低利率风险。

（2）信用风险

信用风险主要是指违约风险，即受信人不能履行还本付息的责任而使授信人的预期收益与实际收益发生偏离。广义的信用风险还包括由于债券或发行人发生意料之外的降级而带来的风险。自2014年"超日债"违约事件发生以来，每年发生的违约事件数量在不断增加。2017—2019年，违约债券呈逐年上升趋势，违约只数总计达到342只。

以2018年发生的一起债券违约事件为例，四川省煤炭产业集团有限责任公司发行的2015年度第一期非公开定向发行债务融资工具（15川煤炭PPN001）应于2018年1月9日兑付本息。截止到兑付日终，该公司仍未能按期足额偿付本金5亿元，仅能兑付利息3 850万元。2014—2017年，由于"刚性兑付"的庇佑，大多数违约债券通过自筹资金等方式后续完成全额兑付。但是刚性兑付的存在降低了投资者对风险的识别能力，使得市场调节作用失灵，不利于市场的长期发展。2018年4月《资管新规》发布，明确规定了刚性兑付的认定标准和处罚措施，同时鼓励社会监督举报刚性兑付行为，打破刚性兑付将成为现实。

对信用风险的控制和管理可以分为三个部分。事前预防部分主要是要建立一个专门控制信用风险的体系，对可以投资的债券的数量和评级情况进行严格的限定。事中监控要求机构进行分散化投资，对每一个投资标的进行深入全面的了解和评估。事后处理阶段应着重加大监控力度，关注债券的内部和外部评级变动以及发行人的财务状况，及时进行组合的调整。

（3）流动性风险

流动性风险是指不能以合理成本获得充足资金的风险，以及在负债到期时无法偿还的风险。这种风险的根本来源是资产和负债的期限错配，当较短期限的负债搭配了较长期限的资产时，负债到期而资产尚未到期，组合就面临了刚性的资金需求。此时对于负债端来说，如果遇到资金面紧张，融资难度上升，就可能需要付出高昂的融资成本，极端情况下甚至无法融入足够的资金，致使负债无法偿还。

流动性风险的爆发，尽管开始可能仅是某一家金融机构出现资金兑付问题，但大多数时候最终都会演变成整个市场的动荡，波及众多机构。2013年6月20日，资金局面空前恶化，短期资金极度缺乏，银行间隔夜回购利率超过13%，最高成交利率高达30%，银行间7天回购最高利率创纪录地达到28%。这次"钱荒事件"是对整个金融体系流动性管理的一次压力测试，短期融资成本的急剧上升使得银行间市场流动性持续紧张，给整个金融行业带来了巨大的冲击，最终钱荒的结束有赖于央行投放流动性。

为了应对流动性风险，投资经理可以实施资金的集中管理，制作不同期限的资金头寸表，进行日度、周度、月度的头寸安排。同时，建立一定量的流动性储备以应对突发性资金需求或资金缺口。不同金融机构可以根据自身特点设置不同的压力情景，进行流动性风险压力测试。

20.1.4.2 收益测量指标

对于组合中的不同债券，投资经理会选择持有不同的时间长度，有的债券会被持有一直到其偿还期，有的则会被持有一段时间后卖出赚取利差。对单只债券来说，需要考虑的收益测量指标主要包括到期收益率和持有期收益率两种。

（1）到期收益率

到期收益率是指将债券持有到偿还期所获得的收益，等于持有债券未来产生的所有现金流之和所对应当初购买价格的贴现率。通常所说的"国债收益率"或"债券收益率"就是指到期收益率。

（2）持有期收益率

持有期收益率是指在某一时间买入债券，持有一段时间后，在债券到期之前将其出售获得的收益，等于在持有该债券期间卖出价格与买入价格之差加上利息收入与买入债券的价格的比率。

投资组合的收益率一般来说有两种衡量指标。一种是加权平均投资组合收益率。加权平均组合收益率等于组合中所有债券的收益率按照所占比重进行加权平均，是比较常用的一种方法。另一种是投资组合内部收益率。将投资组合在不同时期的现金流折现求和，使其等于组合市场价格的利率，即为投资组合内部收益率。但组合内部收益率需要假定投资经理持有该组合直到组合中的所有债券到期，一般来说该条件很难满足。

20.1.4.3 风控指标

在组合管理中，有一些常见的风控指标，主要包括组合持仓限额、组合久期、DV01以及一些其他的风控指标。

（1）组合持仓限额

组合的持仓等于每只债券持仓的总和。一般来说，持仓是指持有该债券的面额。通过对组合的持仓加以限制，就相当于限制了整个账户的规模。

以表20-2中的投资组合为例，该组合中共包含三种债券，其中18国债01的持仓面额为1亿元，18中铝SCP001的持仓面额为5 000万元，18万达CP001的持仓面额为2 000万元，则整个组合的持仓面额为17 000万元。

表20-2 投资组合持仓面额情况

债券名称	持仓面额（万元）
18国债01	10 000
18中铝SCP001	5 000
18万达CP001	2 000
组合	17 000

资料来源：Wind资讯金融终端。

（2）组合久期

对于单只债券来说，久期代表了债券的平均还款期限。久期越长，债券对利率的敏感性越高，风险越大。组合的久期代表了整个组合对于利率的敏感程度，就等于每只债券久期的加权平均。一只长久期的债券和一只短久期的债券可以组合成一个中等久期的投资组合，组合的久期由两种债券的占比决定。实务操作中可以通过调整各类债券的权重，来调整投资组合的久期。

以表 20-3 中的投资组合为例，18 国债 01 的久期为 3.9938，18 中铝 SCP001 的久期为 0.0055，18 万达 CP001 的久期为 0.5888，以这三只债券的持仓面额占总持仓的比重为权重，可求得整个组合的久期为 2.4202。

表 20-3 投资组合久期情况

债券名称	持仓面额（万元）	久期
18 国债 01	10 000	3.9938
18 中铝 SCP001	5 000	0.0055
18 万达 CP001	2 000	0.5888

资料来源：Wind 资讯金融终端。

（3）组合 DV01

DV01 测量的是当收益率变化一个基点（0.01%）时债券价格的变化。组合的 DV01 有两种不同的计算方法：一种是将组合中每个债券的 DV01 进行加权求和，权重为单只债券持仓面额占总持仓的比重；另一种是先算出组合的久期后，再将整个组合视为单只债券来求 DV01。这两种方法计算出的结果是一样的。

以表 20-4 中的投资组合为例，18 国债 01 的 DV01 为 0.0420，18 中铝 SCP001 的 DV01 为 0.0001，18 万达 CP001 的 DV01 为 0.0061，以这三只债券的持仓面额占总持仓的比重为权重，可计算出组合的 DV01 为 0.0255。对于很多投资组合来说，可以通过对 DV01 的数值加以控制来控制整个组合的投资风险，而不需要对组合总体的持仓数量进行具体的要求。

表 20-4 投资组合 DV01 情况

债券名称	持仓面额（万元）	DV01
18 国债 01	10 000	0.0420
18 中铝 SCP001	5 000	0.0001
18 万达 CP001	2 000	0.0061

资料来源：Wind 资讯金融终端。

（4）其他风控指标

除上述指标外，还要考虑其他一些风险约束条件。首先，很多账户对于可以投资的债券评级会有一定的要求，不允许投资低于某一评级的债券，只能投资高于这一评级的债券。一些账户会设置准入要求，对于可以进行投资的行业、企业也会设置限制。

其次，投资经理还会关注一些流动性风险指标，比如说组合的流动性风险敞口，预测现金流出与预测现金流入的差值要控制在一定范围内。同时要求账户的杠杆率不能过高，要避免杠杆率过高引发流动性危机。

最后，还有一些账户会设置预警、止损，当组合的亏损或盈利达到一定数额时，软件会进行预警,提示投资经理。当组合的亏损达到预定数额时,必须及时卖出,严格坚持预设的止损点。

20.1.5 投资组合的构建与管理逻辑

债券资产在不发生违约的前提下,收益可以预期(即到期收益率),因此债券组合的构建可以从在满足风险偏好的前提下选择适当品种进行配置入手。在确定负债成本以后,可以通过买入债券覆盖成本,并从中获取利差和投资收益。

风险约束决定了组合配置的边界,投资经理需要确定组合的久期,权衡信用风险、市场风险和流动性风险,在风险边界下选择资产来满足投资需要和收益目标。投资组合的构建及日常管理包括以下基本操作。

20.1.5.1 构建底仓

在满足风险偏好的前提下,为确保基本收益,通常买入较高收益的信用债,牺牲一定的流动性。只要不发生实质性的信用风险,一般不卖出底仓债券。

20.1.5.2 流动性安排

根据组合的负债稳定性,确定账户对流动性的要求,配置相应比例的流动性资产,该类资产必须有一定的交易活跃度,便于及时变现,例如利率债和快到期的信用债。

20.1.5.3 波段操作

投资经理可以通过交易行为来扩大组合的收益,在适当时机买卖交易属性较强的债券。市场中 10 年期的国开债是主力交易品种,是公认的活跃度较高的债券。

20.1.5.4 杠杆操作

根据组合负债结构和市场整体流动性环境,投资经理可以选择适当的杠杆来增加收益。加杠杆主要的风险点在于资金面,当资金面趋紧,融资难度增大,难以在市场上找到足够的资金来维系杠杆,并且当融资成本高于票息收入时,杠杆将给组合带来负收益,这时需要主动降低杠杆来保持组合的流动性水平。

20.1.5.5 严防信用风险

对持仓内的信用债进行跟踪和梳理,提前处置有信用风险隐患的债券,以免给组合带来过大的损失。

20.2 固定收益组合管理的策略与操作

20.2.1 债券投资组合配置理论基础

债券投资业务中收益和风险密不可分,在一定风险承担下获取最大收益是投资交易策略的最根本目标。马科维茨的投资组合模型和理论是投资组合管理研究的"基石",给出了投资组合分析的方法和框架,他建立的现代投资组合理论用预期收益率的方差来度量风险,指出投资组合的合理目标应是在给定的风险水平下形成最高回报率的有效投资组合。马科维茨使用均值-方差分析的方法,说明分散化投资可以达到有效投资组合,也就是在特定风险水平下,提供最高的预期收益,或者在特定预期收益水平下,承担最低的风险。投资组合管理人借助这一经典的均值-方差理论框架,通过历史数据和计量模型,对预期收益率、资产波动率以及资产间的协方差等进行估计,利用优化技术进行资产配置。

一般认为,债券组合管理策略根据是否对利率形成预期分为消极策略和积极策略。

20.2.1.1 消极债券组合管理策略

消极策略包括指数复制和免疫,与利率期限结构的相关性较小。指数复制策略的最终目的是使投资组合的总收益率与某个指数的总收益率挂钩,如果该指数上涨了1%,则投资组合的收益率理论上也应该上涨1%。免疫策略是债券组合管理者不积极寻求交易的可能性而企图战胜市场的一种策略。其基本假设是:债券市场是半有效性市场,债券的现时价格能准确反映所有可获得的信息。因此,免疫策略就是保护债券组合避免利率风险的一种策略。它强调利用久期和凸性构造组合以及调整投资比例以使投资组合的价值不受利率变动的影响,从而使资产和负债的现金流能够搭配起来。消极策略具有交易成本和管理成本低的优势。

20.2.1.2 积极债券组合管理策略

积极策略是在市场弱有效或无效的前提下,通过对利率走势进行预期,寻找市场定价错误,以获取超越市场收益的策略。消极策略追求在最小风险下获取既定目标收益,积极策略则通过对利率走势进行预期,调整组合并频繁买卖以增大潜在收益获得的可能性。积极策略具体包括收益率骑乘、水平分析、放大杠杆和债券调换等。

收益率骑乘策略,又称收益率曲线追踪策略,是利用收益率曲线在一些年期快速下降的特点,买入即将到期的该年期债券品种,等待其收益率出现快速下滑时,产生较高的买卖价差回报。

放大杠杆是投资者通过借贷建立一个与投入自有资金相比时更大的头寸,以便增加投资组合收益的策略。在债券市场上,常见的债券回购就是放大杠杆的典型例子。

积极的债券投资组合管理中潜在的核心价值来源就是预测的准确性。投资者通过预测市场未来的变动,发现相对有投资价值的债券或者对利率风险进行规避,从而获得超额收益。因此，债券投资组合管理的一项重要工作是对债券市场的环境进行分析判断，包括宏观经济基本面、物价水平、货币政策、财政政策、债券市场供求关系、监管政策变化等。结合对上述因素的归纳，进一步对未来收益率曲线变动进行分析，并在此基础上做出一系列买卖决策。但未来收益率曲线的变动是不确定的，因此市场预期及判断是投资组合资产配置的基础，决定了资产类别的选择及投资规模。

债券收益率曲线的变动与上述因素密切相关。曲线短端对资金面变化比较敏感；长端受经济基本面影响较大。①在经济复苏阶段，初期货币政策相对宽松，经济增速和通胀水平开始上升，长期债券利率上升幅度大于短期债券利率，后期通胀预期继续强化，货币政策开始收紧，长期债券收益率大幅攀升，收益率曲线呈现"陡峭化上行"态势；②在经济高速增长阶段，通胀通常处于较高水平，货币政策继续收紧，此时长期债券利率上升幅度不大，而短期债券利率将明显上升，收益率曲线呈现"平坦化上行"态势；③在经济进入下行阶段后，通胀水平回落，货币政策放松，收益率曲线长端、短端将相继出现回落，如果经济下行预期较强，往往长端回落幅度大于短端；④在经济进入滞涨期后，短期利率仍处于高位，市场对通胀预期开始回落，带动收益率曲线"平坦化下行"；⑤在经济进一步下行进入萧条初期后，短期利率由于市场需求不振以及货币政策逆周期调节的宽松预期，回落大于短期利率，曲线呈现"陡峭化下行"（见图20-1和表20-5）。

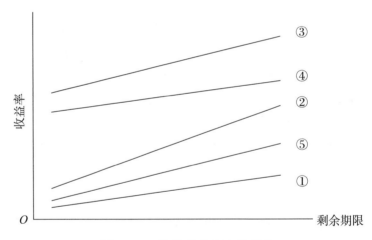

图 20-1　债券收益率变动规律

资料来源：天风证券固定收益总部。

表 20-5　经济周期对应债券收益率曲线变动规律

经济周期	情景	收益率曲线变动
萧条期 ⑤→①	短期利率处于低位，通胀预期不强	平坦化
复苏期 ①→②	短期利率仍处于低位，通胀预期开始上升	陡峭化上行
过热期 ②→③	短期利率上升，通胀预期处于高位	平坦化上行
滞胀期 ③→④	短期利率处于高位，通胀预期开始回落	平坦化下行
萧条初期 ④→⑤	短期利率开始下降	陡峭化下行

资料来源：天风证券固定收益总部。

从消极策略的应用对象来看，其需要持续开展平衡及再平衡操作。当前我国多数商业银行债券投资组合规模较大，大规模的交易量往往会对市场产生明显影响，从而制约指数复制或免疫策略的效果。从积极策略的应用对象上看，国外对于债券投资策略的研究是从债券市场参与者主要为交易账户的实际出发，侧重于价差收入，但是我国债券市场结构与国外市场有着明显差异，注重票息收入的商业银行债券投资组合参与者规模远大于交易账户，从交易账户角度出发制定的投资策略（如骑乘策略、杠杆策略）并不完全满足商业银行债券投资组合管理的需要。

20.2.2 投资组合管理策略的类别

投资者或客户选择债券组合的策略由投资目的和投资政策决定，总的来说可以分为参照基准的策略、绝对回报策略和负债驱动型策略。

20.2.2.1 参照基准的策略

投资者或客户选择的管理策略中，很大一部分都把债券指数作为组合业绩的参照基准，将债券组合经理的业绩与债券指数的收益率做比较。债券指数一般可分为宽基市场指数和专业市场指数。

本质上，我们可以把基准组合（债券指数）看作由一揽子风险因子构成。一般来说，主要风险因子可以被划分为两大类：系统性风险因子和非系统性风险因子。其中，系统性风险因子指影响指数中所有证券的风险因素，而非系统性风险因子是不属于系统性风险因子的风险因素。前者可被进一步划分为期限结构风险因子和非期限结构风险因子。期限结构风险因子是指与期限结构的改变（水平变动和形状变动）有关的风险，非期限结构风险因子包括部类风险、信用风险和期权性风险。而非系统性风险因子可以划分为特定发行人风险和特定证券风险。

投资组合经理在构造投资组合时，可能会匹配这些风险因子，也可能会错配这些风险因子。由于构造一个完全匹配债券指数的投资组合并非易事，投资组合经理常常会被迫错配风险因子。但是，当投资经理发现有强有力的证据表明能够从错配中获得收益时，即能够战胜基准组合时，他就会故意错配风险因子。

负责先锋集团的应税债券业务的肯尼思·沃尔伯特（Kenneth Volpert），根据投资组合偏离主要风险因子的程度大小，将传统上参照基准的策略划分为以下五类：①纯债券指数匹配；②增强型债券指数化：匹配主要风险因子；③增强型债券指数化：允许较低风险因子错配；④积极管理：允许较高风险因子错配；⑤积极管理：全面出击。

基于上述五类策略，我们在了解风险来源的同时，还需要掌握量化这些风险因子的方法。基准组合或投资组合的一个主要风险来源是利率水平的变化，该风险可以由久期进行度量，即久期越短，基准组合对利率的敏感性越低，风险越低；反之，久期越长，基准组合对利率的敏感性越高，风险越高。因此，在策略①至③中，投资组合经理必须保持投资组合的久期与基准组合的久期一致。其中，在增强型债券指数化策略中，允许较低风险因子的错配，但事实上由于久期的存在，这种错配或许并不发生。此外，投资组合经理在采用策略①至③时也会受到约束，原因是其构造的投资组合的久期必须等于基准组合的久期。

策略④和⑤属于积极的债券组合管理策略，允许投资组合相对于基准组合错配的程度不同。例如，对于策略④，如果基准组合的久期为5年，那么投资组合的久期可以偏离10%，即为4.5—5.5年。对于策略⑤，投资组合的久期不会受到任何限制。但值得注意的是，组合经理即使采用积极管理策略，仍可能会使投资组合的久期等于基准组合的久期，此时，投资经理承担其他类型的主要风险因子。

在实践中，实施策略①非常困难，因为跟踪债券指数与跟踪股票指数大不相同。如果投资组合经理构建纯债券指数跟踪策略，那么他必须购买债券指数中的所有债券且债券权重为各自在基准指数中所占的比重以完全复制指数。然而，购买所有债券以及现金流的再投资（到期日的本金和利息）所产生的交易成本以及其他费用会导致跟踪误差变大。例如，宽基市场指数包括超过6 500只债券，购买所有债券会产生高额的交易成本，使得该策略不具有可行性。另外，债券指数市场中一些债券的流动性非常差，在交易市场上以合理的价格购买难度很大。

当投资组合经理参考的业绩基准是债券指数时，并不能用投资组合的方差或标准差度量风险，用投资组合收益率与基准指数收益率的标准差度量风险更为精确，这种方法被称为跟踪误差，也称为主动风险。其中，每个时期投资组合总的收益率与每个时期基准指数总的收益率的差值称为主动收益率，而主动收益率的标准差即为跟踪误差。

目前，投资组合经理经常采用将指数化策略和积极管理策略相结合的核心或卫星策略。其"核心资产"采用指数化策略构造出低风险的投资组合，选择宽基指数作为基准指数，该部分的市场风险敞口水平大致等同于基准组合。其"卫星资产"采用积极管理策略构造投资组合，选择"专门指数"作为基准，该部分反映出组合经理对主要风险因子的赌注。总而言之，"核心资产"受总体市场风险的影响，反映了系统性风险（β），而主动收益率（α）则通过积极管理"卫星资产"获得。此策略的优点在于，在控制投资组合相对于基准组合的风险方面，提供了一个节省成本的方法。

20.2.2.2 绝对回报策略

投资组合经理采用绝对回报策略主要是为了获得一个正的收益，而且该收益不受市场状况的影响，对主要风险因子的敞口施加很少的限制。通常情况下，利用杠杆的对冲基金经理偏好绝对回报策略。另外，采用绝对回报策略的投资组合经理一般将每年的预期收益率定为150—400个BP，这样的策略被称为"基于现金的绝对回报策略"，这里的"现金"指的是一些货币市场的参考利率，比如3个月的LIBOR，通常这些策略会涉及固定收益衍生品（即利率衍生品和信用衍生品）。债券的绝对回报策略是负债驱动型策略的补充。

20.2.2.3 负债驱动型策略

按照满足未来负债的要求构建投资组合就是负债驱动型策略。当为支付未来的负债进行筹资时，一般采取这个策略。当组合经理在构造投资组合时，无论利率如何变化，其投资目的都是满足未来多笔负债，那么投资组合经理可以采用免疫策略、现金流匹配策略以及水平匹配策略。

低风险的积极管理策略属于免疫策略和现金流匹配策略的一部分。例如，"或有免疫策略"是指在某些参数朝不利方向变化之前，允许投资组合经理积极管理投资组合的策略。一旦出现不利情况，投资组合立即成为免疫资产。

20.2.3 资本流动性保值相关策略

20.2.3.1 流动性保值的概念

资本流动性保值又被称为避险性资金流动，指的是投资者不断进行资本调拨形成短期资金流动，以获取保值收益的行为。债券在资本结构中的级别优于权益类证券，因此债券投资者在违约时有优先求偿权，这一特性使其成为资本保值的最佳选择。虽然不是所有类型的债券流动性都非常好，但对于大多数投资者来说还是有足够的、具备充足流动性的固定收益类债券可供选择。以下是实现资本流动性保值的几个策略。

（1）持有国债

国债市场的成交十分活跃，日交易量能达到 0.5 万亿元的规模。由于国债的发行人是中央政府，有国家信用作为背书，因此国债通常被视为信用风险较低的"金边债券"。而相对于旧发行的国债来说，当流动性偏好增强时，新发行国债的表现要优于旧发行国债。因此，持有一定比例的新发行的国债是大多数投资者的选择。

（2）持有货币市场基金

货币市场基金指的是投资于货币市场上 1 年以内的有价证券的一种投资基金，通常投资于短期货币工具和流动性较高的证券，包括国债、政府机构证券、回购协议、流动性较高的商业票据、公司债券。货币市场基金具有收益稳定、流动性强的特点，非常适合实现资本流动性保值。

（3）持有高等级债券

根据权威机构对于债券发行者的财务和经营等状况的分析，债券信用等级通常分为 9 个级别，由"A"到"C"依次排列。其中"AAA"级是最高级，代表此债券安全度最高，风险最低。相应地，"AA"则代表安全度较高，风险较低，能保证偿付本金。与低等级债券相比，高等级债券有较高的价格透明度，在市场出现流动性问题时也表现得更好。因此，选择持有高等级债券也是一种较好的流动性保值方式。

20.2.3.2 获得当期收益

债券的当期收益又被称为直接收益，是指当期的利息收入与当前的市场价格的比率。由于大多数债券是付息债券，可以产生稳定的现金流，而当期收益以当前市价为基础来衡量投资者购买债券后每年收取的利息，因此当期收益是很多投资者很看重的部分，尤其对于较为保守的投资者而言。

由于不同投资者对于现金流的需求不同，因此相对应的投资策略也有所不同。然而，制定投资策略需要考量的一个重要特征就是现金流的频率,比如有些债券每年付息一次,有些每月就付息一次。针对这些目标,有如下两种投资策略:

(1)持有票面利率相对较高的债券

相对于票面利率较低的债券,高票息的债券能支付更高的利息。同时,在期限相同的情况下,票面利率较高的债券久期较短,也就意味着高票息的债券对市场收益率变动的敏感度相对较低,在利率上升时就可以适当控制风险。

(2)避开带赎回条款债券,或者其他可能导致现金流不可预测的条款债券

对于风险承担能力较弱的投资者,可以选择适当避开有着高度不可预测现金流的债券,例如住房抵押贷款证券、浮动利率券等。因为此类债券的金额很可能因为提前偿还或者浮动利率的波动而发生比较大的变化。而对于愿意承担风险的投资者来说,若能正确预测利率及其他因素的方向,可以考虑利用这些债券增加现金流。

20.2.3.3 收益提升

收益提升指的是通过设计复杂的策略来达到提升投资组合收益的效果。因此,收益提升策略多适用于能够承担一定风险的机构投资者。收益提升的常用方法是出售国债期货的期权或利率互换的期权。如果投资者认为未来的国债或利率互换将会维持在某一区间内,就可以以出售期权的方式来押注。期权分为看涨期权和看跌期权,行权价可以是该区间的单边,也可以是双边。期权的行权价按照当前的收益率水平而定。如果投资者押注的方向正确,期权到期时会处于虚值状态,此时该投资者就能获得超额收益。这种收益是随着时间的推移期权价值减弱所带来的收益。相反,如果收益率的变动与投资者预测的变动方向相反,并超出了预测区间,投资者也会遭受很大的损失。

20.2.4 曲线久期相关策略

20.2.4.1 对收益率曲线形状的传统解释

当把信用质量相同、期限不同的债券收益率在坐标轴上画出来时,就可以得到一条收益率曲线。多数投资者通过观察国债的收益率和价格来构造收益率曲线。这么做的理由有两点:首先,国债是无风险债券,信用质量的差异不会影响到收益率,所以不同期限的国债有可比性;其次,国债市场规模最大,流动性最强,从而避免了流动性差和交易不活跃带来的问题。图 20-2 的三幅图展现了收益率曲线的三种形状:上升型、下降型和水平型。

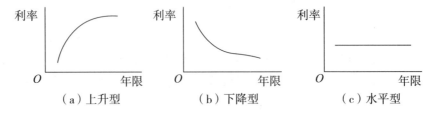

图 20-2 收益率曲线形状

对于收益率曲线的不同形状表现,学术界一般有三种解释理论。

第一,市场预期假设。市场预期理论的主要思想是假设利率期限结构完全取决于市场对未来利率水平的预期。长期利率为短期利率的几何平均。因此,如果市场预期短期利率将会上升,则远期利率也会跟着上升,整个利率期限结构曲线就会呈现向上倾斜的趋势。同理,当市场预期短期利率下降时,导致远期利率也跟着下降,利率曲线就会呈现向下的趋势。当市场预期短期利率将保持不变或只有微小变化的时候,利率曲线就会呈现出直线型的形态。

第二,流动性偏好假设。这一理论与市场预期假设的共同点是都认为预期的未来短期利率对长期利率有很大的影响,所不同的是流动性偏好理论又考虑了流动性的因素。流动性偏好理论的观点是不同期限债券的流动性是不同的,因此在考虑它们的利率时,还需要考虑它们的流动性因素。由于短期国债期限短,债券价格波动小,因此流动性很大。相反,长期债券期限长,价格波动范围大,因此流动性相对较低,所以长期债券的发行者必须通过提高利率水平来补偿债券流动性的不足。而且,随着债券期限的加长,这种补偿也会越来越大,最终导致利率期限结构的曲线呈现出一个向上倾斜的形状。只有当市场预期短期利率有大规模的下降时,长期利率才有可能低于短期利率,才会呈现出向下倾斜的形状。流动性偏好理论与市场预期理论并没有本质区别,只是在市场预期理论的基础上增加了流动性溢价,这个溢价是随着期限的增加而增加的。

第三,优先置产假设。优先置产理论是对流动性偏好理论的进一步发展。流动性偏好理论认为利率中存在一个流动性溢价,这个溢价随时间而提高,因此流动性溢价是非负的。而优先置产理论认为,利率中的风险溢价可正可负,可大可小。优先置产理论认为每一个投资者都会有一定的期限偏好,投资者会按照自己的期限偏好来配置资产和负债,但当这种配置方式导致资金的供求不匹配时,投资者就会改变期限偏好,同时会按照其风险厌恶程度、投资管理偏好和负债程度等因素来要求一定的风险补偿,因此这种风险补偿可正可负。由预期短期利率和风险补偿共同决定长期利率,从而决定利率期限结构曲线的形状到底是向上、向下还是水平的。

20.2.4.2 收益率曲线策略

收益率曲线的变化是影响债券组合风险和收益的最重要因素。收益率曲线的变化类型主要有三种:平行移动、扭曲移动和驼形变动。

(1)平行移动

平行移动即所有不同到期期限的债券都在原来各自收益率的基础上移动一个相同的比例(如图20-3所示),但事实上,这种情况只在理论上出现,实际当中从未发生过。

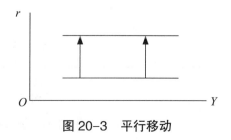

图20-3 平行移动

（2）扭曲移动

扭曲移动常见的有两种情形：第一个是平坦化扭曲，即长短期利率之间的差缩小，如图 20-4 的（a）图所示；第二个是陡峭化扭曲，即长短期利率之间的差放大，如图 20-4 的（b）图所示。

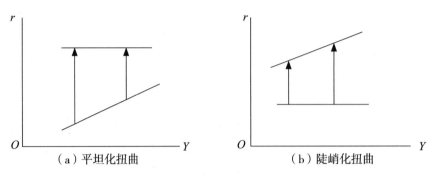

图 20-4　扭曲移动

（3）驼形变动

驼形变动也主要分为两种情形：第一种是正蝶形，即长期收益率和短期收益率的改变比中期收益率要大，见图 20-5 的（a）图；第二种是倒蝶形，即中期收益率的改变比短期收益率和长期收益率要大，见图 20-5 的（b）图。

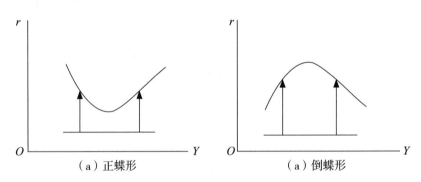

图 20-5　驼形变动

以上便是几种常见的收益率曲线的移动方式，针对这些收益率曲线的移动，投资者可以采取不同的收益率曲线策略，现在主要介绍几种。

- 子弹策略，即将投资组合中的债券集中在某一个到期期限的范围内，这种策略所对应的投资目标债券有较为集中的久期，如图 20-6 所示。

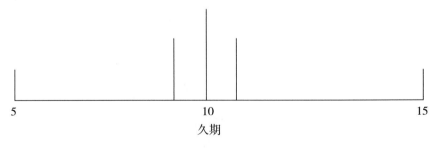

图 20-6　子弹策略

- 哑铃策略，即将投资组合中债券的到期期限集中在两个极端的范围内，这种策略所对应的投资目标债券一般来说有两个极端的久期，如图20-7所示。

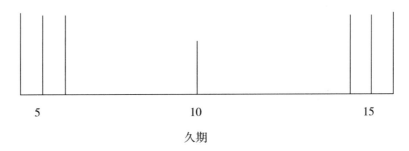

图 20-7　哑铃策略

- 梯形策略，即每种期限的债券权重分配大致相同，这种策略所对应的投资目标债券久期的分配比较均匀，如图20-8所示。

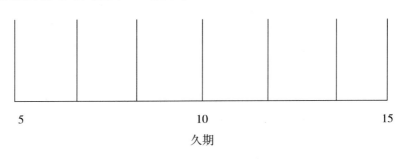

图 20-8　梯形策略

实践当中，这些策略的选择是根据之前所述的预期收益率曲线的移动方向而定的。比如说，当收益率曲线向下倾斜的时候，如长期收益率的降低幅度比短期收益率的降低幅度大时，选择子弹策略是比较合适的，即将投资组合中的债券集中于长期债券。当预期中的扭曲移动真的发生时，此策略会带来超额回报。事实上，当收益率曲线预期平行下移时，集中于长期债券的子弹策略也能带来超额收益，因为在收益率曲线下移的情况下，长期债券的价格上升百分比大于市场上所有债券的均值。而当倒蝶形移动发生时，则哑铃策略可以带给投资者更高的收益。

当然，即使收益率曲线的移动是可以被预期的，如何选择一种正确的投资策略仍然是一个问题。有一种实践方式即所谓的"整体收益分析"。既然每种策略的回报取决于收益率曲线的移动方式和大小，那么正确的收益率曲线移动策略就应当取决于投资者的预期。整体收益分析正是这样一种选择合适策略的方式，它先对收益率曲线可能的移动状况做出预期，以其发生概率大小为权重，计算出每种策略的预期收益率，再从中选择收益率较高的投资策略。

20.2.4.3　利差策略与骑乘策略

利差策略是指对两个期限相近或信用质量相近的债券的利差进行分析，从而对利差水平的未来走势做出判断，并进行相应的债券置换。

理解利差套利策略的第一步需要理解如何做空现券。一般而言，若投资者（现券的融入方）预期收益率将上行，则可在 t 时刻借入现券并卖出，待利率确实上行之后，在 T 时刻从市场上以更低的价格买回并还给融出方。

$$做空现券的净收益 = 现券价格下跌的价差 - 债券借贷费用$$

常见的利差套利策略包括做平/做陡利率曲线，即做空 5 年国债 + 做多 10 年国债/做多 5 年国债 + 做空 10 年国债；以及针对国开债与国债隐含税率的套利。此时，利差交易的收益来自两部分，即两笔债券买卖的价差之和，再减去借贷费用及资金成本，存在资金成本的原因是借入债券并卖出的价格可能低于需要买入债券的价格。

$$利差套利的净收益 = 现券交易收益 - 借贷费用 - 资金成本$$

骑乘策略的目的是利用收益率曲线形状的特点，在剩余期限不断缩短时获取骑乘收益，也就是指当债券收益率曲线比较陡峭时，即相邻期限利差较大时，可以买入期限位于收益率曲线陡峭处的债券，即收益率水平处于相对高位的债券，随着持有期限的延长，债券的剩余期限将会缩短，债券的收益率水平将会较投资期初有所下降，对应的将是债券价格的走高，而这一期间债券的涨幅将会大于其他期间，这样就可以获得丰厚的价差收益即资本利得收入。例如，如果当前的市场环境是收益率曲线较为陡峭，且预期在短期或近期内利率不会发生变化，那么收益率为 3% 的 2 年期票据大约经过 1 年后会在收益率曲线上缩短到约 1 年期的位置。又假定 1 年期票据的收益率在 2.3% 左右，那么意味着该 2 年期票据的收益率会在 1 年后下降 70 个 BP，即每个月下降约 6 个 BP。显而易见，随着收益率的下降，票据价格会上升，向上拉动债券的整体收益。

20.2.5 商业银行投资管理实务及操作分析

20.2.5.1 商业银行债券投资组合实务

综合来看，商业银行债券投资组合管理实际上是统筹考虑了资本情况、流动性要求、可用资金规模、风险限额等约束条件，结合宏观经济走势和债券市场走势，寻求各阶段、各品种、各期限债券买卖安排最优解的过程。从理论层面看，债券投资组合配置策略实际上是一个在不确定环境和多重约束下开展多阶段最优决策的问题。

最优化方法是为找出目标问题的最优解决策略而采取的模型化方法，过程是先将待解决问题用最优化形式描述为在给定约束条件下使某个目标函数达到最大（小）解。一般需要采取以下几个步骤：①每个问题都可以用一组决策变量（$X_1, X_2, \cdots, X_n$）表示某一方案，其具体的值就代表一个具体方案。通常可根据决策变量所代表的事物特点，对变量的取值加以约束。②存在一组等式或不等式构成的约束条件。③将一个用决策变量表示的函数作为决策目标，即目标函数，按问题的不同，要求目标函数实现最大化或最小化。

债券投资组合的资本配置和限额管理等的实质便是组合结构的调整与优化，即运用最优化理论，在符合各种限制条件的前提下，调整、优化各种组合结构，并在此过程中达成投资组合流动性、安全性、收益性的平衡。在此过程中，商业银行首先根据经营形势和全行的风险偏好确定债券投资可用的资金规模、风险偏好、收益目标和经营策略，制定投资组合的目标规模、收益和各类风险限额，并根据宏观经济环境、债券市场走势，建立且实时调整债券投资组合，包含账户结构、品种选择、时机选择等。最后进行投资业绩的评估，包含投资回报和风险承担等。

20.2.5.2 商业银行投资管理操作评价

对于昂贵而稀缺的资本，商业银行必须通过一种合理的机制来有效配置，使稀缺的资本资源得到有效的使用，债券投资组合也因此需要全面把握收益与风险的关系，实现有限资金和资本资源的最优化配置。投资业绩的评价体系也需要统筹考虑收益与风险的关系，这样才能对业务进行正确的导向和评价。

传统业绩评价方法注重边际财务贡献，但实际上某项业务会计利润为正并不能保证真正创造价值，因此科学的收益评价体系必须将风险和资本包含在内。风险调整业绩评价（Risk-adjusted Performance Measure，RAPM）是国际先进银行用于评价经营管理业绩的方法，逐渐成为当今商业银行理论界和实践中公认的最有效的业绩考核方法之一。经济增加值（Economic Value Added, EVA）和经风险调整后的资本回报率（Risk Adjusted Return on Capital, RAROC）是基于"经济资本"这一概念的两项风险调整后收益评价指标。

（1）经济资本

经济资本被定义为在一个给定的置信度下，根据其内部评级模型和方法计算出来的用以应对银行非预期损失的资本，也是银行自身根据其风险量化、风险管理能力认定的应该拥有的资本。经济资本能够有效地将风险控制和价值创造联系在一起，它不仅可以衡量银行整体的风险，而且可以深入到业务单元层次，在业务计划与业绩评价层面发挥指导作用，促进资源的优化配置。涉及商业银行债券投资组合的经济资本包括信用风险经济资本、利率风险经济资本和操作风险经济资本，商业银行债券投资组合需要对信用风险、利率风险和操作风险计算相应的经济资本，用于防备债券投资业务中各项风险造成的非预期损失。具体来看，商业银行债券投资组合面临的风险包括以下几方面。

信用风险：指交易对手无力或不愿按事先达成的协议履行还本付息义务的潜在可能性。信用风险不仅包括违约风险，还包括由于交易对手信用状况和履约能力的变化而导致债权人资产价值发生变动遭受损失的风险。目前商业银行计量和配置信用风险经济资本的方法主要有系数法、收入变动法和资产波动法等三种方法。

利率风险：利率风险是市场风险的一类，是指因利率的不利变动而发生损失的风险。在债券投资业务中，利率的不利变动既能够影响债券的利息收入和资本利得，同时还导致利息收入的再投资收益率发生变化。目前，计量利率风险经济资本的方法主要是VAR法。

操作风险：指由不完善或有问题的内部程序、人员及系统或外部事件而造成损失的风险，该定义包括法律风险，但不包括策略风险和声誉风险。操作风险意味着金融机构纯粹的损失，是一种管理成本，不能带来利润。目前，计量操作风险经济资本的方法主要是基本指标法、标准法和高级计量法（Advanced Measurement Approach, AMA）。

（2）风险调整后收益评价指标：EVA 与 RAROC

基于经济资本这一概念，引入两项风险调整后收益评价指标——EVA 和 RAROC。这两项指标同传统评价指标的最大区别是，它们充分考虑了风险因素和资本成本的影响，从而引导商业银行债券投资业务稳健的经营。

EVA 衡量某项业务税后息前利润减去资本成本后的剩余收入，也称经济利润，其基本表达式为

$$EVA = 税后净营运收益 - 预期损失 - 经济资本成本$$

从税后净营运收益中扣除预期损失，再扣除经济资本成本，反映债券投资组合在多大程度上超出或低于最低资本回报要求，从而最直接地反映股东价值的增值状态。其中，经济资本为信用风险经济资本、利率风险经济资本、操作风险经济资本之和。

RAROC 指某项业务所能为股东带来的实际资本回报率，是对业务单元经济利润率的衡量，其基本表达式为

$$RAROC = (税后净营运收益 - 预期损失) / 经济资本$$

扣除预期损失后的税后收益，除以所需要的经济资本，反映债券投资组合占用的每一份经济资本所能获得的利润回报。

EVA 和 RAROC 均将收益与风险相联系，两者既有共性又有个性，单独使用都有其局限，必须相互补充和配合使用。

理想条件下，资金和经济资本可以无限制地使用，那么应选择全部 $RAROC > R_{min}$ 或 $EVA > 0$ 的业务[①]。但现实条件下，资金与经济资本均属稀缺资源，银行必须从众多业务中进行筛选和组合。根据某项业务单位资金与单位经济资本的 EVA 和 RAROC 大小，可以将其归入表 20-6 的四个区域之一。

表 20-6 EVA 和 RAROC 双指标下投资价值的划分

单位经济资本 \ 单位资金	EVA 小	EVA 大
RAROC 小	最劣	资金效率较高
RAROC 大	资本效率较高	最优

资料来源：天风证券固定收益总部。

EVA 和 RAROC 都大的品种是最优的投资选择，EVA 和 RAROC 都小的品种则应避免投资；而对于其他两种情况，如果仅参照 RAROC 准则可能造成有限资金资源的浪费，

---

① R_{min} 为最低经济资本回报率。

而仅参照 EVA 准则会牺牲资本回报率，因此可以分别设置单位资金 EVA 和单位经济资本 RAROC 的参考标准，两者均达到较优水平的债券可以优先安排投资。基于 EVA 和 RAROC 构建的投资业绩评价体系，分别从绝对量和相对量两个方面衡量债券投资业务的风险调整后收益情况，兼顾单位资金的经济利润和单位资本的使用效率，可以更为科学合理地制定债券投资决策。

20.2.6　证券公司自营操作实务及策略分析

20.2.6.1　证券公司自营操作策略分析

对于证券公司自营，债券投资实战策略很多，也比较灵活，与资管类账户相比较，面临的约束较少。实战策略大体上分为两类：纯债策略和套利策略。纯债策略主要以债券为主，套利策略是在债券策略基础上利用衍生品工具来实现套利。

具体来说，纯债策略主要有三种，包括杠杆套息策略、收益率曲线策略和债券借贷做空策略。套利策略主要是利用利率相关债券和衍生品工具（如国债期货和利率互换）实现相关套利，包括正向套利、反向套利、跨期、跨品种等各种套利策略。在这一节中，我们重点介绍纯债策略里面的杠杆套息策略，这一策略在证券公司自营实战中使用得最多，也是其他组合管理所不具备的，收益率曲线策略、波段策略、国债期货和利率互换相关套利策略等在前面的章节已经介绍过。图 20-9 对证券公司的债券实战策略进行了简单总结。

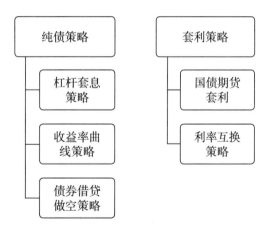

图 20-9　证券公司债券实战策略

资料来源：天风证券固定收益总部。

20.2.6.2　杠杆套息策略及其实现

"债券回购"指债券交易的双方在进行债券交易的同时，以契约方式约定在将来某一日期以约定的价格，由债券的"卖方"向"买方"再次购回该笔债券的交易行为。从交易发起人的角度出发，凡是抵押出债券、借入资金的交易就称为进行债券正回购；凡是主动借出资金、获取债券质押的交易就称为进行逆回购。作为回购当事人的正、逆回购方是相互对应的，有进行主动交易的正回购方就一定有接受该交易的逆回购方。由此，我们可以简单地说：正回购方就是抵押出债券，取得资金的融入方；而逆回购方就是接受债券质押，借出资金的融出方。"债券+回购"套利，就是利用债券现券与债券回购之间的利差，对其采取同步组合交易，赚取债券和债券回购之间的利差收益，核心要点是资产端债券收益率一定要高于负债端回购成本。对于证券公司自营来说，可以在符合风险管理等规定的范围内循环投资，提高杠杆倍数。图 20-10 和图 20-11 对债券套息策略进行了简单总结。

我们设正回购的融资成本为 3%，如果持有债券的到期收益率为 6%，杠杆倍数为 4，则一年后我们的净资金回报率（理论收益率）= 6% +（6% -3%）×（4 -1）= 15%。

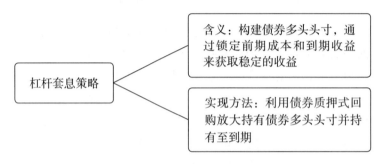

图 20-10 债券套息策略

资料来源：天风证券固定收益总部。

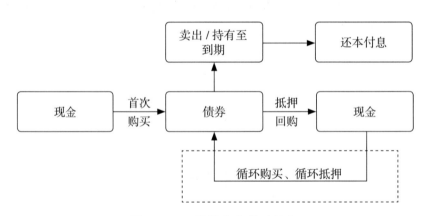

图 20-11 债券套息策略流程

资料来源：天风证券固定收益总部。

债券质押正回购业务是通过债券收益率和回购资金成本利率差价来获得盈利，净资金回报率公式为

净资金回报率 = 债券收益率 +（债券收益率 - 回购资金成本利率）×（套作倍数 -1）

债券收益率一般来讲即为持有债券的到期收益率，回购资金成本利率为正回购各个品种的融资利率成本，套作倍数为持有的债券总价值与投入本金的比值。通过上面的净资金回报率公式可以看出，在融资回购成本相对确定，并且不考虑债券兑付及持有期间价格波动的情况下，净资金回报率的大小与债券收益率和套作倍数正相关。

杠杆套息策略能否实现取决于资产端的债券收益率能否实现，但实际操作中，这一方法面临几种风险：由利率风险或信用风险引起的债券价格波动，以及信用风险，即债券是否能够兑付（假如债券持有至到期）。此外，负债端融资成本也面临不确定性，尤其是持有此策略的时间越长，资金利率越也有可能出现波动，最后导致套息收益的不确定性。

如果持有债券期间价格发生波动，假定融资成本为4%，则进行如下分析。①假设债券价格上涨的情况：现在买入的债券的净价和全价均为100元，一年后卖出净价为102元，同时收到5元的利息，涨幅为7%左右，放大4倍的情况下，资金回报率为7%+（7%-4%）×（4-1）=16%；②假设债券价格下跌的情况：现在买入的债券的净价和全价均为100元，一年后卖出净价为97元，同时收到利息4.5元，涨幅为1.5%左右，资金回报率为1.5%+（1.5%-4%）×（4-1）=-6%。

可以看出，杠杆是一把双刃剑，可能使投资者赚得更多，也可能亏得更多。下面举两个真实的例子来说明杠杆套息操作。我们假设持有债券的期限为0.5年，同时对于证券公司自营来说，融资成本为银行间7天回购质押利率加上50BP。

例1：假设在2016年6月24日我们净价全价100元买入1680269.IB 16栖霞专项债（主体AA+/债项AA+），半年后，到2016年12月23日，我们按照中债估值来评估此策略。图20-12和图20-13分别为持有期间16栖霞专项债中债估值全价和银行间7天回购质押利率走势图。我们假设本金5 000万元，一共累计融资1.5亿元，套作倍数为4，共计买入2亿元面值的16栖霞专项债。16栖霞专项债在12月23日的中债估值全价是99.3242元，在此期间无付息，7天回购融资利率为3.08%，则实际收益约为（99.3242-100）+（4-1）×（99.3242-100-100×3.08%/2）=-7.3232元，也就是此期间这笔投资的实际收益率为-7.32%。

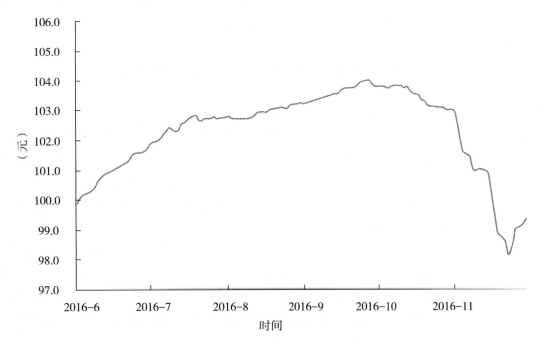

图20-12　16栖霞专项债中债估值全价

资料来源：Wind资讯金融终端。

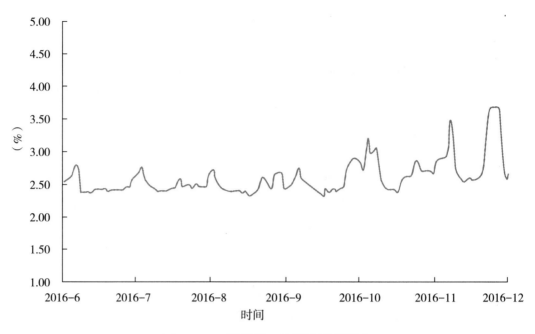

图 20-13 银行间 7 天回购质押利率

资料来源：Wind 资讯金融终端。

例 2：假设在 2018 年 2 月 6 日我们净价全价 100 元买入 101800100.IB 18 中海地产 MTN001（主体 AAA/ 债项 AAA），套作倍数为 4，半年后，到 2018 年 8 月 6 日，我们按照中债估值来评估此次策略。18 中海地产 MTN001 在 2018 年 8 月 6 日的中债估值全价是 106.5534 元，在此期间无付息，7 天回购融资利率为 3.69%，我们的实际收益约为（106.5534-100）+（4-1）×（106.5534-100-100×3.69%/2）= 20.6786（元），也就是此期间这笔投资的实际收益率为 20.68%。

20.2.7　证券公司资管产品组合管理及操作实务

对于证券公司资管产品组合而言，主要分为通道服务和主动管理两大类别。2018 年 3 月 28 日，《关于规范金融机构资产管理业务的指导意见》获得中央全面深化改革委员会第一次会议审议通过，成为统一监管标准、消除套利、穿透监管、打破刚兑、防范资管业务风险的指导性文件，由此，证券公司资管业务将由目前大量的通道服务业务转型为主动管理业务，回归"受人之托、代人理财"的本源，组合的基础资产也将以固定收益类产品为主。

资管产品组合与自营组合最大的区别在于负债的资金属性：自营组合由于负债为自有资金投资，相对灵活；而资管产品组合多为客户委托投资资金，包括机构类客户及个人客户等，对于产品投资范围、投资比例及杠杆规模在产品成立初期就有明确的要求，投资策略的构建需要在组合大的框架下完成。具体的组合管理流程如图 20-14 所示。

图 20-14　组合管理流程

资料来源：天风证券财富管理总部。

20.2.7.1　设定投资目标

设定投资目标是资管组合产品最重要的一步，由于产品负债及合同限制等因素的要求，我们在构建组合时首先需要明确负债的期限、委托人的风险偏好、业绩比较基准等因素，并依此进行投资策略的制定。

（1）负债期限

目前产品组合的合同期限一般为 3 年左右，针对组合策略的制定需要考虑负债期限的影响。

（2）委托人风险偏好

近几年的调查数据显示，证券公司资管集合计划中机构客户占比近 60%，定向资管计划中机构客户占比高达 99.7%，显示出机构委托人仍然是投资主力。而近年来伴随着国内日趋增长的高净值客户人群，该类客户的占比也逐年提升。在构建产品组合时，需要充分了解不同委托人的风险偏好、组合波动性等因素，并进行差异化的组合管理。

（3）业绩比较基准

我们一般会根据市场当前的情况为组合设定业绩比较基准，如果组合是混合型品种，业绩基准可以是复合型的，即将不同市场指数糅合到一起，并配以一定的权重，例如二级债基模式可以参考中债财富与沪深 300 指数的叠加，也可以设置绝对收益值。

投资目标的明确是构建组合最重要的一步，只有界定清楚投资目标，才能为投资目标形成投资策略，以便进一步厘清投资目标、需要承担的风险以及构建组合间的关系。投资组合管理的一个基本原则是风险匹配。

20.2.7.2　明确投资限制及组合风控指标

根据委托人的投资目标和风险偏好及业绩要求，在合同中委托人与管理人通常会设定一定的投资限制与组合风控指标，主要包括投资范围限制、投资评级限制、投资集中度限制、投资杠杆比例限制、投资久期与期限限制等。

投资范围限制主要是委托人与管理人之间约定对包括利率债、信用债、衍生品、权益等大类资产品种在内的各细分品种的投资选择。

投资评级限制主要是委托人与管理人之间约定对信用债、可转债等具有主体和债项评级的品种进行投资评级约定。

投资集中度限制是除监管要求指标外，委托人与管理人之间约定对单券或账户投向做出持仓比例限制。

投资杠杆比例限制是除监管要求指标外，委托人与管理人之间约定对组合回购融入资金占资产净值比例等指标做出限制。

投资久期与期限限制主要是委托人与管理人之间约定对组合中某类资产标的久期或期限做出上限或下限控制。

风控部门依据监管规定和合同中约定的各项阈值构建组合风控指标。

20.2.7.3 制定投资策略并执行

组合建仓过程中，主要有下面几类主动管理策略。

（1）利率预期策略

对于固定收益类组合，对组合收益影响最大的是市场利率走势的变化。在这种策略下，债券投资者基于其对未来利率水平的预期调整债券资产组合，以使其保持对利率变动的敏感性，其中组合久期是衡量利率变动敏感性的重要指标，这意味着如果预期市场利率上行，则应该采取防御的策略，缩短债券久期；如果预期利率下降，则应该延长组合的久期。

该策略的使用条件是对于市场利率走势有明确的预期，使用过程中对组合管理人也提出了更高的投资能力要求。

（2）骑乘收益率曲线策略

骑乘收益率曲线策略，也可以称为骑乘效应，是利用收益率曲线的形态，买入剩余期限缩短的品种，当收益率沿着收益率曲线下滑时产生较高的市场价差回报，具体包括子弹策略、哑铃策略、梯形策略等。骑乘收益率曲线策略的关键影响因素是收益率曲线的凸起程度或陡峭程度，如果收益率曲线凸起较为明显或者陡峭，则采用此策略获得更高资本利得的可能性就较大。该组合操作上主要有以下两种方式：

第一，买入收益率曲线最凸起部位所对应剩余期限的债券。假设相近时期的利率水平比较接近，那么收益率曲线最凸起部位所对应的利率可能偏离了正常水平。若回归正常水平，则该期限的收益率应该下降，与之对应的债券价格应该上升。

第二，当相邻期限利差较大时，收益率曲线比较陡峭，可以买入期限位于收益率曲线陡峭处的债券，随着债券剩余期限的缩短，通过曲线长端到短端的下滑来获取超额收益。

一般来说，骑乘收益率曲线策略的使用条件是收益率曲线陡峭化且在策略的使用期间曲线整体保持稳定，若其间曲线走平或者出现倒挂的情况，则该策略的收益将难以弥补资本利得的损失，因此在应用中，需要对曲线结构及未来收益率走势做出相应的判断。

（3）杠杆策略

杠杆策略也就是通常所说的增加组合杠杆。由于债券资产天然的票息收入，因此若对于后续市场资金面预期稳定，而债券票息收益与回购利率有明显的息差，那么可以通过债券回购融入资金，然后买入收益率更高的债券进行获利。杠杆策略是固定收益组合投资中较为常见的操作，由于债券投资的收益主要来自票息与资本利得两部分，因此相较于其他类资产，债券类资产的波动性长期来看较低，当票息与资金成本产生息差的时

候,通过加杠杆操作将会为组合带来较高的回报。该组合操作上主要有以下两种方式:

第一,在符合监管要求的情况下,通过组合的产品设计进行结构分层,利用结构化将产品分为优先级与劣后级,优先级资金享受固定收益,劣后级资金在组合分配完优先级收益后享受剩余部分。

第二,在银行间市场或交易所市场进行融资,在既定的杠杆限制比例下,进行回购融资买入债券,获取票息与回购成本之间的息差收益。

在使用杠杆策略的过程中,需要关注由于杠杆操作带来的市场资金面的波动,以及随着收益率的下行,该策略安全边际的变化。

(4)曲线交易策略

在市场缺乏明确方向而收益率曲线形态有相对交易机会时,可以通过 DV01 比例构建曲线交易组合,利用曲线的变化形态来获利。曲线交易也是投机交易,将投资的负担从方向性交易转向了曲线斜率变化的交易,通过构建多样化的曲线交易策略,实现风险管理和提高回报率的目标。

在典型的经济周期与货币政策共同作用下,收益率曲线的变化模式通常体现为"熊陡→熊平→牛平→牛陡"。从 2007—2008 年的国债 1*10 利差走势来看(见图 20-15),该段时间完整演绎了曲线变动周期。2007 年上半年,熊陡:经济持续复苏,通胀压力逐渐显现;2007 年下半年,熊平:货币政策收紧;2008 年 8 月下旬,牛平:次贷危机爆发;2008 年 10 月,牛陡:经济增长衰退和通胀下行形成共振货币政策大幅放松,流动性极度宽松。

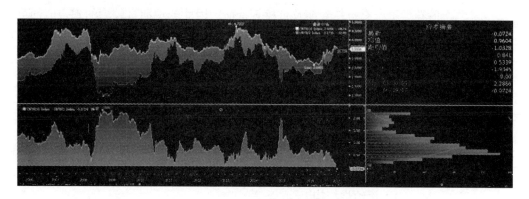

图 20-15　2007—2008 年国债收益率曲线(国债 1*10 利差)

资料来源:彭博资讯。

该组合的操作主要可以分为下面两类。平坦化策略:卖出利差(做空短端、做多长端),构建平坦化策略,利差收窄后盈利平仓;陡峭化策略:买入利差(做多短端、做空长端),建构陡峭化策略,利差扩大后盈利平仓。

收益率曲线形态以及斜率的变化受到经济基本面、货币政策、财政政策等多方面因素的影响,同时一些事件的冲击也会对曲线的短期结构产生影响,例如在 2017 年出现的 M 形曲线结构,因此在使用的过程中不能完全参考历史经验。对于产品组合而言,由于无法实现在现券市场的空头操作,因此可以利用国债期货进行曲线策略的构建。

（5）国债期现套利策略

理论上，国债期货与相关国债现货之间、国债期货不同品种或不同月份合约之间都应保持一定的合理价差，当价差偏离合理水平时，买进相对低估的产品，并卖出相对高估的产品，等待价差如期回归合理水平后，再进行平仓了结，可以获取套利利润。

运用国债期货进行套利具有以下优势：国债期货的高杠杆性降低了投资者的套利成本；国债的低波动性提高了套利业绩的稳健性；可以剥离基础利率风险，集中信用利差交易。

债券类产品的投资手段比较单一，缺乏对冲策略。因此，利用国债期货进行套利交易，有利于进一步拓宽盈利模式，提高投资业绩，而且国债期货与基差的复杂性决定了套利机会可能长期存在。此外，由于国债期货实行一揽子交割，因此会存在一个基差系列，套利机会相对股指期货要多。

对于国债期货而言，最主要的套利交易包括期现套利、跨期套利、收益率曲线套利和基差套利。

20.2.7.4 构建组合并动态调整

根据投资策略构建组合后，需要对组合在管理过程中进行实时的监控及动态调整，主要包括以下几点。

（1）久期结构

久期结构包括组合中不同期限债券的持仓占比，不同的债券类型对应着不同的久期，通过久期结构的分析，可以对组合未来一段时间的现金流情况有较为直观的判断。由于债券类资产有自然到期及行权等特征，因此若短期有较大的现金流回款，则需要做好相应的资金再投资策略，同时组合的久期对于债券资本利得的影响较大，在基于市场策略的前提下可以进行动态的调整。

（2）评级结构

评级结构是指组合中不同的评级债券在整体中的占比情况，以及单只信用类债券最新的评级跟踪情况。评级结构反映了整个债券组合信用风险暴露的情况，若持仓结构中中低评级的债券占比较高，则在带来相对高票息回报的同时，也会面临相应的信用风险。对于组合中个券信用评级的变化，也需要在组合管理中做好实时的跟踪。

（3）流动性结构

流动性结构是指流动性不同的债券在组合中的占比结构。目前银行间市场的公开债券以及交易所市场的小公募债券流动性相对较高，而非公开发行的债券则流动性较低，同时也会得到相应的流动性补偿。考虑到组合投资期限受多方面因素的影响，因此在管理中要做好流动性风险的监控，提高组合中高流动性债券的占比，减少流动性风险带来的冲击。

20.2.7.5 业绩分析

业绩分析是投资组合管理的重要环节，即检验投资策略制定和实施的最终效果，检验最初的投资目标是否完成。业绩分析的过程也包含了风险回顾，业绩分析和风险回顾并行，用来检验投资者的收益和风险是否与预期一致。

业绩分析可以根据每个组合经理的不同需求进行定制化跟踪，这里仅以按资产种类收益贡献和相较于某种基准的业绩分析这两大类进行介绍。

（1）资产种类业绩指标

绩效分析的期限一般是年度。以表20-7为例，它体现的是同一个组合里不同资产种类对收益的贡献。

表20-7 某投资组合年度资产收益贡献情况 （单位：%）

		2015年	2016年	2017年	2018年上半年
业绩表现（年化收益率）		10.08	3.29	4.77	1.55
业绩归因	股票	1.02	0.50	2.1	0.30
	债券	9	0.05	2.77	0.77
	基金	—	0.17	-0.03	0.38
	期货	0.06	2.50	-0.32	0.06
	回购	—	0.25	0.18	0.04
	现金	—	0.16	0.07	—
市场同业排名		30	12	35	10

资料来源：Wind资讯金融终端。

要想知道一个组合里不同资产类别对组合的总贡献，可以计算组合回报率。组合回报率就是组成投资组合的各项资产回报率的加权平均数。如表20-8所示，投资组合1的组合回报率为 6%×50%+4.50%×20%+5.20%×30%=5.46%。

表20-8 某投资组合回报率

	投资组合1	
	预期回报率（%）	占比（%）
资产A	6.00	50
资产B	4.50	20
资产C	5.20	30

资料来源：天风证券财富管理总部。

（2）基准比较业绩指标

以下指标是资管投资人通常比较关注的业绩基准指标。

①夏普比率

理性的投资者将选择并持有有效的投资组合，即那些在给定的风险水平下使期望回报最大化的投资组合，或那些在给定期望回报率的水平上使风险最小化的投资组合。夏普比率属于绝对风险下的风险调整收益指标。

夏普比率以资本市场线为评价的基点。如果投资组合的夏普比率大于市场基准组合的夏普比率，则该投资组合就位于资本市场线之上，其表现好于市场；反之，如果投资组合的夏普比率小于市场基准组合的夏普比率，则该投资组合就位于资本市场线之下，其表现劣于市场。因此，可以认为夏普比率越大，投资组合的业绩就越好。

②信息比率

信息比率衡量某一投资组合优于一个特定指数的风险调整超额报酬。其计算公式如下：

$$IR_i = \overline{D_i} / \sigma_{D_i}$$

其中，$\overline{D_i}$ 表示超额收益率的均值，反映了投资组合收益率相对于基准收益率的表现；$D_i = r_i - r_b$，表示投资组合 i 与基准组合 b 之间的超额收益率；σ_{D_i} 表示超额收益率的标准差，通常被称为跟踪误差，反映了积极管理的风险。罗纳德·J.瑞安（Ronald J. Ryan）认为跟踪误差可以对组合在实现投资者真实投资目标方面的相对风险做出衡量，因此是一个有效的风险衡量方法。信息比率越大，说明投资组合单位跟踪误差所获得的超额收益越高，因此，信息比率较大的投资组合表现要优于信息比率较低的组合。

③在险价值

在险价值（VAR）通常被解释为"给定置信水平的一个持有期内的最大预期损失"，也就是在市场正常情况下，当基础资产价格发生不利变化时，在一定的置信度下和一定时期（一日、一周、一月、一年等）内，某投资组合在未来资产价格变动下可能产生的最大潜在损失值。在投资中，高收益总是伴随着高风险，为了限制投机行为的风险，有必要把 VAR 风险因素列入业绩评价范畴。

举例来说，假设投资期为1天、置信水平为95%的某一投资组合的 VAR 是100万元，其含义是：该投资组合在未来24小时内组合价值的最大损失超过100万元的可能性为5%；或者说，该投资组合在未来24小时内组合价值的最大损失低于100万元的可能性为95%。图20-16中的阴影部分即为未来24小时内投资组合的最大损失超过100万元的可能性。

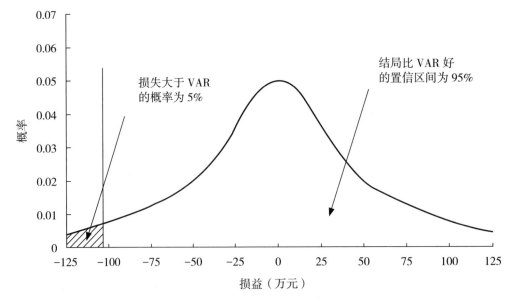

图20-16 VAR

资料来源：天风证券财富管理总部。

其他业绩指标还包括 α 比率、波动率和最大回撤等。它们共同形成了一个完整的业绩分析体系。以表 20-9 为例，该表总结了业绩分析指标在一个组合里的体现。

表 20-9 某投资组合业绩分析指标

指标名称	本周	本月	本季	本年	成立至今
总回报	−0.14%	−0.25%	0.34%	1.05%	8.20%
最大涨幅	0.07%	0.22%	0.67%	1.38%	8.57%
跟踪误差	0.08%	0.06%	0.04%	0.04%	0.05%
相关系数	—	—	—	—	—
α 比率	−6.95%	−3.04%	1.38%	2.10%	3.75%
β 比率	0	0	0	0	0
夏普比率	−6.02	−4.75	−0.2	1	3.19

资料来源：Wind 资讯金融终端。

业绩分析可以通过在 Excel 表格中记录每日投资组合中资产的收益情况来实现。可以按照种类记录，也可以利用公式计算波动指标。通过 Excel 表格，可以形成周度、月度、季度或者年度的报告周期。但是人工测算有一定的风险和误差，一旦中间有数值差错就可能导致整个报表的数据失效。由于在实践中，一个组合经理可能对应多个投资组合，因此，为了将错误率降到最低，投资组合管理者会购买资产管理系统来记录每日的数据，数据通过人工或者自动导入系统，通过系统测算来进行业绩分析，可以在一定程度上降低操作风险和减少人工误差。

20.2.8 公募基金的投资组合管理实务

20.2.8.1 公募基金的相对税收优势

我国目前对于固定收益投资组合管理产生直接影响的税收品种主要是所得税和增值税。公募基金在债券持有期间利息收入所得税和债券买卖资本利得所得税税率方面具有相对税收优势。在债券买卖的资本利得增值税税率上，公募基金和其他资管产品也有少许不同。

（1）公募基金的所得税规定

公募基金的所得税规定分散在多条法律法规中，按照投资人、所得来源适用不同的规定，具体见表 20-10。

表 20-10 公募基金和机构自营固定收益类底层资产所得税税率

底层资产类别	公募基金所得税			机构自营所得税	
	企业持有期利息收入	个人持有期利息收入	资本利得	企业持有期利息收入	资本利得
国债	免	免	免	免	25%

(续表)

底层资产类别	公募基金所得税			机构自营所得税	
	企业持有期利息收入	个人持有期利息收入	资本利得	企业持有期利息收入	资本利得
地方政府债	免	免	免	免	25%
政策性金融债	免	免	免	25%	25%
同业存单	免	免	免	25%	25%
铁道债	免	20%	免	减半	25%
商业银行债券	免	20%	免	25%	25%
其他信用债等	免	20%	免	25%	25%

企业投资公募基金而获得的持有债券期间利息收入和买卖债券价差收入所得税按照《财政部国家税务总局关于企业所得税若干优惠政策的通知》规定暂不征收。

个人投资公募基金持有债券期间利息收入应按照《中华人民共和国个人所得税法》等规定按照20%的个人税率缴税，国债和国家发行的金融债券利息以及国务院规定的其他免税所得除外。

机构自营持有固定收益类资产持有期利息收入所得税大多执行25%的税率，国债、地方政府债和铁道债等品种可以免交或减半征收持有期利息收入所得税。机构自营债券买卖资本利得所得税税率大多执行25%的税率。

而其他资管产品的所得税目前尚未明确。

（2）公募基金的增值税规定

随着2016—2017年我国"营改增"政策逐渐落地，公募基金投资固定收益类资产的增值税规定也逐渐明确，见表20-11。公募基金与其他资管产品适用简易计税方法，按照3%的征收率缴纳增值税，不可抵扣。公募基金与其他资管产品的主要差别在于买卖债券差价可以免征3%的增值税。机构自营类仍按照固定收益类底层资产缴纳6%的增值税，可抵扣进项税。

表20-11 公募基金、其他资管产品和机构自营固定收益类底层资产增值税税率

底层资产类别	公募基金增值税		其他资管产品增值税		机构自营增值税	
	持有期利息收入	资本利得	持有期利息收入	资本利得	持有期利息收入	资本利得
国债	免	免	免	3%	免	6%
地方政府债	免	免	免	3%	免	6%
政策性金融债	免	免	免	3%	免	6%
同业存单	免	3%	免	3%	免	6%
铁道债	3%	免	3%	3%	6%	6%
商业银行债券	免	免	免	3%	免	6%
其他信用债等	3%	免	3%	3%	6%	6%

20.2.8.2 公募基金对政策性金融债的策略偏好和隐含税率实例

在固定收益类资产其他特征相同的条件下，资产管理人会选择收益最高的资产类别。同一类别的固定收益类资产也会因投资人的税率差异等因素而在吸引力方面存在巨大差异。

我国的政策性金融债和国债均有国家信用支持，但长期存在巨大的收益率差异。考虑到国开债的债券存量较大、二级交易活跃，我们通常采用国开债作为政策性金融债的代表进行分析。为了讨论的便利性，我们近似地认为到期收益率曲线的收益率水平就是买入并持有至到期的名义收益率水平。如图 20-17 所示，自 2012 年 6 月以来，国开债的到期收益率长期高于国债的到期收益率，两者之差的最小值为 22.70BP，最大值为 134.88BP。

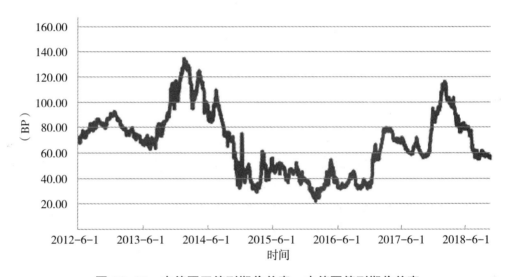

图 20-17　中债国开债到期收益率 – 中债国债到期收益率

资料来源：Wind 资讯金融终端。

从公募基金资产管理人的角度，若以持有至到期的策略配置无风险资产，则会优先考虑到期收益率更高的国开债作为合意资产。

从机构自营的角度，若同样考虑持有至到期的策略配置无风险资产，考虑到 25% 的利息所得税税率，机构自营持有国开债的实际到期收益率 = 国开债到期收益率 ×（1-25%）。在此条件下，机构自营选择持有国开债还是国债，需要将上述国开债的实际到期收益率与国债的到期收益率进行比较决定。

因此，我们也可以构建一个国开债隐含税率的指标：

$$国开债隐含税率 =（10\ 年期国开债到期收益率 - 10\ 年期国债到期收益率）/ 10\ 年期国债到期收益率$$

图 20-18 表示了 2012 年 6 月—2018 年 6 月的国开债隐含税率变动情况。

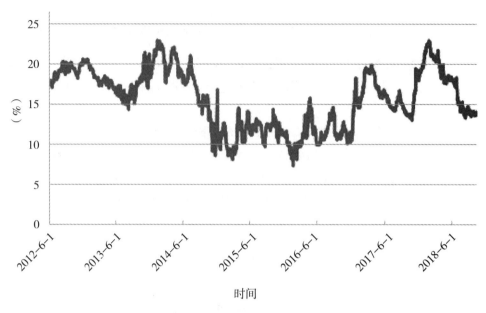

图 20-18 国开债隐含税率水平

资料来源：Wind 资讯金融终端。

当国开债隐含税率与 25% 的实际税率相等时，说明机构自营此时买入并持有国债和国开债的到期收益率并无明显差异。当国开债隐含税率低于 25% 的实际税率时，说明机构自营此时更应该买入并持有国债。当国开债隐含税率高于 25% 的实际税率时，说明机构自营此时更应该买入并持有国开债。

考虑到市场配置机构由机构自营、公募基金和其他资管产品等共同参与，理性的国开债隐含税率应该在 0—25% 的范围内波动。当隐含税率位于低位时，可能是公募基金配置国开债的动力较强造成；当隐含税率位于高位时，可能正好相反。通过图 20-18 观察 2012 年 6 月以来隐含税率指标的波动范围，最低点 7.35% 的水平位于 2016 年 1 月 26 日，最高点 22.89% 的水平位于 2018 年 1 月 30 日。

20.3 固定收益组合管理的限制

20.3.1 商业银行面临的约束

20.3.1.1 商业银行面临的监管约束

全面把握债券收益与风险的关系，实现有限资金和资本资源的最优化配置，是商业银行债券投资组合管理的核心命题。商业银行债券投资组合的配置要兼顾安全性、流动性和收益性三个重要因素，并且要同时考虑监管机构对商业银行的监管要求。2008 年金融危机后，各国银行监管当局开始重新审视资本约束和流动性风险问题，提高资本充足率、资本质量和流动性管理要求,强调宏观审慎和微观审慎并重。具体来看,监管约束主要集中在资本充足率要求、流动性指标要求和宏观审慎评估体系三个方面。商业银行债券投资组合在上述约束作用下,通过主动的业务结构调整,提高资本运用效率和资本回报率,实现风险、收益和资本的平衡。

(1) 资本充足率对银行的约束

资本充足率是我国监管当局的核心监管指标,《中华人民共和国商业银行法》的第三十九条明确规定,商业银行资本充足率不得低于8%。随后相继发布的《商业银行资产负债比例管理监控、监测指标和考核办法》《商业银行资本充足率管理办法》《商业银行资本管理办法(试行)》均对资本充足率指标做出了修正,资本充足率成为商业银行进行资产业务的核心约束。尤其是银监会颁布的《商业银行资本管理办法(试行)》(以下简称《管理办法》),构建了与国际新监管标准接轨并符合中国银行业实际的银行资本监管体系,维护了银行体系的稳健运行,保护了存款人的利益。中国商业银行的信用风险、市场风险以及操作风险管理,必须依照《管理办法》严格执行。

《管理办法》将资本充足率定义为商业银行持有的符合规定的资本与风险加权资产之间的比率。其中一级资本充足率是指商业银行持有的符合《管理办法》规定的一级资本与风险加权资产之间的比率;核心一级资本充足率是指商业银行持有的符合《管理办法》规定的核心一级资本与风险加权资产之间的比率。《管理办法》规定商业银行各级资本充足率不得低于如下最低要求:核心一级资本充足率不得低于5%;一级资本充足率不得低于6%;资本充足率不得低于8%。

商业银行满足资本充足率考核要求的方法有两类:一是分子策略,即扩充资本,如通过发行优先股、混合资本工具、次级债等方式筹集资本金;二是分母策略,即调整商业银行的资产结构,降低加权风险资产权重,主要通过减少高风险权重的资产、增加低风险权重的资产来实现。根据《管理办法》的规定,商业银行对中央政府和中央银行债权、对政策性银行债权的风险权重为0,对其他商业银行债权的风险权重为25%,其中原始期限三个月以内(含)债权的风险权重为20%,对一般企业债权的风险权重为100%。由于受银行经营状况、资本市场融资环境、监管等多种因素的影响,扩充资本的策略未必能在短期内募集到所需的资本金,因此从满足监管要求的角度来讲,配置低风险债券可以节省商业银行的资本占用,能够降低商业银行整体资产的风险水平,降低资本消耗。

(2) 流动性指标对银行的约束

流动性风险是指商业银行无法以合理成本及时获得充足资金,用于偿付到期债务、履行其他支付义务和满足正常业务开展的其他资金需求的风险,因此流动性对商业银行的重要性不言而喻。2013年1月,《巴塞尔协议Ⅲ:流动性覆盖率和流动性风险监测标准》公布,根据其流动性标准以及流动性风险监管制度,我国银监会于2014年公布了《商业银行流动性风险管理办法(试行)》,其中以流动性比例和流动性覆盖率为主要监管指标。随后经过修订,银保监会于2018年5月25日公布了《商业银行流动性风险管理办法》(以下简称《流动性风险管理办法》),对商业银行的流动性管理进行指导和监管。

《流动性风险管理办法》规定流动性风险监管指标包括流动性覆盖率、净稳定资金比例、流动性比例、流动性匹配率和优质流动性资产充足率,并要求资产规模不小于

2 000亿元人民币的商业银行应当持续达到流动性覆盖率、净稳定资金比例、流动性比例和流动性匹配率的最低监管标准；资产规模小于2 000亿元人民币的商业银行应当持续达到优质流动性资产充足率、流动性比例和流动性匹配率的最低监管标准。尽管五大监管指标计算方式各有差异，但其共同点都在于引导商业银行持有流动性较高的优质资产、多配置长期稳定负债、减少期限错配、降低同业资金依赖，从而提高商业银行应对短期流动性风险的能力。同时，《流动性风险管理办法》进一步完善了流动性风险监测体系，对部分监测指标的计算方法进行了合理优化，强调其在风险管理和监管方面的运用。其中要求商业银行应当根据业务规模、性质、复杂程度及风险状况，运用适当方法和模型，对在正常和压力情景下未来不同时间段的资产负债期限错配、融资来源多元化和稳定程度、优质流动性资产、重要币种流动性风险及市场流动性等进行分析和监测。

以下对五大监管指标进行简要介绍。流动性覆盖率[1]监管指标旨在确保商业银行具有充足的合格优质流动性资产，能够在规定的流动性压力情景下，通过变现这些资产满足未来至少30天的流动性需求，流动性覆盖率的最低监管标准为不低于100%。净稳定资金比例[2]监管指标旨在确保商业银行具有充足的稳定资金来源，以满足各类资产和表外风险敞口对稳定资金的需求，净稳定资金比例的最低监管标准为不低于100%。流动性匹配率[3]衡量商业银行主要资产与负债的期限配置结构，旨在引导商业银行合理配置长期稳定负债、高流动性或短期资产，避免过度依赖短期资金支持长期业务发展，提高流动性风险抵御能力，流动性匹配率的最低监管标准为不低于100%。优质流动性资产充足率[4]监管指标旨在确保商业银行保持充足的、无变现障碍的优质流动性资产，在压力情况下，银行可通过变现这些资产来满足未来30天内的流动性需求，优质流动性资产充足率的最低监管标准为不低于100%。流动性比例[5]监管指标体现流动性资产对流动性负债的有效覆盖率，旨在满足短期应对流动性冲击的能力，流动性比例的最低监管标准为不低于25%。

《流动性风险管理办法》要求商业银行的资产要保持较安全的流动性标准。债券是商业银行主要的高流动性资产，这就要求商业银行要合理搭配期限结构，使得长短期债券余额相互适应，能够达到资产流动性的要求，并且符合监管设置的各个指标的最低标准。

（3）宏观审慎评估体系对银行的约束

2008年金融危机之前，出于增强政策规则性和透明度的考虑，主流货币政策框架主要围绕单一目标（CPI稳定）和单一工具（政策利率）发展。传统的金融监管以微观审慎监管为核心，关注微观个体的稳健，但通胀的稳定并不能保证金融稳定，中央银行仅借助利率工具也难以有效维护金融稳定，在一定程度上还容易纵容资产泡沫，积聚金融风险，而且微观个体的稳健也并不意味着金融系统整体的稳健。因此，货币政策和微观

---

[1] 流动性覆盖率的计算公式：流动性覆盖率=合格优质流动性资产÷未来30天现金净流出量。
[2] 净稳定资金比例的计算公式：净稳定资金比例=可用的稳定资金÷所需的稳定资金。
[3] 流动性匹配率的计算公式：流动性匹配率=加权资金来源÷加权资金运用。
[4] 优质流动性资产充足率的计算公式：优质流动性资产充足率=优质流动性资产÷短期现金净流出。
[5] 流动性比例的计算公式：流动性比例=流动性资产余额÷流动性负债余额。

审慎监管之间存在防范系统性风险的空白，这也成为导致国际金融危机的重要原因。

为进一步完善宏观审慎评估体系框架，使之更有弹性、更加全面、更有效地发挥逆周期调节和防范系统性风险的作用，2016年，中国人民银行将差别准备金动态调整机制"升级"为宏观审慎评估体系，从资本和杠杆、资产负债、流动性、定价行为、资产质量、跨境融资风险、信贷政策执行情况等7个方面引导银行业金融机构加强自我约束和自律管理。其中资本和杠杆方面，主要通过资本约束金融机构广义信贷的扩张，该方面分三个指标，分别对资本充足率[①]、杠杆率和总吸收能力进行考核。资产负债方面，主要考察广义信贷增速是否超过某些特定的阈值，其中债券投资是广义信贷考核指标的一部分。流动性方面，鼓励金融机构加强流动性管理，使用稳定的资金来源发展业务，提高准备金管理水平，该方面包括流动性覆盖率、净稳定资金比例两个定量指标和遵守准备金制度情况一个定性指标。宏观审慎评估体系按月监测，按季考核，按照一系列打分最后分为ABC三档并实施激励约束措施，主要包括实施差别准备金利率等。

在开展债券投资业务时，商业银行需要考虑宏观审慎评估体系对债券投资的导向作用，比如将债券投资纳入广义信贷增速的考核，同时在流动性管理、资本使用等方面都面临宏观审慎评估体系的约束。

20.3.1.2 商业银行面临的内部约束

为了保持金融体系的稳定和防范风险，监管机构对资本充足率、流动性等指标的要求是商业银行必须达到的最低标准，在此基础之上，商业银行将这些约束条件分解至全行的流动性安排、风险偏好等政策。对于债券投资组合来讲，首先需满足全行的流动性管理要求和整体风险偏好要求。然后根据投资组合可用的资金规模、可承受的信用风险总量和利率风险总量、债券市场供求变化特点、信用产品利差动态、宏观经济周期、行业周期、债券发行主体动态等拟定债券投资组合的目标规模、期限结构、信用等级、行业结构、集中度、久期等，并按照安全性、流动性、盈利性最佳统一的原则进行调整。

（1）可用资金规模

从商业银行内部来看，可用资金规模的约束对债券投资决策的影响比较显著。债券投资业务的可用资金规模受信贷资金和流动性安排的制约。从银行存贷比[②]角度来看，存贷比的变化直接对商业银行债券投资规模产生影响。部分银行贷款客户多，规模大，存贷比较高，一般情况下投资于债券市场的资金比例较低；部分银行贷款客户少，规模小，存贷比较低，则有较大比例的资金可投资于债券市场。同时，可用资金受货币政策的影响也较大。在货币政策宽松时期，央行投放较多的流动性，商业银行资金充裕，可用于债券投资的资金较多，此时往往是债券市场收益率的相对低点；在货币政策趋紧时期，央行投放收紧流动性，商业银行资金紧张，可用于债券投资的资金较少，此时往往

---

① 宏观审慎评估体系资本充足率的考核与银监会《商业银行资本管理办法（试行）》不同，前者根据宏观审慎资本充足率来计算、考核。

② 根据2015年6月24日由国务院常务会议通过的《中华人民共和国商业银行法修正案（草案）》，删去1995年公布施行的《中华人民共和国商业银行法》第三十九条中有关商业银行贷款余额与存款余额的比例不得超过75%的规定，将存贷比由法定监管指标转变为流动性风险监测指标。

是债券市场收益率的相对高点。

（2）风险限额

风险限额是风险偏好的传导工具之一，代表了商业银行在某一项业务中所能容忍的最大风险，它综合体现了商业银行的经营战略、政策导向以及资本配置。在构建债券投资组合时，商业银行需统筹考虑全行的风险偏好，并根据其风险偏好，制定相应的风险限额。战略层面的风险偏好明确了商业银行开展各个层次、各个环节、各个业务单元风险管理所要遵循的总体原则，一经确定，就可以通过风险限额这一载体传导，将宏观的战略转化为具体可执行的政策、制度，在银行的各级经营活动中得到体现。商业银行风险限额管理是指商业银行以机构、投资对象、产品单元、投资组合等为单位，对特定风险指标设置限额，并据此对各类和各级风险限额进行审批、监测、控制、评估和调整的整个管理过程。债券投资组合需要在各类风险限额的框架之下开展，主要限额类指标包含久期、VAR、集中度等。

利率风险是债券投资组合面临的主要风险之一。经常使用的利率风险度量指标大致可以分为两种类型，即风险的相对度量指标和绝对度量指标。相对度量指标测量市场因素的变化与金融资产收益变化之间的关系，如久期、凸性等；绝对度量指标直接反映风险水平的绝对值，如VAR、DV01等。久期是衡量债券收益对利率敏感性最基本的度量，包括麦考利久期、修正久期、有效久期等。与久期等相对风险指标相比，VAR可以用来简明地表示潜在损失大小，有利于决策人员的直观理解。集中度是直接设定于单个敞口（如国家、行业、区域、客户等）的规模上限，其目的是保证投资组合的多样性，避免风险过度集中于某类敞口。设置集中度限额要考虑债券组合相关性和风险水平，根据策略选择和风险偏好设定组合在某一敞口所能承担的风险。

20.3.2 证券公司自营风险限额管理

20.3.2.1 证券公司自营风险限额的定义

风险限额管理是指对关键风险指标设置限额，如公司总体投资规模、总体最大损失限额、各自营投资业务部门的投资规模、最大损失限额、预警限额等，并据此对业务进行监测和控制的过程。

证券公司风险限额是证券公司风险承受能力范围的具体量化，凡在限额以内发生的损失，都可以通过公司自有资本金来抵御，超出限额则意味着损失会超出承受能力，公司必须采取措施控制业务规模或降低风险。

在证券公司层面，通过风险限额有利于明确经营层对各部门的风险预算要求，强化风险损失与预算收益目标相匹配原则，有利于建立风险限额管理的框架，为风险限额的管理提供良好的基础。一旦建立限额体系，风险授权只需结合财务预算及风险政策要求，定期更新调整授权指标的限额，并补充新业务授权即可。风险限额体系的建立有利于明确风险管理的偏好，强化证券公司内部的风险管理意识，相反，如果缺乏完善的限额管理体系，也就无法从根本上实现风险管理的有效量化监控。从风险资本的角度出发，证券公司所期望承受风险的上限对应于需要准备的风险资本，这些风险资本需要通过风险限额量化指标的方式分配到具体的资金投资组合之中，因此建立一个贴合实际的风险限额体系，特别是根据公司的风险偏好、发展规划来制定限额管理制度，对于证券公司的风险管理至关重要。公司应定期评价风险限额管理的有效性，并根据市场、技术、法律环境的变化适时调整和完善。

从监管要求来说，2016年6月证监会修订了《证券公司风险控制指标管理办法》及配套规则，以净资本和流动性为核心，通过风险覆盖率、资本杠杆率、流动性覆盖率及净稳定资金率四个核心指标，构建更加合理有效的风险控制指标体系。证券公司应当建立基于自身发展战略需要的全面风险管理体系，包括可操作的管理制度、健全的组织架构、可靠的信息技术系统、量化的风险指标体系、专业的人才队伍、有效的风险应对机制，并且应根据自身资产负债状况和业务发展情况，建立动态的风险控制指标监控和资本补足机制，确保净资本等各项风险指标在任一时点都符合规定标准。证券公司应当建立健全压力测试机制，及时根据市场变化情况及监管部门要求，对公司风险控制指标进行压力测试。压力测试的结果显示风险超过证券公司自身承受能力范围的，证券公司应采取措施控制业务规模或降低风险。

20.3.2.2　证券公司自营风险限额管理体系构建

（1）风险限额管理的组织架构

证券公司风险限额管理的组织架构分为四个层级：风险管理委员会、证券投资决策委员会、风险管理部和自营投资业务部门。

风险管理委员会是公司最高的风险限额决策机构，主要职责包括确定公司年度总体投资规模、总体最大损失限额和调整方案。当公司达到总体最大损失限额预警值（总体限额的80%）时，风险管理委员会召开会议讨论相应操作方案和调整措施。当《证券公司风险控制指标管理办法》中规定的净资本等风险控制指标达到公司设定的预警标准时（对于规定"不得低于"一定标准的风险控制指标，预警标准是规定标准的120%；对于规定"不得超过"一定标准的风险控制指标，预警标准是规定标准的80%），风险管理委员会召开会议讨论相应的操作方案和调整措施。

证券投资决策委员会负责各自营投资业务部门风险限额的设定和调整，主要职责包括确定各自营投资业务部门的投资规模和最大损失限额，确定各自营投资业务部门的持仓规模和持仓比例，确定投资方向和总体资产配置方案。当自营投资业务部门达到各部门的风险限额时，证券投资决策委员会召开会议讨论相应的操作方案和调整措施。

风险管理部的主要职责包括根据公司的净资本水平及公司发展战略，向风险管理委员会和证券投资决策委员会提供风险限额的分配建议；根据风险管理委员会和证券投资决策委员会的决议进行风险参数设定、风险计量和风险限额监控；负责风险限额超限报告和发起超限处理流程。

自营投资业务部门的主要职责包括确定部门内各级别的子风险限额；当达到部门风险限额的预警值时，各部门召开会议讨论相应措施，并将操作计划向风险管理部报备。

(2) 风险限额管理的流程

①风险限额分配

风险管理委员会根据公司的净资本水平及董事会的决议,结合公司发展战略,负责确定公司所能承受的总体风险水平,设定公司总体投资规模和总体最大损失限额。

证券投资决策委员会根据风险收益的绩效情况在公司总体投资规模和总体最大损失限额范围内确定各自营投资业务部门的投资规模、投入资金限额和最大损失限额。

自营投资业务部门在证券投资决策委员会分配的部门限额内确定部门内各级别的子限额。子限额应与各部门业务性质、业务规模及复杂程度相符合。各业务部门制定子限额时必须征询风险管理部的意见,并将最终设定的子限额向风险管理部报备。

风险限额的分配应根据经营环境的变化和限额的使用状况进行调整。

②风险限额监控和超限处理

当公司达到总体最大损失限额预警值时,风险管理部向风险管理委员会提交提示报告,风险管理委员会召开会议讨论相应措施,风险管理部跟踪问题解决方案的执行情况,并将执行情况向公司管理层报告。

当《证券公司风险控制指标管理办法》中净资本等风险控制指标达到公司设定的预警标准时,风险管理委员会召开会议讨论相应的操作方案和调整措施。

当自营投资业务部门达到部门投资规模、投入资金限额、最大损失限额时,风险管理部向证券投资决策委员会提交提示报告,证券投资决策委员会召集会议审议要采取的控制措施,风险管理部根据决议监控执行情况。当自营投资业务部门达到部门最大损失限额预警值(风险限额的80%)时,风险管理部向自营投资业务部门发送风险提示函,各业务部门内部召开会议讨论相应措施,并将解决方案报风险管理部,风险管理部跟踪解决方案的执行情况。自营投资业务部门应和风险管理部协商确定单个投资品种的风险限额,当单个投资品种达到风险限额时,自营投资业务部门应向风险管理部提交后续投资操作计划,风险管理部监控投资操作计划的执行情况。

风险管理部负责监测风险限额的遵守情况,风险限额超限必须经相关决策层书面审批,并向风险管理部备案。风险管理部负责按照公司内部控制管理评价制度检查公司各部门的执行情况并依据制度予以评价。

20.3.3 证券资管产品投资限制及风控指标

由于投资者有不同的投资需求及风险偏好,为了更好地实现投资目标,在制定投资策略前需要有明确的投资限制及组合风控指标。投资限制可以覆盖投资者的需求和期望,它囊括的是一个组合的投资范围。投资限制会对组合经理的投资产生一定的约束和限制。但是这种约束和限制既可以体现投资人的偏好,又可以更好地实现投资人的投资目标。

投资限制可以分为内部投资限制和外部投资限制两类。对于资管合同而言,投资限制主要受制于两方面:一是要符合资管合同规定的各项限制,即内部限制;二是要符合监管设定的各项指标,即外部限制。一般的合同条款可以包括以下几类限制。

20.3.3.1 投资范围限制

投资范围是指投资组合中限定的投资标的，通常会限定投资标的符合一定的百分比限制。在固定收益组合中投资范围一般包括现金、债券、资产支持化证券、证券投资基金、期货和股票等资产。

对组合经理而言，投资范围是组合管理中最核心、最重要的内容，取得收益的前提是选择符合投资范围的资产。

20.3.3.2 投资期限限制

投资期限是达成投资目标的预期时间。一般而言，投资期限和投资者的风险容忍度成正比。投资期限包括对组合持有的资产（金融工具）的剩余期限的限制、对组合整体的平均剩余期限在每个交易日的限制以及对组合的平均剩余存续期的限制等。

委托人根据自己负债结构的不同，在进行委托投资时，对投资期限的要求差异较大。例如，类货币的产品组合风险承受力较低，投资期限具有较严格的限制；有一些委托人的负债结构相对稳定，投资期限较长，例如养老金计划和保险计划等，这类投资者可以承担的投资范围更广，投资限制相对较小，对资产流动性的要求也相应更低。

投资期限会影响投资范围、风险水平和投资策略，也是组合管理中的重要指标。

20.3.3.3 流动性限制

流动性是指投资组合在某个期限（主要是指短期）之内的资产中可以卖出或者变现的部分。流动性可以分为未预期流动性需求和预期流动性需求。

未预期流动性需求特指预留的现金头寸或市场流动性极强的资产（如国债等），这些资产在组合中的占比越高证明组合对风险的容忍度越低。组合往往受到未预期流动性的限制，例如现金、国债、中央银行票据、政策性金融债券占基金资产净值的比例合计不得低于5%。

预期流动性需求是指对现有资产的可变现的预期，例如公开债券、公募基金和股票均可以通过市场手段实现其变现的目标，虽然时间成本上比不了未预期流动性需求的资产，但是只要支付了市场成本，就均可以完成变现的目标。

投资期限长的组合可以投资一些非流动性标的，如非公开发行的债券、非标准化债券和资产证券化证券等，这些标的会提供一定的流动性溢价，即流动性补偿，进而给组合提供更高的收益，因此适当配置具有流动性溢价的证券有利于组合经理取得超业绩基准的收益。

20.3.3.4 集中度限制

基于风险分散的原理，组合限制中一般包含集中度的限制，即对单一资产或单一品类资产的持有上限给出规定。目的是防止单一证券资产发生违约或者估值风险，降低其对组合产生的影响。例如在2018年出台的《关于规范金融机构资产管理业务的指导意见》中，对于集中度限制有了更明确的要求：证券期货经营机构集合资管计划投资应当采用资产组合的方式，并受"双20%"的比例限制。也就是说，一个集合资产管理计划投资于同一资产的资金，不得超过该计划资产净值的20%；同一证券期货经营机构管理的全部资产管理计划投资于同一资产的资金，不得超过该资产的20%。

20.3.3.5　杠杆限制

投资组合的杠杆通常指组合总资产和净资产之比，或融资量和净资产之比。杠杆操作可以以小博大，是一把双刃剑，在牛市环境中能够放大组合收益，但是在熊市中也会暴露出更多的流动性风险，一旦处于较差的市场环境之中，将会加大组合的波动率和损失。通常而言，组合杠杆上限越高证明投资人对风险的容忍度越高，反之则越低。有的投资组合甚至不允许进行杠杆操作。目前国内的产品组合对于杠杆也有较明确的规定，一般组合的资产总值不得超过资产净值的140%。

20.3.3.6　其他限制

投资限制中一般还包含税收的限制、法律法规的限制等。除了这些定性的限制条件，组合还可以根据委托人的需求进行定制化的产品服务，因此不同的组合投资限制差异也会比较大。

需要注意的是，投资限制应该根据市场的情况进行适度的动态调整。过紧的限制要求虽然规避了投资风险，但也会对组合的收益产生影响。在实际操作中需要与委托人充分沟通，在安全边际可控的情况下降低限制要求，提升组合收益。

20.3.4　公募基金的投资限制

对于基金管理公司资管产品组合而言，主要分为公开募集基金（通常又称为"公募基金"）和特定客户资产管理业务（通常又称为"专户"）两大类别。债券基金、货币市场基金、部分专户组合等的基础资产主要以固定收益类产品为主。公募基金是包括向不特定对象募集基金、向特定对象募集资金累计超过200人等情形的资管产品，投资起点低，但出于保护投资人等目的，流动性管理要求高。专户产品和证券公司的资管组合要求限制相近，单一专户委托客户包括总数200人以内的机构类客户及个人客户等，目前最低投资起点为100万元，在产品成立初期根据专户资管合同明确对产品投资范围、投资比例及杠杆规模的要求。对于可参考证券公司的资管组合管理，本篇不做重点分析。

与其他资管产品相比，公募基金受法律法规的约束相对较多。特别是近年监管机构加强了对同业业务和流动性风险的管理之后，货币市场基金等产品加强了风控指标管理。

20.3.4.1　投资范围限制

根据公募基金类别的不同，《公开募集证券投资基金运作管理办法》第三十条规定了不同的投资范围和比例：

（一）80%以上的基金资产投资于股票的，为股票基金；

（二）80% 以上的基金资产投资于债券的，为债券基金；

（三）仅投资于货币市场工具的，为货币市场基金；

（四）80% 以上的基金资产投资于其他基金份额的，为基金中基金；

（五）投资于股票、债券、货币市场工具或其他基金份额，并且股票投资、债券投资、基金投资的比例不符合第（一）项、第（二）项、第（四）项规定的，为混合基金；

（六）中国证监会规定的其他基金类别。

也就是说，基金名称显示投资方向的，应当有 80% 以上的非现金基金资产属于投资方向确定的内容。

对于货币市场基金，《货币市场基金监督管理办法》第四条和第五条对可投金融工具和不得投资的金融工具有详细的要求，涉及投资期限、债券种类和信用评级等方面。

20.3.4.2 投资期限限制

公募基金的几大类别中，货币基金和显示投资方向的债券基金投资期限较为明确。

货币市场基金要求投资期限在 1 年以内（含 1 年）的银行存款、债券回购、中央银行票据、同业存单或者剩余期限在 397 天以内（含 397 天）的债券、非金融企业债务融资工具、资产支持证券。

显示投资方向的债券基金，投资期限往往也会受到明确限制。由于约定了非现金资产的 80% 投资于投资方向确定的内容，在基金合同内对投资方向予以明确约定，因此债券指数基金、中短债基金等主要资产的投资期限也较为明确。

20.3.4.3 流动性限制

为应对未来的赎回等流动性压力，各管理法规对公募基金特别是开放式公募基金约定了一系列的流动性指标要求。

（1）现金或一年内到期政府债券 5% 的比例规定

对于开放式基金，《公开募集证券投资基金运作管理办法》第二十八条规定："开放式基金应当保持不低于基金资产净值 5% 的现金或者到期日在一年以内的政府债券，以备支付基金份额持有人的赎回款项。"

对于货币市场基金，《货币市场基金监督管理办法》第七条第一款规定："现金、国债、中央银行票据、政策性金融债券占基金资产净值的比例合计不得低于 5%。"货币市场基金投资实践中，此类资产多投资于国债和政策性金融债券，均属于上一条的政府债券的范围，两者往往具有相同的约束力。

（2）流动性受限资产

对于开放式基金，《公开募集开放式证券投资基金流动性风险管理规定》第十六条规定："单只开放式基金主动投资于流动性受限资产的市值合计不得超过该基金资产净值的 15%。因证券市场波动、上市公司股票停牌、基金规模变动等基金管理人之外的因素致使基金不符合前款所规定比例限制的，基金管理人不得主动新增流动性受限资产的投资。"

对于货币市场基金，上述管理规定的第八章第三十二条进一步规定："单只货币市场基金主动投资于流动性受限资产的市值合计不得超过该基金资产净值的10%。被动超过比例限制的，比照本规定第十六条第二款执行。"

流动性资产的定义，在上述规定的第四十条第一款进行了解释："第十六条所述流动性受限资产，是指由于法律法规、监管、合同或操作障碍等原因无法以合理价格予以变现的资产，包括但不限于到期日在10个交易日以上的逆回购与银行定期存款（含协议约定有条件提前支取的银行存款）、停牌股票、流通受限的新股及非公开发行股票、资产支持证券、因发行人债务违约无法进行转让或交易的债券等；第三十二条所述流动性受限资产，是指货币市场基金依法可投资的符合前述条件的资产，但中国证监会认可的特殊情形除外。"

（3）7个工作日可变现流动性资产

对于开放式基金，《公开募集开放式证券投资基金流动性风险管理规定》第二十条规定："基金管理人应当对基金组合资产中7个工作日可变现资产的可变现价值进行审慎评估与测算，确保每日确认的净赎回申请不得超过7个工作日可变现资产的可变现价值，但中国证监会规定的特殊基金品种除外。"

7个工作日可变现流动性资产的定义，在上述规定第四十条第二款进行了解释："第二十条所述7个工作日可变现资产，具体包括可在交易所、银行间市场正常交易的股票、债券、非金融企业债务融资工具及同业存单，7个工作日内到期或可支取的逆回购、银行存款，7个工作日内能够确认收到的各类应收款项等。"

20.3.4.4 集中度限制

公募基金对于集中度的限制更加严格，受到"双十"的比例限制。《公开募集证券投资基金运作管理办法》第三十二条规定："基金管理人运用基金财产进行证券投资，不得有下列情形：（一）一只基金持有一家公司发行的证券，其市值超过基金资产净值的10%；（二）同一基金管理人管理的全部基金持有一家公司发行的证券，超过该证券的10%。"

对于货币市场基金，由于其对流动性要求更高，因此相关法律法规对于其配置资产尤其是低评级资产的集中度有进一步的限制。《货币市场基金监督管理办法》第六条第一款规定："同一机构发行的债券、非金融企业债务融资工具及其作为原始权益人的资产支持证券占基金资产净值的比例合计不得超过10%，国债、中央银行票据、政策性金融债券除外。"《公开募集开放式证券投资基金流动性风险管理规定》第三十三条规定："货币市场基金投资于主体信用评级低于AAA的机构发行的金融工具占基金资产净值的比例合计不得超过10%，其中单一机构发行的金融工具占基金资产净值的比例合计不得超过2%。"

近年来，因为商业银行同业存款、同业存单在一年以内的资产中收益较高，风险较小，因此货币市场基金在这两类资产中配置的比例很大。相关法律法规对此类资产的持有集中度也进行了限制。《货币市场基金监督管理办法》第六条第二款规定："货币市场基金投资于有固定期限银行存款的比例，不得超过基金资产净值的30%，但投资于有存款期限，根据协议可提前支取的银行存款不受上述比例限制；货币市场基金投资于具有基金托管人资格的同一商业银行的银行存款、同业存单占基金资产净值的比例合计不得超过20%，投资于不具有基金托管人资格的同一商业银行的银行存款、同业存单占基金资产净值的比例合计不得超过5%。"《公开募集开放式证券投资基金流动性风险管理规定》第三十四条规定："同一基金管理人管理的全部货币市场基金投资同一商业银行的银行存款及其发行的同业存单与债券，不得超过该商业银行最近一个季度末净资产的10%。"

20.3.4.5 杠杆限制和回购限制

公募基金的杠杆比例主要体现为总资产和净资产比例以及回购资金余额占基金资产净值比例两类指标。

对于开放式公募基金，《公开募集证券投资基金运作管理办法》要求不得出现"基金总资产超过基金净资产的140%"的情形。

对于封闭式公募基金，《关于实施〈公开募集证券投资基金运作管理办法〉有关问题的规定》要求"基金的总资产不得超过基金净资产的200%"。

对于货币市场基金，《货币市场基金监督管理办法》第七条第四款要求"除发生巨额赎回、连续3个交易日累计赎回20%以上或者连续5个交易日累计赎回30%以上的情形外，债券正回购的资金余额占基金资产净值的比例不得超过20%"。

对于公募基金在银行间市场的回购余额，人民银行也曾在《基金管理公司进入银行间同业市场管理规定》第八条中要求"进入全国银行间同业市场的基金管理公司进行债券回购的资金余额不得超过基金净资产的40%"。

20.3.4.6 货币市场基金的其他投资限制

为了进一步降低流动性风险、保障投资者权益，货币市场基金还有一些其他限制指标。

（1）现金、国债、中央银行票据、政策性金融债券以及5个交易日内到期的其他金融工具

货币市场基金为应对潜在的赎回要求，对流动性资产比例要求更高。现金、国债、中央银行票据、政策性金融债券以及5个交易日内到期的其他金融工具占基金资产净值比例的要求也随基金份额持有人的集中度而有显著差异。

货币市场基金上述指标应满足《货币市场基金监督管理办法》的最低规定："现金、国债、中央银行票据、政策性金融债券以及5个交易日内到期的其他金融工具占基金资产净值的比例合计不得低于10%。"

对于前10名份额持有人的持有份额较为集中情形的，《公开募集开放式证券投资基金流动性风险管理规定》第三十条规定"当货币市场基金前10名份额持有人的持有份额合计超过基金总份额的50%时，现金、国债、中央银行票据、政策性金融债券以及5个交易日内到期的其他金融工具占基金资产净值的比例合计不得低于30%""当货币市场基金前10名份额持有人的持有份额合计超过基金总份额的20%时，现金、国债、中央银行票据、政策性金融债券以及 5 个交易日内到期的其他金融工具占基金资产净值的比例合计不得低于 20%"。

对于基金管理人新设货币市场基金拟允许单一投资者持有基金份额比例超过基金总份额 50% 情形的，若仍要使用摊余成本法进行会计核算估值，《公开募集开放式证券投资基金流动性风险管理规定》第二十八条规定："80% 以上的基金资产需投资于现金、国债、中央银行票据、政策性金融债券以及 5 个交易日内到期的其他金融工具。"

（2）平均剩余期限和平均剩余存续期限

货币市场基金投资组合平均剩余期限的计算公式为

$$\frac{\sum 投资于金融工具产生的资产 \times 剩余期限 - \sum 投资于金融工具产生的负债 \times 剩余期限 + 债券正回购 \times 剩余期限}{投资于金融工具产生的资产 - 投资于金融工具产生的负债 + 债券正回购}$$

货币市场基金投资组合平均剩余存续期限的计算公式为

$$\frac{\sum 投资于金融工具产生的资产 \times 剩余存续期限 - \sum 投资于金融工具产生的负债 \times 剩余存续期限 + 债券正回购 \times 剩余存续期限}{投资于金融工具产生的资产 - 投资于金融工具产生的负债 + 债券正回购}$$

对于公式中的基金资产、负债的剩余期限和剩余存续期限，《关于实施〈货币市场基金监督管理办法〉有关问题的规定》都有详细的规定。

平均剩余期限和平均剩余存续期限主要用来进一步约束货币市场基金组合的期限特征。《货币市场基金监督管理办法》第一次对该指标进行了约束，其第九条规定"货币市场基金投资组合的平均剩余期限不得超过 120 天，平均剩余存续期限不得超过 240 天"。《公开募集开放式证券投资基金流动性风险管理规定》根据货币市场基金的份额持有人集中度对该指标提出了进一步的约束，第三十条规定："当货币市场基金前 10 名份额持有人的持有份额合计超过基金总份额的 50% 时，货币市场基金投资组合的平均剩余期限不得超过 60 天，平均剩余存续期限不得超过 120 天；当货币市场基金前 10 名份额持有人的持有份额合计超过基金总份额的 20% 时，货币市场基金投资组合的平均剩余期限不得超过 90 天，平均剩余存续期限不得超过 180 天。"

（3）摊余成本与偏离度

摊余成本法是指计价对象以买入成本列示，按照票面利率或协议利率并考虑其买入时的溢价和折价，在剩余存续期内按实际利率法摊销，每日计提损益。市场上采用摊余成本法计量成本和基金净值的公募基金主要是货币市场基金，也有少量的短期理财基金。《货币市场基金管理办法》和《关于实施〈货币市场基金管理办法〉有关问题的规定》对摊余成本法计量的货币市场基金的基金资产净值的公允性有评估和调整的要求。对于采用摊余成本法进行核算的货币市场基金，应当采用影子定价的风险控制手段，对摊余成本法计算的基金资产净值的公允性进行评估。货币市场基金各投资品种的影子定价应该参照中国证券投资基金业协会估值核算工作小组建议的估值处理标准确定。而这一标准即是通常意义上的市值法、市价法。

影子定价与摊余成本法确定的基金资产净值的偏离度 = (NAVs−NAVa)/NAVa，其中，NAVs 为影子定价确定的基金资产净值，NAVa 为摊余成本法确定的基金资产净值。

当影子定价确定的基金资产净值与摊余成本法计算的基金资产净值的负偏离度绝对

值达到 0.25% 时，基金管理人应当在 5 个交易日内将负偏离度绝对值调整到 0.25% 以内。当正偏离度绝对值达到 0.5% 时，基金管理人应当暂停接受申购并在 5 个交易日内将正偏离度绝对值调整到 0.5% 以内。当负偏离度绝对值达到 0.5% 时，基金管理人应当用风险准备金或者固有资金弥补潜在资产损失，将负偏离度绝对值控制在 0.5% 以内。当负偏离度绝对值连续两个交易日超过 0.5% 时，基金管理人应当采用公允价值估值方法对持有投资组合的账面价值进行调整，或者采取暂停接受所有赎回申请并终止基金合同进行财产清算等措施。前述情形及处理方法应当事先在基金合同中约定并履行信息披露义务。

20.4 会计、税收和资本管理对固定收益组合管理的影响

在传统的投资组合管理中，会计、税收和资本管理工作尽管一直被认为是重点和难点，但由于这些工作属于后台部门，因此通常被误解为事后管理工作。然而随着投资组合工具的多样化和复杂化以及政策规则的标准化和严格化，会计、税收和资本管理工作思路也需要更加准确化、精细化和前置化。

投资组合管理的目标除了良好的投资业绩，还应综合考虑会计处理、税务法规以及资本约束的影响。具体而言，公司需要考虑会计处理是否与投资组合管理的策略、公司的盈利目标等相匹配，如何在确保税务合规的同时充分利用税收优惠政策降低税务成本，进而提高实际的投资收益率，以及如何在限定的监管资本约束下最大化投资组合的收益率。

20.4.1 政策环境的变化

20.4.1.1 会计准则的变化

2008 年的金融危机对全球资本市场产生了巨大冲击，为应对金融危机中出现的财务报告问题，国际会计准则理事会（International Accounting Standards Board，IASB）与财务会计准则委员会（Financial Accounting Standards Board，FASB）于 2008 年 10 月成立了金融危机咨询小组，考虑如何改善财务报告，以增强投资者对金融市场的信心，并于 2014 年 7 月发布了完整的《国际财务报告准则第 9 号——金融工具》（即 IFRS9），准则已于 2018 年 1 月 1 日生效。

为切实解决我国企业金融工具相关会计实务问题、实现我国企业会计准则与国际财务报告准则的持续全面趋同，财政部借鉴 IFRS9 并结合我国实际情况和需要，于 2017 年 3 月 31 日发布《企业会计准则第 22 号——金融工具确认和计量》《企业会计准则第 23 号——金融资产转移》和《企业会计准则第 24 号——套期会计》等三项金融工具会计准则（以下简称《新金融工具准则》），相应地，财政部于 2006 年颁布的金融工具准则（以下简称《旧金融工具准则》）作废。在境内外同时上市的企业以及在境外上市并采用国际财务报告准则或企业会计准则编制财务报表的企业，《新金融工具准则》的

生效日期为 2018 年 1 月 1 日；对于其他境内上市公司，生效日期为 2019 年 1 月 1 日；执行企业会计准则的非上市企业，生效日期为 2021 年 1 月 1 日。

《新金融工具准则》主要针对金融工具的分类、估值以及减值进行了修订，旨在规范金融工具的会计处理，提升金融工具信息披露的透明度，解决现行金融工具分类和计量过于复杂、主观性强、价值不公允、减值不充分等问题。

20.4.1.2 税法的变化

继财政部和国家税务局在 2016 年联合发布《关于全面推开营业税改征增值税试点的通知》，规定金融企业自 2016 年 5 月 1 日开始由缴纳营业税全面修改为按照 6% 的税率缴纳增值税之后，财政部和国家税务总局于 2017 年 6 月 30 日联合发布的《关于资管产品增值税有关问题的通知》要求资管产品管理人自 2018 年 1 月 1 日起，对于运营资管产品过程中发生的增值税应税行为，暂适用简易计税方法，按照 3% 的征收率缴纳增值税。

上述税法的变化除了要求整个金融行业全面由营业税改为增值税，资管产品管理人也作为纳税主体开始缴纳增值税。

20.4.1.3 《资管新规》的变化

为规范金融机构的资产管理业务，统一同类资产管理产品监管标准，有效防控金融风险，更好地服务实体经济，中国人民银行、中国银行保险监督管理委员会、中国证券监督管理委员会、国家外汇管理局于 2018 年 4 月 27 日发布了《关于规范金融机构资产管理业务的指导意见》。

《资管新规》要求金融机构对资产管理产品实行净值化管理，净值生成符合企业会计准则的定义，规定金融资产使用公允价值计量原则，除了所投金融资产以收取合同现金流量为目的并持有至到期以及所投金融资产暂不具备活跃交易市场，或者在活跃市场中没有报价，也不能采用估值技术可靠计量公允价值的封闭式产品。

20.4.2 会计处理

会计处理既要能够准确反映投资交易的实质，又要能够在既定的会计规则下很好地契合公司的投资策略和管理目标。准确反映投资交易的实质主要体现在投资资产分类的准确性、减值准备计提的充足性上。

20.4.2.1 金融资产的分类和计量规则

新旧金融工具准则下的金融资产的分类有明显不同，在《旧金融工具准则》下，按照主体持有意图的原则，金融资产通常被分为四大类，而在《新金融工具准则》下，按照业务模式、合同现金流特征，金融资产则被分为三大类，具体如表 20-12 所示。

表 20-12 金融资产分类

类别	《旧金融工具准则》	《新金融工具准则》
	以公允价值计量且其变动计入当期损益的金融资产	以摊余成本计量的金融资产
	可供出售金融资产	以公允价值计量且其变动计入当期损益的金融资产
	持有至到期投资	以公允价值计量且其变动计入其他综合收益的金融资产
	贷款和应收款项	

在分类计量原则上，《旧金融工具准则》侧重于企业对金融资产的持有意图，比如是否拟将金融资产持有至到期。在《新金融工具准则》下，金融资产的分类方式与投资策略的业务模式（企业管理金融资产的业务模式指企业如何管理其金融资产以产生现金流量，业务模式决定企业所管理金融资产现金流量的来源是收取合同现金流量、出售金融资产还是两者兼有）紧密相关，业务模式的判断并非自愿指定，而是客观业务活动的事实反映。同时，企业在进行业务模式的分类时，不能按照单个金融资产逐项确定业务模式，而应基于企业管理金融资产的业务模式，即基于企业如何管理其金融资产以产生现金流量。企业管理金融资产的业务模式，应以企业关键管理人员决定的对金融资产进行管理的特定业务目标为基础确定。确定企业管理金融资产的业务模式，应以客观事实为依据，而不能以按照合理预期不会发生的情形为基础确定。金融资产分类直接影响当期损益的确认模式，并且一经确定，不得随意变更。

需要注意的是，上述对于业务模式的区分是基于资产已经通过合同现金流量测试的前提做出的。关于合同现金流量特征的判断，简而言之，是需要合同现金流量特征与基本借贷安排相一致，即相关金融资产在特定日期产生的合同现金流量仅为对本金和以未偿付本金金额为基础的利息的支付，比如获取发放固定利率贷款的本金和利息、债券的本金和利息。

20.4.2.2 金融资产分类和计量对投资组合管理实务的影响

在《旧金融工具准则》下，尽管四分类资产均有相应的分类标准，比如，只有到期日固定、回收金额固定或可确定，且企业有明确意图和能力持有至到期的非衍生金融资产才能被划分为持有至到期投资，但在实际分类时也存在一定的主观判断空间，尤其是可供出售金融资产科目。划分在可供出售金融资产科目的资产由于其公允价值变动计入其他综合收益而不直接影响当期利润，且几乎所有资产均可能被划分在该科目中，所以对该科目的使用为减少利润的波动性或平滑各年利润提供了空间。比如，在产品分类时，企业将大部分资产分类在可供出售金融资产科目，如果企业在年末缺少利润，则可以通过出售浮盈的产品来增加当年利润；如果企业当年利润较多，则可以通过出售浮亏的产品来减少利润。再比如，为了减小投资的短期市场波动对报表权益和利润的影响，投资者可能会倾向于将投资划分为以摊余成本计量的持有至到期投资或应收款项类投资科目核算，因此，金融资产的公允价值波动无须在账面上进行记录和反映。此外，投资者也可以通过调整投资组合以达到上述目的。调整投资组合包括调整不同种类的产品占比以及调整同一类产品的久期和评级等特征。比如，股票较债券更容易波动，因此，为了提高报表的稳定性，公司可以配置多一些债券，少一些股票；同样是债券，由于随着债券久期的延长和评级的下降，债券价值对于利率波动敏感性更强，因此，公司可以通过配置久期较短、评级较高的债券来减少其公允价值变动，提升报表权益和利润的稳定性。

然而，尽管企业将资产放在持有至到期投资和应收款项类投资科目核算可以提升报表的稳定性，但同时也将大大降低资产的出售弹性，进而可能会增加流动性管理的成本，甚至可能无法满足企业资产负债管理的需求；反之，放在可供出售金融资产核算虽然不利于报表的稳定性，但可以增加资产出售的灵活性，便于企业的流动性管理。同样，选择久期较短、评级较高的债券可以使资产公允价值更为稳定，但同时也会相应减少利息收入。

《新金融工具准则》的金融资产分类更为精简，且一般来说在《新金融工具准则》下将会有更多的金融资产以公允价值计量，金融资产以公允价值计量使得资产负债的账面价值更接近市场，也从一定程度上减少了企业对利润表的操作程度。

尽管《新金融工具准则》下以公允价值计量且其变动计入其他综合收益的金融资产在后续处理上同《旧金融工具准则》下可供出售金融资产一致，也存在一定的平滑会计利润的空间，然而能够使用该科目的前提是其业务模式必须为收取合同现金流量和出售金融资产的双重模式。如果企业在实际的交易过程中交易频率特别高，超过了正常的双重模式应有的交易频率，则该资产分类需要被调整为以公允价值计量且其变动计入当期损益的金融资产，因此，企业无法再将其公允价值变动计入其他综合收益，而是调整为当期收益，于是就加大了企业利润表的波动性。除了考虑传统的直接交易对业务模式的影响，企业还需要考虑新型交易结构对业务模式的影响，比如被金融市场广泛追捧的资产证券化交易。如果某类资产在满足准则要求下被划分为以摊余成本计量的金融资产，当企业将该类资产作为基础资产开展资产证券化交易且交易的金额占比较高时，则企业的业务模式实质上已经发生了变化，资产将不能继续被划分为以摊余成本计量的金融资产，而是重新划分为以公允价值计量且其变动计入其他综合收益的金融资产。极端情况下，当企业将极大比例的该类资产均用于证券化时，则该类资产需要被划分为以公允价值计量且其变动计入当期损益的金融资产。上述资产分类并不是在交易发生时才被重新确认，而是应该在购入资产时即考虑企业的业务模式，并根据该模式决定其初始分类。

鉴于合同现金流量特征的要求，会有一系列原先被分类为可供出售金融资产的投资，在《新金融工具准则》下将被分类为以公允价值计量且其变动计入当期损益的金融资产，比如基金、股权以及某些债券等，这些资产在《旧金融工具准则》下作为可供出售金融资产核算产生的浮盈、浮亏在准则转换的时候将直接被计入未分配利润，不再影响以后年度的利润，因此新准则的转换可能会对大量持有这一类无法通过合同现金流量测试、之前又是在可供出售金融资产中计量的投资组合的投资收益有较大影响。如果想要避免这种影响，可以提前将可供出售金融资产中的投资在准则转换之前出售，尤其是在组合合计存在浮盈的情况下释放这一部分投资收益。当然，如果在准则转换之前为浮亏的，不进行出售，则该部分浮亏也将直接被计入未分配利润中，而不是体现在下一期的投资亏损中。

同时，合同现金流测试要求对所投资资产进行穿透识别，如果所投资资产无法穿透，则很可能就会被分类为以公允价值计量且其变动计入当期损益的金融资产。由于合同现金流测试是基于合同层面的测试，而不是基于现实中实际操作的方式来判断的，这就对投资者穿透管理、分析每一类资产的合同条款提出了很高的要求。举例来说，投资者投资了一项可转债，虽然其从初始确认的时候开始，就没有将可转债转换成股票的打算，未来也不会主动转股，但是只要合同中存在转股的相关条款，则在合同层面就无法通过合同现金流特征测试。因此，这对管理大量不同类别投资组合的投资者的相关知识储备提出了一定的要求，也对系统化、自动化的管理投资组合提出了一定的需求。

另外，《新金融工具准则》下某些应收款项类投资无法通过合同现金流量测试，而需要被分类到以公允价值计量且其变动计入当期损益的金融资产，这一类资产的公允价值很可能需要依靠估值模型来进行估值，这样也很可能会使得它们被划分为公允价值计量的第三层次（公允价值估值模型中的输入值不可观察的属于第三层次）。持有这些资产比较多的上市公司将面临更高的估值要求，包括成熟的估值模型、完备的系统支持和充足的人力储备，同时，企业也面临更多的信息披露要求。

此外，在《新金融工具准则》下，股权投资也额外新增了一种分类方式，即指定为以公允价值计量且其变动计入其他综合收益的非交易性权益投资，比如企业打算长期持有的股权投资。对于该类投资，企业需要评估其公允价值，除获得的股利（属于投资成本收回部分的除外）计入当期损益外，其他相关的利得和损失（包括汇兑损益）均应计入其他综合收益，且后续不得转入当期损益，当处置该股权投资时，之前计入其他综合收益的累计利得或损失从其他综合收益中转出，但是也只能计入留存收益，因此，该类资产从购入到卖出，相关公允价值变动均不进入利润表，因此能够增加报表利润的稳定性。

20.4.2.3 金融资产的减值规则

在《旧金融工具准则》的减值规定下，公司需要在有客观证据表明金融资产发生减值时，计提相应的减值准备。而客观证据一般包括债务人发生严重财务困难、很可能倒闭、本金或利息逾期偿付等明显迹象。

在《新金融工具准则》下，金融工具减值从已发生损失模型转变为预期损失模型，通常称为"预期信用损失法"，且要求企业采用三阶段模型计提减值，基于金融工具初始确认后其信用风险是否显著提高，分别采用12个月内的预期信用损失或整个存续期的预期信用损失。

在《新金融工具》准则的减值规定下，企业持有金融投资而需计提的减值将有所上升。预期信用损失法与根据实际已发生减值损失确认减值准备的方法存在根本性的不同。在预期信用损失法下，减值准备的计提不以减值的实际发生为前提，而是以未来可能的违约事件造成的损失的期望值来计量当前应当确认的减值准备。也就是说，在没有出现任何重大信用风险迹象的时候，持有金融资产的企业也仍然需要按照未来12个月的预期信用损失来计量损失准备，而当信用风险显著提高的时候，则要按照金融工具整个存续期的预期信用损失来计量损失准备。因此，针对分类为摊余成本计量或分类为以公允价值计量且其变动计入其他综合收益的债务工具计提的减值准备会有所增加。如果企业使用统一的、客观的减值模型来计提减值，则将大大减少人为操纵的可能性，因此能够引导企业投资信用风险等级较低的投资。在投资组合管理实务中，被划分为以公允价值计量且其变动计入其他综合收益的债券等投资，即便使用公允价值计量，在资产负债表日仍然需要纳入减值测试范围，对于投资部门来说，在考虑估值绩效的同时需要扣减减值带来的影响，因此在既定收益指标下，预期信用损失模型对所投债券的收益率产生了更高的要求。

20.4.3 税收管理

在日益激烈的行业竞争下，合理的税收筹划也是决定投资组合管理成功与否的关键要素。而增值税和所得税是影响投资回报最为重要的两个税种。企业需要提高对这两个税种的敏感度，在进行投资决策时，企业不应仅考核名义收益率，还应注重考虑税收节约的成效，鼓励投资经理通过多种手段进行合理节税、税收转嫁以达到降低税收成本、增加现金流量、提高投资收益率的目的。

20.4.3.1 税收种类与税率

对于金融机构而言，常见的税收种类包括增值税、企业所得税、房产税、印花税等。其中，增值税和企业所得税是两项最为重要的税种，税率通常分别为6%和25%。而自2018年1月1日开始，金融机构作为资管产品管理人的身份还需要对资管产品的增值税应税行为缴纳增值税，税率为3%，实行简易征收。

20.4.3.2 税收对投资组合管理的影响

（1）增值税

对于金融机构而言，常见的增值税应税策略有以下两种模式。第一，通过配置免税或者享受税收优惠的投资产品来减少应税收入，从而降低税负。举例来说，国债利息收入、地方政府债利息收入、金融同业往来利息收入均属于免税产品，因此相比其他同等回报率的应税产品，这些投资品种实际的投资回报率更高。再比如，同等条件下尽量投资非保本金融产品，因为对于保本金融产品获得的持有期间收益需要按照贷款服务缴纳增值税，而非保本金融产品则无须缴纳增值税。总之，金融机构一方面通过筛选投资标的尽量减轻企业层面的税负，另一方面通过精准设计投资合同的条款达到符合非保本收益的条件，就可以提高企业发行产品的竞争力。第二，合理利用金融商品转让亏损。具体而言，投资交易过程中金融商品的转让，包括股票、债券、衍生工具、资管产品等差价收益均属于增值税应税范围，而企业能够以盈亏相抵后的余额作为销售额计算并缴纳增值税，若相抵后出现负差，可结转下一纳税期与下期转让金融商品价差相抵，但年末时仍出现负差的，则不得转入下一个会计年度，因此，如果在年底存在差价亏损的情况下，适量处置可盈利的金融商品，就可以最大限度地利用差价亏损金额来减少税收浪费。上述两种方案均能够起到一定的节约税收现金流量的作用，从而有效提升实际投资回报率。

（2）企业所得税

对于所得税而言，由于所得税是企业作为一个纳税主体汇总纳税，因此企业不仅仅需要考虑单只金融商品的所得税情况，还应结合企业整体盈亏情况来减轻税负。就单只金融商品而言，税收优惠依然是企业税收筹划时需要考虑的重要部分。例如，投资国债、股息、基金分红等免税产品能够直观地减轻税负。在汇总缴纳所得税时，企业需要着重考虑年底时在累计应纳税所得额、企业利润以及实际税负之间取得均衡。

综上，对于投资组合而言，企业需要采用税后投资收益率进行投资决策，充分利用税收优惠，合理进行资产配置，降低企业的税负成本和现金流压力，提升企业整体的投资效率。同时，企业也应注意相应的税收风险，避免过度利用税收政策而出现税收套利的情况。

20.4.4 资本管理

20.4.4.1 资本管理的监管体系

目前商业银行实施的资本管理办法为中国银监会参照《巴塞尔协议Ⅲ》于2012年7月7日颁布的《商业银行资本管理办法（试行）》，由最低资本要求、监管当局对资本充足率的监督检查、信息披露三大支柱构成，其中最低资本要求覆盖了商业银行面临的三大风险，即信用风险、市场风险和操作风险，而落实到监管指标上，则主要为资本充足率，资本充足率不得低于8%，其计算公式为

$$资本充足率 = \frac{总资本 - 对应资本扣减项}{风险加权资产} \times 100\%$$

保险公司实施的资本管理办法为中国保监会于2013年5月3日颁布的《中国第二代偿付能力监管制度体系建设规划》（以下简称"偿二代"），"偿二代"也经常被类比为"保险业的《巴塞尔协议Ⅲ》"，它由定量资本要求、定性监管要求、市场约束机制三大支柱以及实际资本评估、最低资本计量、偿付能力压力测试等17个规则构成，落实到监管指标上，则表现为偿付能力充足率，偿付能力充足率不得低于100%，其计算公式为

$$偿付能力充足率 = 实际资本 / 最低资本$$

证券公司实施的资本管理办法为中国证监会于2016年6月修订的《证券公司风险控制指标管理办法》，它以净资本和流动性为核心，通过风险覆盖率、资本杠杆率、流动性覆盖率及净稳定资金率四个核心指标，构建更加合理有效的风控指标体系，相关指标的计算公式及标准为

$$风险覆盖率 = 净资本 / 各项风险资本准备之和 \times 100\%，不得低于100\%;$$

资本杠杆率 = 核心净资本 / 表内外资产总额 × 100%，不得低于 8%；
流动性覆盖率 = 优质流动性资产 / 未来 30 天现金净流出量 × 100%，不得低于 100%；
净稳定资金率 = 可用稳定资金 / 所需稳定资金 × 100%，不得低于 100%

尽管商业银行、保险公司和证券公司的监管体系根据各行业特性有所不同，但都是以资本充足、风险防范为核心原则的。

20.4.4.2 资本管理对于投资组合管理的影响

在传统投资模式下，企业往往过度依赖资产规模和资本消耗来实现利润最大化，并且在进行投资组合管理时，企业通常以资产回报率作为首要考核指标，而未将风险权重纳入考虑，所以无法有效关联企业的资本消耗。通常情况下，回报率高的资产耗用的资本也较多，因此资产回报率和资本充足率呈反向变动趋势，一旦资本充足率达到监管上限，就需要企业被动调整投资组合，所以在强资本约束的条件下，企业需要提高资本使用效率，从以往在既定资金量下投资收益最大化的产品，转向在既定资本消耗下投资收益最大化的产品，建立风险与收益相匹配的资本节约型业务发展模式，通过提前布局，精准量化，投资相对低风险权重、高收益类产品，从而实现提升资本使用效率和资产盈利性的双赢。

以保险公司为例，"偿二代"落地以来，资本的优化已经成为国内所有保险公司的重点任务。在"偿二代"框架下，一家保险公司的资产负债表所承担的风险水平直接决定了其所需要持有的监管资本金额。在国内利率下行的背景下，更多的保险公司正采取较为激进的资产驱动式扩张策略，这些公司在竞相追逐高收益的同时持有了大量高风险的金融产品。因此，这类公司所需持有的资本比那些遵循传统保险运营模式的保险公司所需持有的资本要多很多。举例而言，若一家保险公司想要投资企业债券，且该债券是以公允价值计量并具有明确投资期限的境内投资产品，那么在目前"偿二代"的要求下，企业债券需要计算信用风险和利差风险，而利差风险计算因子和债券久期是负相关关系(具体如表 20-13 所示)，因此，如果公司并未打算持有该债券至到期的话，选择 5 年期以内债券比选择 5 年期以上债券耗用资本少，如果同样在 5 年期以内选择债券，那么选择久期较长的债券比久期较短的债券收益率相对较高，而耗用资本却是一样的。基础风险因子与债券的信用评级及资产修正久期的关系如表 20-13 所示。

表 20-13 基础风险因子与债券的信用评级及资产修正久期的关系

信用评级	资产修正久期 D（年）	基础风险因子
AAA	$0 < D \leq 5$	$D \times (-0.0015 \times D + 0.0175)$
	$D > 5$	$D \times 0.010$
AA+	$0 < D \leq 5$	$D \times (-0.0014 \times D + 0.018)$
	$D > 5$	$D \times 0.011$
AA	$0 < D \leq 5$	$D \times (-0.0013 \times D + 0.0195)$
	$D > 5$	$D \times 0.013$

还是以保险公司为例，公司在计算股权投资计划的市场风险或信托计划的信用风险时，如果能够穿透到底层资产，比如债券、股票等，则可以直接使用底层资产的风险因子来计算占用的资本；但是如果无法穿透，则直接使用一个较高的风险因子进行计算。因此，从精细化节约资本的角度，企业在投资管理时应该加强对底层资产信息的掌握，并尽量使用底层资产的风险因子来计算资本，以达到节约资本的目的。

精细化资本管理对投资部门提出了很高的要求，包括投资经理是否准确理解投资品种与风险权重的对应关系，投资系统是否准确计算各投资标的的耗用资本并且在达到限定指标预警值时进行信号提示。常见的操作模式是：企业汇总各部门的业务发展计划，利用内部数据开发风险计量工具和模型，计算各部门的资本需求和资本回报，有效进行资本分配，根据资本分配结果动态调整投资策略。资本配置管理需要以资本限额的方式分解到各分支机构、部门和产品，并进行动态的监控和适当的调整。同时，企业需要设置非标准化投资、股权投资和不动产投资的大额标准，因为该类资产风险因子较高，很有可能造成一笔大额投资导致企业资本充足率超过监管红线的情况，因此对于超过该标准的大额投资，企业需要在进行投资决策前准确计算资本消耗以及对资本充足率的影响，在决策时需要将其纳入重要决策要素中进行考虑，以此实现资本管理的前置化，提升资本管理的主动性。

本章小结

固定收益投资组合可以分为两个层次，第一个层次是大类资产配置；第二个层次包括债券投资组合，需对债券的种类和权重进行设定。

投资组合中的账户可以分为三类：持有至到期账户、可供出售账户和交易账户。持有至到期账户采用成本法估值，可供出售账户和交易账户采用市价法估值，投资经理需要随时准备对组合进行调整。

债券的估值方法总体可以分为两类：成本法和市价法。其中成本法分为买入成本法和摊余成本法，市价法分为交易所的收盘价和第三方机构的估值价。

组合管理面临的风险主要有三大类：利率风险、信用风险和流动风险。

对单只债券来说，需要考虑的收益测量指标主要包括到期收益率和持有期收益率两种。组合的收益率可以用加权平均投资组合收益率来衡量。

组合管理中常见的风控指标主要包括组合持仓限额、组合久期、DV01和信用风险限额，以及一些其他的风控指标。

组合管理策略的类别可以分为参照基准的策略、绝对回报策略和负债驱动型策略。

资本流动性保值又称避险性资金流动，指的是投资者不断进行资本调拨形成短期资金流动，以获取保值收益的行为。

债券的当期收益又称为直接收益，是指当期的利息收入与当前的市场价格的比率。

收益提升指的是通过设计复杂的策略来达到提升投资组合投资收益的效果。

对于收益率曲线的不同形状表现，学术界一般有三种解释理论：市场预期假设、流动性偏好假设、优先置产假设。

利差策略是指对两个期限相近或信用质量相近的债券的利差进行分析，从而对利差水平的未来走势做出判断，并进行相应的债券置换。

骑乘策略的目的是利用期限沿着收益率曲线不断缩短时带来的骑乘收益。

风险限额管理是指对关键风险指标设置限额，如企业总体投资规模、总体最大损失限额、各自营投资业务部门的投资规模、最大损失限额、预警限额等，并据此对业务进行监测和控制的过程。

债券回购策略就是利用债券现券与债券回购之间的利差，对其采取同步组合交易，赚取债券和债券回购之间的利差收益，核心要点是资产端债券收益率一定要高于负债端回购成本。

息差杠杆策略有两个风险点：资金利率大幅上升，信用债市场出现大幅上行。

资管产品组合主要包括几类主动管理策略：利率预期策略、骑乘收益率曲线、杠杆策略和曲线交易策略。

资管产品组合在管理过程中需要进行实时的监控及动态调整，主要包括久期结构、评级结构和流动性结构。

对资管类产品组合的业绩分析可以按品种分类也可以按波动分类。一般要关注的业绩分析指标包括组合回报、夏普比率、跟踪误差和VAR。

《新金融工具准则》将金融资产从原来的四分类改为三分类：以摊余成本计量的金融资产、以公允价值计量且其变动计入当期损益的金融资产、以公允价值计量且其变动计入其他综合收益的金融资产。

资本充足率是商业银行进行资产业务的核心约束。从满足监管要求的角度来讲，配置低风险债券可以节省商业银行的资本占用，能够降低商业银行整体资产的风险水平，降低资本消耗。

《商业银行流动性风险管理办法》规定流动性风险监管指标包括流动性覆盖率、净稳定资金比例、流动性比例、流动性匹配率和优质流动性资产充足率。

2016年，中国人民银行将差别准备金动态调整机制"升级"为宏观审慎评估体系，从资本和杠杆、资产负债、流动性、定价行为、资产质量、跨境融资风险、信贷政策执行情况等七个方面引导银行业金融机构加强自我约束和自律管理。

商业银行债券投资组合管理实际上是统筹考虑了资本情况、流动性要求、可用资金规模、风险限额等约束条件，结合宏观经济走势和债券市场走势，寻求各阶段、各品种、各期限债券买卖安排最优解的过程。

资管产品组合在制定投资策略前需要有明确的投资限制，一般包括投资范围、投资期限、流动性、集中度、杠杆以及其他限制。

重要术语

投资组合　成本法　市价法　利率风险　信用风险　流动性风险　到期收益率　持有期收益率　久期　风险偏好　参照基准的策略　绝对回报策略　负债驱动型策略　资本流动性保值　当期收益　收益提升　收益率曲线　市场预期假设　流动性偏好假设　优先置产假设　利差策略　债券回购　息差杠杆策略　波动率　杠杆　利率互换　夏普比率　信息比率　VAR　资本充足率　宏观审慎评估体系　经风险调整的资本回报率　风险限额管理

思考练习题

1. 试述组合管理中常见的风控指标及应用。
2. 投资组合中的债券从会计角度可分为几类账户？有什么区别？
3. 对证券进行分散化投资的目的是 _____。
   A. 取得尽可能高的收益
   B. 尽可能规避风险
   C. 在不牺牲预期收益的前提条件下降低证券组合的风险
   D. 复制市场指数的收益
4. 资管产品组合的投资限制主要有哪些？
5. 如何认识资管产品投资组合进行业绩分析的重要性？
6. 简述骑乘策略的主要思想。
7. 举出一个提高当期收益的例子。
8. 2018年8月10日，10年期国债利率和1年期国债利率的差值为82.7BP，如果预期接下来1个月利差将缩小，那么做空1年期国债和做多10年期国债的比例应是多少？（提示：利用组合久期中性。）

参考文献

[1] （美）安东尼·克里森兹. 债券投资策略[M]. 林东，译. 北京：机械工业出版社，2016.

[2] （美）弗兰克·J.法博齐. 高级债券资产组合管理：建模与策略的最佳实践[M]. 大连：东北财经大学出版社，2006.

[3] （美）弗兰克·J.法博齐. 固定收益证券手册（第8版）[M]. 周尧等，译. 北京：中国人民大学出版社，2018.

[4] （美）弗兰克·J.法博齐. 债券市场：分析与策略（第9版）[M]. 路蒙佳，译. 北京：中国人民大学出版社，2016.

[5] 王敏，瞿其春，张帆. 债券组合的风险价值[J]. 运筹与管理，2003，12（3）：89—91.

[6] （美）维尼尔·班萨利. 债券组合投资[M]. 刘乃郗，译. 北京：机械工业出版社，2016.

[7] 张恒. 证券公司风险限额管理体系研究[J]. 财会通讯，2014，16：116—119.

[8] 朱世武，李豫，董乐. 交易所债券组合动态套期保值策略研究[J]. 金融研究，2004，9：65—76.

[9] Barrett B. W. et al. Yield Curve Shifts and the Selection of Immunization Strategies[J]. *The Journal of Fixed Income*, 1995, 5(2), 53-64.

[10] Fong H. G., Vasicek O. A. A Risk Minimizing Strategy for Portfolio Immunization[J]. *The Journal of Finance*, 1984, 39(5):1541-1546.

[11] Ryan R. J. *Yield Curve Dynamics: State of the Art Techniques for Modelling, Trading and Hedging*[M]. Global Professional Publishing, 1998.

[12] Sharpe W. F. Mutual Fund Performance[J]. *Journal of Business*, 1966, 39(1):119-138.

[13] Smithson C., Minton L. Value at Risk[J]. *RISK*, 1996, 1: 25-29.

[14] Thomas H. G. The Information Ratio[J]. *Financial Analysts Journal*, 1998, 54(4):34-43.

[15] Vasicek O. A. An Equilibrium Characterization of the Term Structure[J]. *Journal of Financial Economics*, 1977, 5(2):177-188.

相关网络链接

中国货币网：http://www.chinamoney.com.cn/
中国期货业协会：http://www.cftc.gov
中国金融期货交易所：http://www.cffex.com.cn/
上海期货交易所：http://www.shfe.com.cn/
大连商品交易所：http://www.dce.com.cn
郑州商品交易所：http://www.czce.com.cn

第六篇

中国固定收益证券市场行为规范与监管

第 21 章
中国固定收益证券市场行为规范*

陈海华　靳　莉（中国建设银行）

学习目标

通过本章的学习，读者应能够：
◎ 理解银行间债券市场管理与监测机制；
◎ 理解交易所市场管理与监测机制；
◎ 掌握登记托管、交易管理相关的制度办法；
◎ 掌握银行间债券市场机构行为规范；
◎ 掌握银行间债券市场个人行为规范。

■ 开篇导读

固定收益市场的发展离不开规范有序的市场环境和运行机制。近年来，我国固定收益证券市场的产品和服务日益丰富，交易机制不断创新，市场规范体系持续完善。中国人民银行作为全国银行间债券市场的主管单位，为保障市场健康运行，发布多项规章制度以规范交易管理、登记托管结算等事项；全国银行间同业拆借中心、上海证券交易所、深圳证券交易所、中国银行间交易商协会等机构分别在职责范围内制定了管理规则。在正式开展业务之前，每个从业机构和个人都应该首先深入学习各项管理制度和行为规范，确保依法按章办事。

---

* 本章由CFA协会审校。

21.1 银行间债券市场管理与监测

21.1.1 管理与监测机制概览

根据《全国银行间债券市场交易管理办法》、中国人民银行公告〔2011〕第 3 号、《银行间债券市场债券交易监测工作方案》等有关规定，中国人民银行是全国银行间债券市场的主管部门，全国银行间同业拆借中心（一般简称为"同业拆借中心"）、中央国债登记结算有限责任公司（一般简称为"中央结算公司"）和银行间市场清算所股份有限公司（一般简称为"上海清算所"）负责全国银行间债券市场的日常监测与管理工作，中国银行间市场交易商协会负责加强自律管理，引导市场参与者规范交易行为。近年来，同业拆借中心、中央结算公司和上海清算所不断完善监测方案和实施细则，开发专门的技术系统，配备专职人员，实现实时监测，不断增强对违规交易、异常交易的快速反应与处理能力。当发现异常情况时，同业拆借中心、中央结算公司和上海清算所在及时处理的同时，向中国人民银行报告，并抄送中国银行间市场交易商协会。

中国人民银行对具体业务品种也发布了相应的管理办法，例如《全国银行间债券市场债券买断式回购业务管理规定》《全国银行间债券市场金融债券发行管理办法》《全国银行间债券市场债券借贷业务管理暂行规定》等。

21.1.2 交易管理办法

2000 年 4 月 13 日，为推动全国银行间债券市场的进一步发展，规范债券交易行为，防范市场风险，保护交易各方合法权益，中国人民银行制定了《全国银行间债券市场债券交易管理办法》，奠定了银行间债券市场交易管理的基础，明确了中国人民银行是全国银行间债券市场的主管部门，并对市场参与者、债券交易、托管与结算、罚则等予以详细说明。《全国银行间债券市场债券交易管理办法》的主要内容如下。[①]

21.1.2.1 总则

全国银行间债券市场债券交易是指以商业银行等金融机构为主的机构投资者之间以询价方式进行的债券交易行为，债券交易品种包括回购和现券买卖两种。这里所称债券是指经中国人民银行批准可用于在全国银行间债券市场进行交易的政府债券、中央银行债券和金融债券等记账式债券。债券交易应遵循公平、诚信、自律的原则。中央结算公司与上海清算所为中国人民银行指定的办理债券的登记、托管与结算的机构。中国人民

---

① 2009 年 11 月，银行间市场清算所股份有限公司（上海清算所）成立，成为与中央结算公司并行的债券登记、托管与结算机构，以及全国银行间债券市场的日常监测与管理单位。《全国银行间债券市场债券交易管理办法》出台时间较早，未涉及上海清算所，本书已根据目前实际情况对本节内容予以更新。

银行是全国银行间债券市场的主管部门,中国人民银行各分支机构对辖内金融机构的债券交易活动进行日常监督。

21.1.2.2 市场参与者

市场参与者。下列机构可成为全国银行间债券市场参与者,在签署债券回购主协议后,可从事债券交易业务:①在中国境内具有法人资格的商业银行及其授权分支机构;②在中国境内具有法人资格的非银行金融机构和非金融机构;③经中国人民银行批准经营人民币业务的外国银行分行。

结算代理人。金融机构可直接进行债券交易和结算,也可委托结算代理人进行债券交易和结算;非金融机构应委托结算代理人进行债券交易和结算。结算代理人系指经中国人民银行批准代理其他参与者办理债券交易、结算等业务的金融机构。

双边报价商。双边报价商系指经中国人民银行批准的,在进行债券交易时同时连续报出现券买、卖双边价格,承担维持市场流动性等有关义务的金融机构。双边报价商有关规定由中国人民银行另行制定。

全国银行间同业拆借中心。全国银行间同业拆借中心为参与者的报价、交易提供中介及信息服务。经中国人民银行授权,同业拆借中心可披露市场有关信息。

中央结算公司、上海清算所。2009年11月,上海清算所成立后,中央结算公司和上海清算所共同为参与者提供托管、结算和信息服务。经中国人民银行授权,中央结算公司、上海清算所可披露市场有关信息。

资金清算机构。债券交易的资金清算银行为参与者提供资金清算服务。

21.1.2.3 债券交易

业务流程。债券交易以询价方式进行,自主谈判,逐笔成交。进行债券交易,应订立书面形式的合同。合同应对交易日期、交易方向、债券品种、债券数量、交易价格或利率、账户与结算方式、交割金额和交割时间等要素做出明确的约定,其书面形式包括同业中心交易系统生成的成交单、电报、电传、传真、合同书和信件等。债券回购主协议和上述书面形式的回购合同构成回购交易的完整合同。以债券为质押进行回购交易,应办理登记;回购合同在办理质押登记后生效。

业务规则。债券交易现券买卖价格或回购利率由交易双方自行确定。合同一经成立,交易双方应全面履行合同规定的义务,不得擅自变更或解除合同。参与者进行债券交易不得在合同约定的价款或利息之外收取未经批准的其他费用,回购期限最长为365天。回购期间,交易双方不得动用质押的债券。回购到期应按照合同约定全额返还回购项下的资金,并解除质押关系,不得以任何方式展期。

报告机制。金融机构应每季定期以书面形式向中国人民银行当地分支行报告其在全国银行间债券市场的活动情况。同业拆借中心和中央结算公司应定期向中国人民银行报告债券交易、交割有关情况。

21.1.2.4 托管与结算

托管。参与者应在中央结算公司或上海清算所开立债券托管账户,并将持有的债券托管于其账户。债券托管账户按功能实行分类管理,其管理规定另行制定。

结算。债券交易的债券结算通过中央结算公司或上海清算所系统进行。债券交易的资金结算以转账方式进行。债券交易结算方式包括券款对付、见款付券、见券付款和纯券过户四种。具体方式由交易双方协商选择。交易双方应按合同约定及时发送债券和资金的交割指令,在约定交割日有用于交割的足额债券和资金,不得买空或卖空。中央结算公司或上海清算所应按照与交易双方发送的诸要素相匹配的指令按时办理债券交割。资金清算银行应及时为参与者办理债券交易的资金划拨和转账。中央结算公司和上海清算所应及时为参与者提供债券托管、债券结算、本息兑付和账务查询等服务;应建立严格的内部稽核制度,对债券账务数据的真实性、准确性和完整性负责,并为账户所有人保密。

21.1.2.5 罚则

参与者有下列行为之一的,由中国人民银行给予警告,并可处 3 万元人民币以下的罚款,可暂停或取消其债券交易业务资格;对直接负责的主管人员和直接责任人员由其主管部门给予纪律处分;违反中国人民银行有关金融机构高级管理人员任职资格管理规定的,按其规定处理:擅自从事借券、租券等融券业务[1];擅自交易未经批准上市债券;制造并提供虚假资料和交易信息;恶意操纵债券交易价格,或制造债券虚假价格;不遵守有关规则或协议并造成严重后果;违规操作对交易系统和债券簿记系统造成破坏。

同业拆借中心和中央结算公司有下列行为之一的,由中国人民银行给予警告,并可处 3 万元人民币以下的罚款;对直接负责的主管人员和直接责任人员由其主管部门给予纪律处分:工作失职,给参与者造成严重损失;发布虚假信息或泄露非公开信息;欺诈或误导参与者,并造成损失;为参与者恶意操纵市场和融券等违规行为提供便利。

结算代理人和双边报价商违反规定的,按中国人民银行的有关规定处理。债券交易的资金清算银行不及时为参与者划拨资金和转账,给参与者造成损失的,应承担相应的民事责任。

21.1.3 债券登记、托管、结算管理办法

2009 年 5 月 4 日,为规范银行间债券市场的债券登记、托管和结算行为,保护投资者合法权益,促进债券市场健康发展,中国人民银行制定了《银行间债券市场债券登记托管结算管理办法》,明确了中国人民银行依法对银行间债券市场债券登记托管结算机构以及债券登记、托管和结算业务进行监督管理,中央结算公司是中国人民银行指定的债券登记托管结算机构[2],规范了机构职能、账户管理、债券登记、托管、结算要求。

---

[1] 2006年11月,中国人民银行制定《全国银行间债券市场债券借贷业务管理暂行规定》,规范了债券借贷业务。

[2] 上海清算所也是债券登记托管结算机构,成立时间为2009年11月。

2013年7月2日，为完善银行间债券市场交易结算管理，中国人民银行发布中国人民银行公告〔2013〕第8号，补充了交易结算管理规定，强调了市场参与者之间的债券交易应当通过同业拆借中心交易系统达成，债券交易一旦达成，不可撤销和变更；同时指出，同业拆借中心和债券登记托管结算机构应当防范违规债券交易、结算的发生，做好一线监测工作，发现情况及时处理并向中国人民银行报告。

2013年8月27日，为进一步强化银行间债券交易券款对付结算，中国人民银行发布中国人民银行公告〔2013〕第12号，要求全国银行间债券市场参与者进行债券交易，应当采用券款对付结算方式办理债券结算和资金结算。中国人民银行另有规定的除外。

根据《银行间债券市场债券登记托管结算管理办法》、中国人民银行公告〔2013〕第8号、中国人民银行公告〔2013〕第12号，债券登记、托管、结算管理的主要内容如下。

21.1.3.1 总则

《银行间债券市场债券登记托管结算管理办法》适用于固定收益类有价证券（以下简称"债券"）在银行间债券市场的登记、托管和结算。债券登记、托管和结算业务遵循安全、高效的原则，采取全国统一的运营管理模式。中国人民银行依法对银行间债券市场债券登记托管结算机构以及债券登记、托管和结算业务进行监督管理。

21.1.3.2 债券登记托管结算机构

中央结算公司和上海清算所是中国人民银行指定的银行间债券市场债券登记托管结算机构，应履行以下职能：设立和管理债券账户；债券登记；债券托管；债券结算；代理拨付债券兑付本息和相关收益资金；跨市场交易流通债券的总托管；提供债券等质押物的管理服务；代理债券持有人向债券发行人依法行使债券权利；依法提供与债券登记、托管和结算相关的信息、查询、咨询、培训服务；监督柜台交易承办银行的二级托管业务；中国人民银行规定的其他职能。

债券登记托管结算机构应当采取下列措施保证业务的正常开展：具有专用的债券登记、托管、结算系统和设备，强化技术手段以保障数据安全；建立系统故障应急处理机制和灾难备份机制；完善公司治理，建立健全内部控制机制和风险管理制度，定期对登记、托管和结算情况进行内部稽核和检查；制定债券登记、托管和结算相关业务规则与操作规程，加强对关键岗位的管理。

债券登记托管结算机构应当报中国人民银行批准的事项有：章程的制定和修改，并购、合并、重组、分立等重大事项；内部控制制度、风险管理制度、业务规则以及应急预案的制定和修改；开展新业务，变更登记、托管和结算业务模式；与境内外其他市场中介机构有关债券登记、托管和结算的业务合作；中国人民银行要求的其他事项。

债券登记托管结算机构应当报中国人民银行备案的事项有：制定和修改中长期业务发展规划；高级管理人员变动；中国人民银行要求的其他事项。

债券登记托管结算机构应当方便债券持有人及时获得其债券账户记录，同时对债券持有人有关债券登记、托管和结算的数据和资料负有保密义务，但有下列情形的，应当依法予以办理：债券持有人查询本人的债券账务资料；受托人持债券持有人的书面委托查询有关债券账务资料;人民法院、人民检察院、公安机关等依照法定的程序和条件进行查询和取证;法律法规规定的其他情形。

债券登记托管结算机构应当妥善保存债券登记、托管和结算的原始凭证及债券账务数据等有关文件和资料,其保存时间至少为债券到期后 20 年。在符合中国人民银行规定的前提下,债券登记托管结算机构可根据需要,编制、定期发布、向其他组织和个人提供债券登记、托管和结算业务相关信息。债券登记托管结算机构应当按有关规定及时公布债券登记、托管和结算业务有关统计信息,但不得泄露非公开信息。

债券登记托管结算机构应当对债券登记、托管和结算活动进行日常监测,发现异常情况、重大业务风险和技术风险以及重大违法违规行为的,应当及时向中国人民银行报告并进行相应处理,同时抄送交易商协会。债券登记托管结算机构应当与全国银行间同业拆借中心相互配合,建立债券市场一线监控制度。

21.1.3.3 债券账户

债券账户是指在债券登记托管结算机构开立的用以记载债券持有人所持有债券的品种、数量及其变动等情况的电子簿记账户。债券持有人通过债券账户持有债券,持有债券以其债券账户内记载的债券托管余额为准。债券持有人对债券账户记载内容有异议的,债券登记托管结算机构应当及时复查并予以答复;因债券登记托管结算机构工作失误造成数据差错并给债券持有人带来损失的,债券登记托管结算机构应当承担相应法律责任。

债券持有人开立债券账户应当按照中国人民银行的规定向债券登记托管结算机构提出申请,且应当保证所提交的开户资料真实、准确、完整。债券账户采用实名制,不得出租、出借或转让。债券持有人可申请注销其账户,申请注销时,债券登记托管结算机构应当在确定该账户已无债券托管,且无未到期的回购等未了结的债权债务、质押以及冻结等情形时方可予以办理。

债券账户分为自营账户和代理总账户。一个投资者只能开立一个自营账户,中国人民银行另有规定的除外。具有法人资格的投资者应当以法人名义开立自营账户;经法人授权的商业银行分支机构可以分支机构的名义开立自营账户;证券投资基金等非法人机构投资者可按中国人民银行规定单独开立自营账户。

柜台交易承办银行和其他交易场所证券登记托管结算机构等可以在债券登记托管结算机构开立代理总账户,用于记载其二级托管的全部债券余额。柜台交易承办银行和其他交易场所证券登记托管结算机构等为二级托管账户持有人确认的托管债券总额应当与其代理总账户记载的债券余额相等,且代理总账户内的债券应当与其自营的债券严格分开。

21.1.3.4 债券登记

债券登记是指债券登记托管结算机构以簿记方式依法确认债券持有人持有债券事实的行为。债券发行结束后,债券发行人应当向债券登记托管结算机构提供有关发行文件及相关资料。债券登记托管结算机构应当根据债券发行募集资金收讫确认及时办理债券登记。涉及二级托管账户的,柜台交易承办银行和其他交易场所证券登记托管结算机构等办理债券登记。

债券存续期内,可按规定办理派生债券的登记、变更登记。涉及二级托管账户的,柜台交易承办银行和其他交易场所证券登记托管结算机构等应当办理变更登记。

债券登记托管结算机构可依法为债券持有人提供债券质押登记服务,对相应债券进行冻结;或依照法律法规对债券进行冻结。债券被冻结时,债券登记托管结算机构应当在相应债券账户内加以明确标记,以表明债权权利受到限制。

债权债务终止的,债券登记托管结算机构应当办理债券注销登记;涉及二级托管账户的,柜台交易承办银行和其他交易场所证券登记托管结算机构等应当及时办理托管债券余额注销。仍处于冻结状态的债券到期兑付时,债券登记托管结算机构应当提存其本息,待相关当事人出具有效法律文件后,按有关规定办理。

21.1.3.5 债券托管

债券托管是指债券登记托管结算机构对债券持有人持有的债券进行集中保管,并对其持有债券的相关权益进行管理和维护的行为。债券持有人应当委托债券登记托管结算机构托管其持有的债券,债券托管关系自债券登记托管结算机构为债券持有人开立债券账户后成立,至债券账户注销终止。

债券登记托管结算机构应当对债券持有人托管的债券采取安全有效的管理措施,保证其托管账务的真实、准确、完整和安全。债券登记托管结算机构对所托管的债券不享有任何性质的所有权。

跨市场交易的债券持有人可将其持有的跨市场交易流通债券进行转托管。债券登记托管结算机构应当及时为其提供转托管服务。

债券发行人委托债券登记托管结算机构办理债券兑付本息或相关收益资金分配时,债券发行人应当及时、足额向债券登记托管结算机构支付相关款项,债券登记托管结算机构收到相关款项后应当及时办理;债券发行人未履行上述支付义务的,债券登记托管结算机构有权推迟办理,债券发行人应当及时向市场说明有关情况。

21.1.3.6 债券结算

债券结算是指在确认结算指令的基础上进行的债券过户。投资者或其代理人应当根据债券交易合同的约定及时发送债券结算指令,其相应的债券账户应当有足够余额用于结算。债券登记托管结算机构应当明确结算指令的形式和传递方式,并对其采取有效的识别措施。债券登记托管结算机构应当根据有效结算指令及时为投资者或其代理人办理债券结算,债券结算一旦完成不可撤销。

银行间债券市场债券结算机制包括全额和净额两种。净额业务有关规定由中国人民银行另行规定。债券结算和资金结算可采用券款对付、见券付款、见款付券和纯券过户等结算方式。已进入债券结算过程处于待付状态的资金和债券,以及该笔结算涉及的担保物只能用于该笔结算,不能被强制执行。债券登记托管结算机构可为投资者的债券借贷提供便利,以保证债券结算的顺利进行,有关办法由中国人民银行另行规定。交易流通受到限制的债券办理转让过户,应当符合相关法律、法规和有关主管部门的规定。办理扣划、继承、抵债、赠予等非交易过户的,债券登记托管结算机构应当要求当事人提交合法有效的法律文件。债券登记托管结算机构应当定期向中国人民银行报告非交易过户情况。

2013年8月，中国人民银行发布中国人民银行公告〔2013〕第12号，全国银行间债券市场参与者进行债券交易，应当采用券款对付结算方式办理债券结算和资金结算。中国人民银行另有规定的除外。

21.1.3.7 法律责任

债券登记托管结算机构及相关工作人员有下列情形之一的，由中国人民银行按照《中华人民共和国中国人民银行法》第四十六条的规定进行处罚：工作失职，给债券发行人和债券持有人造成严重损失；挪用债券持有人托管债券和资金；篡改债券账户有关账务数据；泄露债券持有人账户信息；其他违反《银行间债券市场债券登记托管结算管理办法》的行为。违反《银行间债券市场债券登记托管结算管理办法》，构成犯罪的，依法追究刑事责任。

债券发行人和债券持有人违反《银行间债券市场债券登记托管结算管理办法》，由中国人民银行按照《中华人民共和国中国人民银行法》第四十六条的规定进行处罚，构成犯罪的，依法追究刑事责任。

21.1.3.8 补充事项

市场参与者之间的债券交易应当通过同业拆借中心交易系统达成，债券交易一旦达成，不可撤销和变更。中央结算公司和上海清算所不得为未通过同业拆借中心交易系统达成的债券交易办理结算。其中，债券交易包括现券买卖、债券质押式回购、债券买断式回购、债券远期、债券借贷等。

获得中国人民银行出具的银行间债券市场准入备案通知书后，市场参与者应当及时向同业拆借中心和债券登记托管结算机构申请债券交易联网和开立债券账户，未与同业拆借中心联网的市场参与者不得开展债券交易。

同业拆借中心与债券登记托管结算机构应当完善相关基本信息核对机制，并完善债券交易、托管、结算信息互换共享机制。同业拆借中心应当向债券登记托管结算机构实时发送债券交易信息；债券登记托管结算机构应当向同业拆借中心实时发送债券交易的结算信息，每日发送债券托管信息。

同业拆借中心和债券登记托管结算机构应当按照银行间债券市场有关监管要求，强化业务系统建设，防范违规债券交易、结算的发生。同时，应当做好一线监测工作，发现情况及时处理并向中国人民银行报告。

21.1.4 监测工作方案

2009年9月21日，为规范全国银行间债券市场参与者交易行为，维护市场秩序，防范市场风险，根据《全国银行间债券市场债券交易管理办法》，同业拆借中心会同中央结算公司联合制定了《银行间债券市场债券交易监测工作方案》，明确了银行间债券市场一线监测工作的主体是同业拆借中心、中央结算公司,并确定了监测工作的内容和汇报机制等。2011年4月13日,中国人民银行发布中国人民银行公告〔2011〕第3号,在《银行间债券市场债券交易监测工作方案》的基础上增加了上海清算所为全国银行间债券市场的日常监测与管理单位,并明确交易商协会应加强自律管理,引导市场参与者规范交易行为。

根据《全国银行间债券市场债券交易管理办法》以及中国人民银行公告〔2011〕第3号,银行间债券市场监测工作的主要内容如下。

21.1.4.1 监测内容

银行间债券市场债券交易一线监测工作主要包括:分析相关政策对银行间债券市场的影响;研究建立债券交易结算风险预警指标体系;监测和了解市场债券交易行为,重点监测异常交易和违规交易行为,发现情况及时上报;汇总、整理和报送债券交易结算有关数据与信息。其中,异常交易是指成交价格大幅偏离市场公允价值、单笔报价或交易量远高于实际需求、交易双方或多方以虚增交易量为目的的对倒交易等行为;违规交易是指违反银行间债券市场相关管理规定或其他法律法规的行为。

出现下列情况时,同业拆借中心和中央结算公司将及时向市场成员了解详情,并向中国人民银行报告,同时视情况启动应急方案:成员多笔交易结算失败,可能引发机构个体风险的;因突发事件冲击、重大政策调整导致市场成员交易行为异常,并可能引发市场风险的;因自然灾害等不可抗力导致的市场成员交易行为异常的;其他对市场有重大影响的情况。

21.1.4.2 参与机构职责

同业拆借中心、中央结算公司和上海清算所应当按照中国人民银行有关规定,对全国银行间债券市场的债券交易、清算及结算进行日常监测与管理,发现异常情况应当及时处理,并向中国人民银行报告,同时抄送中国银行间市场交易商协会。同业拆借中心、中央结算公司和上海清算所应当切实做好日常监测与管理工作,不断完善监测方案和实施细则,开发专门的技术系统,配备专职人员,实现实时监测,不断增强对违规交易、异常交易的快速反应与处理能力。同业拆借中心、中央结算公司和上海清算所可根据具体情况向市场披露重大异常交易情况。

市场参与者应当自觉遵守全国银行间债券市场各项规章制度,加强内部控制与风险管理,规范自身交易结算行为,不得操纵价格或制造虚假价格,或通过其他行为误导市场。市场参与者对同业拆借中心、中央结算公司和上海清算所的日常监测与管理工作应当予以配合,并按要求提供书面材料。市场参与者因特殊情况发生交易价格偏离市场公允价格等异常现象的交易行为,应当于交易达成前将有关情况送同业拆借中心、中央结算公司或上海清算所备案。

结算代理人应当本着公平的原则为委托人提供代理交易结算服务,不得误导或欺诈委托人,不得利用代理交易活动进行利益输送等违规活动。结算代理人不得与委托人串通进行虚假交易或违规操作,不得为委托人的虚假交易或违规操作提供便利。结算代理人应当监督委托人的交易结算行为，发现大幅偏离市场价格等异常交易结算行为时应当予以风险提示，要求委托人说明情况，并及时向同业拆借中心、中央结算公司和上海清算所报告。

交易商协会应当加强自律管理，引导市场参与者规范交易行为。

21.1.5 自律组织规则

银行间债券市场除了接受中国人民银行、同业拆借中心、中央结算公司、上海清算所的监督管理外，市场参与者自发组成各类自律组织，制定自律组织规则，保障银行间债券市场的健康运行。其中，中国银行间市场交易商协会是银行间市场最具影响力的自律组织之一。

中国银行间市场交易商协会是由市场参与者自愿组成的，包括银行间债券市场、同业拆借市场、外汇市场、票据市场和黄金市场在内的银行间市场的自律组织，业务主管部门为中国人民银行。近年来，中国银行间市场交易商协会为加强中国银行间市场自律管理，维护会员合法权益，出台一系列自律规则，包括《中国银行间市场交易商协会会员管理规则》《银行间债券市场债券交易自律规则》等。其中，《银行间债券市场债券交易自律规则》中明确了交易商协会对市场和市场机构的监测与管理。主要内容包括以下几个方面。

21.1.5.1 常规调查

交易商协会可对市场参与者及交易相关人员的交易进行常规调查，方式包括但不限于电话访谈、书面调查、问卷调查、现场调查。调查对象应积极配合，及时提供真实、准确、完整的材料。

21.1.5.2 日常监测

交易商协会对银行间债券市场交易相关行为进行日常监测监督，监测监督内容包括交易价格异常、交易量异常、关联方交易以及其他给市场带来较大影响的交易情况。

市场参与者进行交易时，若出现交易价格、交易量等要素明显偏离市场合理范围或交易对手集中度过高等情况，应加强主动管理。交易商协会主要通过两种方式获取信息：市场参与者应建立异常交易的内部甄别机制，明确交易要素偏离度超出正常范围的内部标准，及时识别异常情况，并书面说明理由，存入档案；相关市场中介平台机构应按中国人民银行有关规定，及时将发现的相关异常情况传输至交易商协会。

21.1.5.3 市场监督

市场参与者应互相监督，发现违反法律法规、交易商协会自律规定等规则的行为时，应及时向交易商协会举报，并提供有效的证据材料。市场参与者在交易过程中自身正当权益受到侵害时，可向交易商协会投诉，并提供有效的证据材料。

交易商协会在收到举报（投诉）相关材料后，按照本规则和相关自律规定进行调查取证、核实认定。

21.1.5.4 可疑调查

交易商协会可根据以下情况及需要启动可疑调查：有关行政管理部门移交的事项；协会常规调查、交易监测发现的情况；市场参与者举报（投诉）有关情况；其他需要调查的情况。

可疑调查的方式包括但不限于电话询问、书面调查、约见谈话及现场调查。调查对象及相关市场中介平台机构应在符合相关保密规定的前提下积极配合，及时提供真实、准确、完整的材料。

21.1.5.5 市场化评价

交易商协会将根据市场参与者的业务开展情况及交易相关人员的执业行为，实施市场化评价工作，并公布评价结果。

21.2 交易所债券市场交易管理与监测

根据《中华人民共和国证券法》等法律、行政法规、部门规章以及《上海证券交易所章程》《深圳证券交易所章程》，上海证券交易所和深圳证券交易所分别制定《上海证券交易所交易规则》《上海证券交易所债券交易实施细则》《深圳证券交易所交易规则》《深圳证券交易所债券交易实施细则》等，明确了交易所市场对债券交易的管理机制，并制定《上海证券交易所证券异常交易实时监控细则》《深圳证券交易所限制交易实施细则》，明确了交易所市场对异常交易的监控机制。

21.2.1 《上海证券交易所证券异常交易实时监控细则》

《上海证券交易所证券异常交易实时监控细则》（2018 年修订）中针对债券监控的主要内容如下。

①异常交易的处置措施。上海证券交易所在实时监控中，发现证券价格出现异常波动或者证券交易出现异常的，有权采取盘中临时停牌、口头或书面警示、要求提交合规交易承诺、盘中暂停相关证券账户当日交易、限制相关证券账户交易等措施。

②盘中临时停牌。证券竞价交易出现以下异常波动情形之一的，上海证券交易所可以根据市场需要，实施盘中临时停牌：无价格涨跌幅限制的国债、地方政府债和政策性金融债盘中交易价格较前收盘价首次上涨或下跌超过 10%（含）、单次上涨或下跌超过 20%（含）的；无价格涨跌幅限制的其他债券盘中交易价格较前收盘价首次上涨或下跌超过 20%（含）、单次上涨或下跌超过 30%（含）的；涉嫌存在违法违规交易行为，且可能对交易价格产生严重影响或者严重误导其他投资者的；中国证监会或者上海证券交易所认为可以实施盘中临时停牌的其他情形。

21.2.2 《深圳证券交易所限制交易实施细则》

《深圳证券交易所限制交易实施细则》（2015 年修订）是对深圳证券交易所重大异常交易的监控处置，其中针对债券部分的主要内容如下。

①异常交易的限制措施。深圳证券交易所根据需要，可以对出现重大异常交易情况的证券账户采取限制买卖的措施，限制交易包括盘中限制交易和盘后限制交易。

②限制交易措施的适用范围。投资者证券账户出现下列异常交易情形之一，且情节严重的，深圳证券交易所可以采取限制交易措施：涉嫌内幕交易、操纵市场等违法违规行为；违反法律、行政法规、中国证监会或者深圳证券交易所相关规定买卖证券；发生《深圳证券交易所交易规则》或者深圳证券交易所其他业务规则、细则、指引等规定的可能或者已经影响证券交易价格或者证券交易量的异常交易行为；中国证监会或者深圳证券交易所认为应当采取限制交易措施的其他情形。

③限制交易措施的种类：禁止买入指定或者全部交易品种，但允许卖出；禁止卖出指定或者全部交易品种，但允许买入；禁止买入和卖出指定或者全部交易品种；深圳证券交易所认为应采取的其他限制交易措施。

④限制交易措施的时间：深圳证券交易所对投资者证券账户限制交易单次持续时间不超过 6 个月。情节特别严重的，深圳证券交易所可以决定延长限制交易的时间。

21.3 机构行为规范

为加强银行间债券市场自律管理，规范市场参与者相关交易行为，有效防范市场风险，促进银行间债券市场健康发展，2009 年 10 月 21 日，银行间交易商协会常务理事会审议通过了《银行间债券市场债券交易自律规则》，2013 年 6 月 27 日常务理事会对自律规则进行了修订。其中第三章对市场机构的行为规范做出了明确规定，主要内容如下。

21.3.1 交易原则

银行间债券市场参与机构应本着诚实守信、规范经营的原则从事银行间债券市场各类交易，自觉维护市场秩序，遵守职业道德，不得损害客户及其他市场参与者的正当权益，不得干预或影响市场交易。

市场参与者应遵循公平竞争的原则从事交易，恪守商业道德，杜绝恶性竞争行为。

市场参与者与关联方之间的交易应遵循商业原则，交易价格应不偏离市场公允价格。

21.3.2 交易资格

市场参与者应建立交易相关人员的资格管理制度，配备具有任职资格的交易相关人员。交易相关人员须按规定参加有关职业道德、市场纪律及市场相关业务知识等方面的培训,并达到培训要求。

目前,银行间本币交易员资格证是银行间债券市场交易员岗位的必备条件。同业拆借中心负责举办交易员上岗资格培训,培训课程包括本币市场政策法规、业务理论和系统操作实践等内容。培训结束后,学员须参加统一考试,成绩合格者可获得由同业拆借中心颁发的《银行间本币市场交易员资格证书》。

21.3.3 禁止事项

市场参与者发布的报价和进行的交易须以本机构真实交易需求或客户真实需求为基础,不得规避内部合规、外部监管要求而开展交易,不得误导或欺诈他人,不得进行虚假交易。

市场参与者任何一方不应在达成交易后单方面更改或者撤销交易约定,对于交易单方违约而给交易对手造成的损失应由违约方承担相应的赔偿责任。

市场参与者及交易相关人员不得进行内幕交易。内幕交易是指交易内幕信息的知情人或非法获取内幕信息的人利用内幕信息进行的相关交易。

市场参与者及交易相关人员不得通过价格操纵、交易量操纵等方式影响相关资产的价格水平,妨碍市场正常交易秩序,获取不正当利益。市场操纵的行为包括但不限于:①与他人串通,利用资金优势、持券优势进行连续虚假交易,以影响交易价格或者交易量;②以自身实际控制的账户为交易对手进行对倒交易,以影响交易价格或者交易量;③其他市场操纵的行为。

市场参与者及交易相关人员不得通过以下欺诈性的行为,获取不正当利益:①发布明显不合理或虚假的报价;②刻意编造、传播可能影响交易价格和交易对手判断的虚假和错误信息;③向客户或其他非专业性机构故意隐瞒相关风险;④其他误导和欺诈其他市场参与者的行为。

21.4 个人行为规范

21.4.1 个人行为规范主要内容

2014年8月,为加强银行间本币市场交易员的管理,同时规范交易员的执业行为,同业拆借中心公布了《银行间本币市场交易员管理办法(试行)》和《银行间本币市场交易员职业操守指引(试行)》。

《银行间本币市场交易员管理办法(试行)》主要从资格认证、年检、监督管理及罚则几个方面对交易员资格进行管理。《银行间本币市场交易员职业操守指引(试行)》则明确了在交易过程中交易员应具备的专业能力与职业素养、应遵守的交易规范及对其所服务的机构和客户的责任等。本币市场交易员个人行为规范主要内容如下。

21.4.1.1　交易资格

取得交易资格。在银行间本币市场交易成员中从事本币交易及相关业务的专业人员，应按照同业拆借中心的规定，参加本币市场交易员资格考试，取得银行间本币市场交易员资格。交易员资格申请人须由交易成员或符合资质要求的拟入市机构选送，且符合从事相关业务、学历、职业操守等相关要求。

年检。已经具有交易员资格的，应参加同业拆借中心每两年统一组织的年检。

21.4.1.2　专业能力与职业素养

专业知识与技能。交易人员应具备胜任岗位的基本能力与素质，敬业勤业，不断提高履职能力与专业水平。

合规性。交易员应熟知并严格遵守银行间本币市场相关法律法规和规章制度，接受监管机构、中介机构和自律组织的监督管理。

诚实信用。交易员应秉持诚实信用的交易原则，不得通过虚假陈述、违约、欺诈等不正当行为获取利益或扰乱市场。

市场用语。交易员应准确熟练地使用市场用语协商、确定交易相关要素。

赌博。交易员不得从事赌博等可能影响职业判断和职业表现的行为。

酒精、毒品及其他成瘾性物质的滥用。交易员不得使用毒品，不得酗酒及滥用其他任何具有成瘾性的物质。

21.4.1.3　交易规范

授权。交易员应当在授权允许的范围内进行交易，授权内容包括但不限于交易对手、交易品种、交易期限和交易额度。

交易对手。交易员与交易对手进行报价与交易，不得故意利用交易对手的明显错误赚取利润，不得随意更改或撤销已达成的交易约定（包括口头协定），对于因违约给对方造成的损失，应主动承担赔偿责任。

私下协议。交易员应向所服务机构完整披露交易合同信息，不得以个人名义与交易对手签署私下协议。

记录保存。交易员应配合所服务机构妥善保管电话录音、聊天记录、委托指令、补充协议等一切与所执行交易相关的证据性文件和资料。

保密原则。交易员应对所服务机构、代理客户及交易对手的相关交易信息履行保密义务，不得随意向第三方披露上述信息。

21.4.1.4　维护市场的诚信、公平和有序

独立判断。交易员应对自身交易行为的风险进行独立判断，有权拒绝执行违反法律法规或明显损害市场诚信、公平原则的指令。

审慎报价和交易。交易员应当审慎进行报价和交易，认真做好事前检查，确保交易

的可执行性,交易一旦达成,应全面履行交易合同。

内幕交易。交易员不得利用所掌握的对价格有重大影响的非公开信息从事交易活动,不得泄露该信息,或者利用该信息建议他人从事交易活动。

操纵或不当影响市场价格。交易员报价和交易应真实、有效,不得通过具有欺诈性或误导性的行为操纵或不当影响市场价格。

利益输送。交易员不得通过交易以及其他非法或不适当的途径向个人或第三方进行利益输送。

虚假信息。交易员不得编造、传播虚假信息扰乱市场秩序,不得在交易活动中做出虚假陈述或者进行信息误导。

21.4.1.5 对所服务机构的责任

忠诚尽责。交易员应忠诚于所服务机构,自觉遵守内部规章制度,充分运用专业知识和技能为机构创造价值,维护机构的利益和声誉。当机构利益与自身利益发生冲突的时候,应优先考虑维护机构利益。

额外报酬安排。交易员因向客户、其他机构等第三方提供服务而接受报酬,应以不违反所服务机构利益为基本前提,并向所服务机构报告。

离职。交易员离职应按照所服务机构的规定妥善交接工作,不得擅自带走所服务机构的工作资料和客户信息。离职后,仍应恪守诚信,保守原所在机构的商业秘密和客户隐私。

21.4.1.6 对客户的责任

忠于客户。代理客户进行交易的交易员应根据客户委托,自觉维护客户利益,当客户利益与机构利益、自身利益发生冲突的时候,应优先考虑维护客户利益。

勤勉尽职。代客交易员应恪守勤勉尽职原则,尽力向客户提供最优报价,充分运用自身的专业知识和技能执行客户的交易委托,采取必要措施避免遗漏与失误,切实履行应尽的服务责任。

风险提示。代客交易员应充分了解客户交易的真实意图和需求,并以有效的方式对客户进行风险提示,明确揭示所从事交易的特点、风险和法律关系,不得误导客户。

21.4.1.7 利益冲突

私人账户。交易员不得利用职务之便,以自己、配偶及亲属或其他可控制实体的名义开设私人账户进行交易以谋取不当利益。私人账户包括任何与自身有利益关联,或与所服务机构有利益冲突的交易账户。利用私人账户获取正当利益的,应及时向所服务机构进行披露。

经纪人的使用。交易员在使用经纪服务时应接受独立经纪人提供的报价、撮合成交服务,不得要求经纪人提供营业范围之外的服务,不得以明示或暗示的方式,要求经纪人提供违反其保密义务的信息。

兼职。交易员在两个及以上交易成员从事交易相关业务的,应向所服务机构进行全面披露，不得利用兼职岗位谋取不当利益。

娱乐活动、招待和礼品。交易员应当警惕不当或过度的娱乐活动、招待和礼品，在某些场合无法拒绝的，应主动向所服务机构报告。

21.4.2 交易员违规案例：法国兴业银行"魔鬼交易员"违规事件

2000年，杰尔姆·克维尔（Jerome Kerviel）加入法国兴业银行工作，最初几年他在银行中台管理部门工作，熟练掌握了公司风险控制的程序步骤。2007年起，克维尔开始从事欧洲股票市场指数的套利交易。根据套利交易规则，交易员必须对相似市场特征的投资组合反向操作以对冲风险。2008年年初，他在未经授权的情况下，做多欧洲股指期货。凭借在中台部门积累的经验和较高的电脑技术，他在系统中虚构反向交易隐藏违规头寸，逃避公司内部监控，导致公司实际持有的多头头寸高达500亿欧元。2008年1月18日，公司发现违规交易，要求紧急解除所有衍生品交易头寸。由于当时欧洲股市持续下跌，只能低价开展平仓操作，到1月24日轧平所有仓位时，法国兴业银行亏损高达49亿欧元。本次亏损事件后，法国兴业银行声誉受到了严重影响，本案也成为截至目前单笔涉案金额最大的交易员违规案件。

本章小结

中国人民银行是全国银行间债券市场的主管部门，同业拆借中心、中央结算公司和上海清算所负责全国银行间债券市场的日常监测与管理工作，银行间交易商协会负责加强自律管理，引导市场参与者规范交易行为。

债券登记、托管和结算业务遵循安全、高效的原则，采取全国统一的运营管理模式。中央结算公司和上海清算所是中国人民银行指定的银行间债券市场债券登记托管结算机构。

市场参与者之间的债券交易应当通过同业拆借中心交易系统达成，债券交易一旦达成，不可撤销和变更。中央结算公司和上海清算所不得为未通过同业拆借中心交易系统达成的债券交易办理结算。全国银行间债券市场参与者进行债券交易，应当采用券款对付结算方式办理债券结算和资金结算。其中，债券交易包括现券买卖、债券质押式回购、债券买断式回购、债券远期、债券借贷等。

银行间债券市场债券交易一线监测工作主要包括：分析相关政策对银行间债券市场的影响；研究建立债券交易结算风险预警指标体系；监测和了解市场债券交易行为，重点监测异常交易和违规交易行为，发现情况及时上报；汇总、整理和报送债券交易结算有关数据与信息。其中，异常交易是指成交价格大幅偏离市场公允价值、单笔报价或交易量远高于实际需求、交易双方或多方以虚增交易量为目的的对倒交易等行为；违规交易是指违反银行间债券市场相关管理规定或其他法律法规的行为。

重要术语

中国外汇交易中心暨全国银行间同业拆借中心　银行间市场清算所股份有限公司（上海清算所）　中央国债登记结算有限责任公司（中央结算公司）　中国银行间市场交易商协会

思考练习题

1. 中国人民银行、同业拆借中心、中央结算公司、上海清算所、银行间交易商协会在银行间债券市场管理和监测机制中如何分工？
2. 银行间债券市场债券交易一线监测工作主要包括哪些？
3. 机构行为规范主要有哪些内容？
4. 个人行为规范主要有哪些内容？

参考文献

[1] 全国银行间同业拆借中心，中央国债登记结算有限责任公司.银行间债券市场债券交易监测工作方案[Z].2009-9-21.
[2] 中国人民银行.全国银行间债券市场债券交易管理办法[Z].2000-4-30.
[3] 中国人民银行.银行间债券市场债券登记托管结算管理办法[Z].2009-3-26.
[4] 中国人民银行.中国人民银行公告〔2011〕第3号[Z].2011-4-9.
[5] 中国人民银行.中国人民银行公告〔2013〕第8号[Z].2013-7-2.
[6] 中国人民银行.中国人民银行公告〔2013〕第12号[Z].2013-8-27.
[7] 中国银行间市场交易商协会.银行间债券市场债券交易自律规则[Z].2014-4-28.
[8] 中国银行间市场交易商协会.中国银行间市场交易商协会会员管理规则[Z].2017-8-29.

相关网络链接

中国人民银行：http://www.pbc.gov.cn/
中国货币网：http://www.chinamoney.com.cn
上海清算所：http://www.shclearing.com/
中国债券信息网：http://www.chinabond.com.cn/
中国银行间市场交易商协会：http://www.nafmii.org.cn/

第 22 章
中国固定收益证券市场监管*

陈海华　胡施聪（中国建设银行）
屈庆（江海证券）
孙颢文（天风证券）

学习目标

通过本章的学习，读者应能够：
◎ 了解我国债券市场及其监管框架的发展历程；
◎ 掌握宏观审慎评估体系（MPA）的内容；
◎ 掌握我国债券市场监管框架的现状；
◎ 了解未来我国债券市场监管的改革方向。

■ 开篇导读

债券市场作为固定收益证券市场最重要的组成部分，监管框架最完善，监管理念最科学，因此，本章以债券市场作为对象，探讨我国固定收益市场的监管问题。我们先用一个简单的例子来说明债券市场的监管。中国石油天然气集团有限公司在银行间债券市场发行超短期融资券18中石油SCP001，银行间交易商协会对其进行注册制审批，保证发行文件的完备性。发行成功后，银行、保险、券商、基金、资管等金融机构及产品均可在银行间债券市场交易18中石油SCP001，不同机构和产品分别受到银保监会、证监会以及中国人民银行的监管。

---

* 本章由邓海清（中航基金）审校。

22.1 债券市场监管框架的演变

现代意义上的中国债券市场从 1981 年财政部恢复发行国债开始起步，1988 年开始试点国债流通转让；1990 年 12 月，上海证券交易所成立，集中竞价的场内债券市场出现；1997 年 6 月，银行间债券市场成立，从此，我国债券市场发展进入了快车道。债券市场各项创新产品不断涌现，债券品种和交易工具日益丰富，债券市场规模和债券交易量爆发式增长。截至 2017 年，我国债券市场存量共 75 万亿元，较 1997 年增加 112 倍；2017 年全年，债券市场现券交易量 99 万亿元，较 1997 年增长了 279 倍，债券市场的资金融通、资源配置作用愈发明显。伴随着我国债券市场的发展历程，债券市场监管框架也在不断发展和完善。

22.1.1 债券市场起步探索阶段的监管（1981—1997 年上半年）

1981 年 7 月，财政部重新发行国债，中国债券市场开始起步。1984 年开始，少量有融资需求的企业开始向社会或企业内部集资，开展类似企业债券融资的活动，这一行为既没有政府审批，也没有相应的法律法规规范，到 1986 年年底，约发行 100 亿元人民币企业债。为规范企业债券发行和管理，1987 年 3 月 27 日，国务院发布《企业债券管理暂行条例》，规定中国人民银行是企业债券的主管机关，企业发行债券必须经中国人民银行批准。中国人民银行审批债券发行的依据是其会同国家计委、财政部等部门拟订并下达各省、自治区、直辖市和计划单列市执行的企业债券发行的年控制额度。

20 世纪 80 年代中期，由于没有成型的债券交易机制和交易场所，债券不能进行转让和交易。随着发行规模的扩大，债券交易需求逐渐增强。1987 年 1 月 5 日，中国人民银行上海分行公布《证券公司柜台交易业务规范》，明确政府债券、金融债券、公司债券可以在经批准的金融机构办理柜台交易。1988 年，国家分两批在全国 61 个城市进行国债流通转让试点，初步形成国债的场外交易市场。1990 年年底，上海证券交易所、深圳证券交易所相继成立，初步形成债券的场内交易市场。这一阶段，我国形成了以国债为主体的债券二级交易市场，其中，交易所市场处于主导地位。

1993 年 8 月 2 日，国务院发布《企业债券管理条例》，废止《企业债券管理暂行条例》，规定中央企业发行企业债券由中国人民银行会同国家计委审批，地方企业发行企业债券由所属中国人民银行分行会同统计计划主管部门审批。《企业债券管理条例》在一定程度上明确了债券发行管理制度，但对一些创新产品的监管并没有明确。

1995 年，国家正式停止一切场外债券市场交易，债券交易全部转移到交易所进行，自此，债券场内交易就由证监会统一负责。

1997 年 3 月 25 日，国务院证券委员会制定并发布《可转换公司债券管理暂行办法》，规定上市公司和重点国有企业可以发行可转换公司债券，由中国证监会审批，这样部分债券的发行审批权就从《企业债券管理条例》规定的制度中剥离出来。

整体而言，从20世纪80年代到1997年上半年，是我国债券市场发展的起步阶段，债券市场监管还在不断摸索中前进，基础设施建设也存在缺陷，我国债券市场总体发展较为缓慢。

22.1.2 债券市场平稳发展阶段的监管（1997年下半年—2012年）

1997年上半年，伴随着股票市场的狂热，大量银行资金通过交易所债券回购等方式流入股市。针对这一情况，国务院统一部署，1997年6月5日，中国人民银行发布《关于各商业银行停止在证券交易所回购及现券交易的通知》。紧接着，1997年6月13日，中国人民银行发布《关于开办银行间国债现券交易的通知》，规定自1997年6月16日起，全国银行间同业拆借中心开办国债现券交易业务，交易成员必须经过中国人民银行的批准。至此，银行间债券市场正式成立，中国人民银行成为银行间债券市场的监管部门。

1998年11月，中国人民银行颁布了《政策性银行金融债券市场发行管理暂行规定》。

1999年，证券公司和基金公司获准进入银行间债券市场。同一年，国务院批复了中国人民银行报送的《关于企业债券改由国家计委审批的请示》，同意由国家计委统一负责企业债券发行总规模和发行审批，中国人民银行负责金融债券的发行审批，国家计委和中国人民银行在债券管理上的权力得到清楚划分。该阶段的企业债券管理体制带有浓厚的计划经济色彩，企业债券发行审批程序长，发行规模不大，发行主体以大型央企为主，银行担保进行信用增进，类似准政府债。

2000年，中国人民银行发布《全国银行间债券市场债券交易管理办法》，规范了银行间债券市场的交易行为，以防范市场风险，维护交易各方合法权益。

2003年，央行票据诞生，正式成为央行公开市场操作的常规工具，银行间债券市场产生质的飞跃。

2004年，国务院发布《关于推进资本市场改革开放和稳定发展的若干意见》，进一步提出要积极稳妥发展债券市场，鼓励符合条件的企业通过发行公司债券进行融资，得益于此，公司信用类债券市场取得快速发展。

2005年4月，经国务院同意，中国人民银行和银监会推出了《信贷资产证券化试点管理办法》。5月，中国人民银行颁布《短期融资券管理办法》。6月，银行间市场远期交易正式上线。8月，上海浦发银行在银行间债券市场公开发行普通金融债券，打破了由政策性银行发行金融债券的垄断局面。

2007年8月，中国证监会颁布《公司债券发行试点办法》，规定中国境内企业发行公司债券，需要中国证监会核准。同年9月，中国银行间市场交易商协会成立，标志着银行间债券市场自律管理体系得到重大发展。作为行政监管的一个重要补充，银行间交易商协会组织会员单位制定了一系列银行间市场自律管理规则，如《银行间债券市场债券交易自律规则》《银行间债券市场交易相关人员行为守则》《全国银行间债券市场做市商工作指引（修订稿）》《银行间市场金融衍生品交易内部风险管理指引》和《银行间市场信用风险缓释工具试点业务指引》等具体业务规则，并且对银行间债券市场非金融企业债务融资工具的发行条件、信息披露、中介服务等做出了具体规定，对于银行间市场的规范与创新起到了巨大的推动作用。

2008年1月，国家发改委颁布《关于推进企业债券市场发展、简化发行核准程序有关事项的通知》，简化了审批流程，放宽了发行条件。4月，中国人民银行颁布《银行间债券市场非金融企业债务融资工具管理办法》，明确规定由银行间交易商协会负责银行间债券市场非金融企业债务融资工具的注册、发行和交易管理，在短期融资券的基础上推出中期票据。同时，发行管理制度实行注册制改革，文件评议流程极大优化，发行注册时间大幅缩短，有力促进了我国直接融资市场的发展。2008年年底，国务院颁布《关于当前金融促进经济发展的若干意见》，进一步提出积极稳妥发展债券市场，开展中小企业短期融资券试点，推进上市商业银行进入交易所债券市场试点等。

2009年3月，中国银监会发布《关于加强商业银行债券投资风险管理的通知》，将债券资产纳入银行统一的信用风险管理体系，强调市场风险管理。6月，中国人民银行颁布《银行间债券市场债券登记托管结算管理办法》，规范银行间债券市场登记托管结算，对账户实名制、账户分类、登记托管结算机构职责详细约束。11月，上海清算所成立，为银行间市场提供中央对手方净额清算服务，为短期融资券、中期票据、存单、资产支持证券等多种创新金融产品提供登记托管和清算结算服务。

2010年8月，中国银监会发布《关于境外人民币清算行等三类机构运用人民币投资银行间债券市场试点有关事宜的通知》，允许境外部分金融机构在中国人民银行审批的额度内投资银行间债券市场。9月，修订《国际开发机构人民币债券发行管理暂行办法》，规定国际开发机构发行债券所筹集的资金，可以购汇汇出境外使用，但须经国家外管局批准，这是中国推动资本项目开放和人民币国际化的一项举措。同期，证监会、中国人民银行、银监会联合发布《关于上市商业银行在证券交易所参与债券交易试点有关问题的通知》，时隔13年银行再次获准进入交易所市场，但是交易平台仅限集中竞价交易系统。

2011年，国家发改委发布《关于进一步加强企业债券存续期监管工作有关问题的通知》，重点规范企业资产重组程序，加强债券资金用途监管。2012年，国家发改委发布《关于进一步强化企业债券风险防范管理有关问题的通知》，提高和规范了担保和评级行为，额外增加对发债企业资产负债率的要求。

整体而言，这段时期债券市场的监管环境较为宽松，各个监管部门出台了一系列文件，主要目的是促进管辖范围内金融机构业务的发展。随着债券市场的快速发展，相对滞后的监管政策难免顾此失彼，出现了一些风险因素，各项业务发展有待规范，债市监管政策有待收紧。

22.1.3 债券市场快速发展的严监管阶段（2013年至今）

2013年3月，银监会发布《关于规范商业银行理财业务投资运作有关问题的通知》，对非标资产定义和比例限额进行约束，严格规定资产池，成为理财市场规范化运作的一个里程碑规定。同年4月，银监会发布《关于加强2013年地方融资平台风险监管的指导意见》，将平台公司发行的企业债券纳入银行的平台公司风险暴露全口径考核。随后，中国债市监管风暴降临，严查丙类户、债券代持等涉嫌利益输送的违规违法行为。中国人民银行、银监会、证监会等监管机构要求各家金融机构限期自查，自查范围包括债券承销、债券交易等各个环节，检查重点包括交易价格偏离度和交易集中度。7月，中国人民银行发布〔2013〕第8号公告，取消债券结算线下交易，规定只能线上交易。8月，中国人民银行发布〔2013〕第12号公告，规定银行间债券市场结算方式统一为券款对付。9月，银行间交易商协会发布《非金融企业债务融资工具簿记建档发行规范指引》，短期融资券、中期票据发行机制更加透明。2013年年底证监会联合银监会发出《关于商业银行发行公司债券补充资本的指导意见》，支持商业银行开展资本工具创新，拓宽资本补充渠道。

2014年4月，国家发改委颁布《企业债券簿记建档发行业务指引（暂行）》和《企业债券招标发行业务指引（暂行）》，进一步规范企业债券发行。5月，"一行三会"联合发布《关于同业业务规范的通知》，规范同业业务中隐藏的"类信贷"资产及其资本和风险计提。经过此次债市监管风暴的"洗礼"，监管机构出台了一系列规范性文件，进一步加强对金融机构行为的约束。随后，2014年10月国务院发布了《关于加强地方政府性债务管理的意见》，加强地方政府性债务管理，促进国民经济持续健康发展，强调疏堵结合、分清责任、规范管理、防范风险和稳步推进。11月证监会发布《公司债券发行与交易管理办法》，进一步规范公司债券的发行、交易和转让行为，保护投资者的合法权益和社会公共利益。

为进一步完善宏观审慎评估体系框架，使之更有弹性、更加全面、更有效地发挥逆周期调节和防范系统性风险的作用，2016年中国人民银行将差别准备金动态调整机制"升级"为宏观审慎评估体系（Macro Prudential Assessment，MPA）。MPA对以商业银行为代表的金融机构进行资本和杠杆、资产负债、流动性、定价行为、资产质量、外债风险以及信贷政策执行等7个方面的考核。MPA考核的重点在于把监管的关注点从以往的狭义贷款转向广义贷款，除了通俗意义上的贷款，还将债权投资、股权及其他投资、买入返售资产、存放非存款类金融机构款项余额等纳入其中。相较于原有考核制度，MPA体系考核内容更为全面，加强了对银行的资本约束和风险管理，对银行的资产腾挪、资产配置和发展模式都带来重大影响。中国人民银行充分利用货币政策和宏观审慎管理的双支柱框架，不断丰富MPA体系的内容，力求实现MPA的全口径管理。2017年一季度，首次将表外理财纳入MPA中的广义信贷指标考核；2018年一季度，首次将资产规模在5 000亿元以上的银行发行的1年以内同业存单纳入MPA中的同业负债指标考核。

MPA包含7个大类指标，共计14个具体指标（见表22-1）。在所有的MPA考核项目中，与债券市场关系最为密切的有两项：一是广义信贷增速，二是资本充足率。其中，宏观审慎资本充足率是评估体系的核心，拥有一票否决权。资本水平是金融机构增强损失吸收能力的重要途径，资产扩张必然要受资本约束，这也是MPA考核的主要压力。

表 22-1 MPA 评估指标简介

大类指标	具体指标及分值
1. 资本和杠杆	资本充足率（80分）；杠杆率（20分）
2. 资产负债	广义信贷（60分）；委托贷款（15分）；同业负债（25分）
3. 流动性	流动性覆盖率（40分）；净稳定资金比率（40分）；遵守准备金制度情况（20分）
4. 定价行为	利率定价（100分）
5. 资产质量	不良贷款率（50分）；拨备覆盖率（50分）
6. 外债风险	外债风险加权余额（100分）
7. 信贷政策执行	信贷执行情况（70分）；央行资金运用情况（30分）

2017年金融监管再度发力，在金融周期进入下行通道的过程中，一行三会针对于深化金融改革和加强金融监管出台了一系列文件，进一步推动实体经济的发展。在五年一次的第五次全国金融工作会议上围绕服务实体经济、防控金融风险、深化金融改革"三位一体"的金融工作主题做出了重大部署，其中针对货币和债券市场提出，要推动经济去杠杆，坚定执行稳健的货币政策，处理好稳增长、调结构、控总量的关系；各级地方党委和政府要树立正确政绩观，严控地方政府债务增量，终身问责，倒查责任。在十九大会议召开后，在认真学习宣传贯彻党的十九大精神的指导下，周小川行长发表了《守住不发生系统性金融风险的底线》，文章指出，股市、债市、衍生品和各类金融市场基础设施等"四梁八柱"都已搭建完成，市场容量位列世界前茅。当前存贷汇、债券交易等传统业务合规稳健，与改革开放初期金融业存在的账外经营、挪用客户资金、乱集资等混乱局面已不可同日而语，金融业已发展到了更高层次的市场准入，以及更广泛参与国际国内金融市场的阶段。总体看，我国的金融形势是好的，但当前和今后一个时期我国金融领域尚处在风险易发高发期，一是宏观层面的金融高杠杆率和流动性风险，二是微观层面的金融机构信用风险，三是跨市场跨业态跨区域的影子银行和违法犯罪风险。对于债市，要积极发展债券市场，扩大债券融资规模，丰富债券市场品种，统一监管标准，更好满足不同企业的发债融资需求。2017年3月底开始，银监会发布一系列监管文件，严查"三违反、三套利、四不当、十乱象"等，掀起一场监管风暴，重点整治银行同业、理财、表外和资管业务等风险点突出的领域。证监会作为金融监管的重要一环，也发布了一系列针对债券市场的监管文件，参与到监管风暴当中。由于该轮监管整治力度前所未有，监管成效显著：杠杆回落明显，通道业务呈现断崖式下跌，金融脱虚向实，同业、非标、委外业务全面收缩等，助力我国金融市场在深化金融改革的过程中不断优化，不断完善，形成在有效监管下健康发展的债券市场。2017年12月，一行三会联合发布《关于规范债券市场参与者债券交易业务的通知》，内容主要涉及行业合规管理、债券代持业务、债券杠杆率等方面。

2018年4月底，中国人民银行、银保监会、证监会和外汇局联合颁布《关于规范金融机构资产管理业务的指导意见》（以下简称《资管新规》）。《资管新规》是大资管领域跨行业的纲领性文件，意在通过严格限制期限错配、多层嵌套，整治通道业务和资金池业务，鼓励净值化，打破刚性兑付，达到防范化解金融风险的目的。

专栏 22-1

《关于规范债券市场参与者债券交易业务的通知》解读

2017年12月,一行三会联合发布《关于规范债券市场参与者债券交易业务的通知》(银发〔2017〕302号,以下简称"302号文"),内容主要涉及行业合规管理、债券代持业务、债券杠杆率等方面。自发布日起实施,过渡期为1年。

过去,大资管行业缺乏统一有效的监管,监管套利、操作不规范等现象频发,随着金融双支柱理念的提出,以及加强金融监管、防控风险的进一步深入,相关的监管条例在监管范围、监管细节方面也有了进一步的提升。302号文作为国务院金融稳定发展委员会(简称"金稳委")成立之后一行三会首次发布的正式统一监管文件,在一定程度上反映了未来监管方向的变化。由于范围广、交叉性强而存在监管疏漏的分业业务,未来将面临更加严格、统一的监管。

行业合规管理。针对各类债券市场参与者,302号文要求机构健全内部控制体系,全程风险控制留痕,包括风险隔离制度的建设、各类风险指标的设置等,严禁利益输送、线下交易、"抽屉协议"、变相交易等违规行为。同时,针对监管机构,302号文也进一步明确了其职责所在:"各金融监管部门加强对所管理的金融机构及其他债券市场参与者内控制度建设、债券交易规范、杠杆比率审慎水平的监督检查,并依法对有关违法违规行为进行处罚。"

行业的合规管理作为管理的基本要求,给出了风险管理的模板,从根本上规定了机构应当建立和遵守的准则,上至宏观层面的内部控制、风险管理,下至线下交易、"抽屉协议"等方面,均对机构经营做了规范。同时,在机构自查监督的基础上,进一步明确了各监管机构的职责范围,同时要求各机构之间加强沟通,从行为主体至监督主体的缜密部署,对于风险的发生形成了有效防控。

债券代持业务。302号文要求代持业务纳入资产负债表内进行核算,规定"除债券发行分销期间的代申购、代缴款业务外,所有约定由他人暂时持有但最终须购回或者为他人暂时持有但最终须反售的债券交易,均属于买断式回购",同时要求买断式回购的正回购方将相关债券按自有债券入表并计算相应监管资本、风险准备等风控指标。

代持和表外杠杆业务存在的主要目的就是规避监管,通过高杠杆的方式运作流动性较差的资产,使得系统性风险陡增而在资产负债表中却没有反映,金融风险在不断累积但难以被及时发现和控制。代持业务的回表填补了之前缺少监管的地带,使得原本的业务不再符合监管要求,倒逼金融机构主动调整和优化相关资产配置。代持业务的回表反映了金融监管的进一步深化,它主要针对场外、表外等监管的薄弱环节,填补过去没有相应监管措施领域的漏洞。同时,代持业务的回表也是经济去杠杆的操作之一,它取缔了原本变相加杠杆的灰色地带,促进了金融市场的规范性、可测性以及透明度,有效控制为他人规避内控监管以及优化报表等不当行为,解决了出表业务存在的监管套利问题,使真实的杠杆情况得以准确计量。代持业务纳入资产负债表后,会受到各类风险控制指标的约束,表内数据对于经济情况的反映也更加精确,有助于监管当局更有效地控制市场风险,进行监督和控制,制定相应的政策。

债券杠杆率水平。302号文中以金融机构债券正回购资金余额或逆回购资金余额(不包含与央行进行的债券回购)与某一时点净资产或总资产的比值作为指标,针对不同类型机构提出了不同的杠杆率标准。其中,银行自营、非银自营、保险自营、公募产品、私募产品的杠杆率标准分别为80%(上季度末净资产)、120%(上月末净资产)、20%(上季度末总资产)、40%(货币20%,封闭100%,上一日净资产)、100%(上一日净资产)。若超出上限,需要向监管机构进行报告。

通过对各类金融机构的杠杆率水平进行统一要求,杠杆比率得到了有效的监控,控制了机构逐利而不顾风险追加杠杆、过度融资的行为,利于监管机构及时掌握和控制市场风险,也是监管去杠杆过程的进一步深化。预计市场将经历从被动去杠杆到主动去杠杆的过程,在这个过程中,追逐高风险、高杠杆的机构会逐步缩减,市场的整体风险有所下降,整体向市场稳健方向发展。

总体来说,监管处于趋紧状态,政策落地频繁且逐步细化,针对性越来越强。随着302号文等相关文件的出台,市场监管从合规性、透明度、可操作性等方面均有了实质性地提高。进一步去除了扰乱金融市场的隐含风险,通过措施将相应的场外、表外资产等薄弱环节纳入管理,实现风险的即时可监控性,对于维护金融市场的稳定、促进金融市场的发展具有深远影响。

22.2 债券市场监管框架现状

我国债券市场监管框架随着债券市场的发展不断演变与完善。目前,我国债券市场的监管框架形成多头监管格局,涉及国家发改委、财政部、中国人民银行、银保监会、证监会等多个部门。对债券市场的监管体系可以分为债券发行监管、挂牌交易和信息披露监管、清算结算和托管监管、市场参与主体的监管以及评级机构等相关服务机构的监管等,机构监管和职能监管相互交织。

债券发行监管方面,目前我国按照产品发行主体、发行品种和发行市场三个维度对债券产品发行实行多头监管。中国人民银行履行市场宏观审慎监管的职能,两会(银保监会和证监会)履行机构监管的职能,其中,银保监会负责对商业银行、保险公司等参与债券市场的监管,证监会负责对证券公司、基金公司等参与债券市场的监管。国家发改委负责对企业债券进行审批,证监会负责公司债的发行审批以及对交易所债券市场进行监管,财政部负责国债和地方债的发行监管。此外,银行间交易商协会作为场外市场的新型自律组织,负责对银行间债券市场进行自律管理。

债券挂牌交易和信息披露主要通过交易所进行自律监管,交易场所主要包括交易所市场、银行间市场和柜台市场,其相应的主管机关主要是证监会、中国人民银行和银保监会。

债券清算、结算和托管监管主要通过清算、结算和托管机构完成,主要有中证登、上海清算所和中央结算公司,其相应的主管机构是证监会、中国人民银行、银保监会和财政部。

评级机构监管方面,评级资质由不同监管部门认可。评级机构具体开展业务的时候,根据债券类型需要相应的债券准入监管机构批准。

22.2.1 银行间债券市场的监管

22.2.1.1 中国人民银行对银行间债券市场的监管

银行间债券市场自诞生以来，中国人民银行始终履行法律赋予的职责，会同相关部门和业界，按照市场化方向，推动中国债券市场的发展。《中华人民共和国中国人民银行法》第二条、第三条规定，中国人民银行的主要职责包括"在国务院领导下，制定和执行货币政策，防范和化解金融风险，维护金融稳定"。第四条规定，中国人民银行"监督管理银行间同业拆借市场和银行间债券市场"。作为我国银行间债券市场和商业银行柜台市场的监管部门，中国人民银行的监管职能主要包括如下几个方面。

第一，负责银行间债券市场发行管理，并且具体对政策性金融债券、金融债券等进行发行核准。按照中国人民银行颁布的《全国银行间债券市场金融债券发行管理办法》的规定，金融债券的发行由中国人民银行进行监督管理：金融债券的发行实行核准制，未经中国人民银行核准，任何金融机构不得擅自发行金融债券。此外，在《银行间债券市场非金融企业债务融资工具管理办法》出台前，非金融企业债务融资工具的发行监管由中国人民银行按照《短期融资券管理办法》的规定进行备案。《银行间债券市场非金融企业债务融资工具管理办法》颁布后，对于市场有客观需求、市场参与主体自主研发的各类创新产品采用由交易商协会注册的方式进行发行管理，标志着银行间债券市场管理方式的重大转变。

第二，负责监管银行间二级市场运行。为规范银行间债券二级市场运行，提高债券二级市场效率，中国人民银行发布了《全国银行间债券市场交易管理办法》《全国银行间债券市场债券流通交易审核规则》等一系列管理规定，并建立了银行间债券市场做市商制度、结算代理人制度、货币经纪制度。这些制度办法的出台，规范了银行间债券二级市场，也活跃了市场交易。与此同时，中国人民银行也对银行间债券二级市场进行日常的管理，包括市场参与者准入管理，做市商、结算代理人、货币经纪公司的准入和退出管理，并负责对市场参与者的债券交易、托管结算等违规行为进行处罚，维护市场正常秩序。

第三，负责对市场基础设施类机构的监管。除对银行间债券市场进行直接管理外，中国人民银行在各种重要和规范性文件中对各类型中介机构的职责加以明确。作为同业拆借中心、中央结算公司和上海清算所的业务主管部门，中国人民银行组织、指导三家机构向市场提供交易、结算服务。授予中介机构债券市场日常监测职能，并要求其将监测过程中的日常交易情况及时上报中国人民银行，同时抄送银行间交易商协会，确保市场规范、平稳运行。

22.2.1.2 银行间交易商协会对银行间债券市场的自律管理

银行间交易商协会作为银行间债券市场的行业自律组织，依据《银行间债券市场非金融企业债务融资工具管理办法》及中国人民银行相关规定，对债务融资工具的发行及交易实施自律管理。银行间交易商协会制定相关自律管理规则，报中国人民银行备案。

银行间交易商协会每月向中国人民银行报告非金融企业债务融资工具注册发行情况、自律管理工作情况、市场运行情况及自律管理规则执行情况。与此同时，银行间交易商协会高度重视二级市场交易自律管理，先后组织市场成员制定并发布了《银行间债券市场债券交易自律规则》《银行间债券市场交易相关人员行为规范》等一系列自律规范性文件。

银行间交易商协会自成立以来，积极开展自律管理工作，充分发挥了贴近市场、密切联系市场主体的优势，对以中国人民银行为主的债券市场行政监管起到了很好的补充作用。

第一，有利于加强市场自律管理，营造良好的市场发展环境。建立和完善符合OTC市场规律和特点的自律管理体系，在相当程度上可以为市场的健康发展提供保障，可以通过自律组织的自律管理和会员的诚信守法、合规经营，营造一个公平、公开、公正和诚信自律的市场环境。

第二，有利于促进市场和政府的双向沟通，有效维护投资者权益，有力促进市场发展。自律组织既是市场参与者的民意代表，又在与政府部门的沟通方面具有一定的优势，紧密联系市场和政府，在促进二者有效双向沟通方面能够发挥桥梁和纽带作用。具体来说，市场自律组织既可向市场宣传政府部门的相关政策，又可向立法机构、政府部门反映市场情况以及会员的意见和呼声，充分发挥沟通会员与立法机构、政府部门之间，以及协调会员之间的关系的作用。

第三，有利于促进市场专业化水平的提高，可以通过组织会员加强银行间市场业务方面的交易和培训，提高从业人员的整体素质，促进市场参与者专业化水平的提高。

表22-2总结了银行间债券市场的主要债券品种及相应的发行主体和监管机构。

表22-2 银行间债券市场交易品种

债券品种	发行主体	监管机构
记账式国债	中央政府	中国人民银行、财政部
地方政府债	地方政府	中国人民银行、财政部
政策性金融债券	政策性银行	中国人民银行、银保监会
商业银行债	商业银行	中国人民银行、银保监会
同业存单	商业银行	中国人民银行、银保监会
非银行金融机构债券	非银行金融机构	中国人民银行、银保监会、证监会
中短期票据	非金融企业	中国人民银行（银行间交易商协会）
企业债券	非金融企业	中国人民银行、发改委
非公开定向债务融资工具	非金融企业	中国人民银行（银行间交易商协会）
资产支持证券/票据	银行、企业	中国人民银行、银保监会

22.2.2 交易所债券市场的监管

22.2.2.1 中国证监会对交易所债券市场的监管

中国证监会是交易所债券市场的全方位监管部门，主要负责公司债券的发行审批以及对交易所债券市场进行监管，具体监管可转换债券、证券公司债券和国务院确定由证监会负责的债券及其他证券的发行、上市、交易、托管和结算，严格把控一级市场和二级市场的动态。具体来说，证监会在其管辖范围内，监管证券投资基金活动，批准企业债券的上市，监管上市国债和企业债券的交易活动，重点打击包括操纵市场、非法经营、违法违规、违法减持和短线交易等不正当行为，依法对违法违规行为进行调查、处罚。近年来证监会更是不断发布新法规、文件通知等，例如《中国证监会关于开展创新创业公司债券试点的指导意见》《中国证监会关于支持绿色债券发展的指导意见》等，紧跟金融创新的步伐，及时填补市场监管空白，严打操纵市场、非法经营、违法违规、违法减持和短线交易等行为，整治金融乱象，防范风险，开辟监管新格局。

具体到与债券密切相关的监管部门，证监会发行监管部主要负责发行可转换公司债券的规则、实施细则，审核上市公司在境内可转换公司债券的申请文件并监管其发行上市活动。市场监管部主要是拟订监管通过交易所市场进行的债券交易、结算、登记、托管的规则、实施细则。另外，市场监管部还组织实施证券交易与结算风险管理，收集整理分析证券市场基础统计资料，分析境内外证券交易行情，监管境内证券市场的信息传播活动，协调指导证券市场交易违规行为监控工作。

对于公司债券，证监会专门设立了公司债券监管部。公司债券监管部主要负责拟订监管债券市场的规则、实施细则，审核债券市场的自律管理规则。针对债券发行方面，公司债券监管部主要的任务是审核公司债券公开发行并监管相关发行上市活动，监管公司债券非公开发行和转让活动，拟订资产证券化产品发行上市交易的监管规则、实施细则并监管其发行上市活动。另外，公司债券监管部还负责协调指导证券自律组织的债券业务，审核证券资信评级机构从事债券业务的资格，监管证券中介和服务机构的债券业务活动，监测债券市场运行，负责债券市场风险处置工作，协调债券市场统一监管执法，负责债券市场部际协调工作等。

表22-3总结了上海证券交易所的主要债券品种及相应的发行主体和监管机构。

表22-3 上海证券交易所交易品种

债券品种	发行主体	监管机构
记账式国债	中央政府	财政部、证监会
地方政府债	地方政府	财政部、证监会
金融债券	国家开发银行（上海证券交易所）	中国人民银行
企业债券	中央政府所属机构、国有独资企业、国有控股企业	国家发改委
公司债券	有限责任公司/股份有限公司	证监会
非公开发行公司债	有限责任公司/股份有限公司	证监会

(续表)

债券品种	发行主体	监管机构
可转换公司债券	上市公司	中国人民银行、证监会
分离交易可转债	上市公司	中国人民银行、证监会
可交换公司债券	上市公司股东	证监会
中小企业私募债	符合工信部《关于印发中小企业划型标准规定的通知》的未上市非房地产、金融类的有限责任公司或股份有限公司	证券交易所
次级债	上海证券交易所中主要是证券公司	银保监会、中国人民银行
企业资产/信贷资产支持证券	企业	证监会

资料来源：上海证券交易所。

22.2.2.2.2 一级市场的监管

中国证监会是交易所债券市场的全方位监管部门，主要负责上市公司发行的公司债券和可转换债券，发行债券必须报国务院证券监督管理机构核准。国务院证券监督管理机构或国务院授权的部门对已做出核准债券发行的决定，发现不符合法定条件或法定程序，尚未发行债券的，应当予以撤销，停止发行。已经发行尚未上市的，撤销发行核准决定，发行人应当按照发行价并加算银行同期存款利息返还债券持有人；保荐人应当与发行人承担连带责任，但是能够证明自己没有过错的除外；发行人的控股股东、实际控制人有过错的，应当与发行人承担连带责任。[①]

2007年证监会发布了《公司债券发行试点办法》，在进行修订后，于2015年1月正式发布《公司债券发行与交易管理办法》，进一步规范了公司债券的发行与交易，保护了投资者合法权益和社会公共利益。对于公司债券发行，其重点在于核准制。《公司债券发行与交易管理办法》第二十一条指出：中国证监会受理申请文件后，依法审核公开发行公司债券的申请，自受理发行申请文件之日起3个月内，做出是否核准的决定，并出具相关文件。发行申请核准后，公司债券发行结束前，发行人发生重大事项，导致可能不再符合发行条件的，应当暂缓或者暂停发行，并及时报告证监会。影响发行条件的，应当重新履行核准程序。承销机构应当勤勉履行核查义务，发现发行人存在上述规定情形的，应当立即停止承销，并督促发行人及时履行报告义务。第二十二条指出：公开发行公司债券，可以申请一次核准，分期发行。自证监会核准发行之日起，发行人应当在12个月内完成首期发行，剩余数量应当在24个月内发行完毕。公开发行公司债券的募集说明书自最后签署之日起6个月内有效。采用分期发行方式的，发行人应当在后续发行中及时披露更新后的债券募集说明书，并在每期发行完成后5个工作日内报证监会备案。[②]

2013年年底证监会联合银监会发出《关于商业银行发行公司债券补充资本的指导意

---

① 条例出自《证券法》。
② 条例出自《公司债券发行与交易管理办法》。

见》，支持商业银行开展资本工具创新，拓宽资本补充渠道。进入2017年监管大年，证监会就债券发行过程中工作人员履职回避相关管理提出新的要求。2017年1月14日，证监会发布了《关于加强发行审核工作人员履职回避管理的规定（2017年修订）》和《关于加强发审委委员履职回避管理的规定（2017年修订）》两项重要文件，旨在对发行审核工作进一步明确风险管理，保障发行审核工作的公平、公正。审核工作人员应当严格遵守《公务员法》《公务员回避规定（试行）》《中国证监会工作人员任职回避和公务回避规定（试行）》和《中国证监会工作人员行为准则》等规定中有关任职和公务回避的要求。

此外，证监会在2017年先后发布了《中国证监会关于支持绿色债券发展的指导意见》和《中国证监会关于开展创新创业公司债券试点的指导意见》。绿色债券方面，重点在于支持节能、污染防治、资源节约与循环利用、清洁交通、清洁能源、生态保护和适应气候变化等绿色产业；重点支持发行主体包括长期专注于绿色产业的成熟企业、在绿色产业领域具有领先技术或独特优势的潜力企业、致力于中长期绿色产业发展的政府和社会资本合作项目的企业以及具有投资我国绿色产业项目计划或致力于推动我国绿色产业发展的国际金融组织或跨国公司。开展创新创业公司债券试点方面，牢固树立和贯彻落实新发展理念，加快实施创新驱动发展战略，充分发挥交易所债券市场支持高科技成长性企业发展、服务实体经济的积极作用，努力探索适合创新创业企业发展的债券市场服务支持新模式。

表22-4对近年一级市场监管的重要文件进行了总结。

表22-4 近年一级市场监管的重要文件

文件	公布时间	具体内容
2017年1月14日	《关于加强发行审核工作人员履职回避管理的规定（2017年修订）》	为保障发行审核工作的公平、公正，进一步加强履职回避管理
2017年1月14日	《关于加强发审委委员履职回避管理的规定（2017年修订）》	发审委委员在参与发行审核工作时，应当严格遵守《发审委办法》中有关履职回避的基本要求
2017年1月17日	《国务院关于扩大对外开放积极利用外资若干措施的通知》	为深入贯彻落实《中共中央国务院关于构建开放型经济新体制的若干意见》，进一步积极利用外资，营造优良营商环境，继续深化简政放权、放管结合、优化服务改革，降低制度性交易成本，实现互利共赢
2017年3月2日	《中国证监会关于支持绿色债券发展的指导意见》	为全面贯彻落实《中共中央国务院关于加快推进生态文明建设的意见》和《关于构建绿色金融体系的指导意见》精神，坚持创新、协调、绿色、开放、共享的发展理念，引导证券交易所债券市场进一步服务绿色产业健康有序发展，助推我国经济发展方式转变和经济结构转型升级，就证券交易所发展绿色公司债券的有关事项，提出指导意见
2017年7月4日	《中国证监会关于开展创新创业公司债券试点的指导意见》	为落实国家创新驱动发展战略，完善债券市场服务实体经济模式，支持创新创业，就上海证券交易所、深圳证券交易所开展创新创业公司债券试点提出指导意见

(续表)

文件	公布时间	具体内容
2017年8月30日	中国人民银行公告〔2010〕第12号	自2017年9月1日起，金融机构不得新发行期限超过1年（不含）的同业存单，此前已发行的1年期（不含）以上同业存单可继续存续至到期
2017年9月8日	《关于修改〈证券发行与承销管理办法〉的决定》	《证券发行与承销管理办法》根据本决定作相应的修改并对条文顺序作相应调整，重新公布
2018年4月12日	《关于证券公司短期融资券管理有关事项的通知》	进一步规范证券公司短期融资券管理，加强了发行要求
2019年11月29日	《信用评级业务管理暂行办法》	文件明确央行为信用评级行业主管业务部门，发改委、财政部、证监会为业务管理部门，并明确评级行业自律组织的自律权限。文件确认了信用评级业务的统一监管体系，进一步细化评级程序与评级业务规范，并新增违法惩戒细则，加大了对各类违规行为的处罚力度
2019年12月13日	《关于规范公司债券发行有关事项的通知》	文件中最值得关注的是明确发行人不得在发行环节直接或者间接认购自己发行的债券，并要求发行人加强信息披露、主承强化核查工作，旨在进一步规范公司债券发行业务，维护债券市场正常秩序，保护投资者合法权益，促进债券市场健康稳定发展
2019年12月20日	《公司信用类债券信息披露管理办法（征求意见稿）》	为推动公司信用类债券信息披露规则统一，完善公司信用类债券信息披露制度，维护市场秩序，三部门联合起草该办法，明确企业债券、公司债券、非金融企业债务融资工具的信息披露原则和要求等
2020年3月1日	《关于公开发行公司债券实施注册制有关事项的通知》	公司债券公开发行实行注册制，并明确由证券交易所负责受理、审核
2020年5月22日	《关于开展公开发行短期公司债券试点有关事项的通知》	明确公开发行短期公司债券的期限为1年及以下，并简化了对发行人在评级、备案程序、信息披露等方面的要求

资料来源：证监会、银保监会、中国人民银行网站。

22.2.2.3 二级市场的监管

二级市场监管方面，证监会主要负责对交易所债券市场的监管。《证券法》规定，公开发行的股票、公司债券及其他证券，应当在依法设立的证券交易所上市交易或者在国务院批准的其他证券交易场所转让。证券公司根据投资者的委托，按照证券交易规则提出交易申报，参与证券交易所场内的集中交易，并根据成交结果承担相应的清算交收责任。证券登记结算机构根据成交结果，按照清算交收规则，与证券公司进行证券和资金的清算交收，并为证券公司客户办理证券的登记过户手续。在此过程中，证监会对于交易行为是实施全方位监控的。

2009年1月，证监会联合银监会发表了《关于开展上市商业银行在证券交易所参与债券交易试点有关问题的通知》，就开展上市商业银行在证券交易所参与债券交易有关问题做了进一步明确的规定：银监会和证监会将建立联席监管制度，对商业银行在证券交易所的债券交易行为进行全方位的监管；在取得试点经验后，银监会和证监会将在完善相关制度的基础上，逐步扩大参与证券交易所债券交易的商业银行范围，以及扩大商业银行在证券交易所从事相关债券业务的范围。

随后，2009年6月银监会发布了《中国银监会关于上市商业银行在证券交易所参与债券交易试点有关事宜的通知》，对上述文件做了进一步的补充，突出了交易风险的管理与防范，强调在证券交易所参与债券交易试点的上市商业银行的交易所债券交易风险管理应严格遵循《中国银监会关于建立银行业金融机构市场风险管理计量参考基准的通知》《中国银监会办公厅关于加强商业银行债券投资风险管理的通知》及相关法律法规的规定。

2010年9月30日，证监会再次联合中国人民银行、银监会发布《关于上市商业银行在证券交易所参与债券交易试点有关问题的通知》，对上市商业银行在交易所债券交易试点工作做补充申明。

2016年，证监会对于风险管控指标和交易结算系统核心技术指标做出了详细规定，规范市场行为，强化风险管控。

2017年11月17日，证监会发布《证券交易所管理办法》，再一次明确证券交易所的职能是维护市场的公平、有序、透明，同时指出证券交易所可以根据证券市场发展的需要，推动交易品种和交易方式的创新，尤其是还涉及了联网等方式的品种，这是在债券不断开拓创新中对于交易所的新的要求。在风险方面，提出证券交易所应当建立风险管理和风险监测机制，依法监测、监控、预警并防范市场风险，维护证券市场安全稳定运行。此外，证券交易所应当和其他交易所、登记结算机构、行业协会等证券期货业组织建立资源共享、相互配合的长效合作机制。

2018年，证监会出台了《外商投资证券公司管理办法》，落实党的十九大关于"大幅度放宽市场准入，扩大服务业对外开放"的决策部署，明确外商投资证券公司的设立条件和程序，进一步开放债券市场。

表22-5对近年二级市场监管的重要文件进行了总结。

表22-5　近年二级市场监管的重要文件

公布时间	文件	具体内容
2016年6月16日	《证券公司风险控制指标计算标准规定》	为充分反映和有效防范证券公司风险，根据市场状况，制定风险计算规定
2016年7月14日	《证券期货经营机构私募资产管理业务运作管理暂行规定》	为进一步加强对证券期货经营机构私募资产管理业务的监管，规范市场行为，强化风险管控
2016年7月20日	《资本市场交易结算系统核心技术指标》	规范统一资本市场核心机构的交易结算系统核心技术指标，有助于有效衡量资本市场核心机构信息系统建设水平和促进信息系统不断完善发展，对于支持资本市场的改革创新和对外开放、提升我国资本市场核心机构的竞争力具有十分重要的意义

（续表）

公布时间	文件	具体内容
2017年3月28日	《关于开展银行业"监管套利、空转套利、关联套利"专项治理工作的通知》	针对当前各银行业金融机构同业业务、投资业务、理财业务等跨市场、跨行业交叉性金融业务中存在的杠杆高、嵌套多、链条长、套利多等问题开展的专项治理
2017年6月6日	《证券公司和证券投资基金管理公司合规管理办法》	为促进证券公司和证券投资基金管理公司加强内部合规管理，实现持续规范发展，根据《中华人民共和国公司法》《中华人民共和国证券法》《中华人民共和国证券投资基金法》和《证券公司监督管理条例》制定本办法
2017年7月6日	《关于修改〈证券公司分类监管规定〉的决定》	决定对《证券公司分类监管规定》做出修改
2017年9月5日	《中国证监会关于证券投资基金估值业务的指导意见》	为规范证券投资基金，更好地保护基金份额持有人的合法权益，就基金估值业务和份额净值计价提出指导意见
2017年11月17日	《证券交易所管理办法》	为加强对证券交易所的管理，促进证券交易所依法全面履行一线监管职能和服务职能，维护证券市场的正常秩序，保护投资者的合法权益，促进证券市场的健康稳定发展，根据《中华人民共和国证券法》制定本办法
2017年12月6日	《商业银行流动性风险管理办法（修订征求意见稿）》	为加强商业银行流动性风险管理，维护银行体系安全稳健运行，根据《中华人民共和国银行业监督管理法》《中华人民共和国商业银行法》《中华人民共和国外资银行管理条例》等法律法规制定本办法
2017年12月28日	《资本市场主体全面实施新审计报告相关准则有关事项的公告》	面向公众投资者公开发行债券的公司，其财务报表审计业务，应于2018年1月1日起执行新审计报告相关准则
2018年1月5日	《关于规范债券市场参与者债券交易业务的通知》	督促市场参与者加强内控和风险管理，规范债券市场参与者债券交易业务。对债券交易机制、内控机制、参与者行为进行了规范
2018年4月27日	《关于规范金融机构资产管理业务的指导意见》	坚持严控风险的底线思维，坚持服务实体经济的根本目标，坚持宏观审慎管理与微观审慎监管相结合的监管理念，坚持有的放矢的问题导向，坚持积极稳妥审慎推进的基本思路，全面覆盖、统一规制各类金融机构的资产管理业务，实行公平的市场准入和监管，最大程度地消除监管套利空间，切实保护金融消费者合法权益
2018年4月28日	《外商投资证券公司管理办法》	为适应证券市场对外开放的需要，加强和完善对外商投资证券公司的监督管理，明确外商投资证券公司的设立条件和程序，根据《中华人民共和国公司法》和《中华人民共和国证券法》有关规定制定本办法
2019年5月20日	《关于做好开放式债券指数证券投资基金创新试点工作的通知》	监管拟推出以跨市场债券品种为投资标的，可在交易所上市交易或在银行间市场协议转让的债券指数公募基金，意在推动债券市场互联互通，也有助于满足境内外投资者投资债券指数型产品的需求

(续表)

公布时间	文件	具体内容
2019年5月24日	《关于为上市期间特定债券提供转让结算服务有关事项的通知》	证监会指导沪深交易所推出违约债券转让机制，对违约债券等特定债券的转让、结算、投资者适当性、信息披露等事项做出安排。特定债券仅安排在上海证券交易所固定收益证券综合电子平台上进行转让；特定债券的转让以全价报价，并实施逐笔全额结算，登记结算机构将不再提供应计利息数据等
2019年8月6日	《关于银行在证券交易所参与债券交易有关问题的通知》	明确政策性银行和国家开发银行、国有大型商业银行、股份制商业银行、城市商业银行、在华外资银行、境内上市的其他银行在依法合规、风险可控、商业可持续的前提下，可以在证券交易所参与债券现券的竞价交易。同时指出银行参与证券交易所债券交易涉及的证券账户开立、债券登记、存管、托管及结算业务，由中国证券登记结算有限责任公司依照法律和规则办理
2020年1月15日	《关于银行参与交易所债券交易结算有关事项的通知》	进一步扩大了在证券交易所参与债券交易的银行范围，并规定了银行可参与的交易品种

资料来源：证监会、银保监会、中国人民银行网站。

22.2.3 柜台市场的监管

我国债券市场柜台业务是指金融机构通过营业网点、电子渠道等方式为投资者开立账户、分销债券、开展债券交易提供服务，并相应办理债券托管与结算、质押登记、代理本息兑付、提供查询等。

银行间债券市场柜台业务主要由中国人民银行监管。根据《全国银行间债券市场柜台业务管理办法》，对于银行间债券市场柜台业务，中国人民银行及其分支机构可以对开办机构、同业拆借中心和债券登记托管结算机构就柜台业务进行现场或非现场检查。同业拆借中心、债券登记托管结算机构应当按照中国人民银行有关规定，加强柜台业务的监测、统计和分析，定期向中国人民银行提交柜台业务统计分析报告并抄送银行间交易商协会；同时制定柜台业务细则并规范数据交换，向中国人民银行备案后实施。银行间交易商协会就柜台业务制定主协议文本和具体指引，对投资者适当性管理、开办机构的柜台业务报价、投资者保护、信息披露等行为提出自律要求、进行自律管理并开展定期评估，向中国人民银行报告定期评估。

证券公司柜台交易业务主要由证监会监管。根据《证券公司柜台市场管理办法（试行）》，柜台市场发行、销售与转让的产品包括"证券公司及其子公司以非公开募集方式设立或者承销的资产管理计划、公司债务融资工具等产品"。2012年12月10日，证监会同意中国证券业协会在遵循"限定私募、先行起步"基本原则的基础上，开展柜台市场试点工作。2012年12月21日，中国证券业协会发布了《证券公司柜台交易业务规范》，正式启动试点工作。此后，中国证券业协会又先后发布了备案管理、代码管理、衍生品交易及风险管理、投资者适当性管理等十余项自律规则，建立健全证券公司柜台市场自律规则。2014年，中国证券业协会出台《证券公司柜台市场管理办法（试行）》，对柜台市场的交易范围、券商的义务以禁止性条款进行了界定，并且明确证券公司应当接受中国证券业协会的自律管理。同时，中国证券业协会委托中证资本市场发展监测中心有限责任公司建立机构间私募产品报价与服务系统，为柜台市场提供互联互通服务，旨在打造一个包括券商柜台、区域性股权交易中心等在内的私募产品发行、报价和转让市场，与主板、新三板互补，推进多层次资本市场建设。此外，可以通过机构间私募产品报价与服务系统对柜台市场的运行进行监测监控，及时掌握柜台市场运行情况，防范风险。2014年，中国证券业协会发布《机构间私募产品报价与服务系统管理办法（试行）》，对机构间私募产品报价与服务系统的参与人、报价、发行与转让、账户、登记与结算、信息披露与展示等进行管理规范，并制定业务管理的监管细则。值得指出的是，《证券公司柜台市场管理办法（试行）》和《机构间私募产品报价与服务系统管理办法（试行）》两份文件允许证券公司直接创设或承销私募产品，并按规定事后备案，无须向中国证券业协会申请创新业务（产品）专业评价，报价系统可以为其创设或承销的私募产品提供发行、销售、转让等服务，证券期货经营机构参与人可以自行办理登记、托管、结算等业务。这标志着券商柜台市场业务转常规，"无审批即备案"也是最大程度简政放权，增加了券商产品创新空间，极大地推动了证券公司柜台市场的发展。

22.2.4　跨银行间和交易所债券品种的监管

22.2.4.1　国家发改委对企业债券的发行监管

我国自20世纪80年代中期发展资本市场以来，全民所有制企业按照《企业债券管理暂行条例》发行企业债券。此后的《企业债券管理条例》也延续了企业债券的用语。按照《企业债券管理条例》的规定，1998年之前中央企业发行企业债券，由中国人民银行会同国家计划委员会审批；地方企业发行企业债券，由人民银行省、自治区、直辖市、计划单列市分行会同同级计划主管部门审批。1998年之后，中国人民银行退出了企业债券发行监管，由国家发改委监管发行。

2008年，《国家发改委关于推进企业债券市场发展、简化发行核准程序有关事项的通知》明确指出，企业债券是企业按照法定程序公开发行并约定在一定期限内还本付息的有价证券，包括按照《公司法》设立的公司发行的公司债券和其他企业发行的企业债券，上市公司发行的公司债券按照其他有关规定执行。此外，企业债券发行核准程序相应改革，将先核定规模、后核准发行两个环节简化为直接核准发行一个环节。

国家发改委批准发行的企业债券可以在银行间市场和交易所市场挂牌交易。企业债券的发行由证券经营机构承销，并采用核准制。企业债券核准环节较多：第一，就申报程序而言，中央直接管理企业的申报材料直接申报；国务院行业管理部门所属企业的申报材料由行业管理部门转报；地方企业的申请材料由所在省、自治区、直辖市、计划单列市发展改革部门转报。第二，就核准时间而言，自受理申请之日起3个月内（发行人及主承销商根据反馈意见补充和修改申报材料的时间除外），国家发改委做出核准或者不予核准的决定。第三，就会签部门而言，企业债券在获取发行批文前，需要就发行利率区间、承销机构资格等分别会签中国人民银行和证监会。

22.2.4.2 财政部对国债和地方债的发行监管

财政部、中国人民银行、证监会、银保监会等部门均参与国债市场的管理。而财政部作为国债的发行体，主要进行政府债券的发行管理工作，并不涉及国债和地方债二级市场的监管。国债和地方债的交易以银行间债券市场为主体、交易所和商业银行柜台市场并存。国债在银行间债券市场交易由中国人民银行监管并托管于中央国债登记结算有限责任公司；国债在交易所市场交易由证监会监管并托管于中国证券登记结算公司；记账式国债在商业银行柜台交易由中国人民银行监管并实行两级托管制度，中央国债登记结算有限责任公司为中国人民银行指定的债券一级托管人，承办银行为债券二级托管人。财政部发行的国债和地方政府发行的地方政府债券可以在银行间和交易所市场进行挂牌交易。

专栏 22-2

地方政府债务监管

党中央、国务院高度重视地方政府债务管理和风险防控工作，2017 年以来尤其重视隐性债务的风险，强调有效规范地方政府举债融资，坚决遏制隐性债务增量。2017 年 7 月 28 日，国务院常务会议要求，各地要落实属地责任，堵住"后门"，坚决遏制违法违规举债；同时要求开好"前门"，支持地方政府合法合规举债融资，加大对易地扶贫搬迁、深度贫困地区基础设施建设等的支持。本专栏将就地方政府债务"堵后门，开前门"过程以及近年来对地方政府债务的监管进行介绍。

自 1994 年分税制改革以来，地方政府举债融资机制不断发展和完善，地方政府债务的发展历程主要分为以下几个阶段。

一、地方财政收支缺口扩大

1994 年分税制改革以后，地方财政收入占全国财政收入比例为 44%—55%，而地方财政支出占全国财政支出比例为 65%—85%，2007—2016 年，两者差值均在 30% 以上，并且转移支付无法弥补地方政府的收支缺口，也无法满足政绩推动下的融资需求。但地方政府融资渠道却并不顺畅，1995 年实施的《预算法》第二十八条规定"除法律和国务院另有规定外地方政府不得发行地方政府债券"。另外地方政府为贷款提供担保和直接向商业银行借款，也都受到其他相关法规的限制。

二、地方政府设立融资平台公司

面对日益扩大的财政收支缺口以及大规模的投资需求，地方政府纷纷设立融资平台弥补资金缺口。融资平台公司是由地方政府及其部门和机构等通过财政拨款或注入土地、股权等资产设立，从事政府指定或委托的公益性或准公益性项目的融资、投资、建设和运营，拥有独立法人资格的经济实体。地方政府借用融资平台以贷款、债券、信托等形式进行融资，形成大量的隐性债务。

三、试点发行地方政府债券

1. 代发代还地方政府债券阶段

2009年，为解决地方政府配套资金来源，国务院特批，由财政部代理发行和偿还地方政府债券。

2. 自发代还地方政府债券阶段

2010—2013年，国务院在上海、浙江、广东、深圳、江苏和山东等部分省市试点，由各省市自行发行地方政府债券，由财政部代办还本付息。

四、建立规范的地方政府举债融资机制

十八大以来，按照党中央、国务院决策部署，财政部会同有关部门依法加快建立规范的地方政府举债融资机制，基本形成覆盖地方政府债务管理各个环节的"闭环"风险防控体系。

1. 完善法律制度框架

2014年8月31日通过的新《预算法》允许地方政府通过发行地方政府债券举借债务，并在举债主体、规模、方式、资金用途、列入预算等方面做了详细的规定。2014年9月21日，国务院印发《关于加强地方政府性债务管理的意见》，建立地方政府债务管理的法律制度框架，赋予地方政府依法适度举债权限，其中核心要点包括地方政府通过政府债券方式依法适度举债，明确划清政府与企业界限，剥离融资平台政府融资职能，地方政府不得违法提供担保，妥善处理存量债务等。

2. 实行地方政府债务限额管理和预算管理

自2015年起，国务院每年提请全国人大或全国人大常委会审议批准地方政府债务限额。政府债务分类纳入一般公共预算和政府性基金预算管理，政府和社会资本合作项目中的财政补贴等支出按性质纳入相应政府预算管理。

五、清理甄别认定存量地方政府债务

截至2014年年末，存量地方政府负有偿还责任的债务（即通常所说的存量地方政府债务）余额为15.4万亿元，包括银行贷款、企业债券、供应商应付款、金融机构融资以及其他债务等；地方政府负有担保责任和可能承担一定救助责任的债务为8.6万亿元。除此以外的存量债务不再认定为地方政府债务。

六、规范化发行地方政府债券

1. 发行新增地方政府债券

经全国人大批准，2015年、2016年、2017年分别安排新增地方政府债务限额6 000亿元、11 800亿元、16 300亿元。

2. 发行地方政府债券置换存量地方政府债务

2015—2017年累计发行地方政府置换债券10.9万亿元，2017年年底尚未置换的非政府债券形式政府债务为1.73万亿元，2018年年底，已基本完成地方债务置换工作。

3. 推进地方政府专项债券改革

2017年，财政部印发土地储备、政府收费公路专项债券管理办法（财预〔2017〕62号和97号），试点发行项目收益与融资自求平衡的专项债券品种，开好规范举债的"前门"。

七、堵住隐性债务的"后门",开好规范举债的"前门"

2017年年底以来,财政部完善监管政策(财预〔2017〕50号和87号),严禁借政府投资基金、政府和社会资本合作、政府购买服务等名义变相举债;多省市开始清理整改违法违规融资担保问题,并组织开展政府性债务清理核查工作,对新增政府隐性债务实行问题倒查、终身问责。

根据2017年年底审计署网站发布的《财政部关于坚决制止地方政府违法违规举债遏制隐性债务增量情况的报告》,对属于堵"后门"的隐性债务,坚持中央不救助原则,做到"谁家的孩子谁抱",坚决打消地方政府认为中央政府会"买单"的"幻觉";同时要求,开好地方政府规范举债融资的"前门",适度增加地方政府债务限额。

2018年7月23日,国务院常务会议提出引导金融机构按照市场化原则保障融资平台公司合理融资需求,对必要的在建项目要避免资金断供、工程烂尾。2018年8月14日,财政部发布《关于做好地方政府专项债券发行工作的意见》,要求加快专项债券发行进度,各地至9月底累计完成新增专项债券发行比例原则上不得低于80%。同时,要求提升专项债券发行市场化水平、优化债券发行程序、简化债券信息披露流程、加快专项债券资金拨付使用、加强债券信息报送。

22.2.5 市场参与主体的监管

我国债券市场参与主体多种多样。发行方面,债券发行主体包括财政部、中国人民银行、地方政府、政策性银行、商业银行、财务公司等非银行金融机构、证券公司、非金融企业或公司等。投资交易方面,投资主体包括政策性银行等特殊机构、商业银行、信用社、邮储银行、证券公司、保险公司、基金(含社保基金)、非金融机构等机构投资者和个人投资者等。

22.2.5.1 银保监会对商业银行的监管

商业银行一直以来都是债券市场的主要参与者,其既可以通过发行同业存单、次级债等债务融资工具影响债券市场的供给,又可以通过对国债、政策性金融债、同业存单等各类债券的投资与交易影响债券市场的需求。银保监会根据授权,统一监督管理商业银行、政策性银行、信托公司、农村合作金融机构、金融资产管理公司、金融租赁公司、企业集团财务公司、汽车金融公司和货币经纪公司等金融机构。

(1)银保监会对商业银行发行债券的监管

商业银行发行的债券属于商业银行金融债,主要分为普通债、次级债和资本混合债等。根据《中国人民银行、中国银行业监督管理委员会公告》(〔2004〕第4号)及其附件(《商业银行次级债券发行管理办法》),中国人民银行和银保监会依法对次级债券发行进行监督管理。银保监会负责对商业银行发行次级债券资格进行审查,并对次级债券计入附属资本的方式进行监督管理;中国人民银行对次级债券在银行间债券市场的发行和交易进行监督管理。商业银行发行次级债券应分别向银保监会、中国人民银行提交申请并报送有关文件。此外,《信贷资产证券化试点管理办法》对商业银行信贷资产证券化业务也进行了监管规范。

(2)银保监会对商业银行参与债券投资交易的监管

债券投资一直是商业银行除贷款等以外的主要资产配置渠道。根据中国人民银行、银保监会、证监会联合发布的《全国银行间债券市场债券交易管理办法》,目前我国境内设立的商业银行在满足相关规定下可以于全国银行间债券市场从事债券交易业务。银保监会还出台了《中国银监会办公厅关于加强商业银行债券投资风险管理的通知》《中国银监会关于外商独资银行、中外合资银行在银行间债券市场交易及承销非金融企业债务融资工具有关事项的通知》《关于外资银行开展债券担保业务有关事项的意见》等一系列文件规范和监管商业银行债券投资交易行为。为加强商业银行债券投资风险管理,《中国银监会办公厅关于加强商业银行债券投资风险管理的通知》要求商业银行科学制订投资指引,明确相关职责权限,对债券实行风险分类管理,重点关注高风险债券,并对债券投资的信用风险、市场风险及流动性管理等内容提出了具体要求。

22.2.5.2 银保监会对保险公司的监管

(1)银保监会对保险公司发行债券的监管

保险公司可以发行普通债、次级债和资本补充债券等。目前,保险公司所发行债券以次级债为主。依据《保险公司次级定期债务管理办法》(中国保监会令2011年第2号,2011年10月6日公布,2013年3月15日修订,以下简称《办法》),银保监会主要从五方面对保险公司次级债进行监管。第一,在募集环节,《办法》对保险公司募集次级债的申请条件、募集规模和募集对象等做出了规定。第二,在募集资金的使用上,为了防止募集人滥用募集资金,《办法》规定,募集人应当对次级债募集的资金实施专户管理,严格按照可行性研究报告中募集资金的用途和次级债管理方案使用募集资金。第三,在次级债的偿还方面,为了保障被保险人的利益,《办法》规定,保险公司只有在确保偿还次级债本息后偿付能力充足率不低于100%的前提下,才能偿付本息。第四,在信息披露上,《办法》要求募集人应当制作招募说明书、定期报告、重大事项公告和其他信息披露文件。第五,对于违反《办法》规定的保险公司,银保监会可以根据情况采取3年内不再受理该保险公司的次级债募集申请、对保险公司实施接管等监管措施。

(2)银保监会对保险公司参与债券投资交易的监管

为规范保险资金投资债券行为,改善资产配置,保监会制定了《保险资金投资债券暂行办法》,对保险资金投资债券市场的资质条件、保险资金投资政府债券、准政府债券和企业债券、公司债券等不同债券品种的资质条件以及相应的投资规范、风险控制做出规定。对于保险资金可投资债券的信用评级机构的规定,由银保监会另行制定。为保险资金投资债券提供服务的投资管理、资产托管、证券经营等机构,应当接受银保监会有关保险资金投资债券的质询,并报告相关情况。保险公司应当按照有关规定,通过保险资产管理监管信息系统及银保监会规定的其他方式,及时向银保监会报送相关信息。保险公司投资债券、专业投资管理机构受托投资债券,违反法律、行政法规规定的,银保监会将依据有关法规,对相关机构和人员予以处罚。

22.2.5.3 证监会对证券公司、基金公司的监管

（1）证监会对证券公司发行债券的监管

证券公司可以发行普通债、次级债，其中，在银行间市场发行的次级债为金融债。证券公司发行金融债，除受中国人民银行监管外，还受证监会监管。根据《证券公司次级债管理规定》，证券公司在银行间市场发行次级债，应事先经证监会认可，并遵守银行间市场的相关规定。证监会及其派出机构对证券公司借入或发行次级债进行批准。其中，证监会对证券公司申请发行次级债事项做出核准或不予核准的书面决定，证监会派出机构对证券公司申请次级债务借入、展期、偿还、利率调整等事项做出核准或不予核准的书面决定。同时，证监会及其派出机构负责对证券公司次级债存续期间的日常监管，对违反规定及相关监管要求的，责令其及时改正，并依法采取监管措施。

（2）证监会对证券公司、基金机构参与债券投资交易的监管

证券公司、基金管理公司及其子公司（以下统称"证券基金经营机构"）可以通过证券自营、资产管理（含公募与私募基金）、投资顾问等业务进行债券投资和交易。2017年，"一行两会"联合发布《关于规范债券市场参与者债券交易业务的通知》，主要从规范债券代持行为、对各类金融机构和非法人产品设定债券正逆回购的余额限制等方面，进一步推进金融机构去杠杆。同时，证监会也发布了该通知的配套文件——《关于进一步加强证券基金经营机构债券交易监管的通知》，从强化内部合规风控机制、加强业务管理和人员管理、统一规范各类债券交易等方面对证券基金经营机构参与债券交易做出进一步细化规范。2016年12月，国海证券爆发"萝卜章"事件，原债券业务负责人以国海证券名义在外开展债券代持交易，暴露出部分机构对离职人员的离职信息更新不及时、印章使用管理不严等问题。《关于进一步加强证券基金经营机构债券交易监管的通知》中对用印管理等也提出相应的监管要求。

（3）证监会对自营业务的监管

对于证券公司自营业务，证监会出台《关于证券公司证券自营业务投资范围及有关事项的规定》，对证券公司自营业务做出规范与监管要求。证券公司可将自有资金投资于依法公开发行的国债、投资级公司债、货币市场基金、央行票据等证监会认可的风险较低、流动性较强的证券，或者委托其他证券公司或基金管理公司进行证券投资管理。证券公司自营业务许可、注册资本要求需遵循《证券法》的相关规定，净资本要求需遵循《证券公司风险控制指标管理办法》，同时，需遵循《证券业务范围审批暂行规定》的其他相关要求。

（4）证监会对资产管理业务的监管

针对证券公司资产管理业务，证监会出台《证券公司客户资产管理业务管理办法》《证券公司集合资产管理业务实施细则》《关于修改〈证券公司集合资产管理业务实施细则〉的决定》等一系列管理规定。修订后的实施细则从备案程序、业务规则、风险管理与内部控制等方面对证券公司的资产管理业务做出监管要求。证监会依据法律、行政法规、管理办法和实施细则的规定，监督管理证券公司集合资产管理业务活动，证券交易所、证券登记结算机构、中国证券业协会依法对证券公司集合资产管理业务活动进行

自律管理和行业指导。集合计划存续期间，发生对集合计划持续运营、客户利益、资产净值产生重大影响的事件，证券公司应当按照集合资产管理合同约定的方式及时向客户披露，并向住所地、资产管理分公司所在地证监会派出机构及中国证券业协会报告。证监会及其派出机构依法履行对集合资产管理业务的监管职责，加强对包括集合计划适当销售及公平交易制度执行情况等的非现场检查和现场检查，有权依法对证券公司违法违规行为做出处罚。证券公司发现违法违规行为需及时报告证券公司住所地、资产管理分公司所在地证监会派出机构及中国证券业协会。针对基金公司资产管理业务，证监会于2012年出台《基金管理公司特定客户资产管理业务试点办法》，对基金管理公司的业务规范、管理人责任以及日常监管细则予以规范。

22.2.6 其他相关服务机构监管

我国债券市场还包括众多的服务机构。信用评级机构为信用债的发行提供评级服务，其评级资质根据债券类型需要相应的债券准入监管机构批准。前台交易端，外汇交易中心、上海证券交易所、深圳证券交易所为债券市场主要的交易场所，并承担债券交易的日常监测职能。后台清算、结算和托管端，中国证券登记结算有限责任公司、中央国债登记结算有限公司和上海清算所提供债券清算、结算和托管服务，并对债券交易进行日常监测，向监管部门进行报备。目前，我国债券市场基本实现了前台成交、债券登记、托管、清算和结算集中化的管理，相应的机构包括外汇交易中心、中国证券登记结算有限责任公司、中央国债登记结算有限公司和上海清算所。

22.2.6.1 外汇交易中心监管

外汇交易中心是债券市场的前台交易端。银行间债券市场的交易主要在外汇交易中心达成，场内债券市场交易主要在上海证券交易所、深圳证券交易所达成，外汇交易中心、上海证券交易所和深圳证券交易所主要负责对前台异常交易行为进行监控。

中国外汇交易中心暨全国银行间同业拆借中心（简称"交易中心"）于1994年4月18日成立，是中国人民银行总行直属事业单位。主要职能包括：为银行间货币市场、债券市场、外汇市场的现货及衍生产品提供交易、交易后处理、信息、基准、培训等服务；承担市场交易的日常监测工作；为中央银行货币政策操作、传导提供服务；根据中国人民银行的授权，发布人民币汇率中间价、上海银行间同业拆放利率（SHIBOR）、贷款基础利率（LPR）、人民币参考汇率、CFETS人民币汇率指数等；提供业务相关的信息、查询、咨询、培训服务；经中国人民银行批准的其他业务。

交易中心作为银行间债券市场的主要交易场所，承担日常监测、规范信息披露和使用行为等监管职能。《中国外汇交易中心暨全国银行间同业拆借中心信息披露及使用管理办法》要求信息披露机构应落实专人负责信息披露事务，信息披露文件应通过中国货币网自助披露平台提交，由交易中心负责根据相关信息披露规则对信息披露文件进行形式审核，并对披露信息的使用管理做出规定，未经交易中心书面授权，用户不得将获取的信息以任何目的、方式向其他机构或个人传播。

此外，交易中心旗下设有中国货币网，主要为市场提供公告通知、行情信息、市场统计与信息披露，是市场成员熟悉政策法规、获取市场信息、交流业务经验的重要渠道。同时，中国货币网也为未联网的金融机构提供报价和备案服务，为监管机构提供监管所需的信息服务。

上海证券交易所和深圳证券交易所的监管职能与交易中心相似，主要负责对交易所市场债券前台异常交易行为进行监控，并向监管机构报备。

22.2.6.2 清算结算和托管监管

债券市场后台清算结算和托管端由三家机构负责。银行间债券市场由中债登和上海清算所负责，国债、金融债券、企业债券等债券主要托管在中债登，短期融资券、中期票据、同业存单、衍生品等创新金融产品托管在上海清算所。交易所债券市场结算由中证登负责。中债登受财政部、中国人民银行、国家发改委、银保监会等多个机构共同监管，是为全国债券市场提供国债、金融债券、企业债券和其他固定收益证券的登记、托管、交易结算等服务的金融机构。上海清算所是经财政部、中国人民银行批准成立的专业清算机构，受中国人民银行监管，其主要业务包括清算、结算、交割、保证金管理、抵押品管理、信息服务等。总的来说，中央结算公司和上海清算所都需要为投资者开立账户、登记备案，并对后端异常交易行为进行监控。中证登的主管部门是证监会，受证监会监管，上海证券交易所、深圳证券交易所是公司的两个股东，各持50%的股份。中证登承接了原来隶属于上海证券交易所和深圳证券交易所的全部登记结算业务。具体来说，上海证券交易所后台的登记托管结算由中证登上海分公司负责，深圳证券交易所由中证登深圳分公司负责。如表22-6所示，这三大系统存在较大差异，在制度、技术上都未能实现有效连接。对跨市场金融机构来说，虽然没有跨市场交易的限制，但若要在银行间债券市场和交易所债券市场进行投资和交易，则必须同时在中债登、上海清算所和中证登同时开户。

此外，托管银行也为旗下产品的交易行为进行监控，对出现异常的债券交易行为进行披露并向监管机构报备。

表 22-6 债券清算结算和托管机构

清算结算和托管机构	监管机构	主要清算结算和托管品种
中证登	证监会	公司债券、可转债、分离型可转债
中债登	中国人民银行、财政部、发改委、银保监会	政府债券（记账式国债、储蓄国债、地方政府债）、央行票据、政策性银行债、政府支持机构债、商业银行债（普通债、次级债、混合资本债）、资本工具、非银行金融机构债、企业债券、资产支持证券、国际机构债（熊猫债）
上海清算所	中国人民银行	信用风险缓释凭证、超短期融资券、定向发行、中小企业集合票据、非金融企业资产支持票据、信贷资产支持证券、中期票据、同业存单、项目收益票据、证券公司短期融资券、金融资产管理公司债、熊猫债

22.2.6.3 信用评级机构的监管

目前，国内信用评级机构还没有统一的准入标准，评级机构的评级资质由不同监管部门认可。评级机构具体开展业务的时候，根据债券类型需要相应的债券准入监管机构批准。银行间债市评级资质由中国人民银行和银行间交易商协会认可，交易所债市评级资质由证监会认可，企业债券评级资质由发改委认可。在债市发展早期，多头监管竞争产生的鲶鱼效应有利于带动整个市场活跃和发展，但随着债市制度规范逐步普及、发展成熟，债市标准不一致会带来市场流动性下降、监管套利等问题。

为加强对信用评级行业统一监管，推进债券互联互通，2018年9月4日，中国人民银行和证监会联合发布2018年第14号公告（以下简称《公告》），要求逐步统一银行间债券市场和交易所债券市场评级业务资质，加强对信用评级机构监管和监管信息共享。

（1）评级业务资质逐步统一

对于已经在银行间债券市场或交易所债券市场开展评级业务的信用评级机构，可申请在交易所债券市场或银行间债券市场同时开展评级业务。中国人民银行、证监会、银行间交易商协会将设立绿色通道实现信用评级机构信用评级业务的资质互认。对于拟同时开展银行间债券市场和交易所债券市场业务的信用评级机构，其境内法人机构及分支机构开展业务前，应当在所在地中国人民银行省会（首府）城市中心支行以上分支机构备案后，向证监会和交易商协会提交申请，中国人民银行、证监会、银行间交易商协会将协同审核或注册。

表22-7列出了国内主要信用评级机构及其监管部门。

表22-7 国内主要信用评级机构及其监管部门

信用评级机构	监管部门		
	发改委	证监会	中国人民银行
大公国际资信评估有限公司	√	√	√
东方金诚国际信用评估有限公司	√	√	√
上海新世纪资信评估投资服务有限公司	√	√	√
鹏元资信评估有限公司	√	√	
联合资信评级有限公司	√		√
中诚信国际信用评级有限公司	√		√
中诚信证券评估有限公司		√	
联合信用评级有限公司		√	
上海远东资信评估有限公司		√	
中债资信评估有限责任公司			√

资料来源：各公司公告。

注：2018年8月17日，大公国际因违规行为，被银行间交易商协会责令限期整改，并暂停债务融资工具市场相关业务一年，证监会也责令其限期整改一年，整改期间不得承接新的证券评级业务。

（2）评级机构的监督管理

中国人民银行及其分支机构、证监会及其派出机构有权对开展债券市场评级业务的信用评级机构，通过现场及非现场等方式进行监督检查，银行间交易商协会和中国证券业协会有权对信用评级机构开展自律调查，必要时可以对信用评级机构进行联合调查。对违反法律法规或监管规定的，中国人民银行及其分支机构、证监会及其派出机构依法给予处罚；违反自律规则的，相关自律组织依法给予自律处分。

（3）监管信息共享

中国人民银行、证监会及相关自律组织建立健全评级监管及自律管理信息共享机制，并就信用评级机构日常管理、检查结果、行政处罚和自律处分等信息进行共享。

22.3 债券市场监管改革方向

随着我国金融行业的快速发展，债券市场的分割使得债券市场常常面临多头监管的问题，不同债券市场在准入、信息披露、存续期管理方面的差异逐渐暴露出弊端，债券市场互联互通已成为监管当局关注的重点。国务院金融稳定发展委员会已经提出了建立统一管理和协调发展的债券市场的期望。中国人民银行、银保监会和证监会一直在不断积极探索，相互协调合作，并且已有显著成果，尤其是 2017 年多份重磅文件的落地，对于市场上的金融乱象起到了严厉的打击作用。2018 年 9 月，中国人民银行、证监会联合发布 2018 年第 14 号公告，旨在推动银行间和交易所两大债券市场评级业务资质的逐步统一，强化两个市场统一监管和处罚。这是监管提高效率、不断优化的重要一步，可以进一步促进债券交易市场的互通性、交易性、活跃性。但在不断完善监管的过程中，仍存在一些亟须解决的问题有待思考和探索。

首先是监管模式的探究。在金融业迅速发展扩大的背景下，原本的分业监管已经无法满足金融市场的要求，原有的一行三会体制存在监管职责不够清晰、交叉监管和监管空白等问题，都成了监管改革的关注点。2017 年的全国金融工作会议上宣布设立了国务院金融稳定发展委员会，2018 年 3 月 13 日，国务院机构改革方案提请十三届全国人大一次会议审议，根据方案，组建中国银行保险监督管理委员会，不再保留银监会、保监会，这是打破旧框架、开启新监管模式的重要一步。合并银监会、保监会是因两者在多方面具有相近性，是监管资源优化、提高监管效率的重要举措，保留证监会是考虑到其本身具有特殊性，尤其是在信息披露真实性和投资者保护等方面。但新的监管框架是否就是与我国国情最优匹配的监管模式，尚需要时间和市场的检验。未来要坚持不断深化改革，补齐监管短板，推进构建符合我国国情的现代金融监管框架。

其次是金融创新与监管的冲突。在金融自由化过程中，金融创新尤其是互联网金融的迅猛发展使得监管出现多处空白，金融脆弱性迅速扩张。对于证券市场来说，跨行业和跨市场产品、监管套利、多层嵌套等都是需要填补的监管漏洞。2018 年《关于规范金融机构资产管理业务的指导意见》发布，打破刚性兑付、防范流动性和期限错配风险、去杠杆、去嵌套、去通道等规定让市场迎来了全方位监管时代。监管和创新可以并行，监管的滞后性需要尽力弥补，健全金融监管体系，守住不发生系统性金融风险的底线，是监管需要努力前进的方向。

本章小结

1981—1997年上半年是我国债券市场监管制度起步探索阶段，交易以场内交易为主，1995年后场外交易一度被禁止，债券交易由证监会统一负责。

1997年下半年—2012年是我国债券市场平稳发展阶段，由中国人民银行监管的银行间债券市场正式成立。这段时期债券市场的监管环境较为宽松，各个监管部门出台了一系列文件，主要目的是促进管辖范围内金融机构业务的发展，但监管政策相对滞后，滋生了一些灰色地带和风险因素。

2013年债券市场开始进入严监管时代。银监会发布《关于规范商业银行理财业务投资运作有关问题的通知》，对非标资产定义和比例限额进行约束，严格规定资产池，成为理财市场规范化运作的一个里程碑规定。

中国人民银行自2016年一季度起实行宏观审慎评估体系（MPA），对以商业银行为代表的金融机构进行资本和杠杆、资产负债、流动性、定价行为、资产质量、外债风险以及信贷政策执行等7个方面的考核。MPA包含7个大类指标，共计14个具体指标。在所有MPA考核项目中，与债券市场关系最为密切的有两项：一是广义信贷增速，二是资本充足率。其中，宏观审慎资本充足率是评估体系的核心，拥有一票否决权，资本水平是金融机构增强损失吸收能力的重要途径，资产扩张必然要受资本约束，这也是MPA考核的主要压力。

我国债券市场的监管框架涉及国家发改委、财政部、中国人民银行、银保监会、证监会等多个部门，具体按照监管内容和债券品种加以区分。

当前"一委一行两会"的新框架是开启我国金融新监管模式的重要一步，要坚持不断深化改革，补齐监管短板，推进构建符合我国国情的现代金融监管框架，不断完善我国的债券监管体系。

重要术语

宏观审慎评估体系　机构监管　场外交易市场

思考练习题

1. 请阐述我国债券市场及其监管框架的演变过程。
2. 自1997年6月16日起，全国银行间同业拆借中心开办国债现券交易业务，交易成员必须经过中国人民银行的批准。至此，（　　）成为银行间债券市场的监管部门。

A. 财政部
B. 中国人民银行
C. 证监会

D. 保监会

3. 2003年，（　　）诞生，正式成为央行公开市场操作的常规工具，银行间债券市场产生质的飞跃。

A. 同业存单

B. 央行票据

C. 短期融资券

D. MLF

4. 证监会主要负责以下哪些债券？

A. 公司债券

B. 可转换为股票的公司债券

C. 国债

D. 城投债

5. 我国债券市场场内交易与场外交易是否可以实现跨市场发行或交易？

6. 请简述中国人民银行自2016年1季度起实行宏观审慎评估体系（MPA）所包含的7大类指标，并陈述与原有的考核指标对比，MPA有哪些优势。

7. 如何理解地方政府债务"堵后门，开前门"？

8. 我国银行间债券市场由哪些机构监管？各个机构的监管职能是什么？

9. 有哪几类债券既可以在银行间债券市场发行也可以在交易所债券市场发行？

10. 请阐述我国债券市场监管的改革方向。

参考文献

[1] 谢多,冯光华.中国银行间市场固定收益产品交易实务[M].北京：中国金融出版社，2015.

相关网络链接

中国货币网：http://www.chinamoney.com.cn/

中国债券信息网：http://www.chinabond.com.cn/

上海清算所：http://www.shclearing.com/

教辅申请说明

北京大学出版社本着"教材优先、学术为本"的出版宗旨，竭诚为广大高等院校师生服务。为更有针对性地提供服务，请您按照以下步骤通过微信提交教辅申请，我们会在 1~2 个工作日内将配套教辅资料发送到您的邮箱。

◎扫描下方二维码，或直接微信搜索公众号"北京大学经管书苑"，进行关注；

◎点击菜单栏"在线申请"—"教辅申请"，出现如右下界面：

◎将表格上的信息填写准确、完整后，点击提交；

◎信息核对无误后，教辅资源会及时发送给您；如果填写有问题，工作人员会同您联系。

温馨提示：如果您不使用微信，则可以通过下方的联系方式（任选其一），将您的姓名、院校、邮箱及教材使用信息反馈给我们，工作人员会同您进一步联系。

联系方式：

北京大学出版社经济与管理图书事业部

通信地址：北京市海淀区成府路 205 号，100871

电子邮件：em@pup.cn

电　　话：010-62767312 / 62757146

微　　信：北京大学经管书苑（pupembook）

网　　址：www.pup.cn